KB270921

법의 이해

내일을여는지식 법 23

법의 이해

김기진 지음

KSi 한국학술정보(주)

⁑ 머리말

변호사로서 20여 년을 보내고 우연한 기회에 대학강단에 선 지 벌써 3년 반이 지나가고 있다. 첫 강단에 섰을 때의 설렘이 가실 만도 한데, 여전히 새 학기 첫 강의에 들어갈 때 설레기는 마찬가지이다. 특히나 대학초년생들과의 첫 만남의 장에서는 더욱 그렇다.

법을 전공하는 나 자신조차 그다지 재미없는 법공부를 하겠다고 수강 신청한 초년생들을 상대로 어떻게 하면 소기의 성과를 이룰 수 있을까는 첫해부터의 고민사항이었다. 법에 대한 일반적인 개념과 내용의 이해 및 실생활과의 접목이 과목의 목표인데, 시작부터 도대체 법이란 게 뭔지, 왜 배워야 하는지, 배울 만한 가치가 있는지에 대한 아이들과의 소통에 어려운 점이 많았다.

그리하여 나름대로 기존의 틀과는 다른 순서와 비중으로 강의를 하게 되었고, 그러다 보니 새로운 교재를 만들어 보자는 욕심도 나기 시작하였다. 단순한 법학개론서도 상식 수준의 생활법률지식서도 아닌 비법률 전공자들에게는 상식보다는 자세한 일상생활과 직업생활에 필요한 법률지식의 전달과 법률 전공예정자들에게는 법에 대하여 보다 편하게 접근할 수 있게끔 현대인이라면 일상생활에서 흔히 접하게 되는 각종 기본법상의 주요 쟁점에 대한 개론서 이상의 깊이를 더하는 내용을 전달하는 것으로 책을 꾸미기로 하였다.

그 결과가 이 책이다. 법률용어 및 법조문의 해설과 관련 판례를 통한 실생활에서의 법 적용 사례에 대한 이해가 주된 내용이므로 비법률 전공자들에게는 일부내용들만 추출하여, 법률전공자들에게는 모든 내용이 전달되었으면 한다.

당초 욕심에 비하여 부족하고 마음에 들지 않는 부분이 많기는 하나, 앞으로 계속될 강의과정을 통하여 수정·보완하기로 하고, 부족하나마 세상에 내놓게 되었다.

2009년 6월
비 내리는 가좌캠퍼스에서
김기진

제4장 상사에 관한 법_215

제6장 분쟁의 해결_535

제1장 서론

제1절 법을 알아야 하는 이유

Ⅰ. 법의 홍수의 시대

현대사회를 일컬어 법의 홍수의 시대라는 말들을 자주 한다. 각종의 법적 규제가 사람들의 생활을 촘촘히 규제하고 있는 것이 현대사회의 특징이 되어 버린 것이다. 그러다 보니 법 없이도 살 사람이라는 우리의 전통적인 의식은 그다지 효용에 닿지 않는 말이 되어 가고 있다. 제아무리 착하게 보통인의 상식에 벗어나지 않는 삶을 산다 해도 사회의 한 구성원으로서 살아가다 보면 그런 삶 자체가 법의 보호가 있기 때문에 가능한 것임을 알게 될 수밖에 없는 것이다. 그래서 사회 있는 곳에 법이 있다는 말이 있는 것이다.[1]

시간과 장소를 떠나 인간사회는 사람과 사람 간의 소통을 기본으로 하고, 그 소통에는 서로의 이해가 상호 작용하게 마련인데, 이때 사람으로서의 도덕이나 윤리의식으로서 상호 이해의 충돌을 막아 온 것이 인간사회질서 유지의 근간이었다. 그러나 도덕이나 윤리의식도 그 내용과 정도가 사람마다 다르기 때문에 이해의 충돌에 따른 다툼을 완전하게 막을 수는 없고, 이를 내버려 둘 경우 강자의 논리만이 통용될 수밖에 없어 결국 사회는 혼란에 빠지게 될 수밖에 없으니 사회적 합의를 통해 소통의 질서유지를 위한 최소한의 기준을 법이라는 이름으로 마련하게 되었고, 그래서 법은 도덕의 최소한이라는 말도 생긴 것이다.[2]

오늘날 우리들은 살아가면서 별다른 의식 없이 또는 알면서도 교통법규나 조세와 부동산 투기 관련 각종 제한 등 수많은 법규들을 위반하는 법에 저촉되는 행동을 하고 있고, 뒤늦게 그에 따른 제제를 받으면 재수 없다고 생각하거나 벌금 몇 푼 내면 되지 하는 것이 실정이다. 이렇게 법을 지켜야 할 것으로 생각하기보단 무시 내지는 알아봐야 좋을 것 없는 외면의 대상으로 취급하다가도 자기 뜻대로 되지 않으면 법대로 하자고 나오고, 그러다 보니 이미 때가 늦어 법의 보호를 받지 못하게 되면 법이 자신을 보호해 주지 않는다고 나쁜 법이라

---

1) 이 말은 로마시대의 격언 "Ubi societus, ibi ius"에서 유래한다.
2) 이 말은 독일의 법학자 Jellinek가 제시한 명제이다(ethisches Minimum).

고 법을 비난하거나 법을 집행하는 사람들을 탄압자로 인식하기까지 하는 경향이 있다.

법 없이도 살 사람이라는 의식에서 비롯된 법에 대한 부정적인 인식이 결국은 고스란히 자신에 대한 피해로 돌아오는 것임을 자각한다면 법에 대한 이해가 얼마나 필요한 것인가도 자명해질 것이다.

Ⅱ. 법과 도덕, 정치, 경제, 사회

1. 법의 기능

전통사회와는 달리 사람들의 가치관이나 세계관이 다양화되고 있는 현대사회에서는 이해관계의 대립도 다양하고 첨예화되고 있어, 전통적인 도덕·윤리의식이나 사회규범으로써는 이해의 충돌을 조정하고 분쟁을 해결하는 데 한계가 있고, 따라서 사람들은 국가의 강제권력 즉 법에 의하여 자신의 권리나 이익을 확보하려 하게 되는 것이다. 이 같은 법에 대한 수요는 사회의 지배계층이 자신의 기득권을 수호하고 더 많은 이득을 얻기 위한 요구에서 발생하기도 하지만, 사회의 약자들이 기득권자들에 의한 침해로부터 인간으로서의 최소한의 권리를 지키고 나아가 자신들의 지위를 향상시키기 위한 제도적 장치마련을 위한 요구에서도 발생한다.

이리하여 법은 인간사회의 제 국면 즉 개인생활, 정치생활, 경제생활, 사회생활에 관여를 하고 있는 것이다. 다만 법은 사람이 사회 속에서 타인과 소통을 할 때 작동하는 것이므로 사람이 혼자만 있을 때 즉 개인생활에는 그것이 타인에게 영향을 미치는 것이 아닌 한 작동될 여지가 없다.

2. 법과 도덕

법의 도덕의 최소한이라는 명제가 말해주듯이 도덕 중에서 사람이라면 누구에게나 똑같이 적용되는 부분을 명문화 해놓은 것이므로 도덕의 일부가 된다.

통상적으로 사용하는 도덕개념은 윤리(Ethik), 도덕(Moral, 협의의 도덕이라

할 수 있다.), 사회규범(Sozial)을 포괄하는 넓은 개념이다. 윤리란 각 개인이 양심을 기초로 하여 선한 것 또는 옳은 것이라고 생각하는 규범을 말하고, 도덕은 윤리적으로 올바른 것에 대한 한 사회의 구성원들이 공통적으로 갖고 있는 견해를 말하고, 사회규범은 한 공동체 내에 언제나 존재하는 선한 행동에 대한 공통된 직관을 말한다.

윤리는 각 개인의 양심에 기초하므로 자율적인 것으로 개인적인 것이지만[3] 집단적이거나 종교적인 성격을 띠기도 한다.[4]

협의의 도덕에 해당하는 것으로는 '사람을 죽이지 말라', '다른 사람의 물건을 훔치지 말라' 등이 있다.

사회규범은 공동체의 구성원으로서 다른 사람과의 관계에서 지켜야 할 행동양식이어서 지켰다는 사실만이 의미가 있고 행위자의 내면의식은 의미가 없는 타율적·외면적인 것이다.[5]

3. 법과 정치

1) 법치주의의 등장

정치란 개인이나 집단들의 권리나 이익 등을 얻으려는 사회적 행동으로 각자의 그런 행동들은 충돌하고 긴장을 불러오며 결국은 자신의 행동을 관철시키기 위해서 투쟁을 하게 되고, 투쟁에서 이기고 지는 것은 권력을 얻고 잃는 것으로 귀착된다.

권력을 얻은 자의 자의적인 권력행사가 인정된 것이 전근대국가에서의 인의 지배이고, 자의적인 권력행사를 법에 의해 제한하는 것이 근대국가에서의 법의 지배 이념이다. 전근대국가에서도 법은 존재하지만 이는 인의 지배를 합리화하기 위한 도구로서의 의미만 있을 뿐이고,[6] 근대국가에서의 법은 권력의 정당성의 기초가 되는 것이다.[7]

---

3) 양심선언에서 표시되는 윤리적 자기평가가 그 예이다.

4) 과거의 동성동본 혼인금지와 같은 전통윤리나 수혈을 거부하는 여호와증인의 종교윤리가 그 예이다.

5) 사회규범의 예로는 '계약은 성실하게 이행되어야 한다.', '불우이웃을 도와야 한다.'라든가 '공중도덕'으로 이야기되는 것들이 있다.

6) 법에 대한 정치의 우위 내지는 미분화된 현상이다.

7) 법이 권력의 정당성의 기초가 되는 이유는 권력발동의 근거가 될 뿐만 아니라 권력을 제한하고 통제하는 기능

법의 지배는 곧 법치주의를 의미하는 것이고, 이는 국가권력의 발동 즉 국민의 자유와 권리를 제한하거나 의무를 부과할 때에는 국민의 의사를 대변하는 의회가 제정한 법률에 의하여야 한다는 원리이다.

2) 법치주의의 구성요소

법치주의의의 구성요소로는 성문헌법주의, 헌법에서의 기본권보장, 권력분립, 위헌법률심사제도, 행정부에 대한 포괄적 위임입법 금지, 행정의 합법률성과 행정의 사법적 통제, 국가권력행사에 대한 예측가능성의 보장 등이 있다.

3) 법치주의의 위기와 실질적 법치주의

근대시민국가에서의 법치주의는 행정과 재판이 의회가 제정한 법률에 의하여 이루어져야 한다는 통치의 합법성을 의미하는 형식적 법치주의로 법의 목적이나 내용을 문제 삼지 않았다. 그러나 파시즘의 등장은 법을 도구로 이용한 합법적 독재를 가능하게 했고, 법은 개인의 권리보호가 아닌 억압의 수단으로 사용되는 법치주의의 위기가 도래했다.

세계대전을 거치면서 파시즘체제가 패배하자 법치주의는 형식적 법치만이 아닌 법의 목적과 내용도 정의에 부합하여야 한다는 통치의 정당성을 의미하는 실질적 법치주의가 확립되었으나, 일부 국가의 권력자들은 여전히 형식적 법치만으로 정당성이 있는 것으로 국민들을 호도하고 있는 실정이다.

4. 법과 경제

사람은 생존을 위하여 경제활동을 하게 마련이고, 이는 생산과 유통, 소비로 이루어지는데, 법은 이런 경제활동이 합리적이고 윤리적으로 이루어지도록 하기 위한 조치, 나아가 경제활동의 촉진을 위한 세제상 혜택이나 보조금의 지급 등의 조치, 또한 경제능력이 떨어지는 사람을 보호하기 위한 조치 등을 통해 개인의 경제활동에 관여한다.[8]

을 수행하기 때문이다. 이는 곧 정치에 대한 법의 우위 내지는 분화현상이나, 새로운 정치영역들(선거, 정당, 언론 등)에 대한 법제화가 진행되는 과정에서 입법 자체가 정치적 타협의 산물인 경우가 대부분이다 보니 법과 정치가 재통합되어 가고 있고, 이에 따른 국민의 권리침해를 막기 위하여 입법과 행정에 대한 사법적 통제를 위한 사법권의 독립과 위헌법률심사제도가 강조되고 있다.

8) 합리적인 소비행동과 관련한 소비자보호법, 거래에서의 윤리 확립을 위한 부정경쟁방지법, 최저생활보장을 위한

또한 법은 개인들의 경제활동공간인 시장이 형성되게 하고, 형성된 시장이 적절히 작동하여 시장참여자인 공급자와 수요자 간의 자유로운 거래에 의하여 경쟁력이 있는 자는 살아남고 없는 자는 자연히 도태되도록 하는 시장의 조정 기능을 보호하고, 시장기능에만 맡길 때 시장지배적 사업자의 월권과 경제력 집중에 따른 폐해를 막기 위한 조치를 취하여 시장에도 일정부분 관여한다.[9]

이 같은 법과 경제의 관계는 정상적인 시장경제체제에서 가능한 일이고, 사회주의 경제체제나 시장경제를 표방하더라도 개발독제체제 아래서의 법은 획일적인 분배 또는 경제성장이라는 목표달성을 위한 도구로서만 작동할 뿐 경제정의의 실현이라는 기능은 외면당하게 된다.

5. 법과 사회

1) 인간다운 생활

개인의 정치생활이나 경제생활은 모두 개인의 평등을 전제로 한 경쟁을 기본구조로 갖고 있지만 실제로는 출발부터 또는 경쟁 도중에 탈락하여 약자의 지위에 있게 되는 사람들이 있게 마련이므로, 이들을 그대로 방치할 경우에 발생할 사회적 혼란을 방지하고 이들을 정상적인 경쟁 대열에 합류시키기 위한 특별한 보호가 필요하고, 이와 관련된 법 즉 인간다운 생활을 가능하게 하는 사회생활 관련법인 노동관계법, 사회보장법, 환경법 등의 중요성이 강조되는 것이 현대법의 특징이다.

2) 노동관계법

사람의 생존을 위한 기반형성과정인 생산이 이루어지기 위해서는 토지·노동·자본의 세 요소가 결합되어야 하는데, 이 세 요소를 모두 갖춘 자본가와 노동만을 갖춘 노동자는 출발부터 불완전 경쟁을 할 수밖에 없다. 생산수단으로 노동력만을 소유하고 이를 상품으로 판매하여 생활해야 하는 노동자로서는 다른 대안이 없어 결국은 자본가의 요구에 따라 행동할 수밖에 없는 처지이므로 이로 인한 부당한 결과를 최대한 방지하고 노동자의 인간적인 삶을 보장하

생활보호법, 기타 조세나 금융지원을 위한 각종 특별법 등이 그것이다.

9) 헌법은 시장형성의 기초로서 재산권보장과 직업선택의 자유 등을 보장하고, 시장의 조정기능 보장과 독점 등의 폐해 방지를 위한 자본시장통합법, 독점규제 및 공정거래에 관한 법률 등 수많은 경제 관련법들이 있다.

기 위하여 마련된 것이 노동관계법으로 자본가와 노동자의 자유로운 계약관계에서 노동자가 부당한 대우를 받는 것을 예방하고 있다.[10]

3) 사회보장법

노동력을 제공할 기회를 얻지 못하고 있는 자나 노동력을 상실한 자들이라도 사회의 구성원이고, 이들도 한때는 노동력 제공을 통하여 사회발전에 기여했거나 앞으로 다시 기여할 가능성이 있는 자들이므로 사회는 이들의 지속적인 생존에 대한 책임이 있고, 이를 구현하기 위한 법적 안전장치를 두고 있는 것이 또한 현대법의 특징이다.[11]

4) 환경법

인간이 인간다운 생활을 할 수 있기 위한 경제적인 조건의 구비는 경제적·사회적 생활여건을 갖추는 것으로 그 개인에게 한정된 문제이나, 물리적·자연적 생활여건의 조성 또한 중대한 문제로 등장하고 있는 것이 현대사회의 특징이다.

인간이 생존을 위해 만들어 낸 주택·건물·공장·도로·교량·화석과 원자력 등 연료의 사용·상·하수도 등 인공환경은 인간에게 편의를 주는 만큼의 개발과 오염물질의 배출을 통하여 자연환경을 파괴하고 있고, 자연환경 파괴에 따른 자연재해의 증가와 새로운 질병의 탄생 등은 인류의 생존 자체를 위협하는 상황에 이르렀으므로 이러한 자연환경 파괴의 방지와 자연환경의 회복을 위한 법적인 규제 또한 현대법의 특징이 되고 있다.[12]

---

10) 헌법은 근로권·단결권·단체교섭권·단체행동권을 보장하고 있고, 이를 구현하기 위한 법으로 근로기준법, 노동쟁의조정법, 노동위원회법 등이 있다.

11) 이와 관련 헌법은 인간다운 생활을 할 권리인 생존권을 보장하고 있고, 그 실현을 위한 법으로 사회보장에 관한 법률, 생활보호법, 의료보호법, 산업재해보상보험법, 고용보험법, 노인복지법 등이 있다.

12) 이와 관련 헌법은 국민의 환경권과 국가의 환경보전의무를 규정하고 있고, 그 실현을 위한 법으로 환경정책기본법, 대기환경보전법, 수질환경보전법, 소음·진동규제법, 해양오염방지법, 폐기물관리법, 환경오염피해조정법 등이 있다.

Ⅲ. 법전공자의 길

1. 법을 공부하려는 사람들

독일의 법학자 라드부르흐는 법을 공부하려는 사람들을 세 부류로 분류하고
있다.

이 중 가장 많은 유형은 법을 공부하면 최소한 손해는 보지 않는다는 주위의
인식에서 출발하여 빵을 위한 학문으로서의 유용성에 이끌린 사람들이다. 학문
에는 큰 관심이 없어도 어느 정도의 지적 수준이 있는 사람이 성실히 공부하면
사회적 성공을 거두는 데는 법공부만큼 유용한 것도 없다는 것이 보통사람들의
인식인데, 이런 인식은 동서양을 막론하고 공통된 현상이다.[13]

또 한 부류는 지식만 발달하고 인격성이 부족한 젊은이로 중·고교에서 우
수한 성적을 내고 부모의 권에 따라 법과가 좋다니 그냥 들어온 사람들이다.
이들은 주위의 흥밋거리에 방해받지 않고 냉정하고 논리적인 성격 때문에 대학
교에서도 우수한 성적을 유지하고, 유능하다는 소리를 듣는 법학자나 법률실무
가가 된다. 법률가의 역할로 창조성을 배제하고 법 적용의 형식적이고 기계적
인 것만 강조하는 한 이들은 전형적인 법률가의 모습이다.

또 한 부류로는 강렬하고도 섬세한 예술성을 가지고 철학·혹은 사회와 인
도주의에 기울어지면서도 외부사정 때문에 부득이 법학을 택할 수밖에 없었던
젊은이들이다. 이들은 가난하여 예술가나 학자와 같은 불안정한 삶을 선택할
수 없었으나, 자신의 감성을 잠시 접고 법학공부에 정진할 수 있으면 훌륭한
법률가가 될 수 있는 사람들이다.

---

13) Anselm von Feuerbach(1775－1833)라는 독일의 유명한 법학자는 직업선택의 번민에 빠진 자기 아들에
　　게 다음의 편지를 보내어 도움을 주려고 했다. "법학은 나의 소년시절부터 마음에 맞지 않았다. 지금도 학문
　　으로서의 법학에 매력을 느끼지 않는다. 나는 역사와 철학에 애착을 갖고 있었고 철학공부에 매진하고 있었
　　다. 그러다 너의 엄마를 알게 되었다. 그리하여 철학보다 빨리 지위와 수입을 얻을 수 있는 전공을 잡을 필요
　　가 있게 되었고, 재빨리 결심을 하여 사랑하는 철학을 버리고 염증 나는 법학으로 전향하였다. … 그리하여
　　끈기와 의무감에서 나오는 용기만 가지고 별로 재주도 없으면서 점점 성공을 거두었다. 부득이하게 빵을 위하
　　여 선택한 법학에 저술로써 기여하고 급속한 명성과 외적인 행복을 차지할 수 있었다."

2. 법학의 학문성

"입법자가 세 마디만 수정하면 도서관의 모든 법학서가 휴지로 되고 만다."
는 말은[14] 법학의 학문성을 부정하거나 공부할 필요성을 부정하거나 의심할 때
인용되는 유명한 수사이다.

법이라는 것이 인간이 사회생활을 하면서 발생하는 마찰과 충돌을 예방하거
나 해결하기 위하여 마련된 현실적이고 세속적인 것인 탓에 그 범주를 벗어날
수 없고 따라서 학문으로서의 반열에 오를 수 없는 것으로 의심받는 것이다.

그러나 법학은 법이라는 사람이 만들어 낸 제도적 장치를 연구·분석하는
것에 그치지 않고 제도의 근간을 이루는 자유와 평등의 가치와 정의, 나아가
인간의 존엄이라는 절대적이고 신성한 것도 다루는 것으로 학문으로서 독자의
경지를 갖고 있는 것은 부인될 수 없다.

일찍이 법학을 신학·의학과 함께 학문으로 정립하여 가르쳐 온 서양의 역
사가 이를 반증한다.[15]

3. 법전공자의 직업

1) 판사·검사·변호사

법을 공부하려는 사람들이 직업으로서 우선 고려하는 것은 판사·검사·변
호사의 세 직종이 될 것이다. 이들 직업을 갖기 위해서는 현재로서는 사법시험
에 합격하고 사법연수원의 2년 과정을 수료하여야 한다. 앞으로는 법학전문대
학원(로스쿨)제도의 도입에 따라 법학전문대학원을 졸업하고 변호사자격시험에
합격하여야 한다. 현행 사법시험은 응시자의 학력 등 응시자격에 제한을 두고
있지 않으나, 앞으로는 법학전문대학원 졸업자에게만 변호사시험 응시자격을
주므로 직업선택의 자유 등 위헌논란이 있다.

판사는 민사나 형사 분쟁사건이 법원에 제기될 경우에 법의 해석·적용을 통
한 분쟁의 해결을 그 직무로 하고 있어 직무수행과정에 부당한 외압이 가해지는

---

14) 독일의 검사출신 문필가 J. H. von Kirchmann의 말이다

15) 서양에서는 신부(혹은 목사)·법률가·의사의 가운을 입는 세 직업을 일종의 성직으로 부르기도 하나, 권력이
나 금력과 결탁하여 국민의 지탄과 조롱을 받기도 한다.

것을 막고 독립된 지위를 확보하기 위하여 탄핵·형벌에 의하지 않고는 파면되지 않고, 징계처분에 의하지 않고는 정직·감봉되거나 불리한 처분을 받지 않도록 하여 신분을 보장받고 있다.

검사는 공익의 대표자로서 범죄수사·공소제기와 유지, 범죄수사에 관한 사법경찰관리의 지휘·감독, 형사재판결과의 집행 등을 그 업무로 한다.

변호사는 사건관계인의 위임에 따라 소송에 관한 행위 기타 법률사무를 취급한다. 변호사는 의뢰인으로부터 보수를 받고 활동하는 사람이지만 사건의 진실발견에 협조하여야 할 공익적 책임도 지고 있다.

2) 법학교수

법학교수는 법을 학문적으로 연구하고 가르치는 사람으로 학부를 졸업하고 대학원에 진학해서 최소 2년의 석사학위과정과 최소 3년의 박사학위과정을 거쳐야 하는 것이 보통이다. 법학교수의 요건에 석·박사학위가 필수인 것은 아니나, 거의 모든 대학에서는 그런 학위가 있는 자 중에서 교수요원을 선발한다. 우리 법제가 기본적으로는 서양법제를 수용한 것이므로 외국법이론에 대한 공부도 게을리 해서는 안 된다.

3) 법원 및 검찰직 공무원과 법무사

판·검사업무의 적절한 수행을 위해서는 보조인력이 필요하고, 법원이나 검찰사무직 공무원이 그들이다. 판·검사의 업무가 법의 해석·적용을 기본으로 하므로 보조인력도 상당한 수준의 법률지식이 필요하고, 그래서 일정한 시험을 거쳐서 선발하게 된다. 일정기간 법원이나 검찰사무직 공무를 수행하고 퇴직하면 법무사 자격을 준다.

법무사는 의뢰인의 위임에 따라 법원 또는 검찰청에 제출할 서류나 등기 또는 등록에 관한 서류를 작성하고, 등기·공탁신청을 대라하는 것을 업무로 하고 소속지방법원자의 감독을 받는다. 법무사가 되기 위해서는 7년 이상 법원·검찰청·헌법재판소에서 7급(주사보) 이상의 직에 있었거나, 5년 이상 위 기관에서 5급(사무관) 이상의 직에 있었던 자로서 법무사업무의 수행에 필요한 법률지식과 능력이 있다고 대법원장이 인정하거나, 법무사시험에 합격하여야 한다.

4) 변리사

변리사는 특허·실용신안·의장·상표에 관하여 특허청 또는 법원에 대하여 하여야 할 사항의 대리 또는 그 사항에 관한 감정, 기타의 업무를 행한다. 특허와 실용신안 같은 것은 과학적인 발명이나 고안을 대상으로 하므로 법률지식 외에 이공학적 지식이 필수로 요구된다. 변리사가 되기 위해서는 변호사 자격이 있거나 변리사시험에 합격하고 소정의 수습을 마쳐야 한다. 종전에는 특허청 공무원으로 일정기간을 일정지위 이상으로 근무한 경우에는 자동적으로 변리사 자격을 주었으나, 지금은 변리사시험 중 일차 또는 이차의 일부과목에 대하여 면제의 혜택만 주고 있다.

5) 세무사·관세사·감정평가사·공인중개사

세무사는 세금에 관한 상담과 자문 및 장부정리를 해 주고, 잘못된 세금부과에 관한 이의신청 등을 대행하므로 세법 및 회계에 대한 전문지식을 필요로 한다. 세무사가 되기 위해서는 변호사, 공인회계사 자격이 있거나, 세무사시험에 합격하여야 한다. 종전에는 국세나 지방세 관련 행정사무공무원으로 일정기간을 일정지위 이상으로 근무한 경우에는 자동적으로 세무사 자격을 주었으나, 지금은 세무사시험 중 일차 또는 이차의 일부과목에 대하여 면제의 혜택만 주고 있다.

관세사는 타인으로부터 의뢰를 받아 수출입물품에 대한 세율의 분류, 과세가격의 확인과 세액의 계산, 관세법 등에 의한 물품의 수출·수입·반출·반입 또는 반송의 신고 등과 이와 관련되는 절차의 이행, 관세법에 의한 이의신청·심사청구 및 심판청구의 대리, 관세에 관한 상담 또는 자문 등을 그 직무로 하므로 관세법에 대한 전문지식을 필요로 한다. 관세사가 되기 위해서는 관세사시험에 합격하여야 한다. 종전에는 관세 관련 행정사무공무원으로 일정기간을 일정지위 이상으로 근무한 경우에는 자동적으로 관세사 자격을 주었으나, 지금은 관세사시험 중 일차 또는 이차의 일부과목에 대하여 면제의 혜택만 주고 있다.

감정평가사는 토지 등 부동산의 경제적 가치판정을 업으로 하므로 부동산관계법에 대한 전문지식이 필요하다. 감정평가사가 되기 위해서는 감정평가사시험에 합격하고 소정의 수습을 마쳐야 한다.

공인중개사는 일정한 수수료를 받고 부동산 등의 매매·교환·임대차 기타 권리의 득실·변경에 관한 행위를 알선·중개하는 업무를 행하는 자로 과거에는 별다른 자격을 요구하지 않았으나, 해당 부동산 등에 대한 법률적 제한의 유무 판단이나 거래서류의 작성 등에서 법률적 소양을 필요로 하므로 현재는 공인중개사시험에 합격해야 한다.

6) 기타

일반기업에서도 총무·인사·노사 등의 업무, 영업 등과 관련한 계약업무 등에서 법률지식과 소양을 갖춘 직원이 필수적으로 요구되고, 위의 각종 자격자의 업무보조를 위해서도 마찬가지이다.

제2절 법이란 무엇인가

Ⅰ. 법의 개념

법의 개념은 법이란 무엇인가라는 물음에 대한 답에서 나온다. 사회 있는 곳에 법이 있다는 격언이 말해 주듯 법은 인간의 사회생활에 관한 규범이다. 즉 사회의 구성원으로서 인간이 해야 할 일과 하지 말아야 할 일을 정하는 규범인 것이다. 해는 동쪽에서 떠서 서쪽으로 진다는 것과 같은 존재나 필연의 법칙이 아닌 당위의 법칙으로서 규범이다.

종교나 도덕, 관습도 인간생활을 규율하고 있는 점에서는 사회생활의 규범이지만 이들과 달리 법은 국가권력에 의하여 승인되고 강제되는 것이다. 법에서의 강제는 본질적인 것이므로 법은 이를 거부하는 자에게는 반드시 제제를 가한다. 그렇지 않으면 국가사회의 질서유지나 형성이 불가능해지기 때문이다.[16]

법은 외면으로 나타나는 사람의 행동을 규율하고 내면적인 생활에는 관여하지 않는다는 점에서 도덕이나 종교규범과 다르다.

---

16) 강제가 없는 법규는 그 자체가 모순이며 타지 않는 불, 빛이 없는 등불과 같다(Rudolf von Jhering)는 말은 법의 강제성을 묘사한 것인데, 법에 따라서는 형벌이나 강제집행의 방법으로 직접적으로는 강제할 수 없는 경우도 있고(부부의 동거의무: 이런 경우는 이혼이나 손해배상청구로 간접 강제될 수 있다.), 준수 여부가 당사자의 자유의사에 맡겨져 있는 임의규정도 있다.

Ⅱ. 법의 이념

 법의 이념은 법은 무엇을 위하여 존재하는가, 법은 왜 있는가에 대한 답에서 나온다. 법은 강제를 수반하므로 그 적용을 받는 사람들이 수긍할 수 있는 이념이나 가치를 동반해야 한다. 이에 관해서는 정의·합목적성·법적 안정성의 3요소를 드는 것이 일반적이다.

1. 정의

 정의의 개념을 최초로 이론화한 사람은 Aristoteles(BC 384－322)이다. 그는 정의를 사람이 이행하여야 할 최고의 덕으로 단순한 개인적 도덕이 아닌 타인과의 관계에서 실현해야 할 길 즉 사회적 도덕이라고 보았다. 그는 정의를 다시 절대적 평등 즉 모든 사람을 똑같이 대우하는 개인주의적 측면의 평균적 정의와 비례적 평등 즉 각자에게 그의 것을 주되 배분과정에서 자의를 배제하고 공평무사해야 한다는 단체주의적 측면의 배분적 정의로 나누고 양측면의 조화를 모색했다.

 이 같은 정의론 즉 정의의 본질이 평등에 있다는 것은 오늘날 보편적으로 받아들여지고는 있으나, 같은 것을 같게 다른 것을 다르게 취급한다는 것만으로는 개별적·구체적인 경우에 무엇이 정당한 것인지에 대한 기준이 될 수 없어 두 번째의 이념 즉 합목적성의 이념이 등장한다.

2. 합목적성

 법에서의 합목적성이란 한 국가의 법질서가 제정·실시되는 과정에서 선택하여 근거로 하고 있는 가치관·목적에 부합하여야 한다는 것이다. 한 국가의 법질서가 선택하는 가치관으로서는 개인주의·단체주의·문화주의가 있다.

 개인주의는 인간을 궁극적 가치로 지향하여 개인의 자유와 행복이 최대한 보장되도록 노력하므로 평균적 정의가 강조된다. 단체주의는 단체(민족이나 국가)를 최고의 가치로 신봉하고, 개인의 인격은 단체의 가치를 실현하는 범위 안에서 인정되고 존중된다. 문화주의는 개인도 단체도 아닌 인간이 만든 문화 즉 수만 명 노예의 목숨보다 피라미드를 최고의 가치로 본다.

오늘날 문화주의를 채택하는 예는 거의 없고, 법의 목적은 사회적 불평등의 제거에 있다고 보는 사회주의적 세계관과 국가로부터 개인의 자유를 보장하는 것이 있다고 보는 개인주의적 세계관의 대립이 있었으나, 사회주의 체제가 무너져 버린 이제는 그 구별도 무의미하고 또 민주주의 체제 자체가 상대주의적 세계관에 입각하고 있어서 어느 목적 하나만을 절대적인 것으로 보지 않고 있으므로 어떻게 하는 것이 그 사회의 현실에 맞게 조화시키는 것인가의 문제만 있다.

3. 법적 안정성

법의 일차적인 기능이 사회질서를 유지하고 분쟁의 평화로운 해결에 있는 이상 법은 안정적으로 존재하여야 한다. 법이 자주 변경되면 국민들의 행동지침으로서의 역할을 할 수 없고 사회는 혼란에 빠지게 된다. 부정의한 법도 무질서보다는 낫다거나,[17) 악법도 법이라는 말이 있을 수 있는 이유이다. 법의 제정과 개정은 신중하게 이루어져야 하고, 지켜야 하는 최소한을 내용으로 하여 융통성 있게 적용될 수 있게 함으로써 시류의 변화에 따른 빈번한 개정요구를 차단할 필요가 있다.[18)

Ⅲ. 법의 존재형식과 분류

1. 성문법과 불문법

법은 그 존재형태에 따라 문서로서 일정한 형식과 절차를 거쳐 공포된 성문법과 문자나 문장의 형식으로 되어 있지 않고 입법절차를 거치지 않은 불문법으로 나뉜다.

---

17) Goethe(1749 ─ 1832).

18) 정의・합목적성・법적 안정성은 상호 긴장・모순관계에 있는 것으로 정의만을 강조하면 세상이 망하더라도 정의를 세워야 하고, 합목적성을 강조하면 국민이 원하는 것이 법이라고 하여 다수의 횡포를 막을 수 없고, 법적 안정성을 강조하면 악법도 법이 되어 저항할 수 없게 되므로 이 세 요소가 조화롭게 실현될 수 있게 하는 것이야말로 법률가의 사명이 될 것이다.

성문법은 그 존재와 의미가 명확하므로 법적 행동을 함에 있어 그 결과를 예측하고 행동에 들어갈 수 있는 편리함이 있고, 국가권력의 횡포로부터 국민의 자유와 권리를 보호하는 데 유용한 장점이 있는 반면, 문언의 고정에 때문에 변화하는 사회생활의 현실적 수요에 따르기 어려운 단점이 있다.

대륙법계의 국가들(독일·프랑스·이태리·한국·일본 등)은 성문법을 원칙으로 하고 영미법계 국가들(영국·미국 등)은 불문법을 원칙으로 하나 이들도 헌법이나 상사관련법 등은 성문법으로 하고 있고 점차 그 범위가 넓어지고 있다.

1) 성문법

성문법에는 헌법, 법률, 명령, 규칙, 자치법규, 조약이 있다.

헌법은 국가의 조직, 통치기구, 국민의 권리·의무 등에 관하여 규정한 국가의 기본법이다.

법률은 광의로는 법 자체를 의미하지만 여기서의 법률은 협의로 국회의 의결을 거쳐 공포된 성문법을 말한다.

명령은 법률에 근거하여 대통령·국무총리·각부 장관이 제정하는 것으로 법률의 하위에 위치하여 법률을 개폐할 수 없으나, 헌법에 기한 대통령의 긴급명령·처분권은 법령을 개폐하거나 새로운 사항을 정할 수 있다. 대통령령은 총리령이나 부령보다는 상위이고 총리령과 부령은 동렬이다.

규칙은 국회·대법원·헌법재판소·중앙선거관리위원회가 법률에 반하지 않는 범위 안에서 내부규율 및 사무처리에 관하여 정하는 것이다.

자치법규는 지방자치단체가 법령의 범위 안에서 제정하는 자치에 관한 것으로 지방의회가 제정하는 경우는 조례, 지방자치단체장이 정하는 경우는 규칙이라고 한다.

조약은 국가 간에 국제법상의 관계를 정하기 위하여 이루어지는 합의로 국내법과 동일한 효력을 갖는다.

2) 불문법

불문법에는 관습법, 판례법, 조리가 있다.

관습법은 사람의 사회적 행동이 반복·누적되어 관행으로 되면서 사회생활 규범화된 것으로 다수인에 의한 동종의 행위가 반복·누적되는 관행이 존재하고, 그 관행이 법적 내용에 관한 것이고, 그 관행이 선량한 풍습이나 사회질서에 반하지 않을 경우에 국가의 승인에 의하여 성립된다. 관습법은 성문법에 대하여 보충적 효력이 있으나, 상사의 경우 상관습은 성문법인 민법에 우선한다.

판례법은 법원의 판결례를 통하여 형성된 법규범이다. 특정사건에 대한 판례가 유사사건에 반복 적용되면서 법규범으로 성립된 것이다. 영미법계에서는 판례법을 1차적인 법원으로 삼고 있어서 성문법과 동등한 구속력을 가진다. 대륙법계에서는 최고법원의 법령의 해석이 당해사건에 관해서만 하급법원을 구속하나, 유사사건에 관해서도 최고법원과 견해를 달리하면 파기될 것이므로 사실상 구속력이 있어 법원으로 인정하는 것이 추세이다.

조리는 사람의 건전한 상식으로 인정되는 공동생활에 있어서의 지켜야 할 도리를 말하는 것으로 법에서는 선량한 풍속 기타 사회질서, 신의성실, 사회통념, 공서양속 등으로 표현된다. 민법 제1조는 법률에 규정이 없으면 관습법에 의하고 관습법이 없으면 조리에 의한다고 규정하여 조리의 법원성을 인정하고 있다.

2. 자연법과 실정법

1) 개념

실정법은 성문법과 불문법을 포함하여 사람이 제정한 법으로 특정한 시대와 사회에서 효력을 갖고, 자연법은 실정법이 갖추어야 할 정당성의 근거로 제시되는 것으로 인간이 정립한 법 위에 있는 고도의 법이념으로서 보편적 정당성을 갖는 법으로 불린다.

2) 자연법의 인정 여부

고대의 자연법은 우주질서의 원리에서 연역된 개념이고, 중세에는 신의 뜻에 따라 사는 원리로 이해되었고, 근세에 들어서 법학이 신학과 분리되면서부터 신과 관계없이 인간의 본성과 이성에 기초한 합리적 질서로 이해되었으며, 오늘날에는 인간의 본성과 사물의 본성에 근거하여 시대와 민족, 국가와 사회를 초월하여 보편타당하게 적용되는 객관적 질서로 이해되고 있다.

오늘날 자연법사상은 사회적 정의를 실현하기 위한 이론적 배경이 되고 있으나, 자연법의 실제를 부정하는 입장도 있다.

3) 악법과 저항권

법적 안정성을 강조하고 자연법을 부정하는 법실증주의의 관점에서는 정당한 절차를 밟아서 제정된 법이면 악법도 법이라고 보나, 법적 안정성이라는 형식적 이념이 정의라는 내용적 이념보다 앞설 수 있는가의 문제가 있다. 정의를 상위의 이념으로 보면 법이 정의를 부정하면 이는 법률의 모습을 띠고 있으나 불법으로 법이 아닌 것이 된다.

악법에 대한 저항 수단으로 인정된 것이 저항권이다. 저항권은 근대 시민혁명 당시에 인권선언 형태로 등장한 이래 독일연방기본법 등에 이르러서는 "헌법에 규정된 기본권이 현저하게 침해될 때에는 모든 국민은 저항할 권리가 있다."는 형태로 규정되고 있다. 이같이 헌법적 권리로 인정되고 있다 해도, 이는 헌법침해에 대한 초실정법적 보호수단이기 때문에 행사요건이 문제 된다. 평화적인 방법으로 행사된다 하더라도 공공의 안녕질서를 보장하기 위한 실정법과 충돌하기 때문이다. 성공하지 못하면 범죄로 끝나 버리게 되는 것이다.

3. 국내법과 국제법

국내법은 한 국가에 의하여 인정되고 그 국가 안에서만 효력이 있는 법을 말한다. 국제법은 둘 이상의 국가의 합의에 의하여 국가 상호간의 관계를 규율하는 법으로서 묵시적인 것(국제관습법)과 명시적인 것(조약·협정 등)이 있다.

4. 일반법과 특별법

이는 법의 효력범위를 표준으로 한 구별로, 일반법은 법의 효력 및 적용범위가 한정되지 않은 법으로 헌법·민법·형법 등이 있고, 특별법은 법의 효력 및 적용범위가 사람·물건·장소에 의하여 한정된 법으로 예컨대 국가공무원법은 국가공무원에게만 선원법은 선원에게만 적용되고, 상법은 민사 중 상사에 관해서만 적용되고, 지방자치법이 전국에 효력을 미치는 일반법임에 비하여 서울특별시조례는 서울시에만 효력을 미치는 특별법이다.

5. 실체법과 절차법

이는 법의 규정내용에 따른 구별로 실체법은 권리·의무의 실체에 관하여 규정한 것으로 민법·상법·형법 등이 해당하고, 절차법은 권리·의무의 실현절차에 관하여 규정한 것으로 민사소송법·형사소송법·부동산등기법 등이 있다.

6. 공법·사법·사회법

공법과 사법의 구별에 관해서는 이익설(공익과 사익의 보호), 주체설(일방이 국가나 공법인인 경우와 사인 상호간의 관계인 경우) 등 여러 가지 설이 있으나, 정치적 생활관계를 규율하는 것을 공법, 민사적 생활관계를 규율하는 것이 사법이라고 보는 입장이 무난하다. 정치적 권력의 당사자로 되어 있는 국가 또는 공법인 상호간 및 그들과 사인 간을 규율하는 법이 공법이고, 정치적 권력이 담당자로서의 지위를 떠난 국자 또는 공법인 상호간 및 그들과 사인과의 관계, 사인 상호간의 관계를 규율하는 법이 사법이다. 헌법·행정법은 공법이고 민법은 사법이나, 상법과 같이 처벌규정을 두고 있어 사법과 공법이 섞여 있는 경우도 있다.

사회법은 사법의 영역에서 경제적인 약자를 보호하기 위하여 공법적인 통제를 가하여 개인의 실질적인 평등을 실현하기 위한 법이다. 노동법(근로기준법·노동조합법 등), 사회보장법(사회보장기본법, 생활보호법, 산업재해보상보험법 등), 경제법(독점규제 및 공정거래에 관한 법률, 은행법, 자본시장통합법, 소비자보호법 등)이 그것이다.

Ⅳ. 법의 효력

법의 효력은 인간생활을 규율하는 법의 규범력을 말한다. 법이 규범력 즉 현실생활 속에서 실현되는 근거는 무엇인가에 대한 답이 법의 실질적 효력론이고, 법의 효력범위에 관한 논의가 형식적 효력론이다.

1. 법의 실질적 효력

1) 순수법학적 효력론

Hans Kelsen은 법의 효력은 당해국가와 사회의 법질서 속에서 상위의 형식적 및 실질적 수권규범에서 위임받는 것이라고 본다. 이 입장은 최상위 수권규범인 헌법은 어떻게 효력을 갖는가에 대한 설명이 필요하고 이를 위해 근본규범이라는 개념을 창안할 수밖에 없었으나, 그것에 대한 설명이 다시 필요한 상황을 낳고 있다.

2) 사회학적·역사적 효력론

순수법학적 효력론의 한계를 극복하기 위해 등장한 입장으로 법의 타당성의 근거를 힘에서 찾아 사실의 규범력 즉 사실 속에 규범으로 바뀔 힘이 내재하고 있다는 입장(George Jellinek, 관행으로부터 관습법이 생기고 혁명으로부터 새로운 규범체계가 창설된다.), 법에 효력을 부여하는 것은 강자의 실력이라고 보는 입장, 법의 효력의 근거를 여론이라고 보는 입장(Albert Venn Dicey), 법이 효력을 발휘하는 것은 다수인이 법규범을 준수할 행동의 준칙으로 승인하고 이를 지키기 때문이라는 입장(R. Bierling)이 있다.

3) 법철학적 효력론

법의 효력은 실정법이나 힘 또는 승인과 같은 사실에 의거할 수 없고, 더 높은 당위 즉 하나의 초실정법적인 가치 즉 정의에만 의거할 수 있다고 보는 입장이다(G. Radbruch).

2. 법의 형식적 효력

1) 때에 관한 효력
① 시행과 폐지

법은 시행일부터 폐지일까지 효력을 갖는다. 법률은 시행에 앞서 공포되어야 하는데 공포는 관보에 게재함으로써 한다. 법률의 구체적인 시행기일은 부칙에서 정하는데, 부칙에 정함이 없는 경우에는 공포한 날로부터 20일이 경과함으로써 효력이 발생한다. 법의 폐지는 법이 효력을 상실하는 것으로 한시법과 같이 시행기간을 정한 법은 그 기간이 종료한 때, 특정사항을 목적으로 한 법은 그 목적사항이 소멸한 때, 신법이 명문으로 구법의 전부 또는 일부를 폐지한 때, 동일한 사항에 관하여 모순되는 신법이 제정된 때 구법은 폐지된다.

② 법률불소급의 원칙

법은 그 시행기간 중에 발생한 사항에 대해서만 적용되고, 시행일 이전에 발생한 사항에 대해서는 미치지 않는데 이를 법률불소급의 원칙이라고 한다. 이 원칙은 소급입법에 의한 인권침해를 방지하기 위하여 형사법에서는 절대적인 원칙이나, 민사법에서는 소급효를 인정하는 것이 일반적인데, 이는 변화하는 사회현상의 반영이라는 현실적인 요구 및 오히려 형평과 정의에 부합한다는 측면을 고려한 결과이다. 형법에서도 범죄 후 법률의 변경에 의하여 그 행위가 범죄를 구성하지 않거나 형이 구법보다 경한 때에는 소급효를 인정한다.

민사법에서 소급효가 인정되더라도 구법에 의하여 취득한 권리는 침해받지 않는데 이를 기득권 불가침원칙이라고 한다.

2) 사람에 관한 효력

사람에 관한 법의 적용범위에 관해서는 속인주의와 속지주의가 있다. 속인주의는 법이 사람을 따라다니며 적용되는 것으로 국내에 있든 국외에 있든 자기가 속하는 나라의 법에 의하여 지배되는 것을 말한다. 속지주의는 영토를 기준으로 하여 사람에 대한 적용범위를 정하는 것으로 그 나라의 통치권이 미치는 영역 내에 있으면 국적을 불문하고 그 나라의 법에 의해 지배되는 것을 말한다.

근대국가에서는 영토권을 우선하여 속지주의를 원칙으로 하나, 참정권이나 병역의무 같은 것, 신분이나 능력에 관한 사항은 속인주의가 적용되는 것이 일반적이다. 타국 거주자라도 치외법권을 갖는 자는 자국법의 적용을 받는다. 외교사절 등에 대하여 인정되는 치외법권은 국제관습·영사조약·주둔군지위협정 등에 근거한다.

3) 장소에 관한 효력

법은 그 나라의 모든 영역에 걸쳐 적용되는 것이 원칙이나 치외법권지역에서는 적용되지 않는다.

Ⅴ. 법의 적용과 해석

1. 법의 적용

법의 적용이란 법의 내용을 사회생활이 구체적 사실에 실현시키는 것을 말한다. 법이 규정하고 있는 내용은 일반적이고 추상적이기 때문에 구체적 사실에 대하여 법률효과를 발생시키기 위해서는 사실의 확정과 법의 해석의 두 단계를 거치게 된다.

사실의 확정이란 법의 적용대상이 되는 구체적 사실이 어떤 것인가를 확정하는 것이고, 법의 해석이란 확정된 사실에 적용될 법을 찾아 그 의미내용을 확정하는 것을 말한다.

2. 사실 확정의 방법

사실을 확정하는 방법에는 증거에 의하여 해당 사실의 존부를 확정하는 증명과 증명의 어려움 또는 공익상의 이유로 사실의 존재 또는 부존재를 추정하거나 간주하는 경우가 있다.

추정이란 어느 사실로부터 다른 사실을 추인하는 것으로 법규에 의한 법률상 추정과[19] 경험칙에 의한 사실상 추정이 있다.[20]

간주는 국내에 주소가 없는 자에 대해서는 국내에 있는 거소를 주소로 보는 것(민법 제20조)과 같이 그 사실이 진실인가와는 상관없이 간주된 사실을 기초로 법을 적용하는 것이므로 반증으로 뒤집을 수는 없다.

3. 법의 해석

법의 내용은 일반적이고 추상적이기 때문에 이를 구체적 사실관계에 적용하기 위해서는 그 의미내용을 구체적인 사건에 결부시킬 수 있도록 구체화하여야

---

[19] 이에는 전후 양시 점유사실 있으면 계속점유 추정(민198)하거나 동시사망의 추정(민법 제30조), 혼인 중 포태한 자의 부의 자 추정(민법 제844조) 등과 같이 사실관계를 추정하는 경우와 점유사실에서 점유물에 대한 권리 추정(민법 제200조)하는 경우와 같이 권리관계를 추정하는 경우가 있다.

[20] 이는 법관의 경험법칙을 적용하여 행하는 추정으로 간접사실로부터 주요사실을 추정(부가 처에게 토지 매도 시 가장매매 추정, 등기필증 소지 시 명의신탁 추정)하는 것이 그 예이다.

하는데 이를 법의 해석이라고 한다. 법의 해석은 법에 내재된 이념과 정신을 객관화하는 것이며 이는 형식론적 방법을 넘어서 각 법규가 가지고 있는 객관적 목적과 그 시대의 사회적 실정들을 고려해서 목적론적으로 이루어져야 한다.

법의 해석에는 국가기관에 의하여 확정되는 유권해석과 학문적 견지에서 문리적 또는 논리적으로 행해지는 학리해석이 있다.

1) 유권해석

입법 자체에 의한 해석인 입법해석,[21] 법원의 판결을 통한 해석인 사법해석, 행정청에 의한 해석인 행정해석이 있다.

2) 학리해석

법문의 자구에 나타난 의의에 따라서 법규의 의미를 확정하는 문리해석과 자구에 구애받지 않고 법 전체의 조직, 법질서 전체의 유기적·논리적 관련성, 입법정신 및 그 연혁, 법 적용의 결과 등을 종합적으로 고려하여 논리적으로 법규의 의미를 확정하는 논리해석이 있다. 이에는 법조문의 용어가 법의 진정한 의도를 충분히 표현하고 있지 못하다고 생각될 경우에 그 용어의 보통의미보다 넓게 해석하는 확장해석,[22] 문리해석의 결과가 너무 넓어 법의 진정한 의도를 넘어설 경우에 좁게 해석하는 축소해석,[23] 법문이 규정하는 요건과 반대의 요건이 존재하는 경우에는 반대의 효과를 인정하는 반대해석[24] 등이 있다.

VI. 권리와 의무

1. 법률관계

법은 사람의 사회생활관계를 규율하고자 만들어진 것인데, 법의 규율을 받고 있는 사회생활관계를 법률관계라고 한다. 사람의 사회생활관계 중에는 법의 규

---

21) 민법 제98조의 본법에서 물건이라 함은 유체물 및 전기 기타 관리할 수 있는 자연력을 말한다는 것이 그것이다.

22) 형법 제257조의 상해의 경우 여성의 두발을 절단하는 것은 생리적 장애를 초래하지는 않으나, 외관상 사회생활을 영위하는 데 장애를 초래하는 정도가 되었다면 상해로 보는 것이 그 예이다.

23) 형법 제329조의 절도죄의 객체인 재물에는 부동산은 포함시키지 않는 것이 그 예이다.

24) 민법 제800조의 성년에 달한 자는 자유로이 약혼할 수 있다는 규정에서 성년에 달하지 않은 자는 자유로이 약혼할 수 없다는 원칙을 도출하는 것이 그 예이다.

율을 받지 않고 관습·도덕·종교의 규율을 받는 관계도 있는데 인간관계나 호의관계가 그것이다.

인간관계는 가족·애정·우의·예의관계 같은 생활관계이다. 부모자식 간에 생일선물을 하기로 약속하는 것, 친구 간에 같이 여행 가기로 약속하는 것 등은 인간관계에 기한 약속이어서 이로부터는 법률관계가 발생하지 않고 따라서 약속을 어겨도 이행을 청구하거나 손해배상을 청구할 수는 없다.

호의관계는 호의로 어떤 이익을 주고받는 관계를 말한다. 호의관계도 서로의 호의에서 비롯된 것이므로 법률문제가 생기지 않는 것이 원칙이나 호의관계에 수반하여 손해가 발생한 경우에는 그 손해를 누가 부담할 것인가의 문제가 발생하여 법률문제가 된다. 이웃집 아이부모의 부탁으로 그들이 외출하는 동안 호의로 아이를 돌보아 주기로 했는데, 아이가 장난치다 다친 경우나, 호의로 차를 태워 주고 가다가 운전부주의로 사고를 내어 동승한 사람이 부상을 입은 경우 등에서 호의관계라는 이유로 법의 적용을 거부할 수 있는가의 문제가 발생하는 것이다. 이 경우 호의를 베푼 사람에게 과실이 인정되면 책임을 인정하되 호의를 입은 사람에게도 사고발생을 예방 못 한 잘못이 있을 경우에는 책임을 경감하는 식으로 해결된다.

법률관계는 권리와 의무의 관계로 나타난다. 예컨대 물건의 매매관계는 매수인의 대금지급의무와 목적물인도청구권 매도인의 대금청구권과 목적물인도의무로 이루어져 있다.

2. 권리와 의무의 본질

1) 권리의 본질과 개념

권리가 무엇이냐에 관해서는 의사의 힘 또는 지배라고 하는 의사설,[25] 법률에 의하여 보호된 이익이라는 이익설,[26] 권리란 일정한 이익을 향수할 수 있도록 법이 인정한 힘이라는 법력설 등이 있는데, 법력설이 통설이다.

---

25) 이 설에 따르면 권리의 주체가 되기 위해서는 의사의 주체가 될 수 있어야 하므로 의사능력 없는 자에게는 권리를 인정할 수 없는 한계가 있다.

26) 이 설에 대해서는 이익은 권리에 의하여 달성하려는 목적 또는 권리행사로 인한 결과는 될 수 있으나 권리의 본체는 아니라는 비판이 있다.

법력설에 기초할 때 권리는 일정한 이익의 향수를 위하여 자기 이외의 사람 또는 단체에 대하여 행사할 수 있는 법에 의하여 주어진 힘으로 정의할 수 있다.

권리 속에 포함된 개개의 작용을 말하는 권능(예컨대 물건의 소유권에는 물건의 사용·수익·처분권능이 있다), 공법상 또는 사법상 법인 또는 단체의 기관이 법령·정관 등에 의하여 행할 수 있는 일의 범위 내지 자격을 말하는 권한, 법 규정의 결과로 받게 되는 반사이익[27] 등은 권리가 아니다.

2) 의무의 개념

의무는 일정한 행위를 하거나 하지 않아야 할 법률상의 구속을 말한다. 권리와 의무는 동전의 양면처럼 서로 대응하는 것이 보통이나 그렇지 않은 경우도 있다. 법인의 등기의무(민법 제49조), 미성년자에 대한 감독의무(민법 제755조)는 권리에 대응하지 않는 의무뿐인 경우이고, 민법상의 취소권, 동의권, 해제권은 의무가 대응하지 않는 권리뿐인 경우이고, 친권자의 미성년자에 대한 보호·교양(민법 제913조)은 권리인 동시에 의무이다.

3. 권리의 종류

1) 공권

공권은 공법관계에서 인정되는 권리로 국가나 공공단체가 자체의 존립을 위하여 또는 국민에 대하여 가지는 권리인 국가공권은 작용에 따라 입법·사법·행정권, 목적에 따라 조직·경찰·군정·형벌·재정권으로 나뉘고, 국민이 국가나 공공단체에 대하여 가지는 권리인 국민공권에는 자유권·수익권·참정권 등이 있다.

2) 사권

권리의 내용에 따라 생명권·신체권·성명권·정조권 등과 같이 권리자 자신을 객체로 하는 인격적 이익의 향수를 내용으로 하는 인격권, 친권·후견권·부양청구권·상속권 등과 같이 친족관계에서의 일정한 지위 즉 신분에 따르는 이익의 향수를 내용으로 하는 신분권, 물권·채권·무체재산권 등과 같이 경제적

---

27) 생활보호법의 결과로 보호대상자들이 받는 이익은 반사이익이어서 관계관청이 규정을 이행하지 않아 보호대상자들이 받을 이익이 감소되더라도 그 권리를 주장할 수는 없다.

이익의 향수를 내용으로 하는 재산권[28])으로 나뉘고, 권리의 작용에 따라 물권·무체재산권 등과 같이 권리의 객체를 직접 지배하는 지배권, 채권과 같이 타인의 작위 또는 부작위를 청구할 수 있는 청구권, 취소·해제권과 같이 권리자의 일방적 의사표시로 권리의 발생·변경·소멸 기타의 법률상의 효과를 발생시키는 형성권, 동시이행의 항변권과 같이 타인의 권리행사를 거절할 수 있는 항변권으로 나뉜다.

3) 사회권

사회권은 국가의 기능이 사회적·경제적 영역으로 확대되어 국민생활의 보장이 국가의 책임으로 되면서 생긴 권리이다. 이것은 국가책임의 반사작용으로 생긴 것이기 때문에 구체적인 청구권이 주어지지는 않으나, 교육을 받을 권리·근로의 권리·근로자의 단결권 등과 같이 구체적인 권리로 인정되는 것도 있다.

4. 의무의 종류

의무는 납세·병역의무같이 공법관계에서 갖게 되는 공의무와 채무와 같이 사법관계에서 사권에 대응하여 갖게 되는 사의무로 구분된다.

---

28) 물권은 권리자가 물건을 직접 지배해서 이익을 얻는 배타적 권리로 소유권, 점유권, 지상권, 지역권, 전세권, 유치권, 질권, 저당권이 있고, 채권은 채권자가 채무자에 대하여 일정한 행위(급부)를 요구하는 권리이고, 무체재산권은 저작·발명 등의 정신적·지능적 창조물을 독점적으로 이용하는 것을 내용으로 하는 권리로 특허권, 실용신안권, 디자인권, 상표권, 저작권, 저작인접권, 프로그램저작권 등이 있다.

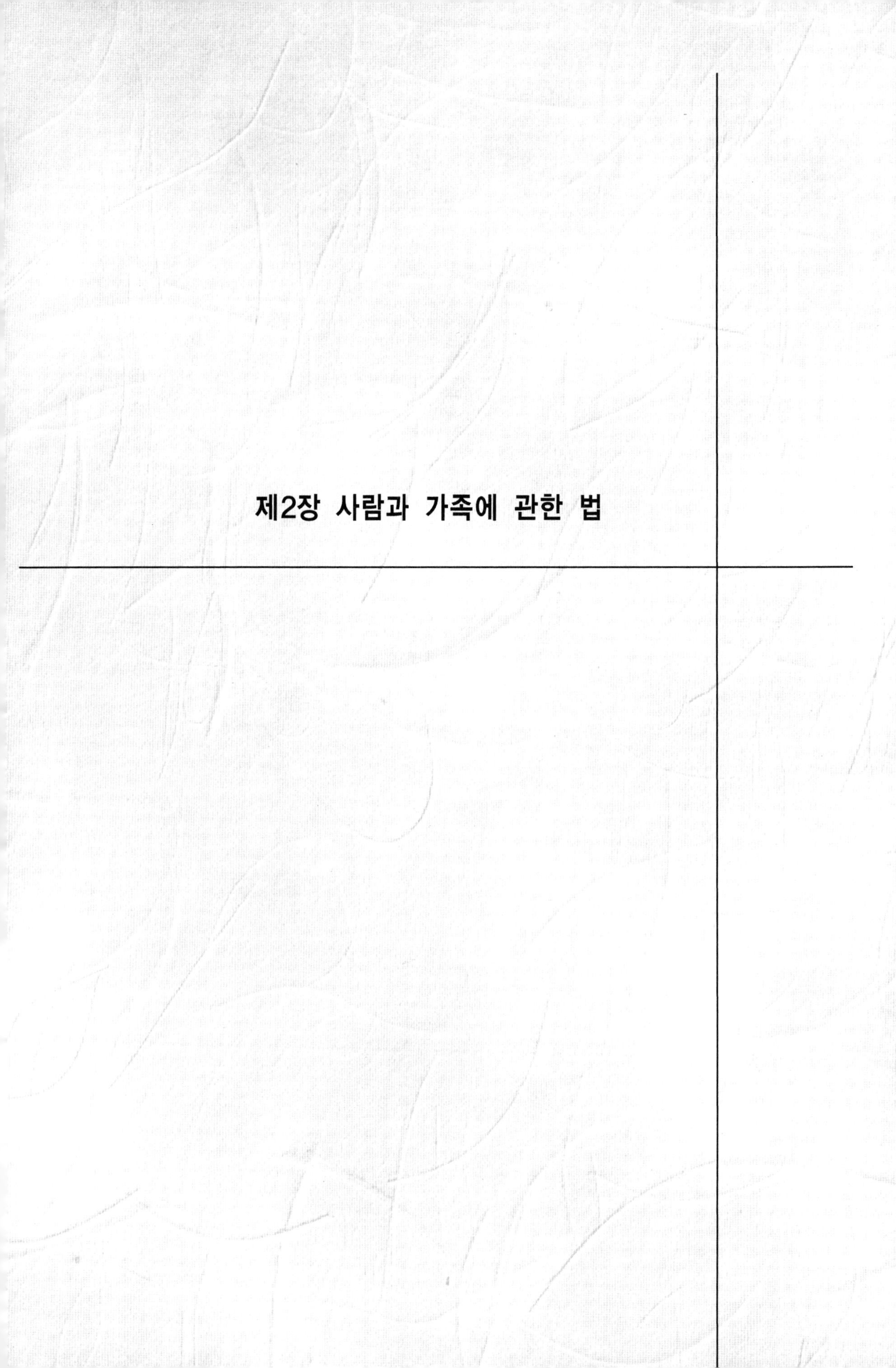

제2장 사람과 가족에 관한 법

제1절 권리·의무의 주체로서의 사람

Ⅰ. 자연인과 법인

법이 예정하고 있는 사람은 생명체로서의 인간 즉 자연인만이 아닌 권리·의무의 주체로서의 사람이다. 민법은 제3조에서 사람은 생존한 동안 권리와 의무의 주체가 된다고 규정하여 생명체로서의 인간을 권리의무의 주체로 인정하는 외에, 제31, 34조에서 법률의 규정에 의하여 성립한 법인은 법률의 규정에 좇아 정관으로 정한 목적의 범위 내에서 권리와 의무의 주체가 된다고 규정하여 자연인 이외에 법인 즉 법에 의하여 만들어진 사람에게도 권리·의무의 주체가 될 수 있음을 밝히고 있다.

법인의 개념이 등장한 것은 인간사회가 발전하면서 사람의 활동이 개인이 주체가 되어서 하는 것 외에 특정한 목적을 위한 인간 또는 재산의 결합체가 소속 개인 또는 재산을 내놓은 인간과 상관없이 독자적으로 활동하는 현상이 발생하자 이에 대한 적절한 규제의 필요성이 생겼기 때문이다.

법인에 해당하는 것으로는 우리가 흔히 접하는 주식회사와 같은 영리사업을 목적으로 하는 영리법인과 학술·교육·종교·사회봉사·사교 등 영리 아닌 사업을 목적으로 하는 사람들의 결합체인 사단 또는 재산의 결합체인 재단의 비영리법인이 있다.

권리·의무의 주체가 될 수 있는 능력을 권리능력이라고 한다.

Ⅱ. 사람의 시기와 종기

1. 문제점

사람의 시기와 종기를 어떻게 볼 것인가와 관련하여 법인은 법에 의하여 설립되고 해산되는 것이므로 법이 정한 바에 따르면 되지만, 자연인의 시기와 종기 즉 삶과 죽음의 표식은 무엇인가에 관해서는 의학적·종교적인 이유로 논란이 있다.

그러나 법이 예정하고 있는 사람의 시기와 종기는 권리의무의 주체가 될 수 있는 기간으로서만 의미가 있는 것이므로 의학적인 관점이 아닌 법적인 관점, 즉 법이 달성하려는 목적인 일상생활에서의 구체적 타당성의 관점에서 보아야 한다.

2. 사람의 시기

1) 자연인

자연인에 관해서는 태아가 모체로부터 전부 노출되어야 한다는 것이 통설이고, 일부만 노출해도 된다는 설, 전부 노출된 후 독립해서 호흡할 수 있게 된 때라는 설, 모체에서 출산을 위한 진통이 시작되었을 때라는 진통설 등이 있다.

독일·스위스는 출생의 완료로 권리능력이 시작된다고 보아 전부노출설을 채택하고 있다. 전부노출설의 경우 탯줄이 끊어지거나, 태반이 배출되지 않아도 되며, 잠시라도 살아 있기만 하면 되고 독자생존능력은 불필요하고, 기형, 조산 등도 불문한다.

생존의 징표는 맥박, 호흡, 근육운동, 뇌파 등으로 판단하는데 상속 등에 영향이 있을 수 있다. 사산의 입증은 주장하는 사람이 해야 한다.

2) 법인

법인은 법이 정하는 절차와 내용에 따른 설립행위를 마치고 주된 사무소의 소재지에서 설립등기를 마침으로써 성립한다.

3. 사람의 종기

1) 자연인

자연인의 사망의 시기는 호흡과 맥박이 정지하는 때로 보는 것이 통설이다. 그러나 현대의학의 발달과 함께 인공적인 생명유지장치로 호흡과 맥박의 정지를 막을 수 있게 되면서 그 윤리문제와 함께 장기이식의 필요성 때문에 호흡과 맥박이 있어도 뇌파가 정지되면 사망한 것으로 보자는 뇌사설이 유력해지고 있다.

2) 법인

법인은 설립당시에 정한 존립기간의 만료, 법인의 목적의 달성 또는 달성의
불능 기타 정관에 정한 해산사유의 발생, 파산 또는 설립허가의 취소로 해산한
다. 영리법인이나 사단법인은 사원이 없게 되거나 총회의 결의로도 해산한다.
해산의 경우도 등기를 해야 한다.

Ⅲ. 태아

1. 전부노출설의 문제점

태아인 동안에는 권리능력 없으므로 태아인 동안 부가 사망하면 그 후 출생
해도 상속권이나 부의 살해로 인한 손해배상청구권이 없는 부당함이 있다.

이를 법으로 해결하기 위하여 태아의 이익이 문제 되는 경우에는 모두 출생
한 것으로 간주하는 일반주의를 채택하거나(로마법, 스위스), 특히 중요한 경우
에만 규정을 두어 출생한 것으로 간주하는 개별주의를 채택하고 있는데(독일,
프랑스, 한국, 일본), 어느 경우나 태아가 살아서 출생하는 것을 전제로 하는
것은 마찬가지이다.

2. 출생간주의 의미

이와 관련해서는 태아로 있는 동안은 권리능력을 취득하지 못하고, 출생하면
문제의 사건 시까지 소급해서 권리능력이 있다고 보는 정지조건설과 그 사안
발생 시부터 권리능력이 있지만 사산하면 그때로 소급해 소멸한다고 보는 해제
조건설이 있는데 우리 대법원은 정지조건설을 택하고 있다.[29]

3. 태아에게 권리능력이 있는 경우

민법은 다음의 경우에 태아에게 권리능력이 있는 것으로 정하고 있다.
불법행위 손해배상청구권(민법 제762조)의 경우 태아 자신이 피해자인 경우

---

29) 대법원 1976.9.14. 76다1365.

(예: 모에 대한 약물 투여로 기형이 된 경우)는 직접 청구권이 있고. 부모가 피해자인 경우는 그 손해배상청구권을 상속한다.

상속과 관련하여 재산상속권(제1000조의 3), 대습상속권(제1001조), 유류분청구권(제1112조), 유증능력(제1064조)이 있다. 수증능력에 관해서는 사인증여(제562조) 시 유증에 관한 규정을 준용한다는 점을 근거로 인정하는 설도 있으나, 준용되는 것은 유증의 효력에 관한 규정에 한하고, 생전증여가 인정되지 않는 것과의 균형상 부정하는 것이 옳을 것이다.[30]

혼인 외의 출생자에 대하여 부자관계를 인정하는 제도인 인지와 관련 부의 태아에 대한 인지는 가능(제858조)하나, 태아의 인지청구는 규정이 없어 불가하다고 보는 것이 다수설이다. 태아와 구별되는 子(자)는 인지청구가 가능하다(제863조).

4. 소송상 당사자능력

민법상 권리능력자는 소송법상으로도 모두 당사자능력이 있는 것으로 본다. 따라서 태아의 경우도 민법상 권리능력이 인정되는 한 소송상으로도 당사자능력이 있다. 민법상 해제조건설에 따르면 처음부터 당사자능력이 있다가 사산하면 소급 소멸하고, 정지조건설에 따르면 태아인 상태로는 당사자능력이 없다가 출생하면 소급하여 있는 것으로 보아야 할 것이나, 소송법상으로는 그 특수성상 태아 중인 상태에서도 당사자능력을 인정하는 것이 다수설이다. 태아 중인 상태에서도 증거보전이나 집행보전의 필요성 있기 때문이다.

---

30) 대법원 1982.2.9. 81다534.

제2절 권리행사와 의무이행의 주체

Ⅰ. 권리행사와 의무이행능력(행위능력)

1. 개념 및 제도의 취지

행위능력은 행위자 단독으로 완전하고 유효한 법률행위를 할 수 있는 능력으로 법은 권리능력이 있어도 일정한 경우에는 행위능력이 없는 것으로 획일적으로 정하고 있다.

권리능력자라고 하더라도 자기의 행위에 의하여 권리를 취득·행사하고 의무를 부담·이행하기 위해서는 자기 행위의 의미나 결과를 판단할 수 있는 일정한 정신적 능력(의사능력)이 있어야 하고, 이런 의사능력이 없는 자의 행위는 무효이다(독일, 스위스는 명문을 두고 있는데 우리는 없지만 이론이 없다). 의사능력의 유무는 구체적인 경우마다 개별적으로 결정될 것인데, 행위자 본인은 물론이고 상대방도 입증에 어려움이 있어 본인 보호나 거래안전 모두에 도움이 안 되므로 획일적인 기준을 정하여 의사능력이 없는 것으로 정해 둔 것이 행위무능력자 제도이다.

법인의 경우에는 일단 유효하게 성립된 이상 그 행위는 대표자에 의하여 행하여지므로 따로 행위능력이 문제 되지는 않는다.

2. 행위무능력자

우리법상 행위무능력자는 연령을 기준으로 하여 20세 미만인 자를 모두 행위무능력자로 하는 미성년자와 질병, 장애, 노령, 그 밖의 사유로 인한 정신적 제약으로 사무를 처리할 능력이 지속적으로 결여된 사람인 피성년후견인과 위 능력이 부족한 사람인 피한정후견인, 질병, 장애, 노령, 그 밖의 사유로 인한 정신적 제약으로 일시적 후원 또는 특정한 사무에 관한 후원이 필요한 사람인 피특정후견인이 있다. 피성년후견인, 피한정후견인, 피특정후견인은 본인이나 가족 등 법이 정한 사람의 청구에 의하여 가정법원이 정한다.

Ⅱ. 미성년자의 행위능력

1. 민법 제5조

민법은 만 20세에 달하지 않은 미성년자의 법률행위는 법정대리인의 동의를 얻어서만 가능하고, 예외적으로 권리만을 얻거나 의무만을 면하는 경우 등에 한하여 단독으로 할 수 있다고 규정하여 미성년자를 행위무능력자로 정하고 있는데, 미성년자는 정신적으로나 윤리적으로 독자로 법률행위를 할 만큼 성숙되지 않았다고 보기 때문이다.

이 규정은 법이 정하는 미성년자인 20세에 달하지 않은 사람 중 의사능력 없는 미성년자에게는 적용되지 않는다고 보는 것이 판례·통설이다.[31] 의사능력이 없는 자의 행위는 당연 무효이기 때문이다. 단 판단의 어려움 때문에 구별 없이 취소로 해결하자는 소수설도 있다. 미성년자의 나이는 객관적 획일적으로 정해지며 정신능력이 뛰어나다고 해도 법원의 선고 등을 통해 행위능력자가 될 수는 없다.

2. 미성년자가 할 수 있는 법률행위

미성년자가 할 수 있는 법률행위는 재산행위에 한하고 신분행위는 제외된다. 단 혼인능력(제807조)과 인지(금치산자만 제한, 제856조)에 관해서는 따로 정하고 있다.

사실행위(무주물 선점, 유실물습득, 점유의 취득)는 할 수 있고, 준법률행위(최고, 통지, 승낙)는 의사표시와 다름없으므로 할 수 없으나, 의사표시수령능력(제112조)은 있다.

소송행위는 소송능력의 문제이므로 따로 본다.

독립하여 법률행위를 할 수 있는 경우는 인정되나(민사소송법 제55조), 소송행위의 기술성, 복잡성을 고려하면 영업허락의 경우같이 어느 영역에서 무능력이 해소된 경우에 한하고, 처분허락을 받은 재산에 관한 경우와 권리만 얻거나 의무만 면하는 경우 등은 제외할 것이다. 단 임금청구는 가능하다(근로기준법 제54조).

---

31) 대법원 결정 1967.7. 67마507.

3. 법정대리인

미성년자의 법정대리인은 친권자(제909조)와 후견인(제928조), 친권대행자(제910, 948조), 재산관리인(제918조)이 된다.

4. 법정대리인의 동의

1) 동의방법

동의는 독립한 단독의 불요식행위이다. 사전 또는 동시에 할 수 있고, 사후에 하면 추인이 된다. 명시 또는 묵시적으로 할 수 있으며, 동의의 상대방은 미성년자 또는 그 상대방이다. 동의 여부는 재량이나 부동의가 대리인의 의무 위반일 경우는 손해배상문제가 발생한다.

2) 동의효과

동의가 있으면 그 행위가 유효할 뿐 미성년자가 완전한 행위능력을 가지고 독립해서 행위를 할 수 있게 하는 것은 아니다. 법정대리인의 대리권은 그대로 존속하므로 법정대리인은 동의를 철회하고 대리행위가 가능하다.

3) 증명책임

미성년자가 그 행위를 부인하는 한 상대방이 동의 얻었다는 점을 입증해야 한다.

4) 동의취소(제7조)

동의 후에도 미성년자가 행위를 하기 전에는 동의를 취소하고 법정대리인이 직접 행위를 할 수 있다. 동의와 같은 방식으로 가능하다. 동의의 취소는 하자 있는 행위를 소급해서 취소하는 것이 아니고 미성년자로 하여금 행위를 못하게 하려는 것이므로 철회에 해당한다.

5. 동의가 필요 없는 행위

1) 규정형식

민법은 사실상 동의가 있는 것으로 간주할 수 있는 경우를 유형화하거나(제5조 단서, 제6조) 행위능력을 확장하는(제8조) 형식으로 동의가 필요 없는 행위를 정하고 있다.

2) 권리만을 얻거나 의무만을 면하는 행위

이러한 행위는 미성년자에게 불이익 우려가 없으므로 특별히 보호할 필요가 없어 동의가 있는 것으로 간주하고 있다.

부담 부 증여계약, 경제적으로 유리한 매매계약, 상속승인, 채권변제를 받는 것은 이익도 얻지만 동시에 의무가 발생하거나 채권을 상실하므로 해당하지 않는다.

공적인 부담(세금, 수수료 등)이 수반되는 것(부동산 증여)은 법률행위에 의하여 발생하는 사법상 의무부담이 아니므로 해당한다.

물적인 부담이 있는 목적물 취득도 해당한다.

3) 법정대리인이 범위를 정하여 처분을 허락한 재산의 처분행위(제6조)
① 처분

여기서의 처분은 사실상, 법률상(물권행위, 채권행위 − 채권양도·채무인수·변제·상계·화해, 사용·수익) 처분행위를 모두 포함한다.
② 범위

이와 관련 소수설은 사용목적을 정해 주면 이에 따른 제약을 받는다고 보고, 다수설은 사용목적과 무관하게 처분 가능하다고 본다. 실제로는 주관적인 사용목적을 제3자가 알기 어려우므로 거래안전상 사용목적의 제한은 받지 않는 것으로 봄이 옳다. 처분은 사용·수익을 포함하고, 그 처분행위로 인한 후속조치도 포함하므로 처분이 허락된 범위 내에서의 채무부담, 처분하여 취득한 재산을 다시 처분하는 것도 가능하다. 다만 복권당첨금과 같이 처분으로 취득한 재산이 과다할 경우라면 다시 법정대리인의 허락을 받아야 할 것이다.

③ 효과

법정대리인의 동의가 있는 것으로 간주하는 것이지 미성년자의 행위능력을 예외적으로 확장해서 인정하는 것이 아니므로, 법정대리인의 대리권이 상실되는 것은 아니다. 따라서 행위능력이 있는 것을 전제로 하는 소송능력은 없다. 처분 허락으로 다시 취득한 재산의 처분가능 여부는 허락의사표시의 해석문제일 것이나, 복권 당첨금같이 대체물의 가격이 과다할 경우는 다시 허락을 요한다고 볼 것이다.

4) 허락된 특정영업에 관한 법률행위(제8조)
① 규정취지

영업에 관한 계속적 반복적 행위를 매번 동의해야 하면 번잡하고 영업에 지장을 초래할 것이므로 한 번의 허락으로 족하게 한 것이다. 영업에 관한 한 동의간주가 아니라 행위능력이 확장된 것으로 보아야 한다. 재산처분 허락의 경우와는 규정방식이 다르다.

② 영업

영업은 이익을 얻을 목적으로 동종행위를 반복해서 수행하는 것으로 상업만이 아니고, 공업, 농업, 자유업 등 모든 계속적 사업을 의미한다. 자신이 주체가 되어야 하고 노무를 제공하고 대가를 받는 것은 제외한다.

허락한 영업은 그 종류를 특정해야 한다. 어느 영업도 좋다고 하면 미성년자 보호의 취지에 반한다. 특정한 영업은 사회관념상 일개로 보이는 영업단위여야 하므로 영업단위의 일부 즉, 소매상을 허락하면서 1,000원을 넘는 거래는 허락을 요한다는 식은 거래안전상 안 된다.

③ 허락 방법

명시 또는 묵시적으로 가능하다. 후견인이 허락할 경우에는 친족회 동의가 필요하다(제950조). 공시는 필요 없으나 상업인 경우는 필요하다(상법 제6, 34조).

④ 허락 효과

영업에 관하여 성년자와 동일한 행위능력이 있다. 법정대리인의 동의는 필요 없다. 이에 관한 법정대리인의 대리권은 소멸한다. 미성년자는 영업에 직·간접으로 필요한 일체의 행위(자금차입, 점포구입, 직원고용, 광고)를 할 수 있다.

⑤ 증명책임

미성년자의 행위가 허락된 영업에 관한 것이라고 주장하는 자에게 증명책임이 있다.

⑥ 허락의 취소와 제한(제2항)

의의 - 미성년자에 대한 영업의 허락은 취소하거나 제한할 수 있다. 취소는 장래에 향하여 허락이 없었던 것으로 하는 철회의 의미이고, 제한은 수개 영업허가 시 일부에 대한 철회를 의미한다.

사유 - 제한이 없다(일본: 미성년자가 영업을 감당하기 어려운 사정이 있는 때). 제한이 없는 이유는 선의의 제3자 보호규정이 있기 때문이다. 법은 취소와 제한 시 친권자(제922조)와 후견인의 주의의무(제956, 681조)를 규정하고 있다.

방법 - 친권자는 제한 없으나, 후견인은 친족회의 동의가 필요하다(제945조).

효과 - 선의 제3자에게 대항하지 못한다. 상업 외에는 공시방법 없으므로 거래안전의 필요에서 이다.

5) 대리행위(제117조)

대리행위의 효과는 본인에게 귀속하고, 미성년자에게 불이익이 없으므로 언제나 가능하다.

6) 유언행위

17세 이상 미성년자는 독자적으로 유효한 유언을 할 수 있다(제1061조).

7) 근로계약

이에 관해서는 설이 대립하고 있으나 근로기준법은 일정한 경우 허용하고 있다. 근로기준법 제64조는 15세 미만(중학재학생은 18세 미만) 사용금지를 원칙으로 하고, 예외적으로 노동부장관의 취업인허증을 받은 경우에 가능하게 하고 있는데, 이는 의무교육의 달성과 생계곤란자의 보호를 위해서이다.

동 제66조는 18세 미만은 연소자증명서로 가족관계증명서와 친권 또는 후견인 동의서를 사업장에 비치할 것을 조건으로 허용하고, 동 제67조는 법정대리인의 근로계약 대리를 불허하여 미성년자 본인이 직접 근로계약을 체결하도록 하는 한편, 법정대리인과 노동부장관은 미성년자가 체결한 근로계약이 불리할 경우에 해지할 수 있게 하고 있다. 또한 제68조는 미성년자가 독자적으로 임금 청구를 할 수 있게 하고 있다. 결국 18세 이상 미성년자는 아무 제한 없이 독자로 근로계약이 가능하다.

6. 미성년자 법률행위의 취소

1) 취소권자(민법 제140조)

미성년자 본인은 독립하여 가능한데, 이는 취소할 수 있는 행위의 취소가 아니기 때문이다. 대리인(법정, 임의), 승계인(포괄 ‑ 상속, 특정 ‑ 취소할 수 있는 행위로 임차권 설정한 토지의 정당한 양수인)도 가능하다. 상대방은 법에 정함이 없으므로 불가하다. 무권대리의 경우 상대방의 철회권이 인정되는 것과 다르다(제134조).

2) 취소권의 행사(제142조)

상대방 확정 시는 그에 대한 의사표시로, 상대방 불확정 시는 적당한 방법으로 의사를 외부에 객관화시키는 방식으로 한다.

행사시기는 제한이 없다. 소가 제기되어 확정판결이 있은 후에도 가능한데, 이때 취소로 판결이 실효되는 것은 아니고 청구이의의 소가 가능하다(민사집행법 제44조).

3) 효과(제141조)

처음부터 무효이다. 발생했던 채권·채무는 처음부터 없는 것으로 되고, 이미 이행한 것은 부당이득이 된다.

부당이득 반환범위는 무능력자는 현존이익만 반환하면 되고, 선의·악의를 불문하나, 상대방은 일반부당이득과 같다(제748조). 즉 선의자는 현존이익을, 악의자는 받은 이익과 이자 및 손해 있을 때에는 손해액도 반환해야 한다.

무효는 선의의 제3자(상대방, 전득자 포함)에게도 대항 가능한데 이는 미성년자의 보호 강화를 위해서이다. 하자 있는 의사표시 등의 취소의 경우에는 선의의 제3자에게 대항하지 못하는 것과 다르다(제107 ‑ 110조).

7. 미성년자의 소송능력

소송능력이란 소송의 당사자가 되어 소송행위를 할 수 있는 능력을 말한다.

민법상 행위능력자는 모두 소송능력이 있으므로 행위무능력자인 미성년자는 소송능력도 없으나, 미성년자가 단독으로 법률행위를 할 수 있는 경우에는 예외이다.

1) 미성년자의 단독소송능력

민사소송법은 미성년자도 독립하여 법률행위를 할 수 있는 경우는 소송능력을 인정하나(제55조), 소송행위의 기술성, 복잡성을 고려하면 영업허락의 경우 같이 어느 영역에서 무능력이 해소된 경우에 한하고, 처분허락을 받은 재산에 관한 경우와 권리만 얻거나 의무만 면하는 경우 등은 제외할 것이다.

근로기준법 제64, 65조가 미성년자의 독자적인 근로계약 체결과 임금청구권을 인정하고 있어, 그 해석을 둘러싸고 임금청구를 위한 소송행위만 가능하다는 입장과 근로관계와 관련한 모든 소송행위가 가능하다는 입장이 있으나, 위 근로기준법규정의 취지가 근로를 제공하는 주체인 미성년자의 보호의 측면에서 본인의 의사를 존중하는 데 있는 것이므로 근로관계를 둘러싼 모든 소송행위가 가능하다고 보아야 할 것이다.

2) 법정대리인의 소송행위

미성년자가 소송행위를 할 경우는 법정대리인을 통하여서만 할 수 있다(민사소송법 제55조). 민사소송법 제51조가 민법을 일반적으로 원용하므로 여기의 법정대리인은 민법상 법정대리인과 같다.

법정대리인의 소송행위 효과는 본인에게 귀속된다.

법정대리인은 본인이 할 수 있는 모든 소송행위를 할 수 있으나, 소 취하, 화해 등의 경우에는 친족회의 특별 수권이 필요하다(민사소송법 제56조). 민법상으로는 부모가 법정대리인일 경우는 아무런 제한이 없으나, 소송법상으로는 후견인과 마찬가지로 제한된다.

제3절 혼인과 이혼

Ⅰ. 서론

인간의 종족보존본능에 기초한 남녀의 결합관계를 혼인관계라고 하고, 이 관계가 해소되는 것을 이혼이라고 한다. 혼인은 인간사회의 발전단계에 따라 난혼, 군혼, 일처다부혼, 일부다처혼, 일부일처혼으로 발전해 왔다. 혼인의 본질은 남녀의 결합관계라는 개인적인 것이기는 하지만 가족이나 사회·국가에 영향을 주는 것이므로 사회적 표식이 요구되는데, 전통적으로는 혼인관계의 성립을 대외적으로 알리는 종교적 또는 습속적인 의식이 행해졌고, 근대 민법이 발전함에 따라 법률적인 표식인 혼인신고를 요구하게 되었다.

Ⅱ. 약혼

남녀는 결혼하기 전에 약혼 즉 장래에 부부가 되기로 하는 약속을 하고 이를 대외적으로 표시하는 식을 하기도 하는데, 이는 법이 요구하는 절차는 아니지만 일단 행해지면 약속 즉 계약을 한 것이므로 이에 따른 법률적 효과가 발생한다. 약혼에 대하여는 법으로 규정하는 나라도 있고(한국, 독일 등), 판례상으로 인정하는 나라(영국, 미국, 프랑스, 일본 등)도 있다.

성년에 달한 자는 자유로이 약혼할 수 있고, 만 18세가 된 사람은 부모나 후견인의 동의를 얻어 약혼할 수 있다(민법 제800, 801조). 부모가 일방적으로 정한 약혼은 무효이다. 약혼의 당사자는 혼인의 장애가 되는 근친관계가 아니어야 하고 선량한 풍속 기타 사회질서에 반하는 조건 또는 기한을 붙여서는 안 된다.

약혼을 하면 장래에 혼인할 의무를 지지만 강제이행을 청구할 수는 없고(민법 제803조), 불이행 시 과실이 있는 상대방에게 손해배상만을 청구할 수 있다.

약혼은 정당한 사유가 있을 때에는 해제할 수 있다. 민법 제804조는 상대방에게 약혼 후 자격정지 이상의 형을 받았을 때, 약혼 후 피성년후견 또는 피한정후견의 심판을 받았을 때, 성병 또는 불치의 정신병 기타 불치의 악질이 있을 때, 약혼 후 타인과 약혼 또는 혼인을 한 때, 약혼 후 타인과 간음한 때, 약혼 후 1년 이상 그 생사가 불명할 때, 정당한 이유 없이 혼인을 거절하거나 그 시기를 지연하는 때, 기타 중대한 사유가 있는 때를 해제사유로 정하고 있다.

약혼이 해제될 경우 약혼 예물의 처리와 관련 당사자 사이에 이에 관한 합의가 있으면 이에 따를 것이나, 합의가 없을 경우라도 약혼 예물의 수수는 혼인이 이루어지지 않으면 반환하기로 하는 증여와 유사한 계약이라고 보아 반환청구를 할 수 있는 것이 원칙이나, 약혼해제에 책임이 있는 자는 반환청구를 할 수 없다고 보는 것이 판례이다.[32]

Ⅲ. 혼인의 요건

혼인은 부부가 되어 같이 살자는 약속으로 법률적으로는 계약에 해당하므로 이 계약이 성립하기 위해서는 일정한 요건이 필요하다.

1. 실질적 요건

혼인이 유효하게 성립하기 위해서는 당사자 사이에 다음과 같은 요건을 갖추어야 한다.

혼인의사의 합치가 있을 것,[33] 혼인적령에 달할 것(남여 18세), 미성년의 경우 부모 동의가 있을 것, 근친혼이 아닐 것(8촌 이내의 혈족, 6촌 이내 혈족의 배우자, 배우자의 6촌 이내의 혈족, 배우자의 4촌 이내의 혈족의 배우자이거나 이러한 관계가 있었던 자, 6촌 이내의 양부모계의 혈족이었던 자와 4촌 이내의 양부모계의 인척이었던 자: 민법 제809조),[34] 중혼[35]이 아닐 것이 그것이다.[36]

---

32) 대법원 1976.12.28. 76므41. 다만 결혼 성립 후 얼마 되지 않아 이혼한 경우에는 일단 혼인은 성립했으므로 예물을 받은 자에게 이혼의 귀책사유가 있다 하더라도 반환 청구할 수는 없다(대법원 1994.12.27. 94므895).

33) 혼인의사의 합치가 없는 예; 불법취업목적의 가장혼인(대법원 1996.11.22. 96도2049), 사실혼관계 중 뇌졸중으로 의사능력 없는 상태에서 이루어진 혼인(대법원 1996.6.28. 94므1089).

2. 형식적 요건

과거 우리나라는 전통적으로 혼인의사를 갖고 동거하면 혼인관계를 인정하는 사실혼주의를 취하여 왔으나, 근대 민법이 적용되면서 법률혼주의 채택하였으므로 혼인이 성립하기 위해서는 가족관계등록 등에 관한 법률에 따라 혼인신고를 하여야 한다.

3. 혼인의 무효와 취소

당사자 간에 혼인의사의 합의가 없는 때, 근친혼 금지 규정에 위반한 때, 당사자 간에 직계인척관계가 있거나 있었던 때, 당사자 간에 양부모계의 직계혈족관계가 있거나 있었던 때에는 혼인이 무효가 된다.

혼인적령에 달하지 않은 혼인, 동의권자의 동의를 얻지 않은 미성년자와 금치산자의 혼인, 중혼, 혼인 당시 당사자 일방에게 혼인을 계속할 수 없는 악질 기타 중대한 사유가 있음을 알지 못하고 한 혼인, 사기강박으로 인한 혼인 등은 취소할 수 있다. 혼인의 취소는 취소권자가 가정법원에 소를 제기하여 판결을 받아야 효력이 있다.

---

34) 종전의 민법은 동성동본 혼인금지조항을 두었으나, 이는 인간의 존엄과 가치 및 행복추구권을 규정한 헌법이념 및 개인의 존엄과 양성의 평등에 기초한 혼인과 가족생활의 성립·유지라는 헌법규정에 정면으로 배치될 뿐만 아니라 남계혈족에만 한정하여 성별에 의한 차별을 함으로써 헌법상의 평등의 원칙에도 위반되며, 또한 그 입법목적이 이제는 혼인에 관한 국민의 자유와 권리를 제한할 사회질서나 공공복리에 해당할 수 없다는 점에서 헌법 제37조 제2항에도 위반한다는 헌법재판소의 결정에 따라 삭제되었다.

35) 중혼은 신고 과정에서 거부될 것이어서 가능성은 적으나, 신고담당 공무원이 실수 등으로 혼인신고를 수리한 경우, 이혼 후 재혼했는데 이혼이 무효나 취소된 경우, 배우자가 사망한 것으로 되어 사망신고를 하고 재혼했는데 배우자가 생환한 경우, 국내와 국외에서 이중 혼인한 경우 등이 그 예이다. 이 경우 후혼은 취소할 수 있고, 전혼은 이혼할 수 있다.

36) 종전에는 여자가 재혼할 경우는 임신시기에 따라 아버지가 누구인지 구별하기 어려운 경우가 있다는 이유로 기혼관계의 종료일부터 6개월을 경과할 것을 요구했었으나, 오늘날에는 유전자 감식방법에 의하여 거의 100% 확실하게 부자관계를 확인할 수 있으므로 삭제되었다.

Ⅳ. 혼인의 효과

1. 일반적 효과

1) 친족관계의 성립

부부는 서로 배우자라는 신분을 가지고 친족이 되고, 상대방의 4촌 이내의 혈족과 인척이 된다. 친족은 배우자, 8촌 이내의 혈족 및 4촌 이내의 인척을 뜻한다. 혈족은 자신의 부모와 자식, 자기의 형제자매와 그 자식, 부모의 형제자매와 그 형제자매의 자식을 뜻하고, 인척은 혈족의 배우자, 배우자의 혈족을 뜻한다.

2) 정조·동거·부양·협조의무

부부는 서로 정조를 지킬 의무가 있고,[37] 동거·부양·협조할 의무가 있다.[38] 동거 장소는 서로 협의하여 정하여야 하나, 협의가 되지 않으면 가정법원에 동거 장소 지정신청을 할 수 있다. 부부는 정신적, 육체적, 경제적 등 모든 면에서 협조하고 함께 생활할 의무가 있다. 생활비용은 사전에 정하지 않은 한 함께 부담하는 것이 원칙이나 전업주부의 경우는 가사노동을 담당하는 것만으로도 생활비를 공동 부담하는 것으로 인정된다.

3) 미성년자의 성년의제

미성년자가 결혼을 하면 성년이 된 것으로 본다. 따라서 행위능력에 대한 제한이 없어진다. 다만 민법 이외의 법률(공직선거법, 근로기준법, 국세기본법 등)에서는 미성년자로 취급된다.

4) 일상가사대리권

① 의미

부부는 일상의 가사에 관하여 서로 대리권이 있다(민법 제827조). 부부의 공동생활에서 필요로 하는 통상의 일들에 대하여 본인의 부재 등의 이유로 대신

---

37) 배우자 있는 자와 간통한 자는 그 상간자의 배우자에 대하여 불법행위로 인한 손해배상책임이 있으나 그 자녀에 대해서는 불법행위책임이 없다(대법원 2005.5.13. 2004다1899).

38) 동거는 거부하면서 상대방에게 수입이 있음을 이유로 부양료를 청구하는 것은 인정되지 않는다(대법원 1976.6.22. 75므17, 18).

하여야 할 경우들이 있는데 이런 경우에 일일이 본인의 허락을 얻어야 한다면 적절한 때에 할 수 없는 등의 이유로 많은 불편을 초래하므로 법은 일상가사에 대해서는 당연히 대리권이 있는 것으로 정하고 있는 것이다.

② 행사

일반적인 대리행위의 경우 본인을 대리하여 한다는 표시를 해야 하는 것이 원칙이나, 일상가사대리의 경우는 대리표시를 하지 않아도 된다는 것이 통설이다.

③ 일상가사의 범위

일상가사의 내용과 범위는 그 부부의 생활 방식, 정도, 그 지역 사회의 관습, 일반견해에 의해 정해질 것이다. 의식주, 일상용품 구입, 의료비 지급, 거주용 가옥 임차, 공과금 납부 등이 해당하나 부동산 매각 등 처분행위와 담보제공행위에 대해서는 견해가 대립한다.

행위목적, 배우자 일방의 부재, 의식불명 등 구체적 사정에 따라 판단하자는 견해, 일반 추상적으로 파악해야 하므로 처분은 안 된다는 견해 등이 있고, 대법원은 부부공동체의 내부사정, 행위의 목적 외에 법률행위의 객관적 종류, 성질도 고려해야 한다고 본다.[39]

5) 부부간 계약의 취소

부부간의 계약은 혼인 중 언제든지 이를 취소할 수 있다. 혼인 중의 의미는 형식적으로 혼인관계가 계속되고 있는 상태를 뜻하는 것이 아니고, 실질적으로도 원만한 상태가 계속되고 있는 경우에 한하고, 실질적으로 파탄에 이른 상태라면 일방적으로 취소할 수 없다.[40]

---

39) 대법원 1997.11.28. 97다31229: 교회에의 건축 헌금, 화장품 가게의 인수대금, 장남의 교회 및 주택임대차보증금의 보조금, 200,000,000원이나 되는 거액의 대출금에 대한 이자 지급 등이 일상가사에 속한다고 볼 수는 없다. 주택 구입비용이나 아파트의 구입비용의 경우 그와 같은 비용의 지출이 피고와 그 처가 부부공동체를 유지하기 위하여 필수적인 주거 공간을 마련하기 위한 것이라면 일상의 가사에 속한다고 볼 여지가 있을 수 있겠으나, 대규모의 주택이나 아파트의 구입을 일상의 가사에 속하는 것이라고 보기는 어렵다. 다만, 차용행위가 자녀들의 학비 등을 포함한 가족 생활비에 충당하기 위한 것이라면, 이는 일상의 가사에 속하는 것이라고 볼 수 있을 것이다.
  대법원 1985.3.26. 84다카1621: 자가용차를 구입하기 위한 금원 차용행위는 일상가사에 속한다고 볼 수 없다.
40) 대법원 1979.10.30. 79다1344.

2. 재산상 효과

1) 부부별산제

부부의 일방이 혼인 전부터 가진 고유재산과 혼인 중 자기의 명의로 취득한 재산은 그 특유재산으로 하고,[41] 귀속불명재산은 부부의 공유로 추정한다(민법 제830조).

2) 부부재산계약

부부가 혼인성립 전에 그 재산에 관한 특약을 한 때에는 그 약정에 의하고, 이 약정은 혼인 중에는 변경하지 못하나 정당한 이유가 있는 때에는 법원의 허가를 얻어 변경할 수 있다(민법 제829조).

3) 공동생활비용의 부담

부부의 공동생활에 필요한 비용은 특별한 약정이 없으면 부부가 공동으로 부담한다(민법 제833조).

Ⅴ. 사실혼

1. 개념

사실상 혼인생활을 하고 있으면서 법률상의 방식, 즉 혼인신고가 없기 때문에 법률상 혼인으로 인정되지 않는 부부관계를 사실혼이라고 한다. 혼인신고라는 요건만 갖추어지지 않았지만 그 내용은 법률상의 혼인과 차이가 없는 경우에는 이를 보호할 필요가 있어 판례상 인정하여 오다가 몇몇 법규에 사실혼을 보호하는 규정을 두기에 이르렀다.

사실혼은 장래 부부가 되자는 합의만 있는 약혼과는 다르고, 혼인의사를 가지지 않고 실질적인 부부공동생활의 실체가 없고 은밀히 정을 통하는 첩관계 또는 사통관계와 구별된다.

---

41) 혼인 중 부부 일방의 명의로 부동산을 취득한 경우 그 취득에 상대방의 협력이 있었다거나 내조의 공이 있었다는 것만으로는 부족하고 각자가 대금을 분담했거나 부부가 연대채무를 부담하여 매수했다는 등 실질적인 사유가 증명되면 부부의 공유로 인정할 수 있다(대법원 1986.9.9. 85다카1337, 1338).

2. 사실혼의 성립

사실혼이 성립하기 위해서는 당사자 사이에 부부가 되겠다는 합의, 즉 혼인의 의사가 있어야 하며, 사회통념상 부부공동생활이라고 인정할 만한 사회적인 사실관계가 있어야 한다.

3. 사실혼의 효과

사실혼이 성립하는 경우, 혼인의 신분적인 효과는 일반적으로 인정해도 무방하다는 것이 일반론이다. 즉 부부간에 서로 동거, 부양, 협조의무 등이 인정된다. 이러한 사실혼 당사자 간의 관계는 제3자에 대해서도 보호를 받는다. 따라서 상대방 배우자를 살해하거나, 불륜관계를 맺은 경우 손해배상의 책임이 인정된다.

혼인의 재산적 효과 중 일상적인 가사에 대해서는 서로 대리권이 인정되며, 부부 특유의 재산은 인정되고 부부 중 누구에게 속한 것인지 분명하지 않은 재산에 대해서는 공유로 추정되는 등 법률상 부부와 다를 바 없다.

다만 혼인의 효과 중 법률적인 신고를 전제로 하는 것은 사실혼에는 인정될 수 없다는 것이 다수설 판례이다. 따라서 가족관계부의 변동이 없으므로 서로 친족관계가 발생하지 않고, 배우자로서 상속권도 인정되지 않는다.

사실혼 부부 사이에 출생한 자는 법률적으로는 혼인 외의 자가 된다. 모자간의 법적 친자관계는 출산으로 당연히 성립하나, 부자간의 법적 관계는 아버지의 인지절차를 거쳐야 발생한다. 따라서 아버지의 인지가 없는 한 아이는 어머니의 성과 본을 따르며 모의 가에 입적해야 한다.

이러한 사실혼이 성립되었다고 보이는 경우 당사자 일방이 혼인신고에 협력하지 않을 때는 사실상혼인관계존재확인의 소를 가정법원에 제기할 수 있고, 사전절차로 조정을 신청할 수 있다.

4. 사실혼 부부를 법률상 부부의 경우와 동일하게 취급하는 특별법

근로기준법은 유족의 범위 중 배우자에는 사실상 혼인관계 있던 자를 포함시키고 있으며, 같은 취지로 공무원연금법, 군인연금법, 사립학교교원연금법, 선원법, 산업재해보상보험법도 각 사실상 혼인관계에 있는 자를 배우자에 포함시키고 있다. 따라서 예컨대 산업재해에 의하여 배우자가 사망한 경우 생존 배우자는 유족급여를 받을 수 있다. 주택임대차보호법은 일방 당사자가 사망한 경우 생존 사실혼 배우자에게 임차권의 승계를 인정하고 있다.

5. 사실혼관계의 해소

사실혼관계는 일방 당사자의 사망 또는 당사자의 합의에 의하여 해소될 수 있다. 일방 당사자에 의하여 해소될 수도 있으나, 이 경우에 정당한 이유가 없는 한 사실혼 파탄에 책임이 있는 자가 상대방에게 손해배상의 책임을 부담하게 되는 것은 법률혼과 동일하다.

Ⅵ. 이혼

1. 개념

이혼이란 부부 양 당사자의 생존 중에 혼인관계를 인위적으로 해소하는 것을 말한다. 혼인생활 중 서로 간의 성격차 등의 이유로 갈등이 생겨 혼인관계가 파탄되는 경우에 이를 해소하지 못하고 계속 유지해야 한다면 이는 개인의 존엄과 양성의 평등에 반하는 것이므로 이혼을 허용하는 것이 일반적인 입법례이다. 다만 혼인관계가 파탄 났다고 일방이 주장하는 경우에는 당연히 이혼을 인정하는 파탄주의와 법이 정한 사유가 있을 경우에 그 사유의 발생에 책임이 없는 당사자가 이혼을 원할 경우에만 이혼을 인정하는 유책주의가 있는데, 우리는 유책주의를 택하고 있다.

2. 협의상 이혼

부부가 서로 마음이 맞지 않아 갈라서야 한다면 우선 서로 합의하여 이혼을 하는 방법이 있다.

협의이혼의 절차는 법원에 협의이혼의사확인 신청을 한 후 지정된 기일에 두 사람 모두 출석하여 판사 앞에서 이혼의사를 확인한 후 날인받은 확인서를 가족관계등록 등에 관한 법률에 따라 행정기관에 신고함으로써 종료되고 이혼이 성립한다.

3. 재판상 이혼

다른 배우자가 이혼에 동의하지 않는다면 재판상 이혼의 방법을 선택할 수 있다.

1) 이혼사유

재판상 이혼을 하려면 이혼 사유 즉 상대방에게 잘못이 있어야 한다. 민법은 이혼 사유로 상대배우자의 부정한 행위,[42] 배우자가 악의적으로 자신을 유기한 경우,[43] 배우자 또는 그 직계존속에 의하여 심히 부당한 학대를 받은 경우,[44] 자기의 직계존속에 대하여 배우자가 심히 부당한 대우를 한 경우, 배우자의 3년 이상의 생사불명 및 기타 혼인을 계속하기 어려운 사유가 있는 경우를 열거하고 있다(제840조).

혼인을 계속하기 어려운 사유란 위에 열거된 이외의 것으로 혼인관계의 지속을 강요하는 것이 가혹하다고 여겨질 정도의 사유로 구체적인 상황에 따라 법원이 정하게 된다. 예를 들면 배우자의 범죄, 성교거부, 성적 불능, 성격불일치, 수년간 별거, 신앙의 차이, 지나친 사치, 도박벽 등이 있을 수 있을 것이나, 혼전의 부정행위, 심인성 발기불능, 생식불능, 임신불능 등이나 단순한 경제적 무

---

42) 배우자의 부정한 행위는 이는 간통보다는 넓은 개념으로 성불능 등으로 성교는 못 하였더라도 배우자 아닌 자와 실림을 차린 행위는 정조의무에 충실치 못한 것으로 부정한 행위에 해당한다(대법원 1992.11.10. 92므68). 배우자가 간통(성교)을 한 경우 이를 처벌(고소)하기 위해서는 반드시 먼저 이혼소송을 제기해야 한다.

43) 악의의 유기라 함은 정당한 이유 없이 배우자를 버리고 부부공동생활을 폐기하는 경우를 말하므로 별거하고 있는 사실만으로는 악의의 유기가 되지 않는다(대법원 1959.4.16. 4291민상571).
혼인신고 후 약 20일간 동거하다가 농사일이 힘들고 건강이 나쁘다는 이유로 집을 나간 경우(대법원 1986.10.28. 86므83), 정신이상이 있는 처를 두고 가출하여 비구승이 된 경우(대법원 1990.11.9. 90므83)는 악의의 유기이고, 남편의 의사에 반하여 소지품을 챙겨 친정에 간 경우(대법원 1959.5.28. 4291민상190), 남편의 주벽과 사업실패로 인한 가정 파탄 때문에 집을 나가 지식들의 집을 전전하며 생활한 경우(대법원 1986.8.19. 86므75)는 악의의 유기가 아니다.

44) 부당한 대우란 혼인관계의 지속을 강요하는 것이 가혹하다고 여겨질 정도의 폭행이나 학대 또는 중대한 모욕을 받았을 경우를 의미하므로 부부싸움 중에 다소 모욕적인 언사나 약간의 폭행을 한 것만으로는 혼인관계의 지속을 강요하는 것이 가혹한 정도의 것이라고 볼 수 없다(대법원 1981.10.13. 80므9).

능력은 이혼사유가 되지 않는다.

2) 이혼청구권자

재판상 이혼의 청구는 혼인파탄에 책임이 없는 배우자가 청구할 수 있고 책임이 있는 배우자는 청구하지 못하는 것이나, 이미 혼인관계가 파탄되었는데 상대방이 오기나 반감으로 인하여 이혼에 반대하거나 서로 상대방에게 잘못이 있는 경우에는 예외적으로 책임이 있는 배우자가 청구한 이혼도 인정해 주고 있다.

3) 이혼절차

이혼소송을 제기하려는 자는 먼저 가정법원에 조정을 신청하여야 하고, 이를 신청하지 않고 소제기하는 경우에는 법원이 조정에 회부한다. 이 같이 조정절차를 먼저 거치게 한 것은 분쟁을 원만히 해결하게 하기 위함에서이다. 조정이 성립하지 않으면 재판절차로 회부하고 변론절차를 거쳐 판결을 한다.[45] 이혼을 내용으로 하는 조정이 성립되거나 판결이 확정되면 이혼이 성립한다. 재판상 이혼의 경우에도 가족관계등록 등에 관한 법률에 따라 재판확정 후 1개월 내에 이혼신고를 하여야 하나 이는 보고적 신고이므로 이혼의 성립요건은 아니다.

4. 사실상 이혼

사실상 이혼이란 혼인신고를 한 부부가 이혼의 합의를 명시적 또는 묵시적으로 하고 별거하여 부부공동생활의 실체가 없음에도 불구하고 이혼신고를 하지 않고 있는 상태를 말한다.

장기간 별거 중이라도 어느 한쪽이 이혼의 의사가 없는 경우와는 달리 실질적으로는 이혼한 것이나 마찬가지이나 가족관계등록부상 부부로 되어 있으므로 문제가 된다. 이 경우 당사자 간에는 정조·동거·부양·협조의무가 없고, 생활비용부담의무도 없고, 일상가사에 대한 대리권이나 연대책임도 없다 할 것이나, 사실상 이혼 상태를 알지 못하는 제3자에 대해서는 연대채무가 없음을 주

---

45) 변론절차에서는 이혼을 청구한 자가 상대방 배우자의 혼인파탄에 책임이 있음을 입증하여야 하고, 내밀한 부부 사이의 일이므로 목격자나 문서 등의 직접적인 증거가 없게 마련이고 결국 부부관계를 잘 아는 친인척, 친구 등이 간접적인 증언을 하게 되는 경우가 많다. 예컨대 상대 배우자의 상습적인 폭행, 부정행위 등이 있었다면 진단서 등 관련 자료를 준비하여 두는 것이 좋다.

장할 수 없을 것이다. 그러나 혼인으로 인한 인척관계는 소멸하지 않고, 일방 사망 시 타방의 상속권도 인정되며, 타인과 혼인하면 중혼이 된다. 자녀에 대한 친권이나 양육문제는 별도로 정하여야 할 것이다. 사실상 이혼 중 포태한 자는 혼인 중의 자로 취급될 것이나 친자관계부인의 대상이 된다.

5. 이혼의 효과

1) 혼인관계의 해소

이혼이 성립하면 부부관계는 해소되고, 혼인을 전제로 하는 부부 사이의 권리의무는 장래를 향하여 소멸한다. 상대방의 친족들과의 사이에서 발생한 인척관계도 소멸한다.

2) 손해배상청구

혼인생활 중에 정신적, 물질적 피해가 있다면 상대방에게 그 손해배상을 청구할 수 있는데 대부분은 정신적인 위자료를 많이 청구하게 된다. 이러한 위자료는 상대방의 잘못 정도, 혼인기간, 상대방의 재산 등을 고려하여 정한다. 협의이혼의 경우에도 이혼협의 및 이혼신고 단계에서 협의가 되지 않았다고 하더라도 이혼 후 잘못한 상대방에게 청구할 수 있다. 또한 배우자의 부정행위가 있는 경우 부정행위를 같이 한 상대방에게도 손해배상을 청구할 수 있다.

3) 재산분할

혼인 중에 형성된 재산은 비록 일방배우자 명의로 되어 있다고 하더라도 자기가 재산형성에 협력한 몫을 분배받는 것이 공평하므로 이혼 시 파탄에 대한 책임 유무를 불문하고 재산분할을 청구할 수 있다. 부인이 가사를 하여 실질적으로 수입이 없었다고 하더라도 가사노동으로 재산의 형성 유지에 협력한 것이므로 재산분할이 인정된다. 재산분할 대상에는 적극재산만이 아니라 소극재산 즉 채무도 포함된다.[46]

---

46) 채무도 재산분할청구대상에 포함되므로 채무가 많은 자도 채무의 분할청구를 할 수 있다(대법원 2013.6.20. 2010므4071, 4088). 부의 상속재산을 기초로 형성된 재산이라도 취득 및 유지에 가사노동이 기여한 것으로 인정되는 경우(대법원 1993.6.11. 92므1054), 부부일방의 특유재산이라도 관련 채무를 갚는 등 유지에 협력하여 감소를 방지했거나 증식에 협력했다면(대법원 1996.2.9. 94므635) 재산분할 대상이 된다.
부부일방이 혼인 중 부담한 개인채무는 일상가사에 관한 것이 아닌 한 청산대상이 아니나, 공동재산의 형성에

재산분할의 비율은 재산의 규모, 재산형성·유지에 기여한 정도, 상대방의 수입 정도, 상대방의 유책 정도 등 여러 가지 점을 참작하여 그 비율을 결정한다.

재산분할청구는 이혼한 날로부터 2년 내에 행사하여야 하고, 재산분할은 증여세의 대상이 되지 않는다.

이혼을 협의하는 단계에서 이혼을 전제로 재산분할에 대하여 협의를 하는 경우가 있는데, 이러한 경우 협의이혼을 조건으로 하는 것이므로 협의이혼이 이루어지지 않고 재판상 이혼으로 나아간다면 재산분할협의의 효력은 없어지게 된다.[47] 즉 이혼 시 집을 준다고 하는 약속을 하였다고 하더라도 협의이혼이 이루어지지 않으면 재산을 공평하게 분할하여야 한다.

4) 양육관계 등

부부 사이에 미성년 자식이 있는 경우라면 이혼 시 양육 및 친권을 행사할 자를 정해야 한다. 누가 양육할 것인지 협의가 이루어지지 않는다면 법원이 아이의 연령, 부모의 재산상태 등을 고려하여 누가 아이를 키우는 것이 적합할 것인지와 양육을 담당하지 않는 쪽이 부담할 양육비를 정한다. 이때 아이를 양육하지 않는 부모는 적절한 시기와 장소에서 아이를 만날 수 있는 면접교섭권이 인정되고, 면접교섭방법에 대하여 협의가 이루어지지 않으면 법원이 정해 준다.[48]

5) 사실혼의 경우

사실혼의 경우에도 혼인신고만 안 하였을 뿐 부부 사이이므로 헤어지게 되는 경우 앞서 설명한 손해배상, 재산분할, 자녀의 양육비 등을 청구할 수 있다.

수반한 것이면 청산 대상이 되고(대법원 1996.12.23. 95므1192), 부부일방이 제3자에게 명의 신탁한 재산도 분할대상이 되고(대법원 1993.6.11. 91므1054). 퇴직금이나 연금도 분할대상이 되나 이혼 당시 퇴직하고 있지 않은 경우에는 장래의 퇴직 가능성만으로는 분할대상에 포함시킬 수 없다(대법원 1995.5.23. 94므1713).

47) 대법원 2000.10.24. 99다33458.

48) 이혼은 하지 않고 별거만 하고 있는 경우에 자녀를 양육하고 있지 않은 쪽에서는 면접교섭에 현실적인 어려움이 있게 마련인데 근거규정이 없는 점을 감안하여 법원은 부부간의 협조의무규정이나 이혼 시 면접교섭권 규정을 유추 적용하여 면접교섭권을 인정하고 있다(서울가정법원 1994.7.20. 94므45).

제4절 부모와 자식

부모와 자식의 관계를 친자관계라고 하는데, 이는 본래 부모 사이에서 출생에 의하여 맺어지는 것이므로 천륜관계라 할 수 있으나, 민법은 이런 경우를 친생자관계로, 부모 사이의 출생과 상관없이 인위적·법률적으로 맺어지는 친자관계를 양친자관계로 규율하고 있다. 계부모와 자의 경우 종전에는 계모자관계만 친생모자관계와 동일시하고 계부자 관계는 친생부자 관계와 동일시하지 않고 인척관계만 인정하였으나 현재는 계모자 관계도 인척관계만 인정하고 있어, 계부모와 자가 부모와 자녀로서 보호 받기 위하여는 입양절차를 거쳐야 한다.

Ⅰ. 친생자

친생자는 부모가 혼인 중에 있는가의 여부에 따라 혼인 중의 자와 혼인 외의 자로 나뉜다.

1. 혼인 중의 출생자

1) 개념
이는 혼인관계에 있는 부부 사이에서 출생한 자를 말한다.

2) 친생자추정
본래 혼인 중에 임신되어야 하지만 임신시점을 정확히 파악하기가 어려우므로 민법은 혼인성립의 날로부터 200일 후 또는 혼인관계 종료의 날로부터 300일 이내에 출생한 자는 혼인 중에 임신한 것으로 추정하고 있다(제844조 제2항). 다만 이 같은 친생자추정은 동거의 외관이 있을 때에 한하고 장기 해외출장이나 사실상 이혼으로 별거하고 있어 처가 부의 자를 임신할 수 없는 것이 외관상 명백한 경우에는 적용되지 않는다.[49]

---

49) 대법원 1983.7.12. 82므59.

자가 출생할 때에는 부부가 혼인 중이 아니었더라도 후에 혼인한 경우에는 혼인 중의 출생자로 본다(민법 제 855조 제2항).

3) 친생부인의 소

모자관계는 임신과 출산에 의하여 명백하지만 부자관계는 불명확할 수가 있으므로, 친생자추정을 받는 경우에 이를 부인하려고 하는 부나 모는 상대방에 대하여 부와 자 사이에 친자관계가 존재하지 않는다는 친생부인의 소를 부의 자가 아닌 사실을 안 날로부터 2년 이내에 제기할 수 있다(민법 제847조 제1항).[50]

4) 혼인 중 자의 성과 본

혼인 중 자는 부의 성과 본을 따른다. 다만 부모가 합의한 경우에는 모의 성과 본을 따를 수 있다(민법 제 781조).

2. 혼인 외의 자

1) 개념

이는 법률상 혼인관계에 있지 않은 남녀 사이에서 출생한 자를 말한다. 과거에는 혼인 중의 자와 상속이나 호주 승계순위에서 차별이 있었으나 지금은 모두 폐지되어 부를 정하는 방법 외에는 차이가 없다.

2) 인지

이는 혼인 외의 출생자를 그 부 또는 모가 자기의 자라고 인정하는 행위로서, 부 또는 모가 자유의사로 하는 임의인지와 자 또는 그 직계비속이 부 또는 모를 상대로 인지의 소를 제기하여 하는 강제인지가 있다.

인지가 되면 사실상의 친자관계는 자의 출생 시로 소급하여 법률상의 친자관계로 된다.

인지한 사람은 인지에 무효나 취소사유가 있으면 인지무효나 취소소송을 제기할 수 있고, 인지당한 사람이나 이해관계인은 인지 무효 또는 인지에 대한 이의의 소를 제기할 수 있다.

---

50) 종전 민법은 출생을 안 날로부터 1년 이내에 제소하도록 하여 제소권을 지나치게 제한하고 있다는 비난을 받다가 헌법재판소의 위헌결정을 받았고(헌재 1997.3.27. 95헌가70), 이에 따라 2005년에 개정되었다.

3. 친생자관계존부확인의 소

1) 개념

이는 특정인 사이에 친생자 관계가 존재하는지 여부를 확정하는 소송을 말한다. 친생부인의 소, 인지의 소 등 법이 인정하고 있는 소 제기 사유 이외의 사유로 친생자 관계의 존부를 다툴 필요가 있을 때 인정되는 소송이다.

2) 사유

허위의 출생신고를 한 경우, 친생추정을 받지 않는 혼인 중의 자인 경우, 부부가 사실상 동거하지 않는 상태에서 자가 포태된 경우, 다른 사람의 친자로 등록되어 있는 경우 등이 그것이다.

4. 인공수정자

1) 개념

인공수정이란 남녀의 성적 결합이 아닌 인위적인 방법에 의하여 임신하는 것을 말하고 이런 방법에 의하여 태어난 자를 인공수정자라고 한다.

2) 법적 지위

인공수정에는 처가 남편의 정액을 이용하여 수정하는 경우, 제3자의 정액으로 수정하는 경우, 남편과 제3자의 정액을 혼합하여 하는 경우가 있는데, 첫째 경우는 굳이 문제 삼을 이유가 없고, 세 번째 경우는 첫째 경우와 동일하게 취급하나, 둘째 경우는 친자관계를 인정할 것인지 문제가 된다.

둘째 경우는 일단 친생추정을 받게 되는데, 이 중 남편의 동의가 있었던 경우는 금반언의 원칙이나 신의칙에 반하고 출생자를 보호하기 위하여 친생자관계부존재확인청구를 받아들이지 않는 것이 다수설과 판례이나,[51] 남편의 동의가 없었던 경우에는 친생추정을 받으므로 친생부인의 소를 제기해야 한다는 입장과 친생추정을 받을 수 없으므로 친생자관계부존재확인의 소를 제기해야 한다는 입장이 갈린다.

---

51) 서울고등법원 1986.6.6. 86르53.

3) 정자제공자와의 관계

인공수정자와 정자제공자와는 자연과학적인 혈연관계가 존재하므로 인공수정자 본인이 정자제공자에 대하여 인지를 청구하거나 반대로 정자제공자가 인지를 하는 문제가 발생한다. 이에 대해서는 친생부인의 재판이 확정된 때에는 인정하자는 입장과 자나 모, 부의 이익보호에 적합지 않고, 정자제공자는 부라는 자각이 없이 돈을 받고 정자를 제공하는 경우가 대부분인데 그를 부로 인정하는 것은 도덕적으로 문제가 된다는 등의 이유로 부정하는 입장이 있다.

Ⅱ. 양자

1. 개념

양자란 혈연관계 없이 법률에 의하여 인위적으로 친자관계가 발생한 자를 말한다. 양자관계를 형성하는 행위를 입양이라고 한다.

2. 입양의 요건

입양은 입양을 하려는 양친과 양자가 되려는 자 사이의 합의 즉 가족법에 따른 계약에 의하여 성립되는데 다음과 같은 요건이 필요하다.

실질적 요건으로 당사자 사이에 입양에 관한 의사의 합치가 있을 것, 양친은 성년자일 것, 15세 미만 자의 경우 법정대리인 또는 후견인의 승낙,[52] 양자가 될 자의 부모의 동의,[53] 후견인이 피후견인을 양자로 할 경우에는 가정법원의 허가, 배우자 있는 자가 입양을 할 경우에는 그 배우자와 공동으로 입양할 것, 배우자 있는 자가 양자로 될 경우에는 그 배우자의 동의, 양자는 양친의 존속이나 연장자가 아닐 것이 필요하다.[54]

---

52) 양자는 의사능력이 있어야 하는데, 미성년자라도 15세 이상은 의사능력이 있는 것으로 보아 본인이 승낙할 수 있고, 15세 미만은 의사능력이 없는 것으로 보아 법정대리인이, 법정대리인이 없는 경우에는 후견인이 본인 대신 승낙한다(민법 제869조).

53) 성년자라도 부모의 동의를 얻어야 하고, 부모가 없으면 다른 직계존속, 그가 없으면 최근 존속의 동의를 얻어야 한다(민법 제870조). 미성년의 경우 부모나 다른 직계존속이 없으면 후견인의 동의를 얻어야 하고, 후견인이 동의할 때는 가정법원의 허가를 얻어야 한다(민법 제871조).

54) 입양의 실질적 요건을 갖추지 않으면 입양은 무효이나, 후에 실질적 요건을 갖추었다면 소급하여 유효한 입양이

형식적 요건으로 입양당사자 쌍방과 증인 2인이 서명한 서면으로 신고하여야 한다. 입양신고는 실질적 요건을 갖추고 기타 법령에 위반이 없을 때에는 수리하여야 한다(민법 제881조).[55]

3. 입양의 무효와 취소

민법은 입양의 요건을 갖추지 못하고 있을 때 그 경중에 따라 무효 또는 취소할 수 있는 것으로 나누고 있다.

당사자 사이에 입양에 관한 의사의 합치가 없을 때, 15세 미만 자의 경우 법정대리인 또는 후견인의 승낙이 없을 때, 양자가 양친의 존속이나 연장자일 경우에는 입양은 무효이다(민법 제883조).

미성년자가 입양을 하였을 때, 양자가 될 자가 그 부모의 동의를 얻지 않았을 때, 미성년자가 후견인의 동의 없이 입양되었거나 또는 후견인이 가정법원의 허가를 얻지 않고 동의한 경우, 후견인이 피후견인을 양자로 하면서 가정법원의 허가를 얻지 않은 경우, 배우자 있는 자가 입양을 하면서 그 배우자와 공동으로 입양하지 않은 경우, 배우자 있는 자가 양자로 되면서 그 배우자의 동의를 얻지 않은 경우에는 입양을 취소할 수 있다(민법 제884조).

입양 무효는 소에 의하지 않고도 주장할 수 있으나, 가족관계등록부의 정리를 위해서는 소송을 할 수밖에 없고, 입양취소는 소송에 의하여야 한다.

4. 입양의 효과

양자는 입양한 때로부터 혼인 중의 출생자와 동일한 신분을 갖게 되고, 양친의 혈족과 인척간에도 친족관계가 발생한다. 양자가 미성년자이면 친생부모의 친권에서 벗어나 양친의 친권에 복종한다. 다만 양자와 친생부모 사이의 부양·상속관계는 계속 유지된다.

된다(대법원 2000.6.9. 99므1633). 일반적으로 무효인 법률행위는 추인하여도 효력이 생기지 않는 것이나(민법 제139조), 신분행위의 경우 다르게 보는 것은 무효인 신분행위 후에 그 내용에 맞는 신분관계가 형성되어 왔는데 이를 부인한다면 당사자의 의사에 반하고 신분관계의 외형을 믿은 제3자를 해할 수 있기 때문이다.

55) 입양신고 대신 출생신고를 했더라도 입양의 요건을 갖추고 있으면 입양의 효력이 있다(대법원 1977.7.26. 77다492).

이성양자의 경우 양부의 성으로 변경할 수 있는가에 관하여 종전에는 견해가 나뉘었으나 2005년 개정민법은 성불변의 원칙을 포기하였으므로 양친의 성을 따를 수 있게 되었다(민법 제781조 제6항).

5. 파양

적법하게 성립된 양친자관계는 파양에 의해서만 해소된다. 파양에는 협의상 파양과 재판상 파양이 있다. 협의상 파양은 당사자의 협의에 의하는 것이므로 사유에 제한이 없으나, 소송에 의하는 재판상 파양은 일정한 사유가 있는 경우에 인정된다.

재판상 파양사유로는 가족의 명예를 실추시키거나, 재산에 막대한 손실을 입히는 경우, 양친이 양자나 그 생가 직계존속으로부터 또는 양자가 양친이나 양친의 직계존속으로부터 심히 부당한 대우를 받았을 때, 양친의 직계존속이 양자로부터 또는 양자의 직계존속이 양친으로부터 심히 부당한 대우를 받았을 때, 양자의 생사가 3년 이상 불명일 때, 기타 양친자관계를 계속하기 어려운 중대한 사유가 있을 때가 있다(민법 제905조).

6. 친양자

기왕의 양자제도는 입양 후에도 생가부모와의 관계가 단절되지 않고, 성도 바꿀 수가 없어서 양자관계를 드러내거나 생가부모의 간섭을 싫어하는 사람들이 양자를 꺼리고, 재혼가정의 경우 자식들의 성이 서로 달라 가정의 화합과 안정에 장애가 되는 문제를 해결하기 위하여 종전의 친족관계를 종료시키고 양친의 성과 본을 따를 수 있게 하는 양자제도가 친양자이다.

친양자는 보통양자와는 달리 종전의 친족관계를 단절시키는 것이므로 또 다른 폐해가 생길 수 있어 당사자 간의 합의가 아닌 가정법원의 허가가 있어야만 가능하다.

입양요건도 엄격히 하여, 3년 이상 혼인을 계속한 부부로서 공동으로 입양할 것, 친양자로 될 자가 15세 미만일 것, 친양자로 될 자의 친생부모가 친양자의 입양에 동의할 것이 필요하다.

Ⅲ. 친권과 후견

  가부장적인 전통사회에서의 부모와 자식의 관계는 무조건적이고 일방적인 관계로 부모가 자식에 대하여 갖는 권리는 절대적인 것이었고, 자식은 절대복정은 물론이고 자발적이고 성심성의껏 섬겨야 하는 것이었다. 산업사회로 발전해 가면서 각자의 능력에 따른 소득이 사회구성원의 관계 설정에 중요한 요소로 작용하게 되었고, 이에 따라 부모와 자식관계도 변하기 시작하여 부모가 자식에 대하여 가지는 권리는 자식이 어려서 소득을 얻지 못하는 시기에 제한적으로 인정되었고, 권리라기보다는 양육을 하여야 하는 의무적인 면이 강한 것으로 이해되고 있다. 민법은 이와 관련 미성년 자식에 대한 부모의 친권과 친권을 행사할 사람이 없을 경우에 이를 대신 행사하는 후견에 대하여 규정하고 있다.

1. 친권

1) 개념

  친권이란 미성년인 자에 대하여 신분상·재상상으로 보호·교양하여야 할 부모의 권리·의무를 말한다.

2) 친권의 내용

  친권은 자를 보호하고 교양하는 것을 내용으로 하는 신분에 관한 것과 자의 재산에 관한 것으로 나뉜다.

  신분에 관한 친권으로는 자녀를 정신적·육체적으로 건전하게 성장할 수 있도록 보호하고 교양할 권리의무(민법 제913조),[56] 자녀가 거주할 장소를 지정하는 거소지정권(제914조),[57] 자녀의 보호·교양을 위하여 필요한 징계를 하거나 법원의 허가를 얻어 감화 또는 교정기관에 위탁할 수 있는 징계권(제915조)이

---

[56] 이러한 권리의무가 있으므로 미성년인 자가 타인에게 손해를 입힐 경우에는 친권자가 책임을 지게 되는데, 책임능력 없는 자가 타인에게 불법행위를 한 때에는 친권자는 감독의무자로서 감독의무를 해태하지 않았음을 증명하지 못하면 책임이 있고, 책임능력 있는 미성년자가 불법행위를 했을 경우에는 일단 본인이 책임을 지게 되나, 그 손해가 미성년자의 감독의무 위반과 상당인과관계가 있으면 감독의무자도 일반불법행위자로서 손해배상책임이 있다. 이 경우 감독의무 위반과 상당인과관계의 존재의 증명책임은 이를 주장하는 자에게 있다(대법원 1994.2.8. 93다13605 전합).

[57] 자녀가 친권자의 거소지정에 응하지 않을 경우에 이를 강제할 방법은 없지만, 제3자가 자녀의 의사에 반하여 부당하게 억류하고 있을 경우에는 친권자는 방해배제청구를 할 수 있다.

있다.[58)]

재산에 관한 친권은 자명의의 재산이 있을 경우 미성년인 자는 심신의 미성숙으로 인하여 자신의 재산상 이익을 지킬 능력이 없는 것으로 간주되어 이를 보호하기 위한 것으로 자의 재산관리권(916조), 자의 재산에 관한 법률행위에 대한 대리권(제920조)과 동의권(제5조 제1항)이 그것이다.

재산관리는 재산의 보존·개량 외에 이용을 목적으로 하는 일체의 행위, 나아가 처분행위도 포함한다. 다만 부적당한 관리로 인하여 자의 재산을 위태롭게 한 때에는 법원은 이해관계인의 청구에 의하여 재산관리권의 상실을 청구할 수 있다(제925조).

대리권은 친권자가 스스로 자에게 처분을 허락한 재산이나 영업을 허락한 영업재산, 제3자가 자에게 무상으로 증여한 재산으로 제3자가 친권자의 재산관리에 반대한 경우에 대해서는 행사할 수 없고, 자의 행위를 목적으로 하는 채무부담행위도 대리할 수 없으며, 근로계약과 임금청구도 제한된다. 친권자에게는 이익이 되나 자녀에게는 해가 되는 이해상반행위에 대한 대리나 동의권도 제한된다(921조).[59)]

3) 친권행사자

혼인 중의 자인 경우는 부모가 공동으로 친권을 행사한다(제909조). 부모가 이혼한 경우는 협의이혼 시는 부모의 협의로 정하고, 협의가 이루어지지 않으면 당사자의 청구에 의하여 가정법원이 정한다. 부모의 협의가 자의 복리에 반하는 경우에는 가정법원은 보정을 명하거나 직권으로 친권자를 정한다. 재판상 이혼의 경우에는 가정법원이 직권으로 친권자를 정한다. 부모의 이혼으로 친권자가 지정되었으나 그 친권자가 사망한 경우 법원예규는 생존한 부모 일방이 친권자가 되는 것으로 정하고 있으나, 후견이 개시되는 것으로 보아야 한다는 것이 유력설이다.

혼인 외의 자가 인지된 경우에는 부와 생모의 협의로 친권자를 정하여야 하

---

58) 징계가 보호·교양을 위한 범위를 벗어나면 친권의 남용이 되어 친권상실사유가 된다.

59) 이해상반행위란 행위의 객관적 성질상 친권자와 그 자 또는 친권에 복종하는 수인의 자 사이에 이해의 대립이 생길 우려가 있는 행위를 가리키는 것으로, 친권자의 의도나 행위의 결과 실제로 이해의 대립이 생겼는지는 묻지 않는다(대법원 1996.11.22. 96다10270). 친권자가 자의 유일한 재산을 제3자에게 증여한 경우 이해상반행위는 아닐지라도 친권의 남용에 해당되어 무효이다(대법원 1997.1.24. 96다43928).

고 협의가 되지 않으면 당사자의 청구로 가정법원이 정한다.

양자의 친권자는 양친이 되고 생부모는 친권을 상실한다.

4) 친권의 소멸과 상실

친권은 자가 사망하거나 성년이 된 때, 자가 혼인하여 성년 의제된 경우에는 완전히 소멸한다.

부 또는 모가 친권을 남용하거나 현저한 비행 기타 친권을 행사할 수 없는 중대한 사유가 있는 때에는 법원은 자의 친족 또는 검사의 청구에 의하여 그 친권의 상실을 청구할 수 있다(924조). 권리의 남용이란 자의 유일한 재산의 제3자에 대한 증여, 과도한 징계권 행사 등 친권을 과도하게 불법적으로 행사하거나 친권의 행사를 게을리 하는 것을 말한다.[60] 현저한 비행이란 친권자의 방탕, 상습도박, 알코올 중독 등 자의 보호교양에 심히 해로운 행위를 말한다.[61] 친권상실사유가 되는지 여부는 행위의 정형과 상관없이 해당행위가 자녀의 복리보호에 얼마나 해를 끼치는가를 기준으로 삼아야 한다.

2. 후견

후견이란 미성년자에게 친권자가 없거나 있어도 그가 법률행위대리권 및 재산관리권을 행사할 수 없을 때, 금치산 또는 한정치산의 선고를 받은 자가 있을 때, 이들의 재산을 관리하고 특정한 신분행위에 대한 권한을 행사하게 함으로써 이들을 보호하기 위한 제도이다.

후견인이 되는 자는 최후로 친권을 행사하는 자가 유언으로 후견인을 지정하는 경우와 그런 지정이 없을 때 법이 정한 순위에 따라 가까운 친족의 순위로 후견인이 되는 경우, 이런 후견인이 없을 때 피후견인의 친족 기타 이해관계인의 청구로 가정법원이 선임하는 경우가 있다.

---

60) 자의 부동산을 친정오빠의 사업을 위해 담보 제공한 행위는 친권의 남용이 아니다(대법원 1991.11.26. 91다 32466).

61) 남편의 행방불명으로 인한 극심한 생활고를 면하기 위하여 재혼한 경우는 현저한 비행이 아니다(대법원 1963.9.12. 63다197), 친권자에게 간통 등의 비행이 있다 하더라도 자녀의 양육과 보호에 소홀히 하지 않은 한, 설사 모의 간통으로 인하여 부의 사망이라는 결과를 초래했더라도 다른 사람으로 하여금 친권을 행사하게 하거나 후견하게 하는 것이 자녀의 복리를 위하여 낫다고 인정되지 않는 한 친권상실사유가 되지 않는다(대법원 1993.3.4. 93스3결정).

이들 후견인은 친권자와는 달리 탈이해적으로 친권을 행사한다는 보장이 약하므로 가정법원과 친족회가 그 권리행사를 감독한다.

Ⅳ. 자의 성과 본

자는 부의 성과 본을 따른다. 다만, 부모가 혼인신고 시 모의 성과 본을 따르기로 협의한 경우에는 모의 성과 본을 따른다. 부가 외국인인 경우에는 자는 모의 성과 본을 따를 수 있다. 부를 알 수 없는 자는 모의 성과 본을 따른다. 부모를 알 수 없는 자는 법원의 허가를 받아 성과 본을 창설한다. 다만, 성과 본을 창설한 후 부 또는 모를 알게 된 때에는 부 또는 모의 성과 본을 따를 수 있다. 혼인외의 출생자가 인지된 경우 자는 부모의 협의에 따라 종전의 성과 본을 계속 사용할 수 있다. 다만, 부모가 협의할 수 없거나 협의가 이루어지지 아니한 경우에는 자는 법원의 허가를 받아 종전의 성과 본을 계속 사용할 수 있다. 자의 복리를 위하여 자의 성과 본을 변경할 필요가 있을 때에는 부, 모 또는 자의 청구에 의하여 법원의 허가를 받아 이를 변경할 수 있다. 다만, 자가 미성년자이고 법정대리인이 청구할 수 없는 경우에는 제777조의 규정에 따른 친족 또는 검사가 청구할 수 있다(민법 제781조).

Ⅴ. 부양

직계혈족 및 그 배우자 간, 기타 생계를 같이하는 친족 간에는 서로 부양의 의무가 있다(민법 제974조). 부양의 의무는 부양을 받을 자가 자기의 자력 또는 근로에 의하여 생활을 유지할 수 없는 경우에 한하여 이를 이행할 책임이 있다. 부양의 의무 있는 자가 수인인 경우에 부양을 할 자의 순위에 관하여 당사자 간에 협정이 없는 때에는 법원은 당사자의 청구에 의하여 이를 정한다. 부양을 받을 권리자가 수인인 경우에 부양의무자의 자력이 그 전원을 부양할 수 없는 때에도 같다. 다만 배우자의 배우자에 대한 부양의무는 최우선적이므로 배우자의 일방이 타방에 대한 부양의무를 소홀히 하여 다른 부양의무자가 그 배우자를 부양한 경우에는 부양의무 있는 배우자에게 구상권을 행사할 수 있다.[62] 부양의 정도 또는 방법에 관하여 당사자 간에 협정이 없는 때에는 법원은 당사자의 청구에 의하여 부양을 받을 자의 생활정도와 부양의무자의 자력 기타 제반 사정을 참작하여 이를 정한다.

제5절 상속

I. 개념

상속이란 어떤 사람(피상속인)이 사망했을 경우에 일정한 자격을 가진 다른 사람(상속인)이 망자가 생전에 보유하고 있던 일체의 재산상 권리의무를 포괄적으로 승계하는 것을 말한다. 상속은 사망이라는 개념을 전제로 하므로 자연인 사이의 문제이고 법인은 상속을 하거나 받을 수 없다. 상속은 법률상 당연히 발생하는 것으로 특별한 절차가 필요 없고, 법률행위가 아니므로 상속을 받는 데 행위능력도 필요 없으나 권리의무의 주체가 되므로 권리능력 즉 상속개시 당시 생존해 있어야 상속을 받을 수 있다.

상속제도의 근거에 관해서는 혈연관계에 따른 자연스러운 것이라는 입장, 피상속인과 공동생활을 하고 있던 가족은 재산의 형성에 이바지하고 부양하여 왔으므로 공동생활의 연장으로 상속되는 것이라는 입장, 상속인을 부양하고 있던 피상속인은 사후에도 상속인을 부양할 의무가 있기 때문이라는 입장, 피상속인의 상속인에게 재산을 물려주고 싶어 하는 의사에 기인한다는 입장 등이 있다.

---

62) 대법원 2011.12.27. 2011다96932

Ⅱ. 상속인이 되는 자

1. 상속순위

누가 상속인이 되는가에 관하여 민법은 피상속인의 직계비속, 직계존속, 형제자매, 4촌 이내의 방계혈족의 순위로 상속인이 되고, 동 순위의 상속인이 수인 있을 경우에는 최근친을 선순위로 하고, 동친간은 공동상속인이 되는 것으로 정하고 있으며, 태아는 상속에 관해서는 출생한 것으로 본다(제1000조). 피상속인의 배우자는 직계비속 또는 직계존속과 동 순위가 된다.

2. 대습상속

상속인이 될 직계비속이나 형제자매가 상속개시 전에 사망하거나 상속결격자가 된 경우에 그에게 직계비속이나 배우자가 있을 경우에는 그 직계비속이나 배우자가 사망하거나 결격된 자에 갈음하여 상속인이 되는데 이를 대습상속이라고 한다. 이는 상속권자가 상속권을 잃지 않았다면 상속을 받아서 그 혜택이 그 배우자나 자식들에게 주어졌을 것이므로 이들의 상속에 대한 기대와 생계를 보장하고 공평을 기하기 위해서 인정된 것이다.

3. 상속인의 결정

상속인의 존부를 알 수 없을 때에는 법원은 상속재산관리인의 청구에 의하여 상속인으로서의 일정한 기간(2년 이상) 내에 권리를 주장할 것을 공고하여야 하고, 이 기간 내에 권리주장자가 없을 경우에는 그 상속재산은 국가에 귀속된다(제1053조).

4. 상속결격

민법은 상속인이 상속에 관하여 부정한 이득을 얻으려고 도의에 어긋나는 부정한 행위를 한 경우에는 피상속인과 상속인과의 관계가 깨어지는 것으로 보아 상속권을 인정하지 않는다(제1004조).

피상속인과 선순위 상속인에 대한 부도덕한 행위(피상속인 등을 살해하거나 살해하려 한 경우 등)나 피상속인의 유언에 관한 부정행위(사기·강박으로 피상속인에게 상속에 관한 유언을 하게 하거나 유언서를 변조·파기·은닉하는 경우 등)가 있을 경우에는 법률상 당연히 상속인의 지위를 상실한다.

Ⅲ. 상속의 승인과 포기

상속인은 상속개시 있음을 안 날로부터 3개월 내에 상속에 대해 단순승인이나 한정승인 또는 포기를 할 수 있다(제1019조).

상속재산에는 적극재산만이 아니라 채무와 같은 소극재산도 있고, 적극재산보다 소극재산이 많을 경우에는 상속을 받는다는 것이 오히려 상속인에게 피해가 될 수도 있으므로 민법은 상속인으로 하여금 상속을 받을지 여부를 결정할 수 있게 한 것이다.

단순승인은 피상속인의 적극재산과 부채 전부를 승계할 것을 승인하는 것이고, 한정승인은 상속받을 적극재산의 한도에서만 피상속인의 채무를 변제할 것을 유보하고 승인하는 것이고, 상속의 포기는 상속에 의하여 발생할 모든 법률효과를 상속개시 시에 소급하여 소멸시키는 것으로 처음부터 상속인이 아니었던 것으로 된다.

단순승인은 별도의 절차가 필요 없으나, 한정승인과 상속의 포기는 가정법원에 신고하여야 한다. 승인이나 포기의 기간은 이해관계인 또는 검사의 청구로 가정법원이 연장할 수 있고, 상속인이 상속채무가 상속재산을 초과하는 사실을 중대한 과실 없이 위 3개월의 기간 내에 알지 못하고 단순 승인한 경우에는 그 사실을 안 날로부터 3개월 내에 한정 승인할 수 있다.

Ⅳ. 상속분

1. 개념

상속분이란 상속인이 2인 이상 존재할 경우 상속재산에 대하여 각 상속인이 갖는 몫의 비율을 말한다. 상속분은 피상속인의 유언이 있으면 이것(지정상속분)에 따르고(단 법정상속분의 2분의 1에 해당하는 몫인 유류분은 침해할 수 없는 제한이 있다.), 유언이 없으면 민법이 정한 법정상속분에 따른다.

2. 법정상속분의 결정

1) 균분원칙

동 순위의 상속인이 수인 있을 경우에는 그 상속분은 균분한다(제1009조 제1항). 여기에는 남녀, 동성동본 여부, 혼인 중의 자 여부, 부계와 모계 등을 달리 취급하지 않는다.

2) 배우자

피상속인의 배우자의 상속분은 직계비속과 공동으로 상속하는 때에는 직계비속의 상속분의 5할을 가산하고, 직계존속과 공동으로 상속하는 때에는 직계존속의 상속분의 5할을 가산한다(제1009조 제2항).[63]

3) 대습상속인

대습상속인의 상속분은 피대습상속인의 상속분에 의하고, 대습상속인이 수인인 경우에는 피대습상속인의 상속분의 한도에서 법정상속분에 의하여 결정한다(제1010조).

4) 특별수익자

공동상속인 중에서 피상속인으로부터 재산의 증여 또는 유증을 받은 자를 특별수익자라고 하는데 이 경우에는 그 수증재산이 자기의 상속분에 달하지 못하

---

63) 중혼의 배우자가 있는 상태에서 중혼취소판결확정 전에 상속이 발생한 경우에는 중혼배우자 모두 상속권을 갖게 되는데, 이 경우는 배우자의 상속분을 분할하여 각 0.75씩의 상속분을 갖는다는 판례와 (제주지법 1994.5.26. 92가합1596), 각 배우자 모두에게 1.5씩을 인정해야 한다는 학설이 있다.

는 경우에 한하여 부족한 부분의 한도에서 상속분이 있다(1008조). 특별수익분을 고려 않고 상속분을 정하면 특별수익자의 상속분이 많게 되어 형평에 반하기 때문이다. 다만 특별수익분이 자신의 상속분을 초과하는 경우라도 다른 상속인의 유류분을 초과하지 않는 한 반환할 필요는 없다.

특별수익재산의 가치평가는 상속개시 시를 기준으로 하는 것이 원칙이다(대법원 1997.3.21. 96스62 결정).[64]

5) 기여분

공동상속인 중에 상당기간 동안의 동거·간호 기타의 방법으로 피상속인을 특별히 부양하거나 피상속인의 재산의 유지 또는 증가에 특별히 기여한 자가 있는 경우에는 그 기여를 반영하여 주는 것이 공평하고, 그 기여자에 대하여 특별히 인정하는 상속분을 기여분이라고 한다.

기여분의 결정은 공동상속인의 협의에 의하되 협의가 성립되지 않으면 가정법원이 정한다(제1008조의 2).

기여분이 인정되면 상속재산 가액에서 기여분을 공제한 것을 상속재산으로 보고 상속분을 결정한 다음 기여자에게 기여분액을 가산해 준다.

V. 유언

1. 개념

유언이란 유언자가 자신의 사망과 동시에 일정한 법률효과(재산의 상속·처분, 인지, 양자, 후견 등)를 발생시킬 것을 목적으로 행하는 일방적인 의사표시를 말한다.

유언은 만 17세에 달하면 누구나 할 수 있다. 행위무능력자도 가능하나 의사능력은 있어야 하므로 금치산자는 의사능력이 회복된 경우에 한하여 가능하다.

---

64) 특별수익자가 있는 경우의 상속분은 피상속인이 상속 당시에 갖고 있던 상속재산의 가액에 특별수익분 가액을 더한 후, 이 합산가액에 각 공동상속인의 상속분율을 곱하여 나온 가액에서 특별수익자의 수익분 가액을 공제하는 방법에 의한다(대법원 1995.3.10. 94다16571).

2. 유언방식

유언이 효력을 발생하는 것은 유언자 사망 후이므로 그 진위 여부나 내용해석을 둘러싸고 분쟁의 소지가 많은 점을 감안하여 민법은 일정한 방식에 따라 작성하지 않으면 효력이 없게 하고 있다(제1065조 이하).

유언방식으로 자서증서에 의한 것은 유언자가 그 전문과 작성 연월일, 주소, 성명을 자서하고 날인하여야 하고,[65] 녹음에 의한 것은 유언자가 유언의 취지 그 성명과 연월일을 구술하고, 이에 참여한 증인이 유언의 정확함과 그 성명을 구술하여야 하고, 공정증서에 의한 것은 유언자가 증인 2인이 참여한 공증인의 면전에서 유언의 취지를 구술하고 공증인이 이를 필기·낭독하여 유언자와 증인이 그 정확함을 승인한 후 각자 서명 또는 기명날인하여야 하고, 비밀증서에 의한 것은 유언자가 필자의 성명을 기입한 증서를 엄봉 날인하고 이를 2인 이상의 증인의 면전에 제출하여 자기의 유언증서임을 표시한 후 그 봉서표면에 제출 연월일을 기재하고 유언자와 증인이 각자 서명 또는 기명날인하고 그날부터 5일 내에 공증인 또는 법원서기에게 제출하여 그 봉인상에 확정일자인을 받아야 하고, 구수증서에 의한 것은 질병 기타 급박한 사유로 인하여 앞의 방식에 의할 수 없는 경우에 유언자가 2인 이상의 증인의 참여로 그 1인에게 유언의 취지를 구수하고 그 구수받은 자가 이를 필기·낭독하여 유언자와 증인이 그 정확함을 승인한 후 각자 서명 또는 기명날인하는 방식으로 한다.[66]

3. 유언의 철회

유언자는 언제든지 유언 또는 생전행위로서 유언의 전부 또는 일부를 철회할 수 있다. 철회되면 유언은 소급하여 효력을 잃는다.

철회의 방식은 제한이 없는데, 전후 2개 이상의 유언의 내용이 서로 저촉되거나 유언 후 그것과 저촉되는 생전행위를 한 때에는 저촉되는 부분의 전 유언

---

65) 자서는 절대적이므로 일부라도 타인이 기재하거나 프린트로 대신하면 무효이고, 연월일은 누구의 몇 회 생일날 등 어떤 날인지 특정할 수 있으면 유효하며 성명도 누구인지 알 수 있으면 되므로 예명·호라도 상관없고, 주소도 어디 사는지를 알 수 있을 정도면 된다.

66) 구수증서에 의한 유언은 급박한 경우에 인정되므로 요건을 완화하여 해석하여 다소 위배된 부분이 있어도 유효한 것으로 인정된다(대법원 1977.11.8. 76므15).

은 철회한 것으로 보고(제1109조), 유언자가 고의로 유언증서를 파손한 경우에는 파손한 부분의 유언은 철회한 것으로 본다(제1110조).

Ⅵ. 유류분

피상속인은 상속개시 전에는 재산처분의 자유가 있으므로 생전처분·유증·유언 등으로 상속인의 상속재산에 대한 상속기대가 무산되는 경우가 발생할 수가 있는데, 이는 유족의 생계에 지장을 줄 수도 있고 죽음을 앞둔 피상속인에 의한 비정상적인 재산처분이 조장될 수도 있는 등 사회적 폐단의 우려가 있게 된다. 이에 민법은 일정한 상속인을 위하여 유산의 일정부분을 반드시 남겨두도록 규정하고 있는데 이를 유류분이라고 한다(제1112조 이하).

유류분은 피상속인의 배우자나 직계비속은 법정상속분의 2분의 1, 피상속인의 직계존속이나 형제자매는 법정상속분의 3분의 1이다.

유류분 산정의 기초재산은 상속개시 당시의 적극재산, 상속개시 전의 1년간에 행해진 증여, 유류분권리자에게 손해를 줄 것을 알고 한 유증,[67] 공동상속인 중 피상속인으로부터 받은 특별수익이 대상이다.[68] 이때 피상속인이 부담하고 있는 채무는 모두 공제된다.

상속인은 자신이 받은 상속재산이 위와 같이 하여 산정된 유류분에 미달할 경우에는 부족한 한도에서 증여 등을 받은 제3자 또는 자기 고유의 유류분액을 초과하여 증여 등을 받은 공동상속인들을 상대로 반환청구를 할 수 있다(제1115조). 이 반환청구권은 유류분권리자가 상속개시 및 증여사실을 안 때로부터 1년 이내에 행사하지 않거나 상속개시 후 10년이 경과하면 시효 소멸한다.

---

67) 이 유증은 1년 전에 한 것이라도 쌍방이 그 사실을 알았다면 산입한다.

68) 특별수익은 상속개시 1년 전의 것이라도 모두 산입한다.

제3장 재산관계에 관한 법

제1절 서론

인간사회의 제 국면 즉 개인생활, 정치생활, 경제생활, 사회생활은 사람의 생존을 전제로 하고, 사람은 생존을 위한 기반형성을 위하여 경제활동을 하여야만 하는데, 이 활동이야말로 인간생활의 대부분을 차지하고 있다고 하여도 과언이 아니다. 따라서 이 활동에 대한 법적 규율이야말로 인간의 생활관계를 규율하는 여러 법 중 기본에 해당한다고 할 것이다. 경제활동은 생산·교환·소비로 이루어지고 있는데, 이 과정은 토지·노동·자본의 세 요소가 결합하여 재화가 만들어지고, 만들어진 재화가 교환되어 소비자에게 돌아가 소비되는 것으로 구성되어 있다. 이 각 단계마다 사람들은 서로 거래를 하게 되는데 이것이 바로 계약이다.

계약은 사람들 사이의 법률관계 형성의 기초가 되는 것이며, 계약의 이행과정에서 의무위반이 있을 경우에 채무불이행 또는 불법행위에 따른 손해배상의 문제가 발생한다. 위법한 행위로 남에게 손해를 입히는 불법행위는 계약관계를 전제로 하지 않고도 발생하는 것이지만 그 규제 원리는 똑같다.

생산·교환·소비의 각 과정에서 사람들은 재화를 소유하거나 지배하게 되므로 재화 즉 물건의 소유나 지배관계에 관한 법적 규율 또한 사람의 경제생활에 중대한 영향을 미친다.

여기서는 이 같은 계약, 채무불이행과 불법행위, 물권, 지적재산권에 관한 법적 규율에 대하여 살펴본다.

제2절 계약

Ⅰ. 법률관계 형성 기초로서의 계약

1. 법률관계

법은 사람의 사회생활관계를 규율하고자 만들어진 것인데, 법의 규율을 받고 있는 사회생활관계를 법률관계라고 한다. 사람의 사회생활관계 중에는 법의 규율을 받지 않고 관습·도덕·종교의 규율을 받는 관계도 있는데 인간관계나 호의관계가 그것이다.

인간관계는 가족·애정·우의·예의관계 같은 생활관계이다. 부모자식 간에 생일선물을 하기로 약속하는 것, 친구 간에 같이 여행 가기로 약속하는 것 등은 인간관계에 기한 약속이어서 이로부터는 법률관계가 발생하지 않고 따라서 약속을 어겨도 이행을 청구하거나 손해배상을 청구할 수는 없다.

호의관계는 호의로 어떤 이익을 주고받는 관계를 말한다. 호의관계도 서로의 호의에서 비롯된 것이므로 법률문제가 생기지 않는 것이 원칙이나 호의관계에 수반하여 손해가 발생한 경우에는 그 손해를 누가 부담할 것인가의 문제가 발생하여 법률문제가 된다. 이웃집 아이 부모의 부탁으로 그들이 외출하는 동안 호의로 아이를 돌보아 주기로 했는데, 아이가 장난치다 다친 경우나, 호의로 차를 태워 주고 가다가 운전부주의로 사고를 내어 동승한 사람이 부상을 입은 경우 등에서 호의관계라는 이유로 법의 적용을 거부할 수 있는가의 문제가 발생하는 것이다. 이 경우 호의를 베푼 사람에게 과실이 인정되면 책임을 인정하되 호의를 입은 사람에게도 사고발생을 예방 못 한 잘못이 있을 경우에는 책임을 경감하는 식으로 해결된다.

법률관계는 법률행위 즉 법률효과를 발생시키는 의사표시행위에 의해서 형성된다. 법률행위에는 하나의 의사표시만으로 구성되는 경우(취소, 해제와 같은 단독행위), 여러 개의 의사표시로 구성되는 경우(계약), 의사표시 외에 등기와 같은 공시방법이 필요한 경우(부동산 거래 시 매매계약과 등기가 필요하다.)가 있는데, 사람과 사람 사이의 거래 즉 계약이 법률관계 형성의 기본 모습이다.

2. 계약자유의 원칙과 제한

1) 계약자유의 원칙

사람이 누구와 어떤 내용의 계약을 하든 그것은 그 사람의 자유이다. 계약자유의 의미는 계약체결 여부의 자유, 계약 상대방 선택의 자유, 계약 내용 결정의 자유, 계약방식의 자유를 뜻한다. 예컨대 물건을 팔려고 할 때 팔 것인지 말 것인지, 누구에게 팔 것인지, 얼마에 팔 것인지, 계약서를 쓸 것인지 말 것인지를 상대방과의 합의에 의하여 마음대로 정할 수 있다는 것이다.

이 같은 계약자유는 인간의 존엄과 가치에서 출발한 모든 사람은 법 앞에 평등하다는 이념 및 일반적 행동의 자유의 이념과 사유재산권 절대의 원칙 즉 자기가 소유하고 있는 재산은 국가 기타 그 누구로부터도 침해받지 않는다는 것을 전제로 한다. 그러나 자본주의 사회가 발전해 가면서 사유재산권 절대의 원칙은 소수의 가진 자가 다수의 없는 자를 지배하는 무기로서의 의미만 있을 뿐이고 없는 자에게는 그의 무능력에 대한 증거일 뿐이었다. 나아가 계약자유는 경제적 강자의 경제적 약자에 대한 일방적인 계약강제수단으로 변질되었다. 이에 사람은 법 앞에서 형식적으로만 평등해서는 아니 되고 실질적으로 평등해야 한다는 것을 전제로 사유재산권 절대의 원칙과 계약자유의 원칙은 수정되게 되었다.

2) 사유재산권 공공의 원칙

재산권은 소유자를 위한 절대적인 것이 아니고 사회 전체의 이익을 위하여 제한을 받아야 한다는 원칙이다. 헌법은 "재산권의 행사는 공공복리에 적합하도록 하여야 한다."고 규정하여 재산권의 공공성에 대한 일반원칙을 선언하고 있고(제23조 제2항), 민법은 "권리의 행사와 의무의 이행은 신의에 좇아 성실히 하여야 한다.", "권리는 남용하지 못한다.", "소유자는 법률의 범위 내에서 그 소유물을 사용·수익·처분할 권리가 있다."고 규정하여(제2조 제1, 2항, 제211조) 일반원칙을 구체화하고 있다.

3) 계약공정의 원칙

이제는 사유재산권 공공의 원칙에 반하는 계약은 사회질서에 반하는 계약으로서 무효가 되고, 심히 공정성을 잃은 계약도 보호받을 수 없게 되었다. 민법

은 선량한 풍속 기타 사회질서에 반하는 법률행위나 당사자의 궁박·경솔·무
경험으로 인하여 현저하게 공정을 잃은 법률행위를 무효하여(제103, 104조) 이
원칙을 선언하고 있다. 노동관계 제 법률이나 기타 경제활동 규제에 대한 제
특별법들은 이 원칙을 구체화하고 있다.

3. 권리행사의 제한 원리로서 권리남용금지원칙

1) 권리자유의 원칙

개인주의·자유주의에 기초한 근대사법에서는 권리행사의 자유가 기본원리였
다. 이 시대에는 권리가 인정된다는 것은 대립하는 반대이익의 침해를 전제로
하는 것이므로 권리행사로 타인에게 손해를 주더라도 배상할 필요가 없었다.

2) 권리의 내재적 한계 인식

자본주의 고도화와 부의 불평등이 심화되면서 권리의 내재적 한계에 대한 인
식을 갖게 되어, 권리의 근거는 사회적 승인에 있으며, 권리개념 자체에 사회성
과 공공성이 내재하고 있는 것으로 파악하게 되었다. 따라서 외관상 적법한 권
리행사라도 권리의 사회·경제적 목적 또는 사회적으로 허용되는 한계를 일탈
한 것이면 보호받지 못하게 되었다.

3) 남용의 표식

어떠한 경우에 권리남용으로 볼 것인가에 관하여 초기에는 가해목적 중시에
서 정당한 이익의 흠결, 권리의 사회적 기능 배반, 이익균형의 파괴 등 객관적
사정을 중시하는 것으로 변화해 왔다.

4) 권리남용의 요건
① 권리행사 또는 불행사가 있을 것

권리남용에 해당하려면 권리의 행사라고 볼 수 있는 행위가 있어야 한다. 권
리의 불행사가 권리남용이 될 수 있는가에 관해서는 학설판례가 이를 인정하고
있다. 그리하여 권리의 불성실한 불행사가 권리남용에 해당하면 권리자는 더
이상 권리를 행사할 수 없게 되는데 이를 실효의 원칙이라고 한다.

② 객관적 요건

권리의 행사가 권리가 인정되는 사회적 이유에 반하여야 한다.

그 표식으로는 신의성실의 원칙, 공공복리, 공평의 이념, 사회의 윤리이념, 공서양속과 도의, 사회질서, 정의, 권리의 사회·경제적 목적 등을 들 수 있다.[69]

③ 주관적 요건

가해의사·가해목적이 필요한가에 관하여 민법은 객관적 요건만으로 인정하고 있고, 학설도 이에 따르고 있으나, 판례는 다양하여 주관 또는 객관요건만 강조하거나, 양자 모두 요구하거나, 선택적으로 요구하기도 한다. 이는 현실적인 이유와 사회적 한계의 추상성에서 비롯한 것으로 가해의사가 있으면 남용을 인정하기가 용이할 것이다. 객관적 요건만으로는 사회질서에 반하지 않는다 해도 권리행사의 목적이 오로지 현재 토지를 이용하고 있는 자에게 고통이나 손해를 주는 데 그칠 뿐 소유자에게는 아무 이익이 없는 경우에는 인정하기도 하며, 주관적 요건은 권리자의 정당한 이익을 결여한 권리행사로 보이는 객관적 사정에 의하여 추인하기도 한다.[70]

5) 실효의 원칙
① 의의

실효의 원칙이란 장기불행사로 더 이상 행사 않는다고 신뢰할 만한 정당한 기대를 가지게 된 경우에 새삼 권리행사를 허용하면 법질서 전체를 지배하는 신의 성실원칙에 반하므로 허용하지 않는다는 것이다.[71]

② 요건

실효의 원칙이 인정되려면 권리의 불행사 사실 외에 그로 인해 상대가 권리자가 권리를 행사하지 않을 것이라고 믿을 만한 정당한 이유가 있어야 한다.

장기간 불행사 사실만으로는 바로 그 후의 권리행사가 부당한 것으로 되지는

---

69) 그 유형으로는 정당한 이익이 없는 권리행사(독자 이용 가능성 없는 지목 도로인 4평 침범 건물철거), 부당한 이익의 획득을 위한 권리행사(건물철거를 요구하며 터무니없는 고가매수를 요구하며 상대의 성실한 매수협의에 불응), 수인의 한도를 넘는 손해를 입히는 권리행사(장기간 학교부지로 이용하던 곳에 교실 건축, 건물 존재 사실 알고 토지매수, 건물가가 토지가 4배인 경우 남용인정이나, 4평토지 위 지상 건물가가 토지가보다 훨씬 높아 철거불이익이 더 크다 해도 남용이 아니라고 하여 사인 간의 관계에서는 권리 우선), 친족 간의 부당한 권리행사(자가 명예회복을 위해 부에게 사죄광고요구, 자가 모와의 불화로 자신의 토지를 경작하는 모에게 손해배상청구) 등이 있다.

70) 대판 1998.6.26. 97다42823, 2003.2.14. 2002다62319, 2003.11.27. 2003다40422.

71) 대판 1994.6.28. 93다26212, 2004.3.26. 2001다72081.

않고,[72] 뒤늦은 권리행사가 악의적인 것으로 평가되는 요소가 있어야 하는 것이다.[73]

종전 권리자의 불행사 사실은 후 권리자에 대한 고려 대상이 아니므로, 토지에 대한 권리행사가 제한되고 있는 상태를 알고 소유권을 취득했다 해도 그 제한을 용인하였다고 할 수 없다.[74]

③ 실효가 되는 권리

실효의 원칙은 권리자가 권리를 포기하였을 것이라는 상대방의 신뢰를 보호하는 제도이기 때문에 인지청구권이나 항소권과 같은 소송법상 권리 등 포기할 수 없는 권리는 실효가 인정되지 않는다.[75]

6) 모순행위 금지의 원칙(금반언의 원칙)

① 의의

모순행위의 금지란 권리자의 행위가 종전의 행위와 모순되는 경우에 그 권리행사를 허용하지 않는 것을 말한다. 실효의 원칙이 권리의 불행사에 대한 상대방의 신뢰를 보호하는 것임에 반해 금반언의 원칙은 종전 행위와 모순된 행위를 하지 않으리라는 상대방의 신뢰를 보호하는 것이다.

② 요건

권리자의 모순된 행태가 있고, 그로 인한 상대방의 보호가치가 있는 신뢰가 있어야 하며 권리를 행사하는 것이 정의 관념에 비추어 용인할 수 없는 정도의 상태에 이르러야 한다.[76]

③ 사례

토지에 대한 매매계약 후 토지사용을 승낙하여 건물을 신축하게 한 후, 매매계약 해제를 이유로 건물 철거를 요구하는 경우,[77] 점포별로 업종이 지정된 점

---

72) 대판 2002.1.8. 2001다60019.

73) 대판 1996.5.14. 94다54283. 13년 동안 불행사한 경우도 한전이 불법점유 후 적법사용권 취득 노력을 않았고 현재는 지목이 전이나 주위에 아파트·빌라 등 건축물이 있는 사정을 고려해 철거를 인용한 사례.
대판 1990.8.28. 90다카9619. 징계처분의 무효를 다투는 것이 다른 사례의 경과를 지켜보느라고 늦어진 경우 상대에게 권리를 행사하지 않을 것이라는 신뢰를 주었다고 볼 수 없어 장기간 불행사 후 행사했다 하더라도 신의 성실의 원칙에 반한 권리행사라고 볼 수 없다.

74) 대판 1995.8.25. 94다27069.

75) 대판 2001.11.27. 2001므1353.

76) 대판 2001.7.13. 2000다5909.

77) 대판 1993.7.27. 93다20986.

포를 분양받거나 이를 양수 한 다음, 지정된 업종과 다른 영업을 하는 경우,[78] 본인의 지위를 단독 상속한 무권대리인이 무권대리행위의 추인을 거절하는 경우[79] 등이 있다.

7) 권리남용의 효과

① 권리행사가 허용되지 않는다.

권리남용으로 인정된 판결이 확정된 후에 다시 권리행사를 할 경우 기판력은 사실심 변론종결 기준이므로 판결확정 후 다시 권리행사가 가능하고 소 제기도 가능하나, 새로운 사정변경이 없는 한 소권남용이 될 것이다.

② 불법행위 성립

권리남용으로 상대방에게 손해를 입힌 경우에는 불법행위가 성립한다. 형식적으로 권리행사라고 해도 사회적 관념과 권리의 감정으로 허용할 수 없는 정도의 막대한 손해를 상대에게 입히거나 자신에겐 아무 이익이 없으면서 오로지 상대에게 고통과 손해를 입힐 목적으로 행사한 경우 권리행사라기보다 불법행위가 된다.[80]

③ 권리자의 구제

권리행사가 허용되지 않더라도 권리자는 침해자에게 부당이득(임료) 또는 손해배상(토지가치하락)의 청구를 할 수 있다.

Ⅱ. 계약의 성립과 소멸 및 계약의 효력

1. 계약의 성립

1) 청약

계약은 대립하는 양 당사자의 의사표시의 합치 즉 합의에 의하여 성립한다. 합의는 청약과 이에 대한 승낙이 있으면 성립한다.

청약은 이에 대응하는 상대방의 승낙과 결합하여 일정한 내용의 계약을 성립

---

78) 대판 2002.12.27. 2002다45284.

79) 대판 1994.9.27. 94다20617.

80) 대판 1964.7.14. 64아4.

시킬 것을 목적으로 하는 확정적인 의사표시이다. 청약은 상대방의 단순한 동의만으로도 계약이 이루어질 수 있도록 계약의 본질적인 사항(예컨대 매매계약의 경우 매매목적물, 대금, 이행기 등)이 확정되어 있어야 한다.[81]

2) 승낙

승낙은 청약의 상대방이 청약에 응하여 계약을 성립시킬 목적으로 청약자에 대하여 하는 의사표시이다. 청약자가 승낙기간을 정하였을 때에는 그 기간 내에 승낙의사표시가 청약자에게 도달하여야 한다.

청약에 대한 승낙이 있어도 의사표시가 내용적으로 일치하고 서로 상대방에 대한 것이어야 계약은 성립한다.

3) 계약체결상의 과실책임

계약체결을 위한 준비과정이나 계약의 성립과정에서 당사자 일방의 잘못으로 상대방에게 손해를 입힌 경우에는 그 손해를 배상하여야 하는데 이를 계약체결상의 과실책임이라고 한다. 예컨대 중고차를 사기 위하여 시운전을 하다가 사고를 내어 차량이 파손된 경우는 계약의 준비단계에서 과실책임이 있는 경우이고, 계약교섭 과정에서 상대방이 이미 적지 않은 비용을 지출하였거나 계약의 성립을 기대하여 일정한 조치를 취했음에도 불구하고, 일방적으로 부당하게 계약교섭을 파기하여 상대방에게 손해를 입혔을 경우에도 책임이 인정된다.

계약이 일단 성립은 하였으나 계약체결 과정에서 야기된 상대방의 잘못 때문에 계약이 무효로 된 경우에도 상대방이 유효한 계약의 성립을 믿을 만한 객관적 사정이 존재하는 경우에는 책임이 있다. 이와 관련 민법은 원시불능인 계약(예컨대 계약체결 전에 이미 소실된 그림의 매매계약을 체결한 경우)에 관한 책임규정을 두고 있다(제535조).

4) 예약

예약이란 당장 본계약을 체결하기 곤란한 사정이 있을 경우에 장차 본계약의

---

81) 예컨대 주택을 팔겠다는 의사표시만 하고 대금을 확정하지 않은 경우와 같이 계약의 본질적인 내용이 빠져 있을 경우는 상대방으로 하여금 청약을 하게 하는 유인행위 즉 청약의 유인이 된다.
    홈쇼핑에서 어떤 물건을 얼마에 판매한다고 선전하는 것을 TV로 보고 해당제품을 사겠다고 전화하면 불특정 다수인에 대한 청약에 대해 승인을 한 것이지만, 모 전자회사의 제품광고를 방송에서 보고 대리점을 방문해 해당제품을 사겠다고 하면 불특정 다수인에 대한 청약의 유인에 대하여 청약을 한 것이다.

체결을 확실하게 하기 위하여 이용되는 제도로 본계약을 체결할 의무를 부담하는 계약이다. 통상은 당사자 일방에게 예약완결권을 주는 일방예약의 형태로 이루어진다.

2. 계약의 소멸

1) 계약의 해제

계약의 해제란 유효하게 성립한 계약의 효력을 당사자 일방의 의사표시에 의하여 소급적으로 소멸하게 하여 계약이 처음부터 없었던 것과 같게 만드는 것이다. 계약이 성립한 후에는 마음대로 해제할 수 없는 것이고 해제권이 있을 경우에만 해제할 수 있다.

2) 해제권의 발생

당사자의 합의로 해제할 수 있는 사유를 유보해 놓았을 경우에는 계약자유의 원칙상 당연한 것이나, 민법은 일정한 사유가 있을 경우에는 상대방이 계약상의 구속을 계속 받는 것은 부당하다는 취지에서 해제권을 인정하고 있다.[82]

① 법정해제사유

민법은 상대방의 이행지체가 있어 상당한 기간을 정하여 이행을 최고했는데도 이행을 않을 경우(제544조),[83] 상대방의 채무가 이행불능이 된 경우(제546조)에는 해제할 수 있도록 하였다.

② 사정변경의 원칙과 해제

계약 성립 후에 현저한 사정변경이 있을 경우에 그에 따른 불이익을 일방에게 귀속시키는 것은 부당하다는 취지에서 민법에 규정이 없더라도 이런 경우에는 일반적으로 해제권을 인정하자는 논의가 있으나 판례는 소극적이다.[84]

3) 해제권의 행사

해제권은 상대방에 대한 의사표시로 하고 조건이나 기한(최고기간은 예외)을

---

82) 당사자가 약정한 경우를 약정해제, 법이 정해 놓은 경우를 법정해제라고 한다.

83) 계약의 성질 또는 당사자의 의사표시에 의하여 일정한 시일 또는 일정한 기간 내에 이행하지 아니하면 계약의 목적을 달성할 수 없는 경우에는 당사자 일방이 그 시기에 이행하지 않으면 상대방은 최고를 하지 아니하고 해제할 수 있는데(민법 제545조) 이를 정기행위라고 한다.

84) 민법은 증여자의 재산상태가 악화될 경우 증여를 해제할 수 있도록 규정하고 있다(제557조).

붙일 수 없고, 일단 해제의사표시를 하면 철회할 수도 없다. 상대방의 이익을 부당하게 침해할 염려가 있기 때문이다.

4) 해제의 효과

① 원상회복의무

해제로 계약은 소급하여 소멸하므로 당사자는 계약 전의 상태로 회복할 의무가 있는데, 이를 원상회복의무라고 한다. 계약으로 발생한 채권·채무가 소급하여 소멸하므로 계약의 이행으로 이전된 권리는 당연히 복귀된다. 당사자는 선의·악의 또는 이익의 현존 여부를 불문하고 받은 이익의 전부를 상대방에게 반환하여야 한다. 물건이 급부되었으면 원물을 반환하여야 하고, 채무자에게 책임 있는 사유로 원물반환이 불가능하면 가액을 반환하여야 한다. 금전을 반환하여야 할 경우에는 원금과 받은 날로부터의 이자도 반환하여야 한다.

② 제3자 보호

해제의 소급효는 해제의 의사표시가 있기 전에 계약으로부터 생긴 법률관계를 기초로 하여 새로운 권리를 취득한 제3자에게는 대항하지 못한다. 예컨대 부동산매매로 소유권을 취득하였다가 계약해제로 인하여 소유권을 상실하게 되는 경우 계약해제 전에 매수인으로부터 해당부동산을 다시 매수하고 등기를 마친 자를 말한다.[85][86] 제3자의 선의나 악의는 불문한다.[87]

③ 손해배상의무

어떤 물건을 100만 원에 매도했는데 상대방의 대금지급채무불이행으로 계약

---

85) 대법원 2003.8.22. 2003다12717. 소유권을 취득하였다가 계약해제로 인하여 소유권을 상실하게 된 임대인으로부터 그 계약이 해제되기 전에 주택을 임차하고 주택의 인도와 주민등록을 마침으로써 주택임대차보호법 제3조 제1항에 의한 대항요건을 갖춘 임차인은 민법 제548조 제1항 단서의 규정에 따라 계약해제로 인하여 권리를 침해받지 않는 제3자에 해당하므로 임대인의 임대권원의 바탕이 되는 계약의 해제에도 불구하고 자신의 임차권을 새로운 소유자에게 대항할 수 있고, 이 경우 계약해제로 소유권을 회복한 제3자는 주택임대차보호법 제3조 제2항에 따라 임대인의 지위를 승계한다.

86) 대법원 2003.1.24. 2000다22850. 민법 제548조 제1항 단서에서 규정하고 있는 제3자란 일반적으로 계약이 해제되는 경우 그 해제된 계약으로부터 생긴 법률효과를 기초로 하여 해제 전에 새로운 이해관계를 가졌을 뿐 아니라 등기·인도 등으로 완전한 권리를 취득한 계약당사자에게 대항할 수 있는 자를 말하고, 계약상의 채권을 양수한 자는 여기서 말하는 제3자에 해당하지 않는다고 할 것인바, 계약이 해제된 경우 계약해제 이전에 해제로 인하여 소멸되는 채권을 양수한 자는 계약해제의 효과에 반하여 자신의 권리를 주장할 수 없음은 물론이고, 나아가 특단의 사정이 없는 한 채무자로부터 이행받은 급부를 원상회복하여야 할 의무가 있다.

87) 대법원 1996.11.15. 94다35343. 계약 당사자의 일방이 계약을 해제하였을 때에는 계약은 소급하여 소멸하여 해약 당사자는 각 원상회복의 의무를 지게 되나, 이 경우 계약해제로 인한 원상회복등기 등이 이루어지기 이전에 계약의 해제를 주장하는 자와 양립되지 아니하는 법률관계를 가지게 되었고 계약해제 사실을 몰랐던 제3자에 대해서는 계약해제를 주장할 수 없다.

을 해제할 경우, 해제한 사람은 자기의 물건인도채무를 면하지만 그 사이에 물건의 가격이 70만 원으로 하락했다면 30만 원의 손해를 입게 되므로 이 손해의 배상을 청구할 수 있다.

손해배상의 범위는 계약이 이행되었다면 채권자가 얻었을 이익 즉 이행이익에 한하는 것이 원칙이지만 그에 갈음하여 그 계약이 이행되리라고 믿고 채권자가 지출한 비용 즉 신뢰이익의 배상을 구할 수도 있다.[88]

5) 약정해제권

계약당사자 사이에 특약으로 해제권을 유보해 놓는 경우 행사방법이나 시기도 정해 놓으면 이에 따르고 다른 정함이 없으면 법정해제의 경우와 같다. 약정해제의 효과로 원상회복의무가 있는 것은 법정해제와 마찬가지이나, 채무불이행에 의한 것이 아니므로 따로 정한 것이 없는 한 손해배상의 문제는 생기지 않는다.

약정이 있는 경우 외에도 계약금이 교부된 경우에는 다른 약정이 없으면 해제권이 유보된 것으로 본다(민법 제565조).

6) 계약금

계약금이란 계약체결 시 당사자 일방이 상대방에게 교부하는 금전 기타 유가물을 말한다.

계약금은 계약이 성립된 것에 대한 증거로서(청약증거금), 일방의 위약 시 제재(위약벌) 또는 손해배상의 기준이 되는 금원으로서(위약계약금) 또는 해제권을 유보하기 위하여(해약계약금) 교부된다.

위약계약금일 경우 계약금을 교부한 자가 위약하면 받은 자가 그 금원을 몰수하고, 받은 자가 위약하면 그 배액을 교부한 자에게 상환해야 한다. 위약벌의 성격일 경우에는 따로 손해배상을 청구할 수 있다.

해약계약금일 경우 교부한 자는 그것을 포기하고, 받은 자는 그 배액을 상환하고 해약할 수 있다. 계약금의 성격에 관하여 따로 정해 놓지 않았을 경우에는 해약계약금으로 추정된다. 이 경우 해제권의 행사는 상대방이 계약의 이행에 착수할 때까지로 한정된다. 이행의 착수란 매매계약의 경우 중도금의 지급

---

88) 대법원 2002.6.11. 2002다2539.

같이 채무이행행위의 일부를 행하거나, 잔대금을 준비하고 이전등기에 필요한 서류를 구비한 후 등기소에서 만나자고 하는 등 이행에 필요한 전제행위를 하는 것을 말한다. 이행착수 전에만 해제할 수 있으므로 원상회복의 문제는 생기지 않는다. 손해배상청구권도 생기지 않는다.

7) 손해배상의 예정

채무불이행 시 손해액 산정의 어려움을 피하기 위하여 손해배상액을 미리 정하여 두고 채무불이행이 발생하면 그 금액을 청구할 수 있도록 하는 것을 손해배상의 예정이라고 한다.

손해배상을 청구할 때 채무불이행 사실만 증명하면 손해의 발생사실이나 손해액을 증명할 필요가 없다. 반대의 특약이 없는 한 실제 손해액이 더 많거나 적더라도 예정액만 청구할 수 있다. 다만 예정액이 부당하게 과다할 경우 법원이 직권으로 감액할 수 있으나(민법 제398조 제2항) 과소할 경우 증액할 수는 없다.

위약금 약정이 있을 경우 손해배상의 예정으로 추정한다(민법 제398조 제4항).

8) 계약의 해지

임대차, 고용 등과 같이 계약의 내용인 급부가 어떤 기간 동안 계속해서 행해지는 계속적 계약관계에서 당사자 일방의 의사표시로 계약의 효력을 장래에 향하여 소멸시키는 행위를 해지라고 한다. 소급효가 없는 점에서 해제와 다르다. 계속적 채권관계를 소급적으로 소멸시킨다면 원상회복관계가 복잡해질 것이고 장애에 향하여 효력을 소멸시키는 것으로 충분하기 때문이다.

해지권은 법률의 규정(민법 제610조, 무단전대 등) 또는 당사자의 특약에 의하여 발생하는데 채무불이행이이 있는 경우 법 규정이 없더라도 해지권을 인정하는 것이 다수설이다.

3. 계약의 효력

계약이 성립하고 당사자에게 권리능력·의사능력·행위능력이 있고, 계약의 목적이 확정되어 있거나 확정 가능하고, 실현 가능하며, 적법하고 선량한 풍속 기타 사회질서에 위반하지 않고 의사와 표시가 일치하며 의사형성 과정에 하자가 없으면 계약은 효력을 발생한다.

1) 동시이행의 항변권

계약 중 쌍방이 서로 의무를 부담하는 쌍무계약에서는 상대방이 자기 채무의 이행기가 도래했음에도 불구하고 이행이나 이행제공을 않은 채 채무의 이행을 구하면 자기 채무의 이행을 거절할 수 있는데, 이를 동시이행의 항변권이라고 한다.

2) 위험부담

쌍무계약에 있어 당사자 일방이 채무가 본인에게 책임 없는 사유로 이행불능이 되었을 경우 그로 인한 손해를 누가 부담하느냐가 위험부담의 문제이다. 본인만이 아니라 상대방에게도 책임 없는 사유로 불능이 된 경우에는 쌍방은 모두 자기의 급부의무를 면한다.[89] 이 경우 불능으로 된 것에 대한 손해는 불능이 된 급부의 채무자가 부담하는 것이다. 예외적으로 상대방의 책임 있는 사유로 또는 상대방의 수령지체 중에 쌍방에게 책임 없는 사유로 급부불능이 된 경우에는 급부 불능된 급부의 이행의무는 면하지만 상대방의 반대급부의무는 소멸하지 않는다(민법 제538조). 이 경우의 위험부담은 채권자가 지는 것이다.

Ⅲ. 계약의 무효와 취소

1. 무효와 취소

계약당사자에게 권리능력·의사능력·행위능력이 있고, 계약의 목적(계약에 의하여 발생시키려고 하는 법률효과)이 확정되어 있거나 확정 가능하고, 실현 가능하며, 적법하며 선량한 풍속 기타 사회질서에 위반하지 않고, 의사와 표시가 일치하며 의사형성 과정에 하자가 없으면 계약은 효력을 발생하지만, 이런 요건을 갖추지 못하면 계약은 무효가 되거나 취소할 수 있게 된다.

---

89) 예컨대 매매목적물인 자동차가 계약체결 후 우연한 화재로 소멸했다면 매도인은 자동차 인도의무를 면하지만 대금청구권도 상실한다.

계약의 무효란 특별한 주장이 필요 없이 계약이 처음부터 당연히 효력이 없는 것으로 시간이 지난다고 하여도 그 효력에 변동이 없으나, 계약의 취소란 취소권자가 취소를 하여야만 처음부터 효력이 없는 것으로 되고, 취소하기 전에는 유효하며 취소권을 존속기간 내에 행사하지 않으면 더 이상 취소할 수 없게 된다.

민법은 반사회질서행위, 불공정행위, 의사와 표시의 불일치행위로 진의 아닌 의사표시와 통정 허위의사표시를 무효인 행위로, 의사형성 과정의 하자 있는 행위인 착오·사기·강박에 의한 의사표시를 취소할 수 있는 행위로 규정하고 있다.

2. 반사회질서행위

계약의 목적이 적법하지 않으면 계약은 무효이다. 적법하다는 것은 강행법규를 위반하지 않는 것을 말한다. 법률행위 적법 여부에 관한 강행법규를 모든 경우에 마련해 놓을 수 없으므로, 민법 제103조는 선량한 풍속 기타 사회질서에 반하는 법률행위는 무효라는 일반조항을 두어 강행법규가 없는 경우거나 강행법규에 위반하지 않는 경우라도 반사회질서행위는 무효라고 선언하고 있다.

이 규정이 정하는 내용은 근대민법 초기의 사적 자치에 대한 소극적 제한 원리로 작동되다가, 권리의 공공성이 강조되는 오늘날은 공공복리의 실천원리로서 법률의 전 체계를 지배하는 지배이념으로 작동하고 있다.

1) 개념

선량한 풍속은 사회의 일반적인 도덕관념으로 모든 국민이 지켜야 할 최소한의 도덕률을 말하고 사회질서는 국가사회의 공공질서 내지 일반적 이익을 말하는데, 선량한 풍속을 유지하는 것은 국가 일반이익에 부합하고, 국가의 일반이익을 존중하는 것은 시대의 도덕관념에 부합하므로 구별 없이 사회적 타당성으로 이해하기도 한다.

어떤 행위가 반사회질서행위에 해당하여 무효가 될 것인가 즉 일반조항의 구체화는 법관의 몫이다.

2) 요건

① 법률행위의 내용이 선량한 풍속 기타 사회질서에 위반해야 한다.

행위의 중심목적이 위반한 경우로 첩계약이나 범죄약정 등을 들 수 있고, 행위의 중심목적 자체는 타당하나 부가된 사정이 타당하지 않은 경우로 영업양도계약에 부가하여 무기한 영업 금지, 과다한 위약금 약정, 혼인하면서 이혼 않는다는 약정, 범죄를 하거나 하지 않을 조건의 금원대여, 정당업무집행에 대한 뇌물약정, 증언의 대가로 과다한 금원지급 약정 등이 있다. 이중매매의 경우 그것만으로는 정의에 반한다고 볼 수 없으므로, 다른 사람에게 팔린 사정을 알고 다시 팔라고 한 것만으로는 무효라고 할 수 없고,[90] 중도금까지 건너간 경우 이중매매는 배임행위인데 이 배임행위에 적극 가담하거나 적극적으로 이중매도 요청한 경우 무효이다.[91]

② 당사자의 인식이 있어야 한다.

법률행위 내용이 선량한 풍속 기타 사회질서위반이라는 사정을 당사자가 알았거나 알 수 있었어야 한다. 법률행위를 하게 된 동기는 법률행위의 내용은 아니지만 불법적인 동기가 표시되면 법률행위가 무효로 될 수 있다.

③ 결정시점

법률행위 시가 기준이 될 것이나, 그 후 사정변경으로 계약이 선량한 풍속 기타 사회질서에 위반되게 되었고 그 결과 이행을 구하는 것이 신의칙에 반하는 경우는 이행거절이 가능하다.[92]

④ 증명책임

무효로 인하여 이익을 받을 자에게 반사회질서 해당 여부에 관한 증명책임이 있다.

3) 효과

무효이고 이미 이행된 경우는 불법원인급여가 되어 반환청구를 할 수 없다(민법 제746조). 무효는 절대적 무효로 제3자에게 대항 가능하고, 추인은 할 수 없다. 일부 무효인 경우도 있는데, 양도담보목적 소유권 이전행위가 폭리로 무

---

90) 대판 1977.4.12. 75다1780.
91) 대판 1994.3.11. 93다55289.
92) 같은 취지. 대판 2001.11.9. 2001다44987.

효라도 담보목적 범위 내 유효하고, 변호사 아닌 자가 자기 비용으로 소송대리인을 선임해 사건을 처리해 주고 승소 시 대가를 받기로 한 경우, 대가약정은 무효이나 소송대리인 선임위임 부분은 유효하다.

4) 탈법행위

탈법행위란 강행법규를 직접 위반하지는 않지만 회피수단을 통하여 강행법규가 금지하는 결과를 발생시키는 행위를 말한다. 이러한 탈법행위는 원칙적으로 무효이나, 강행법규가 특정한 수단·형식을 금하는 것이면 유효하고, 특정한 결과를 금지하는 것이면 무효이다.[93]

3. 불공정한 행위

1) 개념

불공정한 행위란 상대방의 궁박·경솔·무경험을 이용하여 자기의 급부에 비하여 현저하게 균형을 잃은 반대급부를 하게 함으로써 부당하게 재산적 이득을 얻는 행위를 말한다.

민법 제104조는 법률행위의 또 다른 무효사유로 불공정한 행위를 들고 있으나 이는 반사회질서행위의 일종으로 보는 것이 다수설·판례의 입장이다.

2) 요건

① 급부와 반대급부 사이에 현저한 불균형이 있어야 한다. 불균형 여부의 판단은 산술적 비율에 따라 일률적으로 말할 수는 없고 구체적인 사정에 따라 법관이 판단할 것이다.[94]

② 피해자의 궁박·경솔·무경험의 이용

궁박은 몹시 곤궁한 상황으로 경제적인 것만이 아니고 정신적·신체적인 상

---

93) 대판 1996.4.26. 94다43207, 구 국유재산법(1976.12.31. 법률 제2950호로 개정되기 전의 것) 제7조가 같은 법 제1조의 입법 취지에 따라 국유재산 처분사무의 공정성을 도모하기 위하여 관련 사무에 종사하는 직원에 대하여 부정한 행위로 의심받을 수 있는 행위를 엄격히 금지하는 한편, 그 금지에 위반한 행위의 사법상 효력에 관하여 이를 무효로 한다고 명문으로 규정하고 있으므로 국유재산에 관한 사무에 종사하는 직원이 타인의 명의로 국유재산을 취득하는 행위는 강행법규인 위 규정들의 적용을 잠탈하기 위한 탈법행위로서 무효이다.

94) 정상적으로 받을 수 있는 손해배상액의 8분의 1만 받기로 하고 합의한 경우(대판 1979.4.10. 78다2457), 시가 2억 상당의 임야에 대하여 더 이상 이의를 제기 않는 조건으로 7억여 원을 받은 경우(대판 1995.4.11. 94다17000) 불공정 무효라고 보았다.

황을 포함한다. 경솔은 신중성을 결하는 것이고, 무경험이란 일반적인 생활경험이 부족한 것을 말한다. 피해자가 이런 상태에 있음을 폭리행위자가 알고 이용하여야 한다.

3) 효과

무효이고 이미 이행된 경우는 폭리행위자의 급부는 불법원인급여가 되어 반환 청구할 수 없으나, 피해자의 급부는 반환 청구할 수 있다(민법 제746조). 무효는 절대적 무효로 제3자에게 대항 가능하고, 추인은 할 수 없다.

4. 진의 아닌 의사표시

1) 개념

진의 아닌 의사표시는 자기의 진의와 다른 의사표시를 표의자 스스로 알면서 하는 경우를 말한다.[95]

2) 요건

의사표시가 존재하여야 하고, 표시와 진의가 일치하지 않아야 하고,[96] 표의자가 불일치 사실을 알고 있어야 한다.

3) 효과

진의 아닌 의사표시를 한 사람을 보호할 필요는 없으므로 원칙적으로 유효하다. 다만 상대방이 표의자의 진의 아님을 알 수 있거나 알았을 경우에는 무효이다.[97]

---

95) 예컨대 회사에서 분위기 혁신 차원에서 일괄사표제출을 요구하여 사직의사가 없으면서 사표를 낸 경우가 그 예이다.

96) 대판 2003.4.25. 2002다11458. 진의 아닌 의사표시에 있어서의 '진의'란 특정한 내용의 의사표시를 하고자 하는 표의자의 생각을 말하는 것이지 표의자가 진정으로 마음속에서 바라는 사항을 뜻하는 것은 아니므로 표의자가 의사표시의 내용을 진정으로 마음속에서 바라지는 아니하였다고 하더라도 당시의 상황에서는 그것이 최선이라고 판단하여 그 의사표시를 하였을 경우에는 이를 내심의 효과의사가 결여된 진의 아닌 의사표시라고 할 수 없다.

97) 대판 2001.1.19. 2000다51919. 사용자가 사직의 의사 없는 근로자로 하여금 어쩔 수 없이 사직서를 작성·제출하게 한 후 이를 수리하는 이른바 의원면직의 형식을 취하여 근로계약관계를 종료시키는 경우에는 실질적으로 사용자의 일방적인 의사에 의하여 근로계약관계를 종료시키는 것이어서 해고에 해당한다고 할 것이나, 그렇지 않은 경우에는 사용자가 사직서 제출에 따른 사직의 의사표시를 수락함으로써 사용자와 근로자의 근로계약관계는 합의해지에 의하여 종료되는 것이므로 사용자의 의원면직처분을 해고라고 볼 수 없다.

5. 통정한 허위의 의사표시

1) 개념

통정한 허위의 의사표시란 상대방과 통정하여 하는 자기의 진의 아닌 의사표시를 말한다.[98]

2) 요건

① 의사표시가 있을 것

사회관념상 의사표시로 인정될 수 있는 외관 있으면 된다.

② 의사와 표시가 불일치할 것

표시상의 효과의사에 대응하는 내심의 효과의사가 존재하지 않는 경우를 말한다.

당사자가 법률행위에 관한 증서에 약간의 사실적 사항을 다르게 기재한 경우(예컨대 계약체결일자를 소급기재 것 등)는 그 행위 자체가 진정으로 의도되는 한 허위표시는 아니다.[99]

법률행위의 일부를 가장한 경우(매매계약의 객체나 대금을 실제와 다르게 기재)는 일부무효법리(민법 제137조)에 따를 것이다.

은닉행위(증여의사로 매매가장)는 가장된 행위는 무효라도 은닉행위로 유효하다.[100]

허수아비행위(자신의 이름으로 행위를 하나 배후에 있는 실질적인 행위주체의 계산과 이익으로 행위를 하는 것)는 허수아비가 권리를 취득하고 의무를 부담하므로 허위표시가 아니고, 따라서 가장행위가 아니어서 유효하다.

사해행위 예컨대 강제집행 면할 의사로 타에 증여한 경우 증여를 진정으로 의욕했다면 그 의도는 비난당할지라도 가장행위는 아니고, 사해행위로서 채권자취소권(민법 제406조)의 대상이 된다.

③ 표의자가 의사와 표시의 불일치를 알고 있을 것

이 점에서 비진의표시와 같고 착오와 다르다.

---

98) 강제집행을 면하기 위하여 친구와 짜고 자기 소유의 부동산의 소유권을 친구에게 넘기는 행위가 그것이다.

99) 매도인을 다르게 기재하는 경우(중고차 상인이 절세를 위해 자신이 매도인이면서 전 소유자를 매도인으로 기재)는 가장행위설, 유효설, 매수인이 이 사실을 알고 있을 경우만 가장매매설(독일) 등이 있다.

100) 대판 1993.8.28. 93다12930.

④ 상대방과의 통정이 있을 것

상대방이 알고 있는 것만으로는 부족하고 상대방과 사이에 합의가 있어야 한다. 상대가 여럿일 경우는 모두와 합의가 필요하다. 대리인도 가능하나. 대리인과 통정한 상대가 본인에게 무효 주장하는 것은 신의칙상 안 될 것이다.

⑤ 증명책임

의사표시의 존재는 표의자, 그 외 요건은 무효 주장자가 증명해야 한다. 입증의 현실적 어려움 때문에 일정 정도의 간접사실이나 보조사실을 입증하면 허위표시를 인정할 필요가 있다.[101]

3) 효과

① 당사자 사이의 효과

허위표시는 당사자 사이에서는 언제나 무효이다. 선의 제3자에게 대항할 수 없는 경우도 마찬가지이다. 이에 기한 채무가 이행되지 않았으면 이행할 필요가 없고, 이행되었으면 부당이득으로 반환해야 한다.

② 불법원인급여(제746조)

허위표시의 무효는 의사와 표시가 일치하지 않기 때문이지 허위표시 자체가 불법은 아니므로 제746조의 적용 여지는 없다. 강제집행면탈 목적의 계약이라도 제746조가 적용되지 않는다.[102]

4) 제3자에 대한 효과

허위표시 무효는 상대적 무효로서 선의의 제3자에게 대항하지 못한다.

선의는 문제 된 행위가 허위표시임을 모르는 것인데, 선의는 추정되므로 악의 주장자가 증명해야 한다는 것이 다수설·판례이다.[103] 무과실은 요건이 아니다. 선의의 시기는 이해관계를 맺은 때이다.[104]

---

101) 아무런 대가 없이 전 재산을 처 또는 미성년 아들에게 때를 같이하여 매매 형식 소유권 이전, 동거하는 부부 사이에 부동산을 매매, 세금 납부실적 없는 사위에게 매도하고 자금출처를 명백히 못 하는 경우 등은 가장행위임을 추정한 판례가 있다(대판 1963.11.28. 63다493, 1978.4.25. 78다226, 1965.5.31. 65다623).

102) 대판 2004.5.28. 2003다70041.

103) 대판 1970.9.29. 70다466.

104) 전득자가 악의인 경우에 전득자는 선의 제3자의 권리를 양수하므로 선악불문 보호하자는 것이 다수설이다. 그렇게 하지 않으면 악의 전득자가 반환당한 후 선의 제3자에게 담보책임을 추궁하면 선의 제3자가 보호받지 못하는 모순이 있다.

제3자는 허위표시행위를 기초로 외형상 형성된 법률관계를 토대로 실질적으로 새로운 법률상 이해관계를 맺은 자를 말한다.[105] 권리공시방법이 필요한 경우 공시방법(등기, 채권양도 대항요건)을 갖추어야 한다.[106]

대항하지 못한다는 것은 허위표시의 무효를 주장하지 못한다는 것이다.

6. 착오에 의한 의사표시

1) 착오의 개념

착오라 함은 객관적 사실에 대한 인식에 잘못이 있는 것이고, 착오에 의한 의사표시에 관하여 통설은 표시상의 효과의사와 내심의 효과의사가 일치하지 않고 그 일치하지 않는 사실을 표의자가 모르는 경우를 말한다고 보고, 동기는 표시된 경우에만 착오를 인정한다.

민법 제109조는 착오에 의한 의사표시는 착오부분이 법률행위 내용의 중요한 부분이고, 착오가 있게 된 것에 표의자의 중대한 과실이 없을 경우에 한하여 취소할 수 있는 것으로 규정하고 있다.

2) 착오의 종류
① 표시상의 착오
표시행위 자체를 잘못하는 경우를 말한다(오기, 오답).
② 내용의 착오
표시하려는 바를 표시했지만 표시의 의미를 오해한 경우를 말한다.
③ 동기의 착오
표시에 대응하는 내심의 의사가 있지만 내심의 의사를 결정할 때의 동기 내지 내심의 의사를 결정하는 과정에 착오가 있는 경우를 말한다.

3) 취소요건
① 의사표시 및 착오의 존재
착오의 존재 여부 판단 시점은 의사표시 당시를 기준으로 한다. 착오의 대상

---

105) 대판 2003.3.28. 2002다72125.

106) 독립한 새로운 이해관계가 아닌 경우, 예컨대 주식 가장양도에서 회사(무효니까 다시 명의 개서 해 달라), 채권 가장양도에서 채무자, 가장채권 양수인으로부터 추심목적으로 채권을 양수받은 자 등은 제3자가 아니다.

은 현재 및 장래의 불확실한 사실을 포함한다. 대리인에 의한 착오는 대리인을 기준으로 판단한다.

② 법률행위 내용의 착오

법률행위의 내용이란 법률행위를 통하여 발생시키려고 하는 법률효과를 말한다. 법률행위의 내용에는 당사자에 관한 것(사람의 동일성, 직업, 경력, 자산상태 등), 목적물에 관한 것(동일성, 성상, 내력, 수량, 가격), 법률행위의 성질(임대차를 사용대차로, 연대보증을 일반보증으로)에 관한 것 등이 있다.

③ 동기의 착오

법률행위를 하게 된 동기는 표의자의 내심의 문제로 성격상 법률행위의 내용이 되는 것이 아니고, 상대방에게 표시되기도 하고, 표시되지 않기도 하므로 표시되지 않은 동기에 착오가 있다는 이유로 취소할 경우 상대방 보호에 문제가 있기 때문에 이를 어떻게 취급할 것인가를 두고 논란이 있게 된다.

착오의 개념에 관한 다수설은 동기의 착오는 제109조의 착오가 아니지만 그것이 표시되어 상대가 알고 있는 경우에는 법률행위의 내용이 되어 제109조가 적용되는 착오가 된다고 본다.[107]

판례는 다수설 입장이나,[108] 상대에 의하여 유발된 동기의 경우는 그것이 표시되지 않았다 해도 착오를 이유로 한 취소를 인정한다. 귀속재산이 아닌데도 공무원이 귀속재산이라고 하여 국가에 증여한 경우,[109] 채무자가 과거에 연체가 없었다는 채권자의 말을 믿고 보증 선 경우[110] 등이 그것이다.

④ 중요부분의 착오

중요부분이란 주관적으로 표의자가 그러한 착오가 없었더라면 그 의사표시를 하지 않았으리라고 생각될 정도로 중요한 것이어야 하고, 객관적으로 일반인도 표의자 입장이라면 그런 의사표시를 하지 않았을 정도로 중요할 것이 요구된다. 다만 이는 추상적 획일적으로 정할 수는 없고 각개의 경우 구체적으로 판단하게 될 것이다.[111]

---

107) 곽윤직 민법총칙 300 등.

108) 대판 2000.5.12. 2000다12259.

109) 대판 1978.7.11. 78다719.

110) 대판 1992.2.25. 91다38419.

111) 중요부분이라고 인정된 사례는 다음과 같은 것들이 있다. ① 사람에 관한 착오가 있는 경우: 사람의 동일성

중요부분의 증명책임은 표의자에게 있다.

⑤ 표의자의 중과실이 없을 것

중과실이라 함은 표의자가 그 직업, 행위의 종류, 목적 등에 대응하여 보통인으로서 베풀어야 할 주의를 현저하게 결한 경우를 말하고, 표의자 개인의 주의능력을 기준으로 하지는 않는다. 이는 인간의 불완전성을 인정하여 경과실시는 보호하되 중과실의 경우는 책임을 지도록 한 것이다.[112]

증명책임은 취소를 저지하려는 상대방에게 있다.

중과실 있더라도 상대가 이를 악용한 경우는 취소 가능한데, 이 경우의 상대방은 보호할 가치가 없기 때문이다.

⑥ 착오취소 배제사유의 부존재

당사자 간에 합의가 있거나(단 약관규제에 관한 법률에는 이를 제한하는 규정이 있다.), 포기 또는 사후 추인하거나, 장기간 불행사 등 권리실효법리에 따라 취소권이 소멸한 경우에는 착오를 이유로 취소할 수 없다.

신의칙상 사정변경으로 표의자에게 유리하게 되어 취소하는 것이 신의칙에 반하게 된 경우나 세법개정으로 상대가 법인·개인 불문 차이가 없게 된 경우 등에는 취소할 수 없다.

상대가 표의자의 진의에 따른 법률효과발생을 양해한 경우에도 취소할 수 없다.

은 그것을 중시하는 법률행위(증여, 임대차 고용, 보증계약에서 주 채무자, 근저당설정계약에서 채무자)에서 중요부분이 된다. 사람의 성질에 관한 것으로 주 채무자의 신용상태는 중요부분이 된다는 것이 판례의 주류이고, 상대방의 권원·권한에 관한 것은 아니고, 자격구비 여부는 경우에 따라 중요부분이 될 수 있다. ② 법률행위의 목적물에 착오가 있는 경우: 목적물의 동일성에 관한 것으로 매매목적물인 점포를 다른 점포로 오인한 경우는 중요부분 착오가 된다. 성질에 관한 것으로 일정 사용목적으로 토지를 구입했는데, 법령상 제한으로 목적을 이룰 수 없는 경우에 목적은 동기가 될 뿐이어서 동기의 착오가 있는 것이고, 토지의 현황과 경계에 관한 착오로 농지인 줄 알았는데 하천인 경우, 현황 담장을 경계로 알고 계약했는데 상당부분 타인 소유인 경우는 중요부분의 착오가 되고, 목적물의 수량에 관한 것으로 특정 토지 잔부 매수나 지적이 실제보다 적은 경우나 건물과 그 부지를 현황대로 매수했는데 부지가 다소 적은 경우는 해당 않는다. ③ 상대방이 착오를 유발한 경우: 이때는 다른 부분의 착오는 물론이고 동기의 착오인 경우에도 이를 이유로 취소할 수 있다. ④ 동기의 착오: 상대가 착오를 유발한 경우(기부체납·증여·협의매수의 동기)는 취소할 수 있고, 보증의 동기의 경우는 동기가 표시되었고 동기에 착오가 있는 경우 취소를 인정하기도 하고, 사용자가 피용자의 교통사고 피해자의 치료비를 보증한 경우 사고과실 없음이 판명되어 사용자책임 없는 경우에는 동기착오로 인한 취소를 부인하기도 했다. 시가착오는 법률행위의 중요부분에 관한 것이 아니라고 보나, 가격차이가 큰 경우는 인정한다.

112) 중과실의 사례로는 공장설립목적으로 토지를 매수하려는 자가 공장건축가능 여부를 관할관청에 알아보지 않은 것, 주식매매를 영업으로 하는 자가 주식양도 제한 여부에 관한 회사정관을 조사 않은 것, 부동산 경매 시 현장조사를 않은 것 등은 중과실이나, 고려청자를 구입하면서 자신의 지식과 소개인을 믿고 감정하지 않은 경우와 부동산 중개업자의 소개내용을 믿고 거래한 경우, 건축사 자격이 없는 자가 건축연구소를 운영하며 상당한 설계실적이 있다고 한 경우 이를 믿은 것 등은 중과실이 아니다.

⑦ 쌍방의 착오

제109조는 당사자 일방에게 착오가 있는 경우를 전제로 하고 있어 당사자 쌍방에게 착오가 있는 경우에는 어떻게 할 것인가의 문제가 있다. 쌍방의 착오 내용이 다른 경우에는 제109조를 그대로 적용하면 될 것이나, 일치하는 경우에는 서로 착오를 주장하며 취소하는 것보다는 착오가 없었을 상황에 맞추어 계약을 수정하는 것이 당사자의 진정한 의사라고 볼 수 있기 때문이다.

판례는 매도인에게 부과될 양도세액을 매수인이 부담하기로 했는데 부과된 세금이 이를 초과한 경우에 당초 예상세금을 초과한다는 사실을 알았다면 초과분까지도 부담하였을 것이라고 볼 수 있는 특별한 사정이 있을 때에는 매매계약을 취소할 수 없다고 보고 있다.[113]

실제 사건에서는 당사자 간에 착오가 없는 것을 전제로 화의점을 찾게 될 것인데, 그러지 못하고 다툼으로 번지는 것은 그 사이의 상황 변화로 한쪽은 종전 계약을 수정해서라도 유지하려 하고 다른 쪽은 착오를 빌미로 해약하고 싶어지기 때문인데, 판례는 당사자의 진정한 의사의 파악과 수정된 내용이 신의칙상 허용될 범위 내인가의 점에서 결정될 것임을 천명하고 있는 것이다.

7. 사기·강박에 의한 의사표시

1) 개념

사기나 강박은 남을 속이거나 위협하는 행위이다. 사기행위에 의해 착오를 일으키고 그 결과로 한 의사표시를 한 경우에는 중요부분에 관한 착오가 아니라도 취소가 가능하고, 강박행위에 의해 의사결정의 자유가 제한된 상태에서 한 의사표시도 취소할 수 있다(제110조).

2) 취소요건
① 의사표시의 존재
② 사기·강박자의 고의

사기자에게 표의자를 기망하여 착오에 빠트리려는 고의와 표의자로 하여금 그 착오에 기해 의사표시를 하게 하려는 고의가 있어야 한다. 강박자에게도 상

---

113) 대판 1994.6.10. 93다24810.

대방으로 하여금 겁을 먹게 하려는 고의와 표의자로 하여금 겁을 먹어서 의사표시를 하게 하려는 고의가 있어야 한다.

③ 기망·강박행위

기망행위는 표의자에게 그릇된 관념을 가지게 하거나 그 관념을 강화시키는 행위로 적극적으로 허위사실 날조하거나 소극적으로 진실을 숨기는 행위를 포함한다. 강박행위는 해악이 초래될 것임을 고지하여 공포심을 일으키게 하는 것이다.

④ 기만·강박행위가 위법할 것

사회생활상 타인의 부지나 착오를 이용하는 것은 어느 정도 허용되어야 하므로 거래상 요구되는 신의칙에 반할 때 위법하다. 전문점과 고물상의 선전은 다르고, 과장광고나 교환계약에서 시가를 묵비하거나 고가로 고지하는 것은 기망이 아니다.[114] 대형백화점이 정상가격을 세일가격으로 표시한 변칙세일 사건의 경우 대형유통업체에서 판매되는 상품의 품질과 가격에 대한 소비자들의 신뢰나 기대는 백화점들 스스로의 광고에 의하여 창출된 것으로서 이는 보호되어야 하는데, 변칙세일은 물품구매동기에 있어서 중요한 요소인 가격조건에 관하여 기망이 이루어진 것으로서 그 사술의 정도가 사회적으로 용인될 수 있는 상술의 정도를 넘은 것이어서 위법성이 인정된다.[115]

⑤ 기망·강박행위와 의사표시 사이의 인과관계

기망·강박행위에 의해 표의자가 착오에 빠지거나 겁을 먹고, 이로 인해 의사표시를 해야 하는 이단의 인과관계가 인정되어야 한다. 인과관계는 표의자의 주관적 인식을 기준으로 원인·결과의 관계가 있으면 되고, 표의자의 과실 유무는 불문한다.

⑥ 증명책임

이들 요건은 모두 취소를 주장하는 자가 증명하여야 한다.[116]

---

114) 대판 2001.5.29. 99다55601.

115) 대판 1993.8.13. 92다52665. 상품의 선전. 광고에 있어 다소의 과장이나 허위가 수반되는 것은 그것이 일반 상거래의 관행과 신의칙에 비추어 시인될 수 있는 한 기망성이 결여된다고 하겠으나, 거래에 있어서 중요한 사항에 관하여 구체적 사실을 신의성실의 의무에 비추어 비난받을 정도의 방법으로 허위로 고지한 경우에는 기망행위에 해당한다고 할 것이고, 한편 현대산업화 사회에 있어 소비자가 갖는 상품의 품질이나 가격 등에 대한 정보는 대부분 생산자 및 유통업자의 광고에 의존할 수밖에 없는 것이므로, 이 사건 백화점들과 같은 대형유통업체의 매장에서 판매되는 상품의 품질과 가격에 대한 소비자들의 신뢰나 기대는 백화점들 스스로의 대대적인 광고에 의하여 창출된 것으로서 특히 크고 이는 보호되어야 할 것이다.

8. 착오 및 사기·강박에 의한 의사표시의 효과

1) 취소권 발생

① 착오 및 사기·강박에 의한 의사표시는 취소할 수 있다. 사기에 의한 의사표시는 타인의 기망행위로 착오를 일으켜 의사표시를 한 경우이므로 착오취소와 경합이 되는데, 착오와 사기는 그 인정근거와 요건이 다르므로 표의자는 어느 쪽이든 그 요건을 증명하여 의사표시를 취소할 수 있다.[117]

제삼자에 의한 사기·강박의 경우는 상대방이 행위 당시에 그 사실을 알았거나 알 수 있었을 경우에 한하여 취소가 가능하다.

② 취소권자

표의자나 그 대리인 및 승계인이 취소할 수 있다.

③ 취소시기

추인할 수 있는 날(취소 원인 종료한 날, 기망상태 벗어난 날)로부터 3년 내 또는 법률행위를 한 날로부터 10년 내에 취소할 수 있다.

④ 취소효과

법률행위는 소급적으로 무효가 된다. 취소하기 전까지는 유효하나 취소가능성을 이유로 한 보증채무의 이행거절은 가능하다. 일부 착오 시 그 부분만 취소될 것이나, 그 부분이 없으면 그 의사표시를 하지 않을 것으로 인정되는 경우에는 나머지 부분도 무효가 된다.

⑤ 제3자에 대한 관계

취소의 효과는 선의의 제3자에게 대항할 수 없다.

제3자는 당사자 그 포괄승계인 이외의 모든 자로서 표시행위 기초로 새로운 법률상 이해관계(무효가 되면 권리를 잃거나 새로운 부담 안게 되는 관계)를 맺은 자(다시 매수한 자, 채권양도 받은 자 등)에 한한다.

이해관계를 맺은 시기는 취소의사표시 전이어야 하나, 취소 후 원상회복 전(부동산의 경우 취소 후 말소등기 전)에 취소 있음을 알지 못하고 맺은 경우는 포함된다.

제3자 취득 권리가 공시방법(등기)을 요하는 경우는 공시방법을 갖추어야 한다.

---

116) 대판 1969.12.9. 69다1818.
117) 대판 1985.4.9. 85도167.

선의는 착오나 사기를 모르는 경우로 모르는 데 과실은 묻지 않는다. 악의는
주장자가 증명하여야 한다.

대항 못 한다는 것은 무효를 주장하지 못한다는 뜻이다.

2) 손해배상책임
① 착오의 경우

법률행위를 취소한 착오자의 손해배상책임(상대방의 신뢰이익 손해배상)에
관하여 민법에는 규정이 없고(독일은 있음), 학설로는 제535조를 유추하여 표의
자의 경과실과 상대방의 선의·무과실을 전제로 계약상의 과실책임을 인정하자
는 견해[118]와 무중과실요건을 규정한 입법자의 의도에 근거하여 착오자의 배상
책임을 부인하는 견해[119]가 있다.

판례는 과실이 있다 하더라도 법이 중과실이 있는 착오자의 취소를 인정하고
있는 이상 착오를 이유로 취소한 것이 위법하다고는 할 수 없고, 따라서 불법
행위책임은 없다고 하나,[120] 계약상의 책임에 관해서는 예가 없다.

불법행위책임은 그렇다 해도 표의자의 경과실과 상대방의 선위·무과실인
경우에 상대방이 계약이 유효하다고 믿음으로써 입은 손해까지 책임이 없다고
하는 것은 곤란할 것이다.

② 사기·강박의 경우

불법행위에 따른 손해배상청구가 가능하다.

3) 담보책임

매매목적물에 흠이 있는데 매수인이 그것을 알지 못하고, 또는 매도인에게
속아서 매수한 경우에는 착오 또는 사기에 의한 의사표시와 하자담보책임이 모
두 문제가 될 것이다. 착오의 경우에는 취소권의 존속기간이 길어 거래의 불안
을 초래하고 상대방에게 가혹하다는 점 때문에 담보책임이 성립하는 한 착오규
정의 적용이 배제된다는 입장과 경합을 인정하는 입장이 나뉘나,[121] 사기강박
의 경우에는 상대방의 비난받을 행위로 야기된 것이므로 경합을 인정하는 것이

---

118) 이은영 민법총칙 533 등.
119) 고상룡 민법총칙 436 등.
120) 대판 1997.8.22. 97다13023.
121) 이영준 민법총칙 397 과 이은영 민법총칙 525.

통설인데, 다만 일단 사기를 이유로 취소한 경우에는 계약의 유효를 전제로 하는 담보책임은 물을 수 없다.

Ⅳ. 증여

1. 개념

증여란 당사자 일방(증여자)이 대가 없이 무상으로 재산을 상대방에게 준다는 의사를 표시함으로써 성립하는 계약이다.

증여는 현실적인 목적물의 인도가 실행되지 않더라도 당사자 사이의 약속만으로도 성립하며, 특별한 방식을 요구하고 있지 않다. 다만, 서면에 의한 경우와 그렇지 않은 경우 구속력에 있어 차이를 두고 있다.

2. 증여의 효과

증여계약에 의하여 증여자는 약속한 재산을 증여받는 자(수증자)에게 주어야 채무를 부담하고, 이를 이행하지 않을 경우 수증자는 재판상 청구를 하여 이행을 강제할 수 있다.

증여자는 그가 계약에 기하여 급여한 물건이나 권리에 하자 또는 흠결이 있더라도 그에 대한 담보책임을 지지 않는 것이 원칙이다. 증여는 수증자만이 이익을 얻고 증여자는 아무런 대가도 받지 않으므로 증여자에게 담보책임을 지우는 것은 가혹하기 때문이다. 다만, 증여자가 그 하자나 흠결을 알고 수증자에게 고지하지 않은 때에는 담보책임을 진다(민법 제559조).

3. 증여의 해제

증여가 서면에 의하지 않은 경우 각 당사자는 이를 해제할 수 있다. 다만, 이미 이행한 부분에 대해서는 영향을 미치지 않는다. 서면에 의한 증여는 다음의 사유가 있을 때만 해제할 수 있다.

민법은 수증자가 증여자에 대한 일정한 망은행위를 한 경우 증여자가 증여계약을 해제할 수 있는 것으로 규정하고 있다(제556조). 망은행위란, 증여자 또는 그 배우자나 직계혈족에 대한 범죄행위가 있는 때, 증여자에 대하여 부양의무가 있는 경우 이를 이행하지 않는 경우 등을 말한다. 이 경우 해제원인이 있음을 안 날로부터 6개월이 경과하거나 증여자가 수증자에 대하여 용서의 의사표시를 하면 해제권은 소멸한다.

또한 증여계약 이후에 증여자의 재산상태가 현저히 변경되고 그 이행으로 생계에 중대한 영향을 미칠 경우에는 증여자는 증여를 해제할 수 있다. 그러나 이 역시 아직 이행되지 않은 부분에 한하며, 이미 이행한 부분에 대해서는 영향을 미치지 않는다.

4. 특수한 형태의 증여

부담부증여는 수증자가 증여를 받는 동시에 일정한 부담을 지는 것이다. 수증자가 지는 부담은 증여계약과 주종의 관계를 가지므로 주된 증여계약이 무효이면 부담도 무효가 된다. 부담부증여에 대해서는 증여자는 그 부담의 한도 내에서 매도인과 같은 담보책임이 있다. 부담의 한도 내에서 증여와 수증자의 부담은 서로 대가관계에 있는 것이다.

정기증여는 정기적으로 무상으로 재산을 주는 것이다. 이러한 정기증여는 증여자 또는 수증자가 사망하면 이후 효력을 잃게 된다.

사인증여는 증여자의 사망으로 효력을 발생하는 증여이다. 증여자의 생전에 증여계약을 맺으나 그 효력발생은 증여자가 사망한 때 효력이 발생하도록 하는 것이다. 이러한 사인증여는 민법상 유증에 관한 규정을 준용한다. 유증은 유언으로 증여를 하는 것으로, 유증의 목적이 된 권리가 증여자(유증자)의 사망 당시 상속재산에 속하지 않는 때에는 그 유언은 효력이 없다(따라서 상속인들이 수증자에게 이를 이행할 의무가 없다.). 유증의 경우 유언자의 사망 전에 수증자가 사망하게 되면 유증은 그 효력을 잃게 된다.

Ⅴ. 매매계약

1. 개념

매매계약은 매도인이 일정한 재산권을 매수인에게 이전하고, 매수인은 대금을 지급할 것을 약정함으로써 성립하는 계약이다. 매매목적이 되는 재산권에는 제한이 없어 물권, 채권, 지적재산권, 영업이나 기업도 대상이 된다. 타인의 권리라도 가능하고 장래 성립하는 재산권도 상관없다. 매매의 효력으로 매도인은 재산권이전의무가 있고, 매수인은 대금지급의무가 있다. 매도인의 재산권이전의무와 관련 담보책임이 문제 된다.

2. 매도인의 담보책임

1) 개념

매도인이 매수인에게 이전해 줄 재산권은 완전한 재산권이어야 하므로 이 재산권인 권리 또는 권리의 객체인 물건에 하자 내지 불완전한 점이 있는 경우 매도인에게 일정한 책임이 있는데(민법 제570조 이하), 이를 매도인의 담보책임이라고 한다. 매도인은 자신의 잘못이 없더라도 법이 정한 내용의 책임을 지게 된다.

2) 담보책임의 유형
① 권리가 다른 사람에 속하는 경우

다른 사람의 권리도 매매의 목적으로 할 수 있는데, 이 경우 매도인은 다른 사람의 그 권리를 취득해서 매수인에게 이전해 줄 의무가 있다. 매수인에게 이전해 주지 못하는 경우 매수인은 계약을 해제할 수 있고, 나아가 매수인이 선의인 경우에는 손해배상도 청구할 수 있다. 손해배상액의 산정은 이전해 주지 못하는 시점의 시가를 표준으로 한다.

매매의 목적인 권리의 일부가 다른 사람에게 속하기 때문에 매도인이 그 부분을 이행하지 못하는 경우, 예컨대 100평의 토지를 매매하였는데 그중 10평이 다른 사람의 소유인 경우 매수인은 그 타인에 속하는 부분의 비율로 대금의 감액을 청구할 수 있다. 선의의 매수인은 이전된 부분만이면 이를 매수하지 않았을 것이라는 사정이 있다면 계약의 전부를 해제할 수도 있고, 손해배상도 청구할 수 있다.

매수인의 이러한 권리는 선의라면 그 사실을 안 날로부터 1년 내에, 악의라면 계약한 날로부터 1년 내에 행사하여야 한다.

② 수량부족 또는 일부멸실의 경우

특정한 물건의 매매에 있어서 매매당사자가 수량을 지정했는데 목적물의 수량이 부족하거나 매매목적물의 일부가 계약 당시 이미 멸실된 경우에는 선의의 매수인은 대금감액청구권 및 손해배상청구권이 있다.[122] 잔존하는 것만으로는 매매를 하지 않았을 것이라는 사정이 있으면 계약을 해제할 수도 있다. 다만 악의의 매수인에 대해서는 매도인이 담보책임을 지지 않는다. 매수인의 권리는 수량부족 등의 사실을 안 날로부터 1년 내에 행사하여야 한다.

③ 특정물매매에서 목적물에 하자가 있는 경우

계약의 목적물인 물건에 하자[123]가 있는 경우에도 매도인은 매수인에게 위와 같이 동일한 내용의 담보책임을 진다. 다만 위와 같은 권리를 6개월 이내에 행사해야 하는 차이가 있다.

하자 여부의 판단은 그 물건으로서 통상 지니고 있어야 할 품질·성능을 갖추었는지 여부를 기준으로 할 것이나, 매도인이 견본 또는 광고의 목적으로 목적물의 특수한 품질이나 성능을 표시한 경우에는 그 표준에 따라 판단한다. 하자의 존부는 매매계약 성립 시를 기준으로 판단하여야 한다.

법률적 장애가 있는 경우 다수설은 권리의 하자로 보지만 판례는 물건의 하자로 본다.[124]

④ 불특정물의 매매에서 목적물에 하자가 있는 경우

불특정물의 매매에서 목적물을 특정하기 전에는 하자 없는 물건을 인도할 의

---

122) 특정물은 다른 물건으로 대체될 수 없기 때문에 담보책임으로 해결해야 하나, 불특정물은 특정되기 전에는 다른 물건으로 대체될 수 있으므로 담보책임이 아닌 채무불이행의 문제로 해결한다.

123) 하자란 그 물건으로서 통상 지니고 있어야 할 품질·성능을 갖추지 못하고 있는 상태를 말한다.

124) 대법원 2000.1.18. 98다18506, 매매의 목적물이 거래통념상 기대되는 객관적 성질·성능을 결여하거나, 당사자가 예정 또는 보증한 성질을 결여한 경우에 매도인은 매수인에 대하여 그 하자로 인한 담보책임을 부담한다 할 것이고, 한편 건축을 목적으로 매매된 토지에 대하여 건축허가를 받을 수 없어 건축이 불가능한 경우, 위와 같은 법률적 제한 내지 장애 역시 매매목적물의 하자에 해당한다 할 것이나, 다만 위와 같은 하자의 존부는 매매계약 성립 시를 기준으로 판단하여야 할 것이다.

무를 부담하므로 하자담보책임이 문제 될 것이 없으나, 특정되고 난 후에는 담보책임이 문제 된다.

이 경우 매수인은 위와 같은 권리를 행사할 수도 있지만, 대체물이 있으므로 하자 없는 완전한 물건의 이행을 청구할 수도 있다. 위와 같은 권리는 6개월 이내에 행사해야 한다.

⑤ 경매에서의 담보책임

채권자가 권리의 실행으로 채무자의 재산을 경매한 경우 경매한 목적물에 권리의 하자가 있는 경우에는 담보책임이 있고, 물건에 하자가 있는 경우에는 없다.

경매된 권리의 전부 또는 일부가 타인에 속하거나, 그 권리가 부족하거나 제한을 받고 있는 경우에는 1차적으로는 그 권리의 원래 소유자였던 채무자가 담보책임을 진다. 이때 채무자가 자력이 없는 경우에는 2차적으로 그 경매절차에서 배당을 받은 채권자가 책임을 진다. 책임의 내용은 계약의 해제나 대금의 감액이고 손해배상을 청구할 수 없는 것이 원칙이다(따라서 경매에 참여하려는 사람은 권리관계를 잘 분석해 보고 참가하여야 한다.). 이 경우 경락인은 뜻하지 않은 손해를 볼 염려가 있으므로 민법은 권리의 소유자인 채무자가 권리의 흠결을 알고 고지하지 않은 때와 경매를 신청한 채권자가 그러한 흠결을 알고 있으면서도 경매를 청구한 때에는 손해배상의 책임을 지도록 하고 있다.

3. 특수한 매매

1) 할부매매

할부매매는 매매대금을 일정기간 동안에 정기적으로 분할해서 지급하기로 하는 매매계약을 말한다. 대금을 분할 지급받는 대신 물건의 소유권은 완납 시까지 매도인이 갖게 된다. 할부매매는 가전제품, 자동차 등 고가의 상품에 대하여 주로 이용되는데, 그 계약내용이 매수인이 일방적으로 정한 약관에 의하여 정해지므로 소비자인 매수인에게 불리한 내용이 많아[125] 소비자보호의 측면에서

---

125) 할부매매의 경우 매수인은 적은 돈으로 통상 1회분 대금의 지급과 더불어 상품이 매수인에게 건네지므로 돈이 부족한 매수인이 적은 돈으로 물건을 이용할 수 있고 매도인인 기업 측은 대량생산에 따른 재고처리를 할 수 있는 이점이 있으나, 매도인으로서는 앞으로의 대금지급의 불확실성 등의 이유로 할부기간 중 한 번이라도 체납하면 물건을 회수한다거나, 물건회수 시 그때까지의 대금지급분은 사용료로 보아 반환하지 않는다거나, 할부수수료의 징수 등 매수인에게 일방적으로 불리한 내용일 경우가 많다.

할부거래에 관한 법률이 따로 제정되어 있다.

위 법률은 대금지급기간이 2개월 이상, 지급횟수가 3회 이상이고 대금완납 전에 목적물을 인도받는 경우에 적용된다. 매도인의 판매공세로부터 매수인의 충동구매로 인한 피해를 막기 위해 매수인이 계약서를 교부받은 날 또는 물건을 인도받은 날로부터 7일 이내에 할부계약에 대한 청약을 철회할 수 있게 하고 있다. 이 기간을 숙고기간 또는 냉각기간(cooling off period)이라고 한다. 할부금 지급지체 시 매도인은 14일 이상의 기간을 정하여 이행을 최고한 후에 계약을 해제할 수 있고, 매수인은 할부금 지급을 연속 2회 이상 지체하고 그 금액이 할부가격의 10분의 1을 초과하는 경우에는 기한의 이익을 상실하는 것으로 정하고 있다.

2) 방문판매, 통신판매, 다단계판매

방문판매는 상품의 판매업자나 용역을 유상으로 제공하는 것을 업으로 하는 용역업자가 방문의 방법으로 그의 영업장소 이외의 장소에서 소비자에게 권유하여 계약의 청약을 받거나 계약을 체결하여 상품을 판매하거나 용역을 제공하는 것을 말하는데 전화권유에 의한 판매도 이 범주에 포함시킨다.

통신판매는 판매업자 또는 용역업자가 광고물·우편·전기통신·신문·잡지 등의 매체를 이용하여 상품 또는 용역에 대하여 광고를 하고 우편·전기통신·기타 지식경제부령이 정하는 방법에 의하여 소비자의 청약을 받아 상품을 판매하거나 용역을 제공하는 것을 말한다.

다단계판매는 판매업자 또는 용역업자가 특정인에게 자기가 생산 또는 판매하는 재화용역을 소비자에게 직접 팔거나 팔 사람을 데려오면 일정 수수료를 지급하겠다고 권유하여 판매원의 가입이 순차적·단계적으로 이루어진 다단계 판매조직(가입한 판매원의 단계가 3단계 이상인 경우이다.)을 통하여 행해지는 상품의 판매 또는 용역의 제공을 말한다.

위의 판매방식은 새로운 판매기법으로 판매자와 소비자가 쉽게 연결될 수 있는 이점이 있으나 이런 방식에 익숙하지 않은 소비자가 불필요한 물건을 충동 구매하는 등 뜻밖의 피해를 볼 수 있어 소비자 보호 및 공정한 거래를 위하여 방문판매 등에 관한 법률이 제정되어 있으며, 할부판매와 마찬가지로 숙고기간을 두고 있다.

　방문판매나 다단계판매의 경우 소비자는 계약서를 교부받은 날로부터 14일 이내에, 계약서를 교부받은 날보다 물건 또는 용역을 제공받은 날이 늦을 경우에는 그날로부터 14일 이내에, 계약서를 교부받지 않았거나 주소 등이 기재되지 않은 계약서를 교부받은 경우 또는 방문자의 주소변경 등의 사유로 정해진 기간 내에 청약의 철회를 할 수 없는 경우에는 그 주소를 안 날 또는 알 수 있었던 날로부터 14일 이내에 청약을 철회할 수 있다.

　다단계판매는 불법적인 피라미드판매방식 즉 후원수당의 산정기준과 범위가 정하여져 있지 않고, 판매실적에 따른 수당의 지급이 아닌 가입실적에 의한 이익을 제공하는 방식에 비중을 두고, 조직에 가입하거나 승진하는 경우에 다액의 금전적 부담을 지게 하며 판매원에게 단순한 소매이익 외에 조직 내에서 자신의 하위판매원에 의해 발생한 일정한 이익이 자신에게 지급되는 형태로 운영되는 경우가 많은데, 이 경우 다단계판매조직 자체가 사행성 조직으로 변질될 우려가 크고 무분별한 조직확장의 결과로 소비자의 피해가 급증하는 문제가 있다. 이에 방문판매법은 다단계판매업자에 대하여 상법상 주식회사일 것, 자본금 3억 원 이상일 것 등을 요구하여 규제를 강화하고 있다.

　통신판매는 전자상거래 등에서의 소비자 보호 등에 관한 법률로 규제하는데, 소비자는 계약서를 교부받은 날로부터 7일 이내에, 계약서를 교부받은 날보다 물건 또는 용역을 제공받은 날이 늦을 경우에는 그날로부터 7일 이내에, 계약서를 교부받지 않았거나 주소 등이 기재되지 않은 계약서를 교부받은 경우 또는 방문자의 주소변경 등의 사유로 정해진 기간 내에 청약의 철회를 할 수 없는 경우에는 그 주소를 안 날 또는 알 수 있었던 날로부터 7일 이내에 청약을 철회할 수 있다. 재화 등의 내용이 표시나 광고의 내용과 다르거나 계약의 내용이 다르게 이행된 경우에는 재화 등을 공급받은 날로부터 3개월 이내에, 그 사실을 알았거나 알 수 있은 날로부터 30일 이내에 청약을 철회할 수 있다.

　방문판매법과 할부거래법의 적용이 경합할 경우에는 방문판매법을 우선 적용하되, 할부거래법을 적용하는 것이 소비자에게 유리할 경우에는 이를 적용한다.

Ⅵ. 소비대차

1. 개념

소비대차란 당사자의 일방(대주)이 상대방(차주)에게 금전이나 기타 대체물의 소유권을 이전하고, 상대방은 동종·동질·동량의 물건을 반환할 것을 약정함으로써 성립하는 계약이다. 이자를 지급할 약정이 있으면 유상계약, 없으면 무상계약이다.

2. 효력

대주는 목적물의 소유권을 차주에게 이전하여 차주가 목적물을 이용할 수 있게 해 주어야 한다. 대주는 이자부 소비대차의 경우 목적물의 하자에 대한 담보책임이 있고, 무이자부 소비대차인 경우는 대주가 목적물에 하자가 있음을 알면서 차주에게 고지하지 않은 때에만 담보책임을 진다

차주는 반환시기가 도래하면 동종·동질·동량의 물건을 반환하여야 하고, 이자부 소비대차에서는 이자지급의무도 있다. 반환시기는 약정이 있으면 그에 따르고, 약정이 없으면 대주가 상당한 기간을 정하여 반환을 최고하여야 하나 차주는 언제든지 반환할 수 있다. 반환시기가 약정된 경우에도 차주가 담보를 손상·감소·멸실한 때, 담보제공의무를 이행하지 않은 때, 파산선고를 받은 때에는 차주는 기한의 이익을 상실하여 대주의 청구가 있으면 바로 반환의무를 부담한다.

3. 이자

1) 개념

민법상 이자라 함은 금전 기타 대체물의 사용 대가로 원본액과 사용기간에 비례하여 지급되는 금전 기타 대체물이다. 이자는 유동자본 즉 금전 기타의 대체물, 즉 유동자본의 사용대가이므로 고정자본인 토지, 건물 등의 사용대가인 지료, 차임(임대료) 등은 이자가 아니다. 여기서 이자란 명칭을 불문하고 금전

의 대차와 관련하여 채권자가 받은 것은 이를 이자로 본다.

2) 이율

이자는 일정한 이율에 의하여 산정되는 것인데, 이율은 당사자의 의사(법률행위)로 정해지는 약정이율과 법률이 규정하는 법정이율이 있다.

금전 기타 대체물을 다른 사람으로부터 빌려 사용하게 되면 당사자 사이에 이자를 지급하지 않기로 하는 등의 특별한 약정이 없는 한 채무자는 이자를 지급하여야 한다. 당사자 사이에 이율에 관하여 특별히 정한 것이 없다면 민사는 연 5%, 상사에 있어서는 연 6%의 이자를 지급하도록 법으로 정하고 있는데 이를 법정이율이라고 한다.

다만 소송 촉진 등에 관한 특례법은 금전채무의 이행을 명하는 판결을 선고하는 경우, 금전채무의 이행을 구하는 소장 등이 채무자에게 송달되는 다음날로부터 다 갚는 날까지 법정이자를 지급하도록 하고 있고, 현재 그 이율은 연 20%로 정하고 있다

3) 이자제한법

당사자 사이에 이자율에 의한 약정이 있다면 그에 따를 것이나, 이 경우에도 경제적인 약자인 채무자가 높은 이율에 희생되는 것을 막기 위하여 이자제한법은 최고이율(2014년 현재 연 25%)을 제한하고 있다. 이자제한법은 1998년의 IMF금융위기 사태 시 이자의 자유로운 결정을 제한하는 것은 시장기능을 해치는 것이므로 폐지하라는 IMF 측의 권고에 따라 폐지되었다가 경제가 안정되고 고리에 의한 폐해가 늘어나면서 2007년 다시 제정되었다.

최고이자율을 초과하는 이자율은 그 초과부분이 무효이고, 채무자가 최고이자율을 초과하는 이자를 임의로 지급한 경우에는 초과 지급된 이자 상당금액은 원본에 충당되고, 원본이 소멸한 때에는 그 반환을 청구할 수 있다. 선이자를 사전 공제한 경우에는 그 공제액이 채무자가 실제 수령한 금액을 원본으로 하여 최고이자율에 따라 계산한 금액을 초과하는 때에는 그 초과부분은 원본에 충당한 것으로 본다.

이자제한법은 다른 법률에 따라 인가·허가·등록을 마친 금융업과 대부업에는 적용되지 않는다(대부업의 등록 및 금융이용자보호에 관한 법률 제8조).

대부업을 영위하고자 하는 자는 관할 시, 도지사에 등록을 하여야 하는 등 국가가 관리 감독을 받는다. 대부업자가 개인 또는 소규모 법인에 대부를 하는 경우 월 및 일 이율은 연 49% 이하의 단리로 환산한 이자율에 제한을 받는다. 대부업자가 이를 위반하여 대부계약을 체결한 경우 제한 최고이자율을 초과하는 부분에 대한 이자계약은 이를 무효로 하며, 채무자가 그 초과부분에 대한 이자를 변제하였을 경우에는 그 반환을 청구할 수 있다. 대부업자가 위 이자율에 위반하여 이자를 받거나, 폭행, 협박 등 위력 및 위계에 의한 추심행위, 엽서에 의한 채무변제 요구 등 채무자 외의 자가 채무사실을 알 수 있게 하거나, 정당한 사유 없이 방문, 금전차입 등의 방법으로 채무변제를 하게 하거나, 채무자의 관계인에게 대신하여 변제하게 하는 등 공포심과 불안감을 유발하여 사생활 또는 업무의 평온을 심히 해치는 방법으로 채무 추심행위를 하는 경우 형사처분을 받게 된다.

4) 이자채권의 효력

이자채권은 원본채권에 대하여 종속성을 가지므로 당연히 원본채권과 법률적 운명을 같이하게 된다. 원본채권이 소멸, 양도되면 이자채권도 그에 따르게 된다.

다만, 이미 변제기에 도달한 각기의 이자는 상당히 강한 독립성을 가지게 되어 원본채권과 따로 변제, 양도되고 별도로 소멸시효에도 걸린다.

변제에 있어 이자채권은 원본채권에 우선하는데 즉 원본금액을 변제한다는 특별한 의사표시가 없으면 채무변제는 우선 이자변제에 충당된다.

Ⅶ. 임대차

1. 개념

임대차는 당사자의 일방(임대인)이 상대방(임차인)에게 목적물을 사용·수익하게 할 것을 약정하고 상대방은 이에 대하여 차임을 지급할 것을 약속함으로써 성립하는 계약이다.

2. 임대차의 효력

1) 임대차의 존속기간

임차인을 보호하기 위해서는 임차권의 존속을 일정기간 보장하는 것이 필요한데, 지나치게 장기일 경우 임대인에게 불리하므로 민법은 최장기간을 20년으로 제한하였다(651조). 민법은 최단기간에 대해서는 아무런 제한을 두고 있지 않는데, 주택과 상가임차인의 보호를 위하여 최단기간을 제한하는 특별법으로 주택임대차보호법과 상가임대차보호법이 있다.

임대차 존속기간 만료 후에도 임차인이 임차물을 계속 사용·수익하고, 임대인이 상당한 기간 내에 이의를 않으면, 전 임대차와 같은 조건으로 다시 임대한 것으로 본다.

임대차기간을 정하지 않은 경우에는 각 당사자는 언제든지 해지통고를 할 수 있고, 상대방이 해지통고를 받은 날로부터 상당한 기간이 경과하면 해지의 효력이 발생한다.

2) 임대인의 의무

임대인은 목적물을 임차인에게 인도하여야 하고, 임대기간 중 목적물의 사용·수익에 필요한 상태를 유지해 주어야 하고(수선의무), 제3자가 사용·수익을 방해할 경우에는 그 방해를 제거해 주어야 하고(방해제거의무), 임차인이 목적물에 관하여 보존·수선·이용가치증가 등을 위한 비용을 지출한 경우에는 이를 상환해 주어야 하고(필요비 및 유익비상환의무), 매도인과 마찬가지의 담보책임을 진다.

3) 임차인의 권리

임차인은 목적물에 대한 사용·수익권인 임차권이 있는데, 이 임차권은 제3자에게 대항하지 못하는 것이 원칙이나(임대인이 목적물의 소유권을 제3자에게 양도하면 제3자의 소유권에 기한 임대물 반환청구에 응해야 한다.), 임차권을 등기하면 대항할 수 있다. 반대의 약정이 없으면 부동산임차인은 임차권등기를 요구할 수 있다. 임차인은 임대인의 동의를 얻어 임차권을 제3자에게 양도하거나 재임대할 수 있다.

임차인이 임차물에 부속한 물건이 임차물의 구성부분이 되지 않고 독립성을 갖는 경우에는 이를 분리수거할 경우 그 가치의 감소를 막기 위하여 이를 매수할 것을 임대인에게 청구할 수 있고, 건물 기타 공작물의 소유 또는 식목 등을 목적으로 하는 임대차에서 임대기간 만료 시 건물이나 수목 등이 현존하면 임차인은 그 지상물매수청구권을 행사할 수 있다. 이 같은 매수청구권이 행사되면 바로 매매계약이 성립되는 것이나 그 금액에 관하여 다툼이 있으면 소송으로 해결하게 된다.

4) 임차인의 의무

임차인은 사용·수익의 대가인 차임을 지급할 의무가 있고, 임차인에게 책임 없는 사유로 임차물의 일부가 멸실되었으면 차임의 감액을 청구할 수 있고, 전부가 멸실되었으면 임대차계약을 해지할 수 있다. 임차물에 대한 공과부담의 증감 기타 경제사정의 변동으로 약정한 차임이 상당하지 않게 된 경우에는 임대인이나 임차인은 차임의 증감을 청구할 수 있다.

차임의 지급이 2기 이상 연체된 경우에는 임대인은 임대차계약을 해지할 수 있다.

3. 보증금과 권리금

1) 보증금

보증금이란 임대차에서 임차인이 부담하는 차임 기타 채무를 담보하기 위하여 임차인이 임대임에게 교부하는 금전이다. 임대인은 임대차 종료 시에 임차인의 채무불이행이 있으면 이를 공제한 잔액만을 반환하면 된다.

2) 권리금

권리금이란 부동산의 임대차 주로 상가임대차에 있어서 임차보증금이나 차임(월세)과는 별도로 임대인에게 지급하는 금전 등이다. 이러한 권리금은 거래 관행상 발생한 것이고 법률이 규율하는 바도 없어 그 해석도 전적으로 관행에 의존하게 된다.

권리금의 유형은 목적물 자체가 가지는 장소적인 이익의 대가, 시설이나 비품에 대한 비용의 전보적인 성질을 갖는 시설비 명목(대형상가건물의 점포를 임대분양받으면서 보증금 이외에 상가개발비, 시설홍보비 등으로 개발업자, 중개업자에 지급하는 경우도 포함), 매스컴 등으로 인하여 널리 알려져 있다든가 고객이 확보되어 있다는 이점에 대한 대가, 허가권, 대리점권 등 권리에 대한 이용대가, 임차권의 양도나 전대차를 보장하는 대가 등 무형의 재산적 가치의 양도 또는 일정기간 동안의 이용대가로 수수되는 경우가 있다.

권리금이 수수된 경우 임대차 종료 시 그 반환을 청구할 수 있을 것인지 문제가 되는데, 대법원은 특별한 사정이 없는 한 원칙적으로 임차인, 전차인 또는 임차권의 양수인이 임대인을 상대로 한 것은 물론이고 전대인과 전차인 또는 임차권의 양도인과 양수인 사이에서도 일단 지급한 권리금의 반환청구를 부정하고 있다.126)

권리금의 반환책임 문제는 권리금 수수의 목적, 계약해지 사유 등 구체적인 사정에 비추어 그 반환책임이 결정될 수 있을 것이다. 전대인과 전차인 사이에는 전대인의 귀책사유로 전대차계약이 기간만료 전에 해지된 경우라든지 전대차계약이 기간만료 전에 임대차계약이 종료됨으로써 전대차를 유지할 수 없는 경우 등에는 전대인이 권리금을 반환할 책임이 있을 수 있다.

전차인, 임차권의 양수인 또는 신임차인이 전대인, 임차권의 양도인 또는 전임차인에게 권리금을 지급한 경우에는 권리금에 대한 계약은 임대차계약과는 별개이므로 임대인에게 그 반환을 구할 수 없다(기존 임차인으로부터 임차를 받거나 임차권을 양수받는 과정에서 권리금을 주고받았다면 집주인인 임대인과는 무관하여 이를 돌려달라고 말할 수 없는 것이 원칙이다.).

---

126) 대법원 2002.7.26. 2002다25013, 영업용 건물의 임대차에 수반되어 행하여지는 권리금의 지급은 임대차계약의 내용을 이루는 것은 아니고 권리금 자체는 거기의 영업시설·비품 등 유형물이나 거래처, 신용, 영업상의 노하우(know-how) 혹은 점포 위치에 따른 영업상의 이점 등 무형의 재산적 가치의 양도 또는 일정 기간 동안의 이용대가라고 볼 것인바, 권리금이 그 수수 후 일정한 기간 이상으로 그 임대차를 존속시키기로 하는 임차권 보장의 약정하에 임차인으로부터 임대인에게 지급된 경우에는, 보장기간 동안의 이용이 유효하게 이루어진 이상 임대인은 그 권리금의 반환의무를 지지 아니하며, 다만 임차인은 당초의 임대차에서 반대되는 약정이 없는 한 임차권의 양도 또는 전대차 기회에 부수하여 자신도 일정 기간 이용할 수 있는 권리를 다른 사람에게 양도하거나 또는 다른 사람으로 하여금 일정기간 이용케 함으로써 권리금 상당액을 회수할 수 있을 것이지만, 반면 임대인의 사정으로 임대차계약이 중도 해지됨으로써 당초 보장된 기간 동안의 이용이 불가능하였다는 등의 특별한 사정이 있을 때에는 임대인은 임차인에 대하여 그 권리금의 반환의무를 진다고 할 것이고, 그 경우 임대인이 반환의무를 부담하는 권리금의 범위는, 지급된 권리금을 경과기간과 잔존기간에 대응하는 것으로 나누어, 임대인은 임차인으로부터 수령한 권리금 중 임대차계약이 종료될 때까지의 기간에 대응하는 부분을 공제한 잔존기간에 대응하는 부분만을 반환할 의무를 부담한다고 봄이 공평의 원칙에 합치된다.

임대인이 임차인으로부터 권리금을 지급받은 경우에는 권리금 수수의 목적, 임대차 목적물의 반환 시 이익이 임대인에게 귀속되는 여부, 임대차계약의 해지에 대한 임대인의 귀책사유 등 구체적인 사정에 따라 권리금을 반환하여야 하는지 여부가 결정될 것이다. 예컨대 장소적 이익, 고객확보 이익 및 시설사용의 대가로 지급된 경우나 차임을 지급하는 성격인 경우 권리금 반환을 청구할 수 없을 것이나, 임대인의 귀책사유로 임대차계약이 해지된 경우에는 잔존기간에 상응하는 만큼 반환되어야 할 것이다. 반면 임차권의 양도성을 부여하는 대가로 권리금이 지급되는 경우 임차인이 제3자에게 임차권을 양도하는 것에 의하여 별도로 권리금을 회수하는 방법이 있으므로 임대인에게 권리금의 반환을 청구할 수는 없다고 할 것이다.

결국 구체적인 사정에 따라 다르지만, 권리금은 일반적으로 반환하지 않는 것이고, 임대차 또는 사용권과 더불어 양도되고 그렇게 함으로써 지급하였던 권리금을 회수해 내려가는 것이 당사자 사이의 의사이고 실제 관행이나, 한편 임차권의 임대인의 승낙이 없으면 임대인과의 관계에 있어서 의미가 없게 되므로 이 점에 유의할 필요가 있다.

4. 주택임대차보호법

1) 입법취지

주택임대차보호법은 국민의 주거생활의 안정을 보호하기 위하여 주거용건물의 임대차에 관하여 민법에 대한 특례를 규정하고 있다. 임차권은 민법상 채권이기 때문에 물권인 근저당권, 전세권에 비하여 제3자에 대한 사용·수익권의 대항력이나 임대차보증금에 대한 우선변제 등의 효력이 없어 건물이 경매된다든지 하는 경우 임차보증금을 받지 못할 우려가 많다. 물론 계약 당시 건물주에게 전세권이나 임차권 설정등기를 요구하는 특약을 할 수도 있지만 상대적으로 강자인 건물주가 자신에게 불리할지도 모르는 전세권 등을 설정해 주는 경우는 드물게 때문에 임차권이나 임차보증금 반환청구권을 보호해 주려는 노력의 결과로 주택임대차보호법이 제정된 것이다.

2) 적용범위

이 법은 주택 내지 주거용 건물의 전부 또는 일부에 대한 임대차에 대하여 적용된다. 주거용 건물에 해당하는지 여부는 임대차목적물의 공부상의 표시만을 기준으로 하지는 않고, 실제의 용도에 따라 정한다. 건물의 일부가 임대차의 목적이 되어 주거용과 비주거용으로 겸용되는 경우에는 구체적인 경우에 따라 그 임대차의 목적, 전체 건물과 임대차목적물의 구조와 형태 및 임차인의 임대차목적물의 이용관계 그리고 임차인이 그곳에서 일상생활을 영위하는지 여부 등을 아울러 고려하여 합목적적으로 결정하여야 한다.[127]

이 법은 등기하지 않은 전세계약에 준용되는데 이 경우 전세금은 임대차보증금으로 본다. 일시사용을 위한 임대차에는 적용되지 않는다. 법인은 보호대상이 아니다.

이 법에 위반하는 것으로 임차인에게 불리한 약정은 무효이다.

3) 제3자에 대한 대항력

주거용 건물의 임차인이 주택을 인도받고 주민등록을 마치면 임차권등기를 하지 않았더라도 그 다음 날부터 제3자에 대하여 대항할 수 있다. 주택의 인도 및 주민등록이라는 대항요건은 그 대항력 취득 시에만 구비하면 족한 것이 아니고 그 대항력을 유지하기 위하여서도 계속 존속하고 있어야 한다.[128]

임차인이 전입신고를 올바르게(즉 임차건물 소재지 지번으로) 하였다면 이로써 그 임대차의 대항력이 생기는 것이므로 설사 담당공무원의 착오로 주민등록 표상에 신거주지 지번이 다소 틀리게(안양동 545의5가 안양동 545의2로) 기재

---

127) 대법원 2003.7.22. 2003다21445, 주택임대차로서의 우선변제권을 취득한 것처럼 외관을 만들었을 뿐 실제 주택을 주거용으로 사용·수익할 목적을 갖지 아니한 계약에는 주택임대차보호법이 정하고 있는 우선변제권을 부여할 수 없다.

128) 대법원 2002.10.11. 2002다20957, 주택임차인의 의사에 의하지 아니하고 주민등록법 및 동법 시행령에 따라 시장 군수 또는 구청장에 의하여 직권조치로 주민등록이 말소된 경우에도 원칙적으로 그 대항력은 상실된다고 할 것이지만, 주민등록법상의 직권말소제도는 거주관계 등 인구의 동태를 상시로 명확히 파악하여 주민생활의 편익을 증진시키고 행정사무의 적정한 처리를 도모하기 위한 것이고, 주택임대차보호법에서 주민등록을 대항력의 요건으로 규정하고 있는 것은 거래의 안전을 위하여 임대차의 존재를 제3자가 명백히 인식할 수 있게 위한 것으로서 그 취지가 다르므로, 직권말소 후 동법 소정의 이의절차에 따라 그 말소된 주민등록이 회복되거나 동법 시행령 제29조에 의하여 재등록이 이루어짐으로써 주택임대차인에게 주민등록을 유지할 의사가 있었다는 것이 명백히 드러난 경우에는 소급하여 그 대항력이 유지된다고 할 것이고, 다만, 그 직권말소가 주민등록법 소정의 이의절차에 의하여 회복된 것이 아닌 경우에는 직권말소 후 재등록이 이루어지기 이전에 주민등록이 없는 것으로 믿고 임차주택에 관하여 새로운 이해관계를 맺은 선의의 제3자에 대해서는 임차인은 대항력의 유지를 주장할 수 없다고 봄이 상당하다.

되었다 하여 그 대항력에 영향을 미칠 수는 없다.[129)

다가구용 단독주택의 전부나 일부 임차인은 전입신고를 하는 경우 지번만 기재하면 되고 건물주가 편의상 구분하여 놓은 호수까지 기재할 필요는 없고,[130) 다세대주택의 경우는 지번과 동·호수를 함께 기재해야 한다.[131)

4) 보증금의 우선변제권

위의 대항요건 외에 임대차계약서상에 확정일자를 갖춘 주택임차인은 임차주택이 임대인의 채권자에 의하여 강제집행, 담보권의 실행 등이 있는 경우에 후순위권리자나 일반채권자에 우선하여 매각대금으로부터 우선변제를 받을 수 있다. 확정일자를 요구하는 이유는 임대인과 임차인이 담합하여 임대일을 소급하는 등으로 이해관계인을 해하는 것을 막기 위함이다. 선순위인지 여부는 대항요건 구비시점이 아닌 확정일자 부여일을 기준으로 한다.[132)133)

5) 소액보증금의 우선변제

위의 대항요건을 갖춘 소액임차인의 경우 그 보증금이 소액이라도 본인에게는 큰 재산이므로 다른 담보권자를 해하더라도 이를 보호해 주는 것이 타당하다는 사회보장적 고려에서 그 보증금에 관하여 주택가액의 2분의 1의 범위에서 다른 담보물권자보다 우선변제를 받을 권리를 주고 있다.[134)

6) 대항력과의 관계

임차주택에 대한 경매가 행하여진 경우에 임차권은 소멸하지만 보증금이 전

---

129) 대법원 1991.8.13. 91다18118.

130) 대법원 1997.11.14. 97다29530.

131) 대법원 1996.2.23. 95다48421.

132) 대법원 1992.10.13. 92다30597.

133) 대법원 1998.12.11. 98다34584. 주택의 임차인이 그 주택의 소재지로 전입신고를 마치고 입주함으로써 임차권의 대항력을 취득한 후 일시적이나마 다른 곳으로 주민등록을 이전하였다면 그 전출 당시 대항요건을 상실함으로써 대항력은 소멸하고, 그 후 임차인이 다시 그 주택의 소재지로 주민등록을 이전하였다면 대항력은 당초에 소급하여 회복되는 것이 아니라 재전입한 때로부터 새로운 대항력이 다시 발생하며, 이 경우 전출 이전에 이미 임대차계약서상에 확정일자를 갖추었고 임대차계약도 재전입 전후를 통하여 그 동일성을 유지한다면, 임차인은 재전입 시 임대차계약서상에 다시 확정일자를 받을 필요 없이 재전입 이후에 그 주택에 관하여 담보물권을 취득한 자보다 우선하여 보증금을 변제받을 수 있다.

134) 2014년 현재 서울특별시는 보증금 9,500만 원 이하 임차인 중 3,200만 원 한도, 수도권정비계획법 중 과밀억제권역은 8,000만 원 이하 임차인 중 2,700만 원 한도, 광역시 안산시, 용인시, 김포시, 광주시는 6,000만 원 이하 임차인 중 2,000만 원 한도, 그 밖의 지역은 4,500만원 임차인 중 1,500만 원을 한도로 우선 변제받는다.

액 변제되지 않은 대항력 있는 임차권은 소멸하지 않는다.

7) 임차권등기명령제

임대차 종료 후에 보증금을 우선 변제받기 위해서는 대항요건 및 확정일자 요건이 계속되어야 하는데, 보증금을 변제받기 전에 다른 곳으로 이사 가야 할 사정이 생겨 새로운 임대차에 대하여 대항력을 취득하기 위하여 전입신고를 하게 되면 종전 임대차에 대한 대항요건을 유지하지 못하는 점을 해결하기 위하여 임차인이 단독으로 임차권등기명령을 신청할 수 있도록 하여 주거를 이전하더라도 대항력 있는 우선변제권을 유지할 수 있도록 하고 있다.

8) 임대기간

임대기간의 정함이 없거나 2년 미만의 기간으로 정한 임대차는 그 기간을 2년으로 본다. 단 임차인은 2년 미만으로 정한 기간의 유효성을 주장할 수 있다. 임대인이 기간만료 6개월부터 1개월까지 사이에 임차인에게 갱신거절 또는 조건변경을 하여야만 갱신하겠다는 통지를 하지 않으면 같은 조건으로 갱신한 것으로 본다. 묵시적 갱신에 의한 임대차의 존속기간은 없는 것으로 본다. 이때 임차인은 언제든지 해지통고를 할 수 있고, 임대인이 해지통고를 받은 후 3개월이 경과하면 임대차관계는 소멸한다. 임대인이 해지 통고한 경우는 6개월이 경과해야 임대차관계가 소멸한다.

9) 차임의 증감청구

차임의 증액청구는 약정차임의 20분의 1을 초과하지 못하고 임대차계약 또는 보증금의 증액이 있은 후 1년이 지나야 증액청구를 할 수 있다.

10) 주택임차권의 승계

임차인이 상속인 없이 사망한 경우에는 그 주택에서 가정공동생활을 하던 사실상의 혼인 관계에 있는 자가 임차인의 권리와 의무를 승계하도록 하여 상속권이 없는 사실혼 배우자를 보호한다. 임차인이 사망한 때에 사망 당시 상속인이 그 주택에서 가정공동생활을 하고 있지 아니한 경우에는 그 주택에서 가정공동생활을 하던 사실상의 혼인 관계에 있는 자와 2촌 이내의 친족이 공동으로 임차인의 권리와 의무를 승계한다.

5. 상가건물임대차보호법

1) 입법취지

상가건물임대차보호법도 주택임대차보호법과 마찬가지로 상가건물의 영세임차인 보호의 필요성 때문에 제정된 것이다.

2) 적용범위

상가임대차보호법은 사업자등록의 대상이 되는 건물의 임차인에 대하여 적용된다. 단 임차보증금의 규모가 서울의 경우 3억 원, 수도권정비계획법에 의한 수도권 중 과밀억제권역의 경우 2억 5,000만 원, 광역시의 경우 1억 8,000만 원, 그 밖의 지역 1억 5,000만 원 이하인 경우에만 위 법의 적용대상이 된다.

3) 대항요건

위 법에 따라 보호를 받으려는 임차인은 건물을 인도받고, 부가가치세법 및 소득세법에 따른 사업자등록을 신청한 다음 날로부터 제3자에 대하여 대항할 수 있다.

4) 우선변제요건

관할세무서장으로부터 임대차계약서에 확정일자를 받으면 경매 시 건물의 환가대금에서 후순위 권리자 그 밖의 채권자보다 우선하여 보증금을 변제받을 권리가 있다.

5) 소액임차인

법이 보호요건으로 요구하는 사업자등록을 하지 않았다고 하더라도 일정규모 이하의 소액보증금의 임차인은 건물에 대한 경매신청의 등기 전에 사업자 등록을 한 경우 다른 담보물권자들보다 우선하여 일정 규모의 보증금을 받을 수 있다.[135]

---

135) 보증금의 규모가 서울의 경우 5,000만 원, 수도권정비계획법에 의한 수도권 중 과밀억제권역의 경우 4,500만 원, 광역시의 경우 3,000만 원, 그 밖의 지역 2,500만 원 이하인 경우의 임차인은, 서울의 경우 1,500만 원, 수도권정비계획법에 의한 수도권 중 과밀억제권역의 경우 1,350만 원, 광역시의 경우 900만 원, 그 밖의 지역 750만 원을 우선하여 받을 수 있다.

6) 임대기간

임대기간을 정하지 않았거나 1년 미만으로 정한 경우에는 그 기간을 1년으로 본다. 임차인은 계약기간 만료 전 6월부터 1월까지 사이에 계약갱신을 요구할 수 있고 임대인은 정당한 사유 없이 이를 거절하지 못하고 이 계약갱신은 5년을 초과하지 않는 범위 내에서 행사할 수 있으므로 결국 임차인은 5년 동안 임대차를 유지할 수 있다.

7) 차임증감청구

차임과 보증금은 장래에 경제사정에 따라 증감될 수 있으나, 증감청구 당시 금액의 100분의 12의 금액을 초과할 수 없다.

8) 임차권등기명령

임차인은 임대인이 계약기간이 만료되었음에도 보증금을 반환하지 않는 경우 법원에 임차권등기명령을 신청하면 건물을 비워 이사하더라도 대항력, 우선변제권을 계속하여 인정받을 수 있다.

6. 임대차계약을 체결하며 주의해야 할 점

임대차 계약을 체결하기 위해선 계약 전에 최소한 등기부를 발급받아 보고 임대인이 등기부상 소유자로 등기된 사람인지를 신분증 등을 통해 확인해야 한다. 또 부동산에 대해 저당권 등 제한물권이나 가압류, 가처분 등 처분제한 등기 등이 없는지 확인해야 한다. 임차인은 전기, 가스, 수도 등의 요금 납부 영수증을 통하여 각종 공과금 등이 미납된 것이 없는지도 확인해야 한다.

부동산의 일부분만이 임대물인 경우 임대차목적물을 명확히 특정해 분쟁의 소지를 없애기 위해 임대차계약서에 그 임차부분에 관한 도면을 작성해 첨부하는 것이 바람직하다. 계약서상 임대인은 등기부상 소유자로 기재되어 있는 것이 원칙이고, 대리인과 계약을 체결할 때에는 대리인에게 본인을 대리할 수 있는 권한, 즉 대리권이 있음을 증명할 수 있는 증거서류를 받아 두어야 한다. 대리권을 증명하는 서류는 원칙적으로 위임장인데 실제 거래관행상 본인과 대리인이 부부관계이거나 직계존비속의 관계에 있는 경우 신분관계를 증명하는 주민등록등본이나 호적등본만을 믿고 별도로 위임장을 받지 않는 경우가 있다. 그러나 신분관계가 있다고 당연히 대리권이 있다고 인정받는 것은 아니므로 조심해야 한다. 임대인이 개인이 아닌 회사(법인 등)인 경우에는 반드시 회사(법인 등)의 명칭을 기재해야 한다.

임대차보증금과 그 지급날짜는 명확히 기재해야 한다. 특히 월세(차임)에 대한 부가가치세를 임차인이 부담하기로 하는 경우 '월세란'에는 부가가치세를 포함한 금액을 기재하도록 하고, 월세(차임)가 선불인지, 후불인지 여부도 분쟁의 소지를 방지하는 차원에서 확실히 정해 두는 편이 바람직하다.

월세(차임) 이외에 임차인이 부담할 관리비 등 특약이 있는 경우에는 이를 구체적으로 자세히 기재해야 나중에 분쟁의 소지가 없다. 예를 들어 임차인이 부담할 관리비가 매월 일정한 금액으로 정해진 경우 그 금액을 기재하고, 그 밖의 경우에는 임차인이 부담할 구체적인 항목을 기재해 두어야 한다. 계약을 맺은 날짜와 당사자가 회사인 경우 회사의 이름과 대표자의 이름을 기재하며 회사의 법인 인감도장을 날인해야 한다. 계약서는 계약당사자의 수만큼 작성해 각각 원본을 보관하는 것이 분쟁을 예방하는 방법이다.

계약체결 후에도 조심해야 할 사항은 많다. 임대차 계약을 체결한 후 임차인이 주택을 인도받고 주민등록(전입신고)을 마친 때에는 그 다음 날로부터 대항력이 생기고, 여기에 확정일자를 갖춘 경우에는 경매(공매) 등의 절차에서 후순위권리자보다 우선해 보증금을 변제받을 권리가 있기 때문에 가능하면 신속히 전입신고와 확정일자를 받아 두는 것이 유리하다.

Ⅷ. 보증계약

1. 개념

보증계약은 주된 채무자가 그의 채무를 이행하지 않는 경우에 이를 대신 이행해 주기로 하는 계약이다. 대신 이행해 주는 사람을 보증인, 보증인이 부담하는 채무를 보증채무라고 한다. 돈을 빌리는 주 채무자의 자력이 믿기 어렵거나 주 채무자가 변제하지 못할 경우를 대비하여 채권자는 대신 갚아 줄 사람을 요구하기도 하는데, 이렇게 주 채무자의 채무를 담보하기 위하여 마련된 것이 보증제도이다.

2. 보증채무의 특성

보증채무는 주된 채무의 내용과 동일하여 주 채무가 이행하지 않은 채무에 대해서만 보증인은 책임을 부담한다. 또한 주 채무에 종속하여 만일 주 채무가 어떠한 이유로 소멸하면 보증채무도 소멸하며, 주 채무자가 채권자에게 항변권을 가진다면 보증인도 채권자에게 주 채무자의 항변권을 주장할 수 있다.

보증인은 주 채무자의 불이행을 전제로 한 2차적 책임이기 때문에 보증인은 채권자가 보증인에게 채무의 이행을 청구하기 전에 주 채무자에게 변제자력이 있다는 사실 및 그 집행이 용이하다는 것을 증명하여 주 채무자에게 먼저 청구를 하도록 주장할 수 있는데 이를 최고검색의 항변권이라고 한다. 그러나 채권자가 보증인에게 청구하는 대부분의 경우 주 채무자가 자력이 없는 때가 많을 것이기 때문에 그다지 실효성은 없다.

보증인이 채권자에게 주 채무자의 채무를 변제하였다면 보증인은 주 채무자에게 그 금액을 청구할 수 있는데, 이를 구상권이라고 한다.

3. 연대보증

연대보증은 보증인이 주 채무자와 연대하여 채무를 부담하는 것이다. 이 경우 보증채무는 연대채무가 된다. 연대채무는 여러 채무자가 동일한 채무내용에 대하여 각각 독립하여 전부를 이행할 책임을 부담하며 그중 한 사람의 채무자가 이행하면 전 채무가 소멸한다. 채권자는 여러 연대채무자 중 누구에게라도 전부의 이행을 구할 수 있다. 보증채무처럼 주 채무자에게 자력이 있으니 먼저 받으라고 할 수 없다.

4. 근보증

1) 개념

근보증은 당좌대월, 계속적 공급계약, 고용계약, 임대차계약 등 계속적인 거래관계 및 법률관계로부터 현재와 장래의 불특정 다수의 채무를 보증하는 것이다. 일반적으로 보증은 1회의 거래에서 발생하는 주 채무를 보증하는 것인데, 근보증은 일정한 보증최고금액을 정하여 놓고 그 한도 내에서 일정시점까지 계속적인 거래를 하여 증액 감소하는 주 채무를 보증하는 것이다.

2) 포괄근보증

근보증 중에서 주 채무의 발생원인, 보증기간, 보증한도액이 확정되지 않은 경우를 포괄근보증이라고 하는데 보증기간이 정해져 있지 않아 장기화되는 경향이 있고, 보증책임한도가 정해져 있지 않아 광범한 책임을 지는 등 보증책임 내용이 지나치게 광범위하여 보증인에게 가혹한 결과를 초래하므로 유효 여부 자체가 문제 되고, 유효할 경우에도 보증인 보호를 위한 방법에 관한 논의로 중도해지 가능 여부, 책임제한 여부 등에 관한 논의가 있다.

판례는 장래채무에 대한 보증에 있어 한도액의 정함이 없다 하여 공서양속에 반한다거나 당연 무효라 할 수 없고, 같은 이유로 현재 및 장래의 일체의 채무에 대한 포괄근보증도 유효하다고 본다.[136]

3) 근보증인의 중도해지권

계약의 해제나 해지는 채무불이행 등 법정 사유가 있어야 할 것인데 이런 사유가 없어도 사정변경에 의한 경우에 인정 여부가 문제 된다.

통설, 판례는 계약의 기초가 된 사정의 변경이나 당사자 간의 신뢰관계의 파탄 등 중대한 사정변경이 있는 경우에는 해지권을 인정한다.

해지권을 인정한 판결례로는 일정한 직무나 지위를 전제로 하여 보증한 자가 직무, 직위를 떠난 경우 보증의 기초된 사정에 중대한 변화가 있으므로 해지 가능하다고 한 경우,[137] 주 채무자에 대한 신뢰상실의 경우는 채권자 측의 사정(채권자가 신의칙상 묵과할 수 없는 손해를 입는가 등)과 보증인과 주 채무

---

136) 대판 1987.4.28. 86다2033.
137) 대판 2000.3.10. 99다61750.

자와의 관계 등을 고려할 때 보증계약의 유지가 사회통념상 상당하지 못한 경우는 해지 가능하다고 한 경우[138] 등이 있다. 해지권을 부정한 판결례로는 보증 당시 주 채무가 특정되어 있는 확정채무인 경우에는 이사직을 사임하였다 하더라도 사정변경을 이유로 해지할 수 없고,[139] 단순한 고용직 이사가 아니고 회사의 대주주로서 경영에 관여해 오던 자가 이사직을 사임하면서 다시 감사로 취임한 경우에 회사와의 신뢰관계가 깨져서 사회통념상 그가 이사 재직 시 회사를 위하여 체결한 포괄근보증계약을 유지하는 것이 바람직하지 못하게 되었다고 볼 수 없다는 이유로 해지권을 부인한 예가 있다.[140]

보증계약이 해지되면 보증인은 해지 이후에 발생한 채무에 대해서는 보증책임을 부담하지 않는다.[141]

4) 보증책임의 제한

계속적 보증에 있어 주 채무의 과다 발생원인에 신의칙에 반하는 사정이 있으면 보증책임을 합리적인 범위 내로 제한할 수 있다.

신용카드의 경우 보증책임을 사용한도액이나 카드유효기간에 한정하고, 나아가 카드발행자가 가입회원에 대한 통제나 규제를 신의칙상 묵과할 수 없을 정도로 소홀히 한 경우에는 한도액에서 다시 적정범위로 제한하여 이를 넘는 보증인에 대한 청구는 권리남용으로 보고,[142] 계약문언상 보증기간 한도를 정함이 없이 모든 채무를 보증하는 것으로 되어 있다고 해도, 보증 동기와 목적, 거래관행 등 제반 사정에 비추어 계약문언과 달리 일정한 범위의 거래만 보증할 의사였음이 인정되는 경우 책임을 제한한다.[143]

주 채무의 거래기간이 연장되면 보증채무의 기간도 자동 연장되는 것으로 약관으로 정한 경우에는 그 약관은 약관규제에 관한 법률 제9조 제5호의 규정에 의하여 효력이 없고, 보증인은 보증계약 종료 시 확정된 주 채무에 대해서만 책임이 있으나,[144] 대리점계약 같은 계속 공급계약상 채권자와 주 채무자의 계

---

138) 대판 1986.9.9. 86다카792. 1992.7.14. 92다8668. 2003.1.24. 2000다37937.
139) 대판 1994.12.27. 94다46008.
140) 대판 1995.4.25. 94다37073.
141) 대판 2002.2.26. 2000다48265.
142) 대판 1989.5.9. 88다카8330.
143) 대판 1987.4.28. 82다카289.

약이 자동 연장되는 것으로 정해져 있고 연대보증인이 이에 대하여 이의나 유보 없이 연대보증계약을 체결했다면 특별한 사정이 없는 한 그 보증계약에는 계약이 존속하는 동안 발생하는 채무에 대하여 책임을 부담하기로 하는 의사표시가 포함되어 있거나 계약기간의 연장에 관한 동의나 묵시적 승인이 있었다고 보아 기간연장 후에도 연대보증인의 책임을 인정하기도 한다.[145]

연대보증인이 회사의 이사로서의 지위 때문에 부득이 회사의 계속적 거래로 인하여 생긴 채무를 연대 보증한 것이고, 상대방이 거래할 때마다 이사 등의 연대보증을 새로 받아 오는 등의 특별한 사정이 있으면 연대보증인은 회사의 거래에 대하여 재직 중에 생긴 채무만을 책임진다.[146]

보증한도액을 정한 근보증에 있어 당사자가 따로 정한 바가 없으면 보증채무는 특별한 사정이 없는 한 보증한도범위 안에서 확정된 주 채무 및 그 이자, 위약금, 손해배상 기타 주 채무에 종속한 채무를 모두 포함한다.[147]

5. 신원보증

신원보증이라 함은 주로 고용계약에 부수하여 피용자의 행위로 인하여 사용자가 받을 손해를 배상하기로 약정하는 것을 말한다. 신원보증인은 위 피용자가 업무를 집행하는 기회에 업무권한을 이용 또는 악용해서 하는 행위까지 포함하여 보증하되, 다만 장래의 사고에 대해서만 책임을 진다. 신원보증법은 보증계약기간이 2년을 넘지 못하도록 정하고 있다.

신원보증인을 세울 수 없는 사람은 신용보증보험증권으로 대신할 수 있다.

---

144) 대판 1999.8.24. 99다26481.
145) 대판 1994.6.28. 93다49208.
146) 대판 2000.3.10. 99다61750.
147) 대판 2000.4.11. 99다12123.

제3절 채무불이행과 불법행위, 부당이득

Ⅰ. 채무불이행

1. 이행지체

1) 개념
이행지체란 채무이행이 가능함에도 불구하고 채무자가 그에게 책임 있는 사유로 이행기에 이행을 않는 경우를 말한다.

2) 이행기
확정기한부 채무는 그 기한이 도래한 때로부터, 불확정기한부 채무는 채무자가 기한의 도래를 안 때로부터, 기한이 없는 채무는 채무자가 이행의 청구를 받은 때부터 각 지체의 책임을 진다. 기한의 존재는 채무자의 이익을 위한 것이므로 채무자의 신용이 상실되는 사유(채무자가 담보를 손상, 감소 또는 멸시하게 한 때, 채무자가 담보제공의무를 이행하지 않은 때, 채무자가 파산선고를 받은 때)가 발생한 때에는 채무자는 기한의 이익을 상실한다.

3) 채무자의 귀책사유 및 이행 않는 것의 위법성
채무자의 귀책사유는 채무자의 고의나 과실을 말한다. 불이행을 정당화해 주는 사유(동시이행항변권)가 있으면 위법하지 않아 지체책임이 없다.

4) 이행지체의 효과
① 이행의 강제
채권자는 강제이행을 법원에 청구할 수 있다.
② 책임의 가중
채무자는 자기의 책임 있는 사유로 인한 채무불이행에 대해서만 책임을 지는 것이 원칙이나 이행지체 중에는 자기에게 책임 없는 사유로 인한 손해에 대해서도 책임이 있다.

③ 계약의 해제

채무가 계약에 의하여 발생한 것이면 채권자는 상당한 기간을 정하여 이행을 최고하고 채무자가 그 기간 내에 이행을 하지 않으면 계약을 해제할 수 있다.

④ 손해배상

채권자는 채무자에 대하여 손해배상을 청구할 수 있다. 여기의 손해는 지연으로 인한 손해로 채권자는 본래의 급부청구권을 계속 보유하면서 이에 더하여 지연배상청구권을 취득한다.

채권자가 채무자에게 상당기간을 정하여 이행을 최고했으나 이행을 않는 경우나 지체 후의 이행이 채권자에게 이익이 없다면 채권자는 이행에 갈음하는 전보배상을 청구할 수 있다.

2. 이행불능

1) 개념

이행불능이란 급부가 제공 불가능한 것을 말한다. 불능에는 급부가 처음부터 불능인 원시적 불능과 채권성립 후에 불능으로 되는 후발적 불능이 있다.

2) 원시적 불능

원시적으로 불능인 급부를 목적으로 하는 계약은 무효이다. 계약 당시 급부의 불능을 알았거나 과실로 모른 당사자는 상대방에게 상대방이 계약이 유효하다고 믿었기 때문에 입은 손해인 신뢰이익을 배상하여야 한다. 일부불능일 경우에 그 부분이 없더라도 계약을 체결했을 것이라고 인정되면 그 부분만 무효이다.

3) 후발적 불능

① 채무자에게 책임 없는 사유로 인한 불능

채권성립 후에 급부가 채무자에게 책임 없는 사유로 불능이 되면 채무자는 급부의무를 면한다. 이 경우 반대급부청구권의 운명은 어떠한가의 문제 즉 위험부담의 문제가 발생하는데, 본인만이 아니라 상대방에게도 책임 없는 사유로 불능이 된 경우에는 쌍방은 모두 자기의 급부의무를 면한다.[148] 이 경우 불능으로 된 것에 대한 손해는 불능이 된 급부의 채무자가 부담하는 것이다. 예외적으로 상대방의 책임 있는 사유로 또는 상대방의 수령지체 중에 쌍방에게 책임 없는 사유로 급부불능이 된 경우에는 급부불능 된 급부의 이행의무는 면하지만 상대방의 반대급부의무는 소멸하지 않는다(민법 제538조). 이 경우의 위험부담은 채권자가 지는 것이다.

급부를 불능케 한 것과 동일한 원인에 의하여 채무자가 대상을 취득한다면 원래의 이행청구권이 대상의 인도청구권으로 계속된다.[149]

② 채무자에게 책임 있는 사유로 인한 불능

채권성립 후에 급부가 채무자에게 책임 있는 사유로 불능이 되면 채무자의 급부의무는 소멸하나, 채권자에게 손해배상책임이 있다. 채권자는 본래의 급부에 갈음한 손해배상 즉 전보배상청구권이 있다. 손해배상액의 산정은 이행불능시의 시가 상당액을 통상손해로 하고, 그 후의 가격상승은 특별한 손해로서 채무자가 그 사정을 알았거나 알 수 있었을 경우에 한하여 청구할 수 있다. 채권자에게 대상청구권과 계약해제권이 있음은 앞서와 같다.

Ⅱ. 불법행위

1. 개념

불법행위란 타인에게 손해를 가하는 위법한 행위를 말한다. 근대민법은 고의·과실로 인한 위법행위로 타인에게 손해를 가한 경우에만 손해배상책임을 지도록 하여 사회일반의 주의를 촉진하고, 불법행위를 예방·억제하며 가해자에 대한 제재의 기능도 갖도록 하였다. 그러나 산업사회의 발달에 따른 기업활동의 고도화·전문화는 기업 측의 과실을 증명하기 어렵게 하였고, 이는 손해의 공평분담이라는 불법행위법의 목적에도 반하는 것이 되므로, 무과실책임론 또는 증명책임 전환론 등이 대두되고 있다. 이에 환경정책 기본법(제31조), 원자력손해배

---

148) 예컨대 매매목적물인 자동차가 계약체결 후 우연한 화재로 소멸했다면 매도인은 자동차 인도의무를 면하지만 대금청구권도 상실한다.

149) 대판 1992.5.12. 92다4581. 토지 수용으로 소유권등기이전의무가 이행불능이 되면 토지수용보상금에 대한 대상청구권이 인정된다.

상법(제3조), 제조물책임법(제3조) 등 특별법으로 무과실책임을 인정하거나, 자동차손해배상보장법(제3조), 특허법(제130조), 근로기준법(제81조) 등 특별법으로 증명책임을 전환시켜 피해자를 보호하고 있다.

2. 불법행위의 요건

1) 가해행위

타인에 대한 가해행위가 있어야 하는데, 민법은 인간의 의사활동에 효력을 부여하고 책임을 지우고 있으므로, 여기의 행위는 인간의 의사에 기한 행동이고, 무의식중의 행위, 반사행동, 저항할 수 없는 상태에서의 행위는 의사활동이 아니다.

작위의무 있는 자가 법익침해를 방지할 수 있었던 경우에는 부작위도 가해행위가 될 수 있다.

책임무능력자를 시켜 절도행위를 시킨 경우와 같이 타인의 기계적인 행위가 개입된 경우는 그 결과에 책임이 있고, 채권자가 채무자 아닌 제3자의 재산을 압류한 경우와 같이 권리 없이 가압류나 가처분 집행행위를 한 경우에는 채권자에게 고의나 과실 즉 제3자의 재산이 아님을 알았거나 모른 데 과실이 있는 경우에는 책임이 있다.[150]

2) 가해자의 고의 또는 과실

고의란 자기의 행위로 일정한 결과가 발생할 것을 알고도 이를 행하는 심리상태를 말하고, 과실이란 사회생활상 요구되는 주의를 하였다면 결과의 발생을 알 수 있었거나 그 결과의 발생을 회피할 수 있었을 것이나, 그 주의를 다하지 않음으로써 그 결과를 발생하게 한 심리상태를 말한다.

고의는 객관적으로 위법이라고 평가되는 일정한 결과의 발생이라는 사실의 인식만 있으면 되고 그 외에 그것이 위법한 것으로 평가된다는 것까지 인식하는 것을 필요로 하는 것은 아니다.[151] 과실은 추상적 과실로 사회평균인으로서의 주의의무를 다하지 않은 것을 뜻하고, 사회평균인이란 추상적인 일반인을

---

150) 대판 2003.7.25. 2002다39616.
151) 대판 2002.7.12. 2001다46440.

말하는 것이 아니고 구체적인 사례에 있어서의 보통인을 말한다.[152]

불법행위책임을 묻기 위한 가해자의 고의, 과실의 증명책임은 채권자인 피해자에게 있는 점에서 채무불이행책임의 경우 채무자가 자신에게 고의·과실이 없음을 증명해야 하는 것과 다르다.

3) 가해자의 책임능력

책임능력이란 자기의 책임을 인식할 수 있는 능력을 말하는데, 민법은 책임능력이 없는 자는 불법행위책임을 지지 않는 것으로 규정하고 있다(제753, 754조). 법은 책임을 변별할 능력이 없는 미성년자와 심신상실자를 책임무능력자라고 규정하고 있으므로 그 외의 자는 모두 책임능력이 있다.

미성년자의 경우 책임을 변별할 능력이 없는 경우라고 하고 있으므로 연령에 따라 획일적으로 판단할 수는 없고, 구체적인 경우에 따라 달라질 것이나, 12~3세 정도면 책임능력이 있다고 볼 수 있다.

판례는 13세 3개월, 6개월 된 자의 책임능력을 인정하기도 하고, 13세 5개월, 14세 2개월 된 자의 책임능력을 부정하기도 한다.[153] 12세 넘은 자의 책임능력을 부인하는 경우는 제755조가 책임능력이 없는 미성년자의 감독의무자에게만 불법행위책임을 인정함으로써 자력이 없는 대부분의 미성년자의 불법행위에 있어 피해자 보호가 되지 않음에 따른 보완책으로 감독의무자에게 책임을 지우기 위한 정책적 고려에 의한 것이 대부분이다.

4) 위법성

위법성이란 어떤 행위가 법체계 전체의 입장에서 허용되지 않아 부정적인 판단을 받는 것을 말하는데, 그 평가의 대상을 인간의 행위만을 대상으로 하는 입장도 있으나 통설은 객관적 사실만을 대상으로 하고 있고, 그 평가의 기준은 실정법만을 기준으로 하는 형식적 위법론과 실정법과 선량한 풍속 기타 사회질서를 기준으로 하는 실질적 위법론이 있는데 통설은 후자이다.[154]

위법성은 객관적 구성요건에 해당하면 그 존재가 추정되므로 위법성의 존재

---

152) 대판 2001.1.19. 2000다12532.
153) 대판 1969.7.8. 68다2406, 1971.4.6. 71다187, 1978.7.11. 78다729, 197811.28. 78다1805.
154) 곽윤직 채권각론 399 등.

는 위법성을 소멸시키는 조각사유가 주장될 때에만 문제가 된다.

위법성조각사유로는 정당방위, 긴급피난, 자려구제, 피해자의 승낙 등이 있다.

5) 손해의 발생

손해란 법익에 관하여 받은 불이익으로 가해행위가 없었다면 존재하였을 상태와 가해행위가 행해진 현재상태와의 차이라는 차액설[155]과 법익에 대한 구체적 불이익이라는 구체적 불이익설[156]이 있다.

피해자의 손해가 다른 방법으로 보상받아(예컨대 보험으로 보상받은 경우) 피해자의 재산상태가 가해 전후에 차이가 없는 경우에 손해가 없다고 한다면 피해자의 손해배상청구권이 발생하지 않게 되고, 따라서 보험자대위가 허용되지 않는 부당함이 있으므로 이런 경우에도 손해는 존재한다고 보는 것이 통설·판례이고,[157] 이를 규범적 손해라고 한다.

피해자가 다른 구제수단을 가지고 있더라도 불법행위의 성립에는 영향이 없고, 다만 다른 구제수단으로 손해를 전보받으면 그만큼 손익 상계될 것이다.

손해의 종류에는 재산에 관하여 생기는 재산적 손해와 생명·신체·자유·명예 등 비재산적 법익에 관하여 생기는 비재산적 손해, 기존 이익이 멸실·감소되는 적극적 손해와 장래 얻을 수 있는 이익을 못 얻게 되는 소극적 손해, 법률행위가 이행되지 않음으로써 생기는 이행이익손해와 법률행위가 유효하다고 믿었는데 무효가 됨으로써 생긴 신뢰이익손해, 침해된 법익 자체에 대하여 생기는 직접손해와 침해의 결과로 생기는 간접손해(신체침해 자체와 그로 인한 노동능력상실)가 있다.

이행이익과 신뢰이익의 구별에 대해서는 손해배상의 대상이 되는 법익에 관한 구별이지 손해의 구별은 아니라는 입장도 있으나,[158] 법은 이를 구별하고 있고(제535조 계약체결상의 과실), 판례는 다른 경우에도 이 개념을 사용한다.[159]

손해발생의 증명책임은 피해자가 진다.

---

155) 곽윤직 채권각론 106. 대판 전합 1992.6.13. 91다33070.

156) 김상용 채권각론 155.

157) 대판 1993.7.27. 92다1503.

158) 곽윤직 채권총론 108.

159) 대판 2003.10.23. 2001다75295.

6) 가해행위와 손해 사이의 인과관계

가해행위로 인하여 손해가 발생하였어야 한다.

이에 관하여 종래의 통설은 손해배상책임의 성립문제와 손해배상범위의 결정문제를 구별하지 않고 상당인과관계론으로 해결해 왔는데,[160] 최근에는 이를 구별하여 손해배상책임의 성립에는 조건관계 즉 가해행위가 없었으면 손해가 발생하지 않았을 것이라는 관계만 있으면 충분하다는 주장이 제기되고 있다.[161]

인과관계의 증명은 피해자에게 있다. 최근에는 환경오염, 의료사고, 제조물책임 소송 등 고도의 전문지식이 요구되는 경우에 피해자의 보호를 위하여 경감시키는 추세에 있다.[162]

가해행위와 자연력이 경합한 경우에는 자연력이 기여한 만큼 책임이 경감되고,[163] 제3자의 가해행위가 경합한 경우에는 원칙적으로 부진정연대관계가 되고, 어느 한쪽의 행위만으로는 결과야기에 부족한 경우에는 그 기여분을 증명하여 책임을 경감시킬 수 있을 것이다.

3. 불법행위의 효과

1) 손해배상청구권

불법행위의 효과로 피해자에게 손해배상청구권이 발생한다.

여기의 손해는 재산상 손해 및 정신적 손해에 따른 위자료청구권을 포함한다. 민법 제751조는 신체·자유·명예를 침해당하거나 정신상 고통을 입은 경우에 위자료청구권을 가지는 것으로 규정하고 있으나 이는 주의적 규정으로 다

---

160) 곽윤직 채권각론 409, 대판 2007.7.13. 2005다21821.

161) 김상용 채권각론 679.

162) 대판 1984.6.12. 81다558, 일반적으로 불법행위로 인한 손해배상청구사건에 있어서 가해행위와 손해발생 간의 인과관계의 입증책임은 청구자인 피해자가 부담하나, 수질오탁으로 인한 이 사건과 같은 공해로 인한 손해배상청구 소송에 있어서는 기업이 배출한 원인물질이 물을 매체로 간접적으로 손해를 끼치는 수가 많고 공해문제에 관해서는 현재의 과학수준으로 해명할 수 없는 분야가 있기 때문에 가해행위와 손해발생 간의 인과관계의 고리를 모두 자연과학적으로 증명하는 것은 곤란 내지 불가능한 경우가 대부분이므로 피해자에게 사실적 인과관계의 존재에 관한 엄밀한 과학적 증명을 요구함은 공해의 사법적 구제의 사실상 거부가 될 우려가 있는 반면에 가해기업은 기술적 경제적으로 피해자보다 원인조사가 훨씬 용이할 뿐 아니라 그 원인을 은폐할 염려가 있어, 가해기업이 배출한 어떤 유해한 원인물질이 피해물건에 도달하여 손해가 발생하였다면 가해자 측에서 그 무해함을 입증하지 못하는 한 책임을 면할 수 없다고 봄이 사회형평의 관념에 적합하다.

163) 대판 2003.6.27. 2001다734.

른 불법행위의 경우에도 정신적 손해를 입은 경우에는 제750조에 의해 위자료청구권이 있다.

따라서 재산권 침해 시에도 위자료청구권이 인정되나, 재산권 침해 시는 재산상손해배상에 의하여 정신적 손해도 회복된다고 보아야 하므로 여기의 위자료청구권은 특별손해로서 침해자에게 예견 가능한 경우에만 배상될 것이다.[164]

손해배상청구권의 성질은 수동채권으로 상계하지 못하고(제496조), 양도성이 있으며(제449조), 상속성이 있다(제1005조).

손해배상청구권은 피해자나 법정대리인이 그 손해 및 가해자를 안 날로부터 3년, 불법행위를 한 날로부터 10년이 경과하면 소멸한다. 손해 및 가해자는 현실적이고 구체적으로 인식해야 하고 손해발생의 추정이나 의문만으로는 부족하다.[165] 후유증 등으로 불법행위 당시에는 예견할 수 없었던 손해가 발생하거나, 손해가 확대된 경우에는 그때부터 시효가 진행한다.[166] 불법행위를 한 날은 가해행위가 있었던 날이 아니고 현실적으로 손해의 결과가 발생한 날을 의미한다.[167]

2) 손해배상의 방법

금전배상이 원칙이나(제763, 394조), 법규가 있거나(민법 제764조, 광업법 제77조) 약정이 있는 경우에는 원상회복의 방법도 가능하다.

3) 손해배상의 범위와 금액

① 손해배상의 범위는 통상의 손해 즉 가해행위와 상당인과관계 있는 손해를 한도로 하고, 특별한 손해는 가해자가 특별한 사정을 알았거나 알 수 있었을 경우에 배상한다(제763, 393조).

② 손해액 산정은 불법행위시를 기준으로 하고 그 후의 가격상승 등 특별사정에 의한 손해는 예견가능성이 있을 경우에 한한다. 지연이자는 불법행위에 따른 손해배상채무는 손해발생과 동시에 이행기에 있으므로 불법행위시부터 붙인다.[168]

---

164) 곽윤직 채권각론 823, 대판 전합 2004.3.18. 2001다82507.
165) 대판 2002.6.28. 2000다22249.
166) 대판 2001.9.14. 99다42797.
167) 대판 전합 1979.12.26. 77다1894.
168) 대판 1993.3.9. 92다49413

③ 손해액의 증명은 피해자에게 있으나, 손해발생사실은 인정되나 그 액수의 증명이 곤란한 경우에는 법원은 증거조사결과와 변론의 전취지에서 밝혀진 당사자들 사이의 관계, 불법행위와 그로 인해 재산 손해가 발생하게 된 경위, 손해의 성격, 손해가 발생한 이후의 여러 정황 등 관련된 모든 간접사실을 종합하여 손해액수를 판단할 수 있다.[169]

④ 소유물 멸실시에는 멸실당시의 교환가격이 통상손해이고, 그 물건을 통상의 방법으로 사용하여 얻을 수 있는 이익은 그 교환가격 속에 포함되어 있으므로 따로 청구하지 못하나,[170] 불법행위로 영업용 건물이 멸실된 경우에는 휴업손해를 배상하여야 한다.[171] 부동산의 불법점유로 인한 손해는 임료상당액이다.[172]

⑤ 생명이나 신체침해의 경우의 손해로는 소극적 재산손해로 피해자가 장래 얻을 수 있었으나 가동능력상실로 얻을 수 없게 된 일실이익, 휴업손해, 일실퇴직금 등이 있고, 적극적 재산손해로 사망시 장례비, 부상에 따른 치료비와 거동불능에 따른 개호비 등이 있고, 정신적 손해로 위자료가 인정된다.[173]

a. 일실수입의 산정

일실수입은 상실하게 된 가동능력에 대한 총평가액으로 소득세 등 제세금을 공제하지 않은 금액이다.[174] 일실수입의 산정은 종전 월수입액에 가동능력 상실률을 곱해 월상실소득을 확정한 후(이는 부상사고로 노동능력이 상실된 경우이고 사망시는 종전소득에서 생활비를 공제한 금액이 된다) 가동연한까지의 중간이자를 공제한 수치(호프만 또는 라이프니쯔식으로 산정한 것)를 곱하여 한다.

b. 월수입의 산정

월수입은 원칙적으로 그 불법행위로 인하여 손해가 발생할 당시에 그 피해자

---

169) 대판 2004.6.24. 2002다6951, 2007.11.28. 2006다3561

170) 대판 1963.6.20. 63다242

171) 대판 전합 2004.3.18. 2001다82507

172) 대판 1991.9.24. 91다20197

173) 대판 2002.9.10. 2002다34581, 생명 또는 신체에 대한 불법행위로 인하여 입게 된 적극적 손해와 소극적 손해 및 정신적 손해는 서로 소송물을 달리하므로 그 손해배상의무의 존부나 범위에 관하여 항쟁함이 상당한지의 여부는 각 손해마다 따로 판단하여야 한다.

174) 대판 전합 1979.2.13. 78다1491. 이를 가동능력상실설이라고 하는데, 종전소득으로부터 잔존신체기능을 가지고 장차 다른 직업에 종사하여 얻을 수 있을 것으로 예상되는 향후소득을 공제하는 방법으로 산정하는 소득상실설도 있는데, 판례는 어느 것에 의하더라도 증거와 사실을 기초로 기대수익을 합리적이고 객관적으로 제대로 반영하면 된다고 본다(대판 1986.3.25. 85다카538).

가 종사하고 있었던 직업의 소득을 기준으로 하여 산정하여야 하고, 피해자가 사고 당시 일정한 직업상 소득이 없는 사람이라면 그 수입상실액은 보통사람이면 누구나 종사하여 얻을 수 있는 일반노동임금을 기준으로 하되, 특정한 기능이나 자격 또는 경력을 가지고 있어서 장차 그에 대응한 소득을 얻을 수 있는 상당한 개연성이 인정되는 경우에 한하여 그 통계소득을 기준으로 산정할 수 있다.[175]

피해자가 종전과 다름없는 수입을 얻고 있다 해도 가동능력상실에 상당하는 손해가 있다.[176]

피해자가 사고 당시 직장에서 근무하면서 일정한 수입을 얻고 있었던 경우에는 사고 당시의 실제 수입을 기초로 하여 일실수입을 산정하여야 하고, 임금구조기본통계조사보고서 등의 통계소득이 실제 수입보다 높다면 사고 당시에 실제로 얻고 있던 수입보다 높은 통계소득만큼 수입을 장차 얻을 수 있으리라는 특단의 사정이 인정되는 경우에 한하여 그러한 통계소득을 기준으로 일실수입을 산정하여야 하고, 피해자가 사고 당시 두 가지 이상의 수입원에 해당하는 업무에 동시에 종사하고 있는 경우 각 업무의 성격이나 근무 형태 등에 비추어 그들 업무가 서로 독립적이어서 양립 가능한 것이고, 또 실제로 피해자가 어느 한쪽의 업무에만 전념하고 있는 것이 아닌 경우에는 각 업종의 수입상실액을 모두 개별적으로 평가하여 합산하는 방법으로 피해자의 일실수입을 산정할 수 있다.[177]

급여소득자의 일실이득은 원칙적으로 노동능력상실 당시의 임금수익을 기준으로 산정할 것이지만 장차 그 임금수익이 증가될 것을 상당한 정도로 확실하게 예측할 수 있는 객관적인 자료가 있을 때에는 장차 증가될 임금수익도 일실이득을 산정함에 고려되어야 할 것이고 이와 같이 장차 증가될 임금수익을 기준으로 산정된 일실이득 상당의 손해는 당해 불법행위에 의하여 사회관념상 통상 생기는 것으로 인정되는 통상손해에 해당하는 것이다.[178]

---

175) 대판 2001.8.21. 2001다32472
176) 대판 1991.7.23. 90다10803
177) 대판 2004.10.15. 2003다39927
178) 대판(전합) 1989.12.26. 88다카6761

c. 가동연한

가동연한은 직업에 따라 다르나 우리나라의 사회적, 경제적 구조와 생활여건이 급속하게 향상발전됨에 따른 제반 사정의 변화에 비추어 보면 이제 일반육체노동 또는 육체노동을 주된 내용으로 하는 생계활동의 가동연한이 만 55세라는 경험칙에 의한 추정은 더 이상 유지되기 어렵다고 하지 않을 수 없으며 오히려 일반적으로 만 55세를 넘어서도 가동할 수 있다고 보는 것이 경험 측에 합당하다고 할 것이라는 대법원 판례[179]를 계기로 일용근로자의 경우 60세로 보는 것이 실무이다.

d. 노동능력상실정도

노동능력상실률은 단순한 의학적 신체기능장애율이 아니라 피해자의 연령, 교육 정도, 종전 직업의 성질과 직업경력, 기능 숙련 정도, 신체기능장애 정도 및 유사직종이나 타직종의 전업가능성과 그 확률 기타 사회적·경제적 조건을 모두 참작하여 경험칙에 따라 정한 수익상실률로서 합리적이고 객관성이 있는 것이어야 하고, 노동능력상실률을 정하기 위한 보조자료의 하나인 의학적 신체기능장애율에 대한 감정인의 감정 결과는 사실인정에 관하여 특별한 지식과 경험을 요하는 경우에 법관이 그 특별한 지식, 경험을 이용하는 데 불과한 것이며, 궁극적으로는 앞서 열거한 피해자의 제 조건과 경험칙에 비추어 규범적으로 결정될 수밖에 없다.[180]

---

179) 대판(전합) 1989.12.26. 88다카16867

180) 대판 2004.2.27. 2003다6873. 피해자가 기왕의 장해로 인하여 이미 노동능력의 일부를 잃고 있는 경우 당해 사고로 인한 노동능력 상실의 정도를 산정하기 위하여는 기왕에 있던 장해와 당해 사건 사고로 인한 장해를 합하여 현재의 노동능력 상실의 정도를 알아내고 여기에서 기왕의 장해로 인한 노동능력 상실의 정도를 감하는 방법에 의할 것이다(대판 2009.2.12. 2008다73830). 일반적으로 사고로 인하여 입원치료를 받는 경우 그 치료가 당해 사고와 관계가 없는 상해에 대한 것이거나 의학적으로 입원치료가 필요하지 않음에도 치료를 빙자하여 입원을 한 것이라거나 상해의 부위나 정도, 치료의 경과 등에 비추어 입원기간이 명백하게 장기이어서 과잉진료로 인정되는 사정이 있다는 등 그 입원치료의 전부 또는 일부가 상당하지 아니한 것이라고 볼 만한 특별한 사정이 없는 한, 사고로 인한 입원기간 동안에는 노동능력을 전부 상실하였다고 보아야 한다(대판 2006.3.9. 2005다16904)외모에 추상이 생긴 경우에 그 사실만으로는 바로 육체적인 활동기능에는 장애를 가져오지 않는다 하더라도 추상의 부위 및 정도, 피해자의 성별, 나이 등과 관련하여 그 추상이 장래의 취직, 직종선택, 승진, 전직에의 가능성 등에 영향을 미칠 정도로 현저한 경우에는 그로 인한 노동능력상실이 없다 할 수는 없으므로 그 경우에는 추상장애로 인하여 노동능력상실이 있다고 보는 것이 상당하다(대판 2004.10.15. 2003다39927). 의료보조기구의 착용 여부에 따라 피해자의 노동능력상실률에 차이가 있는 경우에는 특별한 사정이 없는 한 이러한 의료보조기구를 착용한 상태를 기준으로 노동능력상실률을 평가함이 상당하다(대판 1998.4.28. 96다24712).

⑥ 손해액의 조정

a. 손익상계와 과실상계

피해자가 손해를 입음과 동시에 불법행위와 상당인과관계 있는 이득을 얻은 경우에는 손익상계 하여야 하고,[181] 피해자에게 과실이 있는 경우에는 배상액을 정함에 있어 이를 참작하여야 한다(제763, 393조).

b. 배상액 경감청구

배상의무자는 손해가 고의 또는 중과실에 의한 것이 아니고 또 그 배상으로 인하여 배상자의 생계에 중대한 영향을 미치게 될 경우에는 법원에 배상액의 경감을 구할 수 있다(제765조 제1항).

4. 사용자책임

1) 개념

사용자책임이란 타인을 사용하여 어느 사무에 종사하게 한 자가 피용자가 그 사무집행에 관하여 제삼자에게 가한 손해를 배상할 책임을 말한다.

사용자책임의 근거는 사용자가 피용자를 통하여 누리는 수익에 대응하여 피용자의 활동에 따른 위험에 대하여는 능력 있는 사용자로 하여금 배상케 하는 것이 공평하고 피해자도 충분한 구제를 박을 수 있자는 데 있다.

2) 요건

① 사용관계의 존재

타인을 사용하여 어떤 사무에 종사하게 하는 선임 및 지휘·감독관계가 있어야 한다. 사용자와 피용자의 관계는 반드시 유효한 고용관계가 있는 경우에 한하는 것이 아니고, 사실상 어떤 사람이 다른 사람을 위하여 그 지휘·감독 아래 그 의사에 따라 사업을 집행하는 관계에 있을 때에도 그 두 사람 사이에 사용자, 피용자의 관계가 있다고 할 수 있다.[182] 독립된 지위에서 재량으로 사무를 집행하는 위임인은 지휘·감독의 여지가 없으므로 해당하지 않을 것이나, 판례는 이 경우에도 지휘·감독관계가 있고 외형상 객관적으로 위임인의 사무

---

181) 대판 1992.12.22. 92다31361
182) 대판 2003.12.26. 2003다49542

집행에 관련된 경우에는 인정한다.[183] 명의대여관계의 경우에도 명의대여자의 사용자책임이 인정된다.[184]

② 피용자가 그 사무집행에 관하여 제삼자에게 손해를 가할 것

제3자는 피용자와 사용자를 제외한 모든 사람이다. 동료도 해당한다.

사무집행에 관하여의 뜻은 원칙적으로 그것이 피용자의 직무범위에 속하는 행위이어야 할 것이나 피용자의 직무집행행위 그 자체는 아니나 그 행위의 외형으로 관찰하여 마치 직무의 범위 내에 속하는 것과 같이 보이는 행위이면 행위자의 주관적 사정을 고려함이 없이 이를 사무집행에 관하여 한 행위로 본다는 것이고, 여기에서 외형상 객관적으로 사용자의 사무집행에 관련된 것인지 여부는 피용자의 본래 직무와 불법행위와의 관련 정도 및 사용자에게 손해발생에 대한 위험 창출과 방지조치 결여의 책임이 어느 정도 있는지를 고려하여 판단하여야 한다.

또한 피용자의 불법행위가 외관상 사무집행의 범위 내에 속하는 것으로 보이는 경우에도 피용자의 행위가 사용자나 사용자에 갈음하여 그 사무를 감독하는 자의 사무집행 행위에 해당하지 않음을 피해자 자신이 알았거나 또는 중대한 과실로 알지 못한 경우에는 사용자 또는 사용자에 갈음하여 그 사무를 감독하는 자에 대하여 사용자책임을 물을 수 없다 할 것인데, 이 경우 중대한 과실이라 함은 거래의 상대방이 조금만 주의를 기울였더라면 피용자의 행위가 그 직무권한 내에서 적법하게 행하여진 것이 아니라는 사정을 알 수 있었음에도 만연히 이를 직무권한 내의 행위라고 믿음으로써 일반인에게 요구되는 주의의무에 현저히 위반하는 것으로 거의 고의에 가까운 정도의 주의를 결여하고, 공평의 관점에서 상대방을 구태여 보호할 필요가 없다고 봄이 상당하다고 인정되는 상태를 말한다.[185]

---

183) 대판 1998.4.28. 96다25500

184) 대판 2001.8.21. 2001다3658, 타인에게 어떤 사업에 관하여 자기의 명의를 사용할 것을 허용한 경우에 그 사업이 내부관계에 있어서는 타인의 사업이고 명의자의 고용인이 아니라 하더라도 외부에 대한 관계에 있어서는 그 사업이 명의자의 사업이고 또 그 타인은 명의자의 종업원임을 표명한 것과 다름이 없으므로, 명의사용을 허용받은 사람이 업무수행을 함에 있어 고의 또는 과실로 다른 사람에게 손해를 끼쳤다면 명의사용을 허용한 사람은 민법 제756조에 의하여 그 손해를 배상할 책임이 있다. 이 경우 사용관계가 있느냐 여부는 실제적으로 지휘·감독을 하였느냐의 여부에 관계없이 객관적·규범적으로 보아 사용자가 그 불법행위자를 지휘·감독해야 할 지위에 있었느냐의 여부를 기준으로 결정하여야 한다.

185) 대판 2003.1.10. 2000다34426

③ 불법행위의 일반적 설립요건인 피용자의 고의·과실·책임능력 등이 있어야 한다.

④ 사용자의 면책사유가 없을 것

사용자가 피용자의 선임 및 그 사무감독에 상당한 주의를 한 때 또는 상당한 주의를 하여도 손해가 있을 경우에는 사용자는 면책된다. 이 요건은 사용자가 주장 및 증명하여야 한다.

3) 책임내용

① 책임주체

사용자 또는 사용자에 갈음하여 사무를 감독하는 자이다. 사용자에 갈음하여 사무를 감독하는 자란 객관적으로 볼 때 사용자에 갈음하여 현실적으로 구체적인 사업을 감독하는 지위에 있는 자를 뜻한다.

② 구상권

사용자 또는 감독자는 피용자에 대하여 구상권을 행사할 수 있다. 사용자책임의 본질이 자기책임이 아닌 대위책임이므로 피용자에 대한 구상권이 인정된다. 피용자의 책임과 사용자의 책임은 부진정연대채무관계이다. 다만 신의칙상 구상권은 상당한 범위 내로 제한된다.[186]

5. 현대형불법행위

1) 자동차운행자의 책임

① 특별한 규제의 필요성

현대인의 생활에서 자동차의 운행은 불가결한 만큼 그에 따른 사고의 위험이 커지고 있다. 이에 자동차사고로부터 피해자를 보호하고 자동차운송의 건전한 발전을 위하여 자동차운행자에게 사실상 무과실 책임을 인정하는 자동차손해배상보장법을 제정하여 자동차사고로 인한 손해배상에 관하여 민법에 우선하여 적용한다.

---

186) 대판 1994.12.13. 94다17246. 사용자는 그 사업의 성격과 규모, 시설의 현황, 피용자의 업무내용, 근로조건이나 근무태도, 가해행위의 상황, 가해행위의 예방이나 손실의 분산에 관한 사용자의 배려 정도, 기타 제반 사정에 비추어 손해의 공평한 분산이라는 견지에서 신의칙상 상당하다고 인정되는 한도 내에서만 피용자에 대하여 그 구상권을 행사할 수 있다.

② 책임의 주체

자동차사고의 책임주체는 자기를 위하여 차량을 운행하는 자이다.[187] 운행자인지 여부는 무단운전·절도운전,[188] 명의대여, 차량의 임대차·사용대차·대리운전 등의 경우에 문제가 된다.[189][190]

③ 운행자책임의 요건

자동차의 운행으로 타인을 사상케 한 경우에 자동차손해배상법에 따른 운행자 책임이 발생한다. 자동차의 운행이란 사람 또는 물건의 운송 여부와 상관없이 자동차를 그 용법에 따라 운행하는 것을 말한다.[191] 사람이 사상한 경우에

---

187) 대판 2002.11.26. 2002다4718, '자기를 위하여 자동차를 운행하는 자'란 사회통념상 당해 자동차에 대한 운행을 지배하여 그 이익을 향수하는 책임주체로서 지위에 있다고 할 수 있는 자를 말하고, 이 경우 운행의 지배는 현실적인 지배에 한하지 아니하고 간접지배 내지는 지배가능성이 있다고 볼 수 있는 경우도 포함하는 것이다.

188) 대판 2001다4124l 2001다3788, 자동차 보유자와 아무런 인적 관계도 없는 사람이 자동차를 보유자에게 되돌려 줄 생각 없이 자동차를 절취하여 운전하는 이른바 절취운전의 경우에는 자동차 보유자는 원칙적으로 자동차를 절취당하였을 때에 운행지배와 운행이익을 잃어버렸다고 보아야 할 것이고, 다만 예외적으로 자동차 보유자의 차량이나 시동열쇠 관리상의 과실이 중대하여 객관적으로 볼 때에 자동차 보유자가 절취운전을 용인하였다고 평가할 수 있을 정도가 되고, 또한 절취운전 중 사고가 일어난 시간과 장소 등에 비추어 볼 때에 자동차 보유자의 운행지배와 운행이익이 잔존한다고 평가할 수 있는 경우에 한하여 자동차를 절취당한 자동차 보유자에게 운행자성을 인정할 수 있다.

189) 대판 2001.1.19. 2000다12532, 자동차운전학원에서 연습 중인 피교습자에게 학원 소유의 교습용 자동차를 이용하여 운전연습을 하게 하는 경우, 학원과 피교습자 사이에는 교습용 자동차에 관하여 임대차 또는 사용대차의 관계가 성립된다고 할 것이고, 이와 같이 임대차 또는 사용대차의 관계에 의하여 자동차를 빌린 차주(차주)는 자동차를 사용할 권리가 있는 자로서 자기를 위하여 자동차를 운행하는 자에 해당하므로, 피교습자가 교습용 자동차를 이용하여 운전연습을 하던 중 제3자에게 손해를 가한 경우에는 제3자에 대한 관계에서 자동차손해배상보장법 제3조 소정의 운행자책임을 면할 수 없다.

190) 대판 2002.12.10. 2002다53193, 자동차의 수리를 의뢰하는 것은 자동차수리업자에게 자동차의 수리와 관계되는 일체의 작업을 맡기는 것으로서, 여기에는 수리나 시운전에 필요한 범위 안에서의 운전행위도 포함되고, 자동차의 소유자는 수리를 의뢰하여 자동차를 수리업자에게 인도한 이상 수리완료 후 다시 인도받을 때까지는 자동차에 대하여 관리지배권을 갖지 않으므로, 그 운행지배권은 수리업자에게만 있는 것이지만, 자동차를 수리하거나 시운전하는 동안에 발생한 사고 당시 그 소유자가 자동차의 운행에 대한 운행지배와 운행이익을 완전히 상실하지 아니하였다고 볼 만한 특별한 사정이 있는 경우에는 달리 보아야 한다. 자동차의 수리업자가 수리완료 여부를 확인하고자 시운전을 하면서 동시에 수리의뢰자의 요청에 따라 수리의뢰자 등이 거주할 방을 알아보고자 운행한 경우 자동차 소유자와 수리업자의 공동 운행지배와 운행이익을 인정한 사례임.

191) 대판 2004.7.9. 2004다20340, '자동차를 그 용법에 따라 사용한다.'는 것은 자동차의 용도에 따라 그 구조상 설비되어 있는 각종의 장치를 각각의 장치목적에 따라 사용하는 것을 말하는 것으로서, 자동차가 반드시 주행 상태에 있지 않더라도 주행의 전후단계로서 주·정차 상태에서 문을 열고 닫는 등 각종 부수적인 장치를 사용하는 것도 포함하는 것이고, 한편 자동차의 용도에 따라 그 구조상 설비되어 있는 각종의 장치는 원칙적으로 당해 자동차에 계속적으로 고정되어 사용되는 것이지만 당해 자동차에서 분리하여야만 그 장치의 사용목적에 따른 사용이 가능한 경우에는, 그 장치가 평상시 당해 자동차에 고정되어 있는 것으로서 그 사용이 장치목적에 따른 것이고 당해 자동차의 운행목적을 달성하기 위한 필수적인 요소이며 시간적·공간적으로 당해 자동차의 사용에 밀접하게 관련된 것이라면 그 장치를 자동차에서 분리하여 사용하더라도 자동차를 그 용법에 따라 사용하는 것으로 볼 수 있다. 구급차로 환자를 병원에 후송한 후 구급차에 비치된 들것(간이침대)으로 환자를 하차시키던 도중 들것을 잘못 조작하여 환자를 땅에 떨어뜨려 상해를 입게 한 경

만 적용되므로 물적 손해에 대해서는 민법이 적용된다. 운행과 사상 사이에 인과관계가 있어야 하고, 운행자에게 면책사유가 없어야 한다. 운행자는 승객이 사상한 경우는 자신의 과실과 상관없이 승객이 고의 또는 자살행위로 사상하였음을 증명하여야 하고, 승객 이외의 자가 사상한 경우에는 운행상의 과실이 없고, 피해자 또는 자기 및 운전자 이외의 제3자에게 과실이 있고, 자동차의 구조상 결함 또는 기능에 장애가 없음을 증명하여야 면책이 되므로 사실상 면책이 어렵다.

2) 제조물책임

① 개념

제조물이란 다른 동산이나 부동산의 일부를 구성하는 경우를 포함하는 제조 또는 가공된 동산을 말한다. 산업사회에서 대량 생산되는 공산품은 일반 소비생활에서 필수품으로 삶을 질 향상에 도움을 주는 한편 그에 결함이 있을 경우에는 막대한 피해를 초래하기도 한다. 이 경우 피해자의 입장에서 손해배상을 청구하기 위해서는 생산자의 고의·과실을 증명해야 하나, 그에 관한 자료가 모두 제조자 측에 있거나 고도의 전문성과 기술적인 지식이 필요하여 증명이 어려워 제대로 보상받지 못하는 것으로부터 소비자를 보호하기 위하여 제조물의 결함을 증명하면 제조자의 고의·과실을 증명하지 않아도 손해배상을 청구할 수 있도록 한 것이 제조물책임법이다.

② 책임주체

제조물책임의 주체는 제조·가공업자 외에 수입업자, 공급업자도 제조·가공업자를 알 수 없는 경우에는 포함될 수 있다.

③ 책임요건

제조물의 결함으로 인하여 사람의 생명, 신체 또는 재산상에 손해가 발생하여야 한다.

제조물의 결함은 제조물이 원래 설계와 다르게 제조·가공됨으로써 안전하지 못하게 된 경우(제조상의 결함), 합리적인 대체설계를 사용하지 않아서 제조물이 안전하지 못하게 된 경우(설계상의 결함), 합리적인 설명·표시·경고 기

타 표시를 하였더라면 당해 제조물에 의하여 발생할 수 있는 피해나 위험을 줄일 수 있었는데 이를 하지 않은 경우(표시상의 결함)를 말한다(제조물책임법 제2조 제2호).[192] 결함의 존재가 증명되면 결함과 손해발생 사이의 인과관계는 사실상 추정된다.[193]

제조물책임법에 의한 손해배상청구권은 손해 및 책임의 주체를 안 날로부터 3년간 행사하지 않으면 시효로 소멸한다.

3) 의료과실책임

① 개념

의료과실책임이란 의료행위 중에 의사 기타 의료인의 과실에 의하여 발생한 손해에 대한 배상책임을 말한다.

② 의료과실의 특성

의사의 과실로는 오진 외에 투약, 수술, 수혈, 마취, 요양 등에서의 과실이 주로 문제 되는데 과실 여부를 판단함에 있어 일반 과실과는 다른 특성이 있다.

---

192) 대판 2003.9.5. 2002다17333, 제조자가 합리적인 대체설계를 채용하였더라면 피해나 위험을 줄이거나 피할 수 있었음에도 대체설계를 채용하지 아니하여 제조물이 안전하지 못하게 된 경우를 말하는 소위 설계상의 결함이 있는지 여부는 제품의 특성 및 용도, 제조물에 대한 사용자의 기대와 내용, 예상되는 위험의 내용, 위험에 대한 사용자의 인식, 사용자에 의한 위험회피의 가능성, 대체설계의 가능성 및 경제적 비용, 채택된 설계와 대체설계의 상대적 장단점 등의 여러 사정을 종합적으로 고려하여 사회통념에 비추어 판단하여야 한다.
제조물에 대한 제조상 내지 설계상의 결함이 인정되지 아니하는 경우라 할지라도, 제조업자 등이 합리적인 설명, 지시, 경고 기타의 표시를 하였더라면 당해 제조물에 의하여 발생될 수 있는 피해나 위험을 줄이거나 피할 수 있었음에도 이를 하지 아니한 때에는 그와 같은 표시상의 결함(지시·경고상의 결함)에 대해서도 불법행위로 인한 책임이 인정될 수 있고, 그와 같은 결함이 존재하는지 여부에 대한 판단을 함에 있어서는 제조물의 특성, 통상 사용되는 사용형태, 제조물에 대한 사용자의 기대의 내용, 예상되는 위험의 내용, 위험에 대한 사용자의 인식 및 사용자에 의한 위험회피의 가능성 등의 여러 사정을 종합적으로 고려하여 사회통념에 비추어 판단하여야 한다.

193) 대판 2000.2.25. 98다15934, 고도의 기술이 집약되어 대량으로 생산되는 제품의 경우, 그 생산과정은 대개의 경우 소비자가 알 수 있는 부분이 거의 없고, 전문가인 제조업자만이 알 수 있을 뿐이며, 그 수리 또한 제조업자나 그의 위임을 받은 수리업자에게 맡겨져 있기 때문에, 이러한 제품에 어떠한 결함이 존재하였는지, 나아가 그 결함으로 인하여 손해가 발생한 것인지 여부는 전문가인 제조업자가 아닌 보통인으로써는 도저히 밝혀낼 수 없는 특수성이 있어서 소비자 측이 제품의 결함 및 그 결함과 손해의 발생과의 사이의 인과관계를 과학적·기술적으로 완벽하게 입증한다는 것은 지극히 어려우므로, 텔레비전이 정상적으로 수신하는 상태에서 발화·폭발한 경우에 있어서는, 소비자 측에서 그 사고가 제조업자의 배타적 지배하에 있는 영역에서 발생한 것임을 입증하고, 그러한 사고가 어떤 자의 과실 없이는 통상 발생하지 않는다고 하는 사정을 증명하면, 제조업자 측에서 그 사고가 제품의 결함이 아닌 다른 원인으로 말미암아 발생한 것임을 입증하지 못하는 이상, 위와 같은 제품은 이를 유통에 둔 단계에서 이미 그 이용 시의 제품의 성상이 사회통념상 당연히 구비하리라고 기대되는 합리적 안전성을 갖추지 못한 결함이 있었고, 이러한 결함으로 말미암아 사고가 발생하였다고 추정하여 손해배상책임을 지울 수 있도록 입증책임을 완화하는 것이 손해의 공평·타당한 부담을 그 지도원리로 하는 손해배상제도의 이상에 맞는다.

의사가 진찰·치료 등의 의료행위를 함에 있어서는 사람의 생명·신체·건강을 관리하는 업무의 성질에 비추어 환자의 구체적인 증상이나 상황에 따라 위험을 방지하기 위하여 요구되는 최선의 조치를 취하여야 할 주의의무가 있고, 의사의 이와 같은 주의의무는 의료행위를 할 당시 의료기관 등 임상의학 분야에서 실천되고 있는 의료행위의 수준을 기준으로 삼되, 그 의료수준은 통상의 의사에게 의료행위 당시 일반적으로 알려져 있고 또 시인되고 있는 이른바 의학상식을 뜻하므로 진료환경 및 조건, 의료행위의 특수성 등을 고려하여 규범적인 수준으로 파악되어야 한다.

따라서 의사가 행한 의료행위가 그 당시의 의료수준에 비추어 최선을 다한 것으로 인정되는 경우에는 의사에게 환자를 진료함에 있어서 요구되는 주의의무를 위반한 과실이 있다고 할 수 없으며, 특히 의사의 질병 진단의 결과에 과실이 없다고 인정되는 이상 그 요법으로서 어떠한 조치를 취하여야 할 것인가는 의사 스스로 환자의 상황 기타 이에 터 잡은 자기의 전문적 지식·경험에 따라 결정하여야 할 것이고, 생각할 수 있는 몇 가지의 조치가 의사로서 취할 조치로서 합리적인 것인 한 그 어떤 것을 선택할 것이냐는 당해 의사의 재량의 범위 내에 속하고 반드시 그중 어느 하나만이 정당하고 이와 다른 조치를 취한 것은 모두 과실이 있는 것이라고 할 수 없다.[194)

③ 과실과 인과관계의 증명

의료행위에 있어서 주의의무 위반으로 인한 불법행위 또는 채무불이행으로 인한 책임이 있다고 하기 위해서는 의료행위상의 주의의무의 위반과 손해의 발생과의 사이의 인과관계의 존재가 전제되어야 하나, 의료행위가 고도의 전문적 지식을 필요로 하는 분야이고, 그 의료의 과정은 대개의 경우 환자 본인이 그 일부를 알 수 있는 외에 의사만이 알 수 있을 뿐이며, 치료의 결과를 달성하기 위한 의료 기법은 의사의 재량에 달려 있기 때문에 손해 발생의 직접적인 원인이 의료상의 과실로 말미암은 것인지 여부는 전문가인 의사가 아닌 보통인으로써는 도저히 밝혀낼 수 없는 특수성이 있어서 환자 측이 의사의 의료행위상의 주의의무 위반과 손해의 발생과 사이의 인과관계를 의학적으로 완벽하게 입증한다는 것은 극히 어려우므로, 환자가 치료 도중에 사망한 경우에 있어서는, 피

---

194) 대판 3.26. 98다45379.

해자 측에서 일련의 의료행위 과정에 있어서 저질러진 일반인의 상식에 바탕을 둔 의료상의 과실 있는 행위를 입증하고 그 결과와 사이에 일련의 의료행위 외에 다른 원인이 개재될 수 없다는 점, 즉 환자에게 의료행위 이전에 그러한 결과의 원인이 될 만한 건강상의 결함이 없었다는 사정을 증명한 경우에 있어서는 의료행위를 한 측이 그 결과가 의료상의 과실로 말미암은 것이 아니라 전혀 다른 원인으로 말미암은 것이라는 입증을 하지 아니하는 이상 의료상 과실과 결과 사이의 인과관계를 추정하여 손해배상책임을 지울 수 있도록 입증책임을 완화하는 것이 손해의 공평·타당한 부담을 그 지도원리로 하는 손해배상제도의 이상에 맞는다.195)

④ 의사의 설명의무

일반적으로 의사는 환자에게 수술을 시행하는 과정 및 그 후에 나쁜 결과가 발생할 개연성이 있는 의료행위를 하는 경우에 있어서는, 응급환자의 경우나 그 밖의 특별한 사정이 없는 한, 진료계약상의 의무로서 또는 수술에 대한 승낙을 얻기 위한 전제로서 당해 환자나 법정대리인에게 질병의 증상, 치료 방법의 내용 및 필요성, 발생이 예상되는 위험 등에 관하여 당시의 의료수준에 비추어 상당하다고 생각되는 사항을 설명하여 당해 환자가 그 필요성이나 위험성을 충분히 비교해 보고 그 의료행위를 받을 것인가의 여부를 선택할 수 있도록 하여야 할 의무가 있을 뿐만 아니라, 그 진료 목적의 달성을 위하여 환자 또는 그 보호자에 대하여 요양의 방법 기타 건강관리에 필요한 사항을 상세히 설명하여 후유증 등에 대비하도록 할 의무가 있다.196) 설명의무는 검사 시에도 있다.

이런 설명의무는 그 의료행위에 따르는 후유증이나 부작용 등의 위험발생 가능성이 희소하다는 사정만으로 면제될 수 없다.197) 환자가 의사로부터 올바른 설명을 들었더라도 위 투약에 동의하였을 것이라는 이른바 가정적 승낙에 의한 의사의 면책은 의사 측의 항변사항으로서 환자의 승낙이 명백히 예상되는 경우에만 허용된다.198)

---

195) 대판 2000.9.8. 99다48245.
196) 대판 1997.7.22. 95다49608.
197) 대판 1996.4.12. 95다56095.
198) 대판 1994.4.15. 92다25885.

4) 환경오염피해

① 개념

환경오염이라 함은 사업활동 기타 사람의 활동에 따라 발생되는 대기오염, 수질오염, 토양오염, 해양오염, 방사능오염, 소음·진동, 악취, 일조방해 등으로서 사람의 건강이나 환경에 피해를 주는 상태를 말한다.

환경오염은 가해행위가 간접적으로 이루어지고, 그로 인한 피해범위가 광범위하고, 오염의 원인행위가 계속되는 한 피해도 지속적으로 이루어지고, 가해행위는 가해자의 적법활동에 부수하여 일어난다는 등의 특색이 있어 일반불법행위와는 구별되어 일반불법행위의 법리를 그대로 적용하면 피해의 구제에 충실할 수 없게 된다. 피해의 구제를 위해서는 가해행위를 금지시키는 것과 손해배상책임을 지우는 것이 있는데, 여기서는 손해배상의 문제를 검토한다.

② 책임요건

환경오염에 의한 피해의 경우는 그 성격상 종래의 과실과 인과관계를 그대로 요구하면 피해의 구제와 손해의 공평한 분담을 실현할 수 없으므로 종전의 원칙은 수정된다.

사업장 등에서 발생되는 환경오염으로 인하여 피해가 발생한 경우에는 당해 사업자는 귀책사유가 없더라도 그 피해를 배상하여야 한다(환경정책기본법 제31조 제1항 및 제3조 제1호, 제3호, 제4호). 다만 침해행위와 손해 사이의 인과관계는 요구되나, 그 증명의 어려움을 완화한 개연성 이론[199]을 넘어 간접반증 이론이 채택되어 가해자의 유해물질 배출사실, 유해물질이 피해물질에 도달한 사실, 피해물질에게 손해가 발생한 사실만을 증명하면 유해물질 때문에 손해가 발생한 점은 증명하지 않아도 되고, 오히려 가해자 측에서 피해가 다른 원인으로 발생한 사실을 증명해야 면책이 되도록 하고 있다.[200]

---

199) 대판 1974.12.10. 72다1744. 공해로 인한 손해배상청구소송에 있어서도 가해행위와 손해발생 사이에 있어야 할 인과관계의 증명은 당해 행위가 없었더라면 결과가 발생하지 아니하였으리라는 정도의 개연성이 있으면 그로써 족하다는 다시 말하면 침해행위와 손해와의 사이에 인과관계가 존재하는 상당 정도의 가능성이 있다는 증명으로 족하다.

200) 대판 1984.6.12. 81다558. 2004.11.36. 2003다2123. 공해로 인한 손해배상청구소송에 있어서는 가해행위와 손해발생 사이의 인과관계의 고리를 모두 자연과학적으로 증명하는 것은 곤란 내지 불가능한 경우가 대부분이고, 가해기업은 기술적·경제적으로 피해자보다 원인조사가 용이할 뿐 아니라 자신이 배출하는 물질이 유해하지 않다는 것을 입증할 사회적 의무를 부담한다고 할 것이므로. 가해기업이 배출한 어떤 물질이 피해 물건에 도달하여 손해가 발생하였다면 가해자 측에서 그 무해함을 입증하지 못하는 한 책임을 면할 수 없다고 봄이 사회 형평의 관념에 적합하다.

Ⅲ. 부당이득

1. 개념

부당이득이란 법률상의 원인 없이 타인의 재산이나 노무로 인하여 이득을 얻고 그로 말미암아 다른 사람에게 손해를 주었을 경우의 그 이득을 말한다. 이 경우 손실자는 수익자에게 그 반환을 청구할 수 있다(민법746조).

2. 요건

1) 이득의 발생

부당이득이 성립하려면 우선 어떤 사실에 기하여 이득을 얻었어야 한다. 이득에는 재산의 적극적인 증가의 경우는 물론, 자기 재산으로부터 지출하여야 할 비용을 어떤 사실의 발생으로 지출하지 않게 된 소극적인 경우도 포함된다. 이러한 이익의 발생은 다른 사람의 재산이나 노무를 원인으로 한 것이어야 한다.

2) 법률상 원인의 흠결

이득은 법률상 원인 없이 생겼어야 하는데, 법률상 원인이라 함은, 수익을 보유하는 것을 법률상 정당화하는 권원을 의미한다.

3) 손실의 발생

이러한 이득에 대응하여 손실을 입은 사람이 있어야 한다. 한쪽이 이득을 얻었다고 하더라도 상대방이 그로 인하여 손해를 입지 않았다면 부당이득의 문제가 발생하지 않는다.

3. 효과

1) 부당이득의 반환

이득을 본 자가 손실을 본 자에게 이득을 반환할 의무를 부담한다. 이득 반환은 이득자가 받은 목적물, 즉 원물을 반환하는 것이 원칙이나, 원물을 반환할 수 없는 때에는 그 가액을 반환하여야 한다.

2) 원물반환

원물에는 당초 취득한 그 물건 외에 그것으로부터 발생한 과실이나 사용이익도 포함된다. 또한 원물에 갈음하여 취득한 것(토지수용보상금, 취득한 채권의 변제물 등)도 포함된다. 금전을 이득한 경우에 타인에게 빌려 주거나 생활비로 사용하였다고 하더라도 그 이득은 현존하고 있는 것이다. 취득한 것이 금전인 경우에는 반증이 없는 한 이득된 금액이 그대로 남아 있다고 추정한다.

3) 반환범위

반환범위는 수익자가 선의, 즉 법률상 원인이 없다는 것을 알지 못한 경우에는 받은 이익이 현존하는 한도에서만 반환한다. 악의의 수익자는 그가 받은 이익의 전부 및 이에 대한 이자, 상대방에 손해가 있다면 그 손해도 함께 배상해야 한다.

4. 부당이득반환이 금지되는 경우

1) 비채변제

비채변제란 채무가 없음에도 불구하고 변제하는 경우를 말한다.

변제를 한 자가 변제를 할 당시 채무가 없음을 알고 있었던 때는 반환청구권을 주어서 이를 보호할 필요가 없으므로 반환청구를 할 수 없다.

반대로 채무가 없음을 알지 못하고 변제하였다고 하더라도 그 변제가 도의관념에 적합한 것일 때는 부당이득은 성립하지 않고 손실자는 반환을 청구하지 못한다. 예컨대 소멸시효의 완성으로 채무가 소멸하였음에도 알지 못하고 변제한 경우에는 도의관념에 적합한 변제로 반환을 청구하지 못한다.

채무자가 아닌 자가 타인의 채무라는 것을 알면서 변제하는 경우도 당연히 유효하나, 그 제3자가 착오로 타인의 채무를 변제한 경우라면 부당이득으로 반환 청구할 수 있다. 다만 채권자가 선의로 채권증서를 훼손하거나 담보를 포기하거나 시효로 채권이 소멸하면 반환 청구할 수 없고 채무자에게 구상권을 행사할 수 있을 뿐이다.

2) 불법원인급여

불법원인급여란 불법의 원인으로 인하여 재산을 급여하거나 노무를 제공하는 것을 말하고, 이때는 그 이익의 반환을 청구하지 못한다.

불법이란 선량한 풍속 기타 사회질서에 반하는 것을 의미한다. 예컨대 도박자금, 범죄를 조건으로 금전 지급한 경우 등에는 상대방에게 그 원인이 불법이기 때문에 반환을 청구하지 못한다. 불법원인에 의한 급여를 한 자는 부당이득반환을 청구하지 못하고 또 자신의 소유권에 기한 반환청구도 인정되지 않는다.

다만 불법원인이 이득자에게만 있는 때는 급여자는 반환을 청구할 수 있다.

제4절 시효

1. 개념

시효라고 하는 것은 사실상태가 오랫동안 계속되는 경우 그 상태가 진실한 권리관계에 합치되지 않더라도 그 사실상태대로 권리관계를 인정하는 제도이다. 권리를 행사하는 사실상태가 일정한 기간 계속된 경우에 권리의 취득을 인정하는 것이 취득시효이고, 권리불행사의 상태가 일정기간 계속된 경우에 권리의 소멸을 인정하는 것이 소멸시효이다.

예를 들면, 다른 사람에게 돈을 빌려 주었으나 법이 인정하는 일정한 기간 동안 이행 청구하는 등 받으려는 노력을 하지 않으면 결국 타인에 대한 채권이 소멸하게 되는 것이고, 다른 사람의 부동산을 자신의 것으로 알고 소유권을 행사하고 있는 경우 법이 요구하는 일정한 조건을 갖추면 결국 자신의 소유로 인정받게 되는 것이다.

2. 인정근거

원래 법질서는 권리관계와 사실상태가 일치하지 않는 경우 그러한 사실상태를 인정하지 않고 사실상태를 권리관계에 맞도록 해야 할 것이나, 진실한 권리관계와 다른 사실상태가 상당히 오랜 기간 지속되게 되면 여기에 따라 새로운 법률관계가 발생할 수 있는데, 이렇게 많은 시간이 흐른 후 진실한 권리관계에 맞지 않는 사실상태라고 하여 이를 인정하지 않고 전복시키면 형성된 많은 법률관계가 모두 붕괴되어 혼란을 느끼게 될 것이다. 그리하여 진실한 권리관계 못지않게 거래의 안정성 더 나아가 법적인 안정성을 보호할 필요성이 커지고, 이를 위하여 시효제도를 두게 된 것이다.

3. 시효의 대상

시효의 목적이 되는 권리는 재산권뿐으로 가족관계나 인격권 등은 그 대상이 될 수 없다. 또한 소유권은 그 영원 항구한 성질로 인하여 소멸될 수 없는 권리이나, 취득시효가 인정되는 반대효과로 특정인의 소유권이 소멸할 수는 있다.

4. 시효기간

채권의 소멸시효기간은 원칙적으로 10년이다. 그러나 상행위로 인하여 발생한 채권의 시효기간은 5년이고, 1년 이내의 기간으로 정한 금전 또는 물건의 지급을 목적으로 하는 채권, 의사의 치료 및 약사의 조제에 관한 채권, 변호사 및 변리사의 직무에 관한 채권, 수공업자 및 제조업자의 업무에 관한 채권 등은 각 3년의 시효기간에 해당된다. 여관숙박료, 음식점음식료, 의복사용료, 연예인의 임금, 학생의 교육비 등은 각 1년이다.

그러나 위와 같은 단기 시효기간이라고 하더라도 판결에 의하여 확정된 채권은 10년으로 연장된다.

시효기간을 연장하려면 판결을 받아야 한다.

소유권을 이전하여 달라는 청구권은 채권에 해당하지만 매수인이 목적부동산을 인도받아 사용 수익하고 있으면 소멸시효에 걸리지 않는다.

물권의 소멸시효는 물권의 취득시효 부분에서 다룬다.

5. 소멸시효의 진행과 중단

소멸시효는 권리를 행사할 수 있는 때로부터 진행한다.

시효중단은 권리를 행사하지 않는 상태에 있다가 권리자 또는 의무자가 일정한 행위를 하는 경우에는 권리의 행사가 있다고 보고, 이미 경과한 시효기간을 소멸케 하고 다시 그때부터 시효진행을 하게 하는 제도이다.

재판상 청구를 하거나, 압류, 가압류, 가처분을 하거나 채무자에 대하여 그 이행을 최고하면 시효진행이 중단된다. 다만 이행의 최고는 6개월 이내에 재판상 청구, 압류, 가압류, 가처분을 하지 않으면 시효중단 효력이 상실되어 처음부터 시효중단이 없던 상태로 돌아간다.

시효이익을 받을 채무자가 그 이익을 포기하고 그 권리를 인정한다고 승인하는 경우에도 시효가 중단된다.

시효가 중단되면 그때까지 진행된 시효기간은 산입하지 않으며 중단 후 권리의 불행사 상태가 계속되면 다시 새로이 시효기간이 진행하게 된다.

6. 시효이익의 주장

소멸시효의 이익을 인정받으려면 재판상 시효가 완성되었다는 항변을 하여야 한다. 소멸시효가 완성한 후에 채무자가 시효이익을 포기하고 자신의 채무를 이행하는 것은 당연히 허용되고, 시효가 완성된 줄 모르고 채무자가 채무를 변제한 경우에는 도의 관념에 적합한 변제로서 다시 반환을 요구하지 못한다고 보는 것이 일반적이다.

제5절 물권

Ⅰ. 물권

1. 개념

시장경제질서를 지향하는 사회에서는 개인에게 독립한 권리주체로서 법률행위를 자유롭게 할 수 있도록 하는 것과 더불어 활동의 기반이 되거나 활동의 결과 취득하는 재화에 대한 개인의 배타적인 지배와 이용을 보장하는 사유재산제도가 필수로 뒷받침되어야 한다.

이런 재화에 대한 배타적인 지배와 이용을 할 수 있는 권리가 물권이다.

채권이나 물권 모두 재산권인 점에서는 같으나 채권이 특정인 사이의 상대적인 관계에서 발생하는 작위 또는 부작위를 청구할 수 있는 상대적인 권리임에 반하여 물권은 특정 물건에 관하여 모든 사람에게 대하여 주장할 수 있는 절대권인 점에서 다르다.

2. 물권법정주의

1) 개념

물권법정주의는 물권의 종류와 내용은 법이 정하는 것에 한정한다는 원칙을 말한다(민법 제185조). 채권의 종류와 내용은 계약자유의 원칙에 따라 당사자가 자유로이 정할 수 있고, 따라서 채권에 대한 법적 규제는 임의규정인 것이 대부분임에 반하여 물권은 법에 정한 것에 한정하므로 그 규정도 대부분 강행규정이다.

2) 근거 및 한계

물권은 그 배타성 때문에 어떤 물건에 어떤 권리가 존재하는지를 외부의 제3자가 알 수 있도록 공시되어야 하고, 이를 위해서는 물권의 종류와 내용이 한정되어야 하기 때문에 물권법정주의가 필요한 것이다.

다만 사회적 변화에 따른 새로운 수요에 대응하기 위하여 관습법에 의한 물

권의 창설을 허용하고 있다.[201]

3. 물권의 종류

1) 소유권

소유권은 물건에 대한 전면적·포괄적 지배권으로 물건을 사용·수익·처분할 수 있는 권리이다.

2) 제한물권

제한물권은 소유권이 가지는 전면적인 권리 중 일부를 목적으로 하는 부분적인 지배권이다. 이에는 물건에 대한 사용권능을 목적으로 하는 용익물권과 채권담보를 위하여 물건의 처분권을 제한하는 권리인 담보물권이 있다.

용익물권에는 건물 기타 공작물이나 수목의 소유를 목적으로 타인의 토지를 배타적으로 사용할 수 있는 지상권, 당사자 간에 정한 일정한 목적을 위하여 타인의 토지를 자기 토지의 편익에 이용하는 권리인 지역권, 전세금을 지급하고 타인의 부동산을 점유하여 그 부동산의 용도에 따라 사용·수익하고 소멸시 그 부동산의 매각대금으로부터 전세금을 우선 변제받을 수 있는 전세권이 있다.

담보물권에는 타인의 물건(동산·부동산), 또는 유가증권을 점유하는 자가 그 물건 등에 관하여 생긴 채권을 가지는 경우에 그 채권을 변제받을 때까지 그 목적물을 유치할 수 있는 권리인 유치권, 채권자가 채무의 변제를 받을 때까지 그 채권의 담보로 채무자 또는 제3자로부터 인도받은 물건(동산) 또는 재산권(채권, 주식, 지적재산권)을 유치다가 변제가 없으면 그 매각대금으로부터 우선적으로 변제받을 수 있는 권리인 질권, 채권자가 채무자 또는 제3자가 채무담보를 위하여 제공한 부동산 기타 목적물[202]의 점유를 이전받지 않은 채 그 목적물을 관념상으로만 지배하다가 채무의 변제가 없으면 그 목적물로부터 우선변제를 받을 수 있는 권리인 저당권이 있다.

---

201) 가등기에 의한 채권담보기능이 그것인데, 이 오래된 관습을 입법화한 것이 가등기담보법이다.

202) 민법이 인정하는 저당권의 객체는 부동산인데, 특별법에 따라 선박·자동차·항공기·건설기계·입목·광업권·어업권공정재단·광업재단 등도 저당권의 객체가 될 수 있다.

3) 점유권

점유권은 본권과는 상관없이 물건에 대한 사실적 지배 상태를 권리로써 보호하는 것을 말한다. 본권은 물건을 점유할 수 있는 권리로서 있어야 할 상태를 지향하는 것인데, 점유권은 있는 상태를 그대로 보호하기 위한 잠정적인 것이다. 점유권은 점유를 취득하면 발생하고 점유를 상실하면 소멸한다.

4. 물권의 효력

물권은 대내적으로 물건을 직접 지배할 수 있는 효력과 대외적으로 누구에게도 그 권리를 주장할 수 있는 우선적 효력과 누구의 침해로부터도 보호받는 물권적 청구권을 가진다.

1) 우선적 효력

① 우선적 효력이란 하나의 물건 위에 수 개의 권리가 경합하는 경우에 그 중 한 권리가 다른 권리에 우선하는 효력을 말한다.

② 물권 상호간의 우선적 효력

하나의 물건 위에 성립한 서로 양립할 수 없는 물권 상호간에는 시간적으로 먼저 성립한 권리가 다른 권리에 우선한다. 종류가 다른 물권이 하나의 물건 위에 동시에 성립할 경우(전세권과 저당권)나 하나의 물건 위에 여러 개의 저당권이 성립하는 경우에는 먼저 성립한 권리가 우선한다.

2) 물권적 청구권

물권적 청구권이란 물권내용의 완전한 실현이 어떤 사정으로 인하여 방해받고 있거나 방해받을 염려가 있을 경우에 방해자에 대하여 물건의 반환, 방해의 제거 또는 예방에 필요한 행위 등 물권내용의 실현을 가능케 하는 행위를 청구할 수 있는 권리를 말한다.

Ⅱ. 물권의 객체

1. 동산과 부동산

1) 개념

물권의 대상 즉 객체인 재화는 물건을 말하고, 물건은 부동산과 동산으로 구분되는데, 민법은 토지와 그 정착물을 부동산으로, 부동산 이외의 물건은 모두 동산으로 분류하고 있다.

2) 구별 실익과 차이

부동산과 동산의 구별은 과거 부동산이 동산에 비하여 경제적 가치가 크다는 데서 구분의 중요한 기능이 있었으나 근래에 와서 동산도 경제적 가치가 큰 것들이 생겨나고 있기 때문에 이러한 구별은 그 의미가 퇴색하고 있다. 다만 부동산은 양적으로 제한되고 경제생활의 중심이 되기 때문에 동산보다 거래에 있어 더 특별한 보호를 받고 있다. 즉 동산의 거래에 있어서는 무권리자로부터 권리를 취득한 경우에도 일정한 요건하에 선의취득으로 인정하여 취득자를 보호하고 있는 반면, 부동산의 경우에는 이를 인정하지 않아 부동산의 진정한 소유자를 보호하고 있다.

부동산과 동산은 대외적인 소유권 공시방법에 있어 차이가 있는데, 부동산은 등기에 의하여 공시하고, 동산은 점유에 의하여 공시는 것이 원칙이나, 근래에 이르러 선박, 자동차, 항공기, 중기 등 고가의 동산이 많아지면서 이들에 대해서는 등록이라는 공시방법을 마련하여 공시하도록 하고 있다. 또한 우리 민법상 용익물권(지상권, 지역권, 전세권)은 부동산에 대해서만 인정되고 동산에는 인정되지 않으며, 저당권은 부동산에만 인정되고, 질권은 부동산에는 인정되지 않는 등의 차이가 있다.

3) 부동산

부동산은 토지와 그 정착물을 말한다.

① 토지

토지는 일정한 지면과 정당한 이익이 있는 범위 내에서 그 상하를 말한다.

토지의 구성물인 암석, 토사, 지하수 등은 토지의 일부분에 지나지 않는다. 미채굴한 광물은 토지소유권자의 소유이나, 채굴을 위해서는 국가의 허가를 받아야 하므로 그 범위 내에서 소유권행사가 제한된다.

바다에 관해서는 어업, 공유수면매립 등 이용권을 가질 수는 있으나 사적인 소유권은 부정된다. 하천 역시 국유재산에 속하며 사인은 관리청의 허가를 얻어 하천구역을 점용할 수 있으나 사적으로 소유하지는 못한다.

토지에는 인위적으로 선을 그어 나누어서 지번을 부여하고 그 1개의 지번을 1필이라고 부른다. 1필의 토지의 일부는 분필하기 전에는 양도, 제한물권 설정의 대상이 되지 않는다.

② 토지의 정착물

토지의 정착물은 건물, 수목, 교량, 담 등 토지에 고정되어 사용되는 물건을 말하고 부동산으로 취급된다. 그러나 판잣집, 공중전화부스, 가식재된 수목, 토지나 건물에 충분히 정착되어 있지 않은 기계 등은 토지의 정착물로 볼 수 없다.

현행 민법은 건물을 토지와 완전히 구별된 독립된 별개의 부동산으로 규정하고 있고, 따라서 건물등기부도 따로 존재하며 토지와 별도로 등기하여야 한다. 아파트, 연립주택 등 1동의 건물의 일부도 독립하여 소유권(구분소유라 한다.)의 대상이 될 수 있다.

수목은 토지와 분리되면 동산이나, 분리되지 않은 상태에서는 토지의 일부로 인정된다. 다만 입목에 관한 법률에 의하여 수목의 집단(이를 법률용어로 입목이라고 함)에 관하여 소유권보존등기를 하게 되면 독립한 부동산으로 인정받게 된다. 수목의 집단은 일정한 요건하에, 즉 명인방법이라는 관습법상의 공시방법을 갖출 경우 등기하지 않아도 독립한 부동산으로서 소유권의 대상이 될 수 있다.

토지에서 경작, 재배되는 각종 농산물은 토지의 일부로 취급된다. 다만 정당한 권원을 가지고 다른 사람의 토지에 농작물을 경작하는 경우 그 농작물은 토지로부터 독립한 별개의 물건으로 취급되어 경작자가 소유하게 된다(민법 제256조). 대법원은 수확기간이 짧은 농작물에 관해서는 아무런 권원 없이 심지어 불법적으로 다른 사람의 토지에 재배한 경우에도 그 소유권이 경작자에게 있다고 본다.[203]

---

203) 대판 1979.8.28. 79다784. 농작물은 수확기간이 비교적 짧고, 경작자의 부단한 관리가 필요하여 그 점유

4) 동산

부동산 이외의 물건은 모두 동산이다. 토지에 정착되지 않은 토지의 부착물, 전기 기타 관리할 수 있는 자연력은 동산으로 취급된다. 선박, 자동차, 항공기 등은 원래 동산이지만 등기(등록)함으로써 법률상 부동산으로 취급된다.

금전은 동산이지만 그 물건 자체보다는 그 가치가 중요하므로 금전채무자의 경우는 당초 받은 물건 자체가 아닌 일정한 가치 즉 금액을 이전할 의무를 질 뿐이다. 상품권, 승차권, 입장권 등과 같은 무기명 채권도 마찬가지이다.

사람의 시신도 물건의 일종으로 상속권자의 소유에 속하지만, 이는 매장이나 화장, 제사의 대상으로서만 권리의 대상이 되고, 본인의 뜻과 무관하게 상속권자가 독단으로 의학 등의 목적으로 시신이나 시신의 일부를 기증하거나 판매할 수는 없다. 본인도 장기 등 이식에 관한 법률에 의하여서만 장기의 일부를 처분할 수 있고, 매매행위는 금지된다.

2. 주물과 종물

물건의 소유자가 그 물건의 상용에 이바지하기 위하여 자기 소유의 다른 물건[204]을 이에 부속되게 한 경우에 그 물건을 주물, 부속된 물건을 종물이라고 한다.[205]

종물은 주물의 처분에 따른다. 주물인 부동산에 대하여 처분등기가 있으면 종물에 대해서도 처분의 효력이 생기나, 점유 기타 사실관계에 기한 권리의 득실변경에는 적용되지 않는다(주물에 대한 시효취득).

3. 원물과 과실

물건으로부터 생기는 경제적인 수익을 과실이라고 하고 과실을 생기게 하는 물건을 원물이라고 한다.

의 귀속이 비교적 명백하다는 것에 근거한다. 이 경우 명인방법을 갖추었는지 여부를 묻지 않고 명인방법을 갖추면 당연히 독립한 소유권의 객체가 된다(대판 1996.2.23. 95도2754).

204) 독립한 물건이어야 하고 동산·부동산을 불문한다. 본건물의 창고는 해당하나 건물의 정화조는 건물의 구성부분이지 독립한 물건이 아니다.

205) 주유소 건물과 주유기, 백화점 건물과 엘리베이터, 횟집과 수족관 등이 그것이다.

과실 중 물건의 용법에 의하여 수취하는 산출물을 천연과실이라고 하고, 물건의 사용대가로 받는 금전 기타 대체물을 법정과실이라고 한다.[206]

천연과실은 원물로부터 분리될 때의 수취인[207]에게 귀속되고, 법정과실은 수취할 권리의 존속기간 일수에 비례하여 취득한다.

4. 1물 1권주의

① 개념

1물 1권주의란 1개 물권의 목적물은 1개의 독립한 물건이어야 한다는 원칙으로 물권의 독립성·배타성에 따른 당연한 귀결이다. 물권은 외부에 공시되어야 하는데 물건의 일부나 수 개의 물건 위에 하나의 물권을 인정하면 그 공시가 어렵고, 따라서 거래의 안전을 해하기 때문이다.[208]

② 물건의 독립성

독립한 물건 여부는 물리적 형태와 거래관념에 의하여 정한다.

③ 예외

물건의 일부 또는 물건의 집단이나 집합물을 객체로 인정해야 할 사회적 필요성이 있으면 1물 1권주의 원칙은 적용되지 않는다. 용익물권은 토지의 일부 위에 성립될 수 있고, 지상공간이나 지하의 일부만을 대상으로 하는 구분지상권도 성립할 수 있으나 공시방법을 갖추어야 한다. 건물은 일부가 구조상·이용상 독립성을 갖춘 경우에는 구분소유권이 객체가 될 수 있으며 공시방법을 갖추어야 한다.

---

206) 과수의 열매, 가축의 새끼, 토지의 토사나 석재 등은 천연과실, 임료, 지료, 이자 등은 법정과실이다.

207) 원칙적으로 수취인이지만 예외적으로 선의 점유자, 지상권자, 전세권자, 임차인 등도 수취권이 있다.

208) 대판 2000.10.27. 2000다39582, 토지의 일부에 대해서는 지적법상의 분할절차를 거치지 아니하고는 그 일부에 대한 소유권보존등기를 경료하거나, 경료된 소유권보존등기의 일부에 대한 등기말소는 허용되지 않는다.

Ⅲ. 물권의 변동

1. 의의

물권의 변동이란 물권의 발생, 변경 및 소멸을 말한다. 물권의 변동은 당사자의 의사에 따른 법률행위에 의하여, 또는 판결, 상속, 공용징수,[209] 경매[210] 기타 법률의 규정에 의하여 일어난다. 기타 법률의 규정에 의한 물권변동으로는 취득시효(민법 제245조), 무주물 선점(제252조), 유실물 습득(제253조), 매장물 발견(제254조), 첨부(제256조), 소멸시효(제162조), 혼동(제191조), 몰수(형법 제48조) 등이 있다.

2. 물권변동과 공시

1) 공시의 필요성

물권의 존재와 내용 및 변동을 외부적 표상에 의하여 알 수 있게 하지 않으면 우선적 효력 때문에 제3자에게 예기치 못한 손해를 입힐 수 있어 거래의 안전을 해하게 된다.

2) 공시방법

현행법상 공시방법으로는 부동산 물권에는 등기,[211] 동산물권에는 점유 또는 인도,[212] 수목의 집단이나 미분리과실에 관한 명인방법, 자동차 등 특별법의 적용을 받는 경우의 등록이 있다.

3) 공시의 효력

물권변동은 공시의 방법을 갖추어야만 효력을 발생한다. 동일한 부동산 또는

---

209) 공용징수란 공익사업을 위하여 소유권 기타 재산권을 법률에 의하여 강제적으로 취득하는 것으로 토지수용이 그 예이다.

210) 여기의 경매는 민사집행법이나 국세징수법에 따라 국가기관이 하는 공경매만 해당한다.

211) 등기란 등기공무원이 부동산등기법 소정의 절차에 따라 부동산에 간한 권리관계를 공적 장부인 등기부에 기재하는 것 또는 그러한 기재 자체를 말한다.

212) 인도란 물건의 사실상 지배상태인 점유를 이전하는 것을 말한다. 인도는 현실의 인도 외에 양수인이 이미 점유하고 있는 경우에 양도인과 양수인 사이에 소유권 이전의 합의로 인도하는 간이 인도, 양도인과 양수인 사이에 소유권 이전의 합의를 하면서 양도인이 계속 점유하기로 하는 점유개정과 목적물반환청구권의 양도 등 의사표시만으로도 가능하다.

자동차 등에 수 개의 권리가 경합하는 경우에는 등기 또는 등록의 선후에 따라 순위가 결정된다. 동산의 경우에는 그 공시방법을 신뢰하고 거래한 경우에 그 공시방법이 진정한 권리관계와 일치하지 않더라도 공시된 대로의 권리관계가 존재하는 것으로 인정되는 공신력이 인정된다. 등기가 있으면 그 등기의 유·무효와 상관없이 등기된 대로의 권리관계가 존재하는 것으로 추정되는데 이를 등기의 추정력이라고 한다.

3. 가등기

1) 개념

가등기라 함은 본등기를 할 만한 요건을 구비하지 못하고 있을 경우에 장차 행해질 본등기의 순위를 보전해 주는 효력을 가진 등기를 말한다. 부동산물권(소유권, 지상권, 지역권, 전세권, 저당권, 권리질권) 또는 임차권의 설정, 이전, 변경 또는 소멸의 청구권을 보전하려 할 때 또는 그 청구권이 시기부, 조건부이거나 장래에 있어서 확정될 것인 때에 그 본등기의 순위보전을 위하여 하는 예비등기를 말한다. 장래 소유권 이전, 매매 등의 약속이 있는 경우 정식 본등기에 앞서 그때를 대비하여 미리 가등기를 해 두는 것이 그 예이다.

2) 효력

가등기에 기한 본등기가 행해지면 본등기의 순위는 가등기의 순위에 의한다. 가등기 후에 본등기가 있을 때까지 있었던 일체의 처분행위에 의하여 생긴 권리 중 본등기된 권리와 저촉되는 것은 모두 실효되거나 후순위로 된다. 예컨대 부동산에 가등기 후 소유자가 제삼자에게 매도하여 소유권 이전등기가 되었다고 하더라도 가등기에 기해 본등기가 이루어지면 이에 저촉되는 제삼자의 소유권 이전등기는 실효되어 말소된다.

가등기는 그에 기한 본등기가 이루어지기 전에는 물권변동을 일으키는 효력이 없고 가등기의무자의 처분권을 제한하는 효력도 없다.

가등기에 의하여 순위가 보전된 소유권 이전청구권을 제삼자에게 양도할 수 있는데, 이러한 경우 가등기상의 권리의 이전등기를 가등기에 부기 등기하는 형식으로 이루어진다.

3) 가등기에 의한 본등기 절차

가등기에 기한 본등기 절차는 가등기권리자와 가등기의무자가 공동신청에 의하여야 하나, 가등기의무자가 본등기에 협조하지 않는 경우 판결에 의해 본등기를 신청할 수 있다.

가등기 후에 제삼자에게 소유권 이전등기가 된 경우, 가등기권자가 소유권이전의 본등기를 한 경우 등기공무원은 가등기 이후에 한 제삼자의 본등기를 직권으로 말소할 수 있다. 가등기권자는 본등기를 경료하지 않고 가등기 상태에서는 가등기 이후의 제3자 명의의 등기 말소를 청구할 수 없다.

4) 채권담보를 위한 가등기

채권을 담보하기 위하여 경료된 가등기를 담보가등기라고 한다. 예컨대 채권을 담보하기 위하여 채무자의 부동산에 매매예약 등의 가등기를 해 주고 채무를 변제하지 못하면 본등기를 하여 채권자에게 부동산의 소유권을 이전해 주기로 하는 경우에 이용되는데, 채무자가 큰 희생을 당할 수 있으므로 '가등기 담보 등에 관한 법률'을 두어 이를 규율하고 있다.

위 법에 따르면 채무자가 채무를 이행하지 못한다고 하더라도 채권자는 가등기에 제공된 부동산을 직접 처분하여 변제에 충당하는 방법이 허용되지 않고, 일정한 요건하에 채무자에 대한 정산을 해야 한다. 즉 채권자가 담보목적부동산의 소유권을 취득하기 위해서는 즉 가등기에 의한 본등기를 청구하려면 채권의 변제기 후에 청산금의 평가액을 채무자에게 통지하고, 그 통지가 채무자에게 도달한 날로부터 2개월이 경과하여야 하며, 청산금이 없으면 그 없음을 통지하여야 한다.

4. 선의취득

1) 개념

동산을 점유하는 자를 권리자로 믿고 거래한 경우에 양도인이 정당한 권리자가 아니라도 양수인은 그 동산에 관한 권리를 취득하는데(민법 제249조) 이를 선의취득이라고 한다.

이 제도는 동산의 공시방법인 점유나 인도는 공시방법으로서 불완전하기 때문에 거래의 안전을 위하여 인정된 것이다.

2) 요건

① 선의취득의 객체

선의취득의 대상이 되는 것은 동산이다. 금전은 그것이 가치의 표상으로서만 유통되는 경우에는 부당이득이 문제 될 뿐이고 선의취득은 문제 되지 않으나, 구화폐같이 수집의 대상이 되는 것이라면 선의취득의 대상이 된다. 자동차, 선박, 항공기 등 등록에 의해 공시되는 동산은 선의취득 대상이 아니다. 화물상환증이나 선하증권과 같은 증권에 의하여 표상되는 동산은 독립하여 선의취득 대상이 된다.

② 양도인은 점유자이지만 무권리자여야 한다.

③ 유효한 거래행위가 있어야 한다.

거래행위가 아닌 상속이나 사실행위(타인 임야를 자기 것으로 알고 벌목)에 의한 취득은 선의취득이 되지 않고, 거래행위가 무효이거나 취소되면 선의취득이 되지 않는다.

④ 양수인의 점유취득

양수인 물건을 현실로 인도받아야 하는데, 양수인이 이미 점유하고 있는 경우에는 양도인과 양수인 사이에 소유권 이전의 합의만 있으면 된다(간이 인도). 양도인과 양수인 사이에 소유권 이전의 합의를 하면서 양도인이 계속 점유하기로 하는 점유개정의 경우에는 선의취득이 인정되지 않는다.[213] 목적물반환청구권의 양도에 의해서도 인정된다.[214]

⑤ 점유취득의 평온·공연·선의·무과실

양수인의 점유취득이 평온·공연하게 이루어져야 하고, 양도인이 무권리자임을 알지 못하고 알지 못한 데 잘못이 없어야 한다.

3) 효과

양수인은 목적물에 대한 소유권을 취득하고, 이것은 법률의 규정에 의한 원시취득이다.

---

213) 대판 1978.1.17. 77다1872. 외관상 변동이 없고 물건이 원권리자의 지배범위를 완전히 벗어나지 못하였다는 것을 근거로 정적 안전을 더 보호해야 한다는 이유로 선의취득을 인정 않는다.

214) 점유개정과는 달리 채권양도의 통지에 의하여 공시되기 때문이다.

4) 도품 및 유실품에 관한 특칙

점유자의 의사에 반하여 점유를 빼앗긴 도품이나 점유자의 의사에 의하지 않고 점유를 상실한 유실품의 경우에는 피해자나 유실자가 도난 또는 유실한 날로부터 2년 내에 그 반환을 청구할 수 있으므로 선의취득이 되지 않는다(민법 제250조). 다만 금전인 경우에는 그렇지 않다. 사기에 의하여 점유가 이전한 경우나 위탁물의 횡령이나 점유보조자나 소지기관의 횡령은 권리자의 의사에 의하여 점유가 이전되었으므로 위 특칙이 적용되지 않는다.

Ⅳ. 점유권

1. 개념

점유권이란 본권과는 상관없이 물건에 대한 사실적 지배 상태를 권리로 보호하는 것을 말한다. 본권은 물건을 점유할 수 있는 권리로서 있어야 할 상태를 지향하는 것인데, 점유권은 있는 상태를 그대로 보호하기 위한 잠정적인 것이다. 점유권은 점유를 취득하면 발생하고 점유를 상실하면 소멸한다.

1) 물건에 대한 사실적 지배

물건에 대한 사실적 지배는 물건의 현실적, 물리적 지배만이 아니고 물건과 사람과의 시간적, 공간적 관계와 본권과의 관계, 타인지배 가능성 등을 고려하여 합목적적으로 판단한다.[215] 사실적 지배이므로 점유의 성립에는 행위능력이 필요하지 않으나 점유권의 취득에는 행위능력이 필요하다.[216]

2) 점유보조자

점유보조자란 물건에 대한 직접적인 지배를 하면서도 점유권을 인정받지 못하는 자를 말한다. 점유보조자는 점유주의 기관으로서 점유주의 지배력을 행사

---

215) 도서관 책상에 책가방을 놔두고 잠시 화장실에 갔을 경우, 여행 중 집에 두고 온 물건, 친구 볼펜을 잠시 빌려 쓴 경우는 원소유자가 계속 점유하고 있는 것이다.
  은행의 현금인출기에서 현금인출을 하면서 카드만 가져가고 현금을 가져가는 것을 깜박 잊은 경우 그 현금의 점유자는 은행이므로 제3자가 이를 가져가면 절도죄가 된다.

216) 대판 1989.4.11. 88다카8217.

하고 있기 때문이다. 사용·피용의 관계에 있는 경우에 피용자의 사용자 물건
에 대한 지배가 그 예이다. 점유주의 점유의 취득·상실은 점유보조자를 기준
으로 정한다.

3) 자주점유와 타주점유

자주점유는 소유의 의사를 갖고 하는 점유이고, 타주점유는 그렇지 않은 경
우이다. 소유의 의사 여부는 점유취득 시를 기준으로 점유취득의 원인이 된 권
원(점유취득의 원인이 된 객관적 사실관계)의 성질이나 점유와 관계있는 모든
사정에 의하여 외형적·객관적으로 결정된다.[217] 점유자는 소유의 의사로 점유
하는 것으로 추정된다(민법 제197조 제1항).

4) 선의점유와 악의점유

선의점유는 본권이 있음을 확신하고 있는 점유이고, 악의점유는 본권 없음을
알았거나 의심을 품으면서 하는 점유이다. 점유자는 선의로 점유한 것으로 추
정된다(민법 제197조 제2항).

5) 직접점유와 간접점유

직접점유는 점유자 본인이 직접 점유하는 것이고, 간접점유는 점유매개자(임
차인)를 통하여 점유하는 것이다.

2. 점유권의 득실

점유권은 어떤 물건에 대한 사실상 지배를 시작함으로써(무주물 선점, 유실물
습득) 원시 취득하거나, 점유자로부터 현실 인도·간이 인도·점유 개정받거나,
상속에 의하여 피상속인의 지위를 포괄 승계함으로써 취득한다.

직접점유는 사실상 지배를 상실함으로써, 간접점유는 점유매개자가 점유를
상실하거나 점유매개관계가 단절[218]됨으로써 소멸한다.

---

217) 대판 2002.2.26. 99다72743.

218) 점유매개관계의 단절은 매개자가 점유물을 횡령하는 경우 같은 것이고, 매개관계의 종료(임대기간의 만료)는
단절이 아니어서 간접점유의 소멸사유가 아니다.

3. 점유권의 효력

1) 권리추정

점유자가 점유물에 대하여 행사하는 권리는 적법하게 보유한 것으로 추정한다(민법 제200조). 이 권리는 물권만이 아니고 임차권 등 점유할 수 있는 권원을 포함하는 모든 권리를 포함한다. 부동산물권은 등기의 추정력에 따른다. 점유권을 승계 취득한 경우에 앞사람에 대해서는 이 규정을 원용할 수 없다.[219]

2) 점유자와 회복자의 관계

소유자가 본권 없이 물건을 점유하는 자를 상대로 소유물반환을 구할 경우 당사자 사이의 이해 조정이 문제 되므로 민법은 이에 관한 규정을 두고 있다(제201, 202, 203조).

① 과실취득

선의의 점유자는 점유물의 과실을 취득한다. 선의는 과실수취권이 있는 본권이 있다고 오신한 자를 말한다. 오신한 데는 정당한 이유가 있어야 한다. 과실에는 천연과실과 법정과실을 모두 포함하며 사용이익도 마찬가지이다.

악의의 점유자는 수취한 과실을 반환하여야 하며, 소비하였거나 과실로 인하여 훼손 또는 수취하지 못한 경우에는 그 과실의 대가를 보상하여야 한다.

② 점유물의 멸실·훼손에 대한 책임

점유물이 점유자의 책임 있는 사유로 인하여 멸실 또는 훼손한 때에는 악의의 점유자는 그 손해의 전부를 배상하여야 하며 선의의 점유자는 이익이 현존하는 한도에서 배상하여야 한다. 소유의 의사가 없는 점유자는 선의인 경우에도 손해의 전부를 배상하여야 한다.

③ 점유자의 비용상환

점유자가 점유물을 반환할 때에는 회복자에 대하여 점유물을 보존하기 위하여 지출한 금액 기타 필요비[220]의 상환을 청구할 수 있다. 그러나 점유자가 과실을 취득한 경우에는 통상의 필요비는 청구하지 못한다.

점유자가 점유물을 개량하기 위하여 지출한 금액 기타 유익비[221]에 관해서는

---

219) 대판 1964.12.8. 64다714.

220) 필요비란 물건의 보존을 위하여 지출한 비용과 같이 물건 자체에 기여하기 위한 비용이다(보험료, 보관비, 수리비 등).

그 가액의 증가가 현존한 경우에 한하여 회복자의 선택에 좇아 그 지출금액이나 증가액의 상환을 청구할 수 있다. 이때 법원은 회복자의 청구에 의하여 상당한 상환기간을 허여할 수 있다.

3) 점유보호청구권

점유보호청구권은 본권과 상관없이 그 점유 자체를 보호하기 위하여 인정되는 물권적 청구권이다(민법 제204, 205, 206조).

① 점유회수청구권

점유자가 점유의 침탈을 당한 때에는 그 물건의 반환 및 손해의 배상을 청구할 수 있다. 침탈자의 고의·과실은 요건이 아니므로 정당하게 인도청구권이 있는 자의 침탈이 있더라도 점유회수청구를 할 수 있다. 다만 상호침탈(침탈당한 권리자가 자력으로 회수한 경우)의 경우에는 최초침탈자의 회수청구권은 인정실익이 없다.

이 청구권은 침탈자의 특별승계인에 대해서는 행사하지 못한다. 그러나 승계인이 악의인 때에는 그러하지 아니하다.

이 청구권은 침탈을 당한 날로부터 1년 내에 행사하여야 한다.

② 점유보유청구권

점유자가 점유의 방해를 받은 때에는 그 방해의 제거 및 손해의 배상을 청구할 수 있다.

이 청구권은 방해가 종료한 날로부터 1년 내에 행사하여야 한다. 공사로 인하여 점유의 방해를 받은 경우에는 공사착수 후 1년을 경과하거나 그 공사가 완성된 때에는 방해의 제거를 청구하지 못한다.

③ 점유보전청구권

점유자가 점유의 방해를 받을 염려가 있는 때에는 그 방해의 예방 또는 손해배상의 담보를 청구할 수 있다.

4) 자력구제권

자력구제란 사인이 자기의 권리를 보호하거나 실현하기 위하여 사적 실력을 행사하여 강제하는 것을 말한다. 원칙적으로 금지되나 국가구제가 불가능하거

---

221) 유익비란 물건을 개량하기 위하여 지출한 비용같이 물건의 가치를 증대시키는 비용이다.

나 극히 곤란할 경우에 예외적으로 인정된다(민법 제209조). 침탈 또는 방해행위가 계속되고 있는 상황에서 종전의 상태를 유지하기 위하여 인정되며, 행위가 끝나고 새로운 지배상태가 확립되면 점유보호청구권을 행사해야 한다.

① 자력방위권

점유자는 그 점유를 부정히 침탈 또는 방해하는 행위에 대하여 자력으로써 이를 방위할 수 있다.

② 자력탈환권

점유물이 침탈되었을 경우에 부동산일 때에는 점유자는 침탈 후 즉시 가해자를 배제하여 이를 탈환할 수 있고, 동산일 때에는 점유자는 현장에서 또는 추적하여 가해자로부터 이를 탈환할 수 있다. 탈환과정에서 상대방에게 피해를 입힌 경우에는 정당방위 내지 정당행위가 되어 원칙적으로 책임이 없다.

Ⅴ. 소유권

1. 개념

소유권은 물건을 사용, 수익, 처분할 수 있는 권리이다. 소유권은 물건을 전면적으로 지배할 수 있는 권리인데, 여기서의 지배는 사실적인 것이 아니라 관념인 지배권이다.

자본주의의 고도화에 따라 소유권의 절대성은 개인의 부자유·불평등을 낳게 되었고, 소유권 및 재산권에 대한 제한의 필요성이 대두되었다. 이에 헌법도 우리 소유권의 내용과 한계는 법률로 정하도록 하는 한편, 재산권의 행사는 공공복리에 적합하도록 하여야 한다고 하여(제23조) 소유권의 제한 근거를 마련하고 있다. 민법의 권리남용금지조항이나 국토계획 및 이용에 관한 법률, 농지법, 공익사업을 위한 토지 등의 취득 및 보상에 관한 법률 같은 특별법을 통하여 재산권을 제한하고 있다.

2. 부동산 소유권의 범위

1) 토지소유권의 범위

토지의 소유권은 지표면 및 정당한 이익이 있는 범위 내에서 토지의 상하에 미친다. 정당한 이익 여부는 구체적인 경우에 사회관념에 따라 판단한다.

토지는 원래 연속하여 존재하나 인위적으로 지표에 선을 그어 서로 구별하고 구별된 필지에 따라 소유권 등 권리관계가 인정된다. 토지소유권의 경계는 지적도와 같은 지적 공부에 의하여 결정된다. 바다에 대한 토지의 경계선은 만조수위선이다.

2) 상린관계
① 개념

각 필지의 토지소유자는 자유롭게 자기 소유의 토지에 대하여 각 소유권을 주장하고 권리를 행사할 수 있으나, 이러한 권리를 행사하는 과정에서 서로 인접하는 토지의 소유권과 충돌하는 문제가 발생할 수 있다. 이러한 인접하고 있는 토지 소유자 상호간의 이용관계를 조절하기 위하여 민법은 토지사용, 방해금지, 수도설치, 주위토지통행, 물의 이용 등을 규정하고 있는데, 이러한 인접토지의 사용관계를 상린관계라고 한다(민법 제216 내지 244조).

② 인근 토지 사용

토지소유자는 경계나 그 근방에서 담 또는 건물을 축조하거나 수선하기 위하여 필요한 범위 내에서 이웃 토지의 사용을 청구할 수 있다. 다만 토지사용으로 이웃 사람에게 손해를 입혔다면 보상을 해 주어야 한다.

③ 생활방해 금지

토지의 이용으로 인하여 생긴 매연, 열기체, 액체, 음향, 진동 기타 이와 유사한 것으로 이웃 토지의 사용을 방해하거나 이웃 거주자의 생활에 고통을 주는 것을 생활방해라고 하는데, 이러한 침해는 금지된다. 가스, 악취, 먼지 등은 공기 또는 대기를 통하여 전파될 수 있기 때문에 인접하지 않은 토지의 사용자도 이를 금지하도록 청구할 수 있고, 손해가 발생하면 배상청구도 할 수 있다. 그러나 생활방해가 그 토지의 통상의 용도에 적당한 것이라면 이웃 토지의 거주자는 수인, 즉 참을 의무가 있는데, 이는 공동생활에 있어 어느 정도의 생활

방해는 불가피하기 때문이다.

④ 수도, 전선 등 설치

토지의 소유자는 타인의 토지를 통과하지 않으면 필요한 수도, 유수관, 가스관, 전선 등을 시설할 수 없거나 과다한 비용을 요하는 경우 타인의 토지를 통과하여 이를 시설할 수 있다. 다만 타인에게 가장 손해가 적은 장소와 방법을 선택하여야 하고 타인의 손해를 보상하여야 한다.

⑤ 주위 토지 통행

자신의 토지와 일반인이 통행하는 도로(공로) 사이에 통로가 없어 주위의 토지를 통행하거나 통로를 개설하지 않고는 공로에 출입할 수 없는 경우(이러한 토지를 맹지라고 한다.) 또는 공로에 통하려면 과다한 비용을 요하는 경우에, 주위의 토지를 통하여 공로로 출입할 수 있다. 이미 기존의 통로가 있더라도 과다한 비용이 드는 경우라면 타인의 토지를 통로로 이용할 수 있으며, 다만 필요한 최소한의 방법으로 통행하여야 하며 손해를 보상하여야 한다.

원래 통로가 없는 토지가 아니었지만 분할 또는 일부 양도로 통로 없는 토지가 된 경우에는 그 토지 소유자는 분할 또는 양도된 다른 토지를 이용할 수 있을 뿐, 관련 없는 다른 사람의 토지를 통행할 권리는 없다.

⑥ 물의 이용

물이 자연적으로 높은 곳에서 낮은 곳으로 흐르는 경우에 저지의 소유자는 이를 인용할 의무가 있고, 자연히 흘러내리는 물이 저지의 소유자에게 필요한 것인 경우에 고지의 소유자는 자기의 정당한 사용범위를 넘어 흘러내리는 물을 막지 못한다.

물을 인공적 시설(처마도 포함)에 의하여 타인의 토지에 버리는 것은 원칙적으로 허용되지 않는다. 예외적으로, 침수지를 말리거나 농공업용의 여수(쓰고 남는 물)를 소통시키기 위해서는 타인의 토지를 사용하는 것이 허락된다.

서로 인접한 토지 사용자들은 공용에 속하는 원천(예컨대 공동우물)이나 수도를 각 수요의 정도에 따라 타인의 물 사용을 방해하지 않는 범위 내에서 물을 사용할 권리가 있다.

⑦ 경계

서로 인접하고 있는 토지의 소유자는 다른 관습이 없는 한 공동비용으로 경계표나 담을 설치할 수 있으므로 다른 한쪽 토지의 소유자는 설치에 응해야 한다.

인접 토지의 수목의 가지가 경계를 넘은 경우 먼저 제거를 청구한 다음 응하지 않으면 임의로 제거할 수 있고, 뿌리가 경계를 넘은 때에는 임의로 제거할 수 있다.

⑧ 공작물 설치

토지 소유자는 이웃 토지의 지반이 붕괴할 정도로 자기의 토지를 깊이 파서는 안 된다. 경계로부터 2미터 이내의 거리에서 이웃 주택의 내부를 관망할 수 있는 창이나 마루를 설치하는 경우 적당한 차면시설을 설치하여야 한다.

우물을 파거나 하수 또는 오물 등을 저장할 지하시설을 하는 경우에 경계로부터 2미터 이상의 거리를 두어야 하며, 지하시설 공사를 하는 경우에 경계로부터 그 깊이의 반 이상의 거리를 두어야 한다.

3) 건물의 구분소유

① 개념

구분소유란 수인이 한 채의 건물을 구분하여 각각 그 일부분을 소유하고 있는 것을 말한다. 구분소유는 1동의 건물 중 구분된 수 개의 부분이 독립한 건물로서 사용될 수 있을 때 성립한다.

② 전유부분과 공유부분

구분소유의 목적이 되는 부분을 전유부분이라고 하고, 구분소유자가 공동으로 이용하는 부분을 공용부분이라고 하는데, 공용부분은 구분소유자의 공유로 추정하고, 공용부분의 보존에 관한 비용 기타의 부담은 각자의 소유부분의 가액에 비례하여 분담한다.

구분소유자들의 상호관계를 규율하기 위하여 집합건물법이 제정되어 있다.

3. 소유권의 취득

1) 취득시효

① 개념

취득시효란 물건에 대하여 권리를 가지고 있는 듯한 외관이 일정기간 계속되는 경우에 그것이 진실한 권리관계와 일치하는지를 묻지 않고 그 외관상의 권리자에게 권리취득의 효과를 생기게 하는 제도를 말한다.

시효제도의 존재이유는 일정한 사실상태가 계속될 경우 이를 기초로 법률관계가 형성되므로 이를 부정할 때 생기는 혼란을 방지하여 법적 안정성을 이루고, 증거멸실에 따른 증명곤란을 구제하기 위함에서이다.

② 시효취득의 대상

권리로는 소유권과 지역권이 대상이 된다. 점유권과 유치권은 법률의 규정에 의하여 성립되고 저당권은 점유를 수반하지 않기 때문에 시효취득 대상이 아니다. 물건으로는 동산과 부동산이 모두 대상이 된다.

③ 점유취득시효의 요건

소유의 의사로 공연·평온하게 동산은 10년(점유개시 시 선의·무과실이었다면 5년), 부동산은 20년간 계속 점유하여야 한다. 시효취득은 법률행위에 의하지 않은 것이므로 부동산인 경우 등기가 필요 없지만 예외로 민법은 등기를 하여야 소유권을 취득할 수 있게 하고 있다(제245조 제1항).

④ 등기부취득시효의 요건

부동산소유자로 등기한 자가 소유의 의사로 평온·공연하고 선의·무과실로 10년간 점유하면 소유권을 취득한다.

⑤ 취득시효의 중단·정지·시효이익의 포기

시효기간 중 대상물건에 대한 권리를 주장하는 재판상 청구 등이 있으면 시효의 진행은 중단되어 처음부터 다시 기간을 계산하여야 하고, 천재지변 등으로 시효를 중단할 수 없는 경우에는 그 사유가 종료한 때로부터 1개월 내에는 시효가 완성하지 않는다. 시효가 완성한 후에도 시효이익을 포기하면 시효완성의 효과가 발생하지 않는다.

⑥ 취득시효의 효과

취득시효 요건이 완비되면 점유를 개시한 때로 소급하여 권리를 취득한다.

2) 기타 소유권취득원인

① 무주물 선점

무주의 동산을 소유의 의사로 점유한 자는 그 소유권을 취득한다. 무주의 부동산은 국유로 한다. 야생하는 동물은 무주물로 하고 사육하는 야생동물도 다시 야생상태로 돌아가면 무주물로 한다.

② 유실물 습득

유실물은 법률에 정한 바에 의하여 공고한 후 1년 내에 그 소유자가 권리를 주장하지 아니하면 습득자가 그 소유권을 취득한다.

③ 매장물 발견

매장물은 법률에 정한 바에 의하여 공고한 후 1년 내에 그 소유자가 권리를 주장하지 아니하면 발견자가 그 소유권을 취득한다. 그러나 타인의 토지 기타 물건으로부터 발견한 매장물은 그 토지 기타 물건의 소유자와 발견자가 절반하여 취득한다.

④ 문화재의 국유

학술, 기예 또는 고고의 중요한 재료가 되는 물건에 대해서는 국유로 한다. 습득자, 발견자 및 매장물이 발견된 토지 기타 물건의 소유자는 국가에 대하여 적당한 보상을 청구할 수 있다.

⑤ 부합·혼화·가공

부합이란 소유자를 달리하는 수 개의 물건이 결합하여 사회관념상 하나의 물건으로 보이고 그 분리가 사회관념상 불가능하거나 극히 곤란하게 된 경우 이를 분리하지 않고 하나의 물건으로 보아 어느 특정인의 소유로 하는 것을 말한다.

부동산의 소유자는 그 부동산에 부합한 물건의 소유권을 취득한다. 그러나 타인의 권원에 의하여 부속된 것은 그러하지 아니하다.

동산과 동산이 부합하여 훼손하지 아니하면 분리할 수 없거나 그 분리에 과다한 비용을 요할 경우에는 그 합성물의 소유권은 주된 동산의 소유자에게 속한다. 부합한 동산의 주종을 구별할 수 없는 때에는 동산의 소유자는 부합 당시의 가액의 비율로 합성물을 공유한다.

동산과 동산이 혼화하여 식별할 수 없는 경우에도 마찬가지이다.

타인의 동산에 가공한 때에는 그 물건의 소유권은 원재료의 소유자에게 속한다. 그러나 가공으로 인한 가액의 증가가 원재료의 가액보다 현저히 다액인 때에는 가공자의 소유로 한다. 가공자가 재료의 일부를 제공하였을 때에는 그 가액은 위의 증가액에 가산한다.

위의 사유에 의하여 동산의 소유권이 소멸한 때에는 그 동산을 목적으로 한

다른 권리도 소멸한다. 동산의 소유자가 합성물, 혼화물 또는 가공물의 단독소유자가 된 때에는 위의 권리는 합성물, 혼화물 또는 가공물에 존속하고 그 공유자가 된 때에는 그 지분에 존속한다.

4. 소유권자의 물권적 청구권

1) 소유물반환청구권

소유자는 그 소유에 속한 물건을 점유한 자에 대하여 반환을 청구할 수 있다. 그러나 점유자가 그 물건을 점유할 권리가 있는 때에는 반환을 거부할 수 있다.

2) 소유물방해제거, 방해예방청구권

소유자는 소유권을 방해하는 자에 대하여 방해의 제거를 청구할 수 있고 소유권을 방해할 염려 있는 행위를 하는 자에 대하여 그 예방이나 손해배상의 담보를 청구할 수 있다.

5. 명의신탁

1) 개념

명의신탁이란 부동산에 관한 소유권 기타 물권을 보유하는 자 또는 사실상 취득하거나 취득하려는 자가 타인과의 사이에서 대내적으로는 실권리자가 부동산의 물권을 보유하거나 보유하기로 하고 그에 대한 등기는 그 타인의 명의로 하기로 하는 것을 말한다. 즉 소유권에 관해서만 쉽게 표현한다면 자신의 부동산을 어떤 사정에 의하여 외부적으로는 타인의 소유인 것처럼 하고 내부적으로는 자신의 소유로 하기로 서로 약정하는 것이다.

명의신탁은 일제 강점기 토지조사과정에서 종중소유의 토지를 종중명의로 사정받을 수가 없어 종중원 명의로 사정받은 뒤에 그 소유권에 관한 다툼이 벌어지면서 종중의 소유권을 인정하기 위한 근거로서 판례에 의하여 성립된 개념이다.

명의신탁을 이용한 부동산투기를 막기 위하여 1995.7.1.부터 부동산실권리자명의등기에관한법률(이하 부동산실명법이라고만 한다.)이 시행되고, 명의신탁약정이 무효로 처리되면서 종전의 판례이론은 의미가 없게 되었다.

2) 부동산실명법의 내용

부동산실명법은 누구든지 부동산에 관한 물권을 명의신탁약정에 의하여 명의수탁자의 명의로 등기하는 것을 금하고, 명의신탁약정은 무효로 하고 있다. 부동산실명법에 위반하여 명의신탁을 하는 자에게는 부동산가액(소득세법 규정의 기준시가)의 100분의 30(즉 30%)에 해당하는 범위 안에서 과징금을 부과하고, 형사 처분까지 한다.

위 법 시행 전에 이미 약정된 기존 명의신탁약정에 기한 등기의 경우 1년의 유예기간을 두어 그 기간 내에 실명등기를 하도록 하고, 이를 어길 경우 역시 명의신탁약정을 무효로 하고 위와 같은 과징금과 형사 처분을 한다. 다만, 종중이 보유한 부동산을 종중원에게 명의 신탁하거나 배우자 명의로 등기하는 경우는 특례로 예외를 인정하고 있고, 또한 양도담보나 가등기담보, 상호명의신탁(1필의 토지를 특정하여 일부를 매수하면서 등기 전체는 토지 전체에 대하여 공유지분 등기로 되어 있는 경우) 및 신탁등기 역시 예외로 인정되고 있다.

3) 명의신탁의 법률관계
① 명의신탁약정의 무효

명의신탁약정은 당사자 사이에서는 무효이나, 그 무효는 제3자에 대하여 대항을 할 수 없다. 즉 부동산의 명의를 수탁받은 자가 신탁자를 배신하여 타인에게 부동산을 매도하더라도 그 제3자는 유효하게 소유권을 취득받을 수 있으며, 명의신탁자가 명의신탁약정이 무효라고 주장하며 그 반환을 구할 수 없다.

명의신탁에는 등기명의만이 수탁자에게 이전되고 수탁자가 원인계약에는 관여하지 않는 등기명의신탁과 수탁자가 계약당사자로서 부동산을 매수하여 자기 앞으로 등기를 경료하는 계약명의신탁이 있고, 등기명의신탁에는 신탁자가 자기 명의 부동산을 수탁자에게 이전하는 양자 간 명의신탁과, 신탁자가 매도인으로부터 부동산을 매수하면서 자기 명의로 등기하지 않고 수탁자 명의로 등기하는 3자 간 명의신탁이 있다. 명의 신탁된 부동산과 관련한 법률관계는 명의신탁유형에 따라 다른데 2자 간 명의신탁은 둘 사이의 문제이므로 특별히 문제될 것은 없다.

② 3자 간 명의신탁의 경우

명의신탁약정이 무효이므로 수탁자 명의의 등기는 무효이므로 부동산의 소유권은 여전히 매도인인 전 소유자의 소유로 남는다. 그런데 신탁자와 전 소유자의 매매계약 자체는 무효가 아니므로 매도인은 수탁자에게 소유권 이전등기의 말소를 구하거나 진정명의회복을 위한 이전등기를 청구할 수 있고, 신탁자는 매도인을 대위하여 수탁자를 상대로 등기말소를 구하고 매도인을 상대로 다시 이전등기 청구를 하여 자신의 명의로 소유권을 회복할 수 있다. 다만 명의신탁자는 소유권을 회복할 수는 있다고 하더라도 과징금과 형사 처분의 제재를 받을 것이다.

③ 계약명의신탁의 경우

매도인이 명의신탁약정을 알았느냐 몰랐느냐에 따라 효력이 좌우된다. 명의신탁약정 사실을 알았다면 부동산물권변동도 무효이므로(위 법제4조 제2항) 수탁자는 소유권을 취득하지 못하고 신탁자도 매도인에게 소유권 이전을 구하지 못하나, 지급한 매매대금에 대해서는 수탁자를 대위하여 부당이득반환을 청구할 수 있다. 매도인이 명의신탁약정 사실을 알지 못하였다면 그에게 명의신탁약정의 무효를 주장할 수 없으므로 명의수탁자는 완전한 소유권을 취득한다. 이 경우 명의신탁자는 수탁자에 대하여 부동산을 부당이득하였다는 이유로 매매대금 상당액의 부당이득반환을 구할 수 있다.

Ⅵ. 저당권

1. 개념·성질

저당권이란 채권자가 채무자 또는 제3자가 채무담보를 위하여 제공한 부동산 기타 목적물의 점유를 이전받지 않은 채 그 목적물을 관념상으로만 지배하다가 채무의 변제가 없으면 그 목적물로부터 우선변제를 받을 수 있는 약정담보물권이다.

자기 소유의 부동산에는 저당권이 성립할 수 없는 것이 원칙이고, 혼동의 예외로만 가능하다.

저당권은 피담보채권에 부종한다. 피담보채권이 소멸하거나 무효이면 저당권
도 소멸하거나 무효이고, 피담보채권이 일부무효이면 나머지 채권에 대하여 저
당권은 유효하다.

저당권은 피담보채권과 분리하여 타인에게 양도하거나 다른 채권의 담보로
하지 못한다.

2. 저당권의 성립

1) 저당권설정계약

저당권은 저당권설정에 관한 당사자 사이의 합의에 의하여 설정된다. 저당권
자는 채권자에 한한다.[222) 저당권설정자는 보통 채무자이지만 제3자(물상보증
인)라도 무방하다. 다만 목적물에 관한 처분권이나 대리권이 있어야 한다.

2) 저당권설정등기

저당권은 설정계약 외에 등기가 있어야 성립한다. 등기할 사항은 채무자, 채
권액, 변제기, 이자 및 그 발생시기 또는 지급시기, 원본 또는 이자의 지급장소
등이다(부동산등기법 제140조). 등기비용은 다른 특약이 없으면 채무자가 부담
하는 것이 관행이다.

---

222) 대판 2001.3.15. 99다48948. 근저당권은 채권담보를 위한 것이므로 원칙적으로 채권자와 근저당권자는
동일인이 되어야 하지만, 제3자를 근저당권 명의인으로 하는 근저당권을 설정하는 경우 그 점에 대하여 채
권자와 채무자 및 제3자 사이에 합의가 있고, 채권양도, 제3자를 위한 계약, 불가분적 채권관계의 형성 등
방법으로 채권이 그 제3자에게 실질적으로 귀속되었다고 볼 수 있는 특별한 사정이 있는 경우에는 제3자
명의의 근저당권설정등기도 유효하다고 보아야 할 것이고, 한편 부동산을 매수한 자가 소유권 이전등기를
마치지 아니한 상태에서 매도인인 소유자의 승낙 아래 매수 부동산을 타에 담보로 제공하면서 당사자 사이
의 합의로 편의상 매수인 대신 등기부상 소유자인 매도인을 채무자로 하여 마친 근저당권설정등기는 실제
채무자인 매수인의 근저당권자에 대한 채무를 담보하는 것으로서 유효하다. 매매잔대금 채무를 지고 있는
부동산 매수인이 매도인과 사이에 소유권 이전등기를 경료하지 아니한 상태에서 그 부동산을 담보로 하여
대출받는 돈으로 매매잔대금을 지급하기로 약정하는 한편, 그 부동산에 제1순위 근저당권을 설정하되, 그
구체적 방안으로서 채권자인 매도인과 채무자인 매수인 및 매도인이 지정하는 제3자 사이의 합의 아래 근
저당권자를 제3자로, 채무자를 매도인으로 하기로 하고, 이를 위하여 매도인이 제3자로부터 매매잔대금 상
당액을 차용하는 내용의 차용금증서를 작성·교부하였다면, 매도인이 매매잔대금 채권의 이전 없이 단순히
명의만을 제3자에게 신탁한 것으로 볼 것은 아니고, 채무자인 매수인의 승낙 아래 매매잔대금 채권이 제3
자에게 이전되었다고 보는 것이 일련의 과정에 나타난 당사자들의 진정한 의사에 부합하는 해석일 것이므
로, 제3자 명의의 근저당권설정등기는 그 피담보채무가 엄연히 존재하고 있어 그 원인이 없거나 부종성에
반하는 무효의 등기라고 볼 수 없다.

3) 저당권의 객체와 피담보채권

저당권의 객체는 부동산 및 부동산물권(지상권과 전세권)이다. 그 외에 특별법에 따라 선박·자동차·항공기·건설기계·입목·광업권·어업권공정재단·광업재단 등도 저당권의 객체가 될 수 있다.

저당권의 피담보채권은 금전채권에 한하지 않고, 금전의 지급을 목적으로 하지 않더라도 저당권을 실행할 때 금전채권으로 되어 있으면 된다. 장래의 채권도 저당권을 실행할 때 채권으로 확정되어 있으면 된다.

4) 법정저당권과 저당권설정청구권

토지임대인이 변제기를 경과한 최후 2년의 차임채권에 의하여 그 지상에 있는 임차인소유의 건물을 압류한 때에는 저당권과 동일한 효력이 있다(민법 제649조). 압류의 등기가 경료된 때 또는 압류결정이 임차인에게 송달된 때 중 앞선 시기에 저당권이 성립한다.

부동산공사의 수급인은 그 보수에 관한 채권을 담보하기 위하여 그 부동산을 목적으로 한 저당권의 설정을 청구할 수 있다(민법 제666조). 도급인이 수급인의 청구에 응하여 등기를 함으로써 성립한다.

3. 저당권의 효력

1) 효력범위
① 피담보채권의 범위

저당권은 원본, 이자, 위약금, 채무불이행으로 인한 손해배상 및 저당권의 실행비용을 담보한다. 그러나 채무불이행으로 인한 지연배상에 대해서는 원본의 이행기일을 경과한 후의 1년분에 한하여 저당권을 행사할 수 있다.

② 목적물의 범위

저당권은 저당부동산을 처분하여 그 대금으로부터 우선변제를 받는 것이므로 목적물의 범위는 소유권의 범위와 일치하지만 특칙이 있다.

저당권의 효력은 저당부동산에 부합된 물건과 종물에 미친다.[223) 부합이나

---

223) 대판 2002.10.25. 2000다63110. 건물이 증축된 경우에 증축 부분이 기존건물에 부합된 것으로 볼 것인가 아닌가 하는 점은 증축 부분이 기존건물에 부착된 물리적 구조뿐만 아니라, 그 용도와 기능의 면에서 기존건물과 독립한 경제적 효용을 가지고 거래상 별개의 소유권 객체가 될 수 있는지의 여부 및 증축하여 이

종물로 된 시기는 묻지 않는다. 그러나 법률에 특별한 규정 또는 설정행위에 다른 약정이 있으면 그러하지 아니하다. 부합이나 종물로 된 시기는 묻지 않는다. 종된 권리에도 종물에 준하여 저당권이 미친다.224) 저당부동산에서 분리·반출된 부합물 또는 종물에 대하여 저당권의 효력이 미치는가에 관해서는 설이 대립하나 저당부동산과 결합하여 공시작용이 미치는 한도에서 저당권의 효력이 미친다고 보는 것이 통설이다.225)

저당권의 효력은 저당부동산에 대한 압류가 있은 후에 저당권설정자가 그 부동산으로부터 수취한 과실 또는 수취할 수 있는 과실에 미친다. 그러나 저당권자가 그 부동산에 대한 소유권, 지상권 또는 전세권을 취득한 제삼자에 대해서는 압류한 사실을 통지한 후가 아니면 이로써 대항하지 못한다. 저당권은 본래 목적물의 교환가치만을 대상으로 하는 것이므로 그에 대한 사용수익권 및 그에 따른 과실수취권은 저당권 설정자에게 있는 것이지만 그가 고의로 경매를 지연시켜 과실을 취득하는 폐단을 막기 위하여 압류 후의 과실에 대해서는 저당권의 효력이 미치게 한 것이다.

토지를 목적으로 저당권을 설정한 후 그 설정자가 그 토지에 건물을 축조한 때에는 저당권자는 토지와 함께 그 건물에 대해서도 경매를 청구할 수 있다. 그러나 그 건물의 경매대가에 대해서는 우선변제를 받을 권리가 없다. 저당권의 실행을 용이하게 하기 위한 것이다.

를 소유하는 자의 의사 등을 종합하여 판단하여야 한다.
지하 1층, 지상 7층의 주상복합건물을 신축하면서 불법으로 위 건물 중 주택 부분인 7층의 복층으로 같은 면적의 상층을 건축하였고, 그 상층은 독립된 외부 통로가 없이 하층 내부에 설치된 계단을 통해서만 출입이 가능하고, 별도의 주방시설도 없이 방과 거실로만 이루어져 있으며, 위와 같은 사정으로 상·하층 전체가 단일한 목적물로 임대되어 사용된 경우, 그 상층 부분은 하층에 부합되었다고 본 사례.
건물의 증축 부분이 기존건물에 부합하여 기존건물과 분리하여서는 별개의 독립물로서의 효용을 갖지 못하는 이상 기존건물에 대한 근저당권은 민법 제358조에 의하여 부합된 증축 부분에도 효력이 미치는 것이므로 기존건물에 대한 경매절차에서 경매목적물로 평가되지 아니하였다고 할지라도 경락인은 부합된 증축 부분의 소유권을 취득한다.

224) 대판 1996.4.26. 95다52864. 저당권의 효력이 저당부동산에 부합된 물건과 종물에 미친다는 민법 제358조 본문을 유추하여 보면 건물에 대한 저당권의 효력은 그 건물에 종된 권리인 건물의 소유를 목적으로 하는 지상권에도 미치게 되므로, 건물에 대한 저당권이 실행되어 경락인이 그 건물의 소유권을 취득하였다면 경락 후 건물을 철거한다는 등의 매각조건에서 경매되었다는 등 특별한 사정이 없는 한, 경락인은 건물 소유를 위한 지상권도 민법 제187조의 규정에 따라 등기 없이 당연히 취득하게 되고, 한편 이 경우에 경락인이 건물을 제3자에게 양도한 때에는, 특별한 사정이 없는 한 민법 제100조 제2항의 유추적용에 의하여 건물과 함께 종된 권리인 지상권도 양도하기로 한 것으로 봄이 상당하다.

225) 곽윤직 물권법 335 등.

③ 물상대위

저당목적물이 멸실, 훼손 또는 공용징수로 인하여 없어지더라도 저당권설정자가 이를 대신하여 받을 금전 기타 물건이 있는 경우에는 이에 대해서도 저당권을 행사할 수 있다. 이 경우에는 그 대위물이 지급 또는 인도되기 전에 압류하여야 한다.

2) 우선변제적 효력
① 개념
저당권자는 채무자가 변제기에 변제하지 않으면 저당목적물을 현금화하여 그 대금으로부터 다른 채권자보다 우선하여 자기채권의 변제를 받을 권리가 있다.
② 우선순위
일반채권자에게는 언제나 우선하나, 주택임대차보호법이나 상가임대차보호법상의 소정의 대항요건을 갖춘 자 또는 소액보증금의 일정액에 대해서는 후순위이다.

유치권은 우선변제적 효력은 없으나 유치권자는 변제받을 때까지 목적물을 유치할 수 있으므로 사실상 저당권에 우선한다.

저당권 상호간 또는 전세권과의 사이에는 설정등기 순위에 따른다.

국세나 지방세의 경우 저당부동산에 대하여 부과되는 것은 저당권에 우선하나 그 외의 저당채무자에 대한 것은 그 법정기일(납세신고 또는 납세고지서 발송일) 전에 설정된 저당권에는 우선하지 못한다.

3) 저당권의 실행
저당권의 실행은 민사집행법에 따른 임의경매의 방식으로 진행되어 채권자의 경매신청, 법원의 경매개시결정·매각기일의 경매·매각허가결정, 경락대금의 납부와 배당으로 끝난다.

4) 저당권의 침해에 대한 구제
① 저당권을 침해하는 경우
저당권의 침해는 저당권자의 담보를 위태롭게 하는 것으로 목적물을 멸실, 훼손하거나 이를 부당히 방치하는 것, 종물의 분리 등이 그것이다.

단 저당권은 저당권자에 의한 목적물의 사용수익을 빼앗는 것은 아니므로 목적물이 통상용법에 따라 사용되고 있는 한 설정자가 부합물 등을 분리하더라도 바로 저당권의 침해로 되지는 않는다. 또한 저당목적물을 침해하여 그 교환가치가 감소되었다 하더라도 나머지 가치가 피담보채권을 초과한다면 손해가 발생하지 않아 손해배상청구권이 인정되지 않는다.

② 물권적 청구권

침해행위 제거와 예방청구는 가능하나, 반환청구는 불가하다(민법 제370, 214조).

저당권의 불가분성에 따라 목적물의 잔존가치만으로 피담보채권을 만족시킬 수 있다 하더라도 방해제거를 청구할 수 있다는 것이 통설이다.[226]

분리된 종물에는 저당권이 미치지 않고, 반환청구는 불가여서 분리된 종물에 대하여 아무 조치도 취할 수 없는 문제가 있는데, 판례는 설정자로부터 일탈한 저당목적물을 저당권자에게 반환 청구할 수는 없지만, 저당목적물이 3자에게 선의 취득되지 않는 한 침해자에게 원래의 설치장소에 원상 회복할 것을 청구할 수 있고, 이는 방해배제청구권의 행사에 해당한다고 본다.[227]

③ 손해배상청구권

저당권침해는 불법행위가 되므로 침해자 상대로 손해배상청구가 가능하다. 단 손해가 있어야 하므로 잔존물로 채권의 만족을 얻을 수 없을 때 인정될 것이나, 저당권 실행 전이라도 손해발생사실이 분명하면 그 시점에서 청구 가능하다. 제3자가 침해 시 저당권자는 소유자의 제3자에 대한 손해배상청구권에 물상대위권행사가 가능하다.

④ 담보물보충청구권

저당권설정자의 고의·과실로 저당물의 가액이 현저히 감소한 경우에는 담보물 보충을 청구할 수 있다. 가액이 현저히 감소한 경우는 담보력 부족상태를 말하고 불법행위의 손해나 기한의 이익에 있어 담보가치의 감소보다 그 정도가 커야 하는 것은 아니다.

⑤ 즉시변제청구권

채무자가 담보를 손상시킬 경우 기한이익을 상실하고, 채권자는 즉시 변제청

---

226) 곽윤직 물권법 355 등.
227) 대판 1996.3.22. 95다55184.

구 및 저당권 실행이 가능하다.

4. 저당권의 처분 및 소멸

1) 저당권의 처분

저당권은 그 담보한 채권과 분리하여 타인에게 양도하거나 다른 채권의 담보로 하지 못한다. 저당권을 처분하려면 담보한 채권의 양도와 저당권 이전에 관한 합의와 저당권이전등기가 함께 행해져야 한다.

2) 저당권의 소멸

저당권은 물권 일반의 소멸원인인 목적물의 멸실, 저당권의 포기, 존속기간의 만료, 혼동(단 후순위저당권자가 있을 경우는 예외)으로 소멸하는 외에, 피담보채권의 소멸로도 소멸한다.

5. 근저당

1) 개념

근저당이란 당좌대월계약, 계속적 상품공급계약 등 계속적 거래관계로부터 발생하는 다수의 불특정채권을 장래의 일정시기(결산기)에 일정한 한도액까지 담보하는 저당권을 말한다.

2) 특징

근저당권의 특징은 채권액이 불확정적이고 최고한도액만이 정하여져 있는 데 있다. 원래 저당권은 원본, 이자, 위약금, 채무불이행으로 인한 손해배상 및 저당권의 실행비용을 담보하는 것인데, 채권최고액의 정함이 있는 근저당권에 있어서는 이러한 채권의 총액이 그 채권최고액을 초과하는 경우, 적어도 근저당권자와 채무자 겸 근저당권설정자와의 관계에 있어서는 위 채권 전액의 변제가 있을 때까지 근저당권의 효력은 채권최고액과는 관계없이 잔존채무에 여전히 미친다.[228] 따라서 잔존채무 변제 시까지는 저당권말소청구를 못 한다.

---

228) 대판 2001.10.12. 2000다59081.

3) 피담보채권의 확정과 저당권의 실행

위와 같이 기본계약이 존속하는 동안에는 피담보채권의 증감과 상관없이 저당권은 존재하는데, 결산기의 도래, 기본계약의 해지 등의 사유가 발생하면 피담보채권이 확정되고(그 후에 발생한 채권은 근저당권에 의하여 담보되지 않는다.), 변제기의 도래와 함께 저당권은 실행된다.

6. 양도담보

1) 개념

양도담보란 채권담보의 목적으로 물건의 소유권을 채권자에게 이전하고, 채무불이행이 있을 때에는 채권자가 그 목적물로부터 우선 변제받지만, 채무자가 채무를 이행하면 목적물을 원소유자에게 반환하는 비전형 담보이다.

양도담보는 이론과 판례에 의하여 인정되어 온 담보형태로, 그 소유권이 누구에게 있는가를 둘러싸고, 그러한 계약이 유효한가, 유효할 경우 그 법적 구성을 어떻게 할 것인가가 문제 되어 왔고, 가등기담보 등에 관한 법률(이하 가담법이라 한다.)이 시행되어 부동산의 양도담보에 관한 법규가 만들어진 이후에도 여전히 문제가 되고 있다.

2) 양도담보계약의 유효 여부

과거에는 양도담보계약을 허위표시로 보아 무효라는 견해도 있었으나, 양도담보에 있어서 소유권 이전은 단순한 가장이 아니라 채권담보의 목적에 의하여 행사의 제한을 받는 소유권 이전이거나 새로운 형태의 담보권설정이므로 허위표시라고 볼 수 없다는 것이 확립된 판례나 학설의 입장이다. 다만 담보물의 가액이 채권액을 초과하는 경우에 민법의 대물변제예약 규정(제607, 608조)을 적용하면 효력이 없게 될 것이나, 이 효력이 없다는 의미를 채권액이 초과하는 부분을 정산해야 한다는 의미로 해석하여 계약 자체는 유효한 것으로 본다.[229]

3) 양도담보의 법적 성질

가담법은 부동산양도담보의 경우 소유권취득에 관한 규정을 두고는 있으나

---

[229] 대판 1982.7.13. 81다254.

(동법 제4조 제2항 전단, 제11조 단서) 양도담보의 법적 성질을 어떻게 보느냐에 따라 해석을 달리하므로 이 논의를 살펴볼 필요가 있다. 이와 관련 가담법이 동산의 경우는 규정하고 있지 않아 동산에 관해서는 독자적인 법리를 구성해야 한다는 논의도 있으나, 통일적으로 규율하는 것이 맞을 것이다.

양도담보를 담보물권으로 보는 입장은 양도담보권자는 양도담보권이라는 특수한 제한물권을 취득하고, 소유권은 여전히 양도담보설정자에게 남아 있다고 본다. 이 설은 경제적 약자인 설정자를 보호하고, 담보물권으로서의 통유성이 있으며, 가담법이 청산의무를 이행해야 소유권을 취득할 수 있는 것으로 하고 있고(동법 제4조 제2항), 담보권자의 변제기 전 처분 시 악의의 양수인에게 양도담보관계를 주장할 수 있다는 점을 근거로 한다.[230]

양도담보를 양도담보권자가 대외적으로는 소유권을 취득하지만 대내적으로는 설정자가 실질적인 소유권을 가진다고 보는 신탁적 양도설은 위 조항도 청산금을 지급한 때에야 비로소 채무자에 대한 관계에서도 실질적인 소유권을 취득한다는 의미로 본다. 이 설은 등기를 부동산물권변동의 성립요건으로 하는 형식주의에 비추어 볼 때 소유권 이전등기로 담보물권을 설정할 수 있는가, 당사자의 진정한 의사도 담보의 목적으로 소유권을 이전하는 것인데 이를 무시하고 담보권을 설정한 것으로 볼 수 있는가를 근거로 한다.[231]

판례는 가담법 시행 전에는 신탁적 양도설의 입장에 있었으나, 가담법 시행 후에는 양도담보권자는 채무자가 이행지체에 빠졌을 때는 담보계약에 의하여 취득한 목적 부동산의 처분권을 행사하기 위한 환가절차의 일환으로 채무자에게 목적 부동산의 인도를 구할 수 있고, 제3자가 적법하게 목적 부동산을 점유하고 있는 경우에는 그 인도청구를 할 수 있으나 직접 소유권에 기하여 인도청구를 구할 수는 없다고 하여 담보물권설에 가까운 판단을 하고 있으나 정면으로 다루지는 않고 있다.[232] 다만 주식이나 동산에 대해서는 동법의 적용을 받지 않는다는 전제하에 종전의 법리를 전개한다.[233]

판례는 또한 소비대차가 아닌 다른 원인으로 생긴 채권을 담보하기 위한 양

---

230) 곽윤직 물권법 387 등.
231) 이영준 물권법 984.
232) 대판 1991.11.8. 91다21770.
233) 대판 1994.8.26. 93다44739. 1999.9.7. 98다47283.

도담보에 대해서는 가담법이 적용되지 않는다고 한다.[234]

4) 양도담보권의 실행

채무자가 변제기에 변제하지 못한 경우 채권자가 담보계약에 따른 담보권을 실행하기 위해서는 청산절차를 실행하여야 한다. 즉 채권자가 담보권을 실행하여 담보목적물의 소유권을 취득하기 위해서는 채권의 변제기 후 청산금의 평가액을 채무자 등에게 통지하여야 하며 그 통지가 채무자에게 도달한 후 2개월이 경과하여야 하고 청산금이 없는 경우라도 없다는 뜻을 통지하여야 한다.

청산금의 평가액이란 통지 당시의 목적부동산의 가액에서 그 채권액을 공제한 금액을 말하며, 그 청산금액을 지급하여야만 비로소 목적물의 소유권을 취득하게 된다.

채권자가 위와 같은 청산절차에 위반한 경우 소유권 이전에 관한 등기는 무효로 본다. 채무자는 채권자로부터 청산금을 지급받을 때까지 채무액을 채권자에게 지급하고 채권담보의 목적으로 경료된 소유권 이전등기의 말소를 청구할 수 있다.

제6절 지식재산권

Ⅰ. 개념

지식재산권이란 인간의 창조적 활동 또는 경험 등에 의하여 창출되거나 발견된 지식, 정보, 기술, 사상이나 감정의 표현, 영업이나 물건의 표시, 생물의 품종이나 유전자원, 그 밖의 유형적인 것으로서 재산적 가치가 실현될 수 있는 것을 독점적으로 이용하는 것을 내용으로 하는 권리를 말한다. 발명이나 저작물과 같은 창작물과 영업상의 표지 등 산업, 과학, 문학 또는 예술 분야에의 지적 활동에서 발생하는 모든 결과물이 지식재산이다.

---

234) 대판 1992.4.10. 91다45356, 45363.

현행법에서 인정하는 지식재산권으로는 특허권, 실용신안권, 디자인권, 상표권, 저작권, 저작인접권, 프로그램저작권 등이 있으며, 보호대상에 따라 창작물을 보호하는 권리와 영업표지를 보호하는 권리로, 권리부여의 목적에 따라 특허발명이나 실용적인 고안, 심미적인 의장과 같은 산업에 유용한 신규의 창작에 대한 권리와 상호, 상표, 서비스표, 영업표 등 영업상 유용한 표지에 대한 권리인 산업재산권과 학문이나 예술에 관한 정신적 창작물을 대상으로 하는 권리인 저작권으로 분류할 수 있다.

Ⅱ. 특성과 보호 필요성 및 기능

1. 지식재산의 특성

지식재산은 관념상 존재하는 가치로 점유할 수 없다는 특성을 가지고 있다. 현실적 점유가 불가능하기 때문에 특정인의 이용이 타인의 이용을 방해하지 않으며, 지식재산을 이용하고자 하는 모든 사람들이 동시에 이용하는 것이 가능하다.

지식재산의 초기 생산비용은 많이 들지만 재생산 비용은 매우 저렴하여 복제·모방이 용이하다는 특성도 있다.

지식재산은 생산재인 경우는 이용자가 적을수록 희소성에 의하여 그 가치가 극대화되는데, 소비재인 경우는 대량으로 이용되어야 오히려 가치가 커지는 등 재화의 성격과 이용량에 따라 가치가 상대적으로 결정되는 특성이 있다.

지식재산은 관념상 존재하므로 설령 창작물이라 하여도 발생과정상 타인에 대한 의존이 불가피하다. 창작자가 습득해 온 기존의 지식의 토대 위에 본인의 창작적 요소가 가미되어 나타난 결과인 것이다. 이는 지식재산권을 공공의 이익을 위해 제한할 수 있는 근거가 될 수 있다.

2. 보호의 필요성

이에 관해서는 지식재산권 관념이 등장하는 근대초기단계에는 보호할 필요성이 있는지 자체에 대하여 의심을 갖기도 하였으나, 지금은 보호의 필요성은 인정하되 그 근거에 대한 차이만 있다. 지식재산도 유형의 창조물과 마찬가지로 그것을 만든 자에게 원칙적으로 권리가 귀속되어야 하며 그 객체의 특성상 일정한 경우 권리가 제한될 수 있을 뿐이라는 지식재산의 발생과정에서 접근한 견해는 개인의 권리의 측면을 강조한 것이고, 그 객체의 특성상 지식재산의 이용은 원칙상 자유이나 사회 전체의 이익에 이바지하므로 예외적으로 법률이 인정한 권리라 해석하는 견해는 사회적 필요성·의미를 강조한 입장이라고 할 수 있다.

지식재산권이 인정되는 역사적인 배경이 창작자에게 경제적인 인센티브를 주어 과학·기술·문화·예술의 발전을 촉진시키자는 데 있는 점을 감안하면 어느 한쪽이 옳다고 할 것은 아니다.

3. 지식재산권의 기능

1) 창작자의 권리보호기능

지식재산권은 영업상의 경쟁재로 사용되는 지적·정신적 성과물을 재산권으로 보호함으로써 창작자의 권리를 보호한다는 기본기능이 있다. 발명은 산업정책적 견지에서, 저작물은 문화정책적 견지에서 소유권과 유사한 권리를 부여한 것이고, 상표·상호와 같은 표식에 대한 권리는 그 표지에 신용을 형성한 자에게 이를 재산권으로 보호하는 것이다.

2) 경업질서유지기능

상포·상호 등 표지에 대한 권리는 발명 등 창작물과는 달리 표지 그 자체에 가치가 있는 것이 아니고 표지에 화체된 영업상의 신용에 가치가 있기 때문에 그 부정이용을 금지시키는 것이다. 이 권리의 배타적 보호를 통하여 표지소유자를 보호하는 외에 시장의 상품 및 영업거래에 있어 경쟁질서를 유지시키는 기능을 갖고 있다.

3) 산업발전촉진기능

지식재산권에 대한 독점적 보호는 발명이나 저작에의 투자를 촉진시키거나 신용형성을 장려하여 기술과 문화수준의 향상시키고, 경쟁질서를 유지시켜 국가산업발전에 이바지하는 기능이 있다.

4) 경제적 기능

기존의 기술을 기반으로 새로운 기술이 개발되는 과학발전법칙상 과도한 창작자의 보호는 기술혁신을 저해하고 개량기술의 이용을 방해하여 산업발전을 저해하는 역효과가 날 수도 있으므로 사회전체적인 이익과의 조화가 필수적으로 고려되어야 한다.

Ⅲ. 지식재산권법의 특성과 보호

1. 지식재산권법의 특성

지식재산권의 보호를 위한 지식재산권법은 다음과 같은 특성이 있다.

1) 정책적 요소

산업재산권법(특허·실용신안·디자인·상표)의 궁극적인 목표는 국가의 산업발전에 있고 따라서 국가의 산업정책에 영향을 많이 받고, 저작권법은 저작권의 보호를 통한 국가의 문화발전에 있으므로 국가의 문화정책에 영향을 받는 등 정책적 요소가 강하여 보편성과 항구성을 가지는 소유권 등 물권법과는 다른 특징이 있다.

2) 경쟁적 요소

지식재산권법은 영업활동에 있어 이해관계자의 부정경쟁을 금지시키고 권리소유자에게 합법적인 독점을 보장하는 수단이 되므로 경쟁적 요소를 가진다.

3) 인격적 요소

지식재산권은 인간의 정신에 뿌리를 두고 있어 인격적 요소가 강하다. 특히 학문이나 예술정신의 표현인 저작물은 인격의 발현 그 자체로 보기 때문에 공표권·성명표시권·동일성유지권 등의 권리를 일신전속적인 인격권으로 규정하여(저작권법 제11 내지 14조) 저작권이 양도되더라도 저작자의 표시는 영구적으로 남는다.

4) 국제적 요소

오늘날 교통·통신의 발달은 지적창작물의 급속한 확산을 가져와 국제교역 대상으로서의 비중이 커짐에 따라, 규제방식도 국제화되고 있는 것이 특징이다.

2. 보호방법

지식재산권에 대한 침해는 정당한 권한 없이 지적재산을 이용하는 형태로 나타나므로 이러한 행위를 막고, 부당이용으로 인한 지식재산권자의 손해를 배상시키는 방법으로 보호하게 되나 손해확정의 어려움 등의 이유로 일반불법행위나 채무불이행의 법리로는 충분한 보호를 할 수 없기 때문에 특허법·실용신안법·디자인법·상표법·저작권법 등 특별법을 제정하여 민·형사의 양쪽 수단으로 침해자에 대한 제재와 배상의 실효를 거두고 있다.

현행법상 지적재산의 보호방법은 부정경쟁방지 및 영업비밀 보호에 관한 법률이나 온라인디지털콘텐츠산업발전법과 같이 특정한 지적재산의 부당한 이용행위를 특수한 불법행위의 유형으로 규정하여 침해금지청구권 및 손해배상청구권 등 구제수단을 부여하는 방법과 특허법이나 저작권법과 같이 정당한 권원 없는 제3자의 이용행위를 규제하는 방법으로 지적재산 자체에 소유권에 유사한 준물권 성격을 부여하여 지적재산에 대한 전면적인 사용·권한을 부여하고 정당한 권한 없이 이용할 경우 당해 권리침해로 이론 구성하여 규제하는 방법 등으로 구분된다.

Ⅳ. 지식재산권의 종류

1. 특허권

1) 개념

특허권이란 기술적 창작에 대한 독점배타적인 권리로 자연법칙을 이용한 기술적 사상의 창작으로서 고도한 것인 발명에 대하여 특허출원, 출원공개, 심사관에 의한 심사, 특허결정, 특허료납부, 특허원부에의 등록이라는 일련의 절차를 거쳐 발생한다.

2) 특허의 요건

특허를 받을 수 있는 발명은 산업상 이용가능성, 신규성, 진보성이 있어야 한다.

① 산업상 이용가능성

이것은 전통적인 공업·광업·농업·임업·수산업 외에 운수·금융서비스업 등 일체의 산업에서 산업기술상 계속·반복적으로 실시할 수 있고 국가산업발전에 유용한 것을 말한다. 의료산업에서의 치료방법은 공익적 또는 인도적 이유에서 특허대상이 아니라고 보나, 전 단계의 검사·측정방법은 특허대상이 된다고 본다.

② 신규성

이것은 공지공용의 기술이 아닌 것, 즉 발명의 내용이 종래의 지식, 선행기술에 비추어 알려지지 않은 새로운 것을 의미한다. 신규성 판단의 시점은 특허출원 시를 기준으로 하고, 지역적인 기준은 공지공용인 사실 여부는 국내상태를 기준으로 하고, 간행물기재의 선행기술에 대해서는 세계 모든 나라의 문헌을 기준으로 한다.

③ 진보성

이것은 그 발명이 속하는 기술분야에서 통상의 지식을 가진 자가 공지공용·간행물기재의 기술로부터 용이하게 발명할 수 있는 것이 아니어야 한다는 것 즉 발명의 비용이성을 말한다. 선행기술에 비추어 자명하거나 용이하게 추출해낼 수 있는 것은 창작성이 없거나 미미하므로 발명으로서의 진보성이 부인된다.

④ 공공의 질서 또는 선량한 풍속을 문란하게 하거나 공중의 위생을 해할

염려가 있는 발명은 등록이 거부된다.

3) 내용

특허권은 적극적으로는 특허발명을 업으로서 실시할 권리를 독점하는 권리이고, 소극적으로는 제3자의 위법실시를 배제할 수 있는 권리이다.

4) 성질

특허권은 독점권으로 특허무효심판 또는 존속기간의 만료 등의 원인으로 소멸할 때까지는 누구의 방해도 받지 않고 특허발명을 실시할 권리를 독점한다.

특허권은 같은 기술을 이용하는 경쟁업자를 물리칠 수 있는 배타적인 권리이므로 경업적인 성질이 있고, 경업과 관련 없는 개인적 사용이나 순수한 연구목적 이용은 허용된다.

특허권은 사용·수익·처분이 가능한 재산권이다.

특허권은 국가산업의 원동력이 되는 기술적 창작을 보호·육성하려는 것이므로 공익성을 갖고 따라서 실시되지 않는 독점 또는 영구적인 독점은 인정되지 않는다.

5) 특허권에 따르는 의무

특허권은 국가의 산업발전에 이바지한다는 점에서 독점·배타적으로 보호해주는 것이므로 실시를 하지 않으면서 남의 경업만을 제한하고 있다면 보호해줄 근거가 없게 된다. 이에 특허법은 실시의무를 규정하는 한편 그 강제를 위하여 강제실시와 권리취소제도를 두고 있다.

특허권은 물의 생산과 유통을 독점하므로 오·남용되는 경우에는 국민경제전체에 해악을 끼치게 되므로 특허권의 불공정·불성실한 행사에 대해서도 강제실시를 할 수 있다.

특허권의 설정등록 시와 존속기간 중에는 일정액의 특허료를 납부해야 하고, 이를 일정기간 이행 않을 때는 특허권이 소멸한다.

6) 거래대상으로서의 특허권

특허권은 재산권으로서 거래의 대상이 되어 매매, 담보권, 용익권의 대상이 된다.

7) 특허권의 소멸

특허권은 존속기간의 만료로 소멸한다. 특허권의 존속기간은 산업정책적 이유로 나라마다 다르나 우리는 특허출원일로부터 20년이다(특허법 제88조 제1항). 다만 특별한 경우 즉 의약품과 같이 특허발명의 실시를 위해서는 다른 법령에 따른 허가절차가 필요한 그 일환으로 장기간의 임상실험이 필요한 경우에는 존속기간을 연장해 준다(위법 제89조).

그 외에 불실시에 따른 특허권의 취소, 권리의 포기, 상속인 부존재, 특허료 미납, 특허권수용 등이 있을 때 특허권이 소멸한다.

2. 실용신안권

1) 개념

실용신안권이란 물품의 형상·구조·조합에 관한 고안에 대한 독점·배타적인 권리를 말한다. 이는 인간생활에 유용한 새로운 물품을 창작했지만 특허를 받을 정도의 기술적 진보나 발명의 고도성의 기준에 못 미치는 것을 단기간 동안 신속하게 보호하기 위하여 인정된 것이다. 인적·물적 자원에서 열세인 중소기업이나 개발도상국의 경우 선진기술에 대한 개량이 많고, 일용잡화 등 고도성을 갖지 못한 상품에 대한 기술개발이 많으므로 이에 대한 보호의 필요성에서 생긴 것이다.

2) 보호대상

실용신안권의 보호대상은 물품의 형상·구조·조합에 관한 고안이다. 고안이란 자연법칙을 이용한 기술적 사상의 창작을 의미한다. 이 고안의 물품의 형태(외관)에 구체화되어야 한다. 물품의 형상이란 자동차 디자인, 연필의 축 모양 같은 외부인 형태로 시각만이 아니라 감각에 의해 인식될 수 있는 것을 포함한다. 물품의 구조란 부재 또는 요소의 유기적 결합으로 재료를 사용하여 물품의 내외부를 짜 맞춘 것으로 합판이나 다용도 나이프 같은 것이다. 물품의 조합이란 독립한 형상 구조로서 가치와 기능을 가진 2개 이상의 물품이 결합하여 1개의 물품으로서 새로운 효과를 갖는 것으로 라이터와 담배통, 볼트와 너트 등이 그것이다.

3) 보호요건

실용신안이 되기 위하여 산업상 이용가능성, 신규성, 진보성이 있어야 하는 것은 특허와 같으나 진보성에 있어서 그 실용신안이 속하는 기술 분야에서 통상의 지식을 가진 자가 공지공용·간행물기재의 기술로부터 '극히' 용이하게 발명할 수 있는 것이 아니어야 한다는 것인 점에서 특허와 다르다. 극히 용이하다와 용이하다의 차이는 그 나라의 기술수준에 따라 차이가 있을 것이고 결국 기준이 낮을 때 발생하는 모방의 장려, 권리의 난립으로 인한 혼란에 대한 특허당국과 법원의 입장이 중요하다.

국기 또는 훈장과 동일하거나 유사한 고안, 공공의 질서나 선량한 풍속을 문란하게 하거나 공중의 위생을 해하게 할 염려가 있는 고안은 등록이 거부된다.

3. 디자인권

1) 개념

디자인권이라 함은 물품(물품의 부분 및 글자체를 포함한다.)의 형상·모양·색채 또는 이들을 결합한 것으로서 시각을 통하여 미감을 일으키게 하는 것인 디자인에 대하여 인정되는 독점·배타적인 권리를 말한다. 디자인은 공산품의 장식적·미적 효과를 위한 것으로 경제거래의 대상이 되는 상품의 외관과 그 심미적·전체적 효과를 의미한다. 실용신안이 상품의 실용적 기술적 효과에 관한 것인 것과 다르나, 고객획득경쟁에서 중요한 가치를 가지는 점에서는 같다.

동종 상품인 경우 그것이 동일한 가치와 성능을 갖고 있다면 소비자는 구매를 할 때 당연히 상품의 디자인에 비중을 두게 되므로 이를 보호하지 않는다면 경쟁자의 모방에 의해 창작자가 디자인 개발에 들인 비용과 노력을 헛되게 하고, 이는 디자인의 개발보다는 모방에 눈을 돌리게 하여 결국은 국가산업경쟁력을 떨어뜨리는 결과를 초래하게 되므로 디자인 보호제도가 필요한 것이다.

2) 디자인의 성립요건
① 물품성

디자인은 물품에 표현되어야 한다. 물품은 고체·액체·기체로서 일정한 형체가 있는 유체물에 한하고 전기·빛·열과 같이 무체물은 해당하지 않는다. 다시 유체물 중 동산에 한하고 부동산은 제외된다. 돌·흙·화석과 같은 자연물은 디자인의 대상이 아니다.

② 형태성

디자인은 물품의 형상·모양·색채 또는 이들의 결합이므로 형태성이 있어야 한다. 형상이란 물품이 공간을 점하고 있는 윤곽을 말한다. 모양은 물품을 장식하기 위하여 물품의 외관에 나타나는 선으로 그린 도형인 선도, 색칠로서 색과 색을 구분하는 색 구분, 색과 색의 경계를 흐리게 하여 색이 자연스럽게 옮아가는 것같이 보이게 하는 색 흐름 등을 말한다. 모양은 형상과 달리 물품이 반드시 갖추어야 하는 것은 아니어서 모양이 없는 디자인도 존재한다.

색채는 시각을 통하여 식별할 수 있도록 물품에 채색된 빛깔이다.

③ 시각성

디자인은 시각을 통하여 식별할 수 있어야 한다.

④ 미감성

디자인은 시각을 통하여 미감을 일으키는 것이어야 한다. 이 미감은 디자인이 표현된 물품을 보는 자로 하여금 지금까지 볼 수 없었던 특수한 취미감, 유행감, 안전감을 느끼게 하면 족하고 미학적으로 높은 수준의 고상하고 우아한 것까지 요구하는 것은 아니다. 외관상의 변화가 물품의 기능을 좋게 할 경우에는 그 변화에 따른 미감도 좋게 하는 것으로 본다.

3) 디자인의 등록요건

디자인이 등록되기 위해서는 공업상 이용가능성, 신규성 및 창작의 비용이성이 요구된다.

① 공업상 이용가능성

이것은 공업적인 생산방법에 의하여 동일물품을 양산할 수 있는 것을 말한다. 양산가능성이 없으면 산업발전에 기여한다는 의미가 없기 때문에 요구되는 요건이다. 특허나 실용신안이 기술진보를 통한 산업발전을 목적으로 하기 때문에 양산을 요구하지 않는 것과 다르다.

② 신규성은 특허나 실용신안의 경우와 같다.

③ 창작의 비용이성은 특허나 실용신안의 진보성과는 정도를 달리하여 낮은

수준의 비용이성으로 족하다. 이미 알려진 형상이나 모양을 조합하여도 새로운 디자인이 될 수 있고, 공지·공용물이나 자연물을 그대로 이용·전용하거나 모방한 것이 아니고 이를 취사선택하거나 결합한 것이라도 전체적으로 관찰할 때 새로운 미감을 일으키면 된다.

④ 다음의 디자인은 디자인등록을 받을 수 없다.

국기·국장·군기·훈장·포장·기장 기타 공공기관 등의 표장과 외국의 국기·국장 또는 국제기관 등의 문자나 표지와 동일 또는 유사한 디자인, 디자인이 주는 의미나 내용 등이 일반인의 통상적인 도덕관념인 선량한 풍속에 어긋나거나 공공질서를 해칠 우려가 있는 디자인, 타인의 업무에 관계되는 물품과 혼동을 가져올 염려가 있는 디자인, 물품의 기능을 확보하는 데 불가결한 형상만으로 된 디자인.

4) 디자인권의 효력

디자인이 등록되면 등록된 디자인 또는 이와 유사한 디자인에 관한 물품을 생산·사용·양도·대여·수입하거나 그 물품의 양도나 대여의 청약 또는 양도나 대여를 위한 전시를 독점할 디자인권이 생긴다.

디자인권의 존속기간은 15년이다.

4. 상표권

1) 개념

상표권이란 상품을 생산·가공·증명 또는 판매하는 것을 업으로 영위하는 자가 자기의 업무에 관련된 상품을 타인의 상품과 식별되도록 하기 위하여 사용하는 기호·문자·도형·입체적 형상·색채·홀로그램·동작 또는 이들을 결합한 것에 대하여 인정되는 독점·배타적인 권리를 말한다.

① 상표의 기능

상표는 제조원·판매원·수입원 등 그 출처를 나타내는 기능이 있다. 영업자는 이를 통해 자기 상품의 신용·명성을 확보할 수 있다.

다음으로 상표는 품질보증기능이 있다. 소비자는 같은 상표를 붙인 상품은 같은 품질을 가진 것이라고 신뢰할 수 있다.

상표는 광고선전의 기능도 있다. 소비자는 상표를 통하여 상품 자체의 우수성, 상표사용자에 대한 신용 등에 대한 판단을 하게 되고, 상표에 대한 광고만으로도 그 상표를 사용하는 상품에 대한 구매동기를 불러일으킬 수 있다.

② 상표와 유사한 것

상표와 유사한 것으로 서비스표, 업무표장, 단체표장이 있는데 이들도 상표와 같이 보호된다.

서비스표라 함은 서비스업을 영위하는 자가 자기의 서비스업을 타인의 서비스업과 식별되도록 하기 위하여 사용하는 표장을 말한다.

업무표장이라 함은 영리를 목적으로 하지 아니하는 업무를 영위하는 자가 그 업무를 표상하기 위하여 사용하는 표장을 말한다.

단체표장이라 함은 상품을 생산·제조·가공·증명 또는 판매하는 것 등을 업으로 영위하는 자나 서비스업을 영위하는 자가 공동으로 설립한 법인이 직접 사용하거나 그 감독하에 있는 소속단체원으로 하여금 자기 영업에 관한 상품 또는 서비스업에 사용하게 하기 위한 표장을 말한다.

2) 상표의 등록요건

상표로서 등록되기 위해서는 상표의 개념에 해당하는 것을 사용할 의사가 있어야 하고, 그것이 거래상의 식별력이 있어야 한다.

① 사용할 의사

이것은 장차 사용할 의사를 말하므로 과거나 현재 사용 여부는 묻지 않는다. 사용할 의사는 자기가 사용하는 것이고, 오로지 타인에게 사용시킬 의사로 할 경우는 단체표장 외에는 등록이 되지 않는다. 기본상표의 희석화를 막기 위하여 사용의사는 없이 등록하는 상표를 방호상표라고 하는데 이를 제도적으로 인정하는 국가(일본)도 있으나 우리는 없음에도 불구하고 실제 사용의사를 확인하는 장치가 없기 때문에 수많은 방호등록이 행해지고 있다.

② 식별력

이것은 자기 상품을 타인의 상품과 구별하게 하는 것으로, 상표 자체의 현저성, 상표의 사용기간, 사용방법과 사용 정도, 광고선전비의 다소, 상품품질의 우수성, 상표권자의 명성, 신용 등에 따라 결정된다. 상품의 보통명칭을 보통으로 사용하는 방법으로 표시한 표장만으로 된 상표,[235] 그 상품에 대하여 관용하는 상표,[236] 그 상품의 산지·품질·원재료·효능·용도·수량·형상(포장의 형상을 포함한다)·가격·생산방법·가공방법·사용방법 또는 시기를 보통으로 사용하는 방법으로 표시한 표장만으로 된 상표,[237] 현저한 지리적 명칭·그 약어 또는 지도만으로 된 상표,[238] 흔히 있는 성 또는 명칭을 보통으로 사용하는 방법으로 표시한 표장만으로 된 상표,[239] 간단하고 흔히 있는 표장만으로 된 상표[240]와 이들 외에 수요자가 누구의 업무에 관련된 상품을 표시하는 것인가를 식별할 수 없는 상표[241]는 식별력이 없는 것으로 등록이 거부된다.

③ 다음의 어느 하나에 해당하는 상표는 상표등록을 받을 수 없다.

가. 대한민국의 국기·국장·군기·훈장·포장·기장, 외국의 국기·국장, '공업소유권 보호를 위한 파리협약'(이하 '파리협약'이라 한다.) 동맹국·세계무역기구 회원국 또는 상표법조약 체약국의 훈장·포장·기장, 적십자·올림픽 또는 저명한 국제기관 등의 명칭이나 표장과 동일하거나 이와 유사한 상표, 대한민국·파리협약 동맹국·세계무역기구 회원국 또는 상표법조약 체약국·그 국가의 공공기관이 사용하는 감독용이나 증명용 인장 또는 기호와 동일하거나 이와 유사한 상표.

나. 국가·인종·민족·공공단체·종교 또는 저명한 고인과의 관계를 허위로 표시하거나 이들을 비방 또는 모욕하거나 이들에 대하여 나쁜 평판을 받게 할 염려가 있는 상표.

---

235) 호두과자, ○○가든, 정로환, 아스피린, 정종 등이 그것이다.

236) 이는 처음엔 상표였던 것이 상표권자가 상표관리를 허술히 하여 동업자들 사이에 관용적으로 사용하게 된 상표를 말하는데, 과자류의 '깡', '버터볼' 등이 그것이다.

237) 산지(금산인삼, 영광굴비), 품질(과자 - 달고나, 고소해, 러닝셔츠 - 하이런닝), 원재료(창틀 - 알루미늄, 양복 - wool), 효능(차류 - 생명물, 약품 - 잘나, 본드 - 강력), 용도(운동용품 - 프로용, 의류 - 베이비, 가방 - 학생), 수량(일반상품 - 2짝, 100, 100봉지, 비디오테이프 - L - 830), 형상(일반 - 소형,SLIM, 의류 - POP, MODE), 가격(100원, 1Dollor), 생산방법 등(진공가공, 조립, 수제, IC사용), 시기(크리스마스케이크, 춘·추·여름·가을).

238) GEORGIA와 조지아.

239) PRESIDENT.

240) 한글은 두 자 이상이면 식별력이 있으나 1자는 별·닭·꽃 등 사물의 관념을 나타내는 경우 외에는 안 되나 한자는 된다. 알파벳은 3자 이상인 경우 식별력을 인정한다. 외국어 2자씩을 하이픈으로 연결하거나, 알파벳 1자를 한글 두 자로 표시한 것은 안 된다. 숫자는 100 이상의 것에만 식별력을 인정하나 1234와 같은 것은 흔히 있는 것으로 본다.

241) 인류를 아름답게 사회를 아름답게.

다. 국가・공공단체 또는 이들의 기관과 공익법인의 영리를 목적으로 하지 아니하는 업무 또는 영리를 목적으로 하지 아니하는 공익사업을 표시하는 표장으로서 저명한 것과 동일 또는 유사한 상표. 다만, 국가・공공단체 또는 이들의 기관과 공익법인 또는 공익사업체에서 자기의 표장을 상표등록 출원한 때에는 그러하지 아니하다.

라. 상표 그 자체 또는 상표가 상품에 사용되는 경우 수요자에게 주는 의미와 내용 등이 일반인의 통상적인 도덕관념인 선량한 풍속에 어긋나거나 공공의 질서를 해칠 우려가 있는 상표.

마. 정부가 개최하거나 정부의 승인을 얻어 개최하는 박람회 또는 외국정부가 개최하거나 외국정부의 승인을 얻어 개최하는 박람회의 상패・상장 또는 포장과 동일 또는 유사한 표장이 있는 상표. 다만, 그 상패・상장 또는 포장을 받은 자가 당해 박람회에서 수상한 상품에 관하여 상표의 일부로서 그 표장을 사용할 때에는 그러하지 아니하다.

바. 저명한 타인의 성명・명칭 또는 상호・초상・서명・인장・아호・예명・필명 또는 이들의 약칭을 포함하는 상표. 다만, 그 타인의 승낙을 얻은 경우에는 그러하지 아니하다.

사. 선출원에 의한 타인의 등록상표(지리적 표시 등록단체표장을 제외한다.)와 동일 또는 유사한 상표로서 그 지정상품과 동일 또는 유사한 상품에 사용하는 상표.

아. 선출원에 의한 타인의 지리적 표시 등록단체표장과 동일 또는 유사한 상표로서 그 지정상품과 동일한 상품에 사용하는 상표.

자. 상표권이 소멸한 날(상표등록을 무효로 한다는 심결이 있은 경우에는 심결확정일을 말한다.)부터 1년을 경과하지 아니한 타인의 등록상표(지리적 표시 등록단체표장을 제외한다.)와 동일 또는 유사한 상표로서 그 지정상품과 동일 또는 유사한 상품에 사용하는 상표.

차. 지리적 표시 단체표장권이 소멸한 날(단체표장등록을 무효로 한다는 심결이 있는 경우에는 심결확정일을 말한다.)부터 1년을 경과하지 아니한 타인의 지리적 표시 등록단체표장과 동일 또는 유사한 상표로서 그 지정상품과 동일한 상품에 사용하는 상표.

카. 타인의 상품을 표시하는 것이라고 수요자 간에 현저하게 인식되어 있는 상표(지리적 표시를 제외한다.)와 동일 또는 유사한 상표로서 그 타인의 상품과 동일 또는 유사한 상품에 사용하는 상표.

타. 특정 지역의 상품을 표시하는 것이라고 수요자 간에 현저하게 인식되어 있는 타인의 지리적 표시와 동일 또는 유사한 상표로서 그 지리적 표시를 사용하는 상품과 동일한 상품에 사용하는 상표.

파. 수요자 간에 현저하게 인식되어 있는 타인의 상품이나 영업과 혼동을 일으키게 할 염려가 있는 상표.

하. 상품의 품질을 오인하게 하거나 수요자를 기만할 염려가 있는 상표.

거. 국내 또는 외국의 수요자 간에 특정인의 상품을 표시하는 것이라고 인식되어 있는 상표(지리적 표시를 제외한다.)와 동일 또는 유사한 상표로서 부당한 이익을 얻으려 하거나 그 특정인에게 손해를 가하려고 하는 등 부정한 목적을 가지고 사용하는 상표.

너. 국내 또는 외국의 수요자 간에 특정 지역의 상품을 표시하는 것이라고 인식되어 있는 지리적 표시와 동일 또는 유사한 상표로서 부당한 이익을 얻으려 하거나 그 지리적 표시의 정당한 사용자에게 손해를 가하려고 하는 등 부정한 목적을 가지고 사용하는 상표.

더. 상표등록을 받고자 하는 상품 또는 그 상품의 포장의 기능을 확보하는 데 불가결한 입체적 형상만으로 되거나 색채 또는 색채의 조합만으로 된 상표.

러. 세계무역기구 회원국 내의 포도주 및 증류주의 산지에 관한 지리적 표시로 구성되거나 동 표시를 포함하는 상표로서 포도주·증류주 또는 이와 유사한 상품에 사용하고자 하는 상표. 다만, 지리적 표시의 정당한 사용자가 그 해당 상품을 지정상품으로 하여 제9조 제3항의 규정에 따른 지리적 표시단체표장 등록출원을 한 때에는 그러하지 아니하다.

3) 상표의 효력

상표를 등록하면 지정상품에 대하여 그 상표를 독점적으로 사용하고, 제3자가 동일·유사상표를 지정상품과 동일·유사상품에 사용하는 것을 배제(금지청구와 손해배상청구)할 수 있는 권리가 생긴다.[242]

상표권자가 계속하여 3년 이상 사용하지 않으면 등록이 취소되므로 사용의무가 있고, 사용할 경우에도 정당하게 사용해야 할 의무가 있어 상표권자가 고의로 지정상품에 등록상표와 유사한 상표를 사용하거나 지정상품과 유사한 상품에 등록상표 또는 이와 유사한 상표를 사용함으로써 수요자로 하여금 상품의 품질의 오인 또는 타인의 업무에 관련된 상품과의 혼동을 생기게 한 경우에는 등록이 취소된다.

상표권은 등록일로부터 10년간 존속되고, 존속기간 만료 전 1년 내에 갱신 등록하면 10년씩 연장된다.

상표권은 존속기간 만료 후 6개월 이내에 갱신등록을 하지 않으면 소멸하고, 포기, 상속인의 이전등록 불이행, 등록 취소, 등록의 무효로 소멸한다.

5. 저작권

1) 개념과 필요성

저작권은 저작자가 자신이 창작한 저작물에 대하여 갖는 권리를 말하는데 다음의 이유로 그 보호의 필요성이 제기된다.

저작자는 그 인격의 표현인 저작물의 창작자로서 그 저작물을 발표할 것인지 여부, 어떤 형태로 발표할 것인지를 결정할 수 있어야 하고, 그 저작물에 대하여 가해지는 어떤 형태의 침해로부터도 보호되어야 한다. 저작물을 창작하거나 이를 유포시키는 데에는 상당한 바용이 드는데 이에 대한 보상과 합리적인 이득이 없다면 창작행위는 쇠퇴할 것이고, 창작물 이용자에게 상당한 대가를 지불하지 않게 하면 부당이득을 방조하는 것이 된다. 창작에 대한 격려와 보상은 민족문화발전에 기여한다. 저작자의 경험이나 사상이 다수인에게 나뉜다면 사회의 진보에 도움이 된다.

2) 저작물

① 개념

저작권법상 저작물은 인간의 사상 또는 감정을 언어, 색채 등에 의해 표현한

창작물을 말한다. 저작권으로 보호되는 것은 사상이나 감정 자체가 아니라 표현형식인 저작물이다.

② 종류

저작물에는 소설·시·논문·저서·각본 등 언어나 문자에 의해 표현된 어문저작물, 음에 의해 표현된 음악저작물, 배우가 각본에 의해 연출하는 연극저작물, 형상·색채에 의하여 미적으로 표현되어 있는 미적 저작물, 건축물·건축을 위한 모형 및 설계도서가 포함된 건축저작물, 영상에 의하여 표현된 사진저작물, 연속적인 영상(음의 수반 여부는 가리지 아니한다.)이 수록된 창작물로서 그 영상을 기계 또는 전자장치에 의하여 재생하여 볼 수 있거나 보고 들을 수 있는 영상저작물, 지도·도표·설계도·모형·그 밖의 도형에 의하여 표현된 도형저작물, 특정한 결과를 얻기 위하여 컴퓨터 등 정보처리능력을 가진 장치(컴퓨터) 안에서 직접 또는 간접으로 사용되는 일련의 지시·명령으로 표현된 창작물인 컴퓨터프로그램저작물 등이 있다.

③ 보호받지 못하는 저작물

저작물이지만 보호받지 못하는 것으로 국민에게 널리 알려져야 할 저작물인 법령·판결 등 공공의 이익과 관련된 것과 사상·감정의 표현이 아닌 사건·사고 등 단순한 사실이나 시사에 관한 보도가 있다. 보도사진이나 기자의 사상·감정이 표출된 보도기사는 저작권법의 보호를 받는다.

④ 외국인의 저작물

이것은 대한민국이 가입 또는 체결한 조약에 따라 보호된다. 단 대한민국 내에 상시 거주하는 외국인(무국적자 및 대한민국 내에 주된 사무소가 있는 외국법인을 포함한다.)의 저작물과 맨 처음 대한민국 내에서 공표된 외국인의 저작물(외국에서 공표된 날로부터 30일 이내에 대한민국 내에서 공표된 저작물을 포함한다.)은 저작권법에 따라 보호된다. 이와 같이 보호되는 외국인(대한민국 내에 상시 거주하는 외국인 및 무국적자를 제외한다.)의 저작물이라도 그 외국에서 대한민국 국민의 저작물을 보호하지 아니하는 경우에는 그에 상응하게 조약 및 저작권법에 따른 보호를 제한할 수 있다.

3) 저작자

저작자는 저작물을 창작한 자이다. 창작에 아이디어를 준 자, 조수, 의뢰인은 저작자가 아니다. 저작물의 원작이나 복제물에 실명이나 널리 알려진 이명 등으로 표시된 자는 저작자로 추정된다. 저작자의 표시가 없는 경우에는 발행자 또는 공연자로 표시된 자가 저작권을 가지는 것으로 추정된다. 저작권자는 저작자가 되는 것이 원칙이나 저작권의 양도가 가능하므로 일신전속권인 저작인격권과 저작재산권은 분리될 수 있다.

법인 등의 명의로 공표되는 업무상저작물의 저작자는 계약 또는 근무규칙 등에 다른 정함이 없는 때에는 그 법인 등이 된다.

공동저작물로서 각자의 이바지한 부분을 분리하거나 따로 이용할 수 없는 경우에는 공동으로 창작한 자 전원이 저작자가 되나, 그렇지 않는 결합저작물의 경우에는 각자가 자기 부담부분에 대하여 저작자가 된다.

대작의 경우는 저작명의인이 저작자가 되나, 저작자가 자기가 저작자임을 증명하면 저작 시에 소급하여 저작자가 된다.

감수·교열이 저작물을 가필·보정하는 등 창작적으로 참가한 경우는 저작자가 된다.

4) 저작권

저작권은 저작인격권과 저작재산권으로 구분된다. 저작인격권은 저작물이 정신적 창조물로서 저작자의 인격을 반영한다는 점에서 인정된 일신전속적인 권리이고, 저작재산권은 저작자의 재산적 이익을 보호하기 위하여 인정된 권리이다.

저작인격권은 저작자가 그의 저작물을 공표하거나 공표하지 아니할 것을 결정할 권리인 공표권, 저작자가 저작물의 원본이나 그 복제물에 또는 저작물의 공표 매체에 그의 실명 또는 이명을 표시할 권리인 성명표시권, 저작자가 그의 저작물의 내용·형식 및 제호의 동일성을 유지할 권리인 동일성 유지권을 그 내용으로 한다.

저작재산권은 저작자가 그의 저작물을 복제할 권리인 복제권, 저작자가 그의 저작물을 공연할 권리인 공연권, 저작자가 그의 저작물을 공중 송신할 권리인 공중송신권, 저작자가 미술저작물 등의 원본이나 그 복제물을 전시할 권리인 전시권, 저작자가 저작물의 원본이나 그 복제물을 배포할 권리인 배포권, 저작자가 판매용 음반을 영리를 목적으로 대여할 권리인 대여권, 저작자가 그의 저작물을 원저작물로 하는 2차적 저작물을 작성하여 이용할 권리인 2차적 저작물작성권을 그 내용으로 한다.

5) 저작재산권의 제한
① 재판절차 등에서의 복제

재판절차를 위하여 필요한 경우이거나 입법·행정의 목적을 위한 내부자료로서 필요한 경우에는 그 한도 안에서 저작물을 복제할 수 있다. 다만, 그 저작물의 종류와 복제의 부수 및 형태 등에 비추어 당해 저작재산권자의 이익을 부당하게 침해하는 경우에는 그러하지 아니하다.

② 정치적 연설 등의 이용

공개적으로 행한 정치적 연설 및 법정·국회 또는 지방의회에서 공개적으로 행한 진술은 어떠한 방법으로도 이용할 수 있다. 다만, 동일한 저작자의 연설이나 진술을 편집하여 이용하는 경우에는 그러하지 아니하다.

③ 학교교육 목적 등에의 이용

고등학교 및 이에 준하는 학교 이하의 학교의 교육 목적상 필요한 교과용 도서에는 공표된 저작물을 게재할 수 있다. 특별법에 의하여 설립되었거나 '초·중등교육법' 또는 '고등교육법'에 따른 교육기관 또는 국가나 지방자치단체가 운영하는 교육기관은 그 수업목적상 필요하다고 인정되는 경우에는 공표된 저작물의 일부분을 복제·공연·방송 또는 전송할 수 있다. 다만, 저작물의 성질이나 그 이용의 목적 및 형태 등에 비추어 저작물의 전부를 이용하는 것이 부득이한 경우에는 전부를 이용할 수 있다. 저작물을 이용하고자 하는 자는 문화체육관광부장관이 정하여 고시하는 기준에 의한 보상금을 당해 저작재산권자에게 지급하여야 한다. 다만, 고등학교 및 이에 준하는 학교 이하의 학교에서 복제·공연·방송 또는 전송을 하는 경우에는 보상금을 지급하지 아니한다.

④ 시사보도를 위한 이용

방송·신문 그 밖의 방법에 의하여 시사보도를 하는 경우에 그 과정에서 보이거나 들리는 저작물은 보도를 위한 정당한 범위 안에서 복제·배포·공연 또는 공중 송신할 수 있다.

⑤ 시사적인 기사 및 논설의 복제 등

정치·경제·사회·문화·종교에 관하여 신문 등의 자유와 기능보장에 관한 법률 제2조의 규정에 따른 신문 및 인터넷신문 또는 뉴스통신진흥에 관한 법률 제2조의 규정에 의한 뉴스통신에 게재된 시사적인 기사나 논설은 다른 언론기관이 복제·배포 또는 방송할 수 있다. 다만, 이용을 금지하는 표시가 있는 경우에는 그러하지 아니하다.

⑥ 공표된 저작물의 인용

공표된 저작물은 보도·비평·교육·연구 등을 위해서는 정당한 범위 안에서 공정한 관행에 합치되게 이를 인용할 수 있다.

⑦ 영리를 목적으로 하지 아니하는 공연·방송

영리를 목적으로 하지 아니하고 청중이나 관중 또는 제3자로부터 어떤 명목으로든지 반대급부를 받지 아니하는 경우에는 공표된 저작물을 공연 또는 방송할 수 있다. 다만, 실연자에게 통상의 보수를 지급하는 경우에는 그러하지 아니하다.

⑧ 사적 이용을 위한 복제

공표된 저작물을 영리를 목적으로 하지 아니하고 개인적으로 이용하거나 가정 및 이에 준하는 한정된 범위 안에서 이용하는 경우에는 그 이용자는 이를 복제할 수 있다. 다만, 공중의 사용에 제공하기 위하여 설치된 복사기기에 의한 복제는 그러하지 아니하다.

⑨ 도서관 등에서의 복제 등

도서관법에 따른 도서관과 도서·문서·기록 그 밖의 자료를 공중의 이용에 제공하는 시설 중 대통령령이 정하는 시설(당해 시설의 장을 포함하며)은 다음 각 호의 어느 하나에 해당하는 경우에는 그 도서관 등에 보관된 도서 등(제1호의 경우에는 당해 도서관 등이 복제·전송받은 도서 등을 포함한다.)을 사용하여 저작물을 복제할 수 있다. 다만, 제1호 및 제3호의 경우에는 디지털 형태로 복제할 수 없다.

1. 조사·연구를 목적으로 하는 이용자의 요구에 따라 공표된 도서 등의 일부분의 복제물을 1인 1부에 한하여 제공하는 경우

  2. 도서 등의 자체보존을 위하여 필요한 경우

  3. 다른 도서관 등의 요구에 따라 절판 그 밖에 이에 준하는 사유로 구하기
     어려운 도서 등의 복제물을 보존용으로 제공하는 경우

도서관 등은 컴퓨터 등을 이용하여 이용자가 그 또는 다른 도서관 등의 안에서 열람할 수 있도록 보관된 도서 등을 복제하거나 전송할 수 있다.

  ⑩ 시험문제로서의 복제

학교의 입학시험 그 밖에 학식 및 기능에 관한 시험 또는 검정을 위하여 필요한 경우에는 그 목적을 위하여 정당한 범위 안에서 공표된 저작물을 복제할 수 있다. 다만, 영리를 목적으로 하는 경우에는 그러하지 아니하다.

시각장애인 등을 위한 복제 등

공표된 저작물은 시각장애인 등을 위하여 점자로 복제·배포·전송할 수 있다.

  ⑪ 방송사업자의 일시적 녹음·녹화

저작물을 방송할 권한을 가지는 방송사업자는 자신의 방송을 위하여 자체의 수단으로 저작물을 일시적으로 녹음하거나 녹화할 수 있다.

  ⑫ 미술저작물 등의 전시 또는 복제

미술저작물 등의 원본의 소유자나 그의 동의를 얻은 자는 그 저작물을 원본에 의하여 전시할 수 있다. 다만, 가로·공원·건축물의 외벽 그 밖에 공중에게 개방된 장소에 항시 전시하는 미술저작물 등은 어떠한 방법으로든지 이를 복제하여 이용할 수 있다. 다만, 다음 각 호의 어느 하나에 해당하는 경우에는 그러하지 아니하다.

  1. 건축물을 건축물로 복제하는 경우

  2. 조각 또는 회화를 조각 또는 회화로 복제하는 경우

  3. 제1항 단서의 규정에 따른 개방된 장소 등에 항시 전시하기 위하여 복제
     하는 경우

  4. 판매의 목적으로 복제하는 경우

  ⑬ 번역 등에 의한 이용

위의 허용규정에 따라 저작물을 이용하는 경우에는 그 저작물을 번역·편곡 또는 개작하여 이용할 수 있다.

  ⑭ 출처의 명시

위의 허용규정에 따라 저작물을 이용하는 자는 그 출처를 명시하여야 한다.

6) 저작재산권의 보호기간

① 보호기간의 원칙

저작재산권은 특별한 규정이 있는 경우를 제외하고는 저작자의 생존하는 동안과 사망 후 50년간 존속한다. 다만, 저작자가 사망 후 40년이 경과하고 50년이 되기 전에 공표된 저작물의 저작재산권은 공표된 때부터 10년간 존속한다.

② 특정저작물의 경우

공동저작물의 저작재산권은 맨 마지막으로 사망한 저작자의 사망 후 50년간 존속한다.

무명 또는 널리 알려지지 아니한 이명이 표시된 저작물의 저작재산권은 공표된 때부터 50년간 존속한다. 다만, 이 기간 내에 저작자가 사망한 지 50년이 경과하였다고 인정할 만한 정당한 사유가 발생한 경우에는 그 저작재산권은 저작자 사망 후 50년이 경과하였다고 인정되는 때에 소멸한 것으로 본다.

업무상저작물의 저작재산권은 공표한 때부터 50년간 존속한다. 다만, 창작한 때부터 50년 이내에 공표되지 아니한 경우에는 창작한 때부터 50년간 존속한다.

영상저작물의 저작재산권은 공표한 때부터 50년간 존속한다. 다만, 창작한 때부터 50년 이내에 공표되지 아니한 경우에는 창작한 때부터 50년간 존속한다.

③ 보호기간의 기산

기산은 저작자가 사망하거나 저작물을 창작 또는 공표한 다음 해부터 한다.

7) 저작재산권의 양도·행사·소멸

저작재산권은 전부 또는 일부를 양도할 수 있다.

저작재산권자는 다른 사람에게 그 저작물의 이용을 허락할 수 있다.

공동저작물의 저작재산권은 그 저작재산권자 전원의 합의에 의하지 아니하고는 이를 행사할 수 없으며, 다른 저작재산권자의 동의가 없으면 그 지분을 양도하거나 질권의 목적으로 할 수 없다. 이 경우 각 저작재산권자는 신의에 반하여 합의의 성립을 방해하거나 동의를 거부할 수 없다.

저작재산권이 다음 각 호의 어느 하나에 해당하는 경우에는 소멸한다.

① 저작재산권자가 상속인 없이 사망한 경우에 그 권리가 '민법' 그 밖의 법

률의 규정에 따라 국가에 귀속되는 경우

② 저작재산권자인 법인 또는 단체가 해산되어 그 권리가 '민법' 그 밖의 법률의 규정에 따라 국가에 귀속되는 경우

8) 저작권의 등록

저작자는 저작자의 실명·이명(공표 당시에 이명을 사용한 경우에 한한다.)·국적·주소 또는 거소, 저작물의 제호·종류·창작연월일, 공표의 여부 및 맨 처음 공표된 국가·공표연월일, 그 밖에 대통령령으로 정하는 사항을 등록할 수 있다.

저작재산권의 양도(상속 그 밖의 일반승계의 경우를 제외한다.) 또는 처분제한, 저작재산권을 목적으로 하는 질권의 설정·이전·변경·소멸 또는 처분제한은 등록하지 아니하면 제3자에게 대항할 수 없다.

9) 출판권

출판권은 저작물을 복제·배포할 권리를 가진 자(이하 '복제권자'라 한다.)가 그 저작물을 인쇄 그 밖에 이와 유사한 방법으로 문서 또는 도화로 발행하고자 하는 자에 대하여 설정해 준 저작물을 출판할 권리를 말한다.

출판권은 그 설정행위에 특약이 없는 때에는 맨 처음 출판한 날로부터 3년간 존속한다.

출판권이 그 존속기간의 만료 그 밖의 사유로 소멸된 경우에는 그 출판권을 가지고 있던 자는 다음 각 호의 어느 하나에 해당하는 경우를 제외하고는 그 출판권의 존속기간 중 만들어진 출판물을 배포할 수 없다.

① 출판권 설정행위에 특약이 있는 경우

② 출판권의 존속기간 중 복제권자에게 그 저작물의 출판에 따른 대가를 지급하고 그 대가에 상응하는 부수의 출판물을 배포하는 경우

출판권은 복제권자의 동의 없이 이를 양도 또는 질권의 목적으로 할 수 없다.

10) 저작인접권

음악이나 연극 같은 예술적 저작물은 창작자 외에도 이를 실연하고 녹음·방송 등 배포에 기여하는 자와 필수불가결한 동반관계가 있으므로 이들 기여자

에게도 정당한 이익을 보장해 줄 필요가 있고 이들에게 인정된 권리를 저작인 접권이라고 한다.

저작인접권으로는 실연자가 갖는 복제·방송·전송의 각 독점권과 음반대여의 허락권 및 방송제작자에 대한 보상청구권, 음반제작자가 갖는 복제·방송·전송권, 방송제작자에 대한 보상청구권, 방송사업자의 복제 및 동시중계권이 있다.

6. 컴퓨터프로그램저작물

1) 개념

컴퓨터프로그램저작물이라 함은 특정한 결과를 얻기 위하여 컴퓨터 등 정보처리능력을 가진 장치 안에서 직접 또는 간접으로 사용되는 일련의 지시·명령으로 표현된 창작물을 말한다.

2) 보호의 필요성

컴퓨터프로그램은 쓰인 것은 틀림없으나 제작자의 사상이나 감정의 표현이 아니고 하드웨어의 제약을 받으면서 효율성과 경제성, 사용의 용이성 등을 고려하여 만들어진 기술적 산물이므로 보호의 핵심은 기술내용이다. 따라서 표현만을 보호하는 저작권법으로는 보호에 충분치 못하여 컴퓨터프로그램보호법이 따로 만들어져 있다. 이 법은 저작권법과 골격은 같이 저작물로 보는 범위 등 컴퓨터프로그램의 기술적 특성을 감안한 특별규정들을 두고 있다.

제4장 상사에 관한 법

민법이 일반인의 보통의 생활관계를 규율하는 법인 데 반하여 상법은 상인의 상인으로서의 생활관계 즉 상사에 관한 법을 말한다. 상인이란 자기 명의로 상행위를 하는 자를 말하고, 상행위란 영리를 목적으로 하는 영업행위로 그 종류는 상법·기타 특별법에서 정하고 있다. 한다. 이같이 상법은 그 규율대상이 상인과 상행위로 특정되는 점에서 민법에 대한 특별법이다.

현행법은 상법이란 이름하에 상인·상행위·회사·보험·해상에 관하여 규정하고 있고, 특별법으로 어음법·수표법, 금융관계에 관한 종합규정으로 자본시장통합법이라고 불리는 자본시장 및 금융투자업에 관한 법률 외에 수많은 법률이 있는데, 여기서는 상법에 포함된 것만 다룬다.

제1절 상인과 상호, 영업양도, 상행위

Ⅰ. 상인

1. 개념

상인이란 자기 명의로 상행위를 하는 자를 말한다. 상법은 자기 명의로 상행위를 하는 자를 당연상인이라 하고, 점포 기타 유사한 설비에 의하여 상인적 방법으로 영업을 하는 자나 회사는 상행위를 하지 아니하더라도 상인으로 보아 의제상인이라고 한다.

규모가 아주 작은 상인은 소상인이라 하여 지배인, 상호, 상업장부와 상업등기에 관한 규정은 적용하지 아니한다.

2. 상업사용인

1) 개념·종류

상업사용인이란 특정상인에 종속하여 그의 대외적인 영업활동을 보조하는 자를 말하는데 그 대리권의 범위에 따라서 지배인, 영업의 특정한 종류 또는 특정한 사항에 대한 위임을 받은 사용인, 물건을 판매하는 점포의 사용인이 있다.

2) 지배인

지배인은 영업주에 갈음하여 그 영업에 관한 재판상 또는 재판 외의 모든 행위를 할 수 있고, 지배인이 아닌 점원 기타 사용인을 선임 또는 해임할 수 있으며, 지배인의 대리권에 대한 제한은 선의의 제3자에게 대항하지 못한다.

상인은 지배인의 선임과 그 대리권의 소멸에 관하여 그 지배인을 둔 본점 또는 지점소재지에서 등기하여야 한다.

본점 또는 지점의 영업주임 기타 유사한 명칭을 가진 사용인은 본점 또는 지점의 지배인과 동일한 권한이 있는 것으로 본다. 그러나 재판상의 행위에 관해서는 그러하지 아니하다. 다만 상대방이 악의인 경우에는 적용하지 아니한다.

3) 부분적 포괄대리권을 가진 사용인

영업의 특정한 종류 또는 특정한 사항에 대한 위임을 받은 사용인은 이에 관한 재판 외의 모든 행위를 할 수 있다.

4) 물건판매점포의 사용인

물건을 판매하는 점포의 사용인은 그 판매에 관한 모든 권한이 있는 것으로 본다.

5) 상업사용인의 의무

상업사용인은 영업주의 허락 없이 자기 또는 제3자의 계산으로 영업주의 영업부류에 속한 거래를 하거나 회사의 무한책임사원, 이사 또는 다른 상인의 사용인이 되지 못한다.

상업사용인이 전항의 규정에 위반하여 거래를 한 경우에 그 거래가 자기의 계산으로 한 것인 때에는 영업주는 이를 영업주의 계산으로 한 것으로 볼 수 있고 제3자의 계산으로 한 것인 때에는 영업주는 사용인에 대하여 이로 인한 이득의 양도를 청구할 수 있고, 사용인에 대한 계약의 해지 또는 손해배상의 청구도 할 수 있다.

위의 권리는 영업주가 그 거래를 안 날로부터 2주간을 경과하거나 그 거래가 있은 날로부터 1년을 경과하면 소멸한다.

Ⅱ. 상호

1. 개념

상호란 상인이 영업상 자기를 표현하기 위하여 사용하는 명칭을 말하는데, 상인은 그 성명 기타의 명칭으로 자유롭게 상호를 정할 수 있다. 다만 회사의 상호에는 그 종류에 따라 합명회사, 합자회사, 주식회사 또는 유한회사의 문자를 사용하여야 하고, 회사가 아니면 상호에 회사임을 표시하는 문자를 사용하지 못한다. 회사의 영업을 양수한 경우에도 같다.

동일한 영업에는 단일상호를 사용하여야 하고, 지점의 상호에는 본점과의 종속관계를 표시하여야 한다.

2. 상호의 효력

1) 상호등기의 효력

타인이 등기한 상호는 동일한 특별시·광역시·시·군에서 동종영업의 상호로 등기하지 못한다.

2) 주체를 오인시킬 상호의 사용금지

누구든지 부정한 목적으로 타인의 영업으로 오인할 수 있는 상호를 사용하지 못한다. 이에 위반하여 상호를 사용하는 자가 있는 경우에 이로 인하여 손해를 받을 염려가 있는 자 또는 상호를 등기한 자는 그 폐지를 청구할 수 있고, 손해가 있는 경우에는 그 배상을 청구할 수 있다.

동일한 특별시·광역시·시·군에서 동종영업으로 타인이 등기한 상호를 사용하는 자는 부정한 목적으로 사용하는 것으로 추정한다.

3) 명의대여자의 책임

타인에게 자기의 성명 또는 상호를 사용하여 영업을 할 것을 허락한 자는 자기를 영업주로 오인하여 거래한 제3자에 대하여 그 타인과 연대하여 변제할 책임이 있다.

4) 상호의 양도

상호는 영업을 폐지하거나 영업과 함께 하는 경우에 한하여 이를 양도할 수 있다.

상호의 양도는 등기하지 아니하면 제삼자에게 대항하지 못한다.

5) 상호불사용의 효과

상호를 등기한 자가 정당한 사유 없이 2년간 상호를 사용하지 아니하는 때에는 이를 폐지한 것으로 본다.

6) 상호등기의 말소청구

상호를 변경 또는 폐지한 경우에 2주간 내에 그 상호를 등기한 자가 변경 또는 폐지의 등기를 하지 아니하는 때에는 이해관계인은 그 등기의 말소를 청구할 수 있다.

Ⅲ. 영업양도

1. 개념

영업양도란 상인의 영업활동 및 일정한 영업목적을 위하여 결합된 조직·재산, 영업상의 비결·명성, 고객관계 등 유기적 결합체인 영업의 전부 또는 일부를 양수인에게 양도하는 것을 말한다.

2. 효과

1) 영업양도인의 경업금지

영업을 양도한 경우에 다른 약정이 없으면 양도인은 10년간 동일한 특별시·광역시·시·군과 인접 특별시·광역시·시·군에서 동종영업을 하지 못한다.

양도인이 동종영업을 하지 아니할 것을 약정한 때에는 동일한 특별시·광역시·시·군과 인접 특별시·광역시·시·군에 한하여 20년을 초과하지 아니한 범위 내에서 그 효력이 있다.

2) 상호를 속용하는 양수인의 책임

영업양수인이 양도인의 상호를 계속 사용하는 경우에는 양도인의 영업으로 인한 제3자의 채권에 대하여 양수인도 변제할 책임이 있다.

다만 양수인이 영업양도를 받은 후 지체 없이 양도인의 채무에 대한 책임이 없음을 등기한 때에는 적용하지 아니한다. 양도인과 양수인이 지체 없이 제3자에 대하여 그 뜻을 통지한 경우에 그 통지를 받은 제3자에 대해서도 같다.

3) 영업양수인에 대한 변제

양도인의 상호를 속용하는 경우 영업으로 인한 채권에 대하여 채무자가 선의이며 중대한 과실 없이 양수인에게 변제한 때에는 그 효력이 있다.

4) 채무인수를 광고한 양수인의 책임

영업양수인이 양도인의 상호를 계속 사용하지 아니하는 경우에 양도인의 영업으로 인한 채무를 인수한 것을 광고한 때에는 양수인도 변제할 책임이 있다.

5) 영업양도인의 책임의 존속기간

영업양수인이 위의 변제의 책임이 있는 경우에는 양도인의 제3자에 대한 채무는 영업양도 또는 광고 후 2년이 경과하면 소멸한다.

Ⅳ. 상행위

1. 개념

상행위란 영리를 목적으로 하는 영업행위로 그 종류는 상법·기타 특별법에서 정하고 있다. 상법이 정하고 있는 상행위에는 기본적 상행위와 보조적 상행위가 있다.

2. 기본적 상행위

영업으로 하는 다음의 행위를 기본적 상행위라 한다. 그러나 오로지 임금을 받을 목적으로 물건을 제조하거나 노무에 종사하는 자의 행위는 그러하지 아니하다.

동산·부동산·유가증권 기타 재산의 매매, 동산·부동산·유가증권 기타 재산의 임대차, 제조·가공 또는 수선에 관한 행위, 전기·전파·가스 또는 물의 공급에 관한 행위, 작업 또는 노무의 도급의 인수, 출판·인쇄 또는 촬영에 관한 행위, 광고·통신 또는 정보에 관한 행위, 수신·여신·환 기타의 금융거래, 객의 집래를 위한 시설에 의한 거래, 상행위의 대리의 인수· 중개에 관한 행위, 위탁매매 기타의 주선에 관한 행위, 운송의 인수, 임치의 인수, 신탁의 인수, 상호부금 기타 이와 유사한 행위, 보험, 광물 또는 토석의 채취에 관한 행위, 기계·시설 기타 재산의 물융(物融)에 관한 행위, 상호·상표 등의 사용허락에 의한 영업에 관한 행위, 영업상 채권의 매입·회수 등에 관한 행위.

3. 보조적 상행위

상인이 영업을 위하여 하는 행위는 상행위로 보고, 상인의 행위는 영업을 위하여 하는 것으로 추정한다.

4. 상행위의 특색

상행위는 민사상 행위와 달리 다음과 같은 특색이 있다.

1) 대리의 방식
상행위의 대리인이 본인을 위한 것임을 표시하지 아니하여도 그 행위는 본인에 대하여 효력이 있다. 그러나 상대방이 본인을 위한 것임을 알지 못한 때에는 대리인에 대해서도 이 이행의 청구를 할 수 있다.

2) 위임
상행위의 위임을 받은 자는 위임의 본지에 반하지 아니한 범위 내에서 위임을 받지 아니한 행위를 할 수 있다.

3) 대리권의 존속
상행위의 위임에 의한 대리권은 본인의 사망으로 인하여 소멸하지 아니한다.

4) 청약의 구속력

대화자 간의 계약의 청약은 상대방이 즉시 승낙하지 아니한 때에는 그 효력을 잃는다.

격지자 간의 계약의 청약은 승낙기간이 없으면 상대방이 상당한 기간 내에 승낙의 통지를 발송하지 아니한 때에는 그 효력을 잃는다.

5) 청약에 대한 낙부통지의무

상인이 상시 거래관계에 있는 자로부터 그 영업부류에 속한 계약의 청약을 받은 때에는 지체 없이 낙부의 통지를 발송하여야 한다. 이를 해태한 때에는 승낙한 것으로 본다.

6) 상사법정이율

상행위로 인한 채무의 법정이율은 연 6푼이다.

7) 법정이자청구권

상인 간에서 금전의 소비대차를 한 때에는 대주는 법정이자를 청구할 수 있다. 상인이 그 영업범위 내에서 타인을 위하여 금전을 체당한 때에는 체당한 날 이후의 법정 이자를 청구할 수 있다.

8) 지점거래의 채무이행장소

지점에서의 거래로 인한 채무이행의 장소가 그 행위의 성질 또는 당사자의 의사표시에 의하여 특정되지 아니한 경우에는 특정물의 인도 이외의 채무의 이행은 그 지점을 이행장소로 본다.

9) 다수채무자 간 또는 채무자와 보증인의 연대

수인이 그 1인 또는 전원에게 상행위가 되는 행위로 인하여 채무를 부담한 때에는 연대하여 변제할 책임이 있다.

보증인이 있는 경우에 그 보증이 상행위이거나 주 채무가 상행위로 인한 것인 때에는 주 채무자와 보증인은 연대하여 변제할 책임이 있다.

10) 상사유치권

상인 간의 상행위로 인한 채권이 변제기에 있는 때에는 채권자는 변제를 받을 때까지 그 채무자에 대한 상행위로 인하여 자기가 점유하고 있는 채무자 소유의 물건 또는 유가증권을 유치할 수 있다. 그러나 당사자 간에 다른 약정이 있으면 그러하지 아니하다.

11) 거래시간과 이행 또는 그 청구

법령 또는 관습에 의하여 영업시간이 정하여져 있는 때에는 채무의 이행 또는 이행의 청구는 그 시간 내에 하여야 한다.

12) 상사시효

상행위로 인한 채권은 본법에 다른 규정이 없는 때에는 5년간 행사하지 아니하면 소멸시효가 완성한다. 그러나 다른 법령에 이보다 단기의 시효의 규정이 있는 때에는 그 규정에 의한다.

제2절 회사법

Ⅰ. 회사의 개념·종류

1. 개념

회사란 상행위 기타 영리를 목적으로 하는 사단법인으로 상법의 규정에 따라 설립된 것을 말한다. 자본주의 사회의 발달과 함께 기업활동의 규모도 커지게 되어 개인기업 형태로는 그 수요를 감당할 수 없게 됨에 따라 대규모의 인적·물적 결합체가 탄생하게 되었고, 그 효율적인 활동을 위해 자연인과는 별개의 인격을 부여할 필요가 생겼고 그 결과가 법인인 것이다.

법인인 회사는 대규모 기업경영에 필요한 조직과 규모를 확보해 주는 동시에 투자자를 쉽게 모집할 수 있고, 또 그들로 하여금 증권시장에서 출자지분을 자유롭게 회수할 수 있게 해 줌으로써 금융자원의 효율적인 배분에도 기여를 하며 궁극적으로는 고용을 창출하고 재화와 용역을 생산·공급하여 사회의 부를 증대시키며, 자선과 복지 활동을 통해 축적된 부의 일부를 사회에 환원하기도

한다.

다른 한편으로는 영리추구를 기본으로 하기 때문에 독점과 경제력 집중을 추구하여 사회의 분배구조를 왜곡시키고, 정부까지도 움직일 수 있는 영향력을 갖게 되어 금융 기타 사회의 가용자원을 과점하고 세제 기타 각종 경제규제를 자기에게 유리하게 바꾸도록 하여 사회의 불평등을 심회시키는 부정적인 측면도 있다.

이에 현행법상으로는 상법은 회사의 설립·운영 및 회사의 기관의 책임과 투자자의 권리보호에 관한 규정만을 두고 있으므로 공정거래법 등 특별법으로 회사의 부정적 측면을 규제하고 있다.

2. 종류

상법이 예정하고 있는 회사는 주식회사, 합명회사, 합자회사, 유한회사의 네 가지이나, 오늘날에는 주로 주식회사제도만이 이용되고 있으므로 주식회사의 특징적인 것만을 살펴본다.

1) 주식회사

주식회사는 자본을 전부 주식으로 분할하여 주주는 그가 소유하는 주식의 출자의무 외에는 회사채무에 대하여 아무런 책임을 지지 않고, 회사채무에 대해서는 회사의 재산만이 담보가 되는 회사를 말한다.

2) 합명회사

사원 전원이 회사채권자에 대하여 직접·무한·연대의 책임을 부담하는 회사이다. 채권가로서는 사원들의 재력·신용을 보고 거래를 하게 된다.

3) 합자회사

회사채권자에 대하여 무한책임을 지는 무한책임사원과 출자한 지분에 대해서만 책임을 지는 유한책임사원으로 구성된 회사이다. 합명회사와 유한회사의 중간형태이다.

4) 유한회사

출자한 지분에 대해서만 책임을 지는 유한책임사원만으로 구성된 회사로, 합명회사와 주식회사의 장점인 채권자에게는 사원의 신용을 강조하면서 사원 스스로는 과도한 책임부담에서 벗어날 수 있어 소규모의 회사에 적합한 형태이다.

3. 일인회사와 법인격부인론

1) 1인회사

일인회사란 형식적으로는 회사의 외관을 갖추고 있으나 실질적으로는 주주 또는 사원이 일인인 경우로 이런 경우에는 다수의 주주나 사원의 존재를 전제로 하는 회사법상의 규정이 그대로 적용되어야 할 필요가 없게 된다. 주주총회의 소집·의결 등 운영상의 하자가 문제 되지 않고,[243] 1인 주주 겸 1인 이사인 경우에는 이사와 회사의 자기거래에 이사회 승인이 필요 없고, 특별이해관계 있는 주주의 의결권 제한도 적용되지 않으나, 1인 회사도 회사이므로 1인 주주 겸 대표이사인 자가 회사에 손해를 끼쳤을 경우에는 횡령·배임죄가 성립한다.[244]

2) 법인격부인론

법인격부인론이란 회사가 사원으로부터 독립적인 실체를 갖추지 못한 경우에 회사와 특정의 제3자와의 법률관계가 문제 되는 경우 회사의 법인격을 인정하지 않고 회사와 사원을 동일시하여 회사의 책임을 사원에게 묻는 것을 말한다.

사업으로 인한 위험부담을 줄이기 위하여 주식회사의 형태만을 빌렸을 뿐이고 실제 운영은 주주의 개인사업과 다름이 없는 경우에 회사의 법인격은 오로지 제3자에 대한 책임회피를 위해서만 이용되는 결과가 되는데, 이는 회사제도의 목적에 어긋나는 것일 뿐만 아니라 정의나 형평에도 반하는 것이므로 이런 경우에는 법인격을 부인하자는 것이다.

이 같은 이론은 19세기 후반부터 미국의 판례에 의하여 생성·발전되어 온 것으로, 독일에서도 1920년대부터 발전하였고, 일본도 1969년 최고재판소가 이

---

243) 대판 1966.9.20. 66나 1187, 1976.4.13. 74다1755, 1976.5.11. 73다52 등.
244) 대판 2005.10.28. 2005도4915, 1989.5.23. 89도 570.

를 수용한 이래 회사법의 원리로 자리 잡았고, 우리 대법원도 이를 수용하고 있다.[245)]

Ⅱ. 주식회사

주식회사는 전형적인 물적 회사로 순수한 자본단체이고, 이 자본은 주식으로 나뉘어 주주들에게 인수된다. 주주들은 이익의 배당과 주가에만 관심이 있고, 회사의 경영은 회사의 기관인 이사들의 책임하에 이루어지므로 이사의 회사에 대한 의무와 책임과 이사의 회사경영에 대한 주주의 감시가 회사법 구제의 핵심이 된다.

1. 자본과 주식·주주권

1) 자본
① 개념
자본은 회사가 발행한 주식의 액면총액을 말한다. 회사에 대해서는 목적사업을 위해 갖추어야 할 기본재산으로 회사성립의 기초가 되며, 회사가 존속 중 유지해야 할 순 자산의 기준이 된다. 주주에 대해서는 출자액이 되고 회사채무에 대하여 부담해야 할 책임의 한계가 된다. 주주는 소유한 주식지분만큼 회사재산에 대한 권리가 있고, 주주총회에서의 의결권을 갖는다. 회사채권자에 대해서는 회사가 갖는 신용도의 공시적 기능을 한다. 회사채권자에 대한 유일한 담보인 회사재산의 증감변동은 외부에서 쉽게 인식할 수 없으므로 외부인들은 보유해야 할 기준 재산이 되는 자본액으로 신용도를 파악하게 된다.
② 자본의 3원칙
자본은 회사의 이해관계인들에게 중요한 의미가 있으므로 다음의 원칙들이 요구된다.
가. 자본확정의 원칙
자본이 정관으로 확정되고 그 자본의 출자자인 주식인수인도 확정되어야 하

---

245) 대판 1988.11.22. 87다카1671, 2001.1.19. 97다21604, 2004.11.12. 2002다66892.

는 것을 말한다. 이는 자본의 규모를 확정·공시함으로써 회사와 거래하는 자들에게 회사의 사업과 신용규모에 대한 예측가능성을 부여하기 위함이다.

나. 자본유지의 원칙

회사는 자본에 상당하는 순 자산을 실질적으로 유지해야 한다는 원칙이다. 설립 시에 주식의 발행가액이 전액 납입되어야 하며 현물출자도 전부 이행되어야 한다. 이것이 이행되지 않으면 발기인과 이사는 주식의 인수·납입담보책임을 지며, 담보책임으로도 해결되지 않으면 회사설립무효의 원인이 된다. 자기주식의 취득이 제한되며 이익이 있더라도 법정준비금을 적립하는 등 요건을 갖추어야 배당이 가능하다.

다. 자본불변의 원칙

자본의 금액은 법정절차를 거치지 않고는 감소시키지 못하는 원칙이다. 이 원칙도 결국은 회사가 보유하는 재산의 유지에 그 목적이 있다.

2) 주식

① 개념

주식은 주식회사에 있어서의 사원의 지위를 말한다. 주식회사는 자본만으로 이루어지는 물적 회사이므로 사원의 지위는 곧 자본에 대한 지분이 된다.

주주가 주식을 통하여 갖게 되는 사원권의 내용은 이익배당청구권·잔여재산분배청구권 등의 자익권과 의결권·각종의 소 제기권 등 공익권이 있고, 이들 권리는 주식의 양도·상속 등에 의하여 포괄적으로 이전된다.

② 유형

주식의 액면가는 균등해야 하지만 주식의 원활한 유통과 자금조달의 편의를 위해서 다양한 형태의 주식을 발행할 수 있다.

가. 액면주식과 무액면주식

액면주식이란 1주의 금액이 정관에 정해지고 주권에 표시되는 주식이다. 발행한 주식의 액면가는 자본금에 편입되고, 액면을 초과하여 발행했을 때의 초과액은 자본준비금으로 적립하여야 한다.

무액면 주식은 1주의 금액이 표시되지 않고 주권에는 주식의 수만이 기재되는 주식이다.

상법은 액면주식만 인정하고 있고, 1주의 금액은 100원 이상이어야 하는데, 유일한 예외로 간접투자자산운용법에 따른 투자회사는 무액면주식을 발행할 수 있다.

나. 기명주식과 무기명주식

기명주식은 주주의 성명이 주권에 표시되고 주주명부에도 표시되는 주식이고, 무기명주식은 주주성명이 주권이나 주주명부에 표시되지 않는 주식이다.

무기명주식은 정관에 규정이 있는 경우에만 발행할 수 있다. 무기명 주식은 주권의 교부만으로 양도가 가능하고 주주명부의 명의개서라는 회사에 대한 대항요건을 갖출 필요가 없으므로 회사가 주식의 이동을 파악하기 어려워 경영권의 안정이라는 점에서 불안요인이 되므로 대부분의 국내회사들은 그 발행을 꺼리고 있다.

다. 수종의 주식

수종의 주식이란 이익이나 이자의 배당 또는 잔여재산의 분배에 있어 그 내용이 다른 주식을 말하는데, 정관에 정한 경우에 한해 발행할 수 있다. 보통주·우선주·후배주·혼합주가 그것이다.

보통주는 이익배당 등에 있어 어떠한 제한이나 우선권도 주어지지 않는 주식이다.

우선주는 이익배당 등에 있어 다른 주주에 우선하여 소정의 배당을 받을 수 있는 주식이다. 우선주라도 이익이 없으면 배당을 못 하는데, 이런 경우 이월시켜 다음 기에 합산하여 배당하는 누적적 우선주와 이월시키지 않는 비누적적 우선주가 있다. 한편 회사의 경영실적이 좋아 이익이 많이 생겼을 경우에는 우선주가 보통주보다 불리할 수도 있으므로, 이럴 경우 소정의 이익배당을 받고 다시 잔여이익의 배당에 참가할 수 있는 참가적 우선주와 참가할 수 없는 비참가적 우선주가 있다. 우선주는 통상 의결권에 제한을 둔다.

후배주는 이익배당 등에 있어 다른 주주보다 불리하게 차등을 둔 주식이고, 혼합주는 어떤 권리는 우선하고, 어떤 권리는 열등한 지위를 주는 주식인데, 둘 다 발행되는 경우는 드물다.

라. 상환주식

상환주식은 주식의 발행 시부터 장차 회사가 이익으로 상환하여 소멸시킬 것

이 예정되어 있는 우선주이다. 회사로서는 우선주를 발행하여 자금조달을 용이
하게 하는 한편 장차 자금사정이 호전되면 이를 상환하여 배당압박을 피할 수
있다.

마. 전환주식

전환주식은 주주의 청구에 의하여 다른 종류의 주식으로 전환이 인정되는 주
식이다. 전환주식은 주식시세의 변동이나 회사의 배당능력의 변화에 따라 주주
가 소유주식의 가치를 보존 또는 증가시키는 수단이 된다. 통상 우선주를 보통
주로 전환할 경우에는 더 많은 보통주를 주는 것으로 정하게 되는데, 회사의
배당능력이 좋지 않고 주식시세도 낮다면 우선주를 소유하여 우선배당을 받고,
주가가 상승하고 배당능력이 좋다면 보통주로 전환하여 더 많은 수량을 갖는
것이 유리하게 된다.

3) 주주권
① 개념

주주권이란 주주가 회사에 대하여 갖는 권리를 말한다. 주주의 권리는 법률
에 의하여 주어지므로 정관의 규정이나 주주총회·이사회의 결의로 제한할 수
는 없다.

② 분류

가. 자익권과 공익권

자익권은 주주가 회사로부터 경제적 이익 기타 편익을 받는 목적으로 하는
권리로, 이익배당청구권, 주권교부청구권, 주식전환청구권, 명의개서청구권, 잔
여재산분배청구권 등이 그것이다.

공익권은 회사의 운영에 참가하거나 이와 관련하여 행사하는 권리로, 주주총
회소집청구권, 위법행위유지청구권, 회사설립무효 등 각종의 소 제기권, 대표소
송제기권, 회계장부열람권, 이사·감사해임청구권, 회사의 업무 및 재산상태 검
사청구권, 해산판결청구권 등이 그것이다.

나. 단독주주권과 소수주주권

일정 주식 수의 보유가 권리행사의 요건인가에 따른 분류로, 단독주주권은 1주
라도 소유하고 있으면 행사 가능한 것으로 자익권은 모두 단독주주권이고, 소수

주주권은 일정 수의 주식을 보유하여야만 행사 가능한 것으로 공익권의 일부가 그렇다.

주주총회소집청구권·회계장부열람권·이사·감사해임청구권·회사의 업무 및 재산상태 검사청구권 등의 행사에는 발행주식 총수의 3/100 이상이 필요하고, 위법 행위유지청구권·대표소송제기권은 발행주식 총수의 1/100 이상이 필요하고, 해산 판결청구권은 10/100 이상이 필요하다.

③ 주식평등의 원칙

주식평등의 원칙이란 주주가 회사와의 법률관계에서 소유 주식 수에 비례하여 평등하게 권리를 가지는 것을 말한다.

이익배당·잔여재산분배에서 평등하고, 회사지배에 있어 의결권이 평등(1주 1의결권원칙)한 것을 말한다.

이 원칙도 수종의 주식·의결권 없는 주식·소수주주권 등과 같이 법률의 규정에 의해서는 제한될 수 있다.

④ 주주의 의무

주주는 회사에 대하여 출자의무만 부담한다. 이는 정확히는 주식인수인으로서의 의무이다. 주주는 납입에 대하여 상계로써 대항할 수 없다 이를 인정하면 회사재산으로부터 주주가 우선 변제받는 결과가 되고 회사의 자본충실을 해하기 때문이다. 회사도 주주의 납입의무를 대신 이행할 수 없다.

4) 주권(株券)과 주주명부
① 주권

주권은 주식을 표창하는 유가증권이다. 주권은 주주권을 증명하는 수단인 동시에 주식의 양도성을 확보하기 위한 수단이 된다.

회사는 회사성립 후 또는 신주납입기일 후 지체 없이 주권을 발행해야 한다. 주권이 없으면 주식을 양도할 방법이 없기 때문이다.

주식을 장기 보유하는 주주는 굳이 주권을 소지할 필요가 없으므로 분실·도난의 위험을 피하기 위하여 회사에 주권불소지신고를 할 수 있다. 주권발행 전에 신고가 있으면 회사는 주권을 발행할 수 없고, 주권발행 후에 신고가 있으면, 주권을 무효로 하거나 명의개서대리인[246]에게 임치하여야 한다. 주주는 불소지신고 후에도 필요하면 주권발행을 청구할 수 있다.

주식거래의 실제에 있어 투자자들은 증권회사를 통하여 거래를 하고, 주권은 명의개서대리인이 보관하고, 주주의 권리행사가 필요한 경우에 명의개서절차를 밟게 된다.

② 주주명부

가. 개념

주주명부는 주주 및 주권에 관한 현황을 나타내기 위하여 상법의 규정에 따라 회사가 작성·비치하는 장부이다. 주식의 양도성으로 인하여 주주는 수시로 변동하므로 회사로서는 특정시점에 누가 주주인지를 확정할 필요가 있는데, 무기명주식은 주권의 제시로 주주임을 인정하면 되나, 기명주식의 경우 각 시점마다의 권리자 확정을 위한 획일적인 수단이 필요하여 마련된 것이다.

나. 주주명부의 효력

회사에 대하여 주주권을 주장하려면 주주명부에 소유자의 이름과 주식 수가 기재되어야 한다. 주권을 교부받아 주식을 양수하였더라도 주주명부에 명의개서를 하지 않으면 주주권을 행사할 수 없다(주주권의 대항요건).

주주명부에 기재된 자는 적법한 주주로 추정되어 실질적인 권리를 증명할 필요 없이 주주명부의 기재만으로 주주임을 주장할 수 있다(자격수여적 효력).

회사는 주주명부에 기재된 자를 주주로 보고 권리를 인정하면 설사 그가 주주가 아니라도 면책된다(면책적 효력).

2. 이사의 선임과 해임 및 의무와 책임

오늘날 주식회사는 그 규모의 거대화·세계화 및 회사경영의 전문화에 따라 소유와 경영이 분리되는 것이 대세이다. 소유와 경영의 분리원칙은 유한책임회사인 주식회사에서 주주와 회사채권자를 공평하게 보호할 수 있는 합리적인 경영구조로 이사들에게 포괄적인 경영권을 부여하고 있다. 그러나 주주는 이익배당과 주식매매차익의 실현에만 관심이 있어 회사의 기본의사결정기관인 주주총

---

246) 명의개서는 회사가 하는 것이 원칙이나 통상은 주식사무의 능률을 기하기 위하여 명의개서를 전문으로 하는 자에게 위임하게 되는데, 이 수임인이 명의 개서 대리인이다. 명의 개서 대리인은 은행이 되는 것이 보통인데, 회사의 수권을 받아 이익배당, 이자·상환금의 지급, 주권의 발행 등의 업무도 대행하는 것이 보통이다.

회는 형해화되고 있고, 경영의 전문화와 기능주의적 경향은 대표이사 및 일부 상근이사에게 다시 권한을 집중시켜 이사회의 역할마저 이들의 의사결정을 합리화시키는 참모적 역할에 국한되고 있어 그들의 전횡을 막지 못하는 것이 현실이다.

이사의 부적절한 임무수행에 대하여 재선임을 않거나 해임하는 것으로 통제할 수도 있으나, 절차진행상 소요되는 시간과 일부 주주와 이사와의 담합에 따른 의사통합의 어려움이라는 측면에서 시의성과 효율성이 떨어지므로 이사들의 전횡을 막을 수 있는 보다 효율적인 제도적 장치를 마련하는 것이 소유와 경영의 분리라는 경영구조가 정당성을 갖기 위한 필요조건이 된다. 이로 인하여 이사의 의무와 책임 및 주주들의 이사에 대한 책임추궁을 위한 제도들의 중요성이 더욱 강조되고 있다.

1) 이사의 선임과 해임
① 이사의 선임
이사는 회사설립 시는 발기인이 설립하거나 창립총회에서 선임하고, 설립 후에는 주주총회에서 보통결의로 선임한다.[247]

주식회사의 이사는 3인 이상이어야 하는데, 보통결의로 선임하므로 모든 이사가 지배 주주의 뜻에 맞는 사람으로만 채워지게 될 것이고, 그렇게 될 경우 지배 주주의 경영독점으로 인한 폐해 및 소소주주의 이익침해가 나타날 가능성이 크므로 이를 막기 위하여 집중투표제(누적투표제)가 1998년 상법개정 시 도입되었다.[248]

그러나 기존회사들이 집중투표제를 회피하기 위해 이 제도를 배제하는 정관개정을 시도하자 증권거래법은 상장법인의 경우 집중투표를 요구할 수 있는 소수주주의 요건을 발행주식 총수의 1/100로 낮추었고, 집중투표를 배제하기 위한 정관변경 시 발행주식 총수의 3/100을 초과하는 주식을 소유한 주주의 의결권은 3/100까지로 제한하였다.

---

247) 보통결의는 주주의 과반수 출석과 출석 과반수의 결의로 의결하는 것을 말한다.

248) 이는 수인의 이사를 선임할 경우에 수인에 대한 각 의결권을 어느 한 사람에게 집중하여 행사할 수 있게 하는 것으로, 각 이사에 대하여 따로 의결권을 행사하면 지배 주주는 언제나 승리할 수 있어 모든 사람을 지기 사람으로 채울 수 있지만, 소수 주주가 자기 의결권을 어느 한 사람에게 집중하여 행사하면 그만큼 의결권이 늘어나 지배 주주를 이길 수도 있고, 지배 주주에 의해 선임된 이사들을 견제할 수 있는 것이다.

이사의 임기는 3년을 초과하지 못한다.

② 이사의 해임

이사는 주주총회의 특별결의로 언제든지 해임할 수 있다. 주주총회의 일방적인 해임권을 부여한 것은 주주의 출자로 형성된 회사재산의 관리를 위하여 선임된 것이므로 주주가 불필요하다고 판단하면 언제든지 해임할 수 있어야 하기 때문이다. 다만 정당한 이유가 없을 경우에는 임기까지의 보수 상당액을 보상해 주어야 한다.

이사가 그 직무에 관하여 부정행위 또는 법령이나 정관에 위반한 중대한 사실이 있음에도 불구하고 주주총회에서 그 해임을 부결한 때에는 발행주식 총수의 100분의 3 이상에 해당하는 주식을 가진 주주는 총회의 결의가 있은 날부터 1개월 내에 그 이사의 해임을 법원에 청구할 수 있다.

해임청구사유는 법령이나 정관을 위반한 경우에 한하므로 단순한 임무해태는 해임청구사유가 될 수 없다.

해임청구의 대상이 되는 이사는 임기 중의 이사에 한하고, 퇴임 후 후임이사의 궐위로 일시 이사의 권리·의무를 갖는 자는 대상이 아니다.

해임청구소송이 제기되면 법원은 당사자의 신청에 의하여 이사의 직무집행을 정지시킬 수 있다.

2) 이사의 의무

① 선관의무

이사는 회사에 대하여 이사선임의 취지에 따라 선량한 관리자의 주의로써 사무를 처리할 의무가 있다. 이에 위반했을 경우에는 회사에 대하여 손해배상책임이 있다.

② 이사회 출석의무

이사가 정당한 이유 없이 이사회에 출석하지 않은 경우에는 임무해태가 되고 이에 따른 손해배상책임이 있다.

③ 감시의무

이사의 다른 이사의 업무집행에 대한 일반적인 감시의무는 규정에는 없으나, 선관의무를 근거로 인정하는 것이 통설·판례이다.[249]

감시 정도에 관해서는 평이사가 다른 이사의 직무위반행위를 안 경우에만 감시의무가 있다는 설과 적극적으로 회사의 업무집행 상황을 정확히 파악할 의무가 있다는 설이 있으나 판례는 업무담당이사의 부정을 의심할 만한 사유가 있고, 이를 알 수 있었음에도 불구하고 방치한 때에는 감시의무를 위반한 것으로 본다.250)

④ 이사의 충실의무

이사는 법령과 정관의 규정에 따라 회사를 위하여 그 직무를 충실하게 수행하여야 한다. 이 의무는 선관의무를 구체적으로 부연 설명한 것이라는 입장과 그와는 다른 충실의무를 규정한 것이라는 입장이 있다.

⑤ 기업비밀준수의무

이사는 재임 중뿐만 아니라 퇴임 후에도 직무상 알게 된 회사의 영업상 비밀을 누설하여서는 아니 된다. 이는 기업비밀을 지킬 의무와 기업비밀을 사익을 위해 이용하지 않을 의무를 포함한다.

3) 이사의 책임

① 개념

이사가 법령 또는 정관에 위반한 행위를 하거나 그 임무를 해태한 때에는 그 이사는 회사에 대하여 연대하여 손해를 배상할 책임이 있다. 부적절한 업무수행을 한 이사에 대한 재선임 거부나 해임만으로는 그 업무수행의 적정성을 담보하기 어려우므로 직접적으로 책임을 물을 수 있게 한 것이다. 그 성격은 위임계약의 불이행에 따른 채무불이행책임이 될 것이나 굳이 특별조항을 두고, 또 업무수행이 이사회의 결의에 의한 것인 때에는 그 결의에 찬성한 이사도 책임이 있는 것으로 하며, 결의에 참가한 이사로서 이의를 한 기재가 의사록에 없는 자는 그 결의에 찬성한 것으로 추정하는 조항까지 둔 것은 상법상의 특수한 책임임을 밝힌 것이다.

② 책임원인

법령·정관에 위반한 행위는 임무해태에 속하지만 그 정도가 중하므로 따로 구분한 것으로 이사회 승인 없이 경업을 하거나 자기거래를 한 경우, 위법한

---

249) 대판 1985.6.25. 84다카1954.
250) 대판 2004.12.10. 2002다60487.

신주발행을 결의한 경우, 필요한 주주총회나 이사회 결의 없이 업무집행을 한 경우 등이 그것이다. 이 경우도 이사의 과실은 필요하다.

임무해태는 선관의무 등을 위반한 것으로 그 주의 정도는 일반인의 그것보다 높다. 업무의 적법성만으로 임무를 다했다고 볼 수는 없고 합리성과 효율성도 갖추어야 한다. 이사회의 승인을 얻고 자기거래를 하였더라도 불공정하여 회사에 손해를 끼쳤다면 임무해태이고, 유휴자금관리 시 이율이 높은 예금이 아닌 낮은 이율의 예금을 택한 것도 임무해태이다.

경영판단이 결과적으로 회사에 손해를 끼친 경우에는 회사목적범위 내이고 이사의 권한 내인 사항에 관해 이사가 내린 의사결정이 합리적인 근거가 있고 회사의 이익을 위한 것이라는 믿음하에 다른 고려에 의한 영향을 받지 않고 독립적인 판단을 통해 성실히 이루어진 것이라면 법원이 이에 개입하여 그 판단에 따른 거래를 무효로 하거나 그로 인한 회사의 손해에 대하여 이사의 책임을 묻지 않는다는 원칙이 적용되고 있다. 다만 이는 임무해태의 경우에 한하고 법령위반의 경우에는 적용되지 않는다.251)

③ 책임범위

법령·정관위반 또는 임무해태와 상당인과관계에 있는 손해에 대하여 책임이 있다. 다만 당해 사업의 내용과 성격, 당해 이사의 임무위반의 경위 및 임무위반행위의 태양, 회사의 손해 발생 및 확대에 관여된 객관적인 사정이나 그 정도, 평소 이사의 회사에 대한 공헌도, 임무위반행위로 인한 당해 이사의 이득 유무, 회사의 조직체계의 흠결 유무나 위험관리체제의 구축 여부 등 제반 사정을 참작하여 손해분담의 공평이라는 손해배상제도의 이념에 비추어 그 손해배상액을 제한할 수 있다.252)

④ 책임의 면제

이사의 책임은 의결권 없는 주식을 포함하여 총주주의 동의가 있어야만 면제할 수 있고, 대표이사가 일반 채무면제의 절차에 의하여 면제할 수는 없다.

⑤ 제3자에 대한 책임

이사가 악의 또는 중대한 과실로 인하여 그 임무를 해태한 때에는 그 이사는

---

251) 대판 2005.10.28. 2003다69683.
252) 대판 2004.12.10. 2002다60467.

제삼자에 대하여 연대하여 손해를 배상할 책임이 있다.

이사가 제3자와 직접 법률관계를 맺는 것은 아니지만 회사는 그 활동상 다수인과 이해관계를 맺게 되어 이사의 직무수행이 제3자에게 영향을 미치는 경우가 많으므로 인정된 불법행위와는 별개의 법정책임이다.

⑥ 업무집행지시자 등의 책임

업무집행지시자라 함은 회사에 대한 자신의 영향력을 이용하여 이사에게 업무집행을 지시한 자, 이사의 이름으로 직접 업무를 집행한 자, 이사가 아니면서 명예회장·회장·사장·부사장·전무·상무·이사 기타 업무를 집행할 권한이 있는 것으로 인정될 만한 명칭을 사용하여 회사의 업무를 집행한 자 등을 말한다.

회사의 기관이 아니면서 회사 안과 밖에서 이사에 대하여 갖는 사실상의 영향력을 이용하여 이사로 하여금 부적절한 방법으로 업무를 집행하게 하거나 업무집행에 관여함으로써 자시의 이익을 도모하고 회사에 손해를 끼치는 사람들을 이사와 동일시하여 소정의 책임을 물을 수 있다.

우리나라의 경우 지배 주주가 사실상의 이사선임권을 이용하여 사리를 추구하는 경우가 많기 때문에 인정된 제도이다.

주로 지배 주주를 겨냥하여 만들어진 것이지만 회사의 유력한 채권자나 지속적 거래관계에서 우월한 지위에 있는 자도 영향력 있는 자가 될 수 있다. 자연인 외에 법인도 영향력 있는 자가 될 수 있다.

영향력은 계속적이어야 하는 것은 아니고 일시적인 영향력을 이용하더라도 대상이 된다.

회사 또는 제3자에 대하여 손해를 배상할 책임이 있는 이사는 업무집행지시자 등과 연대하여 그 책임을 진다.

3. 이사와 회사의 이해충돌 방지

1) 경업금지
① 개념

이사는 이사회의 승인이 없으면 자기 또는 제삼자의 계산으로 회사의 영업부류에 속한 거래를 하거나 동종영업을 목적으로 하는 다른 회사의 무한책임사원이나 이사가 되지 못하는데, 이를 경업금지라고 한다.

이는 이사가 그 지위를 이용하여 회사의 비용으로 얻어진 영업기회를 유용하는 것을 막고 회사의 업무에 전념하게 하기 위한 것이다.

② 내용

가. 경업

경업이란 자기 또는 제삼자의 계산으로 회사의 영업부류에 속한 거래를 하는 것을 말한다.

자기 또는 제3자의 계산으로 하는 한 누구의 이름으로 거래당사자가 되는지는 묻지 않는다. 이사가 별도의 회사를 설립하여 그 회사로 하여금 경업을 하게 한 경우도 포함된다.

회사의 영업부류에 속하는 거래란 정관상의 사업목적에 국한하지 않고, 사실상 회사의 영리활동의 대상이 되어 있는 것은 모두 포함하고, 동종영업에 국한하지 않는다. 거래는 일시적이든 계속적이든 상관없다.

이사라 해서 모든 영업이 금지되는 것은 아니므로 경업 여부의 판단은 회사가 이미 비용을 부담한 영업기회인가 여부를 기준으로 해야 한다.

나. 겸직

이사는 동종영업을 목적으로 하는 다른 회사의 무한책임사원이나 이사가 되지 못한다.

동종영업은 회사의 영업부류와 같은 개념이고, 동종영업을 목적으로 하는 다른 회사란 실제 영업을 수행하는 회사에 국한하지 않고 개업준비 단계에 있는 회사를 포함한다.[253]

③ 효과

가. 회사에 손해가 발생했을 경우에는 이사에게 그 배상을 청구할 수 있다.

나. 법령에 위반한 경우이므로 해임사유가 된다.

다. 회사는 이사회의 결의로 그 이사의 거래가 자기의 계산으로 한 것인 때에는 이를 회사의 계산으로 한 것으로 볼 수 있고, 제삼자의 계산으로 한 것인 때에는 그 이사에 대하여 이로 인한 이득의 양도를 청구할 수 있는데, 이를 개입권이라고 한다.

---

253) 대판 1990.11.2. 90마745.

위의 권리는 거래가 있는 날로부터 1년을 경과하면 소멸한다.

라. 이사회가 경업을 승인했다 해도 경업의 타당성이 인정되는 것은 아니고 회사에 손해가 발생했다면 책임을 져야 하며 승인에 찬성한 이사들도 책임이 있다.

2) 이사와 회사 간의 거래

① 개념

이사와 회사 간의 거래란 이사가 자기 또는 제삼자의 계산으로 회사와 하는 거래를 말한다. 이 경우 이사 본인의 이익을 위하여 불공정한 거래를 할 염려가 있기 때문에 이사회의 승인이 있는 경우에만 가능하도록 하고 있다. 특히 이사가 지배 주주 기타 특수관계인인 경우에는 회사재산을 헐값에 빼내어 주주의 이익을 해하는 결과가 되기 때문에 엄격한 제한의 필요가 있다.

② 내용

가. 이사

이사는 상근 비상근을 불문하고, 청산인이나 직무대행자도 포함한다.

나. 자기거래

자기 또는 제3자의 계산으로 하는 한 거래명의는 불문한다. 쌍방회사의 이사를 겸직하고 있는 경우에도 자기거래가 된다.

간접거래 즉 회사의 거래로 인한 결과적인 이득이 이사에게 귀속되는 경우도 자기거래가 된다.

거래는 모든 재산상의 행위로 계약·채무면제 같은 단독행위·채무승인이나 채권양도 승인 같은 준법률행위를 포함한다.

다. 이해충돌의 염려가 없는 경우

이 경우는 자기거래라 해도 제한되지 않는다. 회사에 대한 부담 없는 증여, 상계, 채무이행, 예금·보험계약 등 정형적인 거래, 회사에 대한 무이자·무담보대여, 회사채무에 대한 보증 등이 그것이다. 1인 주주인 이사와 회사는 이해관계가 일치하므로 이해충돌의 염려도 없다.

③ 이사회의 승인

이사와 회사 간의 자기거래가 유효하려면 이사회의 승인을 얻어야 한다.

이사회의 승인은 통상의 결의방법에 따른다. 이사회의 승인이 없더라도 1인 주주나 총주주의 동의가 있으면 유효하다.[254]

승인시기는 사전에 하여야 한다.

승인은 개별행위마다 이루어져야 하고 포괄적인 승인은 허용되지 않으나, 계속적인 거래는 예외이다.

승인이 있더라도 이사의 책임이 없어지는 것은 아니므로 회사에 손해가 발생했다면 책임을 져야 하며 승인에 찬성한 이사들도 책임이 있다.

④ 위반거래의 효력

위반 시 이사의 손해배상책임 및 해임사유가 되는 것은 당연하나, 거래행위의 사법상 효력에 대해서는 입장이 나뉜다. 판례는 회사와 이사 간에서는 무효이지만, 회사가 위 거래가 이사회의 승인을 얻지 못하여 무효라는 것을 제3자에 대하여 주장하기 위해서는 거래의 안전과 선의의 제3자를 보호할 필요상 이사회의 승인을 얻지 못하였다는 것 외에 제3자가 이사회의 승인 없음을 알았다는 사실을 입증하여야 할 것이고, 비록 제3자가 선의였다 하더라도 이를 알지 못한 데 중대한 과실이 있음을 입증한 경우에는 악의인 경우와 마찬가지라고 할 것이며, 이 경우 중대한 과실이라 함은 제3자가 조금만 주의를 기울였더라면 그 거래가 이사와 회사 간의 거래로서 이사회의 승인이 필요하다는 점과 이사회의 승인을 얻지 못하였다는 사정을 알 수 있었음에도 불구하고, 만연히 이사회의 승인을 얻은 것으로 믿는 등 거래통념상 요구되는 주의의무에 현저히 위반하는 것으로서 공평의 관점에서 제3자를 구태여 보호할 필요가 없다고 봄이 상당하다고 인정되는 상태를 말한다고 하여 상대적 무효로 본다.[255]

4. 이사의 책임추궁

이사에 대한 책임추궁을 위한 수단으로 이사해임, 손해배상청구, 주주에 의한 대표소송 및 유지청구가 있는데, 소수주주에 의한 이사해임이나 대표소송 및 유지청구는 지배 주주 및 그의 비호를 받는 이사로 구성되는 경영진의 부적절한 행위에 대한 통제수단으로 유용하다. 이사해임은 앞에서 보았으므로 여기서

---

254) 대판 1992.3.31. 91다16310.
255) 대판 2004.3.25. 2003다 64688.

는 유지청구와 대표소송에 대해서만 본다.

1) 유지청구권
① 개념

유지청구권이란 이사의 법령 또는 정관에 위반한 행위로 인하여 회사에 회복할 수 없는 손해가 생길 염려가 있는 경우에는 감사 또는 발행주식 총수의 100분의 1 이상에 해당하는 주식을 가진 주주가 회사를 위하여 이사에 대하여 그 행위를 중지할 것을 청구할 수 있는 권리를 말한다.

이사해임 등은 사후적 구제수단이므로 사전적 예방을 통하여 회복이 어려운 손해를 방지하기 위한 긴급수단으로 인정된 제도이다.

② 요건

가. 이사의 법령·정관에 위반한 행위

행위는 회사의 목적범위 내·외, 대내·외를 불문한다. 법률행위·불법행위·준법률행위·사실행위를 불문한다. 무효인 행위라도 일단 이행되면 회복이 어려운 경우가 있으므로 유지청구를 할 수 있다. 이사의 고의·과실, 이사의 권한 내·외는 묻지 않는다.

나. 회복할 수 없는 손해발생의 염려

회복할 수 없는 손해인지 여부는 사회통념에 따라 판단될 문제이다. 회사재산을 처분하면 제3자에 대한 대항력 제한 때문에 회수할 수 없고 이사에게 손해배상의 자력이 없다면 인정될 것이다. 회복이 법률적으로 불가능한 경우만을 뜻하는 것은 아니고 회복을 위한 비용이 과다하거나 절차상 상당한 시일이 걸리는 등의 경우도 회복이 곤란한 경우가 될 수 있다.

③ 절차

청구권자는 감사 또는 발행주식 총수의 1/100 이상에 해당하는 주식을 가진 주주에 한한다. 주식 수 계산에는 의결권 없는 주식도 포함된다. 감사는 직무상 요건이 충족되면 반드시 유지청구를 해야 하고 게을리 하면 임무해태가 된다.

피청구자는 법령·정관에 위반되는 행위를 하려는 이사이다.

유지청구는 이사에 대한 의사표시 또는 소로 할 수도 있고, 이사직무집행정지가처분으로 이사의 행위를 중지시킬 수도 있다.

④ 유지청구의 효과

유지청구를 소로써 하는 경우는 그에 따른 효과가 발생하나, 이사에 대한 의사표시로 할 경우에는 유지청구가 정당하다는 보장이 없기 때문에 이사가 반드시 따라야 하는 것은 아니다.

유지하지 않은 경우에는 그로 인하여 회사에 손해가 발생하면 이사의 책임이 발생한다. 위반한 행위의 효력에는 영향이 없다.

유지한 경우에는 유지청구가 정당하다면 문제가 없지만 부당한 경우에는 경우에 따라 유지한 것 자체가 법령·정관에 위배한 것이 되어 이사의 책임이 발생할 수 있다.

2) 대표소송
① 개념

대표소송이란 회사가 이사에 대한 책임추궁을 소홀히 할 경우에 주주가 회사를 위하여 이사의 책임을 추궁하기 위하여 제기하는 소송이다.

이사의 부적절한 행위로 회사가 손해를 입었을 경우 그에 대한 손해배상청구를 하는 것은 이사의 적정한 임무수행을 담보하는 가장 효과적인 수단인데, 동료라는 이유로 책임추궁이 방치될 수 있고, 부당한 지연으로 시효완성이나 이사의 고의적인 무자력화로 회사의 권리회복이 불가능해질 수 있으므로 궁극적인 이해관계자인 주주에게 회사의 권리를 실현할 수 있게 한 것이다.

② 제소요건
가. 이사의 책임

추궁할 수 있는 이사의 책임에 대하여 법령·정관·임무해태로 인한 책임과 신주발행 시 인수담보책임에 한한다는 입장도 있으나, 이사와 회사 간의 거래에 따른 채무이행청구를 포함 이사의 지위에 있는 동안 발생한 모든 책임에 대하여 추궁할 수 있는 것으로 봄이 옳다. 이사의 행위로 인한 회사의 손실이 동료의 비호로 인하여 방치되는 것을 막기 위한 것이기 때문이다.

나. 주주의 소 제기 청구 및 회사의 해태

발행주식 총수의 100분의 1 이상에 해당하는 주식을 가진 주주가 회사에 대하여 서면으로 그 이유를 기재하여 이사의 책임을 추궁할 소의 제기를 청구하였으나,256) 회사가 청구를 받은 날로부터 30일 내에 소를 제기하지 아니한 때에는 위의 주주는 즉시 회사를 위하여 소를 제기할 수 있다.

위의 기간의 경과로 인하여 회사에 회부할 수 없는 손해가 생길 염려가 있는 경우에는 기간이 경과하지 않더라도 즉시 소를 제기할 수 있다. 회복할 수 없는 손해라 함은 시효가 완성한다거나, 이사가 도피한다거나, 재산을 은닉하는 경우 등이다.

다. 원고

발행주식 총수의 1/100 이상의 주식을 가진 주주이다. 상장법인의 경우는 빌행주식의 1/10000 이상의 주식을 6개월 이상 계속 보유한 주주이다. 모회사의 주주가 자회사의 이사의 책임을 묻는 2중대표소송은 허용되지 않는다.

소를 제기한 주주의 보유주식이 제소 후 발행주식 총수의 100분의 1 미만으로 감소한 경우(발행주식을 보유하지 아니하게 된 경우를 제외한다.)에도 제소의 효력에는 영향이 없다.

라. 피고

피고는 회사에 대해 책임이 있는 이사 또는 이사였던 자이다.

③ 기타

제소주주는 법원의 허가를 얻지 아니하고는 소의 취하, 청구의 포기·인락·화해를 할 수 없다.

회사는 대표소송에 참가할 수 있다. 소를 제기한 주주는 소를 제기한 후 지체 없이 회사에 대하여 그 소송의 고지를 하여야 한다.

소를 제기한 주주가 승소한 때에는 그 주주는 회사에 대하여 소송비용 및 그 밖에 소송으로 인하여 지출한 비용 중 상당한 금액의 지급을 청구할 수 있다. 이 경우 소송비용을 지급한 회사는 이사 또는 감사에 대하여 구상권이 있다.

소를 제기한 주주가 패소한 때에는 악의인 경우 외에는 회사에 대하여 손해를 배상할 책임이 없다.

---

256) 회사의 이사에 대한 소송은 감사가 대표하므로(감사위원회를 둔 경우에는 감사위원회) 감사에게 청구하여야
한다.

제3절 보험법

Ⅰ. 보험제도

1. 개념

보험은 우연하고 불확실한 사고에 대비하여 동일한 위험에 있는 다수의 사람들이 사고로 인하여 생기는 경제적 수요에 대비하기 위하여 과학적으로 산출된 금액을 미리 갹출하여 공동재산을 비축하고, 사고가 발생한 경우에 공동재산으로부터 일정한 금액을 지급하는 제도를 말한다. 저축은 개별적으로 비축한다는 점에서 보험과 차이가 있고 자유로이 처분 가능하지만 보험은 사고가 발생하지 않는 한 공동재산은 그대로 존속한다는 점에서 차이가 있는데, 생명보험의 경우에는 저축성이 가미된 경우가 많다.

2. 기능

보험은 자신의 위험을 타인에게 분산하는 위험분산기능을 하며 재보험을 통한 위험분산의 국제화도 구현한다. 위험분산을 통해 가입자는 생활의 안정감을 가질 수 있고, 책임보험의 경우에는 피해자에 대한 생활보장이라는 사회보장적 기능도 한다. 보험사로서는 보험사고의예방을 통한 수익실현을 위하여 사고예방활동을 하게 되므로 손해방지기능도 있고, 축적된 보험료를 장기투자 등에 활용하여 시장경제의 자금공급원의 기능도 있다.

다른 한편으로는 보험금을 노린 살인이나 방화 등 범죄의 유인이 되기도 한다.

3. 보험의 종류

보험에는 의료보험, 산업재해보상보험 등 국가나 공공단체가 운영하는 공보험과 보험회사가 운영하는 사보험이 있다. 사보험은 사람의 신체에 대하여 생긴 사고를 대상으로 하는 생명보험 같은 인보험과 가입자의 재산에 대하여 생긴 사고를 대상으로 하는 화재보험 같은 물보험, 보험사고로 인하여 재산에 생긴 손해를 보상하는 것을 목적으로 하는 손해보험과 생명보험처럼 재산과 관계없이 미리 약정한 금액을 지급하기로 하는 생명보험으로 구분된다.

4. 보험법

보험법은 보험관계를 규율하는 법으로 공보험에 관한 법으로는 산업재해보상보험법, 국민건강보험법, 수출보험법, 선원보험법 등이 있고, 사보험에 관한 법으로는 상법의 보험편과 보험회사의 건전한 운영, 보험계약자·피보험자 등의 권익보호를 위해 보험사업을 규율하는 보험사업감독법이 있다.

5. 보험약관

1) 개념

보험약관이란 보험자가 다수·동질의 보험계약을 체결하기 위하여 미리 작성한 알반·정형·표준적인 계약조항으로 보통거래약관의 일종이다.

이러한 약관은 보험회사가 일방적으로 작성하는 것이기 때문에 일정한 규제가 가해지며 특히 당사자 간의 특약으로 보험계약자의 불이익하게 변경하지 못하도록 법으로 제한하고 있다.

2) 성질

보험약관은 그 내용이 합리적이고 당사자 간의 반대특약이 없는 한 계약당사자를 구속한다. 그 구속력의 근거에 대해서는 일종의 법규범이라는 입장과 당사자의 의사에 근거한다는 입장이 있는데, 판례는 보통보험약관이 계약당사자에 대하여 구속력을 갖는 것은 그 자체가 법규범 또는 법규범적 성질을 가진 계약이기 때문이 아니라 보험계약당사자 사이에서 계약내용에 포함시키기로 합의하였기 때문이라고 볼 것으로, 당사자 사이에서 보통보험약관을 계약내용에 포함시킨 보험계약서가 작성된 경우에는 계약자가 그 보험약관의 내용을 알지 못하는 경우에도 그 약관의 구속력을 배제할 수 없는 것이 원칙이나, 당사자 사이에서 명시적으로 약관에 관하여 달리 약정한 경우에는 위 약관의 구속력은

배제된다고 보아 의사설의 입장이다.[257]

3) 약관의 교부·명시·설명의무

보험자 및 보험계약의 체결 또는 모집에 종사하는 자는 보험계약의 체결에 있어서 보험계약자 또는 피보험자에게 보험약관에 기재되어 있는 보험상품의 내용, 보험료율의 체계 및 보험청약서상 기재사항의 변동사항 등 보험계약의 중요한 내용에 대하여 구체적이고 상세한 명시·설명의무를 지고 있으므로 보험자가 이러한 보험약관의 명시·설명의무에 위반하여 보험계약을 체결한 때에는 그 약관의 내용을 보험계약의 내용으로 주장할 수 없다.[258]

보험자에게 보험약관의 명시·설명의무가 인정되는 것은 어디까지나 보험계약자가 알지 못하는 가운데 약관에 정하여진 중요한 사항이 계약 내용으로 되어 보험계약자가 예측하지 못한 불이익을 받게 되는 것을 피하고자 하는 데 그 근거가 있다고 할 것이므로, 보험약관에 정하여진 사항이라고 하더라도 거래상 일반적이고 공통된 것이어서 보험계약자가 별도의 설명 없이도 충분히 예상할 수 있었던 사항이거나 이미 법령에 의하여 정하여진 것을 되풀이하거나 부연하는 정도에 불과한 사항이라면 그러한 사항에 대하여서까지 보험자에게 명시·설명의무가 인정된다고 할 수 없다.[259]

4) 보험약관의 변경

계속적인 보험계약이 체결된 후 약관이 변경되면 기존의 보험계약자에게는 소급효가 없으나, 보험계약자에게 이익이 될 경우에는 소급효를 인정할 수 있다.

5) 약관의 해석원칙

보험약관은 다수의 보험계약자를 대상으로 하고 있으므로 당사자의 개별적이

---

257) 대판 1985.11.26. 84다카2543.

258) 대판 1997.9.26. 97다4494. 보험자가 보험계약자에게 보험약관을 우송하면서 주 운전자를 허위로 기재하면 보험금을 받지 못하는 경우가 있으므로 기존의 계약 내용 중 잘못된 부분이 있으면 이를 즉시 수정 신고해야 한다는 취지의 안내문을 동봉하여 우송한 사정만 가지고서 바로 보험계약자가 주 운전자제도와 관련된 보험약관의 구체적인 내용을 알고 있었다거나, 보험자가 보험계약자에게 주 운전자를 부실 신고한 경우에 입게 되는 계약 해지의 불이익에 관하여 구체적이고도 상세한 설명을 하였음을 추인하기에 부족하다. 대판 1999.3.9. 98다43359. 통신판매 방식으로 체결된 상해보험계약에서 보험자가 약관 내용의 개요를 소개한 것이라는 내용과 면책사고에 해당하는 경우를 확인하라는 내용이 기재된 안내문과 청약서를 보험계약자에게 우송한 것만으로는 보험자의 면책약관에 관한 설명의무를 다한 것으로 볼 수 없다고 한 사례.

259) 대판 1998.11.27. 98다32564.

고 구체적인 의사보다는 모든 보험계약자에게 평등하게 적용될 수 있도록 객관적 일의적으로 해석되어야 하는데, 이를 객관적 해석의 원칙이라고 한다.

약관의 인쇄된 조항과 계약 시 당사자의 합의하에 삽입된 조항 사이에 충돌이 있는 경우에는 삽입한 조항이 우선하는데, 이를 개별약정우선의 원칙이라고 한다.

약관에 불명확한 점이 있는 경우에는 작성자에게 불리하게 해석하여야 하는데, 이를 작성자 불이익의 원칙이라고 한다.

약관이 명확할 경우에도 그 내용이 신의칙에 반할 경우에는 신의칙에 맞게 수정 해석되어야 하는데, 이를 수정해석의 원칙이라고 한다.[260]

6) 보험약관에 대한 규제

보험약관은 보험계약에 대하여 전문기술과 정보를 가진 보험자에 의하여 일방적으로 작성되므로 보험자가 경제적으로 우월한 지위를 이용하여 부당한 내용이 삽입될 가능성이 높다. 특히 보험계약의 경우 보험계약자의 급부가 장기에 걸쳐 이루어지고, 보험자의 급부는 뒤늦게 이루어지므로 부당계약이 체결되어도 상당기간 발견되기 어려운 문제가 있다.

이에 상법은 보험계약자의 불이익변경금지원칙을, 약관규제법은 불공정한 약관의 사용금지 등을 규정하고 있고, 행정적으로는 감독관청에 대한 신고, 감독관청의 변경·사용중지명령 등의 규제가 있다.

---

260) 대판(전합) 1991.12.24. 90다카23899, 약관의규제에관한법률 제6조 제1항, 제2항, 제7조 제2, 3호가 규정하는 바와 같은 약관의 내용통제원리로 작용하는 신의성실의 원칙은 보험약관이 보험사업자에 의하여 일방적으로 작성되고 보험계약자로서는 그 구체적 조항내용을 검토하거나 확인할 충분한 기회가 없이 보험계약을 체결하게 되는 계약 성립의 과정에 비추어, 약관 작성자는 계약 상대방의 정당한 이익과 합리적인 기대 즉 보험의 손해전보에 대한 합리적인 신뢰에 반하지 않고 형평에 맞게끔 약관조항을 작성하여야 한다는 행위원칙을 가리키는 것이며, 보통거래약관의 작성이 아무리 사적 자치의 영역에 속하는 것이라고 하여도 위와 같은 행위원칙에 반하는 약관조항은 사적 자치의 한계를 벗어나는 것으로서 법원에 의한 내용통제 즉 수정해석의 대상이 되는 것은 당연하며, 이러한 수정해석은 조항 전체가 무효사유에 해당하는 경우뿐만 아니라 조항 일부가 무효사유에 해당하고 그 무효부분을 추출 배제하여 잔존부분만으로 유효하게 존속시킬 수 있는 경우에도 가능하다.

Ⅱ. 보험계약

1. 개념

보험계약이란 보험자가 보험계약자로부터 일정한 대가를 받고 보험사고가 발생할 경우 일정한 급부를 할 것을 약속한 계약을 말한다.

2. 보험계약관계자

1) 보험자

보험자는 보험사고가 발생할 경우 보험금을 지급할 의무를 지는 자(보험회사)를 말한다.

2) 보험계약자

보험계약자는 자기 명의로 보험계약을 체결하고 보험료를 지급하는 보험가입자를 말한다. 생명보험에서는 피보험자의 동의가 있어야 유효하므로 피보험자의 동의를 받은 자만 보험계약자가 될 수 있다.

3) 피보험자

피보험자는 손해보험에서는 사고가 발생한 때 보험금 지급을 받는 사람, 인보험에서는 보험사고의 객체로서 자신의 생명과 신체를 보험에 붙은 사람을 말한다.

4) 보험수익자

인보험에서 보험계약에 의하여 보험금을 지급받을 자로 지정된 자를 보험수익자라고 한다.

5) 보험대리점

보험대리점은 일정한 보험자를 위하여 계속적으로 보험계약의 체결을 대리하거나 중개하는 것을 영업으로 하는 자로 금융감독위원회에 등록한 자를 말한다.

6) 보험중개사

보험중개사는 보험계약자를 위하여 보험계약의 성립을 중개하는 자로 그 내용이 보다 전문적인 해상보험에서 주로 이용된다. 우리나라는 중개행위만을 허용하는 데 반하여 외국의 경우는 보험계약자에게 합당한 보험종목부터 보험자의 선정에 이르기까지 전문적인 조언을 하고 보험계약자를 대리하여 계약체결을 하기도 한다.

7) 보험설계사

보험설계사란 보험회사에 종속되어 고객의 발굴·소개·가입촉진 등 보험회사를 위하여 보험계약의 체결을 중개하는 자로 인보험에 많다.

보험모집인이 소속 보험회사와의 고용계약이나 도급적 요소가 가미된 위임계약에 바탕을 둔 소속보험회사의 사용인으로서 보험계약의 체결대리권이나 고지수령권이 없는 중개인에 불과하다 하여도 오늘날의 보험업계의 실정에 비추어 제1회 보험료의 수령권이 있음을 부정할 수는 없다.[261]

3. 보험의 목적

보험의 목적은 보험계약에서 정한 보험사고 발생의 객체가 되는 사람 혹은 재산을 말한다. 물건은 위법한 물건이 아닌 한 보험의 목적이 될 수 있으나, 사람은 15세 미만 자·심신상실자·심신박약자 등은 사망보험의 대상이 될 수 없다.

4. 보험사고

1) 개념

보험계약은 위험을 전제로 하고 있는데 전제된 위험이 현실화된 것을 보험사고라고 한다. 보험사고는 우연성·발생가능성·특정성을 요구한다.

2) 우연성

우연선이란 보험사고의 발생 여부가 불확실하거나 발생은 확실하지만 시기가 불명한 경우(사람의 사망)를 말한다.[262]

---

261) 대판 1989.11.28. 88다카33367.

3) 발생가능성

보험사고는 발생 가능한 사고여야 한다. 사자에 대한 생명보험이나, 회재로 소실한 건물에 대한 화재보험은 발생이 불가능하거나 이미 발생한 사고를 보험사고로 하므로 무효이다.

다만 당사자가 계약당시 위험의 발생 여부에 관하여 알지 못했을 경우에는 유효하다.

4) 특정성

보험사고는 보험목적에 대한 특정한 사고여야 한다. 보험사고의 범위는 보험의 종류에 따라 정해지는데, 화재·사망 등 특정한 사고로 한정되는 경우가 일반적이나, 운송이나 항해 중 발생할 수 있는 모든 사고와 같이 포괄적으로 한정하는 경우는 유효하다.

5. 보험료·보험금액·보험금·보험기간

1) 보험료

보험료란 보험지가 보험사고에 대하여 보험계약자가 보험자에게 지급하는 보수로서 위험부담에 따른 반대급여이다. 제1회 보험료의 지급 여부는 보험계약 성립 후 보험자의 책임개시 시기 결정 기준이 되고, 이후의 계속보험료는 이를 지급하지 않으면 보험자의 계약해지 사유가 된다.

2) 보험금액·보험금

보험금액은 보험사고가 발생한 경우에 보험자가 지급하기로 약정한 금액이고, 보험금은 보험사고 발생 시 실제 지급하는 금액으로 정액보험에서는 양자가 일치하지만, 부정액보험에서는 보험금액은 보험자 책임의 최고한도액이 된다.

3) 보험기간

보험기간은 보험자가 책임을 지는 기간을 말한다. 보험기간의 시기는 통상 당사자 간에 약정되어 계약체결일의 24시부터로 정하는 것이 대부분이나, 약정

---

262) 대판 2001.7.24. 2000다20878, '우연한 사고로 입은 손해'라 함은 보험계약의 성립 당시 그 발생 여부나 발생시기 또는 발생방법 등이 객관적으로 확정되지 아니한 사고로 인한 손해를 의미한다.

이 없는 경우는 최초의 보험료를 수령한 때부터 시작하는 것으로 본다.

6. 보험계약의 체결

1) 보험계약의 성립
① 청약과 승낙

보험계약은 보험계약자의 청약과 보험자의 승낙으로 성립한다. 청약의 방식은 제한이 없고, 구두·서면·전화·인터넷 등 다양한 방식으로 행해진다. 통상은 보험설계사에 의한 청약의 유인이 있고, 보험계약자가 청약서에 일정한 사항을 기재하고 1회 보험료를 납입하면서 보험료영수증을 받는 식으로 청약이 이루어진다.

보험자는 보험설계사로부터 청약서를 넘겨받아 승낙 여부를 결정한다. 보험계약은 상사계약이므로 보험자의 승낙은 승낙기간을 정한 경우에는 그 기간 내에, 정하지 않은 경우에는 상당한 기간 내에 승낙의 통지를 발송하면 계약이 성립한다.

② 승낙의제

보험자가 보험계약자로부터 보험계약의 청약과 함께 보험료 상당액의 전부 또는 일부의 지급을 받은 때에는 다른 약정이 없으면 30일 내에 그 상대방에 대하여 낙부의 통지를 발송하여야 한다. 인보험계약의 피보험자가 신체검사를 받아야 할 경우에는 그 기간은 신체검사를 받은 날부터 기산한다. 보험자가 위의 규정에 의한 기간 내에 낙부의 통지를 해태한 때에는 승낙한 것으로 본다.

보험자가 보험계약자로부터 보험계약의 청약과 함께 보험료 상당액의 전부 또는 일부를 받은 경우에 그 청약을 승낙하기 전에 보험계약에서 정한 보험사고가 생긴 때에는 그 청약을 거절할 사유가 없는 한 보험자는 보험계약상의 책임을 진다. 그러나 인보험계약의 피보험자가 신체검사를 받아야 하는 경우에 그 검사를 받지 아니한 때에는 그러하지 아니하다.

③ 보험약관의 교부·설명의무

보험자는 보험계약을 체결할 때에 보험계약자에게 보험약관을 교부하고 그 약관의 중요한 내용을 알려 주어야 한다.

보험자가 이에 위반한 때에는 보험계약자는 보험계약이 성립한 날부터 1개월 내에 그 계약을 취소할 수 있다.

2) 고지의무

① 개념

고지의무란 보험계약자 또는 피보험자가 보험계약을 체결함에 있어서 중요한 사항을 보험자에게 알려야 하는 의무를 말한다.

② 근거

사행계약성을 가지는 보험계약은 도덕적 위험에 노출되어 있어 보험계약자의 선의가 필수적이고, 한편 보험자로서는 다수의 보험계약자에 대한 정보를 스스로 모두 파악하기 어려우므로 이를 위해 마련된 제도가 고지의무제도이다.

③ 당사자

고지의무자는 보험계약자 또는 그 대리인, 피보험자이다.

고지의 상대방은 보험자, 보험계약체결 대리인이다. 보험설계사는 계약체결을 중개하는 데 그치고 계약체결권이 없어 고지수령권도 없고, 보험중개대리상, 보험중개사도 마찬가지이다.

④ 고지의무의 이행

가. 고지사항은 보험계약체결에 중요한 사항이다. 중요한 사항이란 보험자가 보험사고의 발생과 그로 인한 책임부담의 개연율을 측정하여 보험계약의 체결 여부 또는 보험료나 특별한 면책조항의 부가와 같은 보험계약의 내용을 결정하기 위한 표준이 되는 사항으로서, 객관적으로 보험자가 그 사실을 안다면 그 계약을 체결하지 않든가 또는 적어도 동일한 조건으로는 계약을 체결하지 않으리라고 생각되는 사항을 말하고, 어떠한 사실이 이에 해당하는가는 보험의 종류에 따라 달라질 수밖에 없는 사실인정의 문제로서 보험의 기술에 비추어 객관적으로 관찰하여 판단되어야 한다.[263] 예로는 피보험자의 기왕증·현재증·부모의 생존 여부·나이·신분·직업 등이다.

다른 보험체결 사실에 대해서는 생명·상해보험에서는 청약서상의 질문사항인 경우 고지사항이나,[264] 손해보험에서는 약관에서 고지사항으로 정하고 있더

___

263) 대판 2001.11.27. 99다33311.
264) 대판 2004.6.11. 2003다18494.

라도 이는 중복책임관계를 정리하기 위한 것이어서 고지사항이 아니라는 것이 판례이다.265)

나. 고지의 시기·방법

고지시기에 관하여 상법은 보험계약 체결당시라고 규정하고 있으나, 보험계약 성립 시까지 고지하면 충분하다고 본다.

고지방식은 제한이 없으나 통상은 보험자가 작성한 질문서에 답하는 방식으로 이루어진다.

⑤ 고지의무 위반

가. 요건

주관적 요건으로 고지의무자에게 고지의무 위반에 대한 고의·중과실이 있고, 객관적 요건으로 중요한 사항을 불고지하거나 부실 고지해야 한다. 고의·중과실은 중요한 사실의 존재 자체는 알고 있었는데 이를 일부러 또는 중과실로 알리지 않은 것을 뜻하고, 중요한 사실의 준재 자체를 중과실로 모른 경우는 포함하지 않는다. 그렇지 않으면 고지의무자에게 탐지의무를 부과하는 것이 되어 과중한 부담이 되기 때문이다.

나. 효과

a. 해지권

고지의무는 일종의 간접의무로서 보험자는 그 불이행에 대한 손해배상책임을 물을 수는 없고, 보험사고의 발생 전후를 불문하고 보험계약을 해지할 수 있을 뿐이다. 보험계약자는 기왕 납부한 보험료의 반환청구는 못 하고 장래의 납부의무만을 면한다. 보험자는 해지의 효과에 대한 예외로 기왕에 지급한 보험금의 반환을 청구할 수 있다.

b. 효과의 제한

보험자의 해지권은 고지의무 위반사실을 안 날로부터 1개월, 계약을 체결한 날로부터 3년 내에 한하여 향사할 수 있고(제척기간이다), 보험자가 계약당시 고지의무 위반사실을 알았거나 중대한 과실로 모른 경우에는 보험계약을 해지할 수 없다. 고의·중과실은 고지수령권이 있는 체약대리상과 보험의 그것도 포함된다.

---

265) 대판 2003.11.13. 2001다49623.

고지의무 위반이 있더라도 그것이 보험사고의 발생에 영향을 미치지 아니하였을 경우에는 해지할 수 없다. 그 주장·증명책임은 보험계약자에게 있다.[266]

3) 보험자의 의무

① 보험증권의 교부의무

보험자는 보험계약이 성립한 때에는 지체 없이 보험증권을 작성하여 보험계약자에게 교부하여야 한다. 그러나 보험계약자가 보험료의 전부 또는 최초의 보험료를 지급하지 아니한 때에는 그러하지 아니하다.

보험증권의 성질과 관련하여 인보험증권은 성질상 지시식이나 무기명식으로 발행될 수 없어 유가증권성을 인정할 수 없으나, 물건보험 특히 운송보험이나 해상적하보험증권은 지시식·무기명식으로도 발행되므로 설이 나뉜다. 화물상환증·선하증권·창고증권 등과 같은 유통증권에 부수하여 유통성이 인정되는 지시식보험증권에만 유가증권성을 인정하는 견해가 유력하다.

② 보험금지급의무

보험기간 중 보험사고가 발생하면 보험자는 면책사유에 해당하지 않는 한 보험금을 지급하여야 한다. 보험자가 보험계약자로부터 보험계약의 청약과 함께 보험료 상당액의 전부 또는 일부를 받은 경우에 그 청약을 승낙하기 전에 보험계약에서 정한 보험사고가 생긴 때에는 그 청약을 거절할 사유가 없는 한 보험자는 보험계약상의 책임을 진다.

면책사유로는 보험계약자·피보험자 등이 고의·중과실에 의한 보험사고 발생,[267] 전쟁 기타 변란에 의한 보험사고의 발생,[268] 기타 보험료 지급의무 불이

---

266) 대판 1997.9.5. 95다25268.

267) 대판 2001.4.24. 2001다10199. 고의행위라고 구분 짓기 위해서는 특별한 사정이 없는 한 구체적인 정신능력으로서의 책임능력이 전제되어 있다고 볼 것이어서 '피보험자의 고의에 의한 손해'에 해당한다고 하려면 그 피보험자가 책임능력에 장애가 없는 상태에서 고의행위를 하여 손해가 발생된 경우여야 한다.
대판 1994.8.26. 94다4073. 자동차운전자가 자동차대여업자로부터 자동차를 대여받음에 있어 도로교통법 제77조에 의하여 운전하는 때에 반드시 지녀야 할 운전면허증이나 이에 갈음하는 증명서가 아닌 운전면허증 사본을 제시한다는 것은 극히 이례적인 일이라고 할 것이므로 자동차대여업자로서는 조금만 주의를 기울여 그 원본이나 주민등록증의 제시를 요구하는 등의 방법으로 확인하였더라면 쉽게 그 진위를 가려볼 수 있었을 것인데도 이를 태만히 한 것은 중대한 과실에 속한다.

268) 대판 1991.11.26. 91다18682. 자동차종합보험보통약관 제10조 제1항 제2호에서 전쟁, 혁명, 내란, 사변, 폭동, 소요 기타 이들과 유사한 사태를 보험자의 면책사유로 규정한 취지는 위와 같은 사태하에서는 보험사고 발생의 빈도나 그 손해 정도를 통계적으로 예측하는 것이 거의 불가능하여 타당한 보험료를 산정하기 어려울 뿐 아니라 사고발생 시에는 사고의 대형화와 손해액의 누적적인 증대로 보험자의 인수능력을 초과할 우려가 있다는 데에 있는바, 본래 보험제도 자체가 쉽게 예측하기 어려운 장래의 우연적, 돌발적 사고로 인

행·고지의무 위반·위험변경·증가에 대한 통지해태를 원인으로 보험계약을 해지한 경우 등 상법이 부지급사유로 규정한 경우와 약관에 의한 면책사유가 있을 때가 있다.

가족이나 고용인의 고의·중대한 과실로 보험사고가 발생한 경우 보험자 면책약관에 관하여 판례는 그 약관이 피보험자의 고의·중과실과 무관하게 면책을 인정한 것이면 불이익변경금지원칙에 위반하여 무효라고 본다.[269]

③ 보험금청구권의 소멸시효

보험자의 보험금지급의무는 2년의 소멸시효기간 경과로 소멸한다. 시효의 기산점은 특별한 약정이 없는 경우에는 보험사고 통지 후 보험금액이 확정된 날로부터 10일이 경과한 다음 날부터 보험금지급의무가 발생한다는 규정에 따라 그때부터라는 것이 통설이나, 판례는 보험사고의 발생을 알았거나 알 수 있었던 날로부터라고 본다.[270] 피보험자 보호의 측면에서는 학설의 입장이 타당하다.

4) 보험계약자 등의 의무

① 보험료지급의무

보험계약이 성립되면 보험계약자는 지체 없이 보험료의 전부 또는 1회 보험료를 지급해야 한다. 보험기간 중 위험이 현저히 증가하거나 소멸한 경우 등에는 보험료의 증감을 청구할 수 있다.

② 통지의무

보험기간 중 보험계약자 또는 피보험자가 사고발생의 위험이 현저하게 변경 또는 증가된 사실을 알게 된 때에는 지체 없이 이를 보험자에게 통지하여야 한다. 현저한 변경·증가라 함은 계약체결 당시 그러한 사실이 존재하였더라면

한 손해를 담보하기 위한 것이므로 위와 같은 사고발생의 예측곤란과 피해극대화를 이유로 한 면책사유의 요건은 이를 엄격하게 해석하여야 할 것이고, 따라서 위 조항에 열거된 면책사유 중 '소요'는 폭동에는 이르지 아니하나 한 지방에서의 공공의 평화 내지 평온을 해할 정도로 다수의 군중이 집합하여 폭행, 협박 또는 손괴 등 폭력을 행사하는 상태를 말하는 것으로 보아야 할 것이다. 프로야구 경기장에서 연고팀이 역전패당한 것에 불만을 품은 1,000여 명의 관중들이 상대팀 선수들을 태우고 떠나려는 버스 앞을 가로막고 돌과 빈 병 등을 던지는 소동 중 위 버스에 의해 야기된 교통사고에 있어 위 폭력사태가 그 일어나게 된 경위와 장소 및 사고발생 당시에 있어서의 폭력행사의 정도 등에 비추어 위 '가'항의 소요에 해당하는 것으로는 보기 어렵다.
대판 1994.11.22. 93다55975, 원천 봉쇄한 범민족대회에 참석하고자 하던 대학생들의 화염병시위는 소요가 아니다.
269) 대판 1984.1.17. 83다카1940.
270) 대판 1993.7.13. 92다39822.

보험자가 계약을 체결하지 않았거나, 동일한 조건으로는 체결하지 않았을 것으로 인정되는 경우를 말한다.

통지의무를 이행한 경우 보험자는 1개월 내에 보험료의 증액을 청구하거나 해지할 수 있다. 통지의무를 해태한 경우에는 해태한 사실을 안 날로부터 1개월 내에 계약을 해지할 수 있다.

③ 사고발생통지의무

보험계약자나 피보험자나 보험수익자는 보험사고 발생을 안 때에는 지체 없이 보험자에게 그 사실을 통지해야 한다. 통지가 있을 때까지는 보험자는 보험금지급에 대한 지체책임을 지지 않고, 손해가 증가하여도 증가된 손해를 보상할 필요가 없다.

7. 보험계약의 무효·취소·종료·부활

1) 무효·취소

보험계약은 의사표시에 관한 일반적 무효·취소원인 외에 보험사고의 기발생, 보험계약자의 사기로 인한 초과·중복보험, 타인의 동의를 얻지 못한 보험계약, 15세 미만자 등의 사망을 보험사고로 하는 보험계약 등이 무효원인이고, 약관교부·설명의무위반 등은 취소원인이다.

2) 종료

유효하게 성립한 보험계약도 기간만료, 위험 또는 보험목적의 소멸, 보험사고 발생 등으로 종료한다.

보험계약은 계약자가 사고 발생 전에는 언제든지 해지할 수 있으며, 1회 보험료의 경우 2개월 동안 납입하지 않으면 해제된 것으로 보게 되므로 이때도 종료한다.

3) 부활

보험료지급지체로 보험계약이 해지되었더라도 해지환급금이 지급되지 않은 경우에는 보험계약자는 일정한 기간 내에 연체보험료에 약정이자를 붙여 보험자에게 지급하고 계약의 부활을 요청할 수 있다.

제4절 해상법

Ⅰ. 해상법과 해상기업

1. 개념과 특수성

해상법이란 해상기업의 생활관계 즉 그 조직과 활동에 관한 법이다. 형식적으로는 상법의 해상 편에 관한 규정을 말하는 실질적으로는 해상기업과 관련된 선박법, 선원법, 해운법, 선박소유자의 책임제한에 관한 법률, 수난구호법, 해난사고의 조사 및 심판에 관한 법들을 포괄한다. 해상매매나 해상보험계약의 체결은 보조적 상행위이므로 해상법에 포함시키지 않는다.

해상기업의 활동은 상행위의 일종이지만 해상기업은 활동장소가 해양이라는 점에서 육상과 비교할 때 위험이 높고, 영업주가 기업활동을 감독하는 것이 곤란하며 기업활동에 대한 증거보전이 어렵고, 중요한 영업재산인 선박은 부동산에 준하는 특수한 동산이어서 양도·관리·기업금융 등에서 특수성이 있다.

이에 상법은 해상기업의 활동을 상행위 편에 두지 않고 독립적으로 규정하고 있으며, 선박소유자의 책임제한 규정과 같이 그 내용도 다른 사법과는 다른 것이 많다.

또한 해상기업활동은 국제적으로 이루어지는 것이 대부분이어서 국제적으로 통일되고 있고, 선하증권통일규칙, 해상여객운송조약, 해사채권책임조약, 국제해성충돌예방규칙협약, 해상에서의 인명안전에 관한 국제협약 등의 형태로 나타나고 있다.

2. 해상기업조직

1) 선박

해상법에서의 선박이란 상행위 기타 영리를 목적으로 항해에 사용하는 선박만을 의미한다. 영리를 목적으로 해야 하므로 학술탐사선이나 스포츠용 선박은 제외된다. 항해요건을 갖추어야 하므로, 호천·항만을 제외한 해상에서 항해에 사용하는 것만이 해당한다. 선박의 요건을 갖추어야 하므로 수상이나 수중의 항해용으로 제공된 건조물로서 자력이나 타력예선 또는 육상의 인력·기계력에 의한 항행능력이 있어야 한다.

2) 해상기업의 주체

해상기업의 주체로는 선박소유자·공유자, 선박임차인, 정기용선자 등이 있다.

① 선박소유자·공유자

선박의 소유자는 상법상으로는 자기가 소유하는 선박을 해상기업활동의 목적으로 항해에 사용하는 자를 말한다. 선박소유자책임제한제도에서의 선박소유자는 소유권자 외에 공유자·임차인·정기용선자까지 포함하는 개념이다.

선박공유자는 수인이 선박을 공유하는 것으로, 선박의사용에 관한 의사결정은 공유자 지분의 가격에 따른 과반수로 결정하나, 선박공유에 관한 사항을 변경하는 사항은 전원일치로 하여야 한다. 다수결의 경우 반대자는 다른 공유자에 대하여 상당한 가격으로 자기 지분의 매수청구를 할 수 있다. 선박공유자는 선박의 이용에 관한 행위를 할 수 있는 포괄적 대리권을 가지는 선박관리인을 선임하여야 한다.

② 선박임차인

선박임차인이란 타인 소유의 선박을 임차하여 영리목적으로 항해에 이용하는 자를 말한다.

선박소유자와 임차인의 내부관계는 민법상 임대차관계이다.

선박임차인과 제3자와의 외부관계는 선박임차인은 제3자에 대하여 선박소유자와 동일한 권리·의무가 있다. 이는 선박의 이용관계에서 발생한 제3자와의 채권·채무에 대하여 선박소유자가 아닌 선박임차인이 책임을 부담한다는 의미이다. 선박임대차를 등기하면 그때부터 제3자에게 대항력이 있다.

선박소유자는 선박을 이용하여 한 영업행위에 대하여 아무런 책임이 없으나, 선박운항 중 발생한 소송비용·제 세금·도선료·보존·검사비·고용계약상 채권·구조료·공동해손·선박충돌채권·선원(여객)의 생명신체에 대한 손해배상채권 등 우선특권이 발생한 경우에는 선박 및 그 부속물을 한도로 책임이 있다.

③ 정기용선자

가. 개념

정기용선자라 함은 정기용선계약은 선박소유자가 용선자에게 선원이 승무하고 항해장비를 갖춘 선박을 일정한 기간 동안 항해에 사용하게 할 것을 약정하고 용선자가 이에 대하여 기간으로 정한 용선료를 지급하기로 약정한 정기용선계약의 용선자를 말한다. 정기용선자는 일정기간 인적 조직을 포함한 타인 소유 선박의 사용·수익권을 얻어 자기 해상기업의 경영에 이용하는 자이다. 선박소유자로서는 선박의 인적 조직을 유지할 수 있어 기업의 유지와 선박의 보존·관리가 용이하고, 정기용선자에게는 선박의 물적·인적 시설에 대한 보존·관리에 따른 수고와 비용의 부담 없이 적은 초기비용으로 해상기업을 운영할 수 있고, 선박에 대한 수요의 증감에 절절히 대처할 수 있는 장점이 있다.

종전에는 해상관습상 널리 이용되는 계약이었으나, 상법에는 1991년 개정 당시에 신설되었다.

나. 법적 성질

선박임대차계약과는 달리 인적 조직까지 임대대상이 되지만 그에 대한 지휘·감독권은 선박소유자가 갖는 점 때문에 그 성격에 대하여 설이 나뉘나, 판례는 초기에는 당사자 간에 체결된 정기용선계약이 그 계약 내용에 비추어 선박에 대한 점유권이 용선자에게 이전되는 것은 아니지만 선박임대차와 유사하게 용선자가 선박의 자유사용권을 취득하고 그에 선원의 노무공급계약적인 요소가 수반되는 것이라면 이는 해상기업활동에서 관행적으로 형성 발전된 특수한 계약관계라 할 것으로서 이 경우 정기용선자는 그 대외적인 책임관계에 있어서 선박임차인에 관한 상법 제766조의 유추적용에 의하여 선박소유자와 동일한 책임을 지는 것이라 할 것이므로 정기용선자는 선장이 발행한 선하증권상의 운송인으로서의 책임을 부담한다 할 것이라고 했으나,271) 이후 정기용선계약에 있어서 선박의 점유, 선장 및 선원에 대한 임면권, 그리고 선박에 대한 전반적인 지배관리권은 모두 선주에게 있고, 특히 화물의 선적, 보관 및 양하 등에 관련된 상사적인 사항과 달리 선박의 항행 및 관리에 관련된 해기적인 사항에 관한 한 선장 및 선원들에 대한 객관적인 지휘·감독권은 달리 특별한 사정이

---

271) 대판 1992.2.25.91다14215.

없는 한 오로지 선주에게 있다 할 것이므로, 정기 용선된 선박의 선장이 항행상의 과실로 충돌사고를 일으켜 제3자에게 손해를 가한 경우 용선자가 아니라 선주가 선장의 사용자로서 상법 제845조 또는 제846조에 의한 배상책임을 부담하는 것이고, 따라서 상법 제766조 제1항이 유추 적용될 여지는 없으며, 다만 정기용선자에게 민법상의 일반 불법행위책임 내지는 사용자책임을 부담시킬 만한 귀책사유가 인정되는 때에는 정기용선자도 그에 따른 배상책임을 별도로 부담할 수 있다고 보아 운송계약설에 가까운 입장이다.[272]

다. 법률관계

a. 정기용선계약관계

선박소유자와 정기용선자와의 내부관계는 용선계약에 의해 정해지나, 국제적으로 Baltime Charter에 따라 정형화되어 있고, 정해져 있지 않은 사항에 대해서는 해사관습에 의하고 해사관습도 없는 경우에는 성질이 허용하는 한도에서 용선계약, 임대차에 관한 규정이 유추 적용된다.

㉠ 정기용선자의 선장지휘권

정기용선자는 약정한 범위 안의 선박의 사용을 위하여 선장을 지휘할 권리가 있다.

선장·해원, 그 밖의 선박사용인이 정기용선자의 정당한 지시를 위반하여 정기용선자에게 손해가 발생한 경우에는 선박소유자가 이를 배상할 책임이 있다.

㉡ 용선료지급의무와 선박소유자의 운송물유치권 및 경매권

정기용선자가 선박소유자에게 용선료·체당금, 그 밖에 이와 유사한 정기용선계약에 의한 채무를 이행하지 아니하는 경우에 선장은 위 금액의 지급과 상환하지 아니하면 운송물을 인도할 의무가 없고, 선박소유자는 위 금액의 지급을 받기 위하여 법원의 허가를 받아 운송물을 경매하여 우선변제를 받을 권리가 있고, 선장이 수하인에게 운송물을 인도한 후에도 운송인은 그 운송물에 대하여 위의 권리를 행사할 수 있다. 다만, 인도한 날부터 30일을 경과하거나 제3자가 그 운송물에 점유를 취득한 때에는 그러하지 아니하다.

다만 선박소유자는 정기용선자가 발행한 선하증권을 선의로 취득한 제3자에게 대항하지 못한다.

---

272) 대판 2003.8.22. 2001다65977.

선박소유자의 운송물에 대한 권리는 정기용선자가 운송물에 관하여 약정한 용선료 또는 운임의 범위를 넘어서 행사하지 못한다.

ⓒ 용선료의 연체와 계약해지 등

정기용선자가 용선료를 약정기일에 지급하지 아니한 때에는 선박소유자는 계약을 해제 또는 해지할 수 있다.

정기용선자가 제3자와 운송계약을 체결하여 운송물을 선적한 후 선박의 항해 중에 선박소유자가 위에 따라 계약을 해제 또는 해지한 때에는 선박소유자는 적하이해관계인에 대하여 정기용선자와 동일한 운송의무가 있다.

선박소유자가 위에 따른 계약의 해제 또는 해지 및 운송계속의 뜻을 적하이해관계인에게 서면으로 통지를 한 때에는 선박소유자의 정기용선자에 대한 용선료·체당금, 그 밖에 이와 유사한 정기용선계약상의 채권을 담보하기 위하여 정기용선자가 적하이해관계인에 대하여 가지는 용선료 또는 운임의 채권을 목적으로 질권을 설정한 것으로 본다.

위의 경우 선박소유자 또는 적하이해관계인의 정기용선자에 대한 손해배상청구에 영향을 미치지 아니한다.

ⓓ 정기용선계약상의 채권의 소멸

정기용선계약에 관하여 발생한 당사자 사이의 채권은 선박이 선박소유자에게 반환된 날부터 2년 이내에 재판상 청구가 없으면 소멸한다. 이 기간은 당사자의 합의에 의하여 연장될 수 있다.

b. 정기용선자와 제3자와의 관계

정기용선의 성질에 관한 위 두 판결은 제3자와의 사이에서 벌어지는 상사적 관계와 해기적 관계를 구분하여 본 것으로 볼 수 있다.

92년 판결이 정기용선자는 그 대외적인 책임관계에 있어서 선박임차인에 관한 상법 제766조의 유추적용에 의하여 선박소유자와 동일한 책임을 지는 것이라 할 것이므로 정기용선자는 선장이 발행한 선하증권상의 운송인으로서의 책임을 부담한다 할 것이다라고만 한 것에 반하여, 2003년 판결은 화물의 선적, 보관 및 양하 등에 관련된 상사적인 사항과 달리 선박의 항행 및 관리에 관련된 해기적인 사항에 관한 한 선장 및 선원들에 대한 객관적인 지휘·감독권은 달리 특별한 사정이 없는 한 오로지 선주에게 있다 할 것이므로, 정기 용선된 선박의 선장이 항행상의 과실로 충돌사고를 일으켜 제3자에게 손해를 가한 경우 용선자가 아니라 선주가 선장의 사용자로서 상법 제845조 또는 제846조에 의한 배상책임을 부담하는 것이고, 따라서 상법 제766조 제1항이 유추 적용될 여지는 없으며, 다만 정기용선자에게 민법상의 일반 불법행위책임 내지는 사용자책임을 부담시킬 만한 귀책사유가 인정되는 때에는 정기용선자도 그에 따른 배상책임을 별도로 부담할 수 있다고 한 것은, 자신의 이름으로 선박을 영리에 이용하는 것이므로 그 외관을 신뢰한 제3자 보호의 필요성은 인정하되, 선주에 의하여 선임되고 지휘되는 선장 및 선원이 전담하는 항행 및 관리에 관련된 해기적 사항으로 인한 제3자에 대한 책임은 선주에게 있는 것으로 구분한 것이다.

3) 해상기업의 보조자

① 개념

해상기업의 보조자란 해상기업의 주체를 도와 해상기업활동을 보조하는 자로 독립된 상인성을 갖지 않는 선장과 같은 내부적 보조자, 상인성을 갖는 도선사와 같은 외부적 보조자가 있다.

② 선장

가. 개념

선장은 선박소유자의 피용자로서 특정선박의 항해를 지휘하고 그 대리인으로서 사법상·공법상 직무권한을 가진 자를 말한다.

나. 선장의 선임·해임

선장은 선박소유자가 선임 또는 해임한다.

선장은 불가항력으로 인하여 그 직무를 집행하기가 불능한 때에 법령에 다른 규정이 있는 경우를 제외하고는 자기의 책임으로 타인을 선정하여 선장의 직무를 집행하게 할 수 있는데 이를 대선장이라고 한다.

선박소유자가 정당한 사유 없이 선장을 해임한 때에는 선장은 이로 인하여 생긴 손해의 배상을 청구할 수 있다.

선장은 항해 중에 해임 또는 임기가 만료된 경우에도 다른 선장이 그 업무를 처리할 수 있는 때 또는 그 선박이 선적항에 도착할 때까지 그 직무를 집행할 책임이 있다.

다. 임의대리권

선장은 해상기업의 대리인으로서 대리권을 가지는데 선적항 내·외에 따라 그 범위가 다르다.

선적항에서 선장은 특히 위임을 받은 경우 외에는 해원의 고용과 해고를 할 권한만을 가진다. 이에 위반한 구조계약은 무효이다.[273]

선적항 외에서 선장은 항해에 필요한 재판상 또는 재판 외의 모든 행위를 할 권한이 있다. 대리권의 제한은 선의의 제3자에게 대항하지 못하나, 이 대리권은 특정선박의 특정항해에 한한다.

특수한 행위에 대한 권한은 법이 제한하고 있다. 선장은 선박수선료·해난구조료, 그 밖에 항해의 계속에 필요한 비용을 지급하여야 할 경우 외에는 선박 또는 속구를 담보에 제공하는 일·차재하는 일·적하의 전부나 일부를 처분하는 일을 하지 못한다.

적하를 처분할 경우의 손해배상액은 그 적하가 도달할 시기의 양륙항의 가격에 의하여 정한다. 다만, 그 가격 중에서 지급을 요하지 아니하는 비용을 공제하여야 한다.

운송계약체결권에 관해서는 설이 나뉘나, 판례는 긍정한다.[274]

라. 법정대리권

a. 적하처분권

선장은 항해 중의 선박의 안전 또는 적하의 안전을 위해 이를 처분할 수 있다.

선장이 항해 중에 적하를 처분하는 경우에는 이해관계인의 이익을 위하여 가장 적당한 방법으로 하여야 한다.

이해관계인은 선장의 처분으로 인하여 생긴 채권자에게 적하의 가액을 한도로 하여 그 책임을 진다. 다만, 그 이해관계인에게 과실이 있는 때에는 그러하지 아니하다.

이해관계인에는 선박소유자·송하인·수하인·선하증권소지인 등이 포함되며, 처분에는 법률행위도 있을 수 있으나 바다에의 투기 등 사실행위가 주일 것이다.

---

273) 대판 1991.12.24. 91다30880.
274) 대판 1875.12.23. 75다83.

b. 선박경매권

선적항 외에서 선박이 수선하기 불가능하게 된 때에는 선장은 해무관청의 인가를 받아 이를 경매할 수 있다.

선박의 수선불능이란 선박이 그 현재지에서 수선을 받을 수 없으며 또 그 수선을 할 수 있는 곳에 도달하기 불가능한 사실상 불능과 수선비가 선박 가액의 4분의 3을 초과할 때와 같이 경제적으로 불능인 경우이다.

선박의 가액은 선박이 항해 중 훼손된 경우에는 그 발항한 때의 가액으로 하고 그 밖의 경우에는 그 훼손 전의 가액으로 한다.

c. 구조료지급에 관한 선장의 권한

선장은 구조료를 지급할 채무자에 갈음하여 그 지급에 관한 재판상 또는 재판 외의 모든 행위를 할 권한이 있다.

선장은 그 구조료에 관한 소송의 당사자가 될 수 있고, 그 확정판결은 구조료의 채무자에 대해서도 효력이 있다.

d. 사망한 여객의 수하물처분의무

여객이 사망한 때에는 선장은 그 상속인에게 가장 이익이 되는 방법으로 사망자가 휴대한 수하물을 처분하여야 한다.

마. 법정처분권

a. 공동해손 처분권

선장은 선박과 적하의 공동위험을 면하기 위하여 선박 또는 적하를 처분할 수 있다. 이로 인하여 생긴 손해 또는 비용을 공동해손이라고 한다.

b. 위법선적물의 처분권

선장은 법령 또는 계약을 위반하여 선적된 운송물은 언제든지 이를 양륙할 수 있고, 그 운송물이 선박 또는 다른 운송물에 위해를 미칠 염려가 있는 때에는 이를 포기할 수 있다.

선장이 위의 물건을 운송하는 때에는 선적한 때와 곳에서의 동종 운송물의 최고운임의 지급을 청구할 수 있다.

이는 운송인과 그 밖의 이해관계인의 손해배상청구에 영향을 미치지 아니한다.

c. 위험물의 처분권

인화성·폭발성이나 그 밖의 위험성이 있는 운송물은 운송인이 그 성질을

알고 선적한 경우에도 그 운송물이 선박이나 다른 운송물에 위해를 미칠 위험
이 있는 때에는 선장은 언제든지 이를 양륙·파괴 또는 무해 조치할 수 있다.

운송인은 위의 처분에 의하여 그 운송물에 발생한 손해에 대해서는 공동해손
분담책임을 제외하고 그 배상책임을 면한다.

바. 선장의 의무와 책임

a. 보고·계산의 의무

선장은 항해에 관한 중요한 사항을 지체 없이 선박소유자에게 보고하여야 한다.

선장은 매 항해를 종료한 때에는 그 항해에 관한 계산서를 지체 없이 선박소
유자에게 제출하여 그 승인을 받아야 한다.

선장은 선박소유자의 청구가 있을 때에는 언제든지 항해에 관한 사항과 계산
의 보고를 하여야 한다.

b. 계속직무집행책임

선장은 항해 중에 해임 또는 임기가 만료된 경우에도 다른 선장이 그 업무를
처리할 수 있는 때 또는 그 선박이 선적항에 도착할 때까지 그 직무를 집행할
책임이 있다.

c. 임무해태에 대한 책임

선장은 수임인 또는 피용자로서 임무해태에 대한 책임이 있다.

d. 공법상의 권리의·무

선장은 선박 내의 모든 사람·물건에 대한 지배권과 명령권이 있다. 선원법
상의 해원감독의무, 감항능력검사의무, 항해성취의무, 재선의무, 구조의무, 선박
서류비치의무 등 공법상의 의무도 있다.

③ 기타 인적 조직

가. 해원

해원이란 임금을 받을 목적으로 선박 안에서 노무를 제공하는 자로 선장을
제외한 자이다.

나. 도선사

도선사란 항만·운하·강 등의 일정한 지역에서 선박에 탑승하여 선박을 안
전한 수로로 안내하는 사람을 말한다.

다. 선박사용인

선박사용인이란 임시로 선박의 노무에 종사하기 위하여 고용된 자로서 선적·양륙·이선·결선 등의 작업에 종사하는 자이다.

3. 선박소유자 책임제한제도

1) 개념

선박소유자 책임제한제도란 해상기업을 경영하는 자(선박소유자)의 책임을 일정한 한도에서 제한하는 제도이다. 해상기업은 바다의 항해라는 높은 위험을 전제로 하는 사업이고, 선박의 항해를 관리하는 선장은 광범위한 권한을 행사하는데, 항해 중에는 그에 대한 지휘감독이 사실상 어렵다는 점, 선박운송사고 시 그 손해범위가 막대하여 해상기업에 치명적이라는 점 등의 이유로 만들어진 제도이나, 오늘날에는 해상장비의 발달로 그 타당성에 대한 의문이 제기되고 있다.

책임제한의 입법례로는 선박소유자의 무한책임을 인정하고 항해종료 시의 해산을 위부함으로써 책임을 면하는 위부주의, 전액에 대하여 책임을 지지만 강제집행은 해산에 대해서만 할 수 있는 집행주의, 항해종료 시의 해산의 가액을 한도로 책임을 지나 해산을 위부하여 책임을 면할 수 있는 선가책임주의, 선박소유자의 책임을 매 사고 시마다 정하되, 인적 손해와 물적 손해를 구분하여 선박 톤수에 따라 일정비율로 산정한 금액을 한도로 책임을 지는 금액책임주의, 이들을 선택·병용하는 주의 등이 있다.

우리는 인적 손해와 물적 손해를 구분하여 금액책임주의에 따라 한도액을 정하고, 사고별로 한도액을 정한다.

2) 책임제한의 주체

해상기업의 주체와 그 사용자, 해난구조자 등이다. 선주에는 선박소유자, 선박공유자, 선박임차인, 용선자, 감독자(선박관리인), 해상기업의 주체에게 책임을 발생시킨 선장, 해원, 도선사, 기타 해상기업주체의 사용인·대리인 등이 포함된다.

3) 책임이 제한되는 채무

① 선박소유자는 청구원인(불법행위나 채무불이행)의 여하에 불구하고 다음 각 호의 채권에 대하여 그 책임이 제한된다. 다만, 그 채권이 선박소유자 자신의 고의 또는 손해발생의 염려가 있음을 인식하면서 무모하게 한 작위 또는 부작위로 인하여 생긴 손해에 관한 것인 때에는 그러하지 아니하다.

1. 선박에서 또는 선박의 운항에 직접 관련하여 발생한 사람의 사망, 신체의 상해 또는 그 선박 외의 물건의 멸실 또는 훼손으로 인하여 생긴 손해에 관한 채권

2. 운송물, 여객 또는 수하물의 운송의 지연으로 인하여 생긴 손해에 관한 채권

3. 제1호 및 제2호 외에 선박의 운항에 직접 관련하여 발생한 계약상의 권리 외의 타인의 권리의 침해로 인하여 생긴 손해에 관한 채권

4. 제1호부터 제3호까지의 채권의 원인이 된 손해를 방지 또는 경감하기 위한 조치에 관한 채권 또는 그 조치의 결과로 인하여 생긴 손해에 관한 채권

② 선박소유자가 책임의 제한을 받는 채권자에 대하여 동일한 사고로 인하여 생긴 손해에 관한 채권을 가지는 경우에는 그 채권액을 공제한 잔액에 한하여 책임의 제한을 받는 채권으로 한다.

③ 구조자의 책임제한

구조자 또는 그 피용자의 구조활동과 직접 관련하여 발생한 사람의 사망·신체의 상해, 재산의 멸실이나 훼손, 계약상 권리 외의 타인의 권리의 침해로 인하여 생긴 손해에 관한 채권 및 그러한 손해를 방지 혹은 경감하기 위한 조치에 관한 채권 또는 그 조치의 결과로 인하여 생긴 손해에 관한 채권에 대해서는 구조자도 책임을 제한할 수 있다.

구조자의 책임 한도액은 구조선마다 또는 구조자마다 동일한 사고로 인하여 생긴 모든 채권에 미친다.

구조자란 구조활동에 직접 관련된 용역을 제공한 자를 말하며, 구조활동이란 해난구조 시의 구조활동은 물론 침몰·난파·좌초·유기, 그 밖의 해양사고를 당한 선박 및 그 선박 안에 있거나 있었던 적하와 그 밖의 물건의 인양·제거·파괴 또는 무해조치 및 이와 관련된 손해를 방지 또는 경감하기 위한 모든 조

치를 말한다.

4) 책임의 한도액

① 선박소유자가 제한할 수 있는 책임의 한도액은 다음 각 호의 금액으로 한다.

1. 여객의 사망 또는 신체의 상해로 인한 손해에 관한 채권에 대한 책임의 한도액은 그 선박의 선박검사증서에 기재된 여객의 정원에 17만 5천 계산단위(국제통화기금의 1특별인출권에 상당하는 금액을 말한다. 이하 같다.)를 곱하여 얻은 금액으로 한다.

2. 여객 외의 사람의 사망 또는 신체의 상해로 인한 손해에 관한 채권에 대한 책임의 한도액은 그 선박의 톤수에 따라서 다음 각 목에 정하는 바에 따라 계산된 금액으로 한다. 다만, 300톤 미만의 선박의 경우에는 16만 7천 계산단위에 상당하는 금액으로 한다.

가. 500톤 이하의 선박의 경우에는 33만 3천 계산단위에 상당하는 금액

나. 500톤을 초과하는 선박의 경우에는 가목의 금액에 500톤을 초과하여 3천 톤까지의 부분에 대해서는 매 톤당 500계산단위, 3천 톤을 초과하여 3만 톤까지의 부분에 대해서는 매 톤당 333계산단위, 3만 톤을 초과하여 7만 톤까지의 부분에 대해서는 매 톤당 250계산단위 및 7만 톤을 초과한 부분에 대해서는 매 톤당 167계산단위를 각 곱하여 얻은 금액을 순차로 가산한 금액

3. 제1호 및 제2호 외의 채권에 대한 책임의 한도액은 그 선박의 톤수에 따라서 다음 각 목에 정하는 바에 따라 계산된 금액으로 한다. 다만, 300톤 미만의 선박의 경우에는 8만 3천 계산단위에 상당하는 금액으로 한다.

가. 500톤 이하의 선박의 경우에는 16만 7천 계산단위에 상당하는 금액

나. 500톤을 초과하는 선박의 경우에는 가목의 금액에 500톤을 초과하여 3만 톤까지의 부분에 대해서는 매 톤당 167계산단위, 3만 톤을 초과하여 7만 톤까지의 부분에 대해서는 매 톤당 125계산단위 및 7만 톤을 초과한 부분에 대해서는 매 톤당 83계산단위를 각 곱하여 얻은 금액을 순차로 가산한 금액

② 이의 각 책임한도액은 선박마다 동일한 사고에서 생긴 각 책임한도액에 대응하는 선박소유자에 대한 모든 채권에 미친다.

③ 제769조에 따라 책임이 제한되는 채권은 위 각 호에 따른 각 책임한도액에 대하여 각 채권액의 비율로 경합한다.

④ 위 제2호에 따른 책임한도액이 같은 호의 채권의 변제에 부족한 때에는 제3호에 따른 책임한도액을 그 잔액채권의 변제에 충당한다. 이 경우 동일한 사고에서 제3호의 채권도 발생한 때에는 이 채권과 제2호의 잔액채권은 제3호에 따른 책임한도액에 대하여 각 채권액의 비율로 경합한다.

⑤ 책임제한을 위한 선박 톤수

선박의 톤수는 국제항해에 종사하는 선박의 경우에는 선박법에서 규정하는 국제 총톤수로 하고 그 밖의 선박의 경우에는 같은 법에서 규정하는 총톤수로 한다.

⑥ 동일한 사고에서 발생한 모든 채권에 대한 선박소유자 등의 책임제한의 총액은 선박마다 위의 책임한도액을 초과하지 못한다.

⑦ 선박소유자 등의 1인이 책임제한절차 개시의 결정을 받은 때에는 책임제한을 할 수 있는 다른 자도 이를 원용할 수 있다.

5) 유한책임의 배제

선박소유자는 다음 각 호의 채권에 대해서는 그 책임을 제한하지 못한다.

1. 선장·해원, 그 밖의 사용인으로서 그 직무가 선박의 업무에 관련된 자 또는 그 상속인, 피부양자, 그 밖의 이해관계인의 선박소유자에 대한 채권

2. 해난구조로 인한 구조료 채권 및 공동해손의 분담에 관한 채권

3. 1969년 11월 29일 성립한 '유류오염손해에 대한 민사책임에 관한 국제조약' 또는 그 조약의 개정조항이 적용되는 유류오염손해에 관한 채권

4. 침몰·난파·좌초·유기, 그 밖의 해양사고를 당한 선박 및 그 선박 안에 있거나 있었던 적하와 그 밖의 물건의 인양·제거·파괴 또는 무해조치에 관한 채권

5. 원자력손해에 관한 채권

6) 책임제한의 절차

책임을 제한하고자 하는 자는 채권자로부터 책임한도액을 초과하는 청구금액을 명시한 서면에 의한 청구를 받은 날부터 1년 이내에 법원에 책임제한절차

개시의 신청을 하여야 한다.

책임제한절차 개시의 신청, 책임제한 기금의 형성·공고·참가·배당, 그 밖에 필요한 사항은 선박소유자 등의 책임제한절차에 관한 법률로 정한다.

Ⅱ. 해상운송계약

해상기업활동의 중심은 선박에 의한 물건 또는 여객의 해상운송행위이고, 해상운송은 운송계약을 통해 이루어지는데, 일반운송계약과는 다른 특성이 있다.

1. 개념

해상운송계약이란 해상운송인이 물건 또는 여객의 운송을 인수하고 상대방이 이에 대하여 보수를 지급할 것을 약정하는 계약이다.

해상운송계약에는 해상운송인이 선박의 일부·전부를 운송에 제공하여 화물을 적재시켜 이를 운송하는 용선계약, 개개의 물건의 운송을 인수하는 개품운송계약, 용선자가 다른 제3자와 다시 운송계약을 체결하는 재운송계약, 해상운송인이 자기의 운송구간 외에 다른 운송인의 구간까지의 운송을 인수하는 연락(통)운송계약, 두 개 이상의 운송수단이 협동하여 실행하는 복합운송계약, 송하인에 대하여 일정기간 계속해서 운송을 약속하는 계속운송계약 등이 있다.

2. 운송계약의 성립

운송계약의 당사자는 선박소유자·선박임차인·정기용선자·용선자 등의 해상운송인과 용선자·송하인이다. 그 밖의 관계자로 운송주선인·선적인·수하인 등이 있다.

운송계약 내용은 당사자가 정하는 것이나, 상법이 정하는 감항능력주의의무·운송물에 관한 주의의무와 면책사유·책임한도 등의 규정에 반하여 운송인의 책임을 경감하는 특약은 효력이 없다.

3. 해상물건운송계약의 효력

1) 해상물건운송인의 의무

① 선박제공의무

운송계약에 따른 선박을 제공해야 한다. 개품운송의 경우 선박의 교체가 허용되나, 용선계약에서는 용선자의 동의나 급박한 위험이 있는 경우에만 선박의 변경이나 적환이 가능하다.

송하인은 당사자 사이의 합의 또는 선적항의 관습에 의한 때와 곳에서 운송인에게 운송물을 제공하여야 한다. 송하인이 운송물을 제공하지 아니한 경우에는 계약을 해제한 것으로 본다. 이 경우 선장은 즉시 발항할 수 있고, 송하인은 운임의 전액을 지급하여야 한다.

송하인은 선적기간 이내에 운송에 필요한 서류를 선장에게 교부하여야 한다.

② 감항능력 주의의무

가. 개념

감항능력이란 선박이 발항당시 안전하게 항해를 감당할 수 있는 는 능력으로 운송인이 부담하는 주의의무이다. 강행규정으로 이를 게을리 했을 때에는 운송인의 면책이 인정되지 않는다는 점에서 운송물에 관한 주의의무의 상위의무이다.

나. 내용

a. 선체능력

선박이 안전하게 항해를 할 수 있는 능력을 말한다.

b. 운항능력

항해에 필요한 선원의 승선, 선박의장과 필요품의 보급이 있어야 한다.

c. 감하능력

선창·냉장실, 그 밖에 운송물을 적재할 선박의 부분을 운송물의 수령·운송과 보존을 위하여 적합한 상태에 두어야 한다.

d. 주의정도와 시기

민법상 선량한 관리자의 주의정도를 선적을 개시한 때로부터 발항할 때까지 부담한다.

③ 선적에 관한 의무

선박소유자는 운송물을 선적함에 필요한 준비가 완료된 때에는 지체 없이 용선자에게 그 통지를 발송하여야 한다. 용선자 외의 제3자가 운송물을 선적할 경우에 선장이 그 제3자를 확실히 알 수 없거나 그 제3자가 운송물을 선적하지 아니한 때에는 선장은 지체 없이 용선자에게 그 통지를 발송하여야 한다.

④ 대박의무

운송물을 선적할 기간의 약정이 있는 경우에는 그 기간 동안 정박하여 용선자의 선적을 기다려야 한다. 그 기간은 위의 통지가 오전에 있은 때에는 그날의 오후 1시부터 기산하고, 오후에 있은 때에는 다음 날 오전 6시부터 기산한다. 이 기간에는 불가항력으로 인하여 선적할 수 없는 날과 그 항의 관습상 선적작업을 하지 아니하는 날을 산입하지 아니한다. 이 기간을 경과한 후 운송물을 선적한 때에는 선박소유자는 상당한 보수를 청구할 수 있다.

용선자는 선적기간 이내에 한하여 운송물을 선적할 수 있다.

⑤ 운송물에 관한 주의의무

운송인은 자기 또는 선원이나 그 밖의 선박사용인이 운송물의 수령·선적·적부·운송·보관·양륙과 인도에 관하여 주의를 해태하지 아니하였음을 증명하지 아니하면 운송물의 멸실·훼손 또는 연착으로 인한 손해를 배상할 책임이 있다.

운송인은 선장·해원·도선사, 그 밖의 선박사용인의 항해 또는 선박의 관리에 관한 행위 또는 화재로 인하여 생긴 운송물에 관한 손해를 배상할 책임을 면한다. 다만, 운송인의 고의 또는 과실로 인한 화재의 경우에는 그러하지 아니하다.

⑥ 운송실행의무

a. 발항의무

선적을 완료한 때에는 지체 없이 발항하여야 한다.

용선자는 운송물의 전부를 선적하지 아니한 경우에도 선장에게 발항을 청구할 수 있다.

선적기간의 경과 후에는 용선자가 운송물의 전부를 선적하지 아니한 경우에도 선장은 즉시 발항할 수 있다.

위의 경우에 용선자는 운임의 전액과 운송물의 전부를 선적하지 아니함으로 인하여 생긴 비용을 지급하고, 또한 선박소유자의 청구가 있는 때에는 상당한 담보를 제공하여야 한다.

b. 직항의무

운송인은 공동위험의 회피·인명 또는 재산의 구조·감항능력의 회복 등 필요한 경우를 제외하고는 발항항에서 도착항까지 예정항로를 변경하지 않고 항행하여야 한다.

c. 운송물의 보관·처분의무

운송인은 물건수령 시부터 인도 시까지 선량한 관리자의 주의로 운송물을 보관하여야 하며, 일정한 경우에는 처분할 의무가 있다.

⑦ 운송종료 후의 의무

a. 양륙에 관한 의무

운송인은 운송계약상 예정된 양륙항에 입항하여야 하고, 양륙준비가 완료되면 이를 수하인에게 통지하여야 한다. 개품운송계약에는 양륙준비완료 통지의무가 없으나, 운송물의 도착통지는 하여야 한다.

운송물의 도착통지를 받은 수하인은 당사자 사이의 합의 또는 양륙항의 관습에 의한 때와 곳에서 지체 없이 운송물을 수령하여야 한다.

b. 운송물인도의무

인도방법은 용선계약에서는 양륙, 개품운송계약에서는 당사자 사이의 합의 또는 양륙항의 관습에 의한 때와 곳에서 지체 없이 운송물을 수령함으로써 이루어진다.

수하인이 운송물을 수령하는 때에는 운송계약 또는 선하증권의 취지에 따라 운임·부수비용·체당금·체선료, 운송물의 가액에 따른 공동해손 또는 해난구조로 인한 부담액을 지급하여야 한다.

선장은 위의 금액의 지급과 상환을 하지 아니하면 운송물을 인도할 의무가 없다.

c. 운송물의 공탁 등

수하인이 운송물의 수령을 게을리한 때에는 선장은 이를 공탁하거나 세관이나 그 밖에 법령으로 정한 관청의 허가를 받은 곳에 인도할 수 있다. 이 경우

지체 없이 수하인에게 그 통지를 발송하여야 한다.

수하인을 확실히 알 수 없거나 수하인이 운송물의 수령을 거부한 때에는 선장은 이를 공탁하거나 세관이나 그 밖에 법령으로 정한 관청의 허가를 받은 곳에 인도하고 지체 없이 용선자 또는 송하인 및 알고 있는 수하인에게 그 통지를 발송하여야 한다.

운송물을 공탁하거나 세관이나 그 밖에 법령으로 정한 관청의 허가를 받은 곳에 인도한 때에는 선하증권 소지인이나 그 밖의 수하인에게 운송물을 인도한 것으로 본다.

2) 해상물건운송인의 손해배상책임

① 책임원인

a. 상사과실

해상운송인은 자기 또는 선원 기타의 선박사용인이 운송물의 수령, 선적, 운송, 보관, 양륙과 인도에 관하여 주의를 해태하지 아니하였음을 증명하지 아니하면 운송물의 멸실·훼손 또는 연착으로 인한 손해를 배상할 책임이 있다.

b. 항해과실

해상운송인은 그의 항해과실로 인한 손해배상책임이 있으나, 운송보조자의 과실로 손해가 발생한 경우에는 책임을 면한다. 다만 보조자의 괴실이 감항능력주의의무에 관해서 발생한 경우에는 해상운송인 또는 자신의 보조자에게 과실이 없음을 증명하여야 책임을 면한다.

② 책임의 제한

가. 정액배상주의

육상운송인과 동일하게 정액배상주의 원칙에 따라 도착지가격에 의한 배상이 원칙이다. 운송물이 전부 멸실·훼손된 경우에는 인도할 날의 도착지 가격, 일부멸실·훼손의 경우에는 인도한 날의 도착지 가격에 의한다. 멸실·훼손·연착이 운송인의 고의나 중과실에 의할 경우에는 모든 손해를 배상하되 그로 인해 지급을 면한 운임·기타 비용은 공제한다.

나. 운송인의 면책사유

a. 운송인은 감항능력주의의무를 제외한 운송보조자의 항해과실로 손해가 발

생한 경우와 선박화재로 인한 손해에 대해서는 책임을 면한다.

b. 운송인은 다음 각 호의 사실이 있었다는 것과 운송물에 관한 손해가 그 사실로 인하여 보통 생길 수 있는 것임을 증명한 때에는 이를 배상할 책임을 면한다. 다만 운송인이 주의를 다하였더라면 그 손해를 피할 수 있었음에도 불구하고 그 주의를 다하지 아니하였음을 증명한 때에는 그러하지 아니하다.

1. 해상이나 그 밖에 항행할 수 있는 수면에서의 위험 또는 사고 2. 불가항력 3. 전쟁·폭동 또는 내란 4. 해적행위나 그 밖에 이에 준한 행위 5. 재판상의 압류, 검역상의 제한, 그 밖에 공권에 의한 제한 6. 송하인 또는 운송물의 소유자나 그 사용인의 행위 7. 동맹파업이나 그 밖의 쟁의행위 또는 선박폐쇄 8. 해상에서의 인명이나 재산의 구조행위 또는 이로 인한 항로이탈이나 그 밖의 정당한 사유로 인한 항로이탈 9. 운송물의 포장의 불충분 또는 기호의 표시의 불완전 10. 운송물의 특수한 성질 또는 숨은 하자 11. 선박의 숨은 하자

③ 책임의 한도

가. 개별적인 제한

운송인의 손해배상 책임은 당해 운송물의 매 포장당 또는 선적단위당 666과 100분의 67 계산단위의 금액과 중량 1킬로그램당 2계산단위의 금액 중 큰 금액을 한도로 제한할 수 있다. 다만, 운송물에 관한 손해가 운송인 자신의 고의 또는 손해발생의 염려가 있음을 인식하면서 무모하게 한 작위 또는 부작위로 인하여 생긴 것인 때에는 그러하지 아니하다.

운송물의 포장[275] 또는 선적단위의 수는 다음과 같이 정한다.

1. 컨테이너나 그 밖에 이와 유사한 운송용기가 운송물을 통합하기 위하여 사용되는 경우에 그러한 운송용기에 내장된 운송물의 포장 또는 선적단위의 수를 선하증권이나 그 밖에 운송계약을 증명하는 문서에 기재한 때에는 그 각 포장 또는 선적단위를 하나의 포장 또는 선적단위로 본다. 이 경우를 제외하고는 이러한 운송용기 내의 운송물 전부를 하나의 포장 또는 선적단위로 본다.

2. 운송인이 아닌 자가 공급한 운송용기 자체가 멸실 또는 훼손된 경우에는 그 용기를 별개의 포장 또는 선적단위로 본다.

---

275) 대판 2004.7.22. 2002다44267.

나. 고가물 특칙

송하인이 운송인에게 운송물을 인도할 때에 그 종류와 가액을 고지하고 선하증권이나 그 밖에 운송계약을 증명하는 문서에 이를 기재한 경우에는 위의 한도는 적용하지 아니한다. 다만, 송하인이 운송물의 종류 또는 가액을 고의로 현저하게 부실의 고지를 한 때에는 운송인은 자기 또는 그 사용인이 악의인 경우를 제외하고 운송물의 손해에 대하여 책임을 면한다.

④ 운송인의 책임경감금지

운송인의 의무 또는 책임을 경감 또는 면제하는 당사자 사이의 특약은 효력이 없다. 운송물에 관한 보험의 이익을 운송인에게 양도하는 약정 또는 이와 유사한 약정도 또한 같다.

단, 산 동물의 운송 및 선하증권이나 그 밖에 운송계약을 증명하는 문서의 표면에 갑판적으로 운송할 취지를 기재하여 갑판적으로 행하는 운송에 대해서는 적용하지 아니한다.

⑤ 책임의 단기소멸

가. 운송물의 일부 멸실·훼손에 관한 통지

수하인이 운송물의 일부 멸실 또는 훼손을 발견한 때에는 수령 후 지체 없이 그 개요에 관하여 운송인에게 서면에 의한 통지를 발송하여야 한다. 다만, 그 멸실 또는 훼손이 즉시 발견할 수 없는 것인 때에는 수령한 날부터 3일 이내에 그 통지를 발송하여야 한다.

통지가 없는 경우에는 운송물이 멸실 또는 훼손 없이 수하인에게 인도된 것으로 추정한다.

운송인 또는 그 사용인이 악의인 경우에는 그러하지 아니하다.

운송물에 멸실 또는 훼손이 발생하였거나 그 의심이 있는 경우에는 운송인과 수하인은 서로 운송물의 검사를 위하여 필요한 편의를 제공하여야 한다.

수하인에게 불리한 당사자 사이의 특약은 효력이 없다.

나. 운송인의 채권·채무의 소멸

운송인의 송하인 또는 수하인에 대한 채권 및 채무는 그 청구원인의 여하에 불구하고 운송인이 수하인에게 운송물을 인도한 날 또는 인도할 날부터 1년 이내에 재판상 청구가 없으면 소멸한다. 다만, 이 기간은 당사자의 합의에 의하여 연장할 수 있다.

⑥ 책임의 경합

운송인의 운송계약상 채무불이행책임과 불법행위책임이 경합할 경우 청구권경합설이 통설·판례이고, 불법행위책임에도 책임제한규정이 적용된다.

3) 비계약적 청구에 대한 적용

운송인의 책임에 관한 규정은 운송인의 불법행위로 인한 손해배상의 책임에도 적용한다.

운송물에 관한 손해배상청구가 운송인의 사용인 또는 대리인에 대하여 제기된 경우에 그 손해가 그 사용인 또는 대리인의 직무집행에 관하여 생긴 것인 때에는 그 사용인 또는 대리인은 운송인이 주장할 수 있는 항변과 책임제한을 원용할 수 있다. 다만, 그 손해가 그 사용인 또는 대리인의 고의 또는 운송물의 멸실·훼손 또는 연착이 생길 염려가 있음을 인식하면서 무모하게 한 작위 또는 부작위로 인하여 생긴 것인 때에는 그러하지 아니하다.

위의 경우에 운송인과 그 사용인 또는 대리인의 운송물에 대한 책임제한금액의 총액은 위의 한도를 초과하지 못한다.

4) 해상물건운송인의 권리
① 운임청구권

운송계약은 도급계약의 성질을 갖고 있어 운송을 완성한 때 운임을 청구할 수 있다. 운임지급의무자는 용선자 또는 송하인이다.

운송이 완성되지 않은 경우에도 송하인의 과실로 운송물이 멸실된 경우, 항해계속을 위해 적하를 처분하였거나 공동해손처분의 경우, 선적을 지체한 경우, 용선자가 용선계약을 해제한 경우, 불가항력·법정사유 등으로 인한 운송불능의 경우에는 운임을 청구할 수 있다.

② 체선료청구권

선적기간·양륙기간을 경과한 후 운송물을 선적하거나 양륙한 경우에는 운송인은 상당한 보수를 청구할 수 있다. 체선료의 성질은 위약금설도 있으나 특수보수설이 다수이다. 판례는 [276]

---

276) 1994.6.14. 93다58547.

③ 체당금·비용청구권·유치권

해상운송인은 운임 이외의 부수비용인 창고보관료, 적환비용, 공탁비용, 체당금에 속하는 관세·과태료·검역검사비용·구조료·공동해손분담금 등을 양륙항에서 수하인에게 청구할 수 있다. 이들 비용과 상한하지 않으면 운송물을 인도할 위무가 없다.

④ 운송인의 운송물경매권

운송인은 체당금 등의 지급을 받기 위하여 법원의 허가를 받아 운송물을 경매하여 우선변제를 받을 권리가 있다.

선장이 수하인에게 운송물을 인도한 후에도 운송인은 그 운송물에 대하여 위의 권리를 행사할 수 있다. 다만, 인도한 날부터 30일을 경과하거나 제3자가 그 운송물에 점유를 취득한 때에는 그러하지 아니하다.

⑤ 채권의 단기소멸

선박소유자의 용선자 또는 수하인에 대한 채권 및 채무는 그 청구원인의 여하에 불구하고 선박소유자가 운송물을 인도한 날 또는 인도할 날부터 2년 이내에 재판상 청구가 없으면 소멸한다. 다만, 이 기간은 당사자의 합의에 의하여 연장할 수 있다. 위의 기간을 단축하는 선박소유자와 용선자의 약정은 이를 운송계약에 명시적으로 기재하지 아니하면 그 효력이 없다.

4. 물건운송계약의 종료

운송계약은 다음의 사유로 인하여 종료한다.

1) 운송위탁자의 임의 해제·해지

용선자는 발항 전에는 임의 해제·해지가 가능하나 유형에 따라 용선료, 부수비용과 체당금을 지급하여야 한다. 발항 전이라도 일부 용선자나 송하인이 운송물의 전부·일부를 선적한 경우에는 다른 용선자와 송하인의 동의를 얻지 못하면 해제·해지가 제한된다. 이는 선적한 운송물의 양륙에 따른 초과정박 또는 환적으로 인해 다른 화물에 위험을 줄 우려가 있기 때문이다.

① 전부용선의 발항 전의 계약해제 등

발항 전에는 전부용선자는 운임의 반액을 지급하고 계약을 해제할 수 있다.

왕복항해의 용선계약인 경우에 전부용선자가 그 회항 전에 계약을 해지하는 때에는 운임의 3분의 2를 지급하여야 한다.

선박이 다른 항에서 선적항에 항행하여야 할 경우에 전부용선자가 선적항에서 발항하기 전에 계약을 해지하는 때에도 제2항과 같다.

② 일부용선과 발항 전의 계약해제 등

일부용선자나 송하인은 다른 용선자와 송하인 전원과 공동으로 하는 경우에 한하여 해제 또는 해지를 할 수 있다.

그 외에는 일부용선자나 송하인이 발항 전에 계약을 해제 또는 해지한 때에도 운임의 전액을 지급하여야 한다.

발항 전이라도 일부용선자나 송하인이 운송물의 전부 또는 일부를 선적한 경우에는 다른 용선자와 송하인의 동의를 받지 아니하면 계약을 해제 또는 해지하지 못한다.

③ 부수비용·체당금 등의 지급의무

용선자나 송하인이 계약을 해제 또는 해지를 한 때에도 부수비용과 체당금을 지급할 책임을 면하지 못한다.

용선자나 송하인은 운송물의 가액에 따라 공동해손 또는 해난구조로 인하여 부담할 금액도 지급하여야 한다.

④ 선적·양륙비용의 부담

해제·해지 시 운송물의 전부 또는 일부를 선적한 때에는 그 선적과 양륙의 비용은 용선자 또는 송하인이 부담한다.

⑤ 발항 후의 계약해지

발항 후에는 용선자나 송하인은 운임의 전액, 체당금·체선료와 공동해손 또는 는 해난구조의 부담액을 지급하고 그 양륙하기 위하여 생긴 손해를 배상하거나 이에 대한 상당한 담보를 제공하지 아니하면 계약을 해지하지 못한다.

2) 불가항력으로 인한 임의 해제·해지

항해 또는 운송이 법령을 위반하게 되거나 그 밖에 불가항력으로 인하여 계약의 목적을 달할 수 없게 된 때에는 각 당사자는 계약을 해제할 수 있다.

위의 사유가 항해 도중에 생긴 경우에 계약을 해지한 때에는 송하인은 운송의 비율에 따라 운임을 지급하여야 한다.

운송물의 일부에 관하여 위의 불가항력 사유가 생긴 때에는 송하인은 운송인의 책임이 가중되지 아니하는 범위 안에서 다른 운송물을 선적할 수 있다.

송하인이 위의 권리를 행사하고자 하는 때에는 지체 없이 운송물의 양륙 또는 선적을 하여야 한다. 그 양륙 또는 선적을 게을리 한 때에는 운임의 전액을 지급하여야 한다.

3) 불가항력으로 인한 계약의 당연 종료

선박이 침몰 또는 멸실한 때, 선박이 수선할 수 없게 된 때, 선박이 포획된 때, 운송물이 불가항력으로 인하여 멸실된 때에는 운송계약은 당연 종료된다.

앞의 세 가지 사유가 항해 도중에 생긴 때에는 송하인은 운송의 비율에 따라 현존하는 운송물의 가액의 한도에서 운임을 지급하여야 한다.

5. 해상여객운송계약

1) 개념

해상여객운송계약은 운송인이 특정한 여객을 출발지에서 도착지까지 해상에서 선박으로 운송할 것을 인수하고, 이에 대하여 상대방이 운임을 지급하기로 약정함으로써 그 효력이 생긴다.

2) 기명식의 선표

기명식의 선표는 타인에게 양도하지 못한다.

3) 식사·거처제공의무 등

여객의 항해 중의 식사는 다른 약정이 없으면 운송인의 부담으로 한다.

항해 도중에 선박을 수선하는 경우에는 운송인은 그 수선 중 여객에게 상당한 거처와 식사를 제공하여야 한다. 다만, 여객의 권리를 해하지 아니하는 범위 안에서 상륙항까지의 운송의 편의를 제공한 때에는 그러하지 아니하다.

위의 경우에 여객은 항해의 비율에 따른 운임을 지급하고 계약을 해지할 수 있다.

4) 수하물 무임운송의무

여객이 계약에 의하여 선내에서 휴대할 수 있는 수하물에 대해서는 운송인은 다른 약정이 없으면 별도로 운임을 청구하지 못한다.

5) 승선지체와 선장의 발항권

여객이 승선시기까지 승선하지 아니한 때에는 선장은 즉시 발항할 수 있다. 항해 도중의 정박항에서도 또한 같다.

위의 경우에는 여객은 운임의 전액을 지급하여야 한다.

6) 여객의 계약해제와 운임

여객이 발항 전에 계약을 해제하는 경우에는 운임의 반액을 지급하고, 발항 후에 계약을 해제하는 경우에는 운임의 전액을 지급하여야 한다.

7) 법정사유에 의한 해제

여객이 발항 전에 사망·질병이나 그 밖의 불가항력으로 인하여 항해할 수 없게 된 때에는 운송인은 운임의 10분의 3을 청구할 수 있고, 발항 후에 그 사유가 생긴 때에는 운송인의 선택으로 운임의 10분의 3 또는 운송의 비율에 따른 운임을 청구할 수 있다.

8) 사망한 여객의 수하물처분의무

여객이 사망한 때에는 선장은 그 상속인에게 가장 이익이 되는 방법으로 사망자가 휴대한 수하물을 처분하여야 한다.

6. 선체용선

1) 개념

선체용선계약은 용선자의 관리·지배하에 선박을 운항할 목적으로 선박소유자가 용선자에게 선박을 제공할 것을 약정하고 용선자가 이에 따른 용선료를 지급하기로 약정함으로써 그 효력이 생긴다.

선박소유자가 선장과 그 밖의 해원을 공급할 의무를 지는 경우에도 용선자의 관리·지배하에서 해원이 선박을 운항하는 것을 목적으로 하면 이를 선체용선계약으로 본다.

2) 법적 성질

선체용선계약은 그 성질에 반하지 아니하는 한 민법상 임대차에 관한 규정을 준용한다.

용선기간이 종료된 후에 용선자가 선박을 매수 또는 인수할 권리를 가지는 경우 및 금융의 담보를 목적으로 채권자를 선박소유자로 하여 선체용선계약을 체결한 경우에도 용선기간 중에는 당사자 사이에서는 상법의 규정에 따라 권리와 의무가 있다.

3) 선체용선자의 등기청구권, 등기의 효력

선체용선자는 선박소유자에 대하여 선체용선등기에 협력할 것을 청구할 수 있다.

선체용선을 등기한 때에는 그때부터 제3자에 대하여 효력이 생긴다.

4) 선체용선과 제3자에 대한 법률관계

선체용선자가 상행위나 그 밖의 영리를 목적으로 선박을 항해에 사용하는 경우에는 그 이용에 관한 사항에는 제3자에 대하여 선박소유자와 동일한 권리의무가 있다.

위의 경우에 선박의 이용에 관하여 생긴 우선특권은 선박소유자에 대해서도 그 효력이 있다. 다만, 우선특권자가 그 이용의 계약에 반함을 안 때에는 그러하지 아니하다.

5) 선체용선계약상의 채권의 소멸

선체용선계약에 관하여 발생한 당사자 사이의 채권은 선박이 선박소유자에게 반환된 날부터 2년 이내에 재판상 청구가 없으면 소멸한다. 다만, 이 기간은 당사자의 합의에 의하여 연장할 수 있다.

7. 선하증권

1) 개념

산하증권이란 해상운송인이 운송을 위해 일정한 화물이 수령 또는 선적되었음을 증명하고 양륙항에서 상환으로 운송물을 인도할 것을 표창하는 우가증권이다. 선하증권은 운송물을 수령하였다는 운송물수령증, 운송계약내용을 증명하는 증거증권으로서 운송계약서, 운송물을 대표하는 인도증권으로서 권리증서의 기능을 한다.

2) 법적 성질
① 채권증권성

선하증권은 운송물의 인도청구권이라는 운송인에 대한 채권을 표창하는 채권증권이다. 증권을 교부하면 운송물을 인도하는 것과 같은 효력이 있다.

② 지시증권성

기명식으로 발행되더라도 배서금지의 문구가 기재되어 있지 않은 한 법률상 당연한 지시증권으로 배서에 의하여 양도할 수 있다. 배서금지문구가 있으면 지명채권양도방법에 의해서만 양도할 수 있다.[277]

③ 요식증권성

선하증권의 기재사항이 법정되어 있는 요식증권이다. 다만 법정기재사항의 일부 흠결이나 임의적 기재사항이 있더라도 선하증권의 본질이 훼손되지 않는 한 증권이 무효가 되는 것은 아니다.

④ 추정적 효력

선하증권이 발행된 경우 운송인과 송하인 사이에 선하증권에 기재된 대로 개품운송계약이 체결되고 운송물을 수령 또는 선적한 것으로 추정한다. 종전에는 선하증권의 문언에 따라 권리를 주장할 수 있는 문언증권성을 인정하였으나 개정상법은 추정적 효력만을 인정하고 있다.

⑤ 요인증권성

선하증권은 운송인이 운송물을 선적하였거나 선적을 위해 수취한 경우에만 발행되기 때문에 원인행위에 의존하는 요인증권이다. 운송물을 선적 또는 수령

---

277) 대판 2001.3.27. 99다17890.

하지 못했음에도 불구하고 발행된 경우에는 그 선하증권은 원인과 요건을 구비하지 못하고 목적물에 흠결이 있는 것으로 무효이다.[278]

⑥ 인도증권성·처분증권성

선하증권은 증권의 인도로 운송물의 인도효력을 갖는 인도증권성과 증권에 표시된 운송물을 처분할 경우 그 증권을 소지하여야 한다는 점에서 처분증권이다.

⑦ 상환증권성

운송물의 인도는 선하증권과의 상환으로만 청구할 수 있다. 운송인은 선하증권의 제시가 없는 운송물의 인도를 거절하여야 하며, 선하증권과 상환하지 않고 운송물을 정당한 소지인이 아닌 자에게 인도한 경우에는 고의·중과실에 의한 불법행위가 성립한다.[279] 다만 선하증권상에 수하인으로 표시되어 있고, 그 증권을 소지한 보증은행의 인도지시가 있는 경우에는 이 원칙이 적용되지 않는다.[280]

선하증권이 발행되었음에도 불구하고 운송인이 수하인의 요청에 따라 선하증권과 상환하지 않고 운송물을 반환하는 거래상의 관행을 가(인)도라고 하고, 이 경우 은행으로부터 화물선취보증서를 받는 것을 보증도라고 한다. 이는 선박의 성능개선에 따라 화물은 빠른 시간 내에 도착하였으나 선하증권이 결제되는 과정에서 아직 수하인에게 인도되지 않은 경우 때문에 생겨난 관행인데, 그 효력에 대해서는 설이 나뉘나 판례는 부정한다.[281]

3) 선하증권의 발행
① 당사자

발행자는 원칙적으로 운송인이지만 운송인은 선장 그 밖의 대리인에게 선하증권의 발행의 교부를 위임할 수 있다. 그 밖의 대리인이란 육상영업소의 대리

---

278) 대판 1982.9.14. 80다1325.

279) 대판 1999.4.23. 98다13211.

280) 대판 1974.12.10 74다376.

281) 대판 1989.3.14. 87다카1791. 보증도의 상관습은 운송인 또는 운송취급인의 정당한 선하증권 소지인에 대한 책임을 면제함을 목적으로 하는 것이 아니고 오히려 보증도로 인하여 정당한 선하증권 소지인이 손해를 입게 되는 경우 운송인 또는 운송취급인이 그 손해를 배상하는 것을 전제로 하고 있는 것이므로 운송인 또는 운송취급인이 보증도를 한다고 하여 선하증권과 상환함이 없이 운송물을 인도함으로써 선하증권 소지인의 운송물에 대한 권리를 침해하는 행위가 위법성이 없는 정당한 행위로 된다거나 운송인 또는 운송취급인의 주의의무가 감경 또는 면제된다고 할 수 없다.

인, 지점의 지배인 또는 대리상을 말한다.

청구권자는 용선자 또는 송하인이다. 선하증권은 청구가 있으면 발행해야 하는 것이나, 청구가 없는데도 의무적으로 발행해야 하는 것은 아니다.

② 절차

실무상으로는 선장에게 운송물을 인도하고 본선수취증을 교부받아 선박회사 또는 그 대리점에 제시하면 이들이 1통 또는 수 통의 선하증권을 발행한다.

③ 기재사항

선하증권에는 다음 각 호의 법정사항을 기재하고 운송인이 기명날인 또는 서명하여야 한다.

1. 선박의 명칭·국적 및 톤수 2. 송하인이 서면으로 통지한 운송물의 종류, 중량 또는 용적, 포장의 종별, 개수와 기호 3. 운송물의 외관상태 4. 용선자 또는 송하인의 성명·상호[282] 5. 수하인[283] 또는 통지수령인의 성명·상호 6. 선적항 7. 양륙항 8. 운임 9. 발행지와 그 발행연월일 10. 수통의 선하증권을 발행한 때에는 그 수 11. 운송인의 성명 또는 상호 12. 운송인의 주된 영업소 소재지

위 2호의 기재사항 중 운송물의 중량·용적·개수 또는 기호가 운송인이 실제로 수령한 운송물을 정확하게 표시하고 있지 아니하다고 의심할 만한 상당한 이유가 있는 때 또는 이를 확인할 적당한 방법이 없는 때에는 그 기재를 생략할 수 있다.

위 2호의 기재사항이 정확함을 운송인에게 담보한 것으로 본다.

임의적 기재사항으로는 선장의 상명, 재판관할, 준거법 등이 있는데, 면책약관의 경우 법규상 최소한도 미만으로 배상액을 제한하는 것은 무효이다. 면책약관의 효력은 불법행위에 적용키로 한 합의가 없더라도 불법행위에 미친다.[284]

---

282) 대판 2003.3.10. 99다55032, 운송주선인이 운송계약을 체결하고 숭하인은 하주로 기재하더라도 유효하므로 선하증권상에 송하인으로 기재되어 있는 것만으로는 운송계약의 상대방이라고 할 수 없다.

283) 선하증권은 무기명식으로 발행할 수 있으므로 수하인의 기재 누락은 선하증권의 효력에 영향이 없다. 수하인과 선하증권소지인의 권리충돌 시는 소지인의 권리가 우선한다.

284) 대판(전합) 1983.3.22. 8다카1533.

4) 양도

① 방식

선하증권은 재산권으로 상속 기타 법률의 규정에 의하여 당연히 양도되고, 지시증권이므로 배서에 의하여 제3자에게 양도할 수도 있다. 수하인이 있는 경우 수하인에게 선하증권을 교부하면 수하인이 최초의 소지인이 되고, 수하인이 없고 통지수령인만 있는 경우에는 송하인이나 용선자로부터 소지인에 이르기까지 배서의 형식적 연속이 있는 때에는 최후의 소지인이 적법한 소지인으로 추정된다.

② 효력

선하증권이 배서·양도되면 운송물인도청구권을 포함한 증권상의 모든 권리가 양수인에게 이전된다. 운송계약상의 손해배상청구권도, 운임지급의무도 이전된다. 배서의 형식적 연속이 있으면 원칙적으로 인적 항변이 절단되고, 양도인이 무권리자인 경우에는 선의취득도 가능하다.

5) 선하증권의 효력

① 채권적 효력

선하증권은 운송물에 대한 인도청구권을 표창하고 있으므로 정당한 소지인은 운송인에 대해 이 채권을 행사할 수 있는데 이를 채권적 효력이라고 한다.

선하증권이 발행된 경우 운송인과 송하인 사이에 선하증권에 기재된 대로 개품운송계약이 체결되고 운송물을 수령 또는 선적한 것으로 추정될 뿐이므로 선하증권소지인은 수량 등 기재와 다른 물건이 선적된 것을 증명하여 그 물건의 인도를 청구할 수 있다. 실무에서는 대량운송물의 경우 선하증권에 기재된 대로 책임을 질 수 없으므로 내용불명(contents unknown)·계량미제(shipper's load and count; freight purpose only) 등 부지약관을 두고 "외관상 양호한 상태로 선적하고 이것과 유사한 양호한 상태로 인도한다."고 기재하여 기재와 다른 것에 대한 책임을 면한다.

② 물권적 효력

선하증권을 교부한 때에는 운송물 위에 행사하는 권리의 취득에 관하여 운송물을 인도한 것과 동일한 효력이 있는데 이를 물권적 효력이라고 한다.

물권적 효력은 운송인이 목적물을 점유하고 있을 경우에만 발생한다. 공권이 발행된 경우나 목적물이 멸실된 경우에는 발생하지 않는다. 제3자가 선의 취득하여 반환할 수 없는 경우에도 마찬가지이다. 이 경우는 채권적 효력만이 있어 그에 따라 해결하면 된다. 물권적 효력은 선하증권의 정당한 소지인에게만 인정된다.

물권적 효력이 발생하기 위하여 목적물반환청구권의 양도절차도 밟아야 하는가에 대하여 설이 나뉘나, 판례는 요구하지 않는다.[285]

③ 선의취득

선하증권을 선의로 취득한 소지인에 대하여 운송인은 선하증권에 기재된 대로 운송물을 수령 혹은 선적한 것으로 보고 선하증권에 기재된 바에 따라 운송인으로서 책임을 진다.

④ 수통의 선하증권

가. 양륙항에 있어서의 운송물의 인도

양륙항에서 수 통의 선하증권 중 1통을 소지한 자가 운송물의 인도를 청구하는 경우에도 선장은 그 인도를 거부하지 못한다.

수 통의 선하증권 중 1통의 소지인이 운송물의 인도를 받은 때에는 다른 선하증권은 그 효력을 잃는다.

나. 양륙항 외에서의 운송물의 인도

양륙항 외에서는 선장은 선하증권의 각 통의 반환을 받지 아니하면 운송물을 인도하지 못한다.

⑤ 2인 이상 소지인의 운송물인도청구와 공탁

2인 이상의 선하증권소지인이 운송물의 인도를 청구한 때에는 선장은 지체 없이 운송물을 공탁하고 각 청구자에게 그 통지를 발송하여야 한다. 선장이 운송물의 일부를 인도한 후 다른 소지인이 운송물의 인도를 청구한 경우에도 그 인도하지 아니한 운송물에 대해서도 위와 같다.

---

285) 대판 2003.1.10. 2000다70064, 선하증권은 해상운송인이 운송물을 수령한 것을 증명하고 양륙항에서 정당한 소지인에게 운송물을 인도할 채무를 부담하는 유가증권으로서, 운송인과 그 증권소지인 사이에는 증권 기재에 따라 운송계약상의 채권관계가 성립하는 채권적 효력이 발생하고, 운송물을 처분하는 당사자 사이에는 운송물에 관한 처분은 증권으로써 하여야 하며 운송물을 받을 수 있는 자에게 증권을 교부한 때에는 운송물 위에 행사하는 권리의 취득에 관하여 운송물을 인도한 것과 동일한 물권적 효력이 발생하므로 운송물의 권리를 양수한 수하인 또는 그 이후의 자는 선하증권을 교부받음으로써 그 채권적 효력으로 운송계약상의 권리를 취득함과 동시에 그 물권적 효력으로 양도 목적물의 점유를 인도받은 것이 되어 그 운송물의 소유권을 취득한다.

공탁한 운송물에 대해서는 수인의 선하증권소지인에게 공통되는 전 소지인으로부터 먼저 교부를 받은 증권소지인의 권리가 다른 소지인의 권리에 우선한다. 격지자에 대하여 발송한 선하증권은 그 발송한 때를 교부받은 때로 본다.

6) 전자선하증권

운송인은 선하증권을 발행하는 대신에 송하인 또는 용선자의 동의를 받아 법무부장관이 지정하는 등록기관에 등록을 하는 방식으로 전자선하증권을 발행할 수 있다. 이 경우 전자선하증권은 선하증권과 동일한 법적 효력을 갖는다.

전자선하증권에는 법정기재사항의 정보가 포함되어야 하며, 운송인이 전자서명을 하여 송신하고 용선자 또는 송하인이 이를 수신하여야 그 효력이 생긴다.

전자선하증권의 권리자는 배서의 뜻을 기재한 전자문서를 작성한 다음 전자선하증권을 첨부하여 지정된 등록기관을 통하여 상대방에게 송신하는 방식으로 그 권리를 양도할 수 있다. 배서의 뜻을 기재한 전자문서를 상대방이 수신하면 선하증권을 배서하여 교부한 것과 동일한 효력이 있고, 위의 전자문서를 수신한 권리자는 선하증권을 교부받은 소지인과 동일한 권리를 취득한다.

Ⅲ. 해상법상의 특수한 제도

1. 공동해손제도

1) 개념

공동해손이란 선박과 적하의 공동위험을 면하기 위한 선장의 선박 또는 적하에 대한 처분으로 인하여 생긴 손해 또는 비용을 말하고 이러한 손해를 이해관계인에게 분담시키는 제도를 공동해손제도라고 한다.

단독해손은 선박 또는 적하 중 하나에만 생긴 손해를 말하고 이는 사고가 발생한 선박 또는 적하의 소유자가 부담한다.

공동해손의 근거는 해상위험은 선박 또는 적하만의 위험이 아니고 공동의 위험이므로 공동의 이익을 위한 처분으로 생긴 손해는 공동으로 부담하는 것이 형평의 이념, 공동위험단체의 이론에 부합한다는 것에 두고 있고, 사무관리 등

민사법 이론으로는 완전한 설명이 되지 않기 때문에 해상법상의 특수한 법률요
건으로 본다.

2) 성립요건
① 위험요건

선박과 적하의 공동위험이 현실적으로 존재하여야 한다. 위험의발생원인은
천재지변이든 이해관계인 또는 제3자의 고의·과실이든 불문한다. 위험은 현실
성이 있어야 하므로 장래의 위험에 대비하기 위한 것은 해당하지 않는다. 위험
은 객관적이어야 하고 산장이 판단하는 주관적 위험은 아니다.

② 처분요건

선장의 의도적이고 정당한 비상처분 즉 공동해손행위가 있어야 한다. 불가항력
에 의한 손해는 해당 않고, 사실행위·법률행위를 불문한다. 폭풍우 속에서 침몰
을 막기 위한 적하의 투기, 항해 중 화재로 피난항에 입항한 경우가 그것이다.

③ 손해·비용요건

손해는 선박·적하의 일방에만 생길 필요가 없고, 사람·제3자의 물건에 손
해가 발생한 경우도 공동손해이다. 처분과 상당인과관계 있는 손해여야 하므로
피난항 출입비나 정박료는 포함되나 선박수리비는 포함되지 않는다.

④ 보존요건

공동해손처분행위로 이득을 본 당사자에게 손해를 분담시키기 위한 것이므로
이득을 본 당사자가 존재하여야 한다. 즉 선박이나 적하가 잔존하여야 하며 모
두 멸실되었다면 공동해손이 성립하지 않는다. 선장의 처분과 보존 간에 인과
관계는 필요 없다.

3) 효과
① 공동해손의 분담

공동해손은 그 위험을 면한 선박 또는 적하의 가액과 운임의 반액과 공동해
손의 액과의 비율에 따라 각 이해관계인이 이를 분담한다.

공동해손의 분담액을 정함에 있어서는 선박의 가액은 도달의 때와 곳의 가액
으로 하고, 적하의 가액은 양륙의 때와 곳의 가액으로 한다. 다만, 적하에 관해
서는 그 가액 중에서 멸실로 인하여 지급을 면하게 된 운임과 그 밖의 비용을

공제하여야 한다.

　선박에 비치한 무기, 선원의 급료, 선원과 여객의 식량·의류는 보존된 경우에는 그 가액을 공동해손의 분담에 산입하지 아니하고, 손실된 경우에는 그 가액을 공동해손의 액에 산입한다.

　속구목록에 기재하지 아니한 속구, 선하증권이나 그 밖에 적하의 가격을 정할 수 있는 서류 없이 선적한 하물 또는 종류와 가액을 명시하지 아니한 화폐나 유가증권과 그 밖의 고가물은 보존된 경우에는 그 가액을 공동해손의 분담에 산입하고, 손실된 경우에는 그 가액을 공동해손의 액에 산입하지 아니한다.

　갑판에 적재한 하물에 대해서도 위와 같다. 다만, 갑판에 선적하는 것이 관습상 허용되는 경우와 그 항해가 연안항행에 해당되는 경우에는 그러하지 아니하다.

　선하증권이나 그 밖에 적하의 가격을 정할 수 있는 서류에 적하의 실가보다 고액을 기재한 경우에 그 하물이 보존된 때에는 그 기재액에 의하여 공동해손의 분담액을 정하고, 적하의 실가보다 저액을 기재한 경우에 그 하물이 손실된 때에는 그 기재액을 공동해손의 액으로 한다. 적하의 가격에 영향을 미칠 사항에 관하여 거짓 기재를 한 경우에도 위와 같이 한다.

　② 공동해손분담자의 유한책임

　공동해손의 분담책임이 있는 자는 선박이 도달하거나 적하를 인도한 때에 현존하는 가액의 한도에서 책임을 진다.

　③ 책임 있는 자에 대한 구상권

　선박과 적하의 공동위험이 선박 또는 적하의 하자나 그 밖의 과실 있는 행위로 인하여 생긴 경우에는 공동해손의 분담자는 그 책임이 있는 자에 대하여 구상권을 행사할 수 있다.

　④ 공동해손인 손해의 회복

　선박소유자·용선자·송하인, 그 밖의 이해관계인이 공동해손의 액을 분담한 후 선박·속구 또는 적하의 전부나 일부가 소유자에게 복귀된 때에는 그 소유자는 공동해손의 상금으로 받은 금액에서 구조료와 일부손실로 인한 손해액을 공제하고 그 잔액을 반환하여야 한다.

　⑤ 공동해손 채권의 소멸

　공동해손으로 인하여 생긴 채권 및 구상채권은 그 계산이 종료한 날부터 1년 이내에 재판상 청구가 없으면 소멸한다. 다만, 이 기간은 당사자의 합의에 의하여 연장할 수 있다.

2. 선박충돌

1) 개념

선박충돌이란 항해선 상호 간 또는 항해선과 내수항행선 간 2척 이상의 선박이 그 운용상 작위 또는 부작위로 수면에서 접촉하여 손해가 발생하는 사건을 말한다.

일방은 항해선이어야 하므로 내수항해선 간의 충돌은 상법상의 충돌이 아니다. 선박 간의 직접 접촉만을 의미하는 것이 아니므로 충돌을 피하려다 항만시설이나 암초 등에 충돌한 경우도 포함한다. 수면은 해상은 물론 수중도 포함한다. 손해는 충돌과 상당인과관계가 있어야 한다.

2) 책임의 성질

불법행위책임이나 불법행위장소가 수면이라는 특수성상 과실의 증명이 용이하지 않아 상법이 특별히 규정한 것으로 상법규정만이 적용되고 민법의 불법행위 규정은 적용되지 않는다.[286] 충돌이 있은 경우에 선박 또는 선박 내에 있는 물건이나 사람에 관하여 생긴 손해의 배상에 대해서만 적용되고 기타의 손해에 대해서는 민법이 적용된다.

3) 배상관계

① 불가항력으로 인한 충돌

선박의 충돌이 불가항력으로 인하여 발생하거나 충돌의 원인이 명백하지 아니한 때에는 피해자는 충돌로 인한 손해의 배상을 청구하지 못한다. 천재는 소유자 부담이라는 원칙에 따른 것이다.

② 일방의 과실로 인한 충돌

선박의 충돌이 일방 선원의 과실로 인하여 발생한 때에는 그 일방의 선박소유자는 피해자에 대하여 충돌로 인한 손해를 배상할 책임이 있다. 선박소유자·

---

286) 대판 1972.6.13. 70다213.

선박임차인 등은 감항능력주의의무를 부담하므로 일방 선박의 과실은 선원의 과실에 한하지 않고, 이들의 과실도 포함한다. 이때 선박소유자 책임제한 규정이 적용된다.

가해선박의 과실만 증명하면 되고 선장·선원의 과실을 증명할 필요는 없으나, 그들 개인의 책임을 물으려면 증명하여야 한다.

③ 쌍방의 과실로 인한 충돌

선박의 충돌이 쌍방 선원의 과실로 인하여 발생한 때에는 쌍방의 과실의 경중에 따라 각 선박소유자가 손해배상의 책임을 분담한다. 이 경우 그 과실의 경중을 판정할 수 없는 때에는 손해배상의 책임을 균분하여 부담한다.

단, 제3자의 사상에 대한 손해배상은 쌍방의 선박소유자가 연대하여 그 책임을 진다.

④ 제3자(적하소유자, 여객 등)

제3자 중 피해선박의 적하소유자, 여객에 대해서는 불법행위에 의한 손해배상책임을, 자기의 적하소유자, 여객에 대해서는 불법행위와 채무불이행에 의한 손해배상책임이 있다.

⑤ 선박충돌채권의 소멸

선박의 충돌로 인하여 생긴 손해배상의 청구권은 그 충돌이 있은 날부터 2년 이내에 재판상 청구가 없으면 소멸한다. 다만, 이 기간은 당사자의 합의에 의하여 연장할 수 있다.

⑥ 도선사의 과실로 인한 충돌

선박의 충돌이 도선사의 과실로 인하여 발생한 경우에도 선박소유자는 제878조 및 제879조를 준용하여 손해를 배상할 책임이 있다.

3. 해난구조

1) 개념

해난구조란 해양사고에 주우한 선박 또는 적하를 구조하는 것을 말한다.

2) 해난구조의 요건

① 해양사고 조우

항해선 또는 그 적하 그 밖의 물건이 어떠한 수면에서 자력만으로는 극복할 수 없는 위난에 조우하여 선박 또는 적하의 일부·전부가 멸실·훼손될 우려가 있는 경우를 말한다. 위험은 자연적·인공적 원인을 불문하고, 선박·적하에 공통될 필요도 없고, 수면이면 족하고 해상일 필요는 없다.

② 구조대상

구조대상은 선박·적하 기타 속구·여객의 수하물 등의 전부·일부이며, 인명의 구조는 해양사고의 구조가 아니다.

③ 구조행위의 주효

선박·적하 등의 전부·일부가 구조되어야 하고, 구조행위에도 불구하고 모두 멸실된 경우에는 구조료가 발생하지 않는다.

④ 구조의무의 부존재

구조의무 없이 구조한 경우에만 구조료를 청구할 수 있다.

3) 효과

① 구조료청구권

구조한 자는 그 결과에 대하여 상당한 보수를 청구할 수 있다. 항해선과 내수항행선 간의 구조의 경우에도 또한 같다.

구조의 보수에 관한 약정이 없는 경우에 그 액에 대하여 당사자 사이에 합의가 성립하지 아니한 때에는 법원은 당사자의 청구에 의하여 구조된 선박·재산의 가액, 위난의 정도, 구조자의 노력과 비용, 구조자나 그 장비가 조우했던 위험의 정도, 구조의 효과, 환경손해방지를 위한 노력, 그 밖의 제반 사정을 참작하여 그 액을 정한다.

구조의 보수액은 다른 약정이 없으면 구조된 목적물의 가액을 초과하지 못한다. 선순위의 우선특권이 있는 때에는 구조의 보수액은 그 우선특권자의 채권액을 공제한 잔액을 초과하지 못한다.

② 환경손해방지작업에 대한 특별보상

선박 또는 그 적하로 인하여 환경손해가 발생할 우려가 있는 경우에 손해의 경감 또는 방지의 효과를 수반하는 구조작업에 종사한 구조자는 구조의 성공 여부 및 구조료와 상관없이 구조에 소요된 비용을 특별보상으로 청구할 수 있다.

비용이란 구조작업에 실제로 지출한 합리적인 비용 및 사용된 장비와 인원에 대한 정당한 보수를 말한다.

구조자는 발생할 환경손해가 구조작업으로 인하여 실제로 감경 또는 방지된 때에는 보상의 증액을 청구할 수 있고, 법원은 제883조의 사정을 참작하여 증액 여부 및 그 금액을 정한다. 이 경우 증액된다 하더라도 구조료는 위의 비용의 배액을 초과할 수 없다.

구조자의 고의 또는 과실로 인하여 손해의 감경 또는 방지에 지장을 가져온 경우 법원은 위에서 정한 금액을 감액 혹은 부인할 수 있다.

하나의 구조작업을 시행한 구조자가 위의 특별보상을 청구하는 것 외에 구조 료도 청구할 수 있는 경우 그중 큰 금액을 구조료로 청구할 수 있다.

③ 구조료의 지급의무

선박소유자와 그 밖에 구조된 재산의 권리자는 그 구조된 선박 또는 재산의 가액에 비례하여 구조에 대한 보수를 지급하고 특별보상을 하는 등 구조료를 지급할 의무가 있다.

④ 구조료청구권 없는 자

구조받은 선박에 종사하는 자·고의 또는 과실로 인하여 해난사고를 야기한 자·정당한 거부에도 불구하고 구조를 강행한 자·구조된 물건을 은닉하거나 정당한 사유 없이 처분한 자는 구조료를 청구하지 못한다.

⑤ 구조자의 우선특권

구조에 종사한 자의 구조료채권은 구조된 적하에 대하여 우선특권이 있다. 다만, 채무자가 그 적하를 제3취득자에게 인도한 후에는 그 적하에 대하여 이 권리를 행사하지 못한다.

⑥ 구조료청구권의 소멸

구조료청구권은 구조가 완료된 날부터 2년 이내에 재판상 청구가 없으면 소 멸한다. 다만, 이 기간은 당사자의 합의에 의하여 연장할 수 있다.

4. 선박금융

선박은 고가여서 건조나 구입에 많은 자금이 필요하고 운항경비 또한 막대하여 선박을 이용한 금융의 필요성이 크나, 선박 자체의 위험성이나 관리의 어려움 때문에 금융에 대한 담보로 이용하기 어려운 점이 많아, 선박채권자를 보호하고 이로써 선박금1용의 활성화를 기하기 위한 제도가 마련되었는데 선박우선특권과 선박저당권제도이다.

1) 선박우선특권
① 개념

선박우선특권이란 일정한 법정채권을 가진 자가 선박·그 속구, 그 채권이 생긴 항해의 운임, 그 선박과 운임에 부수한 채권으로부터 우선변제를 받을 수 있는 해상법상의 특수한 담보물권이다.

② 선박우선특권 있는 채권

선박우선특권은 공시방법 없이 저당권에 우선하므로 선박우선특권 있는 채권의 범위는 법에 엄격히 한정되어 있는데 다음의 채권이 그것이다.

1. 채권자의 공동이익을 위한 소송비용, 항해에 관하여 선박에 과한 제 세금, 도선료·예선료, 최후 입항 후[287]의 선박과 그 속구의 보존비·검사비

2. 선원과 그 밖의 선박사용인의 고용계약으로 인한 채권

3. 해난구조로 인한 선박에 대한 구조료 채권과 공동해손의 분담에 대한 채권

4. 선박의 충돌과 그 밖의 항해사고로 인한 손해, 항해시설·항만시설 및 항로에 대한 손해와 선원이나 여객의 생명·신체에 대한 손해의 배상채권

③ 목적물

선박우선특권의 목적물은 선박·그 속구, 그 채권이 생긴 항해의 운임, 그 선박과 운임에 부수한 채권이다.

선박은 건조 중인 선박과 난파물을 포함하고, 속구는 속구목록에 기재된 것을 의미한다.

운임은 우선특권 있는 채권이 생긴 항해의 운임으로 지급을 받지 아니한 운

---

287) 대판 1996.5.16. 96다3609. 최후 입항 후라는 의미는 목적하는 항해가 종료되어 돌아온 항뿐만 아니라 선박이 항해 도중에 경매 또는 양도처분으로 항해가 중지되어 경매되는 경우의 선박보존비용도 달리 보아야 할 필요가 없으므로, 항해를 폐지한 시기에 있어서 선박이 존재하는 항도 포함하는 것으로 해석함이 상당하다.

임 및 지급을 받은 운임 중 선박소유자나 그 대리인이 소지한 금액에 한한다.

선박과 운임에 부수한 채권은 선박 또는 운임의 손실로 인하여 선박소유자에게 지급할 손해배상, 공동해손으로 인한 선박 또는 운임의 손실에 대하여 선박소유자에게 지급할 상금, 해난구조로 인하여 선박소유자에게 지급할 구조료를 포함한다. 선박소유자에게 지급할 보험금과 그 밖의 장려금이나 보조금은 제외된다.

④ 순위

가. 동일항해로 인한 채권에 대한 우선특권의 순위

동일항해로 인한 채권의 우선특권이 경합하는 때에는 그 우선의 순위는 위 우선특권 있는 채권의 순서에 따른다.

해난구조로 인한 선박에 대한 구조료 채권과 공동해손의 분담에 대한 채권의 우선특권이 경합하는 때에는 후에 생긴 채권이 전에 생긴 채권에 우선한다. 동일한 사고로 인한 채권은 동시에 생긴 것으로 본다.

나. 수회항해에 관한 채권에 대한 우선특권의 순위

수회의 항해에 관한 채권의 우선특권이 경합하는 때에는 후의 항해에 관한 채권이 전의 항해에 관한 채권에 우선한다.

선박사용인의 고용계약으로 인한 채권은 고용계약 존속 중의 모든 항해로 인한 운임의 전부에 대하여 우선특권이 있다. 이 우선특권은 그 최후의 항해에 관한 다른 채권과 동일한 순위로 한다.

다. 동일순위의 우선특권이 경합한 경우

동일항해이든 수회의 항해이든 동일순위의 우선특권이 경합하는 때에는 각 채권액의 비율에 따라 변제한다.

라. 다른 담보물권과의 순위

선박채권자의 우선특권은 질권과 저당권에 우선한다. 유치권에는 사실상 우선할 수가 없다.

⑤ 효력

가. 우선변제권

우선특권을 가진 선박채권자는 이 법과 그 밖의 법률의 규정에 따라 제1항의 재산에 대하여 다른 채권자보다 자기 채권의 우선변제를 받을 권리가 있다. 이 경우 그 성질에 반하지 아니하는 한 '민법'의 저당권에 관한 규정을 준용하므로 경매에 의하여 우선 변제받을 수 있다.

나. 추급권

선박채권자의 우선특권은 그 선박소유권의 이전으로 인하여 영향을 받지 아니한다. 양수인의 선의·무과실을 불문한다. 추급효가 있으므로 가압류가 필요 없다.

다. 우선특권의 소멸

선박채권자의 우선특권은 그 채권이 생긴 날부터 1년 이내에 실행하지 아니하면 소멸한다.

2) 선박저당권

① 개념

선박저당권이란 등기한 선박에 대하여 설정되는 해상법상의 특수한 저당권이다.

② 목적물

선박저당권의 목적물은 선박, 그 속구, 공유지분 등이 포함된다. 등기선박은 부동산 유사성을 가지므로 질권의 목적이 되지 않고 저당권의 목적이 된다.

선박은 등기선만이 대상이고, 건조 중인 것은 특별등기부에 의해 등기가 가능하므로 대상이 된다.

③ 순위·효력

선박저당권 상호간에는 등기의 선후에 의해 순위가 결정되고, 선박임차권과도 마찬가지이다. 선박의 저당권에는 '민법'의 저당권에 관한 규정을 준용한다. 선박 및 속구에 대한 경매권과 우선변제권이 있다.

3) 선박에 대한 강제 집행

선박에 대한 강제집행은 민사집행법의 부동산에 관한 강제집행절차에 따른다.

항해의 준비를 완료한 선박과 그 속구는 압류 또는 가압류를 하지 못한다. 다만, 항해를 준비하기 위하여 생긴 채무에 대해서는 그러하지 아니하다. 이는 총톤수 20톤 미만의 선박에는 적용하지 아니한다.

제5장 사람과 국가의 관계에 관한 법

제1절 국가와 법

1. 국가의 개념

국가란 일정한 지역을 지배하는 최고권력에 의하여 결합된 인간의 집단이다. 국가는 강제력을 발동하여 구성원의 의사와 행동을 통제하고, 명령·강제함으로써 국가의 목적을 달성하는 통치단체이다. 또한 국가는 일정한 지역을 존립의 기초로 하여 그 통치권의 행사는 그 지역범위 내로 제한된다. 국가는 국가권력에 의하여 결합된 다수인의 정치적 조직체이다.

2. 국가의 성립과 본질

국가의 성립에 관해서는 원시사회단계에서 유목·해양민족이 토착원시농민을 정복함으로써 지배와 복종의 관계가 형성되고 이로써 국가가 성립되었다는 실력설, 세습토지에 대한 지배권이 그 토지와 관련 있는 사람들에 대한 지배권으로 발전되면서 성립되었다는 재산설, 가족이 씨족으로 씨족이 부족으로 부족이 국가로 확대됨으로써 성립되었다는 가족설, 사유재산권이 발생하고 노예제도가 성립하는 과정에서 자유인이 노예들을 지배계급이 피지배계급을 경제적으로 착취하고 억압하기 위하여 형성되었다는 계급국가설, 자연상태에서 자유롭고 평등한 개개인이 그들의 자연권을 보다 확실하게 누리기 위하여 자발적으로 체결한 계약에 의하여 성립되었다는 사회계약설 등이 있다.

국가의 본질에 관해서는 근대 절대주의 국가관에 따라 통치자를 국가권력의 주체로 국가를 통치권의 객체로 파악하는 권리객체설, 국가를 치자와 피치자와의 통치관계로 파악하는 권리관계설, 국가를 하나의 권리의무의 주체인 법인으로 파악하는 국가법인설, 국가를 규범체계의 일체로 파악하는 법질서설 등이 있다.

3. 국가의 구성요소

국가는 국민을 구성원으로 하는 인적 단체이다. 국민이 되는 자격을 국적이라 하는데, 국적의 취득은 출생지를 기준으로 국적을 부여하는 출생지주의(속지주의)와 출생지와 무관하게 부모의 국적에 따라 국적을 부여하는 혈통주의(속인주의)가 있다. 민족은 국적이라는 형식적 개념이 아닌 역사·인종·언어·종교·관습 등을 같이하는 문화적 공동체인 점에서 국민과 다르다.

국가는 존립의 장소적 기초로서 영역을 본직적인 구성요소로 한다. 영역은 일정한 범위의 육지인 영토와 영토에 접속한 일정한 범위의 해양인 영해, 영토와 영해의 상공인 영공을 포함한다.

4. 국가의 형태

국가의 형태는 국가의 조직형태와 국가의 기본질서에 따른 국가의 유형인데, 군주국과 공화곡, 단일국·연방국·국가연합 등으로 분류된다. 대한민국은 헌법 제1조에서 민주공화국이라고 국가형태를 선언하고 있다.

5. 국가와 법

국가의 조직과 활동은 법에 의하여 정하여진다. 국가는 법에 의해서만 존재할 수 있는 법적 조직체이므로 국가와 법은 따로 떼어 놓고 설명할 수가 없는 것이다.

한 국가의 통치질서를 정하는 법으로서 기본권보장과 통치구조를 규정하는 국가의 최고규범을 헌법이라 하고, 이렇게 마련된 통치질서 내에서의 치안질서의 유지를 목적으로 하는 것이 형사법이고, 국가의 행정작용과 행정조직을 규제대상으로 하는 행정질서에 관한 법이 행정법이다. 이들은 국민 상호간의 생활관계를 규율하는 사법과 달리 공법이라 부른다.

제2절 헌법

Ⅰ. 헌법의 성립과 발전

한 국가의 통치질서인 기본권보장과 통치구조를 규정하는 최고규범으로서의 헌법이 일정한 형식을 갖추고 등장한 것은 1789년 미국헌법과, 1791년 프랑스 헌법이 최초이다. 영국의 대헌장이나 권리청원, 권리장전, 프랑스 인권선언 등에서 산발적으로 등장하던 국민주권, 기본권보장, 권력분립 등 오늘날 보편적으로 인정되는 근대헌법의 기본원리가 체계적으로 정리된 것이다.

오늘날 헌법은 전쟁에 대한 반성에서 국제평화주의를 선언하고, 자본주의의 고도화에 따른 모순 해결을 위해 기본권을 사회적 기본권 영역으로 확대하고, 국가경제의 건전한 발전을 위한 국정의 지도원리를 제시하며, 인권보장의 국제화를 채택하고 있다.[288]

Ⅱ. 영토조항과 통일조항

1. 영토조항

헌법 제3조의 영토조항은 대한민국의 영토를 한반도와 그 부속도서로 명시하고 있다. 이 영토조항에 의하면 북한은 당연히 대한민국의 미수복 지역이고 김정일 정권은 대한민국의 영토를 불법적으로 점령하고 있는 반국가단체의 수괴에 불과하다. 따라서 국가보안법이 북한을 반국가단체라고 직접 명시하고 있지는 않지만, 그 제정취지가 북한을 겨냥한 것이라는 데에 논란의 여지가 없고 수사기관과 법원 또한 북한이 반국가단체라고 일관되게 판단하고 있다. 국가보안법은 북한의 실체를 완전 부정하고 북한과의 접촉과 왕래 등 교류와 협력 행

---

288) 오늘날 우리의 현실은 대통령제와 내각제, 탄핵, 행정수도 이전, 부동산보유세, 연정(聯政) 등 국가적 대소사가 있을 때마다 정치인들이나 학자들에 의해 위헌 여부에 대한 논란이 제기되고, 일반국민들도 호주제, 선거권 연령 인하, 공무원 노동조합, 흡연권과 혐연권(嫌煙權), 성매매 금지 등 우리 일상 곳곳의 크고 작은 문제들에 대하여 위헌 여부를 다투는 등 국가정책뿐만 아니라 국민의 일상생활도 싫든 좋든 헌법을 떠나서 살 수 없는 세상, 헌법의 전성시대가 되었다.

위를 처벌하고 있다.

2. 통일조항

1972년 헌법 전문에서 처음으로 '평화적 통일'을 언급한 문구가 나오다가 현행 헌법 제4조는 대한민국은 통일을 지향하며, 자유민주적 기본질서에 입각한 평화적 통일 정책을 수립하고 이를 추진한다고 규정하고 있다.

1990년 8월에 헌법 제4조에 따른 평화적 통일정책을 추진하기 위해서 남북교류 및 협력에 관한 법률이 제정되었다. 이 법은 남북한의 교류와 협력의 확대·강화를 추진하여 한반도의 평화와 통일에 기여함을 목적으로 한다.

이어서 1991년 9월에 남북한은 UN에 동시 가입하였고 1992년에는 남북기본합의서가 발효하여 사실상 북한지역의 통치체제를 인정하였다. 남북기본합의서는 남북관계를 나라와 나라 사이의 관계가 아닌, 통일을 지향하는 과정에서 잠정적으로 형성되는 특수관계임을 명시하고는 있으나 북한이 국제적으로 독립국가임을 인정하지 않을 수 없게 된 이상 헌법 제3조의 영토조항을 대외적으로 주장할 수 없게 된 것이다.

3. 영토조항과 통일조항의 모순해결

헌법 제4조에 근거한 남북교류협력에 관한 법률은 북한의 실체를 인정하고 그와의 교류협력을 권장하고 있음에 비해, 헌법 제3조에 따른 국가보안법은 북한의 실체를 부정하고 그와 관련된 행위를 처벌하고 있어서 법체계가 모순되어 충돌할 여지가 있으나, 대법원은 구체적인 사례에 따라서 두 법률의 적용 여부를 결정하고 두 법률은 서로 충돌·모순되지 않는다고 판단하고 있다.

대법원은 대한민국과 북한 사이에 남북 사이의 화해와 불가침 및 교류협력에 관한 합의서가 체결, 발효되었다고 하여도 북한이 국가보안법상의 반국가단체가 아니라거나 국가보안법이 그 규범력을 상실한 것으로 볼 수 없다. 남북교류협력에 관한 법률 제3조는 남북 간 왕래·교역·협력사업 및 통신역무의 제공 등 남북교류와 협력을 목적으로는 행위에 관해서는 정당하다고 인정되는 범위 안에서 다른 법률에 우선하여 이 법을 적용한다고 규정하고 있으므로 남한과 북한을 왕래하는 행위가 위 조항에 해당되어 국가보안법의 적용이 배제되기 위해서는 우선 그 왕래행위가 남북교류와 협력을 목적으로 하는 것이라야 한다고 보아, 북한이 대화와 협력의 동반자임과 동시에 반국가단체라는 이중적인 지위를 가지는 것을 전제로 교류와 협력을 목적으로 하는 경우에는 국가보안법을 적용할 수 없고 교류협력법을 적용하여야 한다고 본다.[289]

Ⅲ. 인권, 기본권

1. 개념

인권이란 인간이 인간으로서 당연히 가지는 생래적이고 신성불가침한 권리를 말한다. 인권사상은 특히 근대 서구에서 절대군주로 대표되는 국가권력도 침해할 수 없는 인간의 자유영역이 있다는 주장에서 비롯된다. 인권사상은 국민을 단지 통치의 객체로만 보는 군주에 대항하는 선언적인 성격을 가졌지만, 곧 미국 버지니아 헌법과 프랑스의 '인간과 시민에 대한 권리선언'을 통하여 성문의 헌법전에 수록된 것이다. 인권은 모든 국가에서도 타당하고 영구불변의 성격을 가지는 자연권이라고 할 수 있다.

기본권이란 헌법이 보장하는 개인 내지는 국민의 기본적 권리를 의미한다. 이는 인권론에서 유래하여 특정한 국가의 상황에 적합하게 특정국가의 헌법에 의하여 보장된 인간 내지는 국민의 기본적 권리이다. 우리 헌법상 외국인에게도 보장되는 인간의 권리(인권)와 국민에게만 인정되는 권리(시민권)를 포함한다. 기본권은 인권과 달리 한 국가에서 법적 제도적으로 보장된 권리로서 헌법개정과 해석에 의하여 그 효력이 시간적 장소적으로 제한될 수 있는 권리이다.

헌법 제10조는 국가는 개인이 가지는 불가침의 기본적 인권을 확인하고 이를 보장할 의무를 진다고 명시하여 국가의 목적이 기본권보장에 있으며, 기본권은 국가를 구속하는 효력이 있다는 것을 밝히는 한편, 제37조에서 국가의 안전보장·질서유지·공공복리를 위하여 필요한 경우에 한하여 법률에 의하여 제한될 수 있으나, 이 경우에도 기본권의 본질적인 내용을 침해할 수는 없음을

---

289) 대판 1993.2.9. 92도1815.

선언하고 있다.

우리 헌법체계에서 기본권개념은 독일에서 유래한 것이고, 미국은 권리장전 (Bill of Rights)이라고 한다. 미국의 1789년 연방헌법에는 국가기관에 관한 조항만을 수록하였으나 토마스 제퍼슨(Thomas Jefferson) 등 반연방주의자들의 요구로 1791년에 10개조의 권리장전을 추가하였다. 프랑스는 기본권 대신에 공적 자유라는 용어를 사용하고 있다.

2. 기본권의 주체

1) 국민

헌법 제11조 이하의 개별 기본권조항을 보면 주어가 모든 국민이라고 되어 있어서 마치 국민만이 기본권을 누리는 주체인 듯하나, 기본권은 본래 국적을 불문하고 인간이 천부적으로 가지는 권리라는 천부인권사상에서 비롯된 것이므로 규정형식과 상관없이 외국인도 기본권의 주체가 되는 것으로 해석하고 있다.

2) 외국인

외국인이 기본권의 주체가 될 수 있다고 하여도 모든 기본권을 국민과 똑같이 다 누릴 수는 없다. 외국인은 인간의 존엄과 가치, 행복추구권, 양심의 자유, 신체의 자유와 같이 천부인권으로서의 성격을 가지는 기본권을 누릴 수 있으나, 외국인의 평등권이나 재산권은 국민과 달리 폭넓은 제한이 가능하다. 특히 대한민국의 국적을 가진 국민에게만 인정되는 참정권은 외국인에게 인정될 수 없다. 인간다운 생활을 할 권리와 같은 사회적 기본권을 외국인에게 인정하는 것이 바람직하지만, 국가재정 등을 고려한 입법정책의 문제로 취급하는 것이 각국의 현실이다.

3) 기본권행사능력

기본권의 주체인 국민이라고 하여도 당사자가 현실적으로 항상 기본권을 행사할 수 있는 것은 아니다. 만 19세 미만인 국민은 선거권이 없고, 미성년자의 재산권행사도 제한된다.

다만 미성년자라는 이유로 중고등학생의 종교 자유를 부인하고 학교나 부모가 특정 종교를 강요하는 논거로 사용될 수 있으므로, 연령에 따른 기본권 제한은 예외적으로 이루어져야 한다. 미성년자도 그림을 그리고 음악을 즐길 권리의 주체가 될 수 있으며 단지 친권자인 부모나 학교의 교육적 목적에 따른 기본권제한이 인정될 수 있을 뿐이다.[290]

대통령 피선거권은 헌법 제67조 4항에서 기본권행사능력을 만 40세로 명시하고 있다. 기타 기본권행사능력은 법률에 의해서 구체적으로 정해지는 경우가 많다. 공직선거법에서 국회의원과 지방자치단체의 의회의원 및 장의 선거권과 피선거권을 각각 19세와 25세로 정하고 있으며(제15조 및 제16조), 법원조직법이 법관정년을 대법원장은 70세, 대법관 65세, 판사를 63세로 정하는 것이 여기에 해당한다(제45조).

개별 기본권의 본질상 기본권의 주체가 한정되는 경우도 있다. 모성보호조항에 주관적 권리가 인정된다고 하여도 모성만 주체가 되고(제36조 제2항) 군인·군무원·경찰공무원은 국가배상청구권의 주체가 될 수 없으며(제29조 제2항) 근로자만 노동삼권을 향유한다.

4) 법인

기본권의 주체는 원칙적으로 개개의 인간이지만 일정한 목적에 따라서 자율적으로 결집한 사람의 단체인 사단이나 사람이 갹출한 재산의 집합체인 재단에 기본권을 부인할 이유가 없다는 견해가 일반적이다. 헌법상 기본권주체성이 인정되는 법인은 사법상의 법인보다 넓은 개념으로서 법인의 형태를 보이고 있지 않은 정당이나 노동조합도 기본권의 주체가 된다.[291] 물론 인간에게만 인정되는 인간의 존엄과 가치, 인신권, 양심의 자유, 참정권, 사회적 기본권 등은 법인에 인정될 여지가 없을 것이다.

지방자치단체와 같은 공법인은 기본권을 누리는 자가 아니라 기본권을 보호할 의무를 지는 기본권 수범자이기 때문에 원칙적으로 기본권의 주체가 될 수 없다. 독일의 연방헌법재판소는 국민의 개별적인 기본권의 실현에 봉사하고 있

---

290) 헌법재판소 1993.5.13. 92헌마80. 18세 미만인 자에 대한 당구장 출입을 금지하는 법령에 대하여 당구를 통하여 자신의 소질과 취미를 살리고자 하는 소년에 대하여 당구를 금하는 것은 헌법상 보장된 행복추구권의 한 내용인 일반적인 행동자유권의 침해가 될 수 있다.

291) 헌법재판소 1991.3.11. 91헌마21.

고, 국가로부터 독립되어 있거나 거리를 두고 있는 국가의 시설물(영조물)이나 공법인에게 예외적으로 그 기본권 주체성을 인정하고 있다.[292]

Ⅳ. 행복추구권

1. 개념·특성

헌법 제10조는 모든 국민은 행복을 추구할 권리를 가진다고 규정하여 행복추구권을 인정하고 있으나, 이는 규정유무를 불문하고 천부인권적인 권리라고 할 것이다.

이 권리는 다른 기본권에 대한 보충적 성격의 권리로 다른 기본권이 우선 적용될 수 있을 때에는 적용되지 않고, 포괄적이고 일반적인 성격의 기본권이어서 그 권리의 내용과 범위는 그때그때 문제 된 사안마다 개별적으로 판단되는 특성이 있다.

2. 내용

행복추구권에는 일반적 인격권과 일반적 행동의 자유라는 서로 관련되지만 약간 다른 성질의 내용이 포함되어 있다. 전자는 명예에 관한 권리, 초상권, 개인정보자기결정권 등 그 보호의 내용들이 점점 구체화되고 있는 데 반하여, 후자는 개념본질상 일정한 범주로 묶기 어려운, 비정형적인 넓은 범위의 자유행동으로서 헌법에 열거된 기본권 목록의 어디에도 쉽게 포섭되지 않는 행동들을 포괄한다.

우리 판례상으로는 미성년자의 당구장 출입금지나 노래방 출입금지는 결혼식이나 장례식에서 하객이나 문상객에 대한 음식물 접대금지 등은 행복추구권을 침해하는 것으로 판단되었고, 기부금품모집제한이나, 탁주의 지역공급제한, 안

전띠 미착용자의 처벌, 음주측정거부자의 처벌국민연금의 강제가입 등은 행복추구권을 침해하지 않는다고 판단되었다. 독일 판례상 여기에 해당하는 자유로 인정된 것으로는, 출국의 자유, 혼인 외의 생활공동체를 창설할 자유, 숲 속에서의 승마, 공용도로 이용의 자유, 안전모를 착용하지 않고 모터사이클을 운행하는 일, 공원에서 비둘기에게 먹이를 주는 일, 음주, 대마 흡입, 공과금에 대한 포괄적인 거부의 자유 등이 있다.

행복추구권에 포함되는 행위라 하여도 공공복리, 사회의 안전과 질서를 위해 법률로써 제한받는다.[293]

V. 평등권

1. 개념

헌법 제11조는 모든 국민은 법 앞에 평등하다고 규정하여 평등권을 선언하고 있는데, 이는 국민에 대한 기회보장과 공권력에 대한 자의 금지를 통해 기본권의 실효성을 높이는 기능을 한다.

2. 내용

누구든지 성별·종교 또는 사회적 신분에 의하여 정치적·경제적·사회적·문화적 생활의 모든 영역에 있어서 차별을 받지 아니한다.

사회적 특수계급의 제도는 인정되지 아니하며, 어떠한 형태로도 이를 창설할 수 없다.

훈장 등의 영전은 이를 받은 자에게만 효력이 있고, 어떠한 특권도 이에 따르지 아니한다.

혼인과 가족생활은 개인의 존엄과 양성의 평등을 기초로 성립되고 유지되어야 하며, 국가는 이를 보장한다.

모든 국민은 능력에 따라 균등하게 교육을 받을 권리를 가지고, 의무교육은

---

293) 고속도로에서 모터사이클을 못 타게 하는 것, 대마흡연을 금지하는 것은 합헌이다.

무상으로 하게 하여 누구나 최소한의 교육을 받을 수 있다.

정치·경제·사회·문화의 모든 영역에 있어서 각인의 기회를 균등히 하고, 능력을 최고도로 발휘하게 하며, 경제질서에서는 개인과 기업의 경제상의 자유와 창의를 존중하되, 균형 있는 국민경제의 성장 및 안정과 적정한 소득의 분배를 유지하고, 시장의 지배와 경제력의 남용을 방지하며, 경제주체 간의 조화를 통한 경제의 민주화를 위하여 경제에 관한 규제와 조정을 함으로써 사회적 평등의 실현을 목표로 하고 있다.

Ⅵ. 신체의 자유

1. 개념

신체의 자유는 신체의 생리적 기능과 외형적 형상이 물리적 힘이나 심리적 압박에 의하여 침해당하지 않을 자유와 자기 뜻에 따라 임의로 신체활동을 할 수 있는 자유를 말한다.

2. 보장

헌법은 제12조에서 신체의 자유를 선언하면서 이를 보장하기 위한 상세 규정을 두고 있다.

1) 적법절차원리

적법절차원리란 공권력에 의한 국민의 생명·자유·재산의 침해는 합리적이고 정당한 법률에 의한 정당한 절차를 밟은 경우에만 유효하다는 원리를 말한다.

헌법은 다음과 같이 규정하여 적법절차원리를 실현하고 있다.

누구든지 법률에 의하지 아니하고는 체포·구속·압수·수색 또는 심문을 받지 아니하며, 법률과 적법한 절차에 의하지 아니하고는 처벌·보안처분 또는 강제노역을 받지 아니한다. 체포·구속·압수 또는 수색을 할 때에는 적법한 절차에 따라 검사의 신청에 의하여 법관이 발부한 영장을 제시하여야 한다. 다만, 현행범인인 경우와 장기 3년 이상의 형에 해당하는 죄를 범하고 도피 또는 증거인멸의 염려가 있을 때에는 사후에 영장을 청구할 수 있다.

누구든지 체포 또는 구속의 이유와 변호인의 조력을 받을 권리가 있음을 고지받지 아니하고는 체포 또는 구속을 당하지 아니한다. 체포 또는 구속을 당한 자의 가족 등 법률이 정하는 자에게는 그 이유와 일시·장소가 지체 없이 통지되어야 한다.

2) 죄형법정주의

죄형법정주의는 범죄와 형벌은 행위 시의 법으로 정해져 있어야만 한다는 것으로 헌법 제13조는 모든 국민은 행위 시의 법률에 의하여 범죄를 구성하지 아니하는 행위로 소추되지 아니하며, 소급입법에 의하여 참정권의 제한을 받거나 재산권을 박탈당하지 아니한다고 규정하여 이를 실현하고 있다.

3) 이중처벌의 금지

이중처벌의 금지란 동일한 범죄에 대하여 거듭 처벌받지 아니하는 것으로 헌법은 제13조에서 이를 규정하고 있다.

4) 연좌제의 금지

헌법은 모든 국민은 자기의 행위가 아닌 친족의 행위로 인하여 불이익한 처우를 받지 아니한다고 규정하여 연좌제를 금지하고 있다.

5) 자백의 증거능력제한

헌법은 피고인의 자백이 고문·폭행·협박·구속의 부당한 장기화 또는 기망 기타의 방법에 의하여 자의로 진술된 것이 아니라고 인정될 때 또는 정식재판에 있어서 피고인의 자백이 그에게 불리한 유일한 증거일 때에는 이를 유죄의 증거로 삼거나 이를 이유로 처벌할 수 없다고 규정하여 자백을 받아 내기 위한 인신의 자유에 대한 부당한 침해를 예방하고 있다.

6) 무죄추정의 원칙

헌법은 형사피고인은 유죄의 판결이 확정될 때까지는 무죄로 추정하여 인신의 자유에 대한 부당한 제한을 금지한다.

7) 사법절차적 기본권

헌법은 수사 및 사법절차에서의 인신의 자유에 대한 부당한 제한을 막기 위
하여 고문을 받지 않을 권리, 불리한 진술거부권, 영장제시요구권, 변호사의 도
움을 받을 권리, 구속적부심사청구권, 구속 시 이유와 권리를 고지받을 권리,
합법적인 재판을 받을 권리, 형사보상청구권 등을 인정하고 있다.

Ⅷ. 양심의 자유

1. 개념

양심의 자유란 양심에 어긋나는 신념이나 행동에 강요당하지 않고 자기 양심
에 따라 행동할 수 있는 자유를 말한다. 헌법이 보호하는 양심이란 막연하고
추상적인 의미의 양심이 아니고 어떤 일의 옳고 그름을 판단함에 있어 그렇게
행동하지 않고는 자신의 인격적인 존재가치가 파멸하고 말 것이라는 강력하고
진지한 마음의 소리이다. 인간의 일상생활에서 발생하는 구체적인 상황에서 어
떻게 행동하는 것이 옳은가를 말해 주는 인간의 내면적인 판단을 보호하려는
것이 양심의 자유이다. 인간의 도덕적·윤리적 내심영역의 문제이기 때문에 의
견·사상·확신과는 다르다.

개별적 존재로서의 개인적 인격의 정체성, 고유성과 독자성을 가장 잘 표현
하고 있는 기본권이 양심의 자유이다. 양심은 그 자체가 이성적이고 합리적인
가의 판단대상이 아니며, 다수의 가치관에 적합한지의 여부와 관련이 없다. 옳
고 그름을 판단하는 개인의 진지한 결정인 한, 어떠한 종교관, 가치관 또는 세
계관에 근거하고 있는지와 관계없이 헌법상 양심의 자유에 의하여 보호된다.

일반적으로 법질서와 사회질서를 형성하는 민주적 다수는 법질서나 사회의
도덕률과 양심상의 갈등을 일으키지 않는다. 양심의 자유에서 현실적으로 문제
가 되는 것은 국가의 법질서나 사회의 도덕률에서 벗어나려는 소수의 양심이다

2. 내용

양심형성 및 결정에 있어 어떤 외부적인 간섭이나 강제도 받지 않고 오직 자기 내면의 소리에만 따를 수 있는 자유, 양심의 표명을 직·간접으로 강요당하지 않는 양심을 지키는 자유, 양심의 결정을 행동으로 옮겨서 실현시킬 수 있는 양심실현의 자유를 내용으로 하나 양심실현의 자유는 양심의 자유를 구성하지 않는다는 입장도 있다.

3. 양심적 병역거부와 대체복무제

1) 개념과 처벌 여부

양심적 병역거부란 양심적인 이유로 병역의무의 이행을 거부하거나 집총을 거부하는 것을 말한다. 현행법상 병역의무를 치르고자 입대한 사람이 집총훈련을 거부하면 군형법 제44조의 항명죄에 해당하여 3년 이하의 징역에 처해지고, 전시·사변이거나 계엄지역에서는 1년 이상 7년 이하의 징역으로 그 형이 가중된다. 이에 비하여 병역 자체를 거부하면 병역법 제88조의 입영기피죄에 해당하여 3년 이하의 징역에 처해진다.

2) 입법례와 연혁

양심적 병역거부는 초기 기독교와 밀접한 연관성을 가지고 출발했다. 로마시대에서 초대 기독교 신자들의 병역거부는 기독교적 평화주의보다는 황제에 대한 충성서약을 우상숭배로 보았기 때문이라는 견해도 있는데, 아우구스티누스가 주장한 정당한 전쟁론과 로마의 기독교화를 통해서 느슨해졌지만, 종교개혁(또는 종교분열) 이후에도 기독교적 평화주의를 지지한 재세례파, 영국의 퀘이커교도 또는 독일의 경건주의자들에 의하여 계승되었다. 종교적 병역거부를 인정하는 관용적 전통은 미국에서 이어져 남북전쟁 중에도 병역거부자에게 일정한 과징금을 부과하거나 대리복무를 허용하였다. 양차대전을 거치면서 종파를 넘어서 양심적 병역거부권이 세계 각국에서 인정되었다. 독일은 양심적 병역거부자를 강제수용소로 보내 처형하였던 나치체제의 경험을 교훈으로 삼아, 1949년 기본법 제4조 제3항에 명문으로 양심적 병역거부권을 기본권으로 규정하고 있다.

집총을 거부하는 사람에게 대체복무를 인정하는 국가도 있지만, 크로아티아, 유고, 쿠바와 같이 대체복무를 인정하지 않고 군대 내에서 비전투복무 내지 비무장복무만을 인정하는 국가도 있다. 지구상에 징병제를 취하는 약 75개의 국가 가운데 양심적 집총거부 내지는 병역거부를 인정하는 국가가 더 많으며, 이 숫자는 점점 더 늘어 가고 있는 추세이다. 중국과 대립하고 있으면서 병역거부자를 가혹한 처벌을 하였던 대만도 2000년에 병역거부권을 인정하였고, 1948년 건국 이후 이슬람권 국가와 전시상태에 있는 이스라엘도 종교적 병역거부를 인정하고 있다. 영국, 미국 등은 현재 징병제를 실시하지 않고 있으나 징병제를 실시할 경우 양심적 병역거부와 대체복무를 인정하고 있다.

국토방위라는 헌법상의 법익과 개인 양심의 자유를 조화시키는 정책을 취하고 있는 것인데, 우리는 아직 이에 대한 배려가 없다.

3) 인정근거와 처벌의 위헌성

양심적 병역거부가 종교적 이유에서 시작되기는 했으나, 병역거부를 인정하는 많은 국가가 종교적 사유뿐만 아니라 평화주의와 같은 신념을 병역거부의 근거로 인정하고 있다.

헌법재판소는 양심적 병역거부가 양심의 자유에 속하지만 국가안보를 위해서 제한될 수 있는 권리이기 때문에 양심적 병역거부자를 처벌하는 병역법상의 입영기피죄가 헌법에 위반되지 않는다고 본다.

문제는 국가안보라는 목적을 위하여 형벌이라는 수단을 취하는 것이 '필요한 경우'에 해당하는가의 여부이다. 이 문구는 법치국가원리나 기본권 보장에서 도출되는 과잉금지의 원칙을 확인하는 것으로 과잉금지의 원칙에 의하면 입법자가 선택한 수단이 목적달성에 적합하여야 하고, 개인의 기본권을 최소한으로 제한하는 데 그쳐야 하며 마지막으로 목적과 수단 사이에 헌법상 가치적 비례관계가 이루어져야 한다. 병역거부자의 처벌은 국가안보를 부분적이라도 달성하는 데 적합한 수단일지라도, 형사 처분이라는 수단은 병역거부자의 기본권을 최소한으로 침해하는 데 적합한 것이어야 한다. 만약 병역거부자의 기본권을 덜 제한하면서 국가안보라는 목적을 달성하는 데 문제가 없는 다른 수단이 있다면 형사처벌은 개인의 기본권을 과도하게 침해하므로 위헌이다.

4) 대체복무제의 필요성

대체복무제란 양심 기타 사유로 병역의무의 이행을 거부하거나 이행할 수 없는 자에 대하여 상당기간의 공공봉사 등으로 병역의무의 이행에 갈음할 수 있게 하는 제도이다.

헌법재판소는 양심과 병역의무라는 상충되는 법익을 이상적으로 조화시키는 방안으로서 대체복무제가 고려될 수 있다고 인정한다. 그러나 입법자는 이에 관한 광범위한 형성권을 가지고 있다고 하여서 대체복무제를 도입하지 않은 것이 위헌은 아니라고 한다. 기본권의 최대한의 보장이라는 원칙에 따라서 병역의무와 양심의 자유가 충돌하는 경우 원칙적으로 양심의 자유를 고려해야 하지만, 헌법재판소는 국가안보를 기준으로 양심의 자유를 판단하고 있다.

전 세계적으로 대체복무제가 병역기피의 수단으로 활용된 경우는 그 예를 찾기 어렵다. 독일의 경우 통독 전에 대체복무의 기간은 20개월로, 군복무인 15개월보다 5개월이 길어서 대체복무를 택하는 사례는 적었다. 그러나 통독 후 군 병력 충원이 충분하고 안보환경이 바뀌었으며 직업군인을 확대할 필요성이 등장하자 민간복무의 필요성이 증대되었고, 최근에는 대체복무 10개월 군복무 9개월로 축소되었다.

유엔 인권위원회와 인권이사회는 1978년 이후로 국제규약 제18조로부터 양심적 병역거부권이 도출되며, 양심적 병역거부자를 처벌해서는 안 된다는 의견을 여러 번 제시하였고, 2007년에는 종교적 양심적 병역거부자를 형사 처분한 것은 양심의 자유와 종교의 자유를 침해한 것이며 재발 방지와 보상 등의 조치를 취할 것을 권고했다. 2005년에는 국가인권위원회가 대체복무제를 도입할 것을 권고한 바도 있다.

매년 약 750명의 젊은이가 종교적·양심적 병역거부로 교도소에 들어가고 전 세계 병역거부 수감자의 80%가 넘는 사람이 우리나라에 있는 현실은 인권 침해일 뿐 아니라 사회적 인적 자원을 비효율적으로 운용하는 대표적인 사례가 될 것이다. 비록 내가 이해할 수 없는 '양심'이라고 할지라도 이를 인정하는 것이 기본권보장의 출발점이고, 모든 사람이 나와 같은 생각과 행동을 하기를 기대할 수 없는 것임을 감안하면 대체복무제를 도입하는 것이 인권침해국의 오명에서 벗어나는 길이 될 것이다.

Ⅷ. 환경권

1. 개념

환경권이란 건강하고 쾌적한 환경에서 생활할 권리를 말한다.

헌법은 제35조에서 모든 국민은 건강하고 쾌적한 환경에서 생활할 권리를 가지며, 국가와 국민은 환경보전을 위하여 노력하여야 한다. 환경권의 내용과 행사에 관해서는 법률로 정한다. 국가는 주택개발정책 등을 통하여 모든 국민이 쾌적한 주거생활을 할 수 있도록 노력하여야 한다고 규정하여 환경권을 보장하고 있다.

2. 특성

환경 그 자체는 권리의 대상이 될 수 없고, 환경에 영향을 미치는 인간의 행위를 규제함으로써 그 실효성이 있기 때문에 환경권은 타인의 기본권 제한을 전제로 한다. 환경권은 다른 기본권보다는 의무성이 강해서 환경보전의무의 이행, 상린관계의 존중 등을 통해서 실현될 수 있다. 환경권은 산업발전에 따른 환경오염과 대립관계에 있어 산업체활동을 억제하는 경제성장의 장애요인으로 작용할 수 있다. 환경권은 현세대만이 아닌 미래세대의 기본권인 성격도 있다.

환경권은 건강하고 쾌적한 환경에서의 생활이라는 정신적이고 환경적인 최저생활을 보장하는 것인 점에서 물질적인 최저생활을 보장하는 인간다운 생활을 할 권리와 함께 헌법이 인정하는 여러 기본권을 실효성 있게 하기 위한 기본권의 전제조건을 보호하는 기능을 갖고 있다. 이에 따라서 환경권의 침해는 다른 기본권의 침해를 함께 불러오는 특색이 있다.[294]

3. 내용

환경권의 내용과 행사는 법으로 정하도록 되어 있기는 하나, 그 내용은 최소한 건강하고 깨끗한 환경에서 공해 없는 생활을 할 수 있도록 국가의 환경보호

---

[294] 환경오염발생 시 생명·건강·재산에 대한 피해가 뒤따르게 마련이다.

를 요구할 수 있는 것이 되어야 할 것이다. 이런 관점에서 국가의 환경침해에 대한 방어권, 국가 이외의 제3자에 의한 환경오염을 막아 줄 것을 요구할 수 있는 공해배제청구권, 건강하고 쾌적한 생활환경조성청구권 등이 거론된다.

1) 국가의 환경침해에 대한 방어권

국가의 권력작용·관리작용·국고작용·사실작용 등에 의해서 발생하는 환경오염에 대한 방어권을 말한다.[295] 다만 국가의 행위는 사회공동생활을 위하여 이루어지게 마련이므로 감수해야할 수인의 한도를 넘는 경우에만 방어권을 행사할 수 있을 것이다.

2) 공해배제청구권

이는 국가의 환경보전의무에서 당연한 것이나, 타인의 기본권제한을 수반하므로 공공복리에 의한 기본권제한의 한계 안에서 행사가 허용될 것이다.

3) 생활환경조성청구권

이는 생활의 질을 높이기 위하여 국가에 적절한 환경조성을 요구할 수 있는 권리이다. 국공립공원·해수욕장 등의 조성, 주택단지 조성 등을 요구하는 것인데, 이러한 요구에 따른 환경조성계획이 오히려 자유로운 접근을 제한하는 결과가 될 수 있어 그 권리의 행사가 항상 그 권리를 보호하는 것이 아닌 점을 염두에 두어야 한다.

IX. 인간다운 생활을 할 권리

1. 개념

인간다운 생활을 할 권리란 물질적인 궁핍으로부터의 해방을 그 주요내용으로 하는 물질적 최저생활권을 말한다.

헌법은 제34조에서 모든 국민은 인간다운 생활을 할 권리를 가진다. 국가는 사회보장·사회복지의 증진에 노력할 의무를 진다. 국가는 여자의 복지와 권익

---

295) 국영기업의 매연·폐수배출행위, 동사무소의 스피커 방송소리 등이 그 예이다.

의 향상을 위하여 노력하여야 한다. 국가는 노인과 청소년의 복지향상을 위한 정책을 실시할 의무를 진다. 신체장애자 및 질병·노령 기타의 사유로 생활능력이 없는 국민은 법률이 정하는 바에 의하여 국가의 보호를 받는다. 국가는 재해를 예방하고 그 위험으로부터 국민을 보호하기 위하여 노력하여야 한다고 규정하여 인간다운 생활을 할 권리를 보장하고 있다.

2. 성격

이 권리는 환경권과 함께 인간의 존엄성을 실현하기 위한 최소한의 방법적 기초이다. 경제활동보호를 위한 기본권들(거주·이전의 자유·직업의 자유·재산권·노동권)은 인간다운 생활을 위한 물적 기초의 형성을 위한 것이니 그 이념적 기초는 인간다운 생활을 할 권리이고, 인간다운 생활을 할 권리의 이념적 기초는 인간의 존엄성이니 이들은 상호 연관관계에 있다.

이 권리는 국민경제의 가치지표의 의미를 가진다. 국가의 경제정책은 국민생활의 기본수요를 충족시키는 전제 위에 국민경제의 발전을 도모해야 하기 때문이다.

이 권리는 국가의 사회보장·사회복지의 증진에 노력할 의무 등 자유로운 사회국가 실현을 위한 국가의 의무를 제시하는 기능을 하고 있다.

이 권리의 법적 성격에 관해서는 입법자에게 장래의 정책적 지침을 제시하는 프로그램규정이라는 입장, 국민의 국가에 대한 권리이기는 하지만 구체적·현실적 청구권은 없기 때문에 추상적 권리라는 입장이 있으나, 이들은 경제발전의 고도화에 따라 국가의 재정능력이 충분해진 오늘날의 실정을 반영하지 못하고 있는 것으로 구체적인 권리성을 인정하는 것이 타당하다.

이 권리의 실현은 그 자체가 공공복리가 되므로 이를 이유로 한 제한은 허용될 수 없다.

3. 내용

인간다운 생활을 할 권리는 생활무능력자가 국가에 궁핍으로부터의 해방을 요구할 수 있는 보호청구권과 국가의 사회국가 실현의무를 그 내용으로 한다.

1) 생활무능력자의 보호청구권

이는 신체장애·질병·노령·기타 노동능력의 상실로 인하여 독자적인 생활능력이 없는 사람이 국가에 대하여 생계보호 및 의료보호 등을 요구할 수 있는 권리이다.

2) 국가의 사회보장실현의무

이는 모든 국민이 물질적인 궁핍과 재해에 봉착함이 없이 자율적인 생활설계에 의한 독립적인 생활이 가능하도록 합리적인 사회보장제도와 조세제도를 마련할 의무를 말한다.

Ⅹ. 참정권

1. 개념

참정권은 국가권력의 창설과 국가권력의 행사과정에 적극적으로 참여할 수 있는 권리로 정당설립 및 활동의 자유, 선거권, 공무담임권, 국민투표권 등이 그것이다.

2. 정당의 개념

정당이란 국민의 이익을 위하여 책임 있는 정치적 주장이나 정책을 추진하고 공직선거의 후보자를 추천 또는 지지함으로써 국민의 정치적 의사형성에 참여함을 목적으로 하는 국민의 자발적 조직을 말한다(정당법 제2조). 대의민주주의 및 선거제도에서 있어서 대중을 조직하고 국민의 의사를 국가의사에 중개하는 국민의 사적 결사인 것이다.

세계 각국은 사적 결사체이면서도 국민의 정치적 의사를 매개하는 정당의 공적 기능을 중시하여서 제2차 세계대전 이후에 헌법에 정당에 관한 규정을 두었고, 우리나라도 1960년에 정당조항을 도입하였다.

3. 정당설립 및 활동의 자유

1) 개념

정당설립 및 활동의 자유란 정권획득 및 정치적 영향력 행사를 목적으로 국민의 정치적 의사형성에 참여하는 항구적 또는 계속적 정치결사를 자발적으로 조직하고 활동할 수 있는 자유를 말한다. 정당설립 및 활동의 자유가 제2장인 '국민의 기본적 권리와 의무'에 속하지 않고 총강에 편재되어 있지만, 이 역시 기본권이라는 점에서는 의문의 여지가 없다.

2) 내용

현행 헌법 제8조 제1항은 정당설립의 자유만을 명시적으로 규정하고 있지만, 이는 정당설립의 자유만이 아니라 누구나 국가의 간섭을 받지 아니하고 자유롭게 정당에 가입하고 정당으로부터 탈퇴할 수 있는 자유 등 정당활동의 자유를 함께 보장하는 것이다.

정당설립 및 활동의 자유는 정당을 설립하고 활동하는 데 있어서 국가의 간섭으로부터 자유로울 수 있는 권리와 당원이 정당 내에서 정당활동을 하는 데 있어서의 자유를 그 내용으로 한다.

3) 정당의 요건

정당은 그 목적·조직과 활동이 민주적이어야 하며, 국민의 정치적 의사형성에 참여하는 데 필요한 조직을 가져야 한다.

정당법 제4조 제1항은 정당은 중앙당이 중앙선거관리위원회에 등록함으로써 성립한다고 하여 정당등록을 정당설립의 요건으로 규정하고 있다. 어떤 정치적 결사가 비록 국민의 정치적 의사형성에 참여하려는 의도를 가지고 정당으로 활동하고자 하더라도, 중앙선거관리위원회에 정당으로 등록되지 않는 한 정당법상의 정당으로 인정받지 못한다. 정당이 중앙선거관리위원회에 등록되기 위해서는 5개 이상의 시·도당을 가져야 하며, 시·도당은 1천 인 이상의 당원을 가져야 한다(정당법 제17조 및 18조). 어떤 근거에서 일정한 요건을 충족하고 중앙선거관리위원회에 등록된 정치적 결사만을 정당으로 인정하고 있는지에 관해서는 납득하기 어려운 점이 있으나, 헌법재판소는 합헌이라고 한다.296)297)

정당은 국민의 정치적 의사형성에 참여하는 데 필요한 조직인데, 국민의 정치적 의사형성에 참여하는 가장 직접적인 수단은 우리 헌법상 국민투표와 주기적으로 이루어지는 선거에의 참여를 의미하고, 선거와 국민투표에의 참여는 국민만이 가능하므로 정당의 구성원은 일차적으로 국민이며 외국인은 정당에 입당할 수 없다.

4) 정당의 보호

정당은 법률이 정하는 바에 의하여 국가의 보호를 받으며, 국가는 법률이 정하는 바에 의하여 정당운영에 필요한 자금을 보조받을 수 있다.

정당의 목적이나 활동이 민주적 기본질서에 위배될 때에는 정부는 헌법재판소에 그 해산을 제소할 수 있고, 정당은 헌법재판소의 심판에 의하여 해산되도록 하여 일반적인 결사와 달리 특별히 보호하고 있다. 정당의 목적·조직의 민주성은 정당에게 부과하는 의무이지만 정당의 개념에 포함되어 있지 않다. 반민주적인 정당이라고 할지라도 헌법 제8조 제4항에 따라서 헌법재판소에 의하여 해산되기 전까지는 모든 정당활동이 합헌적인 것으로 추정된다. 오늘날 대의민주주의를 정당민주주의라고 표현할 정도로 정당이 국민의 의사를 중개하는 역할이 크기 때문에 이런 정당특권을 인정하는 것이다.

---

296) 헌법재판소 2006.3.30. 2004헌마246. 정당등록제도는 정치적 결사가 정당에 해당되는지의 여부와 함께 정당에게 부여되는 법률상의 권리·의무관계도 비교적 명확하게 판단할 수 있게 해 주는 것이고, 나아가서 등록요건인 5개 이상의 시·도당이란 규정은 특정 지역에 지역적 연고를 두고 설립·활동하려는 이른바 지역정당을 배제하는 취지로 볼 수 있고, 각 시·도당에게 1천 인 이상의 당원을 요구한 규정은 이른바 군소정당을 배제하려는 취지로 볼 수 있어, 이 규정은 헌법 제8조 제2항이 규정하고 있는 국민의 정치적 의사형성에 참여하는 데 필요한 조직요건을 구체화하는 데 있는 것으로 '상당한 기간 또는 계속해서', '상당한 지역에서' 국민의 정치적 의사형성 과정에 참여해야 한다는 정당의 개념표지를 구현하기 위한 합헌적인 제한이다.

297) 그러나 정당은 정권을 획득하려는 사람들의 자발적인 모임으로 정치적·사회적 동물로서의 인간의 본성에서 연유한 사회적 결사이지 헌법이 만든 제도가 아니나, 단지 헌법이 정당이 담당하는 공적 기능에 착안하여 특별한 보호와 의무를 규정한 것인 점을 감안하면 정당등록제는 정당설립 및 활동의 자유에 대한 중대한 제약이 될 수 있다. 실제로 미국 등 많은 나라에는 정당법이 존재하지 않고, 독일과 같이 정당법이 있다고 하여도 우리 정당법과 같이 등록에 의하여 정당을 인정하는 규정은 없다. 국민의 정치적 의사형성에 참여하는 데 필요한 조직을 만들기 위해서는 정당법이 규정하는 조직요건이 필요하다고 할 수도 있으나, 이런 엄격한 규정은 사실상 신생 정당에게는 진입장벽이 되어서 기존의 정당구조를 고착화시키고 있다. 신생정당은 군소정당일 수밖에 없는데, 정당성립의 요건을 이렇게 까다롭게 규정한다면 정치과정의 개방성과 투명성은 더욱 확보하기 어렵게 된다. 특히 지역정당을 활성화하는 것이 지역의 다양한 이익과 견해를 취합·조정하여 중앙 차원에서 민주적인 해결책을 제시하는 가교가 된다는 점에서 오히려 지방자치제의 취지에 적합하다는 점이나 특정 지역의 주민의사형성에 참여함을 목적으로 하는 지역정당이 전국 차원의 국민의사형성에 참여하려는 전국정당으로 발전될 수도 있는 점을 감안하면 정당요건의 엄격화는 시정되어야 할 기본권 제한이다.

4. 선거권

1) 개념

선거권이란 통치권 내지 국정의 담당자를 결정하는 국민의 주권행사를 말한다.

2) 선거권자

누구에게 선거권을 줄 것인가의 문제는 민주주의의 역사와 궤를 같이하는데, 성인과 아동, 자유민과 노예, 유산자와 무산자, 남자와 여자, 국민과 외국인, 이렇게 사람을 구분하여 한쪽에서 선거권을 독점하던 기나긴 시대를 지나 원칙적으로 모든 국민에게 선거권을 인정하는 보통선거의 원칙이 정착한 것은 20세기에 들어와서이다.[298]

우리의 경우 선거권은 법률이 정하는 것에 따라 부여되는데, 모든 국민은 만 19세 이상으로서 선거인명부작성기준일 현재 다음 각 호의 어느 하나에 해당하는 사람은 그 구역에서 선거하는 지방자치단체의 의회의원 및 장의 선거권이 있다(선거법 제15조).

1. 해당 지방자치단체의 관할 구역에 주민등록이 되어 있는 사람

2. '재외동포의 출입국과 법적 지위에 관한 법률' 제6조 제1항에 따라 해당 지방자치단체의 국내거소신고인명부에 올라 있는 국민

3. '출입국관리법' 제10조에 따른 영주의 체류자격 취득일 후 3년이 경과한 외국인으로서 같은 법 제34조에 따라 해당 지방자치단체의 외국인등록대장에 올라 있는 사람

재외동포나 국내거주외국인에 대한 선거권부여문제는 그동안 많은 논란을 겪다가 2009년 선거법개정에 의하여 새로이 부여되었으나,[299] 그 외에도 보통선

---

298) 스위스에서는 1971년에야 비로소 여자에게 선거권이 인정되었다.

299) 재외동포는 대한민국의 국민으로서 외국의 영주권을 취득한 자 또는 영주할 목적으로 외국에 거주하고 있는 자(재외국민이라 한다.)와 대한민국의 국적을 보유하였던 자(대한민국정부 수립 전에 국외로 이주한 동포를 포함한다.) 또는 그 직계비속으로서 외국국적을 취득한 자 중 대통령령으로 정하는 자(외국국적동포라 한다.)들을 말한다. 이 중에는 외국에 거주하고 있는 사람들도 있고, 한국에 들어와 대학에 다니거나 생업에 종사하는 등 장기간 거주하고 있는 사람들도 있는데, 어떤 경우든 그동안 국내선거에 참여할 길이 막혀 있었고, 헌법재판소는 외국에 거주하는 재외국민들이 제기한 헌법소원 사건에서, 국토가 분단된 우리나라의 현실, 선거의 공정성 확보상의 문제점, 선거기술상의 문제점, 납세의무 등 국민의 의무와 선거권과의 관계 등을 고려하면 재외국민에 대하여 선거권을 부여하지 않는 공직선거법 조항이 위헌이 아니라고 한 바 있었다(헌재 1999.1.28. 97헌마253). 그러나 이번 개정으로 국내에 거소신고를 한 경우에는 선거권을 갖게 되었다. 국내영주권 취득 후 3년이 지난 외국인들에게는 외국인이더라도 생활의 근거를 두고 있는 주민으로 보아 지방선거에 한하여 참여의 기회를 주다가 이번에 전면 허용한 것이다.

거원칙과 관련하여 여전히 문제 되는 경우들이 있다.

공직선거법에 의하면 금고 이상의 형의 선고를 받고 복역 중인 재소자는 선거권이 없다.300)

상사주재원, 유학생과 같은 해외에 거주하는 국민들은 선거권이 있지만, 이들에 대한 부재자투표제도가 없어 실질적으로는 선거권을 행사할 수 없는 처지에 있는데 헌법재판소는 짧은 선거기간하에서의 해외선거사무 집행의 어려움, 선거의 공정성 확보의 어려움을 주된 이유로 들면서 해외거주자에 대한 부재자투표제도의 부재를 합헌이라고 한 바 있다(헌재 1999.3.25. 97헌마99).301)

3) 선거의무

이는 선거의 참여를 법으로 강제하는 것이다. 오늘날 많은 국가에서 이 제도를 다양한 형태로 시행하고 있는데, 이탈리아, 오스트리아, 벨기에, 그리스에선 선거의무를 헌법에서 직접 규정하고 있고, 선거에 참여하지 않으면 벌금형을 규정한 나라들도 있다(오스트리아, 벨기에, 그리스, 호주, 아르헨티나, 브라질, 칠레 등).

선거의무제를 두고 있는 이런 나라들에서 투표율 제고를 위한 것이나, 국민들에게 선거참여를 법으로 강제하는 것은 자유선거의 원칙에 위배되고, 선거에 참여할지 여부를 자율적으로 결정할 수 있는 개인의 자유를 침해한다는 반론도 있다. 선거의무를 헌법에서 직접 규정하면 이러한 문제는 해소될 것이다.

4) 선거운동의 자유
① 보장필요성

선거는 다수의 후보자 가운데 한 사람을 국민의 대표자로 선택하는 제도로서 민주주의를 실현하기 위한 기본적인 수단이므로 선거가 그 기능을 다할 수 있으려면 선거운동의 자유 즉 정치적 의견을 자유로이 발표·교환하고 정치적 집회와 결사를 자유롭게 할 수 있는 것이 필수이다.

---

300) 이에 대해서는 선거질서 자체를 어지럽힌 선거사범이라면 몰라도 일반 재소자에 대해서까지 선거권을 박탈하는 것에 대해서는, 형사책임과 주권행사는 다른 차원의 문제라는 이유로 헌법적으로 문제가 있음을 지적하는 견해가 있다.

301) 해외거주자에 대한 부재자투표를 인정하지 않고 있는 것은 그에 따르는 여러 가지 행정적, 기술적, 재정적 어려움이 있기 때문일 것이나, 미국, 영국 등 많은 나라에서는 해외거주자에 대한 부재자투표를 인정하고 있다.

선거권이 제대로 행사되기 위해서는 후보자에 대한 정보의 자유교환이 필연적으로 요청되므로, 선거운동의 자유는 선거권 행사의 전제 내지 선거권의 중요한 내용을 이룬다. 그러므로 선거운동의 제한은 후보자에 관한 정보에 자유롭게 접근할 수 있는 권리를 제한하는 것으로서 선거권, 곧 참정권의 제한으로 파악될 수도 있다.

② 보장

우리 헌법에서는 선거운동의 자유가 명시되어 있지 않고, 선거과정에서 자유로이 의사를 표현할 수 있는 표현 자유의 한 형태로, 또는 언론·출판·집회·결사의 자유에 의한 보호를 받는다.

선거운동의 자유가 기본권이라 해도 선거운동의 방식·기간 등에 관하여 공직선거법은 일정한 제한을 두고 있고,[302] 이를 빌미로 선거철만 되면 제 정파는 선거운동에 대하여 자기에게 유리한 방향으로 개정하려는 하는 것이 우리의 정치현실이다.[303]

③ 선거운동의 개념과 범위

선거운동이란 당선되거나 되지 못하게 하기 위한 행위를(공직선거법 제58조 제1항) 말한다(공직선거법 제58조 제1항). 선거운동은 당선을 목적으로 하는 당선운동과 낙선을 목적으로 하는 낙선운동으로 구분되며, 낙선운동은 한 후보자

---

[302] 사실상 우리 법체계에서 선거운동의 자유가 인정되고 있는 것인지는 매우 의심스럽다. 우선 공직선거법상 선거운동이 허용되는 기간이 매우 짧다. 국회의원이나 지방자치단체의 의원 및 장의 선거는 14일, 대통령선거는 23일이고, 이 기간에도 법률이 허용하는 방식이 아니면 선거운동이 인정되지 않는다.
헌법재판소는 기간의 제한 없이 선거운동을 무한정 허용할 경우에는 후보자 간의 과열경쟁, 선거관리의 어려움으로 인한 부정행위의 발생 및 사회경제적인 비용 손실과 금권선거 등이 우려된다면서 선거운동의 기간 제한은 제한의 입법목적, 제한의 내용, 현실적 필요성 등을 고려할 때 필요하고도 합리적인 제한이며, 선거운동의 자유를 무너뜨릴 정도로 과도하게 제한하는 것으로 볼 수 없다는 입장이다. 돈을 묶어서 공명선거를 이루겠다는 뜻은 좋지만, 입까지 막아서 후보자들이 자신을 알리고 국민들이 후보자를 알 수 있는 기회를 너무 제한하고 있다는 비판을 받아 왔는데, 예비후보자제도가 있어서 국회의원 선거는 선거일로부터 120일 전에 대통령선거에서는 240일 전에 법률이 정한 일정한 선거운동을 할 수 있도록 하였다는 점에서 개선된 부분이 있기는 하다(공직선거법 제60조의 2 및 3).

[303] 어느 정당이 발표한 공직선거법 개정안은 선거운동 기간에는 선거에 영향을 미치는 촛불시위를 불허하며 선거일 기준 3년 이내에 국가로부터 보조금 또는 지원금을 받은 시민단체의 선거운동을 금지하는 내용을 담고 있는데, 이런 운동으로 피해를 보았다는 피해의식의 소산일 것이다. 국가로부터 보조금 및 지원금을 받은 시민단체 및 대표자의 선거운동을 금지하겠다는 것은 민주사회에서 국민의 정치참여를 현저하게 어렵게 만드는 내용이다. 시민단체가 지원받는 일부 프로젝트 사업 지원금과 현행법상 선거운동이 금지된 관변단체가 받는 단체운영비는 질적으로 다르다는 진실을 외면한 정파적 이해의 표출일 뿐인 것이다. 국민의 의사가 대의기관에 제대로 반영되지 못하는 약점을 보완하기 위해서는 국민의 적극적인 정치참여가 필요한데, 이를 위한 시민단체의 활동을 봉쇄하여 유권자의 정치참여를 대폭 규제하고, 원천적으로 선거를 독점하겠다는 시도는 국민에 의하여 선출된 대의기관의 구성원이 오히려 국민의 기본권을 침해하는 대의민주주의의 취약점을 적나라하게 보여 주고 있는 것이다.

측이 경쟁 후보자의 낙선을 위하여 하는 것과 당선의 목적 없이 오로지 특정 후보자의 낙선만을 목적으로 하여 후보자 편 이외의 제3자가 벌이는 것으로 분류될 수 있다.[304]

선거에 관한 단순한 의견의 개진이나 의사의 표시, 입후보와 선거운동을 위한 준비행위 또는 통상적인 정당활동은 선거운동으로 보지 않는다. 문제는 당선되게 하거나 당선되지 못하게 하는 행위인 선거운동과 단순한 의사표시 등의 구분이 모호하다는 점이다. 예를 들면 국회의원이 국회에서의 정치적 활동을 자신을 선출한 선거구민에게 직접 보고하는 의정활동보고는 선거를 목전에 둔 상황에서는 사실상 선거운동과 구별하기 어렵다.[305]

선거기간 중에는 선거에 영향을 미치게 하기 위하여 단합대회 또는 야유회 기타의 집회를 개최할 수 없다(공직선거법 제103조 제2항). 헌법 제21조는 집회의 자유를 보장하면서 집회의 허가제를 금지하고 있는데, 선거에 영향을 미치려는 것이라는 단서가 있기는 하지만 선거기간 모든 집회를 금지하는 것은 허가제보다 더한 사전금지조항으로서 위헌의 소지가 있는 것이다.[306]

선거일 전 180일부터 선거일까지 선거에 영향을 미치게 하기 위하여 정당 또는 후보자를 지지·추천하거나 반대하는 일체의 표현행위(지지·추천하거나 반대하는 내용이 포함되어 있거나 정당의 명칭 또는 후보자의 성명을 나타내는 광고, 인사장, 벽보, 사진, 문서·도화, 인쇄물이나 녹음·녹화테이프 기타 이와

---

304) 시민단체들의 낙선운동에 대하여 헌법재판소는 제3자 편의 낙선운동이 그 방법이나 형식 면에서 후보자 편의 낙선운동과 다를 것이 없으며 후보자 편의 낙선운동보다도 훨씬 더 큰 영향을 미칠 수 있다는 점에서 시민단체의 낙선운동도 법률에서 금지하는 선거운동이라고 하였고, 낙선운동은 선거운동이 아니라 공직후보자에 대하여 국민이 알아야 할 권리를 충족시키기 위하여 객관적 자료를 제공하고 유권자의 대표자 선택을 도와주는 공익적 행위라는 시민단체의 주장은 기각되었다.

305) 헌법재판소는 국회의원이 국민의 대표로서의 지위에서 행하는 순수한 정치활동보고일 뿐이고 선거운동이 아니므로 선거기간 개시 전날까지 허용하는 것이 타당하다면서 이로 인하여 현역의원과 다른 후보자 사이에 개별적인 정치활동이나 그 홍보의 기회라는 면에서 현실적인 불균형이 생겨날 가능성이 있으나 이는 국회의원이 가지는 고유한 기능과 자유를 가능한 한 넓게 인정하는 결과로 발생하는 사실적이고 반사적인 효과에 불과하므로 평등권 등을 침해한다고 할 수 없다고 하였다. 그러나 의정활동보고가 사실상 선거운동으로 활용되고 있다는 현실을 부인하기는 어렵다는 비판을 의식한 현역의원들이 그 후에 공직선거법 개정을 받아들여 선거기간 전날까지 허용하였던 의정활동보고를 현재는 90일 전까지만 허용하고 있다.

306) 그런데 앞서 본 특정 정당의 개정안은 선거에 영향을 미치게 하려는 집회만을 금지하는 것이 아니라 결과적으로 선거에 영향을 미치는 촛불시위를 금지하고 있다. '선거에 영향을 미치는'이란 막연하고 불분명한 개념으로 집회를 금지하는 것은 특히 민주주의를 이룩하는 초석인 집회의 자유를 유명무실하게 만들 수 있다. 더구나 촛불시위는 옥외집회 가운데서도 가장 평화적으로 이루어지는 야간집회의 특수한 유형이기 때문에 그 개정 의도 자체가 상당히 의심스럽다. 지난 선거에서 자신의 정당후보자에게 불리한 결과를 초래한 특정 집회를 의식하고 개정안을 만들었다는 점에서 여론의 비판을 받는 듯하다.

유사한 것을 배부·첩부·살포·상영 또는 게시하는 행위)는 원칙적으로 금지된다. 이에 따르면 후보자 또는 정당에 대한 지지, 추천, 반대의 내용을 담거나 정당의 명칭이나 후보자의 성명을 나타내는 사용자제작 콘텐츠(UCC: User Creative Contents)를 인터넷에 올리는 경우에 그것이 단순한 의견 개진의 정도를 넘어서 선거에 영향을 미치기 위한 것으로 인정될 경우 규제 및 처벌대상이 될 수 있다.[307]

XI. 언론·출판의 자유

1. 개념

언론·출판의 자유란 개인의 의사나 사상을 외부로 표현하는 자유를 말한다. 이 자유를 통하여 모든 국민은 자주적 인간으로서 정체성을 가질 수 있고, 사

---

307) 특정 정당이나 후보자에 대한 지지, 추천 또는 반대 등의 내용을 담은 사진, 댓글, 패러디 등의 동영상을 인터넷에 직접 올리는 사람들이 공직선거법 제93조 제1항과 이에 관한 처벌규정인 동법 제255조 제2항 제5호가 헌법에 위반된다고 제기한 헌법소원에 대하여, 헌법재판소는 공직선거법 제93조가 선거와 관련하여 일정 행위를 제한하고 있는 조항이지만, 이는 헌법 제116조 제1항의 선거운동 기회균등 보장의 원칙에 따라서 선거관계자를 포함한 선거구민 내지는 국민 전체의 공동이익을 달성하기 위한 것으로 선거운동 내지 표현의 자유를 지나치게 제한하거나 그 본질적 내용을 침해하는 것은 아니라고 한다(헌재 2001.8.30. 99헌바92; 2006.7.27. 2004헌마217).
　그러나 법률로 기본권을 제한하는 경우에 헌법 제37조 제2항에 의한 기본권제한의 원칙과 한계를 준수하여야 하므로 그 제한 법률은 법치국가의 원칙상 명확하여야 하며 과잉금지의 원칙을 지켜야 하는데, 공직선거법 제93조는 이를 지키고 있지 않다고 볼 수 있다.
　위 조항은 '선거운동'이 아니라 '선거에 영향을 미치게 하기 위한 의도 내지 목적'으로 정당이나 후보자를 지지, 추천 또는 반대하는 내용이 담긴 문서 등을 게시할 수 없도록 규정하고 있는데, 선거에 관한 의견 개진은 다소간의 차이가 있지만 모두 선거에 영향을 미치는 행위가 되므로 '선거에 영향을 미치게 하기 위한' 행위와 결과에 있어 차이가 없고, 그렇다면 위 조항은 구분이 분명하지 않은 '선거에 영향을 미치게 하기 위한' 행위와 단순한 선거에 관한 의견 개진행위에 대하여 처벌을 달리하고 있으니 명확성의 원칙에 어긋난다고 보아야 한다.
　과잉금지의 원칙과 관련하여 헌법재판소는 제93조는 선거의 공정성을 담보한다는 정당한 목적을 추구하고 있으며 제93조의 제한 이외에는 달리 효과적인 수단을 상정하기 어렵고, 특히 선거에 영향을 미치게 하기 위하여라는 전제하에 선거운동 내지 의사표현에 있어서의 특정한 수단과 방법, 즉 특히 폐해의 우려가 크다고 인정되는 인쇄물, 녹음 등의 배부, 살포 등 특정한 선거운동방법에만 국한되는 부분적인 제한에 불과하다고 하나, 선거의 부당경쟁을 방지하고 금권·관권선거를 예방하려면 후보자나 정당 또는 이와 직접적인 이해관계가 있는 사람만을 대상으로 하여도 충분한 것이고, 그 이외의 개인의 근거 없는 비방과 흑색선전은 언론·출판 자유의 한계로 타인의 명예나 권리를 침해하지 못하도록 한 헌법규정이나, 공직선거법상 허위사실공표죄(제250조), 후보자비방죄(제251조)에 의하여 방지 또는 처벌할 수단이 있는데도 불구하고 선거에 영향을 미치는 모든 의사표현을 금지하는 것은 과도한 제한으로 헌법상 피해의 최소성원칙에 저촉된다고 보아야 한다. 또한 제93조는 '기타 이와 유사한 것'까지 제한 대상으로 열거하여 실질적으로는 모든 표현방법을 제한하고 있는 것이지, 헌법재판소가 주장하듯이 특정한 방법에 한정된 것은 아니다.

회구성원 상호간의 의사접촉에 의한 여론형성이 가능하고, 이 여론에 따른 정치적 결정만이 정당성을 갖는 것이므로 언론·출판의 자유는 민주적 통치질서의 근간이 되는 것이다.

언론·출판의 자유는 개인의 국가권력에 대한 방어권으로서 주관적 공권의 성격을 가짐과 동시에 민주정치의 실현을 위한 객관적 규범질서의 성격도 지닌다. 자유언론제도의 보장은 이 객관적 규범질서로서의 성격에서 비롯된 당연한 결과이다.

2. 내용

언론·출판의 자유는 자신의 의사를 표현·전달하고, 의사형성에 필요한 정보를 수집·접수하고, 객관적 사실을 보도·전파할 수 있는 자유를 그 내용으로 한다.

1) 의사표현의 자유

의사표현의 자유라 함은 적극적으로는 자신의 의사를 표현하고 전달하며, 자신의 의사표명을 통하여 여론형성에 참여할 수 있는 권리를 말하고 소극적으로는 이런 과정에서 국가권력의 간섭이나 방해를 받지 않을 자유를 말한다.

여기의 의사는 사고의 과정을 거친 평가적인 의사만을 의미한다는 입장과 단순한 사실의 전달도 포함한다는 입장이 있는데 전자도 사실의 전달이 평가적인 사고의 과정을 거친 것이라면 의사표현으로 보호받아야 한다고 하므로 실제로는 별 차이가 없다.

의사표현의 형식에는 제한이 없어서, 언어·문자·도형·플래카드 등 모든 수단이 가능하다.

2) 정보의 자유(알 권리)

정보의 자유라 함은 일반적으로 접근할 수 있는 정보원으로부터 의사형성에 필요한 정보를 수집하고, 수집된 정보를 취사선택할 수 있는 자유를 말한다. 의사표현의 자유는 정보의 자유를 통해서 위사형성에 필요한 정부를 손에 쥘 수 있을 때만 그 실효성을 기대할 수 있다.

일반적으로 접근할 수 있는 정보원이라 함은 불특정 다수인에게 개방된 정보원을 말한다. 신문·잡지 방송·인터넷·공공도서관의 소장도서 등이 그것이다.308)

3) 보도의 자유

보도의 자유라 함은 출판물 또는 전파매체에 의해 의사를 표현하고 사실을 전달함으로써 여론형성에 참여할 수 있는 자유를 말한다. 의사표현과 사실전달의 수단으로 출판물 또는 전파매체를 이용한다는 점에서 의사표현 자유의 특수한 형태이나, 높은 정보효과와 여론형성에 미치는 영향 때문에 보도의 공정성과 보도기관의 자주성·독립성 및 독과점현상의 배척 등 자유언론제도가 강조되고, 국가권력을 감시·통제하는 주요한 역할을 하고 있다.

① 출판물에 의한 보도의 자유

이는 신문·잡지·통신 등 출판물에 의한 언론의 자유를 말하는데 신문의 자유가 근간이다. 신문의 자유는 신문발행의 자유, 신문 편집·보도의 자유, 취재의 자유, 신문보급의 자유를 그 내용으로 한다. 신문의 개념과 관련해 독일은 임시로 발행되는 여러 형태의 유인물도 신문에 포함시키나 우리는 정기성과 계속성을 요구하여 이런 경우는 기타 간행물 또는 단순한 의사표시의 한 형식이된다.

신문발행과 관련 종전의 신문 등의 자유와 기능보장에 관한 법률은 여론의 독점을 막기 위하여 누구든 일간신문, 뉴스통신, 방송 중 2종을 함께 경영할 수 없게 하고 있었으나, 신문 등의 진흥 등에 관한 법률로 대체입법을 하면서 이 조항을 없애고, 후술하는 2007년 개정된 방송법에서 일정한 제한하에 대기업과 신문발행인의 방송소유를 허용하여 언론의 독립성 및 중립성과 관련 논란이 많다.

신문 편집·보도의 자유는 편집·보도내용에 대한 국가 등 제3자의 간섭을 배제하는 것을 주 내용으로 한다. 이를 위해 사전검열제는 금지되나 사후검열은 가능하다. 문제는 경영진으로부터의 간섭에 의한 특정인의 주관적 의사를 표현하고 그것을 여론화하기 위하여 이용되는 현상인데, 이를 막기 위해 경영

---

308) 통일 전의 서독에서는 동독신문을 구독하는 것도 정보의 자유에 의해 보호받는다는 연방헌법재판소의 판례가 있다. 이에 반해 우리 헌법재판소는 미결수용자가 자비로 구독하는 신문의 일부기사를 삭제하는 교도소장의 행위는 알 권리에 대한 과잉제한은 아니라고 한다(헌재결 1998.10.29. 헌마4).

권과 편집권의 분리와 신문사 내부조직의 민주화가 필수적으로 요청된다.

취재의 자유는 신문의 자유의 근본으로 이것이 없이 주는 뉴스만을 편집·보도한다면 신문은 그 기능을 상실한 것이다. 취재의 자유를 위해서는 취재원묵비권이 필수이다. 이것이 인정되지 않으면 취재원봉쇄효과를 가져와 진실보도나 공정보도는 불가능하게 된다.

신문배포에 대한 국가의 간섭은 신문의 자유에 대한 중대한 침해가 되므로 신문배포의 자유도 신문의 자유의 필수 내용이다.

② 전파매체에 의한 보도의 자유

이는 라디오나 TV 등 유·무선의 전파매체에 의한 방송과 방영의 자유를 말한다. 전파매체에 의한 보도는 그 신속성 때문에 보도 및 정보 기능이 강조되고, 보도를 위한 시설과 기술확보에 많은 비용이 들고 전파의 주파수가 한정된 관계로 시장독점우려가 커서 방송기관 내부조직의 다원화와 민주화가 신문의 경우보다 더 강조되는 특성이 있다. 2007년 개정된 방송법은 소유지분 제한 등 일정한 제한이 있기는 하지만 대기업과 주요 신문 발행인에게 종합편성 또는 보도에 관한 전문편성을 행하는 방송채널사용사업자가 될 수 있도록 하고 있어 언론의 독립성과 중립성에 중대한 훼손을 가져왔다는 비판을 받고 있다.

4) Access권

액세스권이라 함은 매스미디어에 접근해서 매스미디어를 이용할 수 있는 보도매체접근이용권을 말한다. 이는 보도매체를 자신의 의사표현을 위해 이용할 수 있는 권리와 자기와 관계있는 보도에 대한 반론 내지 해명의 기회를 요구할 수 있는 반론권을 내용으로 한다.

보도의 자유는 허위보도나 인격적 가치의 침해까지 보호하는 것은 아니므로 인정되는 권리이다.

3. 언론·출판의 자유의 한계

언론·출판은 타인의 명예나 권리 또는 공중도덕이나 사회윤리를 침해하여서는 아니 된다. 언론·출판이 타인의 명예나 권리를 침해한 때에는 피해자는 이에 대한 피해의 배상을 청구할 수 있다.

이 같은 한계를 일탈할 경우에는 민법상 손해배상책임 외에 형법상 명예훼손죄, 음란문서유포죄 등의 책임과 발행정지·등록취소 등의 제재가 가해진다.

한계일탈 여부의 판단은 이익형량 내지 규범조화적 해석이 요구되는데 민주주의 실현을 위한 여론형성과 관계가 크면 그만큼 한계가 작아질 것이다.[309]

4. 언론·출판의 자유에 대한 제한과 그 한계

1) 제한의 한계원리

언론·출판의 자유도 다른 기본권과 마찬가지로 법률에 의한 제한이 가능하나, 민주적 기본질서의 실현과 유지를 위한 필수적인 기능을 감안하면 그 제한은 필요한 최소한에 그쳐야 하므로 다음의 제한 원리가 지켜질 것이 요구된다.

언론·출판의 자유에 대한 제한은 명백하고 현존하는 위험[310]이 있을 경우에 그 의미·내용이 명확한 법률에 의하여(명확성의 원칙) 그 위험을 피하기 위하여 필요불가피한 최소한의 제한(과잉금지의 원칙)만이 허용된다.

2) 언론·출판의 자유의 본질적 내용

언론·출판의 자유에 대한 제한의 한계인 본질적 내용은 침해의 유형에서 도출할 수 있다. 언론·출판의 허가와 사전검열제를 도입하는 것, 실질적으로 허가와 사전검열제와 동일 유사한 효과를 가져오는 신고제와 등록제, 모든 정보원을 국유화 내지는 공영화하기 위해 국영 내지 공영 보도기관만을 허용하는 것, 보도기관의 등록취소요건을 너무 완화하여 행정기관의 임의적인 등록취소

---

309) 대판 2008.4.24. 2006다5321. 언론·출판의 자유와 명예보호 사이의 한계를 설정할 때 당해 표현으로 인하여 명예를 훼손당하게 되는 피해자가 공적인 존재인지 사적인 존재인지, 그 표현이 공적인 관심 사안에 관한 것인지 순수한 사적인 영역에 속하는 사안에 관한 것인지 등에 따라 그 심사기준에 차이를 두어 공공적·사회적인 의미를 가진 사안에 관한 표현의 경우에는 언론의 자유에 대한 제한이 완화되어야 하고, 특히 당해 표현이 언론사에 대한 것인 경우에는, 언론사가 타인에 대한 비판자로서 언론의 자유를 누리는 범위가 넓은 만큼 그에 대한 비판의 수인 범위 역시 넓어야 하고, 언론사는 스스로 반박할 수 있는 매체를 가지고 있어서 이를 통하여 잘못된 정보로 인한 왜곡된 여론의 형성을 막을 수 있으며, 일방 언론사의 인격권의 보장은 다른 한편 타방 언론사의 언론자유를 제약하는 결과가 된다는 점을 감안하면, 언론사에 대한 감시와 비판 기능은 그것이 악의적이거나 현저히 상당성을 잃은 공격이 아닌 한 쉽게 제한되어서는 아니 되고, 수사적인 과장 표현도 언론기관이 서로 반박할 수 있다는 점을 고려하여 개인에 대한 명예훼손의 경우보다 넓게 용인될 수 있다.

310) 명백하고 현존하는 위험의 원칙(clear and present danger rule)은 미국에서 1918년 홈즈 판사에 의하여 주장되어 언론·출판·집회·결사 등의 자유를 제한하는 표준으로 채택된 원칙으로, 언론 등은 법이 방지하고자 하는 해악이 발생할 명백하고 현존할 경우에 제한할 수 있고, 단지 장래에 그런 위험이 발생할 염려가 있다는 사유만으로는 제한되지 않는다는 원칙이다.

를 가능케 하는 것 등은 본질적 내용을 침해하는 것이 된다.

비상계엄이 선포된 때에는 법률이 정하는 바에 의하여 영장제도, 언론·출판·집회·결사의 자유, 정부나 법원의 권한에 관하여 특별한 조치(허가와 사전검열제)를 할 수 있는 것은(헌법 제77조 제3항) 헌정질서의 회복을 위한 불가피하고 과잉금지의 원칙을 지키는 한 헌법을 침해하는 것으로는 보지 않는다.

XII. 집회·결사의 자유

1. 개념

집회의 자유란 공동의 목적을 가진 2인 이상의 다수인이 누구의 간섭도 받지 않고 자발적으로 일시적인 모임을 가질 수 있는 자유이고, 결사의 자유란 공동의 목적을 가진 2인 이상의 다수인이 누구의 간섭도 받지 않고 자발적으로 계속적인 단체를 조직할 수 있는 자유이다. 집회·결사의 자유는 타인과 접촉하고 정보와 의견을 교환하여 공동의 목적을 위해 집단적으로 의사표현을 할 수 있게 함으로써 개인의 힘을 키워 주고, 의사표현의 실효성을 증대 시키는 한편 소수집단에게 의사표현의 수단을 제공해 주는 소수자보호 기능도 하여 대의기능이 약화되었을 때 이에 갈음하는 직접민주주의에 의한 민주정치의 실현에 결정적인 기여를 한다.

2. 성격

이 자유는 국가의 간섭과 방해를 배제할 수 있는 주관적 공권으로서의 성격과 민주주의 실현에 필수 불가결한 것으로서 객관적 가치질서로서의 성격도 갖는다. 집단적 의사표현에 의한 여론형성과 정치과정에 영향을 미친다는 점에서 표현의 자유로서의 성격도 있다.

3. 내용

1) 집회의 자유

집회의 자유는 공동의 목적을 가진 2인 이상의 다수인이 누구의 간섭도 받지 않고 자발적으로 일시적인 모임을 주최·주관·진행하고 모임에 참가할 수 있는 자유와 모임에 불참할 수 있는 자유를 그 내용으로 한다.

공동의 목적에 관해서는 정치적인 것에 국한하지는 않지만 공적인 것에 한하여야 한다는 입장, 음악회·체육대회 등 오락적 요소를 가진 것을 제외하고 의사표현을 위한 것이면 모두 다 집회가 된다는 광의설, 타인과 접촉하기 위한 것 즉 다수인 상호간에 내적인 유대에 의한 의사접촉의 요소만 있으면 되고 의사표현을 위한 것일 필요는 없다는 최광의설311)이 있다. 타인과의 접촉만을 요건으로 할 경우에 사교적인 권리의 성격으로 변질하게 되는 점과 집회의 자유가 언론의 자유에 대한 보완적 기능을 갖는 것을 감안하면 광의설이 옳다고 할 것이나 이 경우에도 내적인 유대에 의한 의사접촉의 요소는 필요하다.312)

집회는 옥내·옥외, 공개·비공개, 장소 이동적·장소 고정적 집회를 불문한다. 폭력적 집회는 언어사용상 집회라고 말하지만, 헌법에서 보호하고 있는 집회가 아니다. 인터넷상의 사이버 시위도 시위라는 말을 쓰고 있지만 한 장소에 신체적으로 모이는 행위가 아니므로 집회에 속하지 않는다. 집회는 최소한 2인 이상의 다수를 요건으로 하므로 1인 시위는 집회의 자유가 아니라 언론·출판의 자유에 의하여 보호된다. 학술·종교·예술·노동 목적의 집회는 해당 기본권에 따라 보호된다.

2) 결사의 자유

결사의 자유는 공동의 목적을 가진 2인 이상의 다수인이 누구의 간섭도 받지 않고 자발적으로 계속적인 사적단체를 조직·해체하고, 단체활동을 하고, 단체 가입·탈퇴를 자유롭게 할 수 있는 자유와 단체의 조직과 가입을 강요당하지 않는 자유를 그 내용으로 한다.

단체의 목적에는 제한이 없지만 범죄목적, 반민주적·반국가적 결사는 보호

---

311) 축구경기장의 선수 간에는 내적인 유대에 의한 의사접촉의 요소가 있어 집회가 되지만, 관중 간에는 이를 인정할 수 없어 집회가 아니라고 한다.

312) 교통사고가 난 현장에 모여 있는 사람들은 내적 유대감이 없기 때문에 군집에 불과하지 집회가 아니다.

받지 못한다.

학술·종교·예술·노동 목적의 결사는 해당 기본권에 따라 보호된다.

4. 제한과 한계

1) 제한

집회·결사의 자유도 다른 기본권과 마찬가지로 법률에 의한 제한이 가능하나, 민주적 기본질서의 실현과 유지를 위한 필수적인 기능을 감안하면 그 제한은 필요한 최소한에 그쳐야 하므로 다음의 제한 원리가 지켜질 것이 요구된다.

2) 제한의 한계

집회·결사의 자유에 대한 제한은 명백하고 현존하는 위험이 있을 경우에(명백하고 현존하는 위험의 원칙) 그 의미·내용이 명확한 법률에 의하여(명확성의 원칙) 그 위험을 피하기 위하여 필요불가피한 최소한의 제한(과잉금지의 원칙)만이 허용된다.

5. 집회 및 시위에 관한 법률

헌법은 집회의 허가제를 금지하고 단지 집회 및 시위에 관한 법률이 옥외집회의 신고제를 규정하고 있으나, 옥외집회를 개최하고자 하는 사람은 단지 신고서에 일정한 내용을 기재하면 적법하게 집회의 자유를 누릴 수 있다.

다만 도로나 광장에서 개최되는 옥외집회는 필연적으로 교통체증과 소음 등을 유발할 수밖에 없고, 누구나 자유로이 참가할 수 있고 자신의 의사에 따라서 집회에서 벗어날 수도 있는 비조직화된 집단성으로 인하여 집회참가자들이 군중심리에 의해 쉽게 흥분하고 물리력을 행사할 가능성도 있다는 점 때문에 집회 및 시위에 관한 법률은 교통소통과 사생활의 평온 등을 이유로 경찰에게 옥외집회를 사전에 금지할 수 있는 권한을 부여하고 있고, 야간의 옥외집회는 이런 위험성이 더 크다는 이유로 원칙적으로 금지하고 예외적으로만 허가해 줄 수 있게 하고 있는데, 위헌의 소지가 있었는데, 2009.9. 헌법재판소가 위헌결정을 하여 바로잡았다(2008헌가25).

불특정 다수인이 한 장소에 모이거나 행진하는 옥외집회는 이미 교통 혼잡이나 소음을 발생시키고 사생활의 평온함을 침해하는 행위를 내포하고 있는 것인데 타인에게 미치는 이런 부정적인 요소를 완전히 방지하려면 사람이 다니지 않는 곳에서 집회를 할 수밖에 없고, 이는 자신의 주장을 되도록 많은 사람에게 알려서 여론을 형성하려는 대다수 옥외집회를 사전에 금지하는 것이나 다를 바 없으며 언론으로부터도 소외된 소수자들이 자기의 목소리를 정치과정에 반영할 수 있는 마지막 수단을 박탈하는 것이나 마찬가지가 된다.

제3절 범죄와 형벌

Ⅰ. 형법의 개념과 기능, 형법학

1. 형법의 개념

형법이란 범죄의 성립요건과 그에 대한 법적 효과로서 제재인 형벌과 보안처분을 규정한 법규범을 말한다. 범죄란 국가의 법에 의하여 보호되고 있는 사회질서와 법익을 침해하는 행위를 말한다.[313]

이러한 형법에는 형법으로 이름 붙여진 것과 그 명칭·형식을 불문하고 범죄와 그에 대한 제재를 규정하고 있는 모든 법[314]을 포함하는 개념이다.

2. 기능

1) 범죄예방적 기능

형법은 사회구성원의 행위규범을 확정하고 이를 위반한 자에게는 제재를 가함으로써 사회일반인으로 하여금 범죄에 나서지 않도록 사전에 방지하고, 범죄

---

313) 이를 실질적 개념이라 하고, 형식적 개념으로는 구성요건에 해당하는 위법·유책한 행위라고 한다.

314) 일반 형법 외에 폭력행위 등 처벌에 관한 법률, 국가보안법 등 형법으로 처벌이 가능하지만 행위유형이나 처벌내용을 달리하는 특별형법과 도로교통법, 조세범처벌법 등 행정목적을 달성하기 위한 행정형법, 상법상의 납입가장죄나 도산법상의 사기파산죄와 같이 특정법과 관련한 질서유지를 위해 해당 법에서 규정한 것도 광의의 형법에 포함된다.

를 저지른 자는 사회로부터 격리하거나 교화시켜 사회에 내보냄으로써 재범을
않도록 하는 범죄예방의 기능을 한다.

2) 규제적 기능

형법은 국가사회의 공동생활에 있어 일정한 행위를 유형화하여 범죄로 하고
이에 대하여 제재를 가함으로써 규범위반행위를 진압·규제하는 기능을 통하여
시회질서를 유지한다.

3) 보호적 기능

형법은 국가법질서를 위반하는 행위를 처벌함으로써 국가사회의 공동생활에
있어 근본가치(법익)를 보호하는 기능을 한다. 범죄로부터 개인 또는 사회의 법
익을 보호하는 것에서 더 나아가 사회윤리적 가치도 보호한다. 다만 형벌은 가
장 강력한 강제력의 행사이므로 다른 규범에 의해서는 법익의 보호가 불가능한
경우에 최후의 수단으로 사용되어야 하는데 이를 보충성의 원칙이라 한다.

4) 보장적 기능

형법은 국가의 형벌권의 한계를 명확히 하여 자의적인 형벌권의 행사로부터
국민의 자유와 권리를 보장하는 기능을 한다. 국민은 법에 정해진 범죄 이외에
는 어떤 행위로도 처벌받지 않고, 범죄인은 형법에서 정해진 죄와 형벌의 범위
안에서만 처벌된다. 이 기능은 보호적 기능과는 긴장 내지 반비례관계에 있어
어느 한쪽을 강조하면 다른 쪽은 약화되는 관계에 있다.

5) 상호관계

위와 같은 형법의 기능은 시대와 국가에 따라 그 중점이 달라진다. 고대 및
중세봉건국가와 근대의 경찰국가시대에는 규제적 기능과 예방적 기능이 강조되
어 잔혹한 형벌이 가해졌고,315) 근대자유주의 법치국가에서는 죄형법정주의에
의한 보장적 기능과 개인적 법익의 보호가 중시되었고, 전체주의(나치즘·파시
즘)·공산주의·독재국가에서는 규제적 기능과 보호적 기능 중에서 국가적 법
익의 보호 기능이 중시되었으며, 현대국가에서는 범죄증가에 따른 예방적 기능

---

315) 탈리오 법칙, 동해보복의 법칙으로 눈에는 눈, 이에는 이라는 말로 표현되는 것과 같이 피해자가 입은 해와
동일한 해를 가해자에게 가함으로써 보복하게 하는 것인데, 나름대로는 무제한의 복수를 제한하기 위한 것
이었다.

이 중시되고 있다.

3. 죄형법정주의

1) 개념

죄형법정주의란 범죄를 처벌하기 위해서는 일반인이 범죄를 저지르기 전에 성문법에 무엇이 범죄인지를 명확하게 규정해야 하고, 형벌의 종류와 내용을 정해 놓아야 한다는 원칙을 말한다.

죄형법정주의란 기본적으로 국민의 자유와 권리를 보장하기 위해 마련된 헌법에 의하여 인정되고 있는 국가형벌권을 운영하는 데 있어서 가장 근본적이고 중요한 원칙이다. 이 원칙이 제대로 지켜지지 않으면 형벌권은 국가권력에 의해 자의적으로 행사되고 국민의 기본권은 중대한 침해를 받게 된다. 죄형법정주의가 아닌 죄형전단주의가 허용된다고 하면 형벌권을 집행하는 국가권력은 자기 마음대로 범죄를 규정하고 처벌할 수 있게 된다. 형법에 규정되어 있지 아니한 행위유형에 대해 새로운 처벌조항을 만들어 소급해서 처벌할 수도 있다. 형벌의 종류와 내용을 구체적으로 정해 놓지 않고 있다가 처벌의 필요성이 증대되었다고 해서 갑자기 중한 형으로 처벌할 수도 있다. 이렇게 되면 일반인은 매우 불안한 지위에 있게 되고, 국민의 자유와 권리는 제대로 보장될 수 없다.

형법은 이러한 죄형법정주의의 원칙에 따라 개별적인 범죄의 구성요건을 명확하게 규정하고 있고, 각 범죄에 대한 법정형을 구체적으로 정해 놓고 있다.

죄형법정주의는 역사적으로 몽테스키외(Montesquieu)의 삼권분립이론과 포이에르바하(Feuerbach)의 심리적 강제설에 의해 이론적 기초가 형성되었다. 삼권분립원칙에 의하면 형법은 국민의 대표기관인 의회에서 제정하고, 법원은 단지 그 법을 그대로 적용하는 기능만 갖게 된다. 또한 심리적 강제설에 의하면 범죄와 형벌을 성문법에 규정해 놓으면 일반인들은 범죄에 따를 형벌의 고통을 생각해서 범죄를 저지르지 않게 될 것이라고 한다.

2) 내용

죄형법정주의는 그 구체적인 내용으로서 ① 법률주의, ② 소급효금지원칙, ③ 유추해석금지원칙, ④ 명확성원칙, ⑤ 적정성원칙 등을 포함하고 있다.

① 법률주의

법률주의란 범죄와 형벌은 반드시 국회에서 제정한 형식적 의미의 법률, 즉 성문법에 의해 규정되어야 한다. 법률에 의할 것을 요하므로, 법률이 아닌 하위 법령인 명령이나 규칙, 조례에 의해 범죄와 형벌을 규정할 수는 없다. 또한 성문법이 아닌 관습법에 의한 처벌은 불가능하다. 관습형법에 의해 성문법에 규정되지 않은 범죄를 처벌하는 것은 금지된다.

② 소급효금지원칙

범죄와 형벌은 행위 시에 효력이 있는 법률에 의해 범죄의 성립과 형벌의 내용이 결정되어야 한다. 행위 이후에 새로 제정되거나 변경된 법률에 의해 소급해서 처벌되는 것은 허용되지 않는다. 다만 행위자에게 유리한 소급작용은 예외적으로 허용된다.

③ 유추해석금지원칙

유추해석금지원칙이란 형법에 규정이 없는 사항에 관하여 그것과 유사한 사항에 관한 규정을 유추 해석하여 적용하는 것은 금지된다는 원칙이다. 유추해석을 허용한다면 형법이 범죄로 명시하고 있지 않은 행위도 범죄로 되어 처벌될 가능성이 있기 때문에 유추해석은 엄격히 금지되어야 한다. 다만 피고인에게 유리한 유추해석까지 금지하는 것은 아니므로 피고인의 형벌을 감경하거나 조각하는 사유에 관한 유추해석은 허용된다. 실체법인 형법에 적용되는 원칙이므로 절차법인 형사소송법에는 적용되지 않는다.

④ 명확성원칙

명확성원칙이란 형벌법규는 범죄의 구성요건과 형벌내용을 명확하게 규정해 놓아야 한다는 원칙이다. 법규내용이 명확하지 않고 추상적이고 불명확하게 규정되어 있으면 일반인은 어떤 행위가 처벌의 대상이 되는지 예측하기 곤란하고 법관의 자의적인 해석과 적용이 가능해지기 때문이다.

⑤ 적정성원칙

적정성원칙이란 형벌법규는 범죄와 형벌 사이에 적정한 균형을 유지해야 하고, 국민의 기본권에 대한 침해는 사회구성원들의 공동생활을 보장하기 위해 필요한 범위 내에서 최소한에 그쳐야 한다는 원칙이다. 그렇지 않으면 죄형법정주의는 형식화되어 개인의 인권보장에 기여할 수 없게 된다.

4. 형법학

1) 개념

학문으로서의 형법학은 범죄란 무엇인가와 관련하여 범죄행위의 의미에 관한 행위론, 범죄의 성립에 관한 객관적 구성요건요소에 해당하는 주체·객체·행위·결과·인과관계에 관한 고의·과실, 위법성, 책임에 관한 총론적 논의와 개개의 범죄행위에 관한 각론적 논의에 대한 공부를 그 내용으로 한다.

2) 행위론
① 개념

범죄는 구성요건에 해당하는 위법·유책한 사람의 행위인데, 사람의 행위는 의지의 소산인 경우도 있고 우연한 사태의 결과로 인한 경우도 있고, 이런 모든 행위가 이런 처벌의 대상이 되는 행위는 아니므로 사람의 어떤 행위가 형법상 처벌의 대상이 되는 행위인지를 먼저 알아야 하기에 비롯된 논의가 행위론이다.
② 각 행위론의 내용

인과적 행위론은 사람의 의사에 의하여 수행되는 외부적 행태를 행위라고 이해하는데, 의사의 내용을 묻지 않으므로 고의와 과실의 구별이 어렵고, 거동성이 업는 부작위를 설명하지 못하는 한계가 있다.

목적적 행위론은 행위를 목적활동의 수행 즉 결과실현을 위한 인과과정의 계획적 지배·조정으로 파악하여, 인과적 행위론에서 행위개념의 요소에서 배제되었던 의사의 내용인 고의가 행위의 요소로 등장하였으나, 목적성이 없는 과실행위와 부작위를 설명하기 어렵다.

사회적 행위론은 앞의 두 이론이 행위의 본질을 설명하는 데 실패한 이유는 규범적 관점을 배제한 탓으로 보고, 행위를 인간의 의사에 의하여 지배되거나 지배될 수 있는 사회적으로 의미 있는 행태로 고의·과실행위와 작위·부작위를 모두 포함하는 상위개념으로 사회적 중요성을 든다. 행위의 개념요소로서 인과성은 과실행위를, 목적성은 고의행위를, 법적 행위기대성은 부작위를 포괄하며 이 중 사회적으로 중요한 것이 행위라고 본다. 이 입장은 사회적 평가와 법적 평가는 다르다는 것은 간과하고 있다는 비판을 받고 있다.

이들 논의는 어떤 것이 형법상 의미 있는 행위인가를 일관되게 논리적으로 설명하기 위하여 제기된 것들이나, 실무에서는 논리적 체계성과는 상관없이 처벌할 수 있는 행위인가 아닌가만이 문제 되고, 처벌할 수 없는 행위인 비행위로는 무의식적인 행위, 절대적 강제력에 의한 행위, 신체반사행위만이 인정된다.

3) 행위의 주체와 객체

① 개념

행위의 주체는 행위를 하는 사람이고 객체는 그 행위의 대상을 말한다. 형법은 범죄의 구성요건을 정하면서 무엇에 대하여 무슨 행위를 하는 자는 어떻게 처벌한다고 규정하여 행위의 주체와 객체를 밝히고 있다.

객체는 각 구성요건에 명시되어 있으므로 각 죄마다 파악하면 되나, 주체는 해당행위를 하는 자로만 규정되어 있으므로 인간이 아닌 법인도 주체가 될 수 있는가의 문제가 있다.

② 법인의 범죄능력

형법상 범죄의 주체는 사람인데, 민법에 따르면 사람에는 자연인인 인간과 법에 의하여 일정한 목적범위 내의 행위에 대해서는 사람으로 인정되는 법인이 있는데, 법인의 행위는 그 기관인 자연인이 행하므로 실제행위자가 아닌 법인이 형법상 범죄행위의 주체가 될 수 있는지가 문제 된다.

이에 관해서는 인정하는 입장과 부정하는 입장이 나뉘나, 판례는 법인은 사법상 의무의 주체가 될 뿐 범죄능력은 없다고 한다.[316]

---

316) 대판 1984.10.10. 82도2595, 다수의견: 형법 제355조 제2항의 배임죄에 있어서 타인의 사무를 처리할 의무의 주체가 법인이 되는 경우라도 법인은 다만 사법상의 의무주체가 될 뿐 범죄능력이 없는 것이며 그 타인의 사무는 법인을 대표하는 자연인인 대표기관의 의사결정에 따른 대표행위에 의하여 실현될 수밖에 없어 그 대표기관은 마땅히 법인이 타인에 대하여 부담하고 있는 의무내용 대로 사무를 처리할 임무가 있다 할 것이므로 법인이 처리할 의무를 지는 타인의 사무에 관해서는 법인이 배임죄의 주체가 될 수 없고 그 법인을 대표하여 사무를 처리하는 자연인인 대표기관이 바로 타인의 사무를 처리하는 자 즉 배임죄의 주체가 된다.
소수의견: 법인은 사법상의 의무주체가 될 뿐 범죄능력이 없다고 하나 바로 이 사법상의 의무주체가 배임죄의 주체가 되는 것이므로 이것을 떠나서 배임죄는 성립할 수 없다 할 것이고 법인의 대표기관은 법인이 타인에 대하여 부담하고 있는 의무내용대로 사무를 처리할 임무가 있다는 그 임무는 법인에 대하여 부담하는 임무이지 법인의 대표기관이 직접 타인에 대하여 지고 있는 임무는 아니므로 그 임무에 위배하였다 하여 이를 타인에 대한 배임죄가 성립한다고 할 수 없다.
대판 1997.1.24. 96도524, 법인격 없는 사단과 같은 단체는 법인과 마찬가지로 사법상의 권리의무의 주체가 될 수 있음은 별론으로 하더라도 법률에 명문의 규정이 없는 한 그 범죄능력은 없고 그 단체의 업무는 단체를 대표하는 자연인인 대표기관의 의사결정에 따른 대표행위에 의하여 실현될 수밖에 없는바, 구 건축법(1995.1.5. 법률 제4919호로 개정되기 전의 것) 제26조 제1항의 규정에 의하여 건축물의 유지·관리의무를 지는 '소유자 또는 관리자'가 법인격 없는 사단인 경우에는 자연인인 대표기관이 그 업무를 수행하는 것이므로, 같은 법 제79조 제4호에서 같은 법 제26조 제1항의 규정에 위반한 자라 함은 법인격 없는 사단의 대표기관인 자연인을 의미한다.

③ 양벌규정

행정법규 등에는 법인의 대표자 외에 법인도 함께 처벌하는 경우가 있는데 이런 규정의 성격을 놓고 법인의 범죄능력을 부정하는 견해는 범죄주체와 형벌주체의 일치를 요구하는 책임주의의 예외로 본다. 그 책임의 성격에 대해서는 무과실책임으로 보기도 하고 과실책임으로 보기도 한다.[317]

4) 부작위범
① 개념

범죄는 작위뿐만 아니라 부작위로도 범할 수 있는데, 부작위는 아무것도 안 하는 것이 아니라 법이 요구하는 것을 안 하는 것이다.

즉 위험의 발생을 방지할 의무가 있거나 자기의 행위로 인하여 위험발생의 원인을 야기한 자가 그 위험발생을 방지하지 아니한 때에는 그 발생된 결과에 의하여 처벌되는데 이를 부작위범이라고 한다. 형법상 작위는 금지규범을 위반하는 행위이고, 부작위는 명령규범에 의하여 요구되는 행위를 하지 않는 소극적 행태를 말한다.

부작위범에는 다중불해산죄, 퇴거불응죄와 같이 구성요건이 부작위에 의해서만 실현될 수 있는 진정부작위범과 영아에게 엄마가 고의로 젖을 주지 않아 사망케 하는 경우 같이 작위범 형식으로 규정된 구성요건을 부작위에 의하여 실현하는 부진정부작위범이 있다.

② 구성요건
가. 일반적 행위가능성

부작위범이 성립하려면 일반적으로 행위가 가능한 경우라야 한다.[318]

---

317) 대판 1983.3.22. 81도52545, 무역거래법 제34조의 양벌규정에 의하여 법인이 처벌을 받는 경우, 범죄의 주관적 구성요건으로서의 범의는 실지 행위자인 동법인의 사용인에게 정당한 절차를 거치지 아니하고 수입을 한다는 인식이 있으면 족하다.
　　대판 1987.11.20. 87도1213, 종업원 등의 행정법규위반행위에 대하여 양벌규정으로 영업주의 책임을 묻는 것은 종업원 등에 대한 영업주의 선임감독상의 과실책임을 근거로 하는 것이며 그 종업원은 영업주의 사업경영과정에 있어서 직접 또는 간접으로 영업주의 감독통제 아래 그 사업에 종사하는 자를 일컫는 것이므로 영업주 스스로 고용한 자가 아니고 타인의 고용인으로서 타인으로부터 보수를 받고 있다 하더라도 객관적 외형상으로 영업주의 업무를 처리하고 영업주의 종업원을 통하여 간접적으로 감독통제를 받는 자라면 위에 포함된다.
318) 서울에 있는 부모가 진주 남강에 빠진 아들을 구하지 않은 경우는 부작위가 성립하지 않는다.

나. 객관적 구성요건

작위의무의 이행이 요구되는 상황이 발생해야 한다. 작위의무의 이행이 요구되는 상황은 진정부작위범은 형법각칙에 규정되어 있고, 부진정부작위범의 경우에는 결과발생의 위험이 있는 경우가 된다.[319)

다. 주관적 구성요건

고의 또는 과실이 있어야 한다.

고의가 성립되기 위해서는 구성요건적 상황의 존재·명령된 행위의 부작위·개별적 행위가능성·결과방지가능성에 대한 인식이 필요하다.

고의는 없으나 주의의무 위반으로 부작위로 나간 경우에는 과실범처벌규정이 있는 경우에 한하여 처벌된다.

라. 인과관계

부작위와 결과발생과의 사이에 인과관계가 있어야 한다.

③ 위법성·책임

부작위가 위법하고, 비난가능성이 있어야 한다.

---

319) 작위의무가 인정된 경우.
도로교통법 제50조 제1항, 제2항이 규정한 교통사고 발생 시의 구호조치의무 및 신고의무는 교통사고의 결과가 피해자의 구호 및 교통질서의 회복을 위한 조치가 필요한 상황인 이상 그 의무는 교통사고를 발생시킨 당해 차량의 운전자에게 그 사고발생에 있어서 고의·과실 혹은 유책·위법의 유무에 관계없이 부과된 의무라고 해석함이 상당할 것이므로, 당해 사고에 있어 귀책사유가 없는 경우에도 위 의무가 없다 할 수 없고, 또 위 의무는 신고의무에만 한정되는 것이 아니므로 타인에게 신고를 부탁하고 현장을 이탈하였다고 하여 위 의무를 다한 것이라고 말할 수는 없다(대판 2002.5.24. 선고 2000도1731).
이 사건 토지에 대하여 여객정류장시설 또는 유통업무설비시설을 설치하는 도시계획이 입안되어 있어 장차 위 토지가 시에 의하여 협의 매수되거나 수용될 것이라는 점을 알고 있는 피고인으로서는, 이러한 사정을 모르고 위 토지를 매수하려는 피해자에게 위와 같은 사정을 고지할 신의칙상 의무가 있으므로, 이러한 사정을 고지하지 아니한 피고인의 행위는 부작위에 의한 사기죄를 구성한다(대판 1993.7.13. 93도14).
피고인이 미성년자를 유인하여 포박·감금한 후 단지 그 상태를 유지하였을 뿐인데도 피감금자가 사망에 이르게 된 것이라면 피고인의 죄책은 감금치사죄에 해당한다 하겠으나, 나아가서 그 감금상태가 계속된 어느 시점에서 피고인에게 살해의 범의가 생겨 피감금자에 대한 위험발생을 방지함이 없이 포박·감금상태에 있던 피감금자를 그대로 방치함으로써 사망케 하였다면 피고인의 부작위는 살인죄의 구성요건적 행위를 충족하는 것이라고 평가하기에 충분하므로 부작위에 의한 살인죄를 구성한다(대판 1982.11.23. 82도2024).

Ⅱ. 범죄의 성립요소

1. 고의

1) 개념

고의란 범죄의 성립에 관한 객관적 구성요건요소에 해당하는 주체·객체·행위·결과·인과관계를 인식하고 그 내용을 실현하려는 의사를 말한다. 여기서 '인식'은 고의의 지적 요소이고, '의사'는 고의의 의지적 요소가 된다.

2) 고의의 본질

형법 제13조는 소극적으로 죄의 성립요소인 사실을 인식하지 못한 행위는 고의범이 성립하지 않는다고 규정하고 있을 뿐 적극적으로 고의의 구성요소가 무엇인지를 밝히고 있지 않기 때문에 인식설·의사설·절충설의 대립이 있다. 고의가 성립하기 위해서는 지적 요소로서의 인식과 의지적 요소로서의 의사가 필요한데 이때의 의사는 결과발생의 의욕 내지 희망이라는 강력한 것일 필요는 없고 '용인 내지 묵인'이라는 정도의 약한 의사로 충분하다고 보는 절충설이 통설·판례의 입장으로서, 인식 있는 과실과 미필적 고의를 구별할 수 있는 타당한 견해이다.[320]

3) 고의의 내용(성립요건)

고의는 구성요건에 해당하는 사실에 대한 인식과 인식한 내용을 실현하려는 의사, 즉 지적 요소와 의지적 요소로 구성된다.

① 지적 요소

고의의 인식대상은 객관적 구성요건요소에 속하는 모든 사실이다. 행위의 주체·객체·행위(행위태양·행위수단·행위상황)·결과 및 인과관계 외에 가중·감경 사유가 있을 때에는 그것에 해당하는 사실도 인식하여야 한다. 다만, 인과관계는 구체적으로 인식할 필요는 없고 그 본질적인 점을 인식하면 족하다.[321]

---

320) 미필적 고의라 함은 결과의 발생이 불확실한 경우 즉 행위자에게 있어서 그 결과발생에 대한 확실한 예견은 없으나 그 가능성은 인정하면서, 나아가 결과발생을 용인하는 내심의 의사(결과가 발생해도 할 수 없다는 생각)가 있음을 요한다(대판 2004.2.27. 선고 2003도7507). 인식 있는 과실은 결과발생을 예견하였음에도 불구하고 발생하지 않으리라고 생각하고 행위에 나아간 경우를 말한다.

321) 구성요건요소가 아닌 것, 즉 정당방위상황이나 방위의사 등의 위법성요소, 책임능력·기대가능성·위법성의 인식 등의 책임요소, 처벌조건 또는 소추조건과 관련된 사실은 인식할 필요가 없다. 상습범의 상습성은 구성

구성요건에 해당하는 객관적 사실을 인식하였다고 하기 위해서는 그것의 의미내용도 이해하여야 하는데, 이러한 의미의 인식의 필요성은 특히 규범적 구성요건요소에 있어서 현저하다. 예를 들어서 음란물죄(제243조, 제244조)의 고의가 성립하기 위해서는 음란물이라는 물체 그 자체의 인식 외에 그 물체가 일반인의 성적 흥분을 유발하거나 정상적인 성적 수치심을 해하여 성적 도의관념에 반한다는 성질을 가진 것이라는 인식이 필요하다(통설). 다만 이 인식은 정확한 법적 평가를 요구하는 것이 아니라 '문외한(비전문가)으로서의 소박한 의미의 인식'으로 충분하다.

② 의지적 요소

고의의 의지적 요소는 인식한 내용을 실현하려는 의사를 말한다. 실현하려는 의사이므로 고의란 언제나 기수의 고의를 의미하며, 처음부터 미수에 그칠 의사로 행위 한 경우에는 고의가 성립되지 않는다(만일 결과가 발생하면 인식 있는 과실이 된다.).

4) 고의의 존재시기

고의는 행위 시에 존재하여야 하며, 사전고의나 사후고의는 고의가 아니다.[322]
예를 들어, 甲이 乙을 살해할 의사로 총기를 구입하여 손질을 하던 중 오발로 乙을 사망케 한 경우에, 甲은 乙에 대한 살인예비죄와 과실치사죄의 상상적 경합이 성립할 뿐이다.

5) 고의의 종류

고의는 구성요건적 결과에 대한 인식의 확실성 정도를 기준으로 하여 확정적 고의와 불확정적 고의로 나뉜다.

요건요소이지만 '객관적 사실'이 아니므로 인식할 필요가 없으나, 신분범의 신분은 객관적 구성요건요소이므로 고의의 인식대상이 된다.
부작위범에 있어서 작위의무의 존재사실에 관해서는, 보증인지위와 보증인의무를 구별하여 보증인지위는 부진정부작위범의 구성요건요소이나 보증인의무는 위법성의 요소가 된다는 견해(이분설)가 통설이며, 또한 위법성의 인식은 고의의 요소가 아니라 고의와 분리된 독자적인 책임요소(책임설)가 되므로, 통설에 의하면 부작위범에 있어서 작위의무의 존재는 고의의 인식대상이 아니다.

322) 甲이 乙을 살해할 의사로 총기를 구입하여 손질을 하던 중 오발로 乙을 사망케 한 경우에, 甲은 乙에 대한 살인예비죄와 과실치사죄의 상상적 경합이 성립할 뿐이다.

① 확정적 고의

확정적 고의란 행위자가 구성요건적 결과와 행위의 객체를 모두 확실하게 인식하고 그 결과의 발생을 용인 내지 묵인한 경우를 말하며, '직접적 고의'라고도 한다.

② 불확정적 고의

가. 미필적 고의

미필적 고의란 행위자가 구성요건적 결과발생에 대한 확실한 예견은 없으나 그 실현가능성은 인식하면서, 나아가 그 결과의 발생을 용인 내지 묵인한 경우 즉 결과가 발생해도 할 수 없다고 생각한 경우를 말한다.[323] 인식 있는 과실은 결과발생을 예견하였음에도 불구하고 주의를 다하지 못하여 발생하지 않으리라고 생각하고 행위에 나아간 경우를 말한다.

나. 택일적 고의

행위자가 두 가지 이상의 결과 중에 어느 하나가 실현되어도 좋다고 생각하고 행위 하는 경우의 고의를 택일적 고의라고 한다.[324]

택일적 고의의 경우에는 택일적 가능성이 있는 모든 행위객체에 대하여 고의가 성립한다.

다. 개괄적 고의

개괄적 고의는 20세기 초까지는 불확정고의의 일종으로 이해되었으나, 오늘날은 개괄적 고의란 고의의 특수한 형태를 의미하는 것이 아니라 '두 개 이상의 행위가 연속되어 하나의 구성요건적 결과에 이른 사례'를 가리키는 용어로 사용하는 것이 일반적이다.

이 경우에 총격행위와 매장행위를 각기 독자적으로 평가하여 살인미수와 과실치사의 경합범으로 취급할 것인가 또는 이를 전체적으로 보아 하나의 고의 기수범으로 취급할 것인가의 문제가 있는데, 제1행위와 제2행위를 분리하여 평가하지 않고 전체적으로 보아 하나의 살인죄의 고의 기수범이 성립한다고 보는

---

323) 대판 2004.2.27. 선고 2003도7507.

324) ㉮ 하나의 행위객체에 대한 택일적 고의㉮ 죽었는지 기절한 것인지 불분명한 사람으로부터 지갑을 취거하는 경우, ㉯ 두 개의 행위객체에 대한 택일적 고의㉯ 두 사람 중 누가 맞아도 좋다고 생각하고 총을 발사한 경우. ㉰ 다수의 행위객체에 대한 택일적 고의 ㉮ 군중을 향해 폭탄을 던지면서 누가 죽어도 좋다고 생각하는 경우 ※ 이 유형을 과거에 '개괄적 고의'라고 지칭하기도 하였으나, 현재의 다수설은 이를 택일적 고의의 한 유형으로 보고 후술하는 개괄적 고의와는 엄격히 구별하고 있다.

것이 통설과 판례의 태도이다.[325]

2. 착오

1) 착오의 의의

착오라 함은 행위자의 주관적 인식과 객관적 실재가 일치하지 않는 것을 말하며, 착오가 있는 경우에 이를 어떻게 취급하여야 할 것인가에 관한 이론을 착오론이라고 한다.

2) 착오의 종류

① 소극적 착오와 적극적 착오

착오에는 실재하지 않는 것을 실재한다고 생각하는 적극적 착오와 실재하는 것을 실재하지 않는다고 생각하는 소극적 착오가 있는데, 형법에 있어서 착오론은 착오가 고의 또는 책임을 조각하는 경우를 문제로 하는 것이므로 소극적 착오만이 그 대상이 된다.

② 사실의 착오와 법률의 착오

형법은 착오를 사실의 착오(제15조)와 법률의 착오(제16조)로 구별하고 있는데, 여기에서 사실의 착오는 객관적 구성요건요소에 대한 착오를 의미하고, 법률의 착오는 위법성의 인식에 관한 착오를 의미하므로, 사실의 착오와 법률의 착오의 구별은 구성요건착오와 금지착오의 구별과 일치한다. 사실의 착오는 구체적 사실의 착오와 추상적 사실의 착오로 구별된다.

③ 구체적 사실의 착오와 추상적 사실의 착오

가. 구체적 사실의 착오

이것은 착오가 동일구성요건 내에서 발생한 경우, 즉 행위자가 인식한 사실과 객관적으로 발생한 사실이 일치하지 않으나 양자가 동일한 구성요건에 속하는 경우를 말한다. 이것은 다시 객체의 착오(행위자가 행위객체의 동일성에 관하여 착오한 경우: 예 甲으로 알고 구타하였으나 사실은 乙이었던 경우)와 방법의 착오(타격이 빗나가서 행위자가 의도하지 않았던 행위객체에 결과가 발생

---

325) 대판 1988.6.28, 88도650, 피해자가 살해의도로 행한 구타행위에 의하여 사망한 것이 아니라 죄적을 인멸할 목적으로 행한 매장행위에 의해 사망하게 되었더라도 전 과정을 개괄적으로 보면 피해자의 살해라는 애초의 예견사실이 결국 실현된 것이기 때문에 살인죄의 죄책을 면할 수 없다.

한 경우: 예 甲을 향하여 발포하였으나 빗나가서 옆에 있던 乙이 맞은 경우)로
구별된다.

나. 추상적 사실의 착오

이것은 인식사실과 발생사실이 상이한 구성요건에 속하는 경우로 다시 다음
의 3가지 유형으로 나누어 볼 수 있다.

* 경한 사실의 인식으로 중한 결과가 발생한 경우(장독을 깨려고 돌을 던졌
는데, 사람이 맞은 경우)

* 중한 사실의 인식으로 경한 결과가 발생한 경우(사람에게 돌을 던졌는데,
장독이 깨진 경우)

* 형의 가중·감경사유에 관한 착오가 있는 경우(보통살인의 인식으로 존속
살해를 범한 경우 또는 그 반대의 경우, 피해자의 승낙이 있다고 오인하고 살
해한 경우 또는 그 반대의 경우)

3) 구성요건착오의 효과

① 형법규정

형법은 수많은 착오의 유형 가운데 두 가지 경우를 특히 중요한 착오로 보아
명문의 규정을 두고 있는데, 죄의 성립요소인 사실을 인식하지 못한 행위는 법
률에 특별한 규정이 있는 경우를 제외하고는 벌하지 아니하고(제13조), 범죄사
실에 대한 인식은 있으나 특별히 중한 죄가 되는 사실을 인식하지 못하고 한
행위는 중한 죄로 처벌하지 아니한다(제15조). 따라서 이 경우에는 형법규정이
직접 적용된다.[326]

② 형법에 규정된 이외의 착오의 경우

발생사실에 대한 고의의 인정 여부가 문제시되는 한계사례의 경우에는 그 착
오의 중요성 여부에 대한 판단이 학설에 맡겨져 있다.[327]

---

326) 노루인 줄 알고 사격하였으나 사실은 나물 캐러 왔던 동네 처녀였던 경우는 형법 제13조에 따라 처벌이 되
　　지 않고, 보통살인의 인식으로 존속살해를 범한 경우는 형법 제15조에 따라 행위자가 인식하지 못한 중한
　　죄로 처벌하지 않고, 행위자가 인식한 범위에서 경한 죄로 처벌한다. 판례는 여기에서 '경한 죄로 처벌한다'
　　는 의미를 중한 죄가 성립하되 처벌만 경한 죄로 한다는 뜻으로 해석하고 있다(대판 1960.10.31. 4293형
　　상494). 중죄를 인식하고 경죄를 실현한 경우는 기본구성요건인 경죄가 성립한다.

327) 이에 관해서는 크게 구체적 부합설, 법정적 부합설, 추상적 부합설의 세 가지 학설이 대립하고 있는데, 상세
　　한 논의는 생략한다.

3. 과실

1) 개념

과실은 정상의 주의를 태만히 하여 죄의 성립요소인 사실을 인식하지 못하는 것을 말한다. 과실은 부주의에 의하여 법질서의 명령을 위반하는 것이므로 그 불법과 책임이 고의범보다 가벼우며, 따라서 법률에 특별규정이 있는 경우에 한하여 예외적으로 처벌된다.

2) 과실의 종류

과실에는 결과발생을 예견하였음에도 불구하고 주의를 다하지 못하여 발생하지 않으리라고 생각하고 행위에 나아간 경우인 인식 있는 과실과 주의를 다하지 못하여 결과발생 가능성 자체를 인식하지 못하고 행위에 나아간 경우인 인식 없는 과실(양 과실은 불법의 경중에는 차이가 없다.), 보통인의 주의의무를 다하지 않은 보통의 과실과 업무상 요구되는 주의의무를 다하지 않은 업무상과실 및 주의의무 위반 정도가 중한 중과실로 구분된다.

3) 과실범의 구성요건
① 주의의무 위반
가. 주의의무의 내용

주의의무는 결과를 예견할 의무와 예견된 결과를 회피할 의무를 그 내용으로 한다. 이 예견 및 회피의무는 예견 및 회피가능성을 전제로 한다.[328]
나. 주의의무의 표준

주의의무 위반의 유무를 판단함에 있어서는 평균인의 주의능력을 표준으로 하여야 한다는 견해가 통설·판례이다.

---

328) 대판 1981.9.8. 81도53. 탄광덕대인 피고인 甲이 화약류취급책임자 면허가 없는 乙에게 화약고 열쇠를 맡기었던바 乙이 경찰관의 화약고검열에 대비하여 임의로 화약고에서 뇌관, 폭약 등을 꺼내어 이를 노무자 숙소 아궁이에 감추었고, 이 사실을 모르는 자가 위 아궁이에 불을 때다 위 폭발물에 인화되어 폭발위력으로 사람을 사상에 이르게 한 경우에는 피고인 甲으로서는 위와 같은 사고를 예견할 수 있었다고 보기 어렵다. 대판 1994.8.16. 94도1291. 화재가 발생하는 경우 화재에 대처할 능력이 없는 피해자가 사망할 가능성이 있음을 예견할 수 있으므로 이러한 경우 피해자를 혼자 방에 두고 나오는 피고인들로서는 촛불을 끄거나 양초가 쉽게 넘어지지 않도록 적절하고 안전한 조치를 취하여야 할 주의의무가 있다 할 것인바, 비록 피고인들이 직접 촛불을 켜지 않았다 할지라도 위와 같은 주의의무를 다하지 않은 이상 피고인들로서는 이 사건 화재발생과 그로 인한 피해자의 사망에 대하여 과실책임을 면할 수는 없다.

다. 주의의무의 근거

주의의무의 근거는 법령에 규정되어 있는 경우가 많은데, 그 대부분은 도로
교통법·식품위생법·건축법 등의 행정법규에 속한다. 그러나 모든 주의의무를
유형화하여 법규에 규정하는 것은 입법기술상 불가능하므로, 조리나 경험칙으
로부터 주의의무가 도출될 수 있다. 따라서 행위자가 법규를 모두 준수하였다
고 해서 과실이 없다고 단정할 수는 없다.[329]

라. 신뢰의 원칙

a. 개념

신뢰의 원칙이란 허용된 위험의 이론이 적용된 특수한 경우로서, '스스로 교
통규칙을 준수한 운전자는 다른 교통관여자가 교통규칙을 준수할 것이라고 신
뢰하면 족하며, 다른 관여자가 비이성적으로 행동할 것까지 예견하고 이에 대
한 방어조치를 취할 의무는 없다는 원칙'을 말한다.

b. 적용범위

신뢰의 원칙은 교통사고와 관련하여 독일 판례(1935년)가 채택한 이래 그 적
용범위가 점차 확대되어 오늘날에는 다수인의 업무분담이 요구되는 모든 과실
범의 경우에 주의의무의 한계를 확정하는 원칙으로 발전하게 되었다. 우리나라
의 통설과 판례도 신뢰의 원칙을 인정하고 있다.[330]

c. 한계

상대방의 규칙 위반을 이미 인식한 경우, 상대방의 규칙 준수를 신뢰해서는
안 될 경우(어린이, 노약자, 만취자 등), 운전자가 스스로 교통규칙을 위반한 경
우 등에는 신뢰의 기반이 상실되었기 때문에 신뢰의 원칙의 적용이 제한된다.

---

329) 대판 1975.9.23. 74도231, 제한시속 100킬로미터로 자동차를 운행할 수 있도록 허용된 고속도로에서의
운전이라 해도 주위가 어두운 야반에 가시거리 60미터의 전조등을 단 차를 운전하는 특수상황 아래에서는,
운전사가 제한시속 100킬로미터를 다 내어 운행함은 60미터 앞에 장해물 있음을 발견하고 급정차조치를
하더라도 충돌을 면할 수 없는 과속도가 되므로, 이러한 경우에 운전자는 사고방지의무를 다하지 못한 업무
상과실책임을 면치 못한다.

330) 판례는 교통사고의 경우 차와 차 사이의 충돌사고와 보행자에 대한 사고의 경우를 구별하여, 전자에 관해서
는 신뢰의 원칙을 널리 적용하는 반면 후자의 경우에는 고속도로·자동차전용도로·육교 밑·일반차도의
횡단보도가 적색신호일 때 등 제한적으로 적용하고 있다(대판 1977.6.28. 77도403, 대판 1990.1.23. 89
도1935, 대판 1985.9.10. 84도1572).
또한 판례는 신뢰의 원칙은 교통사고뿐만 아니라 기업활동이나 외과수술과 같이 분업적 공동작업이 필요한
경우에까지 그 적용범위를 확대하고 있다. 다만, 신뢰의 원칙은 신뢰를 기초 지을 수 있는 분업관계가 확립
되어 있을 것을 요하기 때문에 의사와 간호사, 또는 의사와 환자의 관계와 같이 지휘·감독관계에 있을 때
에는 신뢰의 원칙을 제한한다(대판 2003.8.19. 선고 2001도3667, 대판 2006.10.26. 선고 2004도486).

그러나 운전자가 규칙을 위반하였다고 하여 언제나 신뢰의 원칙의 적용이 배제되는 것은 아니며, 규칙위반과 사고발생 사이에 인과관계가 없는 경우에는 원칙의 적용이 가능함을 주의하여야 한다.[331]

② 결과발생 및 인과관계

과실범은 결과범이므로 결과의 발생과 주의의무 위반과의 인과관계를 필요로 한다. 과실범의 미수는 벌하지 않고, 인과관계가 없는 경우에도 마찬가지이다.

4. 인과관계

1) 개념

인과관계란 발생된 결과를 행위자의 행위에 의한 것으로 귀속시키는 데 필요한 행위와 결과 사이의 연관관계를 말한다.

2) 인과관계론

형법 제17조는 어떤 행위라도 죄의 요소되는 위험발생에 연결되지 아니한 때에는 그 결과로 인하여 벌하지 아니한다고 규정하여 결과범에 대하여 인과관계를 요구하고 있으나 어떤 경우에 인과관계를 인정할 것인가에 관해서는 학설이 대립하고 있다.

① 조건설

행위가 없었다면 결과도 없었을 것이라는 조건관계만 있으면 인과관계가 있다고 하나, 인과관계가 무한이 확대되는 문제가 있다.[332]

② 원인설

논리적으로 조건관계에 있는 여러 조건 중 특별히 결과발생에 중요한 영향을

---

331) 대판 1993.2.23. 92도2077 차량의 운전자로서는 횡단보도의 신호가 적색인 상태에서 반대차선상에 정지하여 있는 차량의 뒤로 보행자가 건너오지 않을 것이라고 신뢰하는 것이 당연하고, 그렇지 아니할 사태까지 예상하여 그에 대한 주의의무를 다하여야 한다고는 할 수 없다.
대판 1993.1.15. 92도2579. 신호등에 의하여 교통정리가 행하여지고 있는 ㅏ자형 삼거리의 교차로를 녹색등화에 따라 직진하는 차량의 운전자는 대향차선 위의 다른 차량이 신호를 위반하고 직진하는 자기 차량의 앞을 가로질러 좌회전할 경우까지 예상하여 그에 따른 사고발생을 미리 방지하기 위한 특별한 조치까지 강구하여야 할 업무상의 주의의무는 없고, 위 직진차량 운전자가 사고지점을 통과할 무렵 제한속도를 위반하여 과속 운전한 잘못이 있었다 하더라도 그러한 잘못과 교통사고의 발생과의 사이에 상당인과관계가 있다고 볼 수 없다(대판 1993.1.15. 92도2579).
332) 살인자의 부모가 살인자를 출산하지 않았다면 살인도 없었을 것이기 때문에 살인자를 출산하는 행위도 범죄가 된다.

준 조건과 그렇지 않은 조건을 구별하여 전자에 해당하는 조건만이 인과관계가 있다고 보나, 어떤 것이 최종적·결정적 조건이 되는지 판단할 기준이 명확하지 않은 문제가 있다.

③ 상당인과관계설

일반적인 경험법칙에 비추어 일정한 행위로부터 일정한 결과가 발생하는 것이 상당하다고 인정될 때, 즉 상당한 조건에 대해서만 인과관계를 인정한다.[333] 상당성 판단기준으로 행위자가 행위 시에 인식하였거나 인식할 수 있었던 사정을 기초로 판단하자는 주관적 상당인과관계설, 행위당시에 개관적으로 존재하였던 모든 사정과 행위 후의 사정이라도 객관적으로 예견할 수 있었던 모든 사정을 기초로 판단하자는 객관적 상당인과관계설, 행위당시에 통찰력 있는 사람이라면 알 수 있었던 사정과 행위자가 특히 인식한 사정을 기초로 판단하자는 절충적 상당인과관계설이 있다.

5. 위법성

1) 개념

위법성이란 구성요건에 해당하는 행위가 법질서 전체의 관점에서 보아 객관

---

333) 대판 2002.2.11. 99도5286. 승용차로 피해자를 가로막아 승차하게 한 후 피해자의 하차 요구를 무시한 채 당초 목적지가 아닌 다른 장소를 향하여 시속 약 60킬로미터 내지 70킬로미터의 속도로 진행하여 피해자를 차량에서 내리지 못하게 한 행위는 감금죄에 해당하고, 피해자가 그와 같은 감금상태를 벗어날 목적으로 차량을 빠져나오려다가 길바닥에 떨어져 상해를 입고 그 결과 사망에 이르렀다면 감금행위와 피해자의 사망 사이에는 상당인과관계가 있다고 할 것이므로 감금치사죄에 해당한다.
대판 1991.2.12. 90도2547. 일산화탄소 중독으로 판명하고 치료한 담당의사에게 회복된 환자가 퇴원할 당시 자신의 병명을 문의하였는데도 의사가 아무런 요양방법을 지도하여 주지 아니하여, 환자가 일산화탄소에 중독되었던 사실을 모르고 퇴원 즉시 사고 난 자기 집 안방에서 다시 취침하다 일산화탄소 중독을 입은 경우, 위 의사에게는 병명을 문의하는 환자에게 그 병명을 알려 주고 이에 대한 주의사항인 피해장소인 방의 수선이나 요양방법 등의 지도의무가 있고, 이를 태만한 것은 의사로서의 업무상과실이고, 이 과실과 재차의 일산화탄소 중독과의 사이에는 인과관계가 있다고 보아야 한다.
대판 1998.5.8. 97다54482. 음주운전으로 적발된 주취운전자가 도로 밖으로 차량을 이동하겠다며 단속경찰관으로부터 보관 중이던 차량열쇠를 반환받아 몰래 차량을 운전하여 가던 중 사고를 일으킨 경우, 차량열쇠를 교부한 경찰의 과실과 사고발생 사이에 상당인과관계가 있다.
대판 1971.9.28. 71도1082. 운전사가 시동을 끄고 시동열쇠는 꽂아 둔 채로 하차한 동안에 조수가 이를 운전하다가 사고를 낸 경우에, 시동열쇠를 꽂아 둔 행위와 사망의 결과발생 사이에는 특별한 사정이 없는 한 인과관계가 인정되지 않는다.
대판 1978.11.18. 78도1691. 고등학교 교사인 피고인이 피해자의 뺨을 때리는 순간 평소의 허약상태에서 온 급격한 뇌압상승으로 피해자가 뒤로 넘어지면서 사망한 경우, 위 사인이 피해자의 두개골이 비정상적으로 얇고 뇌수종을 앓고 있었던 데 연유하였고 피고인이 피해자가 허약함을 알고 있었으나 두뇌에 특별한 이상이 있음은 미처 알지 못하였다면, 피고인의 소위와 피해자의 사망 간에는 인과관계가 없거나 결과발생에 대한 예견가능성이 없다고 할 것이다.

적으로 허용되지 아니한다는 부정적 가치판단을 말한다. 이때 전체 법질서란 형법뿐만 아니라 민법·행정법 등 일체의 성문법과, 관습법·사회상규·조리·보편적 법사상 등 불문법을 포함하는 넓은 의미이다.

책임은 개별적으로 행위자 개인에 대한 비난가능성의 유무를 판단하는 '행위자에 대한 부정적 가치판단'이다.

2) 위법성의 본질

위법성의 본질에 관해서는 종래 형식적 위법성론과 실질적 위법성론이 대립되어 왔다.

형식적 위법성론은 위법성 평가의 기준을 형식적인 법률의 규정 그 자체에 두고, 이에 위반하면 위법이라고 평가한다. 이에 의하면 구성요건에 해당하는 행위는 실정화된 위법성조각사유에 해당하지 않으면 위법성이 인정된다.

이에 대하여 실질적 위법성론은 위법성을 규범에 대한 형식적 위반으로만 이해하지 않고 그 규범의 근저에 놓여 있는 실질적 기준에 따라 위법성의 의미를 파악하려는 견해로서, 위법성의 실질적 기준으로서는 권리침해설·법익침해설·문화규범위반설 등이 주장되었다. 실질적 위법성론이 문제 삼는 것은 실정법상의 위법성조각사유에 해당하지는 않지만 그래도 위법성의 실질에 비추어 볼 때 처벌하기는 곤란하다고 생각되는 유형의 행위가 있다는 것이다. 그리하여 이들은 초법규적인 위법성조각사유를 인정하고자 한다.

우리 형법은 독일이나 일본의 형법과 달리 '사회상규'라고 하는 포괄적인 위법성조각사유를 규정하고 있기 때문에(형법 제20조) 초법규적 위법성조각사유를 인정할 필요가 없다는 것이 우리나라의 통설이다.

3) 위법성의 평가방법

위법성의 평가방법을 둘러싸고 한때 주관적 위법성론과 객관적 위법성론의 대립이 있었으나, 현재는 객관적 위법성론이 정설로 확립되어 있다.

주관적 위법성론은 법의 의사결정규범성을 중시하는 이론으로서, 이 이론에 의하면 법규범의 의미를 이해할 수 없는 책임무능력자는 위법한 행위를 할 수 없고, 따라서 책임무능력자에 대해서 정당방위는 할 수 없다는 결론이 된다.

객관적 위법성론은 위법성이란 객관적인 평가규범에 대한 위반을 의미하고 책임은 주관적인 의사결정규범에 대한 위반을 의미한다는 견해이다. 이러한 객관적 위법성론에 의해 위법성은 객관적인 것으로 책임은 주관적인 것으로 명확히 구분되었으나, 다만, 위법성이 객관적이라는 것은 평가기준의 객관성만을 말하는 것이고 평가의 대상에는 고의·과실과 같은 주관적 요소도 포함되는 것이므로, 위법성은 객관적이고, 책임은 주관적이라는 명제는 평가방법에 있어서만 적용된다.

4) 위법성조각사유

① 개념

위법성조각사유라 함은 범죄구성요건에 해당하는 행위를 정당한 행위로 만들어 주는 사유를 말한다.

② 종류

형법총칙상의 위법성조각사유로는 정당행위·정당방위·긴급피난·자구행위·피해자의 승낙의 5종이 있고, 형법각칙상의 위법성조각사유로는 명예훼손죄에 있어서 '사실의 증명(제310조)'과 도박죄에 있어서 '일시오락의 정도(제246조 제1항 단서)'가 있으며, 특별법상의 위법성조각사유로는 인공임신중절(모자보건법 제8조), 현행범인의 체포(형사소송법 제212조), 점유자의 자력구제(민법 제209조) 등이 있다.

5) 정당방위

① 개념

정당방위란 자기 또는 타인의 법익에 대한 현재의 부당한 침해를 방위하기 위한 상당한 이유가 있는 행위를 말한다. 긴급행위의 일종이다. 정당방위는 '不正 대 正'의 관계로서 이 점에서 자구행위와 같고 '정 대 정'의 관계인 긴급피난과 구별된다. 정당방위는 현재의 침해에 대한 사전적 긴급행위이며, 이 점에서 긴급피난과 같고 과거의 침해에 대한 사후적 긴급행위인 자구행위와 구별된다.

② 위법성조각의 근거

첫째 인간의 자위본능에 정당성의 기초가 있다. 따라서 기초한 개인적 법익을 보호하기 위하여 허용될 뿐, 국가적·사회적 법익을 보호하기 위한 정당방위는 원칙적으로 허용되지 않는다. 둘째 자기보호는 동시에 법질서를 파괴하려는 행위로부터 법질서를 수호하기 때문에 정당화된다. 이는 정당방위의 사회권적 근거가 되고 따라서 법질서 수호의 이익이 없는 때에는 정당방위는 부정된다는 정당방위의 사회적 제한의 문제가 제기된다.

③ 정당방위의 성립요건

가. 현재의 부당한 침해가 있을 것

a. 침해란 법익에 대한 위험을 야기하는 인간의 행위를 말한다.

반사적·무의식적 행동으로 인한 공격이나 동물·자연현상에 의한 공격은 행위성이 없으므로 긴급피난만이 가능하다.

b. 현재의 침해라야 한다.

이는 법익에 대한 침해가 임박하였거나, 방금 막 시작되었거나, 아직 계속 중인 것을 말한다. 따라서 과거의 침해나 장래의 침해에 대해서는 정당방위를 할 수 없다. 계속 반복되어 온 침해가 다시 발생할 것이 예견되지만 급박하지는 않은 경우(상시적으로 주거침입을 해 온 정신병자, 계속되어 온 성폭행 등)에는 침해의 현재성을 인정할 수 없다는 것이 통설이다.[334]

c. 부당한 침해란 위법한 침해를 의미한다.

따라서 정당방위에 대해서는 정당방위를 할 수 없다. 위법은 전체법질서의 견지에서 결정되는 것이므로, 예컨대 사용절도나 과실에 의한 재물손괴와 같이 구성요건에 해당하지 않는 행위에 대해서도 정당방위가 가능하다. 침해는 위법하면 족하고 유책할 필요가 없으므로 정신병자나 형사미성년자 등 책임무능력자의 공격에 대해서도 정당방위가 가능하다.[335]

---

334) 대판 1992.12.22. 92도2540, 피고인 甲이 약 12살 때부터 의붓아버지인 피해자의 강간행위에 의하여 정조를 유린당한 후 계속적으로 이 사건 범행 무렵까지 피해자와의 성관계를 강요받아 왔고 또한 그러한 침해행위가 그 후에도 반복하여 계속될 염려가 있었다면, 피고인들의 이 사건 범행 당시 피고인 甲의 신체나 자유 등에 대한 현재의 부당한 침해상태가 있었다고 볼 여지가 없는 것은 아니나, 그렇다고 하여도 판시와 같은 경위로 이루어진 피고인들의 이 사건 살인행위는 사회통념상 상당성을 인정하기가 어려우므로, 형법 제21조 소정의 정당방위나 과잉방위에 해당한다고 하기는 어렵다. *침해의 현재성을 인정하면서 과잉방위조차 부정하는 것도 법리에 맞지 않는다는 비판 있음.

335) 대판 2006.9.8. 선고 2006도148, 검사가 참고인 조사를 받는 줄 알고 검찰청에 자진 출석한 변호사사무실 사무장을 합리적 근거 없이 긴급 체포하자 그 변호사가 이를 제지하는 과정에서 위 검사에게 상해를 가한 것이 정당방위에 해당한다.
대판 2003.11.13. 선고 2003도3606, 공직선거 후보자 합동연설회장에서 후보자 갑이 적시한 연설 내용이 다른 후보자 을에 대한 명예훼손 또는 후보자비방의 요건에 해당되나 그 위법성이 조각되는 경우, 갑의 연설 도중에 을이 마이크를 빼앗고 욕설을 하는 등 물리적으로 갑의 연설을 방해한 행위가 갑의 '위법하지 않은 정당한 침해'에 대하여 이루어진 것일 뿐만 아니라 '상당성'을 결여하여 정당방위의 요건을 갖추지 못하였다.

싸움의 경우에는 정당방위가 인정되지 않는 것이 원칙이다.336)

나. 자기 또는 타인의 법익을 방위하기 위한 행위일 것

a. 자기 또는 타인의 법익은 권리에 한하지 않고 법률상 보호되는 모든 이익을 의미한다. 형법상의 보호법익뿐만 아니라 가장의 권위와 같은 가족관계나 애정관계 등도 포함된다. 자기 이외에 타인의 법익을 보호하기 위한 정당방위도 인정된다.

국가적 법익이나 사회적 법익에 대한 정당방위는 원칙적으로 허용되지 않는다(통설). 이를 인정하면 정치적 남용의 위험성이 있기 때문이다. 국가의 법익이라 할지라도 그것이 개인적 법익에 해당하는 경우(국가 소유의 물건에 대한 방화·손괴)에는 당연히 정당방위가 허용된다.

b. 방위의사는 방위행위의 유일한 동기일 필요는 없으며, 증오나 복수와 같은 동기가 개재되더라도 방위의사가 주된 동기인 이상 정당방위가 성립한다.

c. 방위행위는 소극적 방어와 적극적 반격을 포함하고, 고의에 의한 행위뿐만 아니라 과실에 의한 행위도 가능하다(경찰관이 강도 현행범에게 경고사격을 한다는 것이 잘못하여 총상을 입힌 경우).

다. 상당한 이유가 있을 것

상당한 이유란 방위행위가 객관적으로 사회상규에 위배되지 않는 것을 말한다.

상당한 이유가 인정되기 위한 적극적 요건으로서 적합성의 원칙과 상대적 최소방위의 원칙을 들 수 있다. 정당방위는 부정 대 정의 관계이므로, 긴급피난과 달리 보충성과 균형성은 요건이 아니다.

소극적 요건으로 자기보호의 이익 또는 법질서 수호의 이익이 현저히 약화되는 경우에는 정당방위가 제한되는데, 이를 정당방위의 사회적 제한이라고 한

---

336) 대판 2000.3.28. 선고 2000도228, 가해자의 행위가 피해자의 부당한 공격을 방위하기 위한 것이라기보다는 서로 공격할 의사로 싸우다가 먼저 공격을 받고 이에 대항하여 가해하게 된 것이라고 봄이 상당한 경우, 그 가해행위는 방어행위인 동시에 공격행위의 성격을 가지므로 정당방위 또는 과잉방위행위라고 볼 수 없다. 대판 1968.5.7. 68도370, 격투를 하는 자 중의 한 사람의 공격이 그 격투에서 당연히 예상을 할 수 있는 정도를 초과하여 살인의 흉기 등을 사용하여 온 경우에는 이는 역시 부당한 침해라고 아니할 수 없으므로 이에 대해서는 정당방위를 허용하여야 한다고 해석하여야 할 것이다.
대판 1999.10.12 99도3377, 외관상 서로 격투를 하는 것처럼 보이는 경우라고 할지라도 실지로는 한쪽 당사자가 일방적으로 불법한 공격을 가하고 상대방은 이러한 불법한 공격으로부터 자신을 보호하고 이를 벗어나기 위한 저항수단으로 유형력을 행사한 경우라면, 그 행위가 적극적인 반격이 아니라 소극적인 방어의 한도를 벗어나지 않는 한 사회통념상 허용될 만한 상당성이 있는 행위로서 위법성이 조각된다고 보아야 할 것이다.

다.337)

④ 과잉방위

가. 개념

과잉방위란 방위행위가 그 정도를 초과한 때, 즉 현재의 부당한 침해에 대한 방위행위가 상당성을 초과하는 경우를 말한다.

나. 효과

과잉방위는 정당방위의 적법성의 한계를 넘어선 것이므로 위법성이 조각될 수 없고, 다만 긴급상황으로 인하여 적법행위의 기대가능성이 감소·소멸되거나 일시적으로 책임능력이 결여되기 때문에 책임이 감소하거나 그것이 야간, 기타 불안스러운 상태하에서 공포, 경악, 흥분 등으로 인한 경우에는 책임이 조각된다(필요적 면책).338)

⑤ 오상방위

가. 개념

오상방위(誤想防衛)라 함은 정당방위상황이 존재하지 않음에도 불구하고 행위자는 그것이 존재하는 것으로 착오를 일으켜 방위행위로 나아간 경우를 말한다. 오상방위는 정당방위상황이 존재하지 않는 경우라는 점에서 과잉방위와 구별된다.

나. 효과

오상방위는 위법성조각사유의 객관적 전제사실에 대한 착오에 해당되는 문제

---

337) 침해는 위법하면 족하고 유책할 필요는 없으므로 책임 없는 자의 침해에 대해서도 일반적으로 정당방위가 허용되는 것이지만, 어린아이·정신병자·명정자 등 책임능력이 없거나 저하된 자의 침해, 또는 법률의 착오를 일으켜 공격한 자, 부부·친자 등 긴밀한 인적 관계에 있는 자 상호간에 대해서는 법질서 수호의 이익이 약화된다. 따라서 회피가능성이 있으면 일단 회피하여야 하고 회피할 수 없는 부득이한 상황에서도 가급적 소극적 방어에 그쳐야 한다.
공격으로 위협받는 법익과 반격으로 침해되는 법익 사이에 현저한 불균형이 있는 경우에는 자기보호와 법질서 수호의 이익이 약화되며, 이 경우의 방위행위는 권리남용에 해당하므로 정당방위가 허용되지 않는다.
과실로 상대방의 침해를 유발하게 된 경우에는 법질서 수호의 이익이 현저히 감소되므로 침해를 피할 수 없거나 다른 방법이 없는 경우에 한하여 보호방위가 허용된다. 그러나 정당방위상황을 이용하여 공격자를 침해할 목적으로 공격을 도발한 경우에는 정당방위권의 남용으로서 법질서 수호의 이익이 없기 때문에 정당방위는 물론 과잉방위도 성립되지 않는다.

338) 대판 1986.11.11. 86도1862,피고인 甲이 위 乙의 몸 위에 타고 앉아 그의 목을 계속하여 졸라 누름으로써 결국 위 乙로 하여금 질식하여 사망에 이르게 한 행위는 정당방위의 요건인 상당성을 결여한 행위라고 보아야 할 것이나, 극히 짧은 시간 내에 방위의사에서 비롯된 피고인의 위와 같이 연속된 전후행위는 하나로서 형법 제21조 제2항 소정의 과잉방위에 해당한다 할 것이고, 당시 야간에 흉포한 성격에 술까지 취한 위 乙이 식칼을 들고 피고인을 포함한 가족들의 생명, 신체를 위협하는 불의의 행패와 폭행을 하여 온 불안스러운 상태하에서 공포, 경악, 흥분 또는 당황 등으로 말미암아 저질러진 것이라고 보아야 할 것이다.

로서, 이를 법률의 착오로 볼 것인가를 둘러싸고 책임설이 엄격책임설과 제한적 책임설로 갈린다. 엄격책임설은 법률의 착오로 취급하나 다수설인 제한적 책임설에 의하면 법률효과의 면에서 구성요건 착오와 동일시된다.

다. 오상과잉방위

오상과잉방위란 현재의 부당한 침해가 있다고 오신하고 상당성을 초과하는 방위행위를 한 경우로서 오상방위와 과잉방위가 결합된 형태를 말한다. 오상과잉방위는 정당방위상황이 존재하지 않는 경우이므로 기본적으로 오상방위의 일종으로 보아야 한다.

오상과잉방위에 대하여 과잉방위에 관한 제21조 제2항, 제3항을 적용하여 형을 감면할 수 있는가와 관련 동 규정은 어디까지나 과잉방위에 대하여 적용되도록 규정되어 있으므로 오상과잉방위의 경우에는 적용될 여지가 없다고 본다(통설).

6) 긴급피난
① 개념

긴급피난이란 자기 또는 타인의 법익에 대한 현재의 위난을 피하기 위한 상당한 이유가 있는 행위를 말한다. 그 법적 성질에 관해서는 위법성조각사유의 하나로 보는 것이 통설이다.

② 긴급피난의 성립요건

가. 자기 또는 타인의 법익에 대한 현재의 위난

a. 자기 또는 타인의 법익은 정당방위와 달리 개인적 법익에 한하지 않고 국가적·사회적 법익을 위한 긴급피난도 가능하다.

b. 위난은 행위성·위법성이 필요 없고 따라서 자연현상이나 동물의 침해에 대해서도 긴급피난이 가능하다. 자초위난의 경우에도 상당성이 인정되는 한 긴급피난이 가능하다는 것이 통설·판례이나, 처음부터 피난행위를 할 목적으로 위난을 자초하거나 고의로 위난을 자초한 경우에는 긴급피난이 인정될 수 없다.339)

---

339) 대판 1995.1.12. 94도2781, 피고인이 스스로 야기한 강간범행의 와중에서 피해자가 피고인의 손가락을 깨물며 반항하자 물린 손가락을 비틀어 잡아 뽑다가 피해자에게 치아결손의 상해를 입힌 행위를 가리켜 법에 의하여 용인되는 피난행위라 할 수 없다.

c. 현재의 위난이어야 하나, 위난으로 인한 손해발생이 목전에 임박하지 않은 경우라도 피난행위를 지체할 경우에는 위난을 피할 수 없는 경우에는 현재성이 인정되고, 위험상태가 오랫동안 반복되어 앞으로도 같은 위험이 예상되는 경우에는 현재성이 인정된다.

나. 위난을 피하기 위한 행위일 것

피난의사가 있어야 하고, 피난행위는 위난의 원인에 대해서 직접 반격을 가하거나 또는 위난을 유발한 당사자의 법익을 침해하는 방어적 긴급피난과, 위난과 관계없는 제3자의 법익을 침해하는 공격적 긴급피난을 포함한다. 이 점에서 정당방위의 경우에는 제3자에 대한 공격적 정당방위가 허용되지 않는 것과 차이가 있다.

다. 상당한 이유

긴급피난은 정 대 정의 관계이므로 상당한 이유의 판단에 있어서 부정 대 정의 관계인 정당방위에 비하여 보다 엄격한 요건이 요구되어 보충성·균형성·적합성이 있어야 한다.[340]

a. 보충성의 원칙

보충성의 원칙이란 피난행위는 위난에 처한 법익을 보호하기 위한 유일한 수단일 것을 요하고, 위난을 피할 다른 수단이 있을 때에는 먼저 그 회피수단을 택해야 하고, 피난의 방법에 있어서도 상대방에게 가장 경미한 손해를 입히는 방법을 선택할 것을 요구한다.

b. 균형성의 원칙

균형성의 원칙은 공격적 긴급피난의 경우 무고한 제3자의 법익을 침해하는 것이기 때문에 보호이익이 침해이익보다 본질적 우월할 것을 요구하고(법익동가치인 경우에는 위법성을 조각할 수 없으며, 기대불가능성을 이유로 책임조각이 가능할 뿐이다.), 방어적 긴급피난의 경우 위난을 유발한 자의 이익은 보호가치가 낮으므로 보호 이익의 본질적 우월성을 인정할 수 없거나 심지어 낮은 가치일 경우에도 정당화될 수 있다.

---

340) 대판 2004.4.27. 선고 2002도315. 피고인들이 확성장치 사용, 연설회 개최, 불법행렬, 서명날인운동, 선거운동기간 전 집회 개최 등의 방법으로 특정 후보자에 대한 낙선운동을 함으로써 공직선거 및 선거부정방지법에 의한 선거운동제한 규정을 위반한 피고인들의 같은 법 위반의 각 행위는 위법한 행위로서 허용될 수 없는 것이고, 피고인들의 위 각 행위가 시민불복종운동으로서 헌법상의 기본권 행사 범위 내에 속하는 정당행위이거나 형법상 사회상규에 위반되지 아니하는 정당행위 또는 긴급피난의 요건을 갖춘 행위로 볼 수는 없다.

c. 적합성의 원칙

적합성의 원칙은 인간의 존엄성이 문제 되는 사례에서 이익교량에 한계를 부여하는 기능을 한다. 즉, 보호이익이 침해이익보다 우월한 경우라도 '강제채혈'과 같이 피난의 수단이 인간의 존엄성에 반하고 사회윤리의 견지에서 적합하지 못한 경우에는 긴급피난이 허용될 수 없다.

③ 긴급피난의 특칙

직무를 수행함에 있어서 마땅히 일정한 위난을 감수해야 할 의무가 있는 자에게는 긴급피난이 허용되지 않는다(군인·소방관·경찰관 등). 다만, 특별의무자라고 해서 반드시 희생의무가 있는 것은 아니므로, 타인을 위한 경우와 감수해야 할 의무의 범위를 넘는 자기의 위난에 대해서는 긴급피난이 가능하다.

④ 과잉피난과 오상피난

과잉피난이란 현재의 위난에 대한 피난행위가 상당성의 정도를 초과한 경우를 말한다. 과잉피난은 위법성이 조각되지 않으나, 책임은 감경 또는 조각될 수 있다. 그러므로 그 정황에 의하여 형을 감면할 수 있고(임의적 감면), 야간 기타 불안스러운 상태하에서 공포·경악·흥분·당황으로 인한 때에는 벌하지 아니한다(필요적 면책).

오상피난이란 긴급피난상황이 존재하지 않음에도 불구하고 행위자는 그것이 존재하는 것으로 오신하고 피난행위로 나아간 경우로서, 그 법적 성질은 위법성조각사유의 객관적 전제사실에 대한 착오에 해당된다.

⑤ 의무의 충돌

가. 개념

의무의 충돌이란 수 개의 의무를 동시에 이행할 수 없는 긴급상태에서 그중 어느 한 의무를 이행하고 다른 의무를 방치한 결과, 그 방치한 의무불이행이 구성요건에 해당하는 가벌적 행위가 되는 경우를 말한다.[341]

나. 법적 성격

의무 충돌의 법적 성질이 무엇인가에 관하여 다수설은 긴급피난의 특수한 경우로 보고 있다.

---

341) 물에 빠진 두 아들 중 한 아들을 구하느라 다른 아들을 구하지 못하여 익사하게 한 경우, 한 대의 인공심폐기를 보유한 병원에서 두 명의 중환자 중 한 사람에게만 부착시키는 경우가 그 예이다.

의무의 충돌은 긴급피난에서 이익의 충돌과 유사한 점이 있으나 다른 한편 구조적인 특수성이 있으므로, 양자의 차이점을 명백히 할 필요가 있다.

다. 요건

a. 우선 둘 이상의 법적 의무가 실질적으로 충돌하고, 충돌상황이 행위자의 귀책사유로 초래되지 않아야 한다.

b. 다음으로 고가치 또는 동 가치 의무를 이행한 경우(상당성)여야 한다.

c. 주관적 정당화 요소로 행위자는 충돌상황에 대한 인식 이외에 적어도 동 가치의 의무를 이행한다는 인식과 의사를 가지고 행위를 하여야 한다.

라. 효과

의무의 충돌요건을 구비하면 부작위가 범죄의 구성요건에 해당하더라도 위법성이 조각사유되어 범죄가 성립하지 않는다.

의무의 서열에 대한 착오로 낮은 가치의 의무를 이행한 경우는 금지착오에 해당하며, 착오에 정당한 이유가 있으면 책임이 조각된다(제16조).

행위자가 낮은 가치의 의무임을 알면서도 부득이한 사정으로 이를 이행한 경우에는 기대 불가능성을 이유로 책임이 조각될 수 있다.

7) 자구행위

① 개념

자구행위란 권리의 침해를 받은 자가 국가기관의 법정절차에 의하여서는 청구권의 보전이 불가능한 경우에 자력에 의하여 권리를 보전하는 행위를 말한다.

② 구별

부정 대 정의 관계라는 점에서 정당방위와 유사하고, 긴급피난과 구별된다.

자구행위는 침해된 권리의 실현을 위한 사후적 긴급행위라는 점에서, 사전적 긴급행위인 정당방위・긴급피난과 구별된다.

정당방위와 긴급피난은 타인의 법익을 보호하기 위해서도 할 수 있으나, 자구행위는 자기의 청구권 보전을 위해서만 할 수 있다.

자구행위는 보충성 원칙이 엄격히 적용되나, 균형성 원칙은 적용되지 않는 점에서, 정당방위・긴급피난과 차이가 있다.

과잉자구의 경우에 임의적 감면은 공통되나, 정당방위・긴급피난과 달리 필요적 면책규정을 두고 있지 않다.

③ 성립요건

가. 청구권에 대한 불법한 침해가 있고 법정절차에 의한 청구권보전의 불능할 것

a. 자구행위에 의하여 보전되는 청구권은 사법상 청구권이면 족하고, 반드시 재산상의 청구권에 한하지 않는다. 다만, 자구행위는 보전이 가능한 청구권만을 보호대상으로 하기 때문에 원상회복이 불가능한 생명·신체·자유·정조·명예 등의 권리는 포함되지 않는다.

청구권은 자기의 것이어야 하므로 타인의 청구권을 위한 자구행위는 인정되지 않는다.

b. 청구권에 대한 침해는 불법한 것이어야 한다. 또 자구행위는 사후적 긴급행위이므로 과거의 침해에 대해서만 가능하며, 현재의 침해에 대해서는 자구행위가 아니라 정당방위가 성립한다.342)

c. 법정절차는 각종의 권리보호제도 및 민사소송법상의 가압류·가처분 등의 보전절차는 물론 경찰 등 모든 공권력에 의한 구제수단을 의미한다.

d. 청구권 보전의 불가능은 자구행위는 공권력에 의한 구제를 기다릴 여유가 없고, 후일 공적 구제에 의할지라도 그 실효를 거두지 못할 긴급한 사정이 있는 경우(보충성의 원칙)를 말한다.343)

나. 청구권의 실행불능 또는 현저한 실행곤란을 피하기 위한 행위

a. 인적 담보나 물적 담보가 확보되어 있는 때에는 자구행위가 허용되지 않는다.

청구권 보전의 범위를 벗어나 타인의 재산을 임의로 처분하거나 강제이행을

---

342) 정당방위와의 한계: 절도피해자의 도품탈환행위 ― 현장에서 추적하여 도품을 탈환하는 경우⇒정당방위, 상당한 시일의 경과 후 도품을 탈환하는 경우⇒자구행위
: 퇴거불응자에 대한 강제퇴거행위 ― 정당방위에서의 침해는 반드시 작위에 제한할 이유가 없고 현재 계속 중인 부당한 침해로 볼 수 있으므로 정당방위가 성립한다(통설).

343) 대판 2006.3.24. 선고 2005도8081, 채권자들이 채무자인 피해자에 대한 채권을 우선적으로 확보할 목적으로 피해자의 물건을 무단으로 취거한 사안에서, 절도죄에서의 불법영득의사를 인정하고, 자구행위의 성립과 추정적 승낙의 존재를 부정한다.
대판 1985.7.9. 85도707, 소유권의 귀속에 관한 분쟁이 있어 민사소송이 계속 중인 건조물에 관하여 현실적으로 관리인이 있음에도 위 건조물의 자물쇠를 쇠톱으로 절단하고 침입한 소위는 법정절차에 의하여 그 권리를 보전하기가 곤란하고 그 권리의 실행불능이나 현저한 실행곤란을 피하기 위해 상당한 이유가 있는 행위라고 할 수 없다.
외국으로 도피하기 위해 출국하는 채무자를 잡는 것─→자구행위 가(可)

하는 것은 자구행위가 될 수 없다.

b. 자구의사가 있어야 한다.

다. 상당한 이유

자구행위는 부정 대 정의 관계이므로 긴급피난과 같은 엄격한 이익형량은 요하지 않는다. 그러나 극심한 불균형, 즉 청구권의 보전이익보다 훨씬 큰 손해를 입히는 자구행위는 허용되지 않는다.[344]

라. 과잉자구행위

자구행위의 다른 요건은 갖추었으나 자구행위가 상당성을 초과한 경우에는 정황에 의하여 형을 임의적으로 감면할 수 있다. 그러나 정당방위나 긴급피난의 경우와는 달리 야간 등의 경우에 필요적 면책규정은 적용이 없다는 점을 유의하여야 한다.

8) 피해자의 승낙

① 개념

피해자의 승낙이란 피해자가 자기의 법익에 대한 침해를 허용하는 것을 말한다. 피해자의 승낙에 대하여 어떠한 법적 효과를 인정할 것인가는 기본적으로 개인과 공동체와의 관계를 어떻게 파악하느냐에 달려 있다. 법사상사적인 측면에서 보면, 개인주의·자유주의에 기초한 자연법론의 입장에서는 승낙은 위법성을 조각한다고 보았으나, 민족주의·낭만주의에 기초한 역사법학파는 피해자의 승낙에 의한 위법성조각을 부정하였다.

② 피해자의 승낙과 형법각칙의 규정

형법각칙에는 피해자의 승낙이 있더라도 위법성이 조각되지 않는 특별규정들이 다수 존재하는데, 이 규정들은 다음과 같은 3가지 유형으로 분류할 수 있다.

가. 승낙이 감경적 구성요건에 해당하는 경우

보통살인죄에 대한 승낙살인죄(제252조 제1항), 타인소유일반물건방화죄에 대한 자기소유일반물건방화죄(제166조 제2항)

---

344) 대판 2007.3.15. 선고 2006도9418, 주민들이 농기계 등으로 그 주변의 농경지나 임야에 통행하기 위해 이용하는 자신 소유의 도로에 깊이 1미터 정도의 구덩이를 판 행위가 일반교통방해죄에 해당하고 자구행위나 정당행위에 해당하지 않는다.

나. 승낙이 범죄성립에 영향이 없는 경우

미성년자의제강간죄(제305), 피구금부녀간음죄(제303조)

다. 승낙이 구성요건 해당성을 조각하는 경우

자유에 관한 죄: 강간죄(제297조)·강제추행죄(제298조)·체포감금죄(제276조), 재산에 관한 죄: 절도죄(제329조)·횡령죄(제355조 제1항)·손괴죄(제366조), 사생활에 관한 죄: 주거침입죄(제319조)·비밀침해죄(제316조) 등

③ 승낙과 양해의 구별

양해란 피해자의 동의가 범죄의 구성요건 해당성 자체를 조각하는 경우, 즉 피해자의 동의가 소극적 구성요건요소로서의 의미를 가지는 경우를 말한다. 각칙에 규정된 개인적 법익에 관한 죄 중에서 개인의 자유·재산·사생활을 보호법익으로 하는 범죄가 여기에 해당된다. 양해는 순수한 사실적 성격을 갖는 경우뿐만 아니라 규범적 성격을 갖는 경우도 있는데, 그 구별은 각칙의 개별 구성요건에 대한 해석문제로 귀착하게 된다(개별검토설).

양해는 승낙과 달리 피해자의 행위능력 또는 판단능력을 필요로 하지 않고 자연적 의사능력으로 족한 경우가 대부분이다.

하자 있는 승낙은 무효이나 양해의 경우에는 착오나 사기·강박에 의한 하자 있는 양해도 유효하다.[345] 다만, 주거침입죄의 경우에는 범죄목적으로 침입한 때에는 피해자의 동의가 있는 경우에도 주거침입죄가 성립한다는 확립된 판례에 비추어 볼 때 하자 있는 양해는 무효라고 보아야 할 것이다.

양해는 구성요건조각사유이므로 위법성조각사유인 승낙과 달리 사회상규에 의한 제한을 받지 않는다. 따라서 사회상규에 반하는 양해도 유효한 양해가 된다.

④ 피해자의 승낙의 성립요건

가. 법익을 처분할 수 있는 자의 유효한 승낙의 존재

a. 승낙자는 법익의 주체가 되는 것이 원칙이지만, 예외적으로 법익주체는 아

---

345) 대판 1990.8.10. 90도1211, 피고인이 이 사건 밍크 45마리에 관하여 자기에게 그 권리가 있다고 주장하면서 이를 가져간 데 대하여 피해자의 묵시적인 동의가 있었다면, 피고인의 주장이 후에 허위임이 밝혀졌더라도 피고인의 행위는 절도죄의 절취행위에는 해당하지 않는다.
대판 1967.12.19. 67도1281, 주거침입이 평온·공연하게 이루어졌다거나 위의 주거자 또는 관리인 등의 승낙이나 허가를 얻어 들어갔다 하여도 불법행위를 할 목적으로 들어간 때에는 위와 같은 주거자나 관리인의 의사 또는 추정된 의사에 반하여 들어간 것이라 아니할 수 없으므로 역시 주거침입죄가 성립된다고 해석하여야 할 것이다.

니지만 처분권이 인정된 자도 승낙자가 될 수 있다(법정대리인). 승낙자는 자연
적 의사능력 이외에, 법익의 의미와 그 침해의 결과를 인식하고 이성적으로 판
단할 수 있는 판단능력이 있어야 한다. 판단능력은 민법상의 행위능력과 동일
한 의미가 아니며, 형법의 독자적인 기준에 의하여 결정된다(간음·추행→13세
(제305조), 아동혹사죄→16세(제274조)).

b. 승낙의 대상이 될 수 있는 법익은 개인적 법익에 한하며, 국가적·사회적
법익은 승낙의 대상이 아니다.

c. 승낙은 자유로운 의사결정에 의한 유효한 승낙이어야 하며, 착오·기망·
강박 등 하자 있는 승낙은 효력이 없다. 전문지식이 필요하여 승낙자의 판단능
력만으로 판단하기 어려운 경우에는 행위자의 설명의무가 요구된다(의사의 설
명의무).346)

d. 승낙은 행위자에 대하여 명시적으로 표시될 필요는 없지만, 어떤 방법으
로든 외부에서 인식할 수 있도록 표시되어야 한다(통설). 승낙은 적어도 행위
시에 있을 것을 요하며, 사후승낙은 위법성을 조각할 수 없다. 승낙은 사후에
자유롭게 철회할 수 있으나, 철회 전의 행위에 대해서는 영향을 미치지 못한다.

나. 승낙에 대한 행위자의 인식

행위자는 피해자의 승낙이 있다는 사실을 인식하고 행위 하여야 한다. 승낙
에 대한 행위자의 인식은 주관적 정당화 요소가 된다.

다. 승낙에 의한 행위가 사회상규에 위배되지 않을 것

승낙에 의한 행위는 사회상규에 위배되지 않아야 한다.347)

⑤ 추정적 승낙

가. 개념

추정적 승낙이란 피해자의 현실적인 승낙은 없었으나 행위당시의 객관적 사

---

346) 대판 1993.7.27 92도2345, 의학에 대한 전문지식이 없는 피해자에게 자궁적출수술의 불가피성만을 강조
　　하였을 뿐, 위와 같은 진단상의 과오가 없었으면 당연히 설명받았을 자궁외임신에 관한 내용을 설명받지 못
　　한 피해자로부터 수술승낙을 받았다면, 위 승낙은 부정확 또는 불충분한 설명을 근거로 이루어진 것으로서
　　수술의 위법성을 조각할 유효한 승낙이라고 볼 수 없다.
347) 대판 1985.12.10. 85도1892, 형법 제24조의 규정에 의하여 위법성이 조각되는 소위 피해자의 승낙은 해
　　석상 개인의 법익을 훼손하는 경우에 법률상 이를 처분할 수 있는 사람의 승낙을 말할 뿐만 아니라 그 승낙
　　이 윤리적, 도덕적으로 사회상규에 반하는 것이 아니어야 한다고 풀이하여야 할 것이다. 이 사건에 있어서와
　　같이 폭행에 의하여 사람을 사망에 이르게 하는 따위의 일에 있어서 피해자의 승낙은 범죄성립에 아무런 장
　　애가 될 수 없는 윤리적, 도덕적으로 허용될 수 없는 즉 사회상규에 반하는 것이라고 할 것이다.

정에 비추어서 만일 피해자가 그 사태를 인식하였더라면 당연히 승낙할 것으로 기대되는 경우를 말한다.

추정적 승낙은 피해자의 승낙과 긴급피난의 중간에 위치하면서도 이들과는 다른 구조를 가진 독자적인 위법성조각사유이다(통설).

나. 추정적 승낙의 요건

추정적 승낙은 행위 시의 극복할 수 없는 장애로 현실적 승낙이 불가능한 경우에만 허용된다. 따라서 피해자가 반대의사를 명백히 한 때에는 승낙의 추정이 불가능하다.

승낙의 추정은 모든 사정을 객관적으로 평가해 볼 때 피해자가 행위의 내용을 알았거나 승낙이 가능했더라면 반드시 승낙했을 것이 분명한 경우라야 한다.

행위자는 자기의 행위가 피해자의 진의에 합치하는지의 여부가 불확실한 경우에는 모든 정황에 대한 성실한 검토를 거친 후 판단하여야 한다. 성실한 검토의무는 추정적 승낙에 있어서 주관적 정당화 요소가 된다(다수설).

다. 추정적 승낙의 효과

추정적 승낙의 성립요건을 구비한 경우에는 위법성이 조각되어 범죄로 되지 않는다. 추정적 승낙에 의해 구성요건해당성이 배제되는 경우는 있을 수 없다.

9) 정당행위

① 개념

정당행위란 사회상규에 위배되지 아니하여 국가적·사회적으로 정당시되는 행위를 말한다. 형법 제20조는 법령에 의한 행위 또는 업무로 인한 행위 기타 사회상규에 위배되지 아니하는 행위는 벌하지 아니한다고 규정하고 있다.

② 법적 성격

가. 일반성·포괄성

사회상규라는 일반조항으로써 초법규적 위법성조각사유를 인정한 것으로 모든 위법성조각사유에 대해서 일반법의 성격을 갖는다.

나. 보충성·최종성

정당행위의 일반성·포괄성으로 인하여, 정당행위규정은 개별적인 위법성조각사유에 해당하지 않는 경우에 비로소 적용되는 최후수단으로서 보충적·최종적 성격을 갖는다.

③ 정당행위의 구조

통설은 법령에 의한 행위 또는 업무로 인한 행위는 사회상규에 위배되지 아니하는 행위의 예시에 지나지 않는다고 해석하고 있다. 사회상규는 위법성 판단에 있어서 가장 원천적이고 일반적인 원리 내지 실질적 위법성의 기준이 되며, 따라서 개별적인 위법성조각사유나 법령에 의한 행위 또는 업무로 인한 행위라도 사회상규에 위배되면 위법성이 조각될 수 없다.

④ 법령에 의한 행위

가. 의의

법령에 의한 행위란 법령에 근거하여 정당한 권리 또는 의무로서 행하여지는 일체의 행위를 말한다. 여기에서의 법령은 실정법(법률·명령·규칙)만을 의미하며, 조리·관습법 등 불문법은 업무로 인한 행위 또는 사회상규에 위배되지 않는 행위에 포함되므로 제외된다.

나. 법령에 의한 행위의 유형

a. 공무원의 직무행위

공무원의 직무행위에는 직접 법령에 근거하여 행해지는 것과 상관의 명령에 의해 행해지는 것이 있다. 상관의 명령에 의한 경우에는 그 명령이 직무상 발해지고 적법할 것을 요건으로 한다. 위법한 명령에 복종한 부하의 행위는 위법성이 조각되지 않는다. 다만, 상관의 명령이 절대적 구속력을 가지는 경우에는 기대불가능성을 이유로 책임이 조각될 수 있다.[348]

b. 징계행위

ⓐ 징계행위란 법령상 징계권이 부여된 징계권자(학교장(교육법 제76조), 소년원장(소년원법 제15조), 친권자(민법 제915조))의 징계권 행사를 말한다.

교사의 징계행위에 대해서는 학교장의 법령에 의한 징계권에서 위임된 것으로 해석하는 견해도 있으나, 교사에게는 법령상 징계권이 인정된 바 없으므로 업무로 인한 행위 또는 기타 사회상규에 위배되지 않는 행위로서 위법성이 조

---

348) 대판 1988.2.23. 87도2358, 대공수사단 직원은 상관의 명령에 절대 복종하여야 한다는 것이 불문율로 되어 있다 할지라도, 국민의 기본권인 신체의 자유를 침해하는 고문행위 등이 금지되어 있는 우리의 국법질서에 비추어 볼 때 그와 같은 불문율이 있다는 것만으로는 고문행위와 같은 중대하고도 명백한 위법명령에 따른 행위가 정당한 행위에 해당하거나 강요된 행위로서 적법행위에 대한 기대가능성이 없는 경우에 해당하게 되는 것이라고는 볼 수 없다

각된다고 보아야 할 것이다.349)

타인의 자녀에 대해서는 징계권이 없으므로 법령에 의한 정당행위는 성립할 수 없고, 사회상규에 위배되지 않는 행위로서 위법성이 조각될 수 있을 뿐이다(통설·판례).

ⓑ 징계행위의 정당화 요건으로는 객관적으로 법령에 의한 징계권자일 것, 징계사유가 존재할 것, 징계행위가 교육목적의 달성에 적절한 정도일 것을 요하고, 주관적으로는 징계행위가 교육적 목적을 위해서 행해질 것을 요한다.350)

ⓒ 징계권 행사의 한계로 체벌의 허용 여부가 문제 되는데, 친권자의 자녀에 대한 체벌은 지나치게 가혹하거나 잔인한 체벌이 아닌 한 허용된다는 것이 일반적 견해이며, 학교장 또는 교사의 학생에 대한 체벌에 관해서도 징계권 행사의 범위를 벗어나지 않는 한 허용된다는 것이 다수설 및 판례의 태도이다.

c. 현행범인 체포행위

현행범인은 누구든지 영장 없이 체포할 수 있다(형사소송법 제212조). 현행범인 체포행위는 반드시 소극적 방어행위일 것을 요하지 않으며, 적극적 공격행위도 허용된다.

사인의 현행범인 체포행위가 위법성이 조각되는 것은 체포에 직접 필요한 행위에 제한된다. 폭행·협박·체포·경찰관에게 인도하기까지의 일시적 감금 등은 허용되나, 살해·상해·주거침입·무기사용·장시간 감금 등은 허용되지 않는다.351)

d. 노동쟁의행위

근로자의 쟁의행위는 법령(노동조합 및 노동관계조정법)에 의한 행위로서, 업

---

349) 대판 2004.6.10. 선고 2001도5380, 학생에게 체벌, 훈계 등의 교육적 의미를 알리지도 않은 채 지도교사의 성격 또는 감정에서 비롯된 지도행위라든가, 다른 사람이 없는 곳에서 개별적으로 훈계, 훈육의 방법으로 지도·교정될 수 있는 상황이었음에도 낯모르는 사람들이 있는 데서 공개적으로 학생에게 체벌·모욕을 가하는 지도행위라든가, 학생의 신체나 정신건강에 위험한 물건 또는 지도교사의 신체를 이용하여 학생의 신체 중 부상의 위험성이 있는 부위를 때리거나 학생의 성별, 연령, 개인적 사정에서 견디기 어려운 모욕감을 주어 방법·정도가 지나치게 된 지도행위 등은 특별한 사정(상황, 동기, 그 수단, 방법 등)이 없는 한 사회통념상 객관적 타당성을 갖추었다고 보기 어렵다.

350) 대판 1980.9.9. 80도762, 교사가 피해자인 학생이 욕설을 하였는지를 확인도 하지 못할 정도로 침착성과 냉정성을 잃은 상태에서 욕설을 하지도 아니한 학생을 오인하여 구타하였다면 그 교사가 비록 교육상 학생을 훈계하기 위하여 한 것이라고 하더라도 이는 징계권의 범위를 일탈한 위법한 폭력행위이다

351) 대판 2003.9.26. 선고 2003도3000, 간통 현장을 직접 목격하고 그 사진을 촬영하기 위하여 상간자의 주거에 침입한 행위가 정당행위에 해당하지 않는다.

무방해죄(제314조 제1항)의 구성요건에 해당하더라도 위법성이 조각된다.

쟁의행위는 근로조건의 유지·개선과 근로자의 경제적·사회적 지위의 향상을 목적으로 하여야 하며, 정치적 목적을 위한 쟁의행위는 허용되지 않는다.

폭력·파괴행위 및 안전시설의 정상적인 유지를 방해하는 행위는 허용되지 않는다. 수단의 상당성과 관련하여 특히 문제 되는 것은 직장점거이다. 직장점거는 부분적·병존적 점거에 한하며, 전면적·배타적 점거는 허용되지 않는다는 것이 판례이다.[352]

쟁의행위의 시기와 절차가 법령의 규정에 따른 것이어야 한다.[353]

e. 기타 법령에 의한 행위

모자보건법상의 낙태(동법 제14조), 정신병자 감호행위(경찰관직무집행법 제4조 제1항, 경범죄처벌법 제1조 제31호), 승마투표권·주택복권 발매행위(마사회법 제38조, 주택건설촉진법 제27조), 의사의 전염병 신고행위(전염병예방법 제4조 제1항).

⑤ 업무로 인한 행위

가. 개념

형법상 업무란 사람이 사회생활상의 지위에서 계속·반복의 의사로 행하는 사무를 말한다. 업무는 사회상규에 비추어 보호가치가 있는 것이면 되고, 반드시 그 업무의 기초가 된 계약이나 행정처분 등이 적법하여야 하는 것은 아니다.

나. 업무로 인한 행위의 유형

a. 의사의 치료행위

의사의 치료행위란 치료의 목적으로 의술의 법칙에 따라 행하여지는 신체침해행위를 말한다. 의사의 치료행위(특히 수술행위)는 상해죄의 구성요건에 해당하나 정당행위로서 위법성이 조각된다는 것이 종래의 통설·판례이나, 이와 다른 견해(피해자의 승낙설 또는 구성요건해당성조각설)도 있다.[354]

---

352) 대판 1991.6.11. 91도383.

353) 대판 2000.10.13. 99도4812. 쟁의행위가 조정전치의 규정에 따른 절차를 거치지 아니하였다고 하여 무조건 정당성이 결여된 쟁의행위라고 볼 것이 아니고, 그 위반행위로 말미암아 사회·경제적 안정이나 사용자의 사업운영에 예기치 않은 혼란이나 손해를 끼치는 등 부당한 결과를 초래할 우려가 있는지의 여부 등 구체적 사정을 살펴서 그 정당성 유무를 가려 형사상 죄책의 유무를 판단하여야 한다.

354) 정당행위설을 적용하면 ① 의사의 치료행위는 치료에 성공한 경우이든 실패한 경우이든 업무로 인한 정당행위로서 위법성이 조각되므로 고의범인 상해죄는 성립하지 아니한다. ② 치료에 실패한 경우에는 업무상과실치사상죄가 문제 된다. 치료의 실패가 의사의 과실로 인한 경우에는 의사의 정당한 업무의 범위를 넘는 것

b. 변호사 또는 성직자의 직무수행행위

변호사가 법정에서 변론 중 타인의 명예를 훼손하는 사실을 적시하거나, 업무처리 중 알게 된 타인의 비밀을 누설하더라도 업무로 인한 정당행위로서 위법성이 조각된다. 그러나 범인은닉이나 위증·증거인멸의 교사행위는 허용되지 않는다.

성직자가 고해성사로 알게 된 타인의 범죄행위를 고발하지 아니하는 경우, 그것이 국가보안법위반죄(불고지) 또는 도주죄의 방조에 해당할지라도 업무로 인한 정당행위로서 위법성이 조각된다. 그러나 이 범위를 넘어서 적극적으로 범인을 은닉·도피하게 하는 것은 허용되지 않는다.[355]

⑥ 기타 사회상규에 위배되지 않는 행위

가. 사회상규의 판단기준

사회상규의 판단기준으로서는 결과반가치의 측면에서 법익의 균형성을, 행위반가치의 측면에서 목적의 정당성과 수단의 상당성, 행위의 긴급성과 보충성 등을 들 수 있다.[356]

이므로 정당행위가 성립할 수는 없고, 피해자의 승낙에 의해서만 정당화될 수 있다. 피해자의 승낙에 의하여 위법성이 조각되기 위해서는 승낙의 하자가 없어야 하고(의사의 설명의무의 이행 필요), 또한 승낙의 범위가 의사의 과실에까지 미치는 것으로 해석되는 경우라야 할 것이다.

대판 1978.11.14. 78도2288, 인공분만기의 사용은 의사로서 정상적인 의료행위의 시행에 속하고, 인공분만기를 사용하면 통상 약간의 상해 정도가 있을 수 있으므로 그 정도의 상해가 있다 하여 인공분만기를 거칠고 험하게 사용한 결과라고는 보기 어려워 의사의 정당업무의 범위를 넘은 위법행위라고 할 수 없다.

대판 1993.7.27. 92도2345, 산부인과 전문의 수련과정 2년차인 의사가 자신의 시진·촉진결과 등을 과신한 나머지 초음파검사 등 피해자의 병증이 자궁외임신인지 자궁근종인지를 판별하기 위한 정밀한 진단방법을 실시하지 아니한 채 피해자의 병명을 자궁근종으로 오진하고 이에 근거하여 의학에 대한 전문지식이 없는 피해자에게 자궁적출 수술의 불가피성만을 강조하였을 뿐 위와 같은 진단상의 과오가 없었으면 당연히 설명받았을 자궁외임신에 관한 내용을 설명받지 못한 피해자로부터 수술승낙을 받았다면, 위 승낙은 부정확 또는 불충분한 설명을 근거로 이루어진 것으로서 수술의 위법성을 조각할 유효한 승낙이라고 볼 수 없다.

355) 대판 1983.3.8. 82도3248, 성직자라 하여 초법규적인 존재일 수는 없으며 성직자의 직무상 행위가 사회상규에 반하지 아니한다 하여 그에 적법성이 부여되는 것은 그것이 성직자의 행위이기 때문이 아니라 그 직무로 인한 행위에 정당·적법성을 인정하기 때문인바, 사제가 죄지은 자를 능동적으로 고발하지 않는 것에 그치지 아니하고 은신처 마련, 도피자금 제공 등 범인을 적극적으로 은닉·도피케 하는 행위는 사제의 정당한 직무에 속하는 것이라고 할 수 없다

356) 대판 1997.3.28. 95도2674, 타인의 주거에 침입한 행위가 비록 불법선거운동을 적발하려는 목적으로 이루어진 것이라고 하더라도, 타인의 주거에 도청장치를 설치하는 행위는 그 수단과 방법의 상당성을 결하는 것으로서 정당행위에 해당하지 않는다.

나. 사회상규에 위배되지 않는 행위의 유형

a. 안락사의 문제

ⓐ 개념

안락사라 함은 죽음에 직면한 중환자의 육체적 고통을 제거 또는 완화시켜 평온하게 죽게 하는 행위를 말한다. 안락사는 형법상 살인죄(제250조) 또는 촉탁살인죄(제252조)의 구성요건에 해당하므로 위법성이 조각될 수 있는지, 위법성이 조각된다면 그 근거와 요건은 무엇인지에 대한 검토가 필요하다.

ⓑ 종류

안락사의 종류에는 생명단축을 수반하지 않고, 마취제나 진정제를 사용하여 임종 시의 고통을 제거하는 경우여서 살인죄의 구성요건해당성이 없기 때문에 형법적 평가의 대상에서 제외되는 진정안락사와 생명단축을 수반하는 경우로서 살인죄의 구성요건해당성이 있으므로 위법성조각의 여부가 문제 되는 부진정안락사가 있다.

부진정안락사는 생명의 단축이 직접 의도된 것은 아니나 고통을 완화시키기 위한 처치(모르핀주사)가 부수적으로 생명단축의 결과를 수반하는 경우인 간접적 안락사, 생명연장조치가 가능하지만, 생명의 연장은 고통도 연장시키는 것이므로 생명연장을 위한 적극적인 수단을 취하지 않음으로써(치료의 중단, 인공심폐기의 제거) 환자로 하여금 빨리 죽음에 이르도록 하는 경우인 소극적 안락사(존엄사라고도 한다.), 환자를 극심한 고통으로부터 해방시키기 위하여 적극적 수단을 사용하여(독극물 투여) 생명을 단절시키는 경우인 적극적 안락사가 있다.

ⓒ 허용범위

안락사는 간접적 안락사와 소극적 안락사만 허용되고, 위법성조각의 근거는 의사의 정당한 업무범위에 포함되는 것으로 보기는 어려우며, 일정한 요건하에서 사회상규에 위배되지 않는 행위로서 정당화될 수 있다.[357]

---

357) 위법성조각의 요건으로 사기(死期)가 임박하고 현대의학상 치료가 불가능한 경우일 것, 육체적 고통으로 격심한 경우일 것, 본인의 진지한 부탁이 있을 것, 원칙적으로 의사에 의하여 시행될 것, 수단·방법이 사회상규에 위배되지 않을 것을 요구한다.
최근 대법원은 환자가 의식의 회복가능성이 없고 생명과 관련된 중요한 생체기능의 상실을 회복할 수 없으며 환자의 신체상태에 비추어 짧은 시간 내에 사망에 이를 수 있음이 명백한 경우에는 환자가 회복 불가능한 사망의 단계에 들어선 것으로 볼 수 있다. 위와 같은 환자의 경우 환자의 의사결정을 존중하여 연명치료를 중단하더라도 환자의 인간으로서의 존엄과 가치 및 행복추구권을 보호하는 것이 사회 상규에 부합되고 헌법정신에도 어긋나지 아니한다. 이러한 환자의 의사결정은 사전의료지시에 의하여 이루어질 수도 있고 환

b. 판례가 인정하는 사회상규에 위반하지 않는 행위유형

소극적 방어행위의 법리,[358] 징계권 없는 자의 징계행위,[359] 권리를 실현하기 위한 행위[360]는 사회상규에 위배되지 않는 행위에 속한다.

6. 책임

1) 의의

책임이란 적법한 행위를 할 수 있었음에도 불구하고 위법한 행위를 한 데 대하여 행위자 개인에게 가하여지는 비난가능성을 말한다.

위법성은 전체 법질서의 견지에서 내려지는 행위에 대한 객관적 가치판단으로서 행위자의 개인적 특수성은 고려하지 않지만, 책임은 위법으로 평가되는 행위에 대하여 행위자를 비난할 수 있는가라는 행위자에 대한 주관적 가치판단으로서 행위자의 개인적 특수성을 고려하는 점에서 위법성과 책임은 그 평가의 측면을 달리하는 것이다.

목적 면에서 민사책임이 사인 간의 손해에 대한 공평한 보상을 목적으로 하나 형사책임은 범죄에 대한 응보와 예방을 목적으로 하며, 책임원칙의 면에서 민사책임에서는 위험책임과 무과실책임이 인정되나 형사책임에서는 책임원칙이 엄격히 적용되고, 고의·과실의 경중의 면에서 민사책임에서는 고의·과실 간에 책임의 경중이 인정되지 않으나 형사책임에서는 과실은 고의에 비하여 책임

자의 추정적 의사를 인정하는 것도 가능하다. 환자의 의사를 추정함에 있어서는 확인할 수 있는 객관적인 자료가 있는 경우에는 반드시 이를 참고하여야 하고, 환자가 평소 일상생활을 통하여 가족, 친구 등에 대하여 한 의사표현, 타인에 대한 치료를 보고 환자가 보인 반응 등을 환자의 나이, 치료의 부작용, 환자가 고통을 겪을 가능성 등 객관적인 사정과 종합하여 환자가 현재의 신체상태에서 의학적으로 충분한 정보를 제공받는 경우 연명치료 중단을 선택하였을 것이라고 인정되는 경우라야 그 의사를 추정할 수 있다면서 존엄사를 인정했다.

358) 강제연행을 모면하기 위하여 소극적으로 상대방을 밀어붙이거나(대판 1982.2.23. 81도2958), 상대방의 불법한 공격으로부터 자신을 보호하기 위하여 소극적으로 저항하거나(대판 1992.3.10. 92도37), 채무변제를 요구하며 행패를 부리는 피해자를 뿌리치거나(대판 1985.11.12. 85도1978), 택시운전사가 멱살을 잡고 흔드는 피해자의 손을 뿌리치고 택시를 출발하는 행위(대판 1987.11.14. 89도1426).

359) 타인의 아들인 연소자에 대해서는 징계권이 없으나, 이러한 경우에도 객관적으로 상당한 수단이고 주관적으로 교육목적으로 행한 때에는 사회상규에 위배되지 아니한다(대판 1978.12.13. 78도2617).

360) 가해자에게 치료비를 요구하고 의무를 이행하지 않으면 고소하겠다고 하거나 구속시키겠다고 하는 경우(대판 1977.6.7. 77도1107)는 사회상규에 위배되지 아니한다. 그러나 목재대금청구소송의 계속 중 피해자에게 피해자의 양도소득세포탈사실을 관계기관에 진정하겠다고 하여 목재대금을 지급하겠다는 약속을 받아낸 행위는 사회상규에 어긋나지 않는다고 할 수 없다는 것이 판례이다(대판 1990.11.23. 90도1864: 공갈미수죄).

이 가볍다.

2) 책임주의

① 개념

책임주의 또는 책임원칙이란 책임이 없으면 범죄가 성립하지 않고 형량도 책임의 크기에 따라서 결정하여야 한다는 형법상의 지도원리를 말한다. 책임주의는 결과책임사상을 극복하고 책임의 범위 내에서 형벌을 한정함으로써 국가의 형벌권으로부터 개인의 자유를 보장하는 기능을 수행하는 것으로, 형법상의 원칙에 그치는 것이 아니라, 법치주의와 인간의 존엄과 가치의 보장으로부터 도출되는 헌법적 원칙이기도 하다(헌법 제10조, 제12조 제1항, 제37조 제2항).

② 내용

가. 형벌근거책임

책임은 범죄성립요건의 하나로서 행위자에게 형벌을 과하는 전제가 된다. 형벌근거책임은 책임 없으면 형벌 없다는 의미에서 소극적 책임주의만을 의미하고, 책임 있으면 형벌 있다는 적극적 책임주의까지 포함하는 것은 아니다.

나. 형벌제한책임

책임주의는 형벌의 양도 책임의 정도에 상응하여야 하고 책임의 정도를 초과해서는 안 된다는 의미도 포함하고 있다. 따라서 책임은 과형의 전제인 동시에 한계가 되며, 이러한 의미에서의 책임을 양형책임이라고 한다. 양형에 있어서는 책임뿐 아니라 일반예방 및 특별예방의 목적도 고려하여야 한다.

다. 책임의 존재시기

책임은 행위 시에 존재하여야 하고, 사전책임이나 사후책임은 인정되지 않는다.

3) 책임의 근거(책임과 자유의사)

책임을 '위법한 행위를 한 행위자에 대한 비난가능성'이라고 할 때 그 비난의 근거는 무엇인가 하는 것이 문제가 된다. 이는 주로 인간에게 자유의사가 있는가, 그리고 책임의 근거를 자유의사에 둘 수 있는가 하는 철학적 문제와 관련하여 도의적 책임론·사회적 책임론·인격적 책임론이 논의되어 왔다.

① 도의적 책임론

도의적 책임론은 책임의 근거를 자유의사에 두고 책임은 자유의사를 가진 자가 자유의사에 의하여 적법행위를 할 수 있었음에도 불구하고 위법한 행위를 하였기 때문에 행위자에게 가해지는 도의적 비난이라는 견해로 고전학파(구파)의 객관주의·응보형주의의 책임론이다.

도의적 책임론에 의하면 자유의사가 없는 책임무능력자에게는 형벌을 과할 수 없으므로 책임능력은 곧 범죄능력을 의미하며, 자유의사를 가진 일반인에게 과하는 형벌과 자유의사가 없는 책임무능력자에게 과하는 보안처분은 질적으로 구별된다(이원론).

② 사회적 책임론

사회적 책임론은 인간의 자유의사를 부정하고 책임의 근거를 행위자의 반사회적 성격에서 구하는 견해로 근대학파(신파)의 주관주의·목적형주의의 책임론이다.

사회적 책임론에 의하면 책임이란 반사회적 성격을 가진 자가 사회방위수단으로서의 형벌을 받을 법률적 지위를 의미하므로 책임능력은 곧 형벌능력을 의미하게 되고, 형벌능력이 없는 책임무능력자라도 사회적 위험성이 있는 한 사회방위처분을 받아야 한다는 점에서는 동일하므로, 형벌과 보안처분은 질적인 차이가 아니라 합목적성이라는 양적 차이에 불과하고 양자 사이의 대체도 허용된다고 본다(일원론).

③ 인격적 책임론

인격적 책임론은 도의적 책임론과 사회적 책임론의 대립을 지양하는 제3의 입장으로서, 행위란 행위자의 인격이 현실화된 것이라고 보아 구체적인 행위뿐만 아니라 그 행위의 배경이 된 행위자의 인격형성도 책임의 근거가 된다고 보는 견해이다.

인간에게는 자유의사가 있으나 이 자유의사는 소질과 환경의 영향을 받는 상대적인 것이며, 인간은 제약된 범위 내에서 행동의 자유를 가지고 주체적으로 인격을 형성해 나아가는 존재이다(상대적 비결정론). 따라서 책임판단의 제1차적 대상은 행위이지만 이 행위는 주체적 존재인 인간의 인격이 현실화된 것이므로 2차적으로 인격형성책임을 고려하여야 한다고 본다.

4) 책임의 본질

책임의 본질을 비난가능성이라고 보는 것은 규범적 책임론의 결론으로서, 이는 오랜 이론적 발전의 산물이다.

① 심리적 책임론

심리적 책임론은 19세기에 지배적이었던 고전적 범죄체계의 책임개념이다. 고전적 범죄체계에서는 범죄의 객관적·외부적 요소는 위법성에, 주관적·내면적 요소는 책임에 귀속시키는 결과 주관적 요소인 고의·과실이 책임의 본질이 되고, 책임능력을 책임의 전제조건으로 보았으며, 위법성의 인식은 독자적인 책임요소가 아니라 고의의 구성요소(즉, 위법성의 인식이 있어야 고의가 성립된다.: 고의설)로 이해하였다.

그러나 심리적 책임론은 책임의 본질이 비난가능성임을 파악하지 못하고 있으며, 강요된 행위와 같이 고의는 있으나 책임이 부정되는 경우를 설명할 수 없다.

② 규범적 책임론

규범적 책임론은 20세기 초에 확립된 신고전적 범죄체계의 책임이론으로 책임을 심리적 사실관계가 아니라 평가적 가치관계로 이해하여 비난가능성을 책임의 본질로 파악한다. 이에 의하면, 구체적 사정 아래에서 행위자가 적법행위를 할 수 있었음에도 불구하고 그렇게 하지 않았을 때 비로소 책임비난이 가능하므로, 적법행위의 기대가능성이 책임의 중심적 요소가 된다.[361]

5) 책임능력

① 개념

책임능력이란 행위자가 법규범의 의미내용을 이해하여 행위의 위법성을 인식

---

361) 예방적 책임론(기능적 책임론)

책임과 예방을 준별하는 전통적인 입장에 대해서, 책임과 예방을 결합시켜 책임의 내용으로 파악하고자 하는 이론이다. 책임이 형벌부과의 전제인 이상 형벌의 목적과 관련하여 기능적으로 이해할 경우에만 의미가 있으며, 따라서 책임의 내용은 형벌의 목적(일반예방 또는 특별예방)에 의하여 결정되어야 한다고 본다. 이에 의하면, 타 행위가능성이 인정되는 경우라도 형벌의 필요성이 없는 경우에는 벌책성이 탈락하므로 무죄판결을 선고해야 하고, 이와 반대로 타 행위가능성이 없는 경우에도 예방목적상 필요한 경우에는 형사책임을 인정해야 한다는 결론이 된다.

이에 대해서는 ① 형법과 형사정책의 문제를 혼동하고 있으며, ② 예방목적을 강조하다 보면 책임을 떠난 처벌의 위험성이 있고, ③ 형벌목적의 고려라는 관점은 이미 형법과 형사소송법의 규정에 충분히 반영되어 있으므로(예 형의 집행유예, 선고유예, 양형에 관한 규정 등과 형사소송법상 기소편의주의 등) 책임개념의 재구성에 의하여 실천적으로 얻어지는 것이 없다는 비판이 제기되고 있다.

하고 이에 따라 자신의 행위를 조종할 수 있는 능력을 말한다. 책임비난은 행위자에게 책임능력이 있을 것을 전제로 하므로, 책임능력은 책임의 전제조건인 동시에 책임요소가 된다.

② 본질

책임능력의 본질에 관하여 도의적 책임론에서는 책임능력을 범죄능력으로 보며, 따라서 책임능력이 요구되는 시점은 행위 시가 된다(통설). 이에 대하여 사회적 책임론에서는 책임능력을 사회방위처분인 형벌이 효과를 거둘 수 있는 형벌적응능력으로 보며, 이에 의하면 책임능력은 수형 시에 존재하면 족하다는 결론이 된다. 그러나 이는 행위와 책임의 동시존재의 원칙에 어긋날 뿐만 아니라, 상습범인은 형벌적응능력이 없으므로 책임무능력자가 된다는 부당한 결론이 된다.

③ 책임능력의 판단기준

책임능력의 판단기준으로는 생물학적 방법, 심리적 방법, 혼합적 방법의 3가지가 있다.

생물학적 방법은 의사 등 전문가의 감정에 의하여 정신병과 같은 행위자의 비정상적인 상태가 인정되면 바로 책임능력을 부정하는 방법이다.

심리학적 방법은 행위자가 사물을 변별하거나 의사를 결정할 능력이 없으면 그 원인을 불문하고 책임능력이 없다고 하는 방법이다.

혼합적 방법은 행위자의 비정상적인 상태는 생물학적 방법으로 규정하고, 동시에 이러한 요소가 사물변별과 의사결정에 미치는 영향은 심리학적 방법에 의하도록 하여 책임능력을 판단하는 방법이다. 책임능력의 유무는 의사 등 전문가의 생물학적 감정을 기초로 법관이 심리적 방법에 의한 검토를 통하여 법률적으로 판단한다.362)

6) 책임무능력자

구성요건에 해당하면 위법성과 책임은 추정되므로, 형법은 책임능력을 적극적으로 규정하지 않고 소극적으로 책임무능력자로 형사미성년자와 심신상실자,

---

362) 대판 1992.8.18. 92도1425. 형법 제10조에 규정된 심신장애는 생물학적 요소로서 정신병, 정신박약 또는 비정상적 정신상태와 같은 정신적 장애가 있는 외에 심리학적 요소로서 이와 같은 정신적 장애로 말미암아 사물에 대한 변별능력과 그에 따른 행위통제능력이 결여되거나 감소되었음을 요하므로, 정신적 장애가 있는 자라고 하여도 범행 당시 정상적인 사물변별능력이나 행위통제능력이 있었다면 심신장애로 볼 수 없다.

한정책임능력자로 심신미약자와 농아자에 관하여 규정하고 있다. 책임무능력자는 책임조각사유가 되고, 한정책임능력자는 형의 필요적 감경사유가 된다.

① 형사미성년자

범행 당시에 연령이 만 14세가 되지 아니한 자는 개인적인 육체적·정신적 성숙 정도에 관계없이 절대적 책임무능력자로 간주된다. 형사미성년자에 대해서는 순수한 생물학적 방법에 의하고 있는데, 그것은 성장과정에 있는 소년의 특수한 정신상황과 개선가능성을 고려한 정책적 고려에 기초한 것이다. 연령의 산정은 호적이 절대적 기준은 아니고, 다른 증거에 의한 실제연령의 증명이 가능하다.

형사미성년자에 대하여 책임능력을 전제로 하는 형벌을 과할 수는 없지만, 소년법에 의한 보호처분은 가능하다. 또한 14세 이상의 소년은 책임능력이 있으므로 형벌을 부과할 수 있으나, 소년법에 의한 특별취급을 받는다.[363]

② 심신상실자

가. 개념

심신상실자는 심신장애[364]로 인하여 사물을 변별하거나 의사를 결정할 능력이 없는 자를 말한다.[365] 심신장애는 범행 당시에 있어야만 한다.[366]

나. 심신장애 여부의 판단

심신장애 여부의 판단은 전문가의 감정을 거치지 않고 행위당시의 사정이나 목격자의 증언 등을 참작하여 판단해도 반드시 위법한 것은 아니나(대판 1984.4.24. 84도527), 그러나 의심이 있는 경우에는 전문가의 감정을 요한다(대판 1999.4.27.

---

363) 부정기형을 선고하고(제60조 제1항), 소년의 특성에 비추어 상당하다고 인정되는 때에는 그 형을 감경할 수 있으며(제60조 제2항), 범행 당시 18세 미만인 소년에 대해서 사형 또는 무기형으로 처할 것인 때에는 15년의 유기징역으로 한다(제59조).
    18세 미만인 소년인지 여부의 판단은 범행당시를 기준으로 하는 점에서 형사미성년자 여부의 판단기준 시가 범행 시인 것과 같다. 그러나 소년법 제60조의 적용대상인 '소년'인지 여부의 판단은 사실심판결선고 시를 기준으로 하는 점에서 차이가 있다(대판 2000.8.18. 2000도2704).

364) 심신상실의 원인이 되는 심신장애에 해당하는 것으로는, 정신병(정신분열증, 조울증, 간질, 알코올중독, 노인성치매 등), 정신병질(심한 도벽과 같은 중증의 충동조절장애, 심한 신경쇠약 등), 심한 의식장애(수면, 최면, 명정), 정신박약(백치, 치매 등)이 포함된다. 의식장애와 정신병질은 그 정도가 심하여 본래 의미의 정신병과 동등할 정도로 평가될 수 있어야 한다(대판 1999.4.27. 99도693, 99감도17).

365) 대판 2002.5.24. 선고 2002도1541, 피고인이 생리기간 중에 심각한 충동조절장애에 빠져 절도 범행을 저지른 것으로 의심이 되는데도 전문가에게 피고인의 정신상태를 감정시키는 등의 방법으로 심신장애 여부를 심리하지 아니한 원심판결을 심리미진과 심신장애에 관한 법리오해의 위법이 있다.

366) 대판 1983.10.11. 83도1897, 피고인은 평소 간질병 증세가 있었더라도 범행 당시에는 간질병이 발작하지 아니하였다면 이는 책임감면사유인 심신상실 내지는 심신미약의 경우에 해당하지 아니한다.

99도693). 다만, 자유심증주의의 원칙상 법관이 전문가의 감정결과에 구속되는 것은 아니며, 명백하고 합리적인 근거가 있는 경우에는 감정결과를 배척할 수 있다(대판 1999.1.26. 98도3812).

사물변별능력 또는 의사결정능력의 흠결은 법관이 행위 시를 기준으로 개별적인 구성요건과의 관계에서 판단하는데, 이는 법률문제이므로, 감정인의 감정의견이 심신상실로 보았다 하더라도 법관이 제반 사정을 종합하여 심신미약만을 인정할 수 있다.

사물변별능력은 기억능력과 반드시 일치하는 것은 아니다.367)

다. 법적 취급

심신상실자는 책임능력이 없기 때문에 책임이 조각되어 범죄가 성립하지 않으나 사회보호법에 의한 치료감호는 가능하다.

③ 심신미약자

심신미약자란 심신장애로 인하여 사물을 변별하거나 의사를 결정할 능력이 미약한 자를 말한다.

심신미약자의 행위는 그 형을 감경한다. 심신미약자가 금고 이상의 형에 해당하는 죄를 범하고 재범의 위험성이 있다고 인정되는 때에는 치료감호에 처한다(사회보호법 제8조 제1항 제1호).

④ 농아자

농아자란 청각기능과 발음기능에 모두 장애가 있는 자를 말한다. 장애가 발생한 이유는 선천적·후천적을 불문한다.

농아자의 행위는 형을 감경한다. 농아자의 행위를 필요적 감경사유로 한 것은 농아교육이 발달한 현대에는 입법론상 문제가 있으며, 형법개정안도 이 규정을 삭제하고 있다.

7) 원인에 있어서 자유로운 행위

① 개념

원인에 있어서 자유로운 행위란 행위자가 스스로 심신상실 또는 심신미약의

---

367) 대판 1990.8.14. 90도1328, 범행당시 정신분열증으로 심신장애의 상태에 있었던 피고인이 피해자를 살해한다는 명확한 의식이 있었고 범행의 경위를 소상하게 기억하고 있다고 하여 범행당시 사물의 변별능력이나 의사결정능력이 결여된 정도가 아니라 미약한 상태에 있었다고 단정할 수는 없다.

상태에 빠지게 한 후 이러한 상태에서 범죄를 실행하는 것을 말한다. 이러한 경우에는 행위자의 책임이 감경·조각되지 않고 형법 제10조 제3항에 따라 완전한 책임을 부담하게 된다.

② 가벌성의 근거

원인자유행위의 가벌성의 근거를 어디서 찾을 것인가에 관해서는 원인행위 자체를 실행행위로 보는 견해와 원인행위는 실행행위가 될 수 없고 실행행위는 심신장애상태에서 이루어진 것이지만, 원인설정행위 시에 책임능력이 있었고 원인설정행위와 실행행위는 불가분적 관련을 가지고 있으므로 전체적으로 보아 행위자에 대한 책임비난이 가능하다는 견해로 나뉜다. 전자는 '행위와 책임의 동시존재의 원칙'을 원인자유행위에도 관철시키는 견해이고, 후자는 원인자유행위를 이 원칙의 예외로 보는 견해로 독일의 통설이며 현재 우리 학계의 다수설의 입장이다.

③ 유형

행위자가 심신장애상태에서 행할 범죄에 대한 고의를 가지고(위험발생의 예견) 자신의 심신장애상태를 의도적으로 야기한 후 그 상태하에서 의도했던 범죄를 실행한 경우와 행위자가 심신장애상태에 빠지면 일정한 범행을 저지르게 될 것을 예견할 수 있었음에도 불구하고(위험발생의 예견가능성) 과실로 이를 예견하지 못하고 자신을 그러한 상태에 빠뜨리고 범행을 한 경우가 있다.

8) 위법성의 인식과 법률의 착오

① 위법성 인식의 개념·성격

위법성의 인식이란 행위자가 자신의 행위가 공동사회의 질서에 반하고 법적으로 금지되어 있다는 것을 인식하는 것을 말한다. 고의의 인식대상이 개별적인 구성요건요소인 데 대하여 위법성의 인식은 전체 법질서를 대상으로 한다. 위법성의 인식은 책임이나 처벌조건 또는 소추조건에 대한 인식은 필요 없고, 구체적인 법 규정의 인식까지 요구하는 것은 아니다.[368]

위법성의 인식은 반드시 확정적이거나 현실적일 필요가 없고, 미필적·잠재

---

368) 대판 1987.3.24, 86도2673. 범죄의 성립에 있어서 위법의 인식은 그 범죄사실이 사회정의와 조리에 어긋난다는 것을 인식하는 것으로 족하고 구체적인 해당 법조문까지 인식할 것을 요하는 것은 아니므로 설사 甲이 형법상의 허위공문서작성죄에 해당되는 줄 몰랐다고 가정하더라도 그와 같은 사유만으로는 위법성의 인식이 없었다고 할 수 없다.

적 인식으로 족하다. 따라서 법에 어긋나더라도 어쩔 수 없다는 정도의 인식이 있으면 충분하며, 충동범죄의 경우에도 잠재적 위법인식이 인정된다. 고의가 모든 객관적 구성요건요소에 대한 현실적 인식을 요하는 것과 차이가 있다.

과거 고전적 또는 신고전적 범죄체계에서는 고의를 책임요소로 보면서 위법성의 인식을 고의의 구성요소로 보았으나(고의설), 그 후 목적적 범죄체계에 이르러 위법성의 인식은 고의의 요소가 아니라 고의와는 독립된 독자적인 책임요소임이 밝혀지게 되었다(책임설). 책임설에 따르면 위법성의 인식이 없는 경우에는 금지착오가 되고, 금지착오는 고의의 성립에 영향을 미치지 않으며 단지 책임에 영향을 미칠 뿐이다.

② 법률의 착오

가. 형법규정

과거에 법의 부지는 용서되지 않는다는 입장에서 법률의 착오는 범죄의 성립에 영향이 없다고 이해한 적이 있으나, 형법 제16조는 법률의 착오에 정당한 이유가 없는 경우에 한하여 벌하도록 규정함으로써 책임주의와 조화를 이루고 있다.

나. 법률의 착오의 유형

a. 법률의 부지(금지규범의 존재에 관한 착오)

통설은 이러한 법률의 부지도 법률의 착오에 해당한다고 보고 있으나 판례는 일관하여 법률의 부지는 형법 제16조가 규정하는 법률의 착오에 해당되지 않고, 따라서 범죄성립에 아무런 영향이 없다는 입장을 취하고 있다.369)

b. 효력의 착오(금지규범의 유효성에 관한 착오)

행위자가 금지규범의 존재는 알았으나 그 규정이 무효라고 오인한 경우이다.

c. 포섭의 착오(금지규범의 효력범위에 관한 착오)

행위자가 금지규범의 존재와 그 유효성은 인식하고 있었으나 규범의 효력범위를 너무 좁게 해석하여 자기의 행위가 허용된다고 믿은 경우이다(국립대학 교수에 대해서는 증뢰죄가 성립하지 않는다고 믿고 뇌물을 준 경우).370)

---

369) 대판 2006.3.24. 선고 2005도3717, 국회의원이 의정보고서를 발간하는 과정에서 선거법규에 저촉되지 않는다고 오인한 것에 형법 제16조의 정당한 이유가 없다.
　　　대판 1970.9.22. 70도1206, 법률의 부지란 형벌법규의 부지를 말하며, 민사법령 기타 공법의 부지는 포함되지 않는다.

d. 위법성조각사유의 존재 또는 한계에 관한 착오

법적으로 인정된 위법성조각사유 그 자체가 없음에도 불구하고 존재하는 것으로 오인한 경우(남편이 부인을 구타면서 징계권이 있다고 믿은 경우)나 위법성조각사유의 법적 한계를 잘못 판단한 경우(사인이 현행범을 체포하면서 주거침입까지도 허용된다고 오인한 경우)를 말한다.

e. 위법성조각사유의 전제사실의 착오

위법성조각사유의 객관적 요건이 존재하지 않음에도 불구하고 이를 존재한다고 오인한 경우로서, 오상방위·오상피난 등이 그 예이다.

③ 법률의 착오의 효과

형법 제16조는 법률의 착오에 정당한 이유[371]가 있으면 벌하지 않는다고 규정하고 있을 뿐 정당한 이유가 없는 경우에는 고의범으로 처벌하는지 과실범으로 처벌하는지에 관하여 명백한 규정을 하고 있지 않으므로, 이 문제는 학설에 맡겨져 있는데, 위법성인식의 체계적 지위를 어떻게 파악하는가에 따라 결론이 달라진다.

---

370) 대판 2006.4.28. 선고 2003도4128, 구 전기통신기본법(2001.1.16. 법률 제6360호로 개정되기 전의 것) 제48조의 2에서 규정하고 있는 '음란'이라 함은, 일반 보통인의 성욕을 자극하여 성적 흥분을 유발하고 정상적인 성적 수치심을 해하여 성적 도의관념에 반하는 것을 말하고, 표현물의 음란 여부를 판단함에 있어서는 당해 표현물의 성에 관한 노골적이고 상세한 묘사·서술의 정도와 그 수법, 묘사·서술이 그 표현물 전체에서 차지하는 비중, 거기에 표현된 사상 등과 묘사·서술의 관련성, 표현물의 구성이나 전개 또는 예술성·사상성 등에 의한 성적 자극의 완화 정도, 이들의 관점으로부터 당해 표현물을 전체로서 보았을 때 주로 그 표현물을 보는 사람들의 호색적 흥미를 돋우느냐의 여부 등 여러 점을 고려하여야 하며, 표현물 제작자의 주관적 의도가 아니라 그 사회의 평균인의 입장에서 그 시대의 건전한 사회 통념에 따라 객관적이고 규범적으로 평가하여야 한다. 형법 제16조에서 "자기가 행한 행위가 법령에 의하여 죄가 되지 아니한 것으로 오인한 행위는 그 오인에 정당한 이유가 있는 때에 한하여 벌하지 아니한다."라고 규정하고 있는 것은 단순한 법률의 부지를 말하는 것이 아니고, 일반적으로 범죄가 되는 경우이지만 자기의 특수한 경우에는 법령에 의하여 허용된 행위로서 죄가 되지 아니한다고 그릇 인식하고 그와 같이 그릇 인식함에 정당한 이유가 있는 경우에는 벌하지 않는다는 취지이다.

371) 대판 1979.8.28. 79도1671, 사람이 죽으면 으레 당국에 신고한 연후에 그 시체를 매장하여야 함은 일반 상식으로 되어 있으므로 그것을 몰랐다고 변소한다 하여 이를 위법행위를 합법행위로 오인하였음에 정당한 이유가 있는 때에 해당한다고 할 수 없다.
대판 1995.7.28. 95도1081, 설사 피고인이 대법원의 판례에 비추어 자신의 행위가 무허가 의약품의 제조·판매행위에 해당하지 아니하는 것으로 오인하였다고 하더라도, 이는 사안을 달리하는 사건에 관한 대법원의 판례의 취지를 오해하였던 것에 불과하여 그와 같은 사정만으로는 그 오인에 정당한 사유가 있다고 볼 수 없다.
대판 1996.5.10. 96도620, 공직선거법에 관하여 비전문가인 스스로의 사고에 의하여 피고인의 행위들이 의례적인 행위로서 합법적이라고 잘못 판단하였다는 것에 불과한바, 이러한 사정만으로는 피고인의 행위가 죄가 되지 아니하는 것으로 오인한 데 정당한 이유가 있다고 볼 수 없다.
대판 2007.5.11. 선고 2006도1993, 일본 영주권을 가진 재일교포가 영리를 목적으로 관세물품을 구입한 것이 아니라거나 국내 입국 시 관세신고를 하지 않아도 되는 것으로 착오하였다는 등의 사정만으로는 형법 제16조의 법률의 착오에 해당하지 않는다.

가. 고의설

고의설은 고의를 책임요소로서, 구성요건적 고의와 위법성 인식을 포함하는 개념으로 파악하므로 법률의 착오는 고의를 조각하게 된다. 고의설은 다시 현실적인 위법성의 인식을 필요로 한다는 엄격고의설과 인식의 가능성으로 족하다고 보는 제한고의설로 나뉜다.

엄격고의설은 법률의 착오는 고의를 조각하고, 위법성을 인식하지 못한 데에 과실이 있으면 과실범으로 처벌될 수 있다고 한다.

제한고의설은 법률의 착오가 있더라도 위법성의 인식가능성이 있었으면 고의가 조각되지 않고, 인식가능성조차 없을 때 비로소 고의가 조각되어 무죄로 된다.

나. 책임설

위법성인식을 고의와 분리된 독자적 책임요소로 파악하는 견해이다. 따라서 법률의 착오는 고의의 성립에 영향을 미치지 못하고, 착오의 회피가능성이 없는 경우에는 비난가능성이 없어 책임이 조각되지만, 착오가 회피 가능한 때에는 그 정도에 따라서 책임이 감경될 수 있을 뿐이라고 한다.

다. 결어

형법 제16조와 조화될 수 있는 것은 제한고의설과 책임설에 한한다. 형법 제16조는 법률의 착오에 정당한 이유가 있으면 무죄, 정당한 이유가 없으면 유죄로 규정하고 있으나, 엄격고의설에 의하면 법률의 착오는 고의를 조각하고 착오에 정당한 이유가 있으면 무죄, 정당한 이유가 없는 경우에도 과실범 처벌규정이 없으면 역시 무죄가 되기 때문이다.

판례가 어떤 입장을 취하고 있는지는 명백하지 않다. "범의가 조각된다."고 한 것이 있는가 하면 일부 판례는 "형법 제16조의 법률의 착오에 해당하여 처벌할 수 없다."고 한 것이 있다.[372]

9) 기대가능성

① 개념

기대가능성이란 행위자가 적법행위를 할 수 있는 가능성을 말하는데, 적법행위의 기대불가능성을 일반적인 초법규적 책임조각사유로 이해하고 있는 것이

---

[372] 대판 1974.11.12. 74도2676대판 1971.10.12. 71도1356.

통설·판례이다.

기대가능성은 책임의 적극적 요소가 아니라, 책임능력과 기타의 책임요소가 존재하면 원칙적으로 책임이 인정되고 기대가능성이 없는 때에만 예외적으로 책임이 조각되는 책임조각사유라고 보는 견해가 다수설이다.

② 기대가능성의 판단기준

국가표준설은 국가는 항상 국민에게 법질서의 준수를 기대하고 있으므로 국가를 표준으로 할 경우에는 기대가능성이 없어 책임이 조각되는 경우란 거의 있을 수 없기 때문에 기대가능성의 기본사상과 일치될 수 없고, 행위자표준설은 기대가능성의 판단을 행위자 개인을 기준으로 한다면 대부분의 행위자에게 기대가능성이 없다는 결과가 되고 또한 확신범은 적법행위의 기대가능성이 없으므로 언제나 책임이 없다는 부당한 결론이 된다는 이유로 평균인표준설이 통설이다.[373]

③ 기대가능성의 기초가 되는 사정에 관한 착오

적법행위를 기대할 수 없는 상황이 존재하지 아니함에도 불구하고 존재한다고 오신한 경우를 말하며, 이는 고유한 종류의 착오유형에 해당된다. 이에 관해서는 명문의 규정이 없으므로 법률의 착오에 관한 형법 제16조를 유추 적용하여 착오에 정당한 이유가 있으면 책임이 조각된다고 해석하는 것이 타당하다.[374]

④ 기대불가능성으로 인한 책임조각사유

가. 강요된 행위의 개념

강요된 행위라 함은 저항할 수 없는 폭력이나 자기 또는 친족의 생명·신체

---

373) 대판 2004.7.15. 선고 2004도2965 전원합의체 판결. 양심적 병역거부자에게 그의 양심상의 결정에 반한 행위를 기대할 가능성이 있는지 여부를 판단하기 위해서는, 행위 당시의 구체적 상황하에 행위자 대신에 사회적 평균인을 두고 이 평균인의 관점에서 그 기대가능성 유무를 판단하여야 할 것인바, 양심적 병역거부자의 양심상의 결정이 적법행위로 나아갈 동기의 형성을 강하게 압박할 것이라고 보이기는 하지만 그렇다고 하여 그가 적법행위로 나아가는 것이 실제로 전혀 불가능하다고 할 수는 없다고 할 것인바, 법규범은 개인으로 하여금 자기의 양심의 실현이 헌법에 합치하는 법률에 반하는 매우 드문 경우에는 뒤로 물러나야 한다는 것을 원칙적으로 요구하기 때문이다.

374) 대판 2003.12.26. 선고 2001도6484, 남북교류협력에관한법률 제9조 제3항 및 제27조 제1항 제1호의 규정에 의하면, 남한의 주민이 북한 주민 등과 접촉할 의도나 계획을 가지고 있고 그러한 접촉 가능성이 객관적으로 존재하는 경우라면 그러한 남한의 주민으로서는 그 접촉에 앞서 위 규정에 의한 통일원장관의 승인을 얻어야 하고 이를 위반한 경우 형사 처분의 대상이 되는 것임은 위 각 조문의 규정 그 자체에서 명백하다고 할 것이고, 단지 그러한 접촉의 상대방이 구체적으로 특정되어 있지 아니하다거나 또는 그 접촉의 성사가능성이 다소 유동적인 상태에 놓여 있다는 이유만으로 그와 같은 사전승인을 받을 필요가 없다고 볼 수는 없다. 통일원장관의 접촉 승인 없이 북한 주민과 접촉한 행위가 정당행위 혹은 적법행위에 대한 기대가능성이 없는 경우에 해당하지 아니한다.

에 대한 방어할 방법이 없는 협박에 의하여 강요된 행위로서 적법행위에 대한 기대가능성이 없기 때문에 책임이 조각되는 행위를 말한다.

우리 형법상 상당한 이유를 요건으로 하는 위법성조각사유로서의 긴급피난과 기대불가능성을 이유로 하는 책임조각사유로서의 강요된 행위는 구별된다.

나. 요건

a. 저항할 수 없는 폭력

저항할 수 없는 폭력이란 피강요자의 의사에 작용하여 그로 하여금 강요된 행위를 하지 않을 수 없게 하는 심리적·강제적 폭력을 의미하며, 사람의 육체에 직접 작용하여 저항할 수 없도록 하는 물리적·절대적 폭력은 본 조의 폭력에 포함되지 않는다. 이러한 경우에는 행위성 자체가 부정되기 때문이다.

b. 자기 또는 친족의 생명·신체에 대한 방어할 방법이 없는 협박

생명·신체 이외의 법익에 대한 협박일 경우에는 본 조가 적용되지 않으며, 초법규적 책임조각사유가 될 수 있을 뿐이다. 친족의 범위는 원칙적으로 민법에 의해서 결정되나, 제12조의 취지에 비추어 사실상의 부부와 사생아도 포함된다(통설). 친족관계의 존재 여부는 행위 시를 표준으로 하여 판단한다.[375]

c. 강요된 행위

행위자가 강제상태를 자초한 경우에는 강요된 행위가 될 수 없다. 이 경우에는 적법행위에 대한 기대가능성이 없다고 할 수 없기 때문이다.[376]

d. 인과관계

강요된 행위는 강요의 수단인 폭행·협박과 인과관계가 있어야 한다. 인과관계가 없는 경우에는 책임이 조각되지 않고 강요자와 공범관계가 성립할 뿐이다. 따라서 확신범의 경우에는 강요된 행위가 될 수 없다.

다. 강요된 행위의 효과

---

375) 대판 1983.12.13. 83도2276. 형법 제12조 소정의 저항할 수 없는 폭력은 심리적인 의미에 있어서 육체적으로 어떤 행위를 절대적으로 하지 아니할 수 없게 하는 경우와 윤리적 의미에 있어서 강압된 경우를 말하고, 협박이란 자기 또는 친족의 생명, 신체에 대한 위해를 달리 막을 방법이 없는 협박을 말하며, 강요라 함은 피강요자의 자유스러운 의사결정을 하지 못하게 하면서 특정한 행위를 하게 하는 것을 말한다.

376) 대판 1971.2.23. 70도2629. 어로저지선을 넘어 어로작업을 하면 북괴구성원에게 납치될 염려가 있으며 만일 납치된다면 대한민국의 각종 정보를 북괴에게 제공하게 된다 함은 일반적으로 예견할 수 있으므로, 피고인이 그전에 선원으로 월선조업을 하다가 납북되었다가 돌아온 경험이 있는 자로서 월선하자고 상의하여 월선조업을 하다가 납치되어 설시 사실을 북괴에게 그들의 물음에 답하여 제공한 행위는 강요된 행위가 될 수 없다.

강요된 자는 적법행위의 기대가능성이 없기 때문에 책임이 조각되고, 강요한 자는 행위자를 자유 없는 도구로 이용하였기 때문에 간접정범이 설립한다(통설). 강요된 행위는 책임이 조각될 뿐 위법성은 조각되지 않으므로, 제3자는 이에 대한 정당방위가 가능하다.

⑤ 초법규적 책임조각사유

상관의 위법한 명령에 따른 행위는 항상 위법하다. 다만 법률의 착오에 정당한 이유가 인정되는 경우(형법 제16조), 절대적 구속력이 있는 명령의 경우(형법 제12조, 또는 기대불가능성을 이유로 하는 초법규적 책임조각사유)에는 책임이 조각될 수 있다.

둘 이상의 법적인 의무가 충돌하는 경우에 낮은 가치의 의무를 이행하는 행위는 위법을 면할 수 없다. 다만 의무의 서열에 대한 착오가 있는 경우(형법 제16조의 법률의 착오), 부득이한 사정으로 인한 경우(기대불가능성을 이유로 하는 초법규적 책임조각사유)에는 책임이 조각될 수 있다.

생명·신체 이외의 법익에 대한 강요된 행위는 형법 제12조의 강요된 행위에는 해당하지 않지만, 적법행위의 기대가능성이 없는 경우에는 초법규적으로 책임조각이 가능하다(통설).

면책적 긴급피난을 인정하지 않는 통설의 입장에서는 긴급피난에 있어서 균형성의 원칙을 충족하지 못하나 적법행위의 기대가능성이 없는 경우를 초법규적 책임조각사유로 보게 된다.

7. 미수

1) 개념

미수란 범죄의 실행에 착수하였으나 구성요건적 결과가 발생하지 않음으로써 구성요건이 충족되지 못한 경우를 말한다. 따라서 미수는 실행의 착수 이후의 단계라는 점에서 착수 이전의 단계인 예비·음모와 구별되고, 구성요건이 충족되지 못한 점에서 기수와 구별된다.

2) 미수범의 처벌근거

행위는 있었으나 결과가 발생하지 않았음에도 불구하고 처벌하는 이유에 관해서는 객관설·주관설·절충설의 대립이 있다.

① 객관설

객관설은 객관주의 범죄론의 입장에서 미수범의 처벌근거는 구성요건적 결과실현에 근접한 위험성에 있다는 견해이다. 이에 의하면 불능범은 법익침해의 위험성이 없기 때문에 불가벌이며, 미수는 법익침해가 없기 때문에 기수에 비하여 형을 필요적으로 감경해야 한다는 결론이 된다.

② 주관설

주관설은 주관주의 범죄론의 입장에서 미수범의 처벌근거는 행위에 의하여 외부적으로 표시된 범죄적 의사에 있다는 견해이다. 이에 의하면 불능범도 법적대적 의사가 존재하기 때문에 가벌성이 인정되며, 미수와 기수는 범죄적 의사라는 점에서 차이가 없으므로 동일하게 처벌해야 한다는 결론이 된다.

③ 절충설

절충설은 미수범의 처벌근거는 범죄의사에 있지만 그 가벌성은 객관적 표준에 의하여 제한되어야 한다는 견해로서 우리 학계 통설의 입장이다. 이에 의하면 불능범은 위험성이 없으므로 불가벌이고, 미수범의 처벌은 기수범에 비하여 형을 임의적으로 감경하게 된다.

3) 형법상 미수범의 체계

① 장애미수

가. 개념

장애미수라 함은 외부적 장애로 말미암아 행위자의 의사에 반하여 범죄를 완성하지 못한 경우를 말한다. 장애미수는 결과발생이 가능하다는 점에서 결과발생이 불가능하지만 위험성이 있는 불능미수와 구별되고, 결과가 발생하지 않은 원인이 외부적 장애로 인한 점에서 외부적 장애가 없음에도 자율적으로 중지한 중지미수와 구별된다.

나. 성립요건

미수범이 성립하기 위해서는 주관적 요건으로서 고의, 객관적 요건으로서 실행의 착수 및 범죄의 미완성을 요한다.

a. 고의

미수범의 주관적 구성요건으로는 특정한 구성요건 실현에 대한 인식과 의사, 즉 고의가 필요하며 과실범의 미수는 성립될 수 없다. 여기서 고의는 반드시 확정적일 필요가 없고 미필적 고의로 족하지만 행위의사만큼은 확정적으로 가지고 있어야 한다. 따라서 행위자가 범죄의 실행 여부를 결정하지 못한 상태인 미필적 행위의사로는 미수범이 성립할 수 없으며, 결과가 발생한 경우에는 과실범이 성립할 수 있을 뿐이다. 고의의 내용은 기수범과 완전히 동일하다. 따라서 행위자가 처음부터 미수의 고의만을 가진 경우에는 미수범이 성립될 수 없다.

개별구성요건에 따라서는 목적이나 불법영득의사 등 특별한 주관적 불법요소를 갖추어야 하는 점도 기수범과 동일하다.

b. 실행의 착수

실행의 착수는 미수범의 객관적 구성요건인 동시에 예비와 미수를 구별하는 기준이 되므로 실천적으로 대단히 중요한 의미가 있다. 어느 시점에 실행의 착수가 있다고 볼 것인가에 관해서는 크게 객관설·주관설·절충설이 대립하고 있다.

ⓐ 객관설

객관설은 행위의 객관적 측면을 기준으로 실행의 착수시기를 결정하려는 견해로서, 이 중 형식적 객관설은 구성요건상의 정형적 행위를 개시한 때(예 절도죄→재물을 손으로 잡을 때, 살인죄→권총의 방아쇠를 당길 때) 실행의 착수가 있다고 보고 실질적 객관설은 구성요건적 행위의 직접 전 단계의 행위를 실행한 때 이미 실행의 착수가 있다고 본다.

ⓑ 주관설

주관설은 범죄란 범죄적 의사의 표현이므로 범죄의사를 명백하게 인정할 수 있는 외부적 행위가 있을 때, 또는 범의의 비약적 표동이 있을 때 실행의 착수가 있다는 견해이다.

ⓒ 절충설

절충설은 실질적 객관설과 주관설을 결합하여, 행위자의 범죄계획에 비추어 범죄의사의 명백한 표현이라고 볼 수 있는 행위가 보호법익에 대한 직접적 위험을 발생시켰을 때 실행의 착수가 있다고 해석한다. 즉 실행의 착수에 대한 본질적인 기준은 보호법익에 대한 직접적 위험이지만, 이에 해당하느냐의 여부는 행위자의 의사를 고려하여 판단해야 한다는 견해로서, 현재 통설의 지위를 차지하고 있다.

ⓓ 판례

판례는 절도죄의 실행의 착수시기에 관하여 재물에 대한 사실상의 지배를 침해하는 데 밀접한 행위 또는 재물에 대한 물색행위를 한 때 실행의 착수가 있다고 하는 이른바 밀접행위설을 원칙으로 정립하고 있다. 한편 판례는 간첩죄의 경우에는 일관하여 국내에 잠입한 때 실행의 착수가 있다고 판시하고 있는데, 이는 주관설의 입장으로 해석되고 있다. 그러나 국가기밀의 개념이 군사기밀뿐만 아니라 정치·경제·사회·문화 등 모든 영역의 정보를 포괄하는 것으로 파악하고 있는 판례의 태도에 비추어 볼 때 밀접행위설로 해석될 여지도 있다.

c. 범죄의 미완성

범죄의 미완성이란 구성요건이 충족되지 못한 것을 의미하며, 구성요건적 결과가 발생하지 않거나, 구성요건적 결과가 발생한 경우라도 행위와 결과 사이에 인과관계 또는 객관적 귀속이 부정되는 경우일 것을 요한다. 범죄의 미완성에는 실행에 착수하였으나 실행행위 그 자체를 종료하지 못한 경우인 착수미수와, 실행행위는 종료하였으나 결과가 발생하지 아니한 경우인 실행미수가 있다. 형법은 양자 사이에 처벌의 차이를 두고 있지 않으나, 착수미수인가 실행미수인가에 따라 중지미수의 성립요건을 달리한다는 점에서 구별실익이 있다.

다. 관련 문제

a. 거동범과 미수

거동범의 경우에는 결과의 발생을 요하지 않고 행위를 종료하면 곧바로 기수가 되기 때문에 미수범이 성립할 수 없다는 것이 다수설이나, 거동범의 경우에도 실행에 착수한 후 행위 자체를 종료하지 못한 착수미수는 가능하다고 보아야 할 것이다.[377]

b. 부작위범과 미수

형법상의 진정부작위범은 거동범이므로 미수가 성립할 수 없다는 것이 다수

---

377) 형법은 거동범에 해당하는 주거침입죄와 퇴거불응죄의 미수범을 처벌하는 규정을 두고 있으며, 특히 주거침입죄의 경우에 미수범이 성립할 수 있다는 점에 관해서는 이설이 없다.

설이다. 그러나 거동범에도 착수미수는 가능하다는 점에서 다수설의 견해는 의문이 있다. 형법은 진정부작위범인 퇴거불응죄에 관하여 미수를 처벌하는 규정을 두고 있다(제322조, 제319조 제2항).

부진정부작위범은 결과범의 성격을 가지고 있으므로 착수미수와 실행미수가 모두 가능하다.

c. 결과적 가중범과 미수

1995년의 개정형법은 인질치사상죄(제324조의 5), 강도치사상죄(제337조, 제338조, 제342조), 해상강도치사상죄(제340조 제2항·제3항, 제342조)의 미수범을 규정하고 있으나, 그럼에도 불구하고 결과적 가중범의 미수가 성립할 수 있는가에 관하여 견해가 대립하고 있다.

② 중지미수

가. 개념

중지미수란 범죄의 실행에 착수한 자가 그 범죄가 기수에 이르기 전에 자의로 범행을 중지하거나 범행으로 인한 결과의 발생을 방지한 경우를 말한다. 중지미수는 형을 필요적으로 감면하도록 하여 미수범 가운데 가장 관대하게 취급된다(제26조).

나. 중지미수의 성립요건

a. 자의에 의한 중지

중지미수가 성립하기 위해서는 범인이 자의로 범행을 중지하여야 한다.

자의성의 판단기준에 관해서는 외부적 사정과 내부적 동기를 구별하여, 외부적 사정(물리적 장애)으로 인하여 범죄를 완성하지 못한 경우는 장애미수이고 내부적 동기로 인하여 범죄를 완성하지 못한 경우는 중지미수라는 견해와 후회, 동정 등 윤리적 동기로 인하여 범죄를 중지한 경우는 중지미수이고, 그 이외의 사정으로 인하여 범죄를 완성하지 못한 경우는 장애미수라는 견해가 있다.[378]

---

378) 대판 1993.10.12. 93도1851. 피고인이 피해자를 강간하려다가 피해자의 다음번에 만나 친해지면 응해 주겠다는 취지의 간곡한 부탁으로 인하여 그 목적을 이루지 못한 후 피해자를 자신의 차에 태워 집까지 데려다 주었다면 피고인은 자의로 피해자에 대한 강간행위를 중지한 것이고, 피해자의 다음에 만나 친해지면 응해 주겠다는 취지의 간곡한 부탁은 사회통념상 범죄실행에 대한 장애라고 여겨지지는 아니하므로 피고인의 행위는 중지미수에 해당한다.
대판 1986.11.25. 86도2090. 소매치기가 피해자의 주머니에 손을 넣어 금품을 절취하려 한 경우 비록 그 주머니 속에 금품이 들어 있지 않았었다 하더라도 위 소위는 절도라는 결과발생의 위험성을 충분히 내포하고 있으므로 이는 절도미수에 해당한다.

b. 객관적으로 실행행위를 중지하거나(착수중지) 그 행위로 인한 결과의 발생을 방지하여야 한다(실행중지).

착수중지는 실행에 착수한 행위를 실행행위의 종료 전에 자의로 중지하는 경우를 말한다.

실행중지는 실행행위는 종료하였으나 그 행위로 인한 결과의 발생을 자의로 방지하는 경우를 말한다. 이 경우 방지행위는 인과의 진행을 의식적으로 중단시키는 적극적인 행위라야 하고, 소극적인 부작위로는 족하지 않다는 점에서 착수중지와 중요한 차이가 있다. 원칙적으로 행위자 자신이 할 것을 요하나 제3자에 의한 결과방지가 범인 자신이 방지한 것과 동일시될 수 있을 정도인 때에는 타인의 도움을 받아서 행하여도 무방하다.[379]

c. 결과의 불발생

아무리 진지한 노력을 하였더라도 결과가 발생한 경우에는 이미 기수에 이른 것이므로 중지미수가 성립하지 않는 것이 원칙이다. 그러나 피해자가 자살한 경우나 병원의 화재로 인하여 사망한 경우와 같이 인과관계 또는 객관적 귀속이 부정되는 경우에는 결과가 발생하지 않은 것과 동일시되므로, 이 경우 방지행위에 의하여 결과발생이 방지될 수 있었다고 인정될 때에는 중지미수가 성립할 수 있다.

d. 인과관계

결과의 불발생은 방지행위로 인한 것이어야 한다. 결과의 불발생이 방지행위

대판 1992.7.28. 92도917. 피고인 甲, 乙, 丙이 강도행위를 하던 중 피고인 甲, 乙은 피해자를 강간하려고 작은 방으로 끌고 가 팬티를 강제로 벗기고 음부를 만지던 중 피해자가 수술한 지 얼마 안 되어 배가 아프다면서 애원하는 바람에 그 뜻을 이루지 못하였다면, 강도행위의 계속 중 이미 공포상태에 빠진 피해자를 강간하려고 한 이상 강간의 실행에 착수한 것이고, 피고인들이 간음행위를 중단한 것은 피해자를 불쌍히 여겨서가 아니라 피해자의 신체조건상 강간을 하기에 지장이 있다고 본 데에 기인한 것이므로, 이는 일반의 경험상 강간행위를 수행함에 장애가 되는 외부적 사정에 의하여 범행을 중지한 것에 지나지 않는 것으로서 중지범의 요건인 자의성을 결여하였다.
대판 1986.1.21. 85도2339. 범행당일 미리 제보를 받은 세관직원들이 범행장소 주변에 잠복근무를 하고 있어 그들이 왔다 갔다 하는 것을 본 피고인이 범행의 발각을 두려워한 나머지 자신이 분담하기로 한 실행행위를 하지 못한 경우. 이는 피고인의 자의에 의한 범행의 중지가 아니어서 형법 제26조 소정의 중지범에 해당한다고 볼 수 없다.
대판 1997.6.13. 97도957. 피고인이 장롱 안에 있는 옷가지에 불을 놓아 건물을 소훼하려 하였으나 불길이 치솟는 것을 보고 겁이 나서 물을 부어 불을 끈 것이라면, 위와 같은 경우 치솟는 불길에 놀라거나 자신의 신체안전에 대한 위해 또는 범행 발각 시의 처벌 등에 두려움을 느끼는 것은 일반 사회통념상 범죄를 완수함에 장애가 되는 사정에 해당한다고 보아야 할 것이므로, 이를 자의에 의한 중지미수라고는 볼 수 없다.

379) 의사의 치료를 받게 한 경우에는 중지미수가 성립할 수 있으나, 피해자를 병원에 데려다 놓고 도망친 경우에는 중지미수가 성립할 수 없다.

가 아닌 다른 원인에 의한 경우에는 중지미수가 성립할 수 없다.

진통제를 독약으로 오인하고 먹인 후 후회하고 해독제를 먹인 경우와 같이 결과발생이 처음부터 불가능함에도(불능미수) 행위자가 이를 모르고 결과방지를 위한 진지한 노력을 한 경우에 중지미수가 성립하는가에 관해서는 결과의 불발생과 방지행위 사이에 인과관계가 없기 때문에 중지미수가 성립할 수 없다는 견해와 불능미수의 형은 임의적 감면이지만 중지미수의 형은 필요적 감면이므로 소극설에 의할 경우에는 형의 불균형이 발생하므로 중지미수의 성립을 인정하는 것이 타당하다는 견해(다수설)가 있다.

다. 예비의 중지

예비의 중지란 이미 예비행위를 한 자가 예비행위를 자의로 중지하거나 실행의 착수를 포기하는 것을 말한다. 실행의 착수 이후에 중지하면 형을 필요적으로 감경 또는 면제까지 하면서도 실행의 착수 이전에 중지한 경우에는 예비죄로 처벌받을 수밖에 없다고 한다면 형의 불균형이 생길 수 있기 때문에, 이러한 처벌의 불균형을 시정하기 위하여 예비의 중지에 대해서도 중지미수의 규정을 준용할 것인가가 문제 된다.

인정하는 다수설과는 달리 판례는 일관하여 중지미수는 실행의 착수 이후의 개념이기 때문에 실행의 착수 이전의 예비행위에 대해서는 중지범이 성립될 여지가 없다고 본다.[380]

라. 공범과 중지미수

공범자 중 일부가 자의로 실행행위를 중지한 경우에 중지미수가 성립하는가, 그리고 공범자의 일부에 중지미수가 성립하는 경우에 다른 공범자에게는 어떠한 영향을 미치는가가 문제 된다.

공범의 중지미수도 주관적 요건으로서 자의성, 객관적 요건으로서 실행의 착수 및 범죄의 미완성을 요건으로 하는 점은 단독정범과 동일하나, 다음의 두 가지가 특별히 문제 된다.

공범이 성립하기 위해서는 정범이 실행에 착수하여야 하므로 그 이전에는 공범과 중지미수의 문제도 발생할 여지가 없다.

공범의 경우에는 자신의 행위를 중지한 것만으로는 족하지 않고, 다른 가담

---

380) 대판 1999.4.9. 99도424, 대판 1991.6.25. 91도436.

자의 행위까지 중지케 하여 결과발생을 방지한 때에 한하여 중지미수가 성립할 수 있다.381)

마. 중지미수의 성립범위

중지미수의 효과는 인적처벌조각사유 또는 책임조각사유이므로, 공범관계에 있어서 중지미수의 효과는 자의로 중지한 자에게만 미치고 다른 공범에게는 미치지 않는다. 공범에 있어서 위법성은 연대적이나 책임과 처벌은 독립적이기 때문이다. 따라서 공동정범·교사범·종범의 경우에 자의로 중지한 자는 중지미수가 되나 다른 공범자는 장애미수가 되고, 간접정범의 경우에는 이용자가 피이용자의 실행행위를 중지하도록 적극적으로 작용하여 결과의 발생을 방지한 경우에만 중지미수가 성립할 수 있다. 간접정범의 경우에 피이용자는 범죄가 성립하지 않거나 과실범이므로 미수가 문제 되지 않는다.

③ 불능미수

가. 개념

불능미수라 함은 행위자가 범죄의사로 실행에 착수하였으나 실행의 수단 또는 대상의 착오로 인하여 처음부터 결과발생이 불가능한 경우로서 위험성이 있기 때문에 처벌되는 경우를 말하며, 형의 임의적 감면사유로 되어 있다(제27조). 불능범이 위험성이 없어 벌할 수 없는 행위인 데 대하여 불능미수는 위험성으로 인하여 미수범으로 처벌되는 경우를 말한다.

나. 성립요건

a. 실행에 착수했으나 결과발생이 불가능해야 한다.

불능미수는 실행의 수단·대상·주체의 착오로 인하여 결과발생이 불가능한 경우이다.

ⓐ 수단의 착오란 예컨대 소화제를 독약으로 잘못 알고 살해하려고 한 경우와 같이 행위자가 선택한 수단으로는 결과발생이 불가능함에도 행위자가 이를 인식하지 못한 경우이다.

ⓑ 대상의 착오란 예컨대 사체에 대한 살인이나 자기의 재물에 대한 절도와

---

381) 대판 1986.3.11. 85도2831. 甲은 乙과 함께 丙이 경영하는 천광상회 사무실의 금품을 절취하기로 공모하여 甲은 그 부근 포장마차에 있고 乙은 천광상회의 열린 출입문을 통하여 안으로 들어가 물건을 물색하고 있는 동안 甲은 자신의 범행전력 등을 생각하여 가책을 느낀 나머지 스스로 결의를 바꾸어 丙에게 乙의 침입사실을 알려 그와 함께 乙을 체포하여서 그 범행을 중지하여 결과발생을 방지하였다는 것이므로 甲의 소위는 중지미수의 요건을 갖추었다고 할 것이다.

같이 행위객체의 성질상 결과발생이 불가능함에도 행위자가 이를 인식하지 못한 경우를 말한다.

ⓒ 주체의 착오란 예컨대 공무원임용이 무효임을 모르는 자가 수뢰죄를 범한 경우나 보증인지위가 없는 자가 부진정부작위범을 범한 경우와 같이 신분이 없는 자가 신분이 있는 것으로 오인하고 진정신분범을 범한 경우를 말한다. 형법은 불능미수가 성립하기 위한 요건으로 수단 또는 대상의 착오만을 규정하고 있으므로 이를 주체의 착오에까지 확대하는 것은 죄형법정주의에 반하므로, 주체의 착오는 불가벌이라고 보아야 할 것이다(통설).

b. 위험성

위험성은 불능미수가 성립하기 위한 가장 중요한 요건으로서, 불능미수의 경우에는 결과발생의 불가능성이 전제되어 있으므로 현실적 가능성을 의미하는 것이 아니라 잠재적 가능성을 의미하는 것이다.

위험성의 판단기준에 관해서는 구객관설(절대적 불능·상대적 불능설) 결과발생이 개념적으로 불가능한 절대적 불능과 일반적으로는 가능하지만 구체적인 경우에 특수한 사정으로 인하여 불가능한 상대적 불능을 구별하여, 전자는 위험성이 없지만 후자는 위험성이 있다고 보는 구객관설(절대적 불능·상대적 불능설)과382) 위험성의 유무를 행위 당시에 행위자가 인식한 사실과 일반인이 인식할 수 있었던 사실을 기초로 하여 일반적 경험법칙(통찰력 있는 일반인의 판단)에 따라 판단하는 구체적 위험설(신객관설),383) 행위 시에 행위자가 인식한 사실을 기초로 하여 일반인의 관점에서 위험성을 판단하는 추상적 위험설(주관적 객관설, 주관적 위험설), 범죄의사를 표현하는 행위가 있으면 그것만으로 위험성을 인정하는 주관설 등이 있다.

---

382) 대판 1985.3.26. 85도206. 불능범은 범죄행위의 성질상 결과발생의 위험이 절대로 불능한 경우를 말하는 것인바, 향정신성의약품인 메스암페타민(속칭 히로뽕) 제조를 위해 그 원료인 염산에페트린 및 수종의 약품을 교반하여 히로뽕 제조를 시도하였으나 약품배합 미숙으로 그 완제품을 제조하지 못하였다면 위 소위는 그 성질상 결과발생의 위험성이 있다고 할 것이므로, 이를 습관성의약품제조미수범으로 처단한 것은 정당하다.

383) 대판 1978.3.28. 77도4049. 불능범의 판단기준으로서 위험성 판단은 피고인이 행위 당시에 인식한 사정을 놓고 이것이 객관적으로 일반인의 판단으로 보아 결과발생의 가능성이 있느냐를 따져야 하므로 히로뽕 제조를 위하여 에페드린에 빙초산을 혼합한 행위가 불능범이 아니라고 인정하려면 위와 같은 사정을 놓고 객관적으로 제약방법을 아는 과학적 일반인의 판단으로 보아 결과 발생의 가능성이 있어야 한다.

8. 예비·음모죄

1) 개념

예비란 범죄실현을 위한 외부적 준비행위로서 아직 실행의 착수에 이르지 아니한 일체의 행위를 말하고, 음모란 범죄실현을 위한 2인 이상의 심리적 준비행위이다.

예비·음모는 특정한 범죄에 대하여 어느 정도 구체적이어야 하며, 막연히 죄를 범하기 위한 것만으로는 부족하다.[384]

2) 예비·음모에 대한 법적 취급

예비·음모행위는 원칙적으로 불가벌이고, 예외적으로 특별규정이 있는 경우에 한하여 처벌한다(제28조). 이 경우 예비의 처벌규정에는 반드시 형의 종류와 형량도 함께 규정되어 있어야 한다. 이 점에서 미수의 경우에는 별도로 형을 규정할 필요가 없는 것과 차이가 있다.

9. 공범

1) 개념

공범은 하나의 구성요건 실현을 위해 2인 이상이 관여하는 범죄참가형태이다. 형법은 공범이라는 표제 아래 공동정범·교사범·종범·간접정범을 규정하고 있는데, 정범에 대응하는 개념으로서 공범이라는 개념을 사용할 때에는 교사범과 종범만이 공범에 해당하고, 공동정범과 간접정범은 말 그대로 정범에 해당한다.

총칙상의 공범을 의미하는 광의의 공범은 단독범으로도 실현이 가능한 범죄를 2인 이상이 협력하여 실현하는 경우를 말하므로, 이를 임의적 공범이라고 하고, 형법각칙에는 구성요건의 내용이 2인 이상의 참가를 전제로 하는 범죄도

---

384) 대판 1999.11.12. 99도3801. 형법상 음모죄가 성립하는 경우의 음모란 2인 이상의 자 사이에 성립한 범죄실행의 합의를 말하는 것으로, 범죄실행의 합의가 있다고 하기 위해서는 단순히 범죄결심을 외부에 표시·전달하는 것만으로는 부족하고, 객관적으로 보아 특정한 범죄의 실행을 위한 준비행위라는 것이 명백히 인식되고 그 합의에 실질적 위험성이 인정될 때에 비로소 음모죄가 성립한다 할 것이므로, 사병인 甲과 乙이 수회에 걸쳐 "총을 훔쳐 전역 후 은행이나 현금차량을 털자"는 말을 나눈 정도만으로는 강도음모를 인정하기에 부족하다.

규정되어 있는데 이를 필요적 공범이라고 한다.

2) 필요적 공범
① 개념
구성요건 자체가 처음부터 2인 이상의 참가를 전제로 하고 있어 단독으로는 실행이 불가능하도록 규정된 공범형태를 말한다.
② 종류
필요적 공범에는 다음과 같은 것들이 있다.
가. 집합범
집합범이란 다수의 행위자가 동일한 방향에서 같은 목표를 향하여 집단적인 공동행위를 할 것을 필요로 하는 범죄형태를 말한다. 다중범 또는 집단범이라고도 한다. 집합범의 유형에는 다수인에게 동일한 법정형이 규정된 경우(소요죄, 다중불해산죄)와, 관여의 정도에 따라 상이한 법정형이 규정된 경우(내란죄)가 있다.
나. 대향범
대향범이란 2인 이상이 서로 대립되는 방향에서 협력할 것을 필요로 하는 범죄형태를 말한다. 대향법은 다시 다음과 같이 분류된다.
대향자 쌍방의 법정형이 같은 경우: 간통죄, 도박죄, 아동혹사죄, 부녀매매죄
대향자 쌍방의 법정형이 다른 경우: 수뢰죄와 증뢰죄, 배임수재죄와 배임증재죄, 자기낙태죄와 동의낙태죄, 단순도주죄와 도주원조죄
대향자 중 일방만을 처벌하는 경우: 음화판매죄, 범인은닉죄, 촉탁·승낙살인죄, 음행매개죄
다. 합동범
합동범이란 2인 이상이 합동하여 범죄를 실행한 경우에 단독정범이나 공동정범보다 가중 처벌하는 범죄이다. 특수절도죄(제331조)와 특수강도죄(제334조) 및 특수도주죄(제146조)가 이에 해당한다. 합동범이 필요적 공범인가에 관해서는 견해가 대립하고 있다.
③ 공범규정의 적용 여부
필요적 공범은 구성요건 자체가 2인 이상의 참가를 요건으로 하는 범죄이므

로, 집합범이든 대향범이든 그 내부참가자 사이에는 총칙상의 공범규정이 적용
되지 않는 것이 원칙이다(통설·판례). 문제는 대향범에 있어서 대향자의 일방
만이 처벌되는 범죄유형의 경우에, 대향자의 처벌 여부에 관하여 판례는 범인
이 자신을 위하여 타인으로 하여금 허위의 자백을 하게 하여 범인도피죄를 범
하게 하는 행위는 방어권의 남용으로 범인도피교사죄에 해당한다고 판시하여
긍정설의 입장을 취하고 있다.385)

외부관여자의 경우 집합범에 있어서 공범규정의 적용 여부는 주로 소요죄와
내란죄에 관하여 문제 되는데, 집합범의 성질상 집단 외부에서 관여한 자에 대
하여 공동정범이 성립할 여지는 없다 하겠으나, 집단 외에서 자금이나 정보를
제공하는 자에 대하여 교사·방조의 규정은 적용될 수 있다고 보고(다수설), 대
향범에 있어서는 대향관계에 있지 아니한 외부의 자에 대해서는 총칙상의 공범
규정이 적용되며(간통교사, 도박방조, 수뢰방조 등), 집합범과 달리 공동정범의
성립도 가능하다. 따라서 비공무원도 공무원과 함께 수뢰죄의 공동정범이 성립
할 수 있으며, 이 경우 비공무원에 대해서는 공범과 신분에 관한 형법 제33조
본문이 적용된다.

3) 정범과 공범의 구별

형법은 정범과 공범을 구별하는 분리방식을 취하고 있으므로, 행위자가 정범
인가 또는 공범인가 하는 것은 구성요건해당성과 양형의 판단에 있어서 대단히
중요한 의미가 있다. 정범과 공범의 구별에 관해서는 간접정범과 교사범의 구
별, 공동정범과 종범의 구별이 특히 문제가 된다.386)

4) 간접정범
① 개념

간접정범이란 타인을 도구로 이용하여 범죄를 실행하는 것을 말한다. 예를

---

385) 대판 2000.3.24. 2000도20.

386) 정범과 공범의 구별기준에 관해서는 구성요건적 행위를 직접 행한 자가 정범이고 그 이외의 행위를 통하여
조건을 제공한 자는 공범이 된다는 형식적 객관설, 결과발생에 대하여 필연적 행위를 한 자는 정범이고 그
렇지 아니한 단순가담자는 공범이 된다는 필연설, 실행행위 시에 가담한 자가 정범이고 그 전이나 그 후에
가담한 자는 공범이 된다는 동시설, 정범의사를 가지고 행위를 한 자는 정범이고, 공범의사를 가지고 행위를
한 자는 공범이 된다는 의사설, 자기의 이익을 위하여 범죄를 실행한 경우는 정범이고, 타인의 이익을 위하
여 실행한 경우는 공범이 된다는 이익설, 행위지배를 하는 자는 정범이 되고, 자신의 행위지배 없이 타인의
범죄를 야기하거나 촉진한 자는 공범이 된다는 행위지배설 등이 있는데 이 설이 오늘날의 통설이며, 판례이다.

들어 정신이상자를 충동하여 방화하게 하거나, 사정을 모르는 간호사를 이용하여 환자에게 독극물을 주사하게 하는 경우가 이에 해당한다.

간접정범은 정범이라는 점에서 공범인 교사범과 구별되고, 타인을 생명 있는 도구로 이용하여 범죄를 실현한다는 점에서 생명 없는 도구를 이용하여 범죄를 실현하는 직접정범과 구별되며, 간접정범의 정범성의 표지는 의사지배라는 점에서 기능적 행위지배를 하는 공동정범과 구별된다. 그러나 간접정범은 타인을 이용한다는 점에서는 교사범과 유사하며 행위지배를 한다는 점에서는 직접정범과 성질을 같이하기 때문에, 그 본질이 정범인가 또는 공범인가를 둘러싸고 학설이 대립하나, 피이용자의 행위는 이용자의 의사의 실현에 지나지 아니하며, 이용자는 피이용자의 행위를 지배·조종하는 의사지배로 인하여 정범이 된다는 견해가 통설이다.

② 간접정범의 성립요건

형법 제34조 제1항에 의하면 간접정범은 어느 행위로 인하여 처벌되지 아니하는 자387) 또는 과실범으로 처벌되는 자388)를, 교사 또는 방조하여,389) 범죄행위의 결과를 발생케 하여야 한다.

---

387) 다음의 경우 어느 행위로 인하여 처벌되지 아니하는 자이다.
　(1) 구성요건해당성이 없는 행위를 이용하는 경우로
　*객관적 구성요건에 해당하지 않는 도구(기망·강요에 의하여 자상·자살하게 한 경우),
　*고의 없는 도구(의사가 선의·무과실의 간호사로 하여금 환자에게 독약을 주사하게 한 경우, 甲이 절도의 사로 乙로 하여금 丙의 물건을 甲의 물건으로 오신시켜 가져오게 한 경우),
　*고의 있는 도구(공무원이 그의 처를 이용하여 수뢰한 경우(신분 없는 도구), 행사할 목적으로 이러한 목적이 없는 자로 하여금 통화를 위조하게 한 경우)를 이용하는 경우가 있고,
　(2) 구성요건에 해당하나 위법하지 않은 행위를 이용하는 경우(적법하게 행위 하는 도구)로
　*타인의 정당행위를 이용하는 경우(甲이 허위사실을 신고하여 수사기관으로 하여금 乙을 체포하게 한 경우)
　*타인의 정당방위를 이용하는 경우(甲이 乙을 상해할 의사로 乙로 하여금 丙을 공격하게 하여 丙의 정당방위를 이용하여 乙에게 상해의 결과를 가져오게 한 경우)
　*타인의 긴급피난을 이용하는 경우(낙태에 착수한 임부가 생명의 위험이 발생하자 의사로 하여금 임부의 생명을 구하기 위한 낙태수술을 하도록 한 경우)가 있다.
　대판[전합] 1997.4.17. 96도3376. 범죄는 '어느 행위로 인하여 처벌되지 아니하는 자'를 이용하여서도 이를 실행할 수 있으므로, 내란죄의 경우 '국헌문란의 목적'을 가진 자가 그러한 목적이 없는 자를 이용하여 이를 실행할 수도 있다고 할 것이다. 비상계엄 전국확대가 국무회의의 의결을 거쳐 대통령이 선포함으로써 외형상 적법하였다고 하더라도, 이는 피고인들에 의하여 국헌문란의 목적을 달성하기 위한 수단으로 이루어진 것이므로 내란죄의 폭동에 해당하고, 또한 이는 피고인들이 국헌문란의 목적을 달성하기 위하여 그러한 목적이 없는 대통령을 이용하여 이루어진 것이므로 피고인들이 간접정범의 방법으로 내란죄를 실행한 것으로 보아야 할 것이다.
388) 예를 들면 의사가 간호사의 과실을 이용하여 환자에게 독약을 투여케 하여 환자가 사망한 경우에, 간호사는 업무상과실치사죄가 성립하고 의사는 살인죄의 간접정범이 성립한다.
389) 여기의 교사·방조는 교사범·종범의 그것과 동일한 의미가 아니고 사주 또는 이용을 뜻한다(통설).

간접정범의 실행의 착수시기에 관해서는 간접정범은 정범이고 피이용자의 행위는 이용자의 행위의 연장에 지나지 않으므로 이용행위 시에 실행의 착수를 인정하는 것이 다수설이다.

③ 간접정범의 처벌

간접정범은 교사 또는 방조의 예에 의하여 처벌한다(제34조 제1항). 따라서 이용행위가 교사에 해당하는 경우는 정범과 동일한 형으로 처벌하고(제31조 제1항), 방조에 해당하는 경우는 정범의 형보다 감경한다(제32조 제1항). 간접정범은 정범이므로 간접정범의 미수에 대해서는 미수에 관한 규정이 그대로 적용되며, 교사의 미수에 관한 제31조 제2항, 제3항은 적용되지 않는다.

④ 특수교사·방조

타인을 지휘·감독할 지위에 있는 자가 그 지위를 이용하여 피지휘감독자를 교사·방조하여 제34조 제1항의 결과를 발생하게 한 경우에 형이 가중되는 공범형태이다(제34조 제2항). 가중처벌의 근거는 지휘·감독자로서의 사회적 신분을 남용했다는 점에서 불법비난이 가중되기 때문이다. 여기서의 지휘·감독의 근거는 법령·계약에 한하지 않고 사실상의 지휘·감독관계로 족하다. 이 조항은 특수한 교사범·종범과 특수한 간접정범 양자 모두를 규정한 것으로 본다.

5) 공동정범

① 개념과 본질

공동정범이란 2인 이상이 공동하여 죄를 범한 경우를 말한다. 공동정범의 각자는 일부만을 실행했을지라도 그 결과의 전부에 대해서 정범으로서 책임을 진다.

공동정범의 본질에 관해서는 수인이 공동하여 특정한 범죄를 행하는 것이 공동정범이라고 이해하는 범죄공동설, 수인이 행위를 공동으로 하여 각자 자기의 범죄를 실행하는 것이 공동정범이라고 이해하는 행위공동설이 있다. 판례는 행위공동설의 입장에 서 있다.[390]

② 성립요건

가. 주관적 요건으로서는 공동가공의 의사가 있어야 한다.

---

[390] 대판 1962.3.29. 4294형상598. 형법 제30조에 '공동하여 죄를 범한 때'의 '죄'는 고의범이고 과실범이고를 불문한다고 해석하여야 할 것이고, 따라서 공동정범의 주관적 요건인 공동의 의사도 고의를 공동으로 가질 의사임을 필요로 하지 않고 고의행위이고 과실행위이고 간에 그 행위를 공동으로 할 의사이면 족하다고 해석하여야 할 것이다.

a. 공동가공의사

공동가공의사는 2인 이상의 자가 공동으로 수립한 범행계획에 따라 공동으로 죄를 범하려는 의사를 말한다.[391]

b. 공동의 의사의 연락

공동의 의사는 반드시 명시적일 필요가 없고 묵시적인 의사연락으로 족하다. 또 반드시 일정한 장소에 모여 직접 모의할 것을 요하지 않고 연쇄적·간접적 의사연락도 가능하다. 상호간에 서로 면식이 있을 필요도 없다. 그러나 공동의 의사는 타인과 일체가 되어 자기의 의사를 실행에 옮기는 것을 내용으로 하여야 하며, 단순히 타인의 범행을 용인하는 것만으로는 부족하다.[392] 공동가공의 의사는 쌍방에 존재하여야 한다. 따라서 공동가공의 의사가 일방에만 존재하는 소위 편면적 공동정범은 공동정범이 아니라 동시범에 불과하다.

c. 의사연락의 시기

의사연락의 시기에는 제한이 없다는 것이 통설이나 판례는 승계적공동정범의 경우 나중에 공모된 부분에만 공동정범을 인정한다.[393]

d. 공동가공의사의 철회

공모자 중 1인이 다른 공모자가 실행의 착수에 이르기 전에 명시 또는 묵시로 공모관계에서의 이탈을 표시한 경우에는 공모관계가 소멸되기 때문에, 그 이후의 다른 공모자의 행위에 관해서는 공동정범이 성립하지 않는다.

실행착수 후에 이탈한 경우에는 공동정범으로서의 책임을 면할 수 없다. 다

---

391) 대판 1997.9.30. 97도1940. 乙 등이 절취하여 온 오토바이를 피고인 甲이 인도받으면서 乙 등에게 돈을 주는 관계는 피고인이 그들과 한패가 되어 공동으로 물건을 절취한 후 두목으로서 다른 가담자들에게 범죄로 취득한 이익을 나누어 주는 관계이거나, 자기의 일을 시켜 놓고 일을 마친 데에 대하여 수고비를 지급하는 관계 또는 함께 오토바이를 절취한 후 피고인은 오토바이의 처분행위를 담당하는 관계라기보다는 오히려 피고인이 乙 등으로부터 장물을 매수하면서 그 대금을 지급하는 관계라고 생각되는바, … 공동정범의 성립에 필요한 공동가공의 의사가 있었다고 보기 어렵다.

392) 대판 1996.1.26. 95도2461. 공동정범이 성립하기 위해서는 주관적 요건으로서 공동가공의 의사와 객관적 요건으로서 공동의사에 의한 기능적 행위지배를 통한 범죄의 실행사실이 필요한바, 위 주관적 요건으로서 공동가공의 의사는 타인의 범행을 인식하면서도 이를 저지하지 아니하고 용인하는 것만으로는 부족하고 공동의 의사로 특정한 범죄행위를 하기 위하여 일체가 되어 서로 다른 사람의 행위를 이용하여 자기의 의사를 실행에 옮기는 것을 내용으로 하는 것이어야 한다.

393) 대판 1982.6.8. 82도884. 甲이 이미 1981년 1월 초순경부터 그 제조행위를 계속하던 도중인 1981.2.9.경 피고인 乙이 비로소 위 甲의 위 제조행위를 알고 그에 가담한 사실이 인정될 뿐인바, 연속된 히로뽕 제조행위 도중에 공동정범으로 범행에 가담한 자는 비록 그가 그 범행에 가담할 때에 이미 이루어진 종전의 범행을 알았다 하더라도 그 가담 이후의 범행에 대해서만 공동정범으로 책임을 지는 것이라고 할 것이니, 비록 이 사건에서 위 甲의 위 제조행위 전체가 포괄하여 하나의 죄가 된다 할지라도 피고인 乙에게 그 가담 이전의 제조행위에 대하여서까지 유죄를 인정할 수는 없다.

만 이탈자가 다른 공모자의 실행행위를 중지시키거나 결과의 발생을 방지한 경우에 한하여 중지미수가 성립하고, 이 경우에 다른 공모자는 장애미수가 된다.

e. 과실범의 공동정범,

2인 이상이 공동의 과실로 인하여 결과를 발생케 한 경우에 과실범의 공동정범이 성립할 수 있는가 문제 된다.[394] 판례는 초기에는 부정설의 입장이었으나, 그 후 곧 태도를 바꾸어 행위공동설의 입장에서 2인 이상이 과실행위를 의사의 연락하에 하여 범죄결과를 발생케 한 경우 과실범의 공동정범을 인정하고 있다.

나. 객관적 요건으로 공동의 실행행위가 있어야 한다.

공동의 실행행위란 분업의 원리에 따라 역할을 분담[395]하여 범죄의 실현을 위한 본질적인 기능을 수행하는 것을 말한다. 그러나 기본범죄에 대한 공모가 없이 단순히 훔쳐 오면 팔아 주겠다고 한 것만으로는 실행행위의 분담이 없을 뿐만 아니라 공동정범의 성립에 필요한 공동가공의 의사가 인정되지 않기 때문에 교사(또는 방조)에 불과하다.[396]

다. 공모공동정범론

2인 이상의 자가 범죄를 공모한 후 그 공모자 가운데 일부가 범죄의 실행에 나아간 경우에는 실행행위를 담당하지 아니한 공모자도 공동정범으로 인정하자는 이론이 있는데, 이 이론은 집단범죄의 배후조종자인 두목이나 간부를 공동정범으로 처벌하기 위하여 판례에 의해서 형성된 것으로서, 처음에는 지능범에 한하여 적용하였으나 지금은 절도·강도·살인·방화 등 실력범에 이르기까지 일반화하여 적용하고 있다.[397]

---

394) 甲과 乙이 함께 사냥 중 丙을 노루로 오인하고 사격을 가하여 죽게 한 경우 丙이 누구의 총에 맞았는지 판명되지 않는 경우에도 과실범의 공동정범을 인정하면 甲과 乙을 과실치사죄의 공동정범으로 처벌할 수 있다. 그러나 이를 부정할 경우에는 과실범의 동시범으로 되어 형법 제19조에 따라서 각자 미수가 성립하는데, 과실미수는 불가벌이므로 결국 甲과 乙은 모두 무죄가 된다. 여기에 과실범의 공동정범에 대한 논의의 실익이 있다.

395) 실행행위의 분담은 반드시 구성요건적 행위에 국한되지 않는다. 범죄수행에 불가결한 행위라면 예컨대, 망보는 행위나 공모자가 도망할 수 있도록 자동차를 대기하고 있는 경우와 같이 구성요건적 행위가 아니라도 공동의 실행행위로 인정될 수 있다. 또, 절도나 강도를 공모하고 장물의 처분만을 담당하는 경우에도 실행의 분담이 인정된다. 그러나 기본범죄에 대한 공모가 없이 단순히 훔쳐 오면 팔아 주겠다고 한 것만으로는 실행행위의 분담이 없을 뿐만 아니라 공동정범의 성립에 필요한 공동가공의 의사가 인정되지 않기 때문에 교사(또는 방조)에 불과하다.

396) 대판 1975.2.25. 74도2228. 피고인이 제3자에게 "황소를 훔쳐 오면 문제없이 팔아 주겠다."고 말한 것은 제3자가 황소를 절취하여 오면 이 장물에 관하여 매각 알선을 하겠다는 의사표시를 한 것이라고 볼 수 있을 뿐 피고인이 바로 제3자의 황소절취행위를 공동으로 하겠다는 이른바 공모의 의사를 표시한 것이라고 볼 수는 없다.

　　그러나 통설은 형법 제30조의 해석상 실행행위를 분담한 때에만 공동정범의 객관적 요건이 충족되므로 형법의 최고원리인 책임주의 및 죄형법정주의와 정면으로 충돌하고, 배후의 두목·간부들은 제34조 제2항에 의하여 오히려 가중처벌까지 할 수 있으므로 공모공동정범은 인정할 수 없다고 본다.

　　③ 공동정범의 처벌

　　공동정범은 각자를 그 죄의 정범으로 처벌한다(제30조). 비록 일부만을 실행한 자라도 공동의사의 범위 내에서 발생한 결과의 전부에 대해서 책임을 진다.[398] 그러나 동일한 법정형의 범위 내에서 양형은 각자에게 달라질 수 있으며, 또한 책임조각사유·형의 가중감경사유·인적 처벌조각사유는 그러한 사유가 있는 자에 대해서만 적용된다.

　　공동정범의 성립범위는 공동의사의 범위 내에 한한다. 공동정범 가운데 어느 1인이 공동의사의 범위를 초과한 때에는 초과부분에 대해서는 공동정범이 성립하지 않으며, 초과부분에 대해서 다른 공범자에게 예견가능성이 있을 때에 한하여 결과적 가중범이 성립할 수 있을 뿐이다.[399]

---

397) 대판 1983.3.8. 82도3248, 공동정범의 성립에 있어서 공범자 간의 공모는 범인 전원의 동일일시·장소에서의 모의를 요하지 아니하고 순차적으로 범의 연락이 이루어짐으로써 그 범의 내용에 대하여 포괄적 또는 개별적 의사의 연락이나 인식이 있었으면 범인 전원의 공모관계가 있다 할 것이다. 공모공동정범은 공동범행의 인식으로 범죄를 실행하는 것으로, 공동의사주체로서의 집단 전체의 하나의 범죄행위의 실행이 있음으로써 성립하고 공모자 모두가 그 실행행위를 분담하여 이를 실행할 필요가 없고, 공모에 의하여 수인 간에 공동의사주체가 형성되어 범죄의 실행행위가 있으면 실행행위를 분담하지 않았다고 하더라도 공동의사주체로서 정범의 죄책을 면할 수 없다.
　　대판 1988.4.12. 87도2368, 공모에 참여한 사실이 인정되는 이상 직접 실행행위에 관여하지 않았더라도 다른 사람의 행위를 자기의사의 수단으로 하여 범죄를 하였다는 점에서 자기가 직접 실행행위를 분담한 경우와 형사책임의 성립에 차이를 둘 이유가 없다.

398) 대판[전합] 1998.5.21. 98도321, 3인 이상의 범인이 합동절도의 범행을 공모한 후 적어도 2인 이상의 범인이 범행 현장에서 시간적, 장소적으로 협동관계를 이루어 절도의 실행행위를 분담하여 절도 범행을 한 경우에는 공동정범의 일반 이론에 비추어 그 공모에는 참여하였으나 현장에서 절도의 실행행위를 직접 분담하지 아니한 다른 범인에 대해서도 그가 현장에서 절도 범행을 실행한 위 2인 이상의 범인의 행위를 자기 의사의 수단으로 하여 합동절도의 범행을 하였다고 평가할 수 있는 정범성의 표지를 갖추고 있다고 보이는 한 합동절도의 공동정범의 성립을 부정할 이유가 없다고 할 것이다. 만일 공동정범의 성립가능성을 제한한다면 직접 실행행위에 참여하지 아니하면서 배후에서 합동절도의 범행을 조종하는 수괴는 그 행위의 기여도가 강력함에도 불구하고 공동정범으로 처벌받지 아니하는 불합리한 현상이 나타날 수 있다.

399) 예를 들어, 甲과 乙이 A에 대한 강도를 공모하였으나 강도의 실행 중 乙이 丙을 살해한 경우에는 乙은 강도살인죄가 되지만 甲은, ① 살인의 고의가 인정되면 강도살인죄의 공동정범. ② 고의는 없으나 예견가능성이 인정되면 강도치사죄. ③ 예견가능성조차 없으면 공모한 범위 내에서 강도죄의 공동정범이 성립할 뿐이다. 그러나 강도의 공범자 가운데 한 사람이 상해를 가한 경우에는 다른 공범자도 재물강취의 수단으로 폭행이 가하여질 것이라는 점에 관하여 상호의사의 연락이 있었던 것이므로 '강도치상죄'가 아니라 '강도상해죄'의 공동정범이 성립하고, 합동하여 절도를 한 경우 범인 중 1인이 체포를 면탈할 목적으로 폭행을 가하여 상해를 입힌 때에는 다른 공범이 이를 예기하지 못한 것으로 볼 수 없는 한 강도상해죄의 죄책을 면할 수 없다.

④ 동시범

동시범이란 2인 이상이 의사연락 없이 동일한 객체에 대해서 각자 범죄를 실행하는 경우를 말하며, 공범이 아니라 단독범이므로 각 행위자는 독립하여 자기책임의 한도 내에서 책임을 지는데, 만일 원인 된 행위가 판명되지 않을 경우에는 무죄추정의 원칙에 따라서 각 행위를 모두 미수범으로 처벌하는 것이 원칙이다(제19조). 그러나 이에 대해서는 제263조의 예외가 있다.

동시범은 고의범과 과실범 모두에 성립할 수 있다.[400]

6) 교사범
① 개념

교사범이란 타인으로 하여금 범죄를 결의하여 실행하게 하는 자를 말한다. 교사범은 타인에게 범죄결의를 유발시킨다는 점에서 타인의 범행결의를 전제로 하여 그 실행을 돕는 종범과 구별되고, 행위지배가 없다는 점에서 의사지배를 하는 간접정범 및 기능적 행위지배를 하는 공동정범과 구별된다.

② 성립요건

교사범이 성립하기 위해서는 교사자의 교사행위와 정범의 실행행위가 있어야 한다.

가. 교사행위

교사행위는 반드시 명시적일 필요가 없고 묵시적 교사도 가능하다. 그러나 부작위에 의한 교사는 법적으로 불가능하다(통설). 이 점에서 부작위에 의한 방조가 가능한 것과 차이가 있다. 교사는 특정 범죄에 대한 결의를 가지게 하는 것이므로 막연히 범죄일반을 교사하는 것은 교사가 아니다.[401]

교사자에게 고의가 있어야 한다. 교사는 타인에게 범죄의 결의를 일으키게

---

400) 甲과 乙이 의사연락 없이 丙에게 사격을 가하여 살해한 경우(고의의 동시범), 운전자 甲과 乙이 충돌사고를 일으켜 승객 丙이 다친 경우(과실의 동시범).

401) 대판 1991.5.14. 91도542. 막연히 "범죄를 하라"거나 "절도를 하라"고 하는 등의 행위만으로는 교사행위가 되기에 부족하다 하겠으나, 교사범이 성립하기 위해서는 범행의 일시·장소·방법 등의 세부적인 사항까지를 특정하여 교사할 필요는 없는 것이고, 정범으로 하여금 일정한 범죄의 실행을 결의할 정도에 이르게 하면 교사범이 성립된다. 피고인이 甲, 乙, 丙이 절취하여 온 장물을 상습으로 19회에 걸쳐 시가의 3분의 1 내지 4분의 1의 가격으로 매수하여 취득하여 오다가, 甲·乙에게 일제 드라이버 1개를 사주면서 "丙이 구속되어 도망 다니려면 돈도 필요할 텐데 열심히 일을 하라(도둑질을 하라)."고 말하였다면, 그 취지는 종전에 丙과 같이 하던 범위의 절도를 다시 계속하면 그 장물은 매수하여 주겠다는 것으로서 절도의 교사가 있었다고 보아야 한다.

하는 것으로서 고의성을 본질로 하므로 과실에 의한 교사는 성립할 수 없다(통설). 고의는 언제나 구성요건적 결과를 실현할 의사인 기수의 고의를 의미한다. 따라서 단순히 미수에 그치게 할 의사인 이른바 '미수의 교사'는 교사가 될 수 없다. 미수의 교사를 하였으나 교사자의 예상과 달리 피교사자의 범죄가 기수에 이른 경우에는 교사자에게 과실범이 성립할 수 있다.

나. 피교사자의 실행행위

피교사자는 교사에 의하여 범죄실행의 결의를 하여야 한다.[402]

피교사자인 정범이 적어도 실행에 착수하여야 한다.[403]

③ 교사의 착오

교사범이 인식한 내용과 다른 결과가 발생한 경우에 교사범에게 어느 범위에서 고의를 인정할 수 있는가 하는 것이 교사의 착오의 문제이다. 널리 교사의 착오에는 실행행위에 관한 착오와 피교사자에 대한 착오가 있으며, 실행행위에 관한 착오는 다시 피교사자의 사실의 착오와 교사내용과 실행행위가 일치하지 않는 경우로 나뉜다.[404]

---

402) (1) 피교사자가 교사받고 있다는 사실을 알지 못하는 '편면적 교사'는 교사가 될 수 없다(이 점에서 편면적 방조가 가능한 것과 다르다.).
(2) 교사를 하였으나 피교사자가 범행결의를 하지 아니한 때에는 '실패한 교사'로서 교사자만이 예비·음모에 준하여 처벌된다(제31조 제3항).
(3) 과실범에 대한 교사는 교사에 의한 범행결의라는 심리적 과정이 없으므로 교사범이 성립할 수 없고, 의사지배가 인정될 경우에 간접정범이 성립하게 된다(제34조 제1항).

403) ① 피교사자가 범행결의를 하였더라도 실행행위에 나아가지 않으면 교사범이 성립할 수 없으며, 이 경우는 이른바 '효과 없는 교사'로서 교사자와 피교사자를 예비·음모에 준하여 처벌한다(제31조 제2항).
② 정범의 실행행위는 구성요건에 해당하고 위법하면 충분하고, 유책할 것을 요하지 않는다(제한적 종속형식). 정범의 실행행위가 있는 이상 기수·미수를 불문하고 교사범이 성립할 수 있다.

404) * 실행행위에 관한 착오
1. 피교사자인 정범이 실행행위를 하는 과정에서 객체의 착오나 방법의 착오를 일으킨 경우
(1) 구체적 사실의 착오
甲이 乙에게 丙을 살해할 것을 교사하였는데 乙이 착오로 丁을 살해한 경우⇒법정적 부합설→甲은 丁에 대한 살인기수의 교사범이 성립. 구체적 부합설→甲은 丙에 대한 살인미수의 교사범이 성립한다.
(2) 추상적 사실의 착오
甲이 乙에게 丙을 살해할 것을 교사하였는데 乙이 착오로 丁의 재물을 손괴한 경우⇒甲은 丙에 대한 살인미수의 교사범이 성립한다(법정적 부합설=구체적 부합설).
2. 교사내용과 실행행위가 일치하지 않는 경우
(1) 교사내용보다 적게 실행한 경우
특수강도를 교사하였는데 단순강도를 실행한 경우→단순강도죄의 교사범
강도를 교사하였는데 절도를 실행한 경우→절도교사와 강도예비죄의 상상적 경합
(2) 교사내용을 초과하여 실행한 경우
강도를 교사하였는데 강간을 한 경우→강도의 예비·음모
절도를 교사하였는데, 살인을 한 경우→무죄
절도를 교사했는데 강도를 실행한 경우→절도죄의 교사범

④ 교사범의 처벌

교사범은 정범과 동일한 형으로 처벌한다(제31조 제1항). 여기서 동일한 형은 법정형을 말하므로 선고형은 달라질 수 있다. 자기의 지휘·감독을 받는 자를 교사한 때에는 정범에 정한 형의 장기 또는 다액의 2분의 1까지 형이 가중된다(제34조 제2항).

7) 종범
① 개념

종범이란 타인의 범죄를 방조하는 자를 말한다. 종범은 이미 범행결의를 가진 자의 실행행위를 도와주거나 그 결의를 강화시킨다는 점에서 아직 범죄를 결의하지 아니한 자에게 새로이 범행결의를 생기게 하는 교사범과 구별되고, 행위지배가 없다는 점에서 기능적 행위지배를 하는 공동정범 및 의사지배를 하는 간접정범과 구별된다.

방조행위가 각칙상 독립된 구성요건으로 규정된 경우(간첩방조(제97조 제1항), 도주원조(제147조), 자살방조(252조 제2항), 아편흡식 등 장소제공(제201조 제1항), 도박개장(재247조) 등)에는 방조행위 자체가 정범의 실행행위에 해당하므로 제32조는 적용되지 않는다.

② 성립요건
가. 종범의 방조행위
a. 방조의 개념

방조란 정범의 범행결의를 강화하거나 실행을 돕는 일체의 원조행위를 말한다. 방조행위의 수단·방법에는 제한이 없으며, 정범의 실행을 용이하게 하는 것이면 족하다. 조언, 격려 등과 같이 무형적 방법에 의한 정신적 방조행위든, 범행도구나 범죄자금의 제공과 같이 유형적 방법에 의한 물질적 방조행위든 불

사기를 교사하였는데 기망을 근거로 공갈을 한 경우→사기죄의 교사범
상해를 교사하였는데 살인 또는 상해치사를 범한 경우→교사자에게 사망에 대한 과실이 있으면 상해치사죄의 교사범, 과실이 없으면 상해죄의 교사범
* 피교사자에 대한 착오
피교사자에 대한 착오란 피교사자가 책임능력자인 줄 알고 교사하였으나 사실은 책임무능력자인 경우, 또는 그 반대의 경우를 말한다. 피교사자의 책임능력에 대한 인식은 교사자의 고의의 내용에 포함되지 않으므로 이에 대한 착오는 교사자의 고의를 조각하지 않는다. 다만 이 경우에 공범형식상 간접정범이 성립하는가 교사범이 성립하는가가 문제 되나, 어느 경우이든 의사지배가 인정되지 않기 때문에 교사범이 성립한다고 보는 것이 통설이다.

문한다.

b. 방조의 시기

방조의 시기는 정범이 실행에 착수한 이후에는 물론이고, 예비단계에 방조한 때에도 그 후 정범의 실행의 착수가 있으면 방조가 성립한다. 또한 정범의 범죄가 기수가 된 후라도 그 종료 전에는 방조가 가능하다.

c. 부작위에 의한 방조

방조는 반드시 작위에 한하지 아니하며, 결과발생을 방지해야 할 보증인 지위에 있는 경우에는 부작위에 의한 방조가 가능하다(통설·판례).[405]

나. 방조자의 고의

종범은 정범의 실행행위를 방조한다는 방조의 고의와 구성요건적 결과를 실현한다는 사실에 대한 정범의 고의 내지 기수의 고의가 있어야 하는 점은 교사범과 같다.

방조자의 고의는 특정한 정범과 특정한 범죄에 대한 고의여야 한다. 그러나 방조자가 정범의 정확한 신원 및 정범의 실존유무를 반드시 알 필요는 없다. 또 방조자는 특정 범죄의 본질적 표지를 인식해야 하나, 범행의 세부적인 사항까지 인식할 필요는 없다.

정범의 행위가 미수에 그칠 것을 예견하면서 방조하는 경우에 피방조자는 미수범처벌규정이 있으면 미수범으로 처벌되나, 방조자는 기수의 고의가 없으므로 불가벌이 된다. 다만, 미수의 방조가 기수를 유발한 경우에는 과실범이 성립할 수 있다.

정범이 방조행위를 인식하지 못한 편면적 방조의 경우는 방조자와 정범 사이에 반드시 의사의 연락을 요하는 것은 아니므로 이 경우에도 종범이 성립한다. 이 점에서 편면적 교사나 편면적 공동정범이 불가능한 것과 차이가 있다.

다. 방조행위의 인과관계

방조범이 성립하려면 방조행위가 정범의 구성요건 실현에 원인이 될 것을 요한다(다수설). 다만 여기에서 말하는 인과관계는 '방조행위가 없었다면 실행행

---

405) 대판 1984.11.27. 84도1906. 형법상 방조는 작위에 의하여 정범의 실행행위를 용이하게 하는 경우는 물론, 직무상의 의무가 있는 자가 정범의 범죄행위를 인식하면서도 그것을 방지하여야 할 제반 조치를 취하지 아니하는 부작위로 인하여 정범의 실행행위를 용이하게 하는 경우에도 성립된다 할 것이므로, 은행지점장이 정범인 부하직원들의 범행을 인식하면서도 그들의 은행에 대한 배임행위를 방치하였다면 배임죄의 방조범이 성립된다.

위도 없었을 것'이라는 조건적 인과관계가 아니라, 방조행위가 범죄실행의 방법이나 수단에 영향을 미쳤다는 의미에서의 합법칙적 관련을 의미한다. 따라서 甲이 乙에게 범행에 사용할 흉기를 제공하였으나 乙이 그 도구를 사용하지 않고 범행을 한 때에는 물질적 방조는 벌할 수 없지만, 그로 인하여 乙의 범행결의가 강화되었다는 것이 증명되는 경우에는 정신적 방조가 되어 甲을 종범으로 벌할 수 있다. 판례는 방조행위란 '실행행위와 직접적으로 밀접한 관계에 있는 행위'를 말한다고 보고 있는데(대판 1965.8.17. 65도388), 이는 긍정설의 입장으로 해석된다.[406]

라. 정범의 실행행위

종범이 성립하기 위해서는 정범이 적어도 실행에 착수하여야 한다(공범의 종속성). 정범의 행위는 고의범이어야 하며, 과실범에 대한 방조는 간접정범이 성립할 뿐이다(제34조 제1항).

정범의 실행의 착수가 없는 '기도된 방조'는 교사와 달리 처벌규정이 없어 불가벌이며, 이 경우에 예비죄에 대한 종범도 성립할 수 없다.

정범의 실행행위는 구성요건에 해당하고 위법해야 하나 유책할 필요는 없다(제한적 종속형식).

③ 종범의 처벌

필요적 감경이나(제32조 제2항), 특별규정에 의하여 종범에게 정범과 동일한 형을 과하는 경우도 있다(간첩방조죄(제98조 제1항)와 관세법위반죄(관세법 제182조 제1항)).

Ⅲ 각종의 죄

1. 죄의 유형

형법은 각칙에서 각종 죄의 구성요건과 형벌에 대하여 규정하고 있다. 형법

---

406) 판례에 의하면 정범의 실행행위와 직접 관련이 없는 행위, 예컨대 간첩이란 정을 알면서 간첩에게 숙식을 제공하였거나(대판 1967.1.31. 66도1661), 간첩을 숨겨 주거나(대판 1979.10.10. 79도1003), 무전기를 매몰하는데 망을 보아 주거나(대판 1983.4.26. 83도416), 간첩의 심부름으로 안부편지나 사진을 전달한 것(대판 1966.7.12. 66도470)만으로는 간첩죄에 대한 방조행위가 될 수 없다.

이 규정하는 범죄는 그로 인하여 침해되는 법익 즉 법에 의하여 보호되는 이익에 따라 개인적 법익에 관한 죄, 사회적 법익에 관한 죄, 국가적 법익에 관한 죄로 분류된다.

1) 개인적 법익에 관한 죄
① 사람의 생명과 신체에 대한 침해를 내용으로 하는 죄로 살인죄(제250조), 상해죄(제257조), 폭행죄(제260조), 과실치사상죄(제262조), 낙태죄(제269조), 유기와 학대의 죄(제271 내지 274조)가 있다.
② 사람의 의사결정·행동·성적 자기결정 등의 자유를 침해하는 죄로 협박죄(제283조), 체포와 감금의 죄(제276조), 약취와 유인의 죄(제287 내지296조), 강요죄(제324조), 강간과 추행의 죄(제297 내지 306조) 등이 있다.
③ 사람의 명예와 신용을 침해하는 죄로 명예훼손죄(제307조), 모욕죄(제311조), 신용훼손죄(제313조), 업무방해죄(제314조), 경매·입찰방해죄(제315조) 등이 있다.
④ 사람의 사생활의 평온을 침해하는 죄로 비밀침해죄(제316조), 업무상비밀누설죄(제317조), 주거침해죄(제319조) 등이 있다.
⑤ 사람의 재산권을 침해하는 죄로 절도죄(제329 내지 332조), 강도죄(제333 내지 346조), 사기죄(제347 내지 349조), 공갈죄(제350 내지 354조), 횡령과 배임의 죄(제355 내지 359조), 장물죄(제362 내지 365조), 손괴죄(제366 내지 369조). 권리행사를 방해하는 죄(제323 내지 328조)가 있다.

2) 사회적 법익에 관한 죄
① 사회공공의 안전과 평온을 해하는 죄로 범죄단체의 조직, 소요죄, 다중불해산죄, 공무원자격의 사칭 등 공안을 해하는 죄(제114 내지 118조), 폭발물에 관한 죄(제119 내지 121조), 방화와 실화의 죄(제164 내지 176조), 일수와 수리에 관한 죄(제177 내지 184조), 교통방해의 죄(제185 내지 191조)가 있다.
② 사회공공의 신용을 해하는 죄로 통화에 관한 죄(제207 내지 213조), 유가증권·우표와 인지에 관한 죄(제214 내지 224조), 문서에 관한 죄(제225 내지 237조의 2), 인장에 관한 죄(제238 내지 240조)가 있다.
③ 공중의 건강을 해하는 죄로 음용수에 관한 죄(제192 내지 197조), 아편에

관한 죄(제198 내지 206조)가 있다.

④ 사회의 도덕을 해하는 죄로 간통·음행매개·음화 등 반포·판매 등 성풍속에 관한 죄(제241 내지 245조), 도박과 복표에 관한 죄(제246 내지 249조), 장례식·제사·예배·설교방해·분묘발굴 등 신앙에 관한 죄(제158내지163조)가 있다.

3) 국가적 법익에 관한 죄

① 국가의 존립과 권위를 해하는 죄로 내란죄(제87 내지 91조), 외환죄(제92 내지 104조의 2), 국기·국장모독 등 국기에 관한 죄(제105, 106조), 외국원수에 대한 폭행 등·외국국기·국장모독·외교상비밀누설·중립명령위반 등 국교에 관한 죄(제107 내지 113조)가 있다.

② 국가의 기능을 해하는 죄로 직무유기·직권남용·뇌물 등 공무원의 직무에 관한 죄(제122 내지 135조), 공무방해에 관한 죄(제136 내지 144조), 도주와 범인 은닉의 죄(제145 내지 151조), 위증과 증거인멸의 죄(제152 내지 155조), 무고죄(제156, 157조)가 있다.

4) 이하에서는 살인과 낙태, 폭행과 상해, 명예훼손과 모욕, 횡령과 배임, 성 관련 범죄, 공무원의 직무 관련 범죄에 대하여 살펴본다.

2. 살인과 낙태

1) 살인죄 개념

살인죄란 사람을 살해함으로써 그 생명을 침해하는 것을 내용으로 하는 범죄를 말한다. 살인죄의 보호법익은 사람의 생명이다. 사람의 생명은 헌법의 가치체계에서 최고의 법익이기 때문에 형법은 사람의 지위고하·연령을 불문하고 절대적으로 보호한다.

형법은 제250조 제1항에서 사람을 살해한 자는 사형·무기 또는 5년 이상의 징역에 처한다고 규정하여 살인죄의 기본적 구성요건 및 처벌내용을 정하고 있고, 존속살해(형법 제250조 제2항)의 경우에는 그 패륜성을 감안하여 처벌을 가중하고, 영아살해(제251조)의 경우에는 직계존속이 치욕을 은폐하거나 양육할 수 없음을 예상하는 등 특별히 참작할 만한 동기로 인하여 분만 직후의 비정상적인 상태에서 저지르는 것임을 감안하여 처벌을 감경하고 있다. 그 외에는 모의 살해나 고의살해 등을 구별 않고 있다.

2) 구성요건
① 행위의 객체
살인죄의 대상은 사람이다. 사람은 자연인만 의미하고 법인은 해당되지 않는다.

사람의 시기에 관해서는 분만 중의 영아 살해가 인정되고, 태아에 대한 상해·낙태미수·과실낙태에 대한 처벌규정이 없어 모체에서 노출되기 전의 영아의 생명도 보호할 필요가 있다는 점에서 분만이 개시되는 규칙적인 진통이 있는 때를 사람의 개시시기로 보는 것이 통설이다. 민법에서 전부노출설을 취하고 있는 것과 다르다.

사람의 종기는 심장의 고동이 영구적으로 정지한 때로 보는 맥박정지설이 우리나라 통설이다. 1967년 심장이식 수술에 성공하면서 장기이식의 필요에 따라 모든 뇌기능의 불가역적 소실을 사망으로 보는 뇌사설이 등장하였는데, 우리도 1999년에 뇌사자의 장기적출을 허용하는 장기 등 이식에 관한 법률이 제정되면서 뇌사설을 취한 것이라는 논의가 있으나 아직은 소수설이다.[407]

② 행위
고의로 사람의 생명을 자연적인 사기에 앞서서 단절시키는 것이다.

가. 행위방법
살해의 수단·방법은 제한이 없다. 작위·부작위, 유형·무형(정신적 고통이나 충격)의 방법을 불문한다. 다만 미신적 방법은 인정되지 아니한다(불능범). 허위의 고소·고발(무고), 위증 등을 통한 재판에 의한 살인(간접정범)은 인정되지 않는다. 법원의 직권에 의한 실체진실발결의무가 있으므로 고발인이나 증인이 재판을 지배하였다고는 할 수 없기 때문이다.

나. 기수시기
사망의 결과발생 시 본죄의 기수가 된다. 살해행위와 사망 사이에는 인과관계가 있어야 하며, 없으면 미수에 그친다. 치사량에 미달하는 극약으로 사람을

---

407) 동법은 살아 있는 자, 뇌사자 및 사망한 자를 구별하고 있고(3조 5호), 뇌사자의 사망시기를 뇌사판정을 받은 때가 아닌 장기적출로 사망한 때로 보고 있어 뇌사설을 취한 것으로는 볼 수 없다.

살해하려고 했을 때에는 불능미수가 되나, 그것이 피해자에 대하여 치사량에 미달하였다고 할지라도 일반적으로는 사람을 살해할 수 있는 정도인 때에는 본죄의 장애미수이다. 형법 제27조와 제25조의 구별.

③ 주관적 구성요건

주관적 구성요건으로 고의가 있어야 한다. 고의는 객관적 구성요건요소인 사람을 살해한다는 인식과 의사를 의미한다.[408]

판례상 살인죄를 인정한 경우. ① 시내버스를 운전하여 사람에게 돌진한 경우(88도692), ② 피해자가 맞아 죽어도 무방하다고 생각하고 총을 발사한 경우(75도217). ③ 돌이나 각목으로 사람의 머리를 강타한 경우(98도980). ④ 칼로 사람의 복부(89도2087)나 목을 찌른 경우(87도1091). ⑤ 사람의 목을 조르거나(94도2511), ⑥ 질주하는 차에서 사람을 추락시킨 경우(1957.5.24. 4290형상56)

④ 안락사와 존엄사

이에 관해서는 정당행위 부분의 기타 사회상규에 반하지 않는 행위부문 참조.

⑤ AIDS 감염행위

AIDS에 감염된 자가 상대방에게 자신의 감염사실을 알리지 않고 콘돔사용 등 예방조치 없이 성행위를 하여 AIDS를 감염시켰을 경우에 대하여 AIDS는 의학적으로 치료가능성이 없거나 희박한 질병이므로 중상해죄에 해당하고 사망하면 상해치사죄가 된다는 입장과 100%사망하므로 살인죄가 된다는 입장이 있다.

3) 존속살해죄의 위헌성

자기 또는 배우자의 직계존속을 살해한 자는 사형, 무기 또는 7년 이상의 징역에 처하는데, 존속살해죄의 형을 살인죄에 대하여 가중한 것이 직계비속이라는 신분을 이유로 차별 대우한 것이기 때문에 평등의 원칙을 규정한 헌법 제11조 제1항에 반한다는 논의가 있다.

위헌설은 봉건적 가족제도의 유산이다. 효도는 도덕적 가치이며 형벌로 강제될 수 없다. 현실적으로는 존속의 가혹행위가 범행을 도발하는 경우가 많다는

---

408) 판례상 살인죄를 인정한 경우로. 돌이나 각목으로 사람의 머리를 강타한 경우(대판 1998.6.9. 98도980), 차량을 운전하여 사람에게 돌진한 경우(대판 1988.6.14. 88도692), 사람의 목을 조른 경우(대판 1994.12.22. 94도2511), 칼로 사람의 복부(대판 1989.12.26. 89도2087)나 목을 찌른 경우(대판 1987.7.21. 87도1091), 피해자가 맞아 죽어도 무방하다고 생각하고 총을 발사한 경우(대판 1975.3.11. 75도217) 등이 있다.

등의 이유를 근거로 한다.

합헌설은 평등은 절대적 평등만을 의미하지 아니하고 합리적 차별은 평등원칙에 부합한다. 가중 처벌하는 것은 자의 부에 대한 도덕적 의무를 강조한 것으로 인류 보편적 도덕원리이다. 이죄는 비속의 패륜성을 비난하는 데 주목적이 있고, 존속이 강하게 보호받는 것은 반사적 이익에 불과하다는 등의 이유에 근거하고 있다.

판례는 가중처벌이 평등권을 침해하거나 가족제도에 관한 인간의 존엄과 가치 또는 행복추구권을 침해하는 것은 아니라고 본다.[409]

4) 자살관여·방조죄(제252조 제2항)

사람을 교사 또는 방조하여 자살하게 함으로써 성립하는 범죄를 말한다. 살인죄나 상해죄의 사람은 타인을 의미하므로 자살은 구성요건해당성이 없기 때문에 처벌할 수 없으나, 타인의 자살에 관여하는 것은 타인의 생명을 침해하는 행위이므로 처벌한다.

교사는 자살의사 없는 자에게 자살을 결의하게 하는 것을 말하고, 수단은 명시, 묵시 등 제한이 없다.

방조는 이미 자살을 결의하고 있는 자에게 도움을 주어 자살을 용이하게 하는 것을 말하는데, 도움은 물질적·정신적·유형적·무형적 모든 방법을 포함한다.[410]

합의에 의한 공동자살 내지 同死를 기도한 자 가운데 한 사람이 살아났을 때, 자기는 같이 죽을 의사 없이 同死한다고 상대방을 기망한 경우에는 위계·위력에 의한 살인죄(제253조)에 해당하고, 진정으로 같이 죽을 의사로 죽을 약

---

409) 헌법재판소 2002.3.28. 2000헌바53.

410) 대판 1992.7.24. 92도1148, 망인의 분신자살경위, 증거물인 수첩, 업무일지, 메모지 등이 피고인에 의하여 사후에 조작되었다는 점, 망인의 분신자살 전후에 나타난 피고인의 행적 및 진술 등에 비추어 피고인은 망인이 자살하려는 정을 알고 그 유서를 대필해 주었으며 그 후 그 사실을 은폐하려 한 것이라고 보아 자살방조의 범죄사실을 인정.
대판 2005.6.10. 2005도1373, 자살방조죄는 자살하려는 사람의 자살행위를 도와주어 용이하게 실행하도록 함으로써 성립되는 것으로서, 그 방법에는 자살도구인 총, 칼 등을 빌려 주거나 독약을 만들어 주거나 조언 또는 격려를 한다거나 기타 적극적, 소극적, 물질적, 정신적 방법이 모두 포함된다 할 것이나, 이러한 자살방조죄가 성립하기 위해서는 그 방조 상대방의 구체적인 자살의 실행을 원조하여 이를 용이하게 하는 행위의 존재 및 그 점에 대한 행위자의 인식이 요구된다.
피고인이 인터넷 사이트 내 자살 관련 카페 게시판에 청산염 등 자살용 유독물의 판매광고를 한 행위가 단지 금원 편취 목적의 사기행각의 일환으로 이루어졌고, 변사자들이 다른 경로로 입수한 청산염을 이용하여 자살한 사정 등에 비추어, 피고인의 행위는 자살방조에 해당하지 않는다.

속을 하고 情死를 기도하였으나 살아난 경우에는 타인의 자살을 방조한 사실
이 인정되면 당연히 자살관여·방조죄가 성립한다.

5) 낙태죄
① 개념
낙태죄는 태아를 자연적인 분만기에 앞서서 인위적으로 모체에 배출하거나
태아를 모체 내에서 살해하는 것을 내용으로 하는 범죄이다.
태아의 생명에 위험을 주지 않고 모체의 건강을 위하여 조기 출산케 하는 인
공출산을 낙태라 볼 수 없으므로 낙태죄는 임신중절에 의하여 태아를 살해하는
것을 내용으로 하는 범죄라는 견해도 있다.
② 보호법익과 보호 정도
낙태죄의 보호법익은 태아의 생명을 주된 보호법익으로 하고 부차적으로 모
체의 생명·신체의 안전을 보호한다는 설이 다수설이다.
낙태죄의 보호 정도는 태아를 살해하여야 성립한다는 침해범설(소수설), 태아
를 자연적인 분만기에 앞서서 인위적으로 모체 밖으로 배출하는 것 자체로 기
수가 된다는 추상적 위험범설(다수설, 판례), 태아를 배출하여 사망(구체적으로
위험발생)하여야 성립한다는 구체적 위험범설이 있다.[411]
③ 모자보건법
일정한 요건(의사에 의하여 행할 것·본인과 배우자의 동의(사실혼 포함)가
있을 것·임신 28주 이내일 것을 전제로, 모체의 건강을 해하거나 해할 우려·
본인 또는 배우자의 우생학적 정신장애·신체질환·전염성질환이 있거나, 강간
또는 준강간·혼인할 수 없는 혈족 또는 인척간의 임신일 경우)에 한하여 인공
임신중절수술을 허용하고 있다.

6) 업무상과실·중과실 치사상죄
① 개념
업무상 과실 또는 중대한 과실로 인하여 사람을 사상에 이르게 한 자는 5년
이하의 금고 또는 2천만 원 이하의 벌금에 처한다. 업무자는 보통인과 달리 고

---

411) 대판 2005.4.15. 2003도2780. 낙태죄는 태아를 자연분만기에 앞서서 인위적으로 모체 밖으로 배출하거나
모체 안에서 살해함으로써 성립하고, 그 결과 태아가 사망하였는지 여부는 낙태죄의 성립에 영향이 없다.

도의 주의의무가 있다는 점에서 중과실과 함께 가중 처벌하는 것이다.

② 업무

업무란 사회생활상의 지위에서 계속적으로 행하는 사무를 말한다. 여기의 업무는 사람의 생명·신체를 침해할 위험이 높은 일(자동차 운전, 치료행위, 위험시설물 관리, 보육원의 아동보호 행위 등)에 국한하고, 업무자는 그 일을 직접 행하는 사람에 국한한다. 회사업무에 관여 않는 회장, 공장을 임대하는 자 등은 제외된다.

③ 중과실

중과실은 통상의 과실에 비하여 주의의무를 현저히 태만히 한 경우로 구체적인 경우에 사회통념을 고려하여 판단한다.

④ 교통사고

가. 교통사고처리특례법

차량의 운전자가 업무상 과실치사상죄를 범한 경우에는 교통사고처리특례법에 의하여 처벌된다. 위 법에 따르면 운전자가 종합보험에 가입하고 있으면 10대 중대위반사고가 아니면 형사 처분을 받지 않는 것으로 되어 있으나, 중대한 위반사고를 10개로 제한한 것에 대한 위헌결정이 있었으므로 앞으로는 개별적인 경우에 따라 중대사고 여부를 판단하여야 한다.

나. 도주차량죄

도로교통법 제2조에 규정된 자동차·원동기장치자전거 또는 궤도차의 교통으로 인하여 업무상과실치사상죄를 범한 당해 차량의 운전자가 피해자를 구호하는 등 도로교통법 제54조 제1항의 규정에 의한 조치를 취하지 아니하고 도주한 때에는 다음의 구분에 따라 가중 처벌한다(특정범죄가중처벌 등에 관한 법률 제5조의 3).[412]

---

412) 대판 2008.10.9. 2008도3078. 도주운전죄가 성립하려면 피해자에게 사상의 결과가 발생하여야 하고, 생명·신체에 대한 단순한 위험에 그치거나 형법 제257조 제1항에 규정된 '상해'로 평가될 수 없을 정도의 극히 하찮은 상처로서 굳이 치료할 필요가 없는 것이어서 그로 인하여 건강상태를 침해하였다고 보기 어려운 경우에는 위 죄가 성립하지 않는다.
대판 2008.7.10. 2008도1339. 피해자를 구호할 필요가 있었는지 여부는 사고의 경위와 내용, 피해자의 나이와 그 상해의 부위 및 정도, 사고 뒤의 정황 등을 종합적으로 고려하여 판단하여야 한다.
대판 2007.10.11. 2007도1738. 사고 운전자가 교통사고 현장에서 경찰관에게 동승자가 사고차량의 운전자라고 진술하거나 그에게 같은 내용의 허위신고를 하도록 하였더라도, 사고 직후 피해자가 병원으로 후송될 때까지 사고장소를 이탈하지 아니한 채 경찰관에게 위 차량이 가해차량임을 밝히고 경찰관의 요구에 따라 동승자와 함께 조사를 받기 위해 경찰 지구대로 동행한 경우, 구 특정범죄 가중처벌 등에 관한 법률 제5

3. 상해와 폭행죄

1) 개념, 보호법익

상해죄는 고의로 사람의 신체의 생리적 기능을 침해함으로써 성립하는 범죄이고, 폭행죄는 사람의 신체에 대하여 유형력을 행사하여 신체의 완전성을 해함으로써 성립하는 범죄이다.

상해죄의 보호법익은 사람의 신체의 건강이고, 보호 정도는 침해범이며, 폭행죄의 보호법익은 사람의 신체의 안정이고, 보호 정도는 추상적 위험범이다. 폭행죄가 형식적으로 사람에 대하여 유형력을 행사하는 행위 자체를 범죄로 보아 형식범이고, 상해죄는 그 내용의 침해를 말하여 상해죄는 침해범이다.

2) 상해죄의 구성요건

① 객체

상해죄의 객체는 타인의 신체이다. 태아에 대한 상해는 인정되지 않고, 태아를 사망시킨 것이 임산부에 대한 상해가 될 수는 없다.[413]

조의 3의 도주에 해당하지 않는다.

대판 2007.9.6. 2005도4459, 만취 운전자가 교통사고 직후 취중상태에서 사고현장으로부터 수십 미터까지 혼자 걸어가다 수색자에 의해 현장으로 붙잡혀 온 사안에서, 제반 사정상 적어도 위 운전자가 사고발생 사실과 그 현장을 이탈한다는 점을 인식하고 있었다고 보이므로 만취 등 사유만으로 도주의 범의를 부인할 수 없다.

대판 2007.5.10. 2007도2085, 피고인이 피해자와 직접 대화함으로써 피해자에게 통증 진술의 기회를 부여하든지 아니면 적어도 피고인이 정차하여 피해자의 상태를 눈으로 확인하여야 구호조치의 필요가 없는 경우라고 판단할 수 있을 것이고, 그렇지 않았던 경우에는 구호조치의 필요가 없었다고 쉽사리 판단하여서는 아니 된다.

대판 2007.2.9. 2006도6737, 이 사건 사고로 인하여 외견상 쉽게 확인하기 어려운 좌상, 염좌 등의 상해만을 입은 피해자들이 교통사고 직후에 피고인과 정상적인 대화를 나누었고 사고 현장에 출동한 경찰관에게도 사고 상황에 관하여 구체적으로 설명한 점 등을 종합하여, 피해자들이 이 사건 사고로 인하여 피고인 등으로부터 구호를 받아야 할 정도의 상해를 입었다고 단정하기 어렵고, 나아가 피고인이 이미 목격자와 피해자들에게 자신의 신원을 구체적으로 알려 준 다음 경찰관들과 피고인의 아들 등이 사고를 수습하기 위하여 사고현장에 도착한 이후에 일시적으로 그 현장을 이탈한 것이기 때문에 교통사고를 낸 자가 누구인지 확정될 수 없는 상태를 초래하였다고 볼 수도 없다.

413) 대판 2007.6.29. 2005도3832, 현행 형법이 사람에 대한 상해 및 과실치사상의 죄에 관한 규정과는 별도로 태아를 독립된 행위객체로 하는 낙태죄, 부동의 낙태죄, 낙태치상 및 낙태치사의 죄 등에 관한 규정을 두어 포태한 부녀의 자기낙태행위 및 제3자의 부동의 낙태행위, 낙태로 인하여 위 부녀에게 상해 또는 사망에 이르게 한 행위 등에 대하여 처벌하도록 한 점, 과실낙태행위 및 낙태미수행위에 대하여 따로 처벌규정을 두지 아니한 점 등에 비추어 보면, 우리 형법은 태아를 임산부 신체의 일부로 보거나, 낙태행위가 임산부의 태아양육, 출산 기능의 침해라는 측면에서 낙태죄와는 별개로 임산부에 대한 상해죄를 구성하는 것으로 보지는 않는다고 해석된다. 따라서 태아를 사망에 이르게 하는 행위가 임산부 신체의 일부를 훼손하는 것이라거나 태아의 사망으로 인하여 그 태아를 양육, 출산하는 임산부의 생리적 기능이 침해되어 임산부에 대한 상해가 된다고 볼 수는 없다.

② 행위

상해죄의 행위는 상해인데 그 의미에 관해서는 3가지 학설이 대립하고 있다.

가. 신체의 완전성 침해설

상해를 신체의 완전성에 대한 침해라고 하는 견해로 신체 내부는 물론이고 외부의 완전성을 침해하는 것만으로도 상해가 된다고 본다. 폭행죄는 행위 자체를 범죄로 하고(위험범), 상해죄는 침해를 의미한다(침해죄)는 점에서. 생리적 기능 훼손 및 신체의 외관을 변경시키는 것 즉 수염, 손톱, 모발절단, 일시적 인사불성도 상해가 된다.

나. 생리적 기능 훼손설(다수설)

상해를 협의로 파악하여 사람의 생리적 기능을 훼손시키거나 건강을 해치는 것이라고 본다. 이 설에 의하면 상해란 내부적 생리기능 훼손을 의미하고, 폭행은 외부적 완전성 침해를 의미한다. 신체에 상처를 내거나 신체 일부의 박탈은 상해이지만, 모발의 절단, 일시적 인사불성은 폭행에 해당하나 상해라 할 수 없다.

다. 절충설

상해를 생리적 기능의 훼손과 신체외모에 대한 중대한 변화라고 하는 설이다. 생리적 기능을 훼손하는 행위뿐만 아니라 신체의 외모에 중대한 변화를 가하는 행위도 상해이다. 여자의 모발·남자의 수염의 현저한 절단은 상해죄이나, 남자의 모발·손톱절단은 폭행이다.

③ 상해의 수단

상해의 수단 방법에 제한이 없어 유형력의 행사, 폭행, 공포, 경악, 작위, 부작위를 불문한다. 야간, 2인 이상 공동, 흉기 소지한 경우는 폭력행위등처벌에 관한법률에 의해 가중 처벌된다.

④ 주관적 구성요건

사람의 생리적 기능을 훼손한다는 인식과 의사가 있어야 하고, 상해의 고의가 없을 때에는 폭행치상죄가 성립하고, 상해의 고의가 있으나 사람이 상해에 이르지 못한 때에는 상해미수죄가 된다.

3) 판례상 상해의 인정 여부414)

4) 폭행죄의 구성요건

① 객체

타인의 신체이다. 외국원수와 사절에 대해서는 따로 규정이 있다(제107, 108조).

② 행위

폭행죄의 행위는 폭행이나 형법상으로는 여러 의미로 사용된다.

가. 최광의의 폭행

사람·물건 등 그 대상을 불문하고 일체의 유형력의 행사를 말한다. 소요죄(제115조), 다중불해산죄(제116조), 내란죄(제87조)에서의 폭행이 그것이다.

나. 광의의 폭행

사람에 대한 직접·간접의 유형력의 행사를 말한다. 공무집행방해죄(제136조), 특수도주죄(제146조), 강요죄(제324조)의 각 폭행이 그것이다.415)

---

414) 인정된 경우

대판 1993.7.23. 92도2345. 난소의 제거로 이미 임신불능 상태에 있는 피해자의 자궁을 적출했다 하더라도 그 경우 자궁을 제거한 것이 신체의 완전성을 해한 것이 아니라거나 생활기능에 아무런 장애를 주는 것이 아니라거나 건강상태를 불량하게 변경한 것이 아니라고 할 수 없다.

대판 2000.2.11. 99도4794. 피해자가 강제추행 과정에서 가해자로부터 왼쪽 젖가슴을 꽉 움켜잡힘으로 인하여 왼쪽 젖가슴에 약 10일간의 치료를 요하는 좌상을 입고, 심한 압통과 약간의 종창이 있어 그 치료를 위하여 병원에서 주사를 맞고 3일간 투약을 한 경우. 피해자는 위와 같은 상처로 인하여 신체의 건강상태가 불량하게 변경되고 생활기능에 장애가 초래되었다 할 것이다.

대판 1995.7.25. 94도1351. 처녀막은 부녀자의 신체에 있어서 생리조직의 일부를 구성하는 것으로서, 그것이 파열되면 정도의 차이는 있어도 생활기능에 장애가 오는 것이라고 보아야 한다.

대판 1999.1.26. 98도3732. 정신과적 증상인 외상 후 스트레스 장애가 성폭력범죄의처벌및피해자보호등에관한법률 제9조 제1항 소정의 상해에 해당한다.

대판 1996.12.10. 96도2529. 오랜 시간 동안의 협박과 폭행을 이기지 못하고 실신하여 범인들이 불러온 구급차 안에서야 정신을 차리게 되었다면, 외부적으로 어떤 상처가 발생하지 않았다고 하더라도 생리적 기능에 훼손을 입어 신체에 대한 상해가 있었다.

부정된 경우

대판 1987.10.26. 87도1880. 피고인이 피해자를 강간하려다가 미수에 그치고 그 과정에서 발생한 위 피해자의 왼쪽 손바닥에 약 2센티미터 정도의 긁힌 상처는 일상생활에서 얼마든지 생길 수 있는 극히 경미한 상처로서 굳이 치료할 필요도 없는 것이어서 그로 인하여 인체의 완전성을 해하거나 건강상태를 불량하게 변경하였다고 보기 어렵다.

대판 1996.12.23. 96도2673. 피고인이 피해자와 연행문제로 시비하는 과정에서 피해자에게 약 1주간의 치료를 요하는 좌측 팔 부분의 동전크기의 멍이 든 것이 상해죄에서 말하는 상해에 해당되지 않는다.

대판 1986.7.8. 85도2042. 강간 도중 흥분하여 피해자의 왼쪽 어깨를 입으로 빨아서 생긴 동전크기 정도의 반상출혈상강간치상죄의 상해에 해당한다 할 수 없다.

대판 2000.3.23. 99도3099. 피해자의 음모의 모근(모근) 부분을 남기고 모간(모간) 부분만을 일부 잘라 냄으로써 음모의 전체적인 외관에 변형만이 생긴 경우.

415) 대판 1981.3.24. 81도326. 경찰관이 공무를 집행하고 있는 파출소 바닥에 인분이 들어 있는 물통을 집어 던진 행위는 경찰관에 대한 폭행이다.

다. 협의의 폭행

사람의 신체에 대한 유형력의 행사이다. 폭행죄(제260조), 특수공무원폭행죄(제125조)에서의 폭행이 그것이다.

라. 최협의의 폭행

상대방의 반항을 불가능하게 하거나 현저히 곤란하게 할 정도의 폭행이다. 강간죄(제297조), 강도죄(제33③3조)의 폭행이 그것이다.

③ 폭행의 수단·방법

가. 유형력

유형력이란 사람의 오관에 직접·간접으로 작용하여 육체적·정신적으로 고통을 줄 수 있는 광의의 물리력을 말한다. 물리력을 이용하여 정신적 고통을 가하는 심리적 고통도 폭행의 개념에 포함된다.

나. 유형력의 범위

유형력의 범위는 무제한하다. 구타, 밀치는 행위, 손·옷을 세차게 잡아당기는 행위, 얼굴에 침을 뱉는 행위, 좁은 공간에서 흉기를 휘두르는 행위, 돌을 던지는 행위, 수염·모발의 절단, 일시적 구속, 심한 소음, 음향, 계속된 전화벨, 폭언의 수차례 반복, 고함을 질러 놀라게 하는 경우, 최면술, 마취약, 수면제 먹이는 것, 빛, 열, 전기, 냄새 등이 모두 유형력에 해당한다. 단순한 욕설이나 폭언은 폭행이 아니다.[416]

다. 유형력의 대상

유형력은 사람의 신체에 대하여 직·간접적으로 행해지면 된다. 사람에게 돌을 던졌으나 빗나가거나, 스치거나, 소지품으로 맞은 것도 폭행이다.[417] 폭행죄이다.

④ 주관적 구성요건(폭행의 고의)

타인의 신체에 대하여 유형력을 행사한다는 사실에 대한 인식과 의사가 있어야 한다.

5) 폭행죄의 기수시기

본죄는 거동범으로 유형력의 행사만 있으면 기수가 되고, 결과발생은 필요

---

416) 대판 1990.2.13. 89도1406.
417) 대판 1990.2.13. 89도1406.

없다. 형법에는 폭행죄의 미수가 없으나, 폭력행위등처벌에관한법률 제6조에는 미수범 처벌규정이 있다.

6) 반의사불벌죄(260조 3항)

폭행죄는 피해자의 명시한 의사에 반하여 공소를 제기할 수 없다.

7) 폭력행위 등 처벌에 관한 법률

집단적 또는 상습적으로 폭력행위 등을 범하거나 흉기 그 밖의 위험한 물건을 휴대하여 폭력행위 등을 범하는 경우에는 특별형법인 폭력행위등처벌에관한법률이 적용된다. 이 법은 폭력행위 가운데 상습범죄, 공동범죄, 폭력단체조직범죄 등에 관하여 형법 본 조에서 정한 형보다 가중 처벌하는 특별규정을 두고 있다. 행위방법의 위험성이 높기 때문에 불법이 무겁다고 보아 혼자서 폭행하는 행위에 비해 가중 처벌하는 것이다.

대부분의 폭행 상해사건이 야간 또는 2인 이상이 공동하여 이루어졌기 때문에 일반 형법 조문에 의한 폭행죄, 상해죄보다는 이 법이 광범위하게 적용되고 있었는데, 폭력행위등처벌에관한법률상의 규정이 너무 무거운 형을 규정하고 있어 헌법에 위반되는 것이 아니냐는 논란이 계속되면서 헌법재판소는 폭처법상 상해죄 조항의 법정형은 상해죄의 행위자를 형벌체계상 균형을 잃었다고 할 정도로 더 무겁게 처벌하는 것이라고는 볼 수 없다고 판단하였으나,[418] 야간에 흉기 기타 위험한 물건을 휴대하여 형법 제283조 제1항(협박)의 죄를 범한 자에 대한 가중처벌에 대해서는 지나치게 과중한 형벌을 규정함으로써 과잉금지원칙에 위배되며, 형벌체계상의 균형성을 상실하여 다른 범죄와의 관계에서 평등의 원칙에도 위반된다고 결정하였다.[419] 이 결정이 있은 후에 2006.3.24. 관련 규정을 포함하여 대폭 개정되어 야간이 삭제되고, 형량이 감축되었다.

4. 명예훼손과 모욕죄

1) 명예에 관한 죄의 개념

명예에 관한 죄란 공연히 사실을 적시하여 사람의 명예를 훼손하거나 사람을

---

418) 헌법재판소 2006.4.27. 2005헌가2 결정.
419) 헌법재판소 2004.12.16. 2003헌가12 결정.

모욕하는 것을 내용으로 하는 범죄이다.

2) 보호법익과 보호 정도

① 명예에 관한 죄의 보호법익은 사람의 명예이다.

명예의 개념으로는 다음의 세 가지가 있다.

가. 내적 명예

사람의 내면적 인격가치 그 자체로서 유아·정신병자·범죄자 할 것 없이 모든 사람은 내적 명예의 소유자이고 외부로부터 침해될 수 없는 것이므로 형법의 보호대상이 아니다.

나. 외적 명예

사람의 인격적 가치 또는 행동에 대한 사회적 평가로 명예훼손죄와 모욕죄의 보호법익이 된다(통설, 판례).[420] 모욕죄의 보호법익은 명예감정이라고 보는 입장도 있으나, 공연성을 요구하는 것은 외적 명예를 보호하기 위함이고, 명예감정이라면 공연하지 않은 것도 처벌해야 하므로 타당하지 않다.

다. 명예감정

자기의 인격적 가치에 대한 자신의 주관적인 평가 내지 감정으로 개인별로 천차만별이므로 형법의 보호대상이 아니다.

② 보호 정도

추상적 위험범으로 법익침해의 위험이 있다고 인정되는 행위가 있으면 족하고 구체적으로 그 위험이 발생했음을 요하지 않는다.

3) 명예의 주체

① 자연인 및 사자

모든 자연인이 명예의 주체가 된다. 죽은 사람도 역사적 존재자로서 인격적 가치는 보호받아야 하므로 주체가 된다(다수설·판례).[421] 단 사자는 모욕죄의

---

420) 대판 1987.5.12. 87도739, 명예훼손죄와 모욕죄의 보호법익은 다 같이 사람의 가치에 대한 사회적 평가인 이른바 외부적 명예인 점에서는 차이가 없으나 다만 명예훼손은 사람의 사회적 평가를 저하시킬 만한 구체적 사실의 적시를 하여 명예를 침해함을 요하는 것으로서 구체적 사실이 아닌 단순한 추상적 판단이나 경멸적 감정의 표현으로서 사회적 평가를 저하시키는 모욕죄와 다르다.

421) 대판 1983.10.25. 83도1520, 사자 명예훼손죄는 사자에 대한 사회적, 역사적 평가를 보호법익으로 하는 것이므로 그 구성요건으로서의 사실의 적시는 허위의 사실일 것을 요하는데 피고인이 사망자의 사망사실을 알면서 위 망인은 사망한 것이 아니고 빚 때문에 도망 다니며 죽은 척하는 나쁜 놈이라고 함은 공연히 허위의 사실을 적시한 행위로서 사자의 명예를 훼손한 것이다.

대상이 아니다.

② 법인 기타 단체

법인이나 법인격 없는 단체를 명예의 주체로 포함시키는 것은 유추해석의 위험이 있다는 이유로 반대설도 있으나, 법인은 법에 의하여 법인격을 부여받았고, 법인격 없는 단체는 법에 의하여 인정된 사회적 기능을 담당하고 있으므로 그 명예를 보호할 필요가 있어 명예의 주체가 된다.[422] 사교단체나 가족은 대외적인 법적 활동의 주체가 아니므로 명예의 주체가 되지 아니하나, 집단 모든 구성원의 명예가 집단명칭에 의하여 훼손될 수는 있다.

③ 집단명칭에 의한 명예훼손

독자적으로는 명예의 주체가 될 수 없는 집단의 구성원이 그 집단의 명칭에 의하여 명예가 훼손되는 것을 말한다.

이 명예훼손이 성립하려면 집단의 구성원이 일반인과 구별될 수 있을 정도로 특정되어야 하고, 명예를 훼손하는 표현이 집단의 모든 구성원과 관련성이 있어야 한다.

서울시민·경기도민과 같이 예외를 인정하는 일반적인 평균판단으로는 명예훼손이 성립하지 않는다.[423] 다만 집단의 구성원 일인 또는 수인을 지적하였지만 누구인지 명백하지 않아서 구성원 모두가 혐의를 받게 되면(장관 중 한 명이 외도를 했다.) 그 구성원 전원에 대하여 명예훼손죄가 성립한다.

④ 국가, 국가기관

국가나 국가기관은 국민의 인권보장과 실현을 임무로 하고 있는 것이지 그 자체로 인권의 주체가 될 수는 없다.

4) 명예훼손죄의 구성요건

① 객체

사람의 외적 명예이다.

② 행위

---

422) 대판 1959.12.23. 4291형상539.

423) 대판 2000.10.10. 99도5407. 서울시민 또는 경기도민이라 함과 같은 막연한 표시에 의해서는 명예훼손죄를 구성하지 아니한다 할 것이지만, 집합적 명사를 쓴 경우에도 그것에 의하여 그 범위에 속하는 특정인을 가리키는 것이 명백하면, 이를 각자의 명예를 훼손하는 행위라고 볼 수 있다.

공연히 사실 또는 허위사실을 적시하여 명예를 훼손하는 것이다.

가. 공연성.

공연성이란 불특정 또는 다수인이 인식할 수 있는 상태를 말한다. 사실을 적시한 상대방이 특정한 한 사람인 경우라 하더라도 그 말을 들은 사람이 불특정 또는 다수인에게 그 말을 전파할 가능성이 있는 때에는 공연성이 인정된다는 설(전파성 이론)도 있으나, 불특정 또는 다수인이 인식할 수 있는 상태로 한정하는 것이 다수설이다.[424]

나. 사실(제307조 제1항) 또는 허위사실(제307조 제2항)의 적시

사실의 적시란 사람의 사회적 가치 내지 평가를 저하시키는 데 충분한 사실을 지적·표시하는 것을 말한다. 적시의 방법은 무제한이다.

적시된 사실은 시간·장소가 특정되지 않더라도 구체성을 띠어야 하고, 추상적 사실은 가치판단의 대상으로 모욕죄가 될 뿐 명예훼손이 아니다.[425]

장래의 사실적시만으로는 명예훼손죄가 되지 않지만 그것이 현재의 사실로서의 의미도 가지고 있을 때에는 성립될 수도 있다. 'A가 저렇게 나가다가는 장래 해고될 것이다.'는 명예훼손죄가 성립한다.

진실한 사실을 적시하여도 처벌되며, 허위의 사실은 제307조 2항에 의한 가중 처벌된다.

사회의 일부에 알려져 있는 공지의 사실이라 해도 사람의 사회적 가치 내지 평가를 저하시킬 만한 행위를 한 때에는 명예훼손죄가 성립한다.[426]

---

424) 전파성 이론은 전파성의 이론은 공연성의 의미를 무의미하게 하여 표현의 자유를 지나치게 제한하고, 명백해야 할 범죄의 성립이 상대방의 의사에 의하여 좌우된다는 비판이 있다.
대판 2005.12.9. 2004도2880. 한 사람에게 귓속말로 이야기했는데 그가 다른 사람들에게 퍼트린 경우 공연성을 충족하지 못한다.

425) 대판 2000.2.25. 98도2188, 2008.4.24. 2006다5321, 신문 등 언론매체의 어떠한 표현행위가 명예훼손과 관련하여 문제가 되는 경우 그 표현이 사실을 적시하는 것인가, 아니면 단순히 의견 또는 논평을 표명하는 것인가, 또는 의견 또는 논평을 표명하는 것이라면 그와 동시에 묵시적으로라도 그 전제가 되는 사실을 적시하고 있는 것인가 그렇지 아니한가의 구별은, 당해 기사의 객관적인 내용과 아울러 일반의 독자가 보통의 주의로 기사를 접하는 방법을 전제로 기사에 사용된 어휘의 통상적인 의미, 기사의 전체적인 흐름, 문구의 연결 방법 등을 기준으로 판단하여야 하고, 여기에다가 당해 기사가 게재된 보다 넓은 문맥이나 배경이 되는 사회적 흐름 등도 함께 고려하여야 한다.

426) 대판 1994.4.12. 93도3535.

③ 주관적 구성요건

가. 고의

명예훼손죄의 고의는 사람의 명예를 훼손한다는 인식과 의욕으로 미필적 고의로 충분하다. 명예훼손의 목적은 필요 없고, 사실확인을 위한 질문이나 그 질문에 답하는 것은 고의가 없다.

나. 착오

진실한 사실을 허위의 사실로 오인하여 적시한 경우는 고의는 307조 2항의 고의지만 결과는 307조 1항의 결과이므로 결국 제307조 제1항의 책임을 진다.

허위의 사실을 진실인 사실로 오인하고 적시한 경우는 형법 제15조 제1항에 의하여 제307조 제1항의 책임이 있다.

④ 기수시기

추상적 위험범이므로 현실적으로 사람에 대한 사회적 평가(명예)가 침해되었음을 요하지 아니하고 단순히 명예를 해할 우려가 있는 행위가 있으면 기수가 된다. 상대방이 이를 인지할 것을 요하지 않는다.

5) 명예훼손죄의 위법성

① 일반적 위법성조각사유

가. 정당행위

검사의 기소요지 진술, 증인의 증언, 변호인의 변호권 행사는 법령에 의한 행위로 위법성이 조각되나 허위변론은 권리남용으로 명예훼손죄가 된다.

국회의원의 국회에서의 직무상 발언, 신문 등 매스컴 등의 보도, 학문·예술 작품에 대한 공정한 논평 등은 정당한 업무행위이지만 권리의 남용으로 인정된 때에는 위법성이 조각되지 않는다. 국회의원의 면책특권은 위법성조각사유가 아니라 인적 처벌조각사유이므로 위법성이 조각되지 않는 경우에도 국회 이외에서 책임을 지지 않는다.

나. 피해자의 승낙

명예는 포기할 수 있는 개인적 법익이기 때문에 피해자의 승낙은 위법성을 조각한다.

② 형법 제310조에 의한 위법성조각

가. 제310조의 의의

제307조 제1항(사실을 적시하여 명예훼손)의 행위가 진실한 사실로 오로지 공공의 이익에 관한 때에는 처벌하지 아니한다. 이는 개인의 명예보호와 표현의 자유와의 충돌을 조정하기 위한 규정이다.

나. 위법성조각의 요건

a. 진실성

적시된 사실이 진실한 사실이어야 한다. 그러나 적시사실의 중요부분이 진실과 합치되면 충분하고, 세부에 있어서 다르거나 다소 과장된 표현이 있어도 무방하다.[427]

b. 공익성

사실의 적시가 오로지 공공의 이익에 관한 것이어야 한다. 이 공공의 이익은 널리 국가·사회 기타 일반 다수인의 이익에 관한 것뿐만 아니라 특정한 사회집단이나 그 구성원의 관심과 이익에 관한 것도 포함한다.[428] 오로지는 주로의 의미로 해석한다.[429] 개인의 명예이익보다 우월성이 인정되어야 한다.

c. 주관적 정당화 요소

진실한 사실을 공익을 위하여 적시한다는 인식과 의사가 있어야 한다. 중상모략·선동·악의적인 비난의 목적이 게재된 때는 공익보호를 위한 것이라고 할 수 없다.[430]

---

427) 대판 2001.10.9. 2001도3594.

428) 대판 2001.10.9. 2001도3594.

429) 대판 2000.2.25. 98도2188. 공연히 사실을 적시하여 사람의 명예를 훼손한 행위가 처벌되지 않기 위해서는 적시된 사실이 객관적으로 볼 때 공공의 이익에 관한 것으로서 행위자도 공공의 이익을 위하여 그 사실을 적시한 것이어야 될 뿐만 아니라, 그 적시된 사실이 진실한 것이거나 적어도 행위자가 그 사실을 진실한 것으로 믿었고, 또 그렇게 믿을 만한 상당한 이유가 있어야 하는 것인바, 여기에서 '진실한 사실'이란 그 내용 전체의 취지를 살펴볼 때 중요한 부분이 객관적 사실과 합치되는 사실이라는 의미로서 세부(세부)에 있어 진실과 약간 차이가 나거나 다소 과장된 표현이 있더라도 무방한 것이며, 나아가 '공공의 이익'에는 널리 국가·사회 기타 일반 다수인의 이익에 관한 것뿐만 아니라 특정한 사회집단이나 그 구성원 전체의 관심과 이익에 관한 것도 포함되는 것으로서, 적시된 사실이 공공의 이익에 관한 것인지 여부는 당해 적시 사실의 내용과 성질, 당해 사실의 공표가 이루어진 상대방의 범위, 그 표현의 방법 등 그 표현 자체에 관한 제반 사정을 감안함과 동시에 그 표현에 의하여 훼손되거나 훼손될 수 있는 명예의 침해 정도 등을 비교·고려하여 결정하여야 하고, 행위자의 주요한 동기 내지 목적이 공공의 이익을 위한 것이라면 부수적으로 다른 사익적 목적이나 동기가 내포되어 있더라도 형법 제310조의 적용을 배제할 수 없다.

430) 대판 2005.4.29. 2003도2137. 국립대학교 교수가 자신의 연구실 내에서 제자인 여학생을 성추행하였다는 내용의 글을 지역 여성단체가 자신의 인터넷 홈페이지 또는 소식지에 게재한 사안에서, 국립대학교 교수인 피해자의 지위, 적시사실의 내용 및 성격, 표현의 방법, 동기 및 경위 등 제반 사정을 종합하여 볼 때, 비록

다. 효과

실체법적으로는 위법성이 조각된다는 데 이설이 없으나, 소송법적 효과에 대해서는 설이 나뉜다.

소송법적으로 제310조에 의해서 거증책임이 피고인에게 전환되는가에 대해서는 긍정설, 부정설(다수설)이 대립되어 있다. 판례는 긍정설의 입장이다.[431] 형사소송법에는 무죄추정의 원칙이 적용되므로 거증책임에 관하여 명문의 규정이 없으면 형벌권의 존부·범위에 대한 거증책임은 모두 검사에게 있다.

허위의 사실을 진실한 것으로 오인한 경우에 그렇게 믿은 데 객관적으로 상당한 이유가 있으면 위법성이 부인된다.[432]

6) 모욕죄의 구성요건

① 객체

명예훼손죄와 같다. 단 사자에 대한 모욕은 성립하지 않는다.

② 행위

공연히 구체적 사실이 아닌 단순한 추상적 판단이나 경멸적 감정의 표현으로서 사회적 평가를 저하시키는 것이다.

③ 주관적 구성요건

고의 즉 공연히 사람을 모욕한다는 사실에 대한 인식과 의사가 있어야 한다. 미필적 고의로도 충분하다.

성범죄에 관한 내용이어서 명예의 훼손 정도가 심각하다는 점까지를 감안한다 할지라도 인터넷 홈페이지 또는 소식지에 위와 같은 내용을 게재한 행위는 학내 성폭력 사건의 철저한 진상조사와 처벌 그리고 학내 성폭력의 근절을 위한 대책마련을 촉구하기 위한 목적으로 공공의 이익을 위한 것으로서 달리 비방의 목적이 있다고 단정할 수 없다.

431) 대판 1996.10.25. 95도1473. 공연히 사실을 적시하여 사람의 명예를 훼손한 행위가 형법 제310조의 규정에 따라서 위법성이 조각되어 처벌대상이 되지 않기 위해서는 그것이 진실한 사실로서 오로지 공공의 이익에 관한 때에 해당된다는 점을 행위자가 증명하여야 하는 것이나, 그 증명은 유죄의 인정에 있어 요구되는 것과 같이 법관으로 하여금 의심할 여지가 없을 정도의 확신을 가지게 하는 증명력을 가진 엄격한 증거에 의하여야 하는 것은 아니므로, 이때에는 전문증거에 대한 증거능력의 제한을 규정한 형사소송법 제310조의 2는 적용될 여지가 없다.

432) 대판 2008.4.24. 2006다5321. 언론매체가 사실을 적시하여 타인의 명예를 훼손하는 행위를 한 경우에도 그것이 공공의 이해에 관한 사항으로서 그 목적이 오로지 공공의 이익을 위한 것일 때에는 적시된 사실이 진실이라는 증명이 있거나 그 증명이 없다 하더라도 행위자가 그것을 진실이라고 믿었고 또 그렇게 믿을 상당한 이유가 있으면 위법성이 없다. 인터넷에서 무료로 취득한 공개 정보는 누구나 손쉽게 복사·가공하여 게시·전송할 수 있는 것으로서, 그 내용의 진위가 불명확함은 물론 궁극적 출처도 특정하기 어려우므로, 특정한 사안에 관하여 관심이 있는 사람들이 접속하는 인터넷상의 가상공동체(cyber community)의 자료실이나 게시판 등에 게시·저장된 자료를 보고 그에 터 잡아 달리 사실관계의 조사나 확인이 없이 다른 사람의 사회적 평판을 저하시킬 만한 사실의 적시를 하였다면, 가사 행위자가 그 내용이 진실이라 믿었다 한들 그렇게 믿을 만한 상당한 이유가 있다고 보기 어렵다.

7) 모욕과 위법성

정치·학문·예술 분야의 비판 내지 논평에 있어서 어느 정도의 경멸적인 판단이 포함되는 것이 일반적인데 그것이 공익성을 가질 때 제310조의 적용 여부에 대하여 논의가 있는데, 다수설과 판례는 사회상규에 반하지 않는 행위로서 정당행위규정에 의하여 위법성이 조각될 수 있으므로 제310조를 적용할 필요는 없다고 본다.

8) 소추조건

명예훼손죄는 반의사불벌죄이고, 사자에 대한 명예훼손과 모욕죄는 친고죄이다.

9) 사이버모욕죄

① 인터넷언론의 문제점

인터넷은 기존의 언론매체와는 달리 순식간에 지구촌 모든 곳에서 일어나는 일들을 보고 듣고, 개인도 뉴스를 전할 수 있고, 자신의 의견을 제시할 수 있는 편리성과 유용성에도 불구하고 인터넷은 많은 위험성과 부작용을 내포하고 있다. 네티즌들은 전문적인 언론인이 아니기 때문에 제대로 사실을 확인하지 않거나, 정제되지 않은 상태에서 다른 사람의 명예를 훼손하는 글을 게재하기도 하고, 익명성이 보장되는 관계로 무책임하게 타인을 매도하고 심한 욕설을 하기도 한다. 증거가 남지 않는 것으로 믿고 있기 때문이다.

② 인터넷언론의 남용에 대한 처벌규정

인터넷을 통해 다른 사람의 명예를 훼손하거나 모욕을 가하는 행위는 형법에서 규정하고 있는 일반적인 명예훼손죄나 출판물에 의한 명예훼손죄로도 처벌될 수 있으나, 특별법인 정보통신망 이용촉진 및 정보보호 등에 관한 법률에 이런 행위를 처벌할 수 있는 규정이 있으므로 이 법에 의해 처벌된다.

2001년 1월 16일 제정된 정보통신망 이용촉진 및 정보보호 등에 관한 법률 제70조 제1항은 사람을 비방할 목적으로 정보통신망을 통하여 공연히 사실을 적시하여 타인의 명예를 훼손한 자는 3년 이하의 징역이나 금고 또는 2천만 원 이하의 벌금에 처한다고 규정하고 있고, 적시한 사실이 허위로 밝혀진 경우에는 가중 처벌한다.

③ 사이버모욕죄의 신설문제

인터넷에 게재한 글이 구체적인 사실을 적시하지 않고 단순히 자신의 의견이나 욕설 등을 포함하는 내용이라면 사이버 명예훼손죄에는 해당하지 않고 모욕죄만이 문제 되나, 현행법상으로는 사이버 모욕죄에 대한 처벌규정을 별도로 두고 있지 않으므로 일반 형법상의 모욕죄의 구성요건에 해당하는 경우에만 처벌할 수 있다.[433]

모욕죄는 친고죄이므로 피해자의 고소가 있어야 공소를 제기할 수 있으나, 일부에서는 사이버 명예훼손죄가 형법상 출판물에 의한 명예훼손죄(형법 제309조)에 상응하는 규정으로 특별히 인정되어 있는 것과 마찬가지로 형법상 모욕죄(제311조)에 상응하여 사이버 모욕에 대한 가중처벌 및 친고죄에서 제외하는 규정을 별도로 마련하자고 주장하고 있고, 이에 대하여 피해자의 의사와 무관하게 수사기관의 임의적인 판단에 따라 처벌을 도모하려는 사이버 모욕죄는 처벌지상주의의 극치이며, 국민의 언로를 막으려는 것으로 정치적으로 악용될 가능성이 크고, 형법상 모욕죄 조항을 활용하지 않고 사이버 모욕죄를 신설하려고 하는 것은 헌법상 과잉금지원칙에 위반한다는 반대주장이 있다.

10) 인터넷을 통한 허위사실유포행위

① 허위사실유포에 대한 처벌규정

인터넷을 통해 허위사실을 유포했다는 이유로 유명한 논객 한 사람이 구속된 것을 계기로 인터넷에 허위사실을 게재한 것이 처벌대상이 되느냐를 두고 논란이 있다.

허위사실유포행위와 관련된 형법상의 처벌조항은 명예훼손과 모욕죄 및 신용훼손죄가 있는데 모두가 타인의 명예나 신용을 훼손했을 때 문제 삼을 수 있기 때문에 그런 훼손이 없을 때에는 어떻게 할 것인지 문제가 되는 것이다.

다만 인터넷은 통신설비를 이용하여 가능한 것이고, 통신설비와 관련된 법인 전기통신기본법 제47조 제1항이 공익을 해할 목적으로 전기통신설비에 의하여 공연히 허위의 통신을 한 자는 5년 이하의 징역 또는 5천만 원 이하의 벌금에 처한다고 규정하고 있으므로 이 조항에 의하여 처벌해왔으나 후술하는 것과 같이 위헌결정이 났다.

---

433) 대판 2004.6.25. 2003도4934. 인터넷 게시판에 다른 사람을 비방하는 글을 작성하여 게시하는 행위는 모욕죄에 있어서의 공연성을 충족시킨다.

② 허위사실유포의 의미

가. 허위사실

허위사실이란 객관적으로 진실과 부합하지 않는 과거 또는 현재의 사실(미래의 사실도 증거에 의한 입증이 가능할 때에는 여기의 사실에 포함된다고 할 것이다.)로 전부 허위인지 일부 허위인지, 스스로 조작한 것인지 들은 것인지 불문한다. 사실의 적시 없는 단순한 의견이나 가치판단을 표시하는 것은 이에 해당하지 않는다.434)

진실한 사실인지 허위의 사실인지 여부는 객관적 전체적으로 평가해야 하는 것으로 내용 전체의 취지를 살펴볼 때 중요한 부분이 객관적 사실과 합치되면 세부에 있어 진실과 약간 차이가 나거나 다소 과장된 표현이 있더라도 진실한 사실이라고 보아야 한다.435)

나. 유포

유포는 명예훼손의 공연성보다는 넓은 개념으로 불특정 다수인에게 한 경우 외에 특정인에게 한 것이라도 전파할 가능성이 있으면 포함된다.

유포방법은 제한이 없다. 인터넷 게시판에 게시하는 것만으로도 공연성을 충족시킨다.

③ 전기통신기본법의 입법취지 및 구성요건 해당 여부

가. 입법취지

전기통신기본법은 전기통신에 관한 기본적인 사항을 정하여 전기통신을 효율적으로 관리하고 그 발전을 촉진함으로써 공공복리의 증진에 이바지함을 목적으로 하고 있다. 전기통신이라 함은 유선 무선 광선 및 기타의 전자적 방식에 의하여 부호·문언·음향 또는 영상을 송신하거나 수신하는 것을 말한다. 전기통신설비라 함은 전기통신을 하기 위한 기계 기구 선로 기타 전기통신에 필요한 설비를 말한다.

나. 구성요건

전기통신기본법 제47조 제1항은 공익을 해할 목적으로 전기통신설비에 의하여 공연히 허위의 통신을 한 자를 처벌하는 것을 내용으로 하고 있다.

---

434) 대판 1983.2.8. 82도2486.
435) 대판 2001.10.9. 2001도35954.

a. 공익

공익이란 공공의 이익을 의미하고, 공공의 이익이란 널리 국가 사회 기타 일반 다수인의 이익에 관한 것뿐만 아니라 특정한 사회집단이나 그 구성원 전체의 관심과 이익에 관한 것도 포함하는 개념이다.

b. 공익을 해한다는 목적

공익을 해한다는 것은 적시된 사실이 공익과 관련이 있다는 것을 전제로 한다. 적시된 사실이 공공의 이익에 관한 것인지 여부에 관한 판단은 당해 적시사실의 내용과 성질, 당해 사실의 공표가 이루어진 상대방의 범위, 그 표현의 방법 등 그 표현 자체에 관한 제반 사정을 감안함과 동시에 그 표현에 의하여 훼손되거나 훼손될 수 있는 공익의 침해 정도 등을 비교 고려하여 결정하여야 한다.[436]

고의 즉 공익을 해하는 허위의 통신에 대한 인식과 의지 외에 공익을 해하겠다는 목적이 있어야 한다.

c. 공연히 허위의 통신을 할 것

공연과 허위의 법적인 개념은 앞서 본 것과 같고, 인터넷게시행위가 통신행위가 되는 것도 별문제는 없다.

④ 처벌조항의 타당성.

찬성하는 입장은 인터넷에 올린 글의 내용 중에 허위의 사실이 포함되어 있고, 그와 같은 허위사실의 유포행위가 공익을 해할 목적으로 행해진 것이라면 구성요건에 해당한다고 주장한다. 허위통신처벌조항은 예를 들어 인터넷에 어느 지역에 대규모 지진이 발생했다는 허위사실을 올려 유포시켰다고 하면 그 행위의 파급효과가 클 수 있기 때문에 공익을 해할 목적을 전제로 형사 처분하겠다는 취지로 둔 것이라고 한다.

반대하는 입장에서는 구성요건에 해당한다 하더라도 허위통신처벌조항은 형벌법규에 관한 명확성의 원칙에 반하고 과잉금지의 원칙에 위반하며 국제인권기준에 위반되므로 헌법위반이라고 주장한다.

전기통신기본법은 전기통신에 관한 기본적인 사항을 정하여 전기통신을 효율적으로 관리하고 그 발전을 촉진하는 것을 기본 목적으로 하면서 전기통신이 발전하면 결과적으로 공공복리의 증진에 이바지하게 된다는 부수적인 효과를

---

436) 대판 2004.10.15. 2004도3912 참조.

거두고자 하는 것이지 공공복리의 증진 자체를 기본 목적으로 하는 것은 아닌 것으로 보아야 한다.

또한 여기서의 공공복리는 전기통신설비의 관리·운영을 적절히 하여 국민에게 전기통신설비의 이용에 불편이 없도록 함으로써 얻어지는 것이지 허위의 통신을 제재를 통하여 얻어지는 것은 아니다.

허위통신의 제재가 필요하다면 기존의 형법상의 언론이나 명예에 관한 처벌조항으로 얼마든지 규제가 가능한 것이고, 새로운 형태의 규제가 필요하다면 법의 개정을 통하여 가능한 것임에도 불구하고, 언론의 자유나 명예의 보호와는 전혀 관련이 없는 통신설비의 관리·운영에 관한 오로지 기술적인 것만을 다루는 법에다가 언론의 자유 등에 대한 심각한 제한을 가하는 처벌조항을 둔 것은 과잉금지원칙에 반하고, 또 그 요건이 공익을 해한다는 불명확하고 다의적인 해석이 가능한 사항을 전제로 하고 있는 것은 명확성의 원칙에도 반하므로 위헌 무효라고 보아야 한다. 헌법재판소는 2010.12.28. 공익목적부분이 표현의 자유에서 요구하는 명확성의 원칙 및 죄형법정주의의 명확성의 원칙에 반한다는 이유로 위헌결정을 했다(2008헌바157, 2009헌바88).

5. 사기와 공갈

1) 사기죄(제347조)와 공갈죄(350조)의 개념

사기죄는 사람을 기망하여 재물을 편취하거나 재산상의 불법한 이익을 취득하거나 타인으로 하여금 얻게 함으로써 성립하는 범죄이다.

공갈죄는 사람을 공갈하여 재물을 교부받거나 재산상의 불법한 이익을 취득하거나 타인으로 하여금 이를 얻게 함으로써 성립하는 범죄이다.

사기죄와 공갈죄는 하자 있는 의사에 기하여 재물을 교부하거나 재산상의 이득을 취하게 하는 범죄라는 점에서 같은 장에서 규정하고 있다.

2) 보호법익과 보호 정도

보호법익은 소유권 기타의 본권 및 재산상 이익을 의미하는 전체로서의 재산권이다. 공갈죄는 자유권 특히 의사결정의 자유도 2차적 보호법익이 된다.

피기망·공갈자와 재산상의 피해자가 일치하지 않은 때에는 피기망·공갈자는 피해자라고 할 수 없다.

보호 정도는 침해범이므로 피기망·공갈자가 착오·외포에 의하여 재산의 처분행위가 있고 이로 인하여 재물을 편취하거나 재산상의 이익을 취득해야 본죄의 기수에 이른다.

3) 행위객체

① 재물

타인이 점유하는 타인의 재물이다. 타인이 점유하는 자기 소유의 재물을 기망·공갈하여 교부받는 것은 권리행사방해죄가 된다. 재물은 동산·부동산을 포함하고, 판례에 의하면 사법상 권리이전관계를 내용으로 하는 각서와 백지위임장, 보험증서, 물품수령증, 주권포기각서, 무효인 약속어음공정증서도 재물이 된다.

② 재산상 이익

재산상 이익은 노무의 제공이나 담보의 제공과 같이 적극적이건 채무의 면제나 채무변제의 유예와 같이 소극적이건 불문한다. 일시적·영구적 이익을 불문하고, 사법상 유효하지 않아도 외형상 취득한 것이면 상관없다.[437]

4) 사기죄의 구성요건

객관적 구성요건으로 기망행위가 있고, 이에 따라 피기망자가 착오를 일으키고, 착오로 인하여 피기망자의 재산처분행위가 있고, 그로 인하여 피기망자에게 재산상의 손해의 발생해야 하고, 주관적 구성요건으로 고의와 함께 불법이득의 의사가 필요하다.

① 기망행위

가. 개념

기망이란 널리 거래관계에서 지켜야 할 신의칙에 반하는 모든 적극적 및 소극적 행위로서 상대방으로 하여금 착오를 일으키게 하는 것이다.[438]

---

437) 대판 1975.5.27. 75도760.
438) 대판 1984.2.14. 83도2995.

나. 기망의 유형

a. 사실에 대한 허위

사실이란 구체적 증명이 가능한 과거·현재·미래의 상태로서 재산처분행위에 대한 판단의 기준이 되는 것으로, 동기·목적·전문지식에 속하는 심리적 내부적 사실을 불문한다.

b. 가치판단에 대한 허위

가치판단이나 의견진술은 개인의 주관적 판단에 속하므로 기망의 대상이 아니나, 사실과 불가분의 관계를 갖는 전문적인 판단·진술인 경우에는 기망의 대상이 될 수 있다.

과장광고의 경우 일반 상거래의 관행과 신의칙에 비추어 시인될 수 있는 정도의 것이라면 이를 가리켜 기망하였다고는 할 수가 없고, 거래에 있어 중요한 사항에 관한 구체적 사실을 신의성실의 의무에 비추어 비난받을 정도의 방법으로 허위로 고지하여야만 비로소 과장, 허위광고의 한계를 넘어 기망행위에 해당한다.

c. 용도사기

금원을 차용하면서 용도를 기망한 경우같이 동기의 착오를 일으키게 하는 경우도 기망이 되는가와 관련, 기망은 반드시 법률행위의 중요부분에 관한 허위표시임을 요하지 아니하고 상대방을 착오에 빠지게 하여 행위자가 희망하는 재산적 처분행위를 하도록 하기 위한 판단의 기초가 되는 사실에 관한 것이면 족한 것이므로, 용도를 속이고 돈을 빌린 경우에 있어서 만일 진정한 용도를 고지하였더라면 상대방이 돈을 빌려 주지 않았을 것이라는 관계에 있는 때에는 사기죄의 실행행위인 기망은 있는 것으로 본다.[439]

다. 기망의 수단·방법

제한이 없다. 명시적이든 묵시적이든 부작위든 기망이 가능하다.

a. 명시적 기망행위

언어나 문서에 의하여 적극적으로 기망하는 것이다.

b. 묵시적 기망행위

일정한 거동에 의하여 기망을 하는 경우이다. 사회통념에 의할 때 행위자의

---

439) 대판 1996.2.27. 95도2828.

전체 행위가 상대방으로 착오에 빠뜨릴 만할 때 묵시적 기망이 인정된다. 호텔숙박이나 음식주문 행위는 대금지불의사와 지불능력에 대한 묵시적 표현으로 무전숙박·취식의 기망행위가 된다.

c. 부작위에 의한 기망행위

상대방이 행위자와 관계없이 이미 스스로 착오상태에 빠져 있는 것을 이용하고자 진실을 고지 않은 경우에 부작위에 의한 기망행위가 성립한다.

부작위에 의한 기망이 성립하기 위해서는 스스로 착오에 빠진 상대의 착오를 제거해야 하는 보증인의 지위가 있어야 한다. 보증인의 지위는 법령·계약·선행행위 또는 신의성실의 원칙에서 발생한다.[440] 대법원 판례에서는 묵시적 기망행위와 부작위에 의한 기망해위를 같은 의미로 본다.[441]

라. 기망의 정도

단순히 상대방에게 착오를 일으키게 한 것만으로는 기망이 아니고, 거래관계에 있어서 신의칙에 반하는 정도에 이르러야 한다.[442]

② 착오 유발

행위자가 고지한 내용이 사실과 다름에도 불구하고 피기망자가 이를 사실로 오인해야 한다. 다만 사실 그 자체에 대한 아무런 인식이 없을 때는 착오도 없는 것이므로 구체적 상황에 대한 인식은 없더라도 일반적인 관념은 있어야 한다.[443]

---

440) 대판 2000.1.28. 99도2884. 사기죄의 요건으로서의 기망은 널리 재산상의 거래관계에 있어 서로 지켜야 할 신의와 성실의 의무를 저버리는 모든 적극적 또는 소극적 행위를 말하는 것이고, 이러한 소극적 행위로서의 부작위에 의한 기망은 법률상 고지의무 있는 자가 일정한 사실에 관하여 상대방이 착오에 빠져 있음을 알면서도 이를 고지하지 아니함을 말하는 것으로서, 일반거래의 경험칙상 상대방이 그 사실을 알았더라면 당해 법률행위를 하지 않았을 것이 명백한 경우에는 신의칙에 비추어 그 사실을 고지할 법률상 의무가 인정되는 것이다.

441) 판례상 부작위가 사기로 인정된 경우: 저당권·가등기설정사실·소유권 분쟁사실을 고지하지 아니하고 부동산의 처분, 피보험자가 질병을 감추고 보험계약, 무전취식·무전숙박, 진정소유자가 아니면서 토지수용보상금을 받은 경우, 임대차계약을 체결하며 경매진행 중인 사실을 알리지 않은 경우.
거스름돈사기의 경우 수수 당시 또는 그 전에 돈이 남는 것을 안 경우는 사기, 집에 가서 알고 영득한 경우는 점유이탈 횡령(대판 2004.5.27. 2003도4531), 자동차 할부금채무존재사실을 묵비하고 매매 시 할부금채무가 당연히 매수인에게 양수되는 것이 아니라는 이유로 사기부정(대판 1998.4.14. 98도231), 절취한 예금통장을 이용한 예금인출(예금주를 가장하는 것으로 알았더라면 은행원이 예금을 지급하지 않았을 것이므로 묵시적 기망에 의한 사기 성립, 절취한 자기앞수표를 현금으로 바꾸는 것은 불가벌적 사후행위).

442) 기망을 인정한 경우: 분식결산서를 토대로 은행대출을 받은 경우, 산재사고를 당한 일이 없음에도 허위목격자진술서를 첨부해 산재보상을 받은 경우, 부동산 매도하여 등기까지 넘긴 사실을 숨기고 다시 매도.
기망을 부인한 경우: 이중매매 시 매도인이 일방적으로 1매매를 해약할 수 없는데 2매수인에게 이를 고지 않은 경우, 명의수탁자가 부동산을 매각한 경우, 장애인단체회장이 보조금을 더 타기 위해 허위의 보조금정산서를 제출한 경우(정산서는 참고자료에 불과).

착오에 빠지지 아니하거나, 기망과 착오 사이에 인과관계가 없으면 미수범이
된다.

피기망자는 반드시 피해자와 일치할 필요가 없다. 소송사기의 경우 피기망자
는 법원, 피해자는 상대방이 되는데, 법원은 착오와 관계없이 당사자의 주장에
구속되므로 기망이라고 볼 수 없다는 이유로 부정하는 설도 있으나 다수설과
판례는 인정한다.444)

③ 재산처분행위

사기죄가 성립하기 위해서는 기망과 재산취득 사이의 인과관계만으로는 부족
하고, 피기망자의 자유의사에 따른 처분행위 즉 재물을 교부하거나 재산상의
이득을 취득하게 하는 행위가 있어야 한다.445)

처분은 법률행위(계약)나 사실행위(물건의 인도)인 작위 또는 청구권의 불행

---

443) 대판 2001.7.13. 2001도1289. 사기죄는 타인을 기망하여 착오에 빠뜨리고 그로 인한 처분행위로 재물의
교부를 받거나 재산상의 이익을 취득한 때에 성립하는 것이므로, 피고인이 피해자에게 부동산매도용인감증
명 및 등기의무자본인확인서면의 진실한 용도를 속이고 그 서류들을 교부받아 피고인 등 명의로 위 부동산
에 관한 소유권 이전등기를 경료하였다 하여도 피해자의 위 부동산에 관한 처분행위가 있었다고 할 수 없을
것이고 따라서 사기죄를 구성하지 않는다.

444) 대판 1987.9.22. 87도1090. 적극적 소송당사자인 원고가 아니라 방어적인 위치에 있는 피고라 하더라도
허위내용의 서류를 작성하여 이를 증거로 제출하거나 위증을 시키는 등의 적극적인 방법으로 법원을 기망하
여 착오에 빠지게 한 결과 승소확정판결을 받음으로써 자기의 재산상의 의무이행을 면하게 된 경우에는 그
재산가액 상당에 대하여 사기죄가 성립한다.
대판 1997.12.23. 97도2430. 소송사기에 있어 피기망자인 법원의 재판은 피해자의 처분행위에 갈음하는
내용과 효력이 있는 것이어야 하므로, 피고인이 타인과 공모하여 그 공모자를 상대로 제소하여 의제자백의
판결을 받아 이에 기하여 부동산의 소유권 이전등기를 하였다고 하더라도 이는 소송 상대방의 의사에 부합
하는 것으로서 착오에 의한 재산적 처분행위가 있다고 할 수 없어 동인으로부터 부동산을 편취한 것이라고
볼 수 없고, 또 그 부동산의 진정한 소유자가 따로 있다고 하더라도 피고인이 의제자백판결에 기하여 그 진
정한 소유자로부터 소유권을 이전받은 것이 아니므로 그 소유자로부터 부동산을 편취한 것이라고 볼 여지도
없다.
대판 2002.6.28. 2001도1610. 소송사기는 법원을 기망하여 자기에게 유리한 판결을 얻음으로써 상대방의
재물 또는 재산상 이익을 취득하는 것을 내용으로 하는 범죄로서. 이를 처벌하는 것은 필연적으로 누구든지
자기에게 유리한 주장을 하고 소송을 통하여 권리구제를 받을 수 있다는 민사재판제도의 위축을 가져올 수
밖에 없으므로, 피고인이 그 범행을 인정한 경우 외에는 그 소송상의 주장이 사실과 다름이 객관적으로 명
백하거나 피고인이 그 소송상의 주장이 명백히 허위인 것을 인식하였거나 증거를 조작하려고 한 흔적이 있
는 등의 경우 외에는 이를 쉽사리 유죄로 인정하여서는 안 된다.
당사자주의 소송구조하에서는 자기에게 유리한 주장이나 증거는 각자가 자신의 책임하에 변론에 현출하여야
하는 것이고. 비록 자기가 상대방에게 유리한 증거를 가지고 있다거나 상대방에게 유리한 사실을 알고 있다
고 하더라도 상대방을 위하여 이를 현출하여야 할 의무가 있다고 보기는 어려울 것이므로 상대방에게 유리
한 증거를 제출하지 않거나 상대방에게 유리한 사실을 진술하지 않는 행위만으로는 소송사기에 있어 기망이
된다고 할 수 없다.

445) 대판 2001.7.13. 2001도1289. 피해자를 속여 교부받은 인감증명서 등으로 등기소요서류를 작성하여 피해
자 소유의 부동산에 관한 소유권 이전등기를 마친 경우에는 피해자의 부동산에 대한 처분행위가 없기 때문
에 사기죄는 성립하지 않는다.

사와 같이 방치하는 부작위에 의하여 이루어진다.

처분은 자유로운 의사에 의하여 이루어져야 하므로 의사능력 없는 자는 처분행위를 할 수 없고, 경관이라고 기망하여 물건을 압수하는 경우같이 자유로운 의사에 기한 재물교부가 아닌 경우에는 사기가 아닌 타의에 의한 점유침탈 즉 절도가 된다.

처분행위자와 피기망자는 동일해야 하지만, 처분행위자와 피해자는 동일인일 필요가 없다. 이 경우 처분한 사람은 피해자에 대한 관계에서 재산처분권이 있어야 한다.446) 여기에서 재산처분권은 피해자를 위하여 재산을 처분할 수 있는 권능이나 지위를 말하는데, 이는 반드시 사법상의 위임이나 대리권의 범위와 일치하여야 하는 것은 아니고, 피해자의 의사에 기하여 재산을 처분할 수 있는 서류 등이 교부된 경우에는 피기망자의 처분행위가 설사 피해자의 진정한 의도와 어긋나는 경우라고 할지라도 위와 같은 권능을 갖거나 그 지위에 있는 것으로 보아야 한다.

④ 재산상의 손해

피해자에게 재산상의 손해가 발생하여야 하는가에 대하여 설이 나뉘나, 판결은 손해발생을 요하지 아니한다고 본다.447)

⑤ 주관적 구성요건

고의와 함께 불법영득·이득의 의사가 있어야 한다.

불법영득·이득의 의사라 함은 권리자를 배제하고 타인의 물건을 자기의 소유물과 같이 그 경제적 용법에 따라 이용하고 처분할 의사를 말한다.

이와 관련 권리행사를 위한 기망행위 시 사기죄가 성립하는가에 관하여 부정하는 설과 이득이 정당한 범위 내인 경우는 불법영득의사가 없으므로 사기가

---

446) 대판 1994.10.11. 94도1575. 재산처분권은 피해자를 위하여 재산을 처분할 수 있는 권능이나 지위를 말하는데, 이는 반드시 사법상의 위임이나 대리권의 범위와 일치하여야 하는 것은 아니고, 피해자의 의사에 기하여 재산을 처분할 수 있는 서류 등이 교부된 경우에는 피기망자의 처분행위가 설사 피해자의 진정한 의도와 어긋나는 경우라고 할지라도 위와 같은 권능을 갖거나 그 지위에 있는 것으로 보아야 한다.
대판 1981.7.28. 81도529. 타인 명의의 등기서류를 위조하여 등기공무원에게 제출함으로써 피고인 명의로 소유권 이전등기를 마쳤다고 하여도 피해자의 처분행위가 없을 뿐 아니라 등기공무원에게는 위 부동산의 처분권한이 있다고 볼 수 없어 사기죄가 성립하지 않는다.

447) 대판 1995.3.24. 95도203. 재물편취를 내용으로 하는 사기죄에 있어서는 기망으로 인한 재물교부가 있으면 그 자체로써 피해자의 재산침해가 되어 이로써 곧 사기죄가 성립하는 것이고, 상당한 대가가 지급되었다거나 피해자의 전체 재산상에 손해가 없다 하여도 사기죄의 성립에는 그 영향이 없으므로 그 편취액은 피해자로부터 교부된 재물의 가치로부터 그 대가를 공제한 차액이 아니라 교부받은 재물 전부이다.

아니나, 가분적 이득일 경우 정당한 범위를 초과한 부분에만 사기가 되고 불가분적 이득일 경우는 전부에 대하여 사기가 된다는 설, 행위를 전체적으로 관찰하여 권리행사의 수단이 사회통념상 허용되는 범위를 초과한 경우는 권리남용으로 사기가 된다는 설이 나뉘는데, 판례는 마지막 입장이다.[448]

⑥ 실행의 착수와 기수

실행의 착수는 편취의 의사로 기망행위를 개시한 때이고, 기수시기는 재산상의 손해가 발생한 때 또는 손해발생의 구체적 위험이 있는 때이다. 행위자가 불법한 이득을 취했을 것을 요하지 않는다. 동산의 경우는 인도·교부 시, 부동산의 경우는 현실적인 점유의 이전 또는 소유권 이전등기가 경료된 때이다.

편취한 재물이나 이익을 반환하는 것은 범죄의 성립에 영향이 없다.

⑦ 관련 문제

가. 불법원인급여와 사기죄

사람을 기망하여 불법원인급여(공무원에게 뇌물로 제공할 금원을 편취, 성매매대가를 받고 성교를 거부한 경우)에 민법상의 반환청구권이 본죄의 요건이 될 수 없고, 기망행위에 의하여 피해자에게 경제적 손해를 입힌 것이므로 사기죄의 성립을 인정하는 것이 통설과 판례이다.

나. 고수익 목적 투자유치행위

고수익을 보장하고, 원금을 보장한다는 조건 아래 투자금을 유치받는 유사수신행위는 사기죄의 성립과는 별개로 유사수신행위의 규제에 관한 법률(2000.1.12. 제정)에 위반된다.

이 법은 유사수신행위를 규제함으로써 선량한 거래자를 보호하고 건전한 금융질서의 확립을 위하여, 누구든지 유사수신행위를 하여서는 아니 되며, 유사수신행위를 한 자는 5년 이하의 징역 또는 5천만 원 이하의 벌금에 처한다고 규정하고 있다(동법 제6조 제1항, 제3조). 고수익을 미끼로 하는 사기사건은 피해자가 광범위함에도 불구하고 실제로 사업이 나중에 실패로 돌아갔을 때 사기범은 고소를 당하면 자신의 사업체는 정상이었고, 틀림없이 수익을 낼 수 있는

---

448) 대판 2008.1.24. 2007도9417(무효인 가등기여서 그 말소를 구할 권리를 가진 자라 하더라도 기망행위를 사용하여 이를 말소하게 한 경우), 2003.12.26. 2003도4914(자기앞수표를 갈취당한 자가 이를 분실하였다고 허위로 공시최고신청을 하여 제권판결을 선고받은 경우), 1982.9.14. 82도1679(채권을 변제받기 위한 방편으로 기망하여 약속어음을 교부받은 경우).

구조였는데 경기가 불황이다 보니 예상대로 사업이 되지 않아 손해를 본 것이라고 변명을 하고, 사기의 범의 입증 자체가 어려워 처벌을 면하는 것을 막기 위해 특별법으로 처벌하는 것이다.

유사수신행위라 함은 다른 법령에 의한 인가, 허가를 받지 아니하거나 등록 신고 등을 하지 아니하고 불특정다수인으로부터 자금을 조달하는 것을 업으로 하는 행위로 a. 장래에 출자금의 전액 또는 이를 초과하는 금액을 지급할 것을 약정하고 출자금을 수입하는 행위, b. 장래에 원금의 전액 또는 이를 초과하는 금액을 지급할 것을 약정하고 예금, 적금, 부금, 예탁금 등의 명목으로 금전을 수입하는 행위 등이 그것이다.

다. 신용카드 범죄

a. 신용카드를 부정 발급받은 행위

대금지급의 의사·능력 없이 자기 명의 신용카드를 발급받은 경우나, 타인 명의를 모용하여 발급받은 경우는 장래 손해발생의 추상적 위험을 발생시킨 것으로 사기죄의 미수가 성립한다.

b. 자기 명의 카드 사용행위

대금지급의사·능력 없이 카드를 발급받아 물품을 구입하는 것은 사기의 포괄일죄이다.[449] 현금을 인출하는 것은 기계가 기망대상이 될 수 없다는 이유로 발급받은 행위에 대한 사기기수만을 인정하는 것이 다수설이다.

정상거래를 하다가 지급불능이 된 경우는 일시적인 자금궁색 등의 이유로 그 채무를 일시적으로 이행하지 못하게 되는 상황이 아니라 이미 과다한 부채의 누적 등으로 신용카드 사용으로 인한 대출금채무를 변제할 의사나 능력이 없는 상황에 처하였음에도 불구하고 신용카드를 사용하였다면 사기죄에 있어서 기망 행위 내지 편취의 범의를 인정할 수 있다.[450]

c. 타인 명의 카드 사용행위

절취한 타인 명의 카드로 현금서비스 기능을 이용하여 현금을 인출한 경우는 카드 및 현금에 대한 절도죄와 신용카드부정사용죄가 성립한다(여신금융업법 제70조 제1항). 절취한 직불카드를 이용한 예금인출은 신용카드의 본래 기능이

---

449) 대판 1996.4.9. 95도2466.
450) 대판 2005.8.19. 2004도6859.

아니므로 카드 및 현금에 대한 절도죄만 성립한다.

절취한 타인의 신용카드로 물건을 구입한 경우에는 카드에 대한 절도죄, 신용카드부정사용죄, 물건에 대한 사기죄가 성립한다.

d. 타인명의를 모용하여 발급받은 신용카드로 현금을 인출한 경우는 신용카드에 대한 사기죄와 현금에 대한 절도죄가 성립한다.

e. 타인의 신용카드를 강취·사취·갈취·횡령하연 현금인출·물건을 구입한 경우는 여신금융사업법에 그 행위가 규정되어 있으므로 신용카드부정사용죄, 인출한 현금에 대한 절도죄, 구입한 물건에 대한 사기죄가 성립한다.

라. 컴퓨터 등 사용사기죄

컴퓨터 등 정보처리장치에 허위의 정보 또는 부정한 명령을 입력하거나 권한 없이 정보를 입력·변경하여 정보처리를 하게 함으로써 재산상 이득을 취득하거나 제3자로 하여금 취득하게 한 자는 10년 이하의 징역 또는 2,000만 원 이하의 벌금에 처한다.

순수한 이득죄이고 재산을 보호하지만 재산상 중요한 정보처리과정에 대한 침해를 금지한다는 점에서 일반 사기와 구별된다.

라. 위조통화를 행사하여 타인의 재물을 편취한 경우 위조통화죄와 사기죄의 경합범이라는 것이 대법원판례이다.

마. 횡령죄 및 배임죄와의 관계는 자기가 점유하는 타인의 재물을 기망에 의하여 영득한 때에는 횡령죄만 성립하고 사기죄는 성립하지 아니한다. 그러나 타인의 사무를 처리하는 자가 본인에 대하여 기망행위를 하여 재산상의 이득을 취한 경우는 사기죄와 배임죄의 상상적 경합이라는 것이 판례와 통설이다.

바. 사기도박의 경우는 사기죄만 성립한다.

5) 공갈죄의 구성요건

공갈죄의 객관적 구성요건은 사람을 공갈하여, 피공갈자로 하여금 재물 또는 재산상의 이익을 처분하게 하는 것이다.

① 행위

공갈이란 타인에게 폭행·협박을 수단으로 일정한 해악을 고지하여 상대방에게 공포심을 일으키는 행위를 말한다.

폭행이란 사람에 대한 일체의 유형력의 행사로 직접 사람에 대하여 행하여졌을 것을 반드시 요하는 것은 아니다. 여기서 폭행은 의사형성에 영향을 주는 강압적 폭행이고 의사형성의 여지가 없는 절대적 폭력은 포함되지 않는다.

협박은 해악을 고지하여 상대방에게 외포심을 일으키는 것.

폭행·협박의 정도는 타인의 의사나 행동의 자유를 제한하는 정도로 충분한 점에서 강도죄의 폭행·협박이 상대방의 반항과 그 의사를 억압할 정도임을 요하는 것과 다르다.

② 처분행위

피공갈자의 재물을 교부하거나 재산상의 이익을 공여하는 처분행위가 있어야 한다. 처분은 작위·부작위 모두 가능하다 피공갈자와 재산처분자는 같아야 하나, 피공갈자와 재산피해자, 공갈행위자와 재산이득자는 같지 않아도 된다.

③ 재산상 손해

재산상 손해가 발생해야 공갈죄의 기수가 된다.[451]

④ 주관적 구성요건

고의와 함께 불법이득의 의사가 필요하다.

재산상의 이익을 취득할 정당한 권리가 있는 때에는 불법한 이득이라 할 수 없으므로 공갈죄가 성립하지 않고 강요죄나 폭행죄, 협박죄만 성립한다는 것이 다수설이나, 판례는 인정한다.[452]

6. 횡령과 배임

1) 개념

횡령죄란 타인의 재물을 보관하는 자가 그 재물을 횡령하거나 반환을 거부하는 것을 내용으로 하는 범죄로 자기가 점유하는 재물을 영득한다는 점에서 타인이 점유하는 재물을 영득하는 절도·강도·사기·공갈과 구별된다.

배임죄란 타인의 사무를 처리하는 자가 그 임무에 위배하는 행위로 재산상의

---

451) 대판 1992.9.14. 92도1506, 부동산에 대한 공갈죄는 그 부동산에 관하여 소유권 이전등기를 경료받거나 또는 인도를 받은 때에 기수로 되는 것이고, 소유권 이전등기에 필요한 서류를 교부받은 때에 기수로 되어 그 범행이 완료되는 것은 아니다.

452) 대판 2000.2.25. 99도4305, 피해자에 대하여 금전채권을 갖고 있는 자가 사회통념상 용인되기 어려운 협박 수단을 이용하여 재물의 교부 또는 재산상의 이익을 받은 경우, 공갈죄가 성립한다.

이익을 취하거나 제3자로 하여금 이를 취득게 하여 본인에게 손해를 가하는 것을 내용으로 하는 범죄이다.

횡령죄와 배임죄는 타인에 대한 신임관계를 위반한다는 성질이 같고, 횡령죄의 객체는 재물임에 대하여 배임죄의 객체는 재산상의 이익이라는 차이가 있다.

각 죄의 보호법익은 소유권이고, 보호 정도는 위태범이다.

2) 본질

① 횡령죄

가. 월권행위설(불법처분설)

위탁된 재산에 대한 권한을 초월하는 행위를 함으로써 위탁에 의한 신임관계를 깨뜨리는 데 횡령죄의 본질이 있다. 월권행위만 있으면 죄가 성립하고, 불법영득의사가 필요 없으며 일시사용목적으로 점유물의 처분하거나 손괴·은닉의사로 처분할 경우 죄가 성립한다.

나. 영득행위설(통설)

위탁된 타인의 물건을 불법 영득하는 것이 횡령의 본질이라고 한다. 불법영득의사가 필요하다.

② 배임죄의 경우

가. 권한남용설

배임죄의 본질이 법적 대리권의 남용에 있다고 한다. 배임죄는 대리권을 전제로 하므로 법률행위에 대해서만 배임죄의 성립을 인정하고 사실행위에 의한 배임을 부정한다.

나. 배신설

배임죄의 본질은 신의성실의 의무에 대한 위배 내지 신임관계의 침해에 있다. 대리권의 존재를 요하지 아니하고, 배임행위도 반드시 법률행위에 제한되지 않는다. 통설 및 판례이다.

3) 횡령죄의 구성요건

객관적 구성요건으로 자기가 점유하는 타인의 재물을 횡령하거나 반환을 거부하여야 하고, 주관적 구성요건으로 고의와 불법영득의 의사(영득행위설)가 필요하다.

① 행위의 주체

위탁관계에 의하여 타인의 재물을 보관하는 자이다.

가. 보관

보관이라 함은 점유 또는 소지하는 것을 의미한다. 부동산의 경우 현실의 점유가 아닌 외견상 유효하게 처분할 수 있는 지위에 있는지 여부에 따라 결정한다.453)

타인은 행위자 이외의 모든 자연인, 법인, 법인격 없는 단체를 포함한다. 법인이 타인의 재물을 보관하는 경우는 법인의 대표자가 행위의 주체가 된다.

나. 위탁관계에 의한 보관

보관은 위탁관계에 의한 것임을 요한다. 횡령죄의 본질이 신임관계에 위배하여 타인의 재물을 영득한다는 배신성에 있기 때문이다. 위탁관계는 계약, 법정대리·사무관리 등 법률의 규정, 신의상실의 원칙·조리에 의해서도 발생한다.

다. 불법원인급여와 횡령죄의 성립 여부

위탁관계가 불법하여 위탁자가 보관자에 대하여 반환청구를 할 수 없는 경우에 보관자가 이를 영득한 경우 횡령죄가 성립하지 않는다는 것이 판례 및 다수설이다.454)

② 행위의 객체

자기가 점유하는 타인의 재물이다. 행위자와 공유에 속하는 재물도 타인의 재물이다.455)

③ 행위

횡령하거나 반환을 거부하는 것이다.

---

453) 부동산에 대하여 사실상의 지배가 없는 경우에도 등기명의를 가지고 있는 때, 타인의 부동산에 대한 등기서류를 갖고 있으면서 매매를 위탁받고 있는 자는 보관자에 해당한다.

454) 대판 1999.6.11. 99도275, 조합장이 조합으로부터 공무원에게 뇌물로 전달하여 달라고 금원을 교부받은 것은 불법원인으로 인하여 지급받은 것으로서 이를 뇌물로 전달하지 않고 타에 소비하였다고 해서 타인의 재물을 보관 중 횡령하였다고 볼 수 없다.
다만 불법원인급여라 할지라도 수익자의 불법성이 급여자의 그것보다 현저히 크기 때문에 급여자의 반환청구가 허용되는 때에는 횡령죄의 성립을 인정하여야 한다(대판 1999.9.17. 98도2036).

455) 계주의 계불입금 소비, 사용자의 입사보증금 소비, 지입차주 납입금의 소비, 익명조합원이 출자한 금전의 소비, 프랜차이즈 계약(가맹점계약) 가맹점주가 물품판매대금 소비 등은 각 금원의 소유권이 계주 등에게 이전되므로 횡령이 되지 않으나, 위탁매매에 있어서는 위탁품은 소유권이 위탁자에게 속하고 그 판매대금도 위탁자에게 귀속되므로 위탁판매인이 이를 사용·소비한 때에는 횡령죄가 성립하고, 유효한 명의신탁의 경우 수탁자가 처분하면 횡령죄가 성립한다.

횡령이란 불법영득의사를 객관적·외부적으로 표현하는 행위이다. 행위자가 이미 재물을 점유하고 있으므로 영득의 의사가 객관적으로 인식할 수 있도록 외부에 표현되어야 한다.

반환거부란 불법영득의사로 소유자의 반환요청에 대하여 그 권리를 배제하는 의사 표시를 하는 것이다.[456]

④ 주관적 구성요건

고의와 타인의 재물을 보관하는 자가 그 취지에 반하여 정당한 권원 없이 스스로 소유권자와 같이 이를 처분하는 의사인 불법영득의 의사가 있어야 한다 (영득행위설).

⑤ 기수

불법영득의사가 객관적·외부적으로 표현된 때 기수가 된다. 의사가 표현되기만 하면 되고, 목적물을 처음부터 보관하고 있으므로 미수는 성립하기 어렵다.

4) 배임죄의 구성요건

① 행위주체

타인의 사무를 처리하는 자이다.

타인은 행위자 이외의 모든 자연인, 법인, 법인격 없는 단체를 포함한다. 법인이 타인의 사무를 처리하는 경우는 법인의 대표자가 행위의 주체가 된다.

사무처리의 근거는 계약, 법정대리·사무관리 등 법률의 규정, 신의상실의 원칙·조리에 의해서도 발생한다.

사무의 재산 관련성에 관하여 설이 나뉘나 판례와 다수설은 재산 관련 사무에 한한다.[457]

② 배임행위

사무처리자로서 사무의 내용, 성질 등 구체적 상황에 비추어 법률의 규정, 계

---

456) 대판 1998.7.10. 98도126, 반환의 거부가 횡령죄를 구성하려면 단순히 그 반환을 거부한 사실만으로는 부족하고 그 반환거부 이유와 주관적인 의사들을 종합하여 반환거부행위가 횡령행위와 같다고 볼 수 있을 정도여야 한다. 횡령죄에 있어서의 이른바 불법영득의 의사는 타인의 재물을 보관하는 자가 그 취지에 반하여 정당한 권원 없이 스스로 소유권자와 같이 이를 처분하는 의사를 말하는 것이므로 비록 그 반환을 거부하였다고 하더라도 그 반환거부에 정당한 사유가 있어 이를 반환하지 아니하였다면 불법영득의 의사가 있다고 할 수 없다.

457) 대판 1984.12.26. 84도2127, 타인의 재산관리에 관한 사무의 전부 또는 일부를 타인을 위하여 대행하는 경우와 타인의 재산보전행위에 협력하는 경우라야만 되는 것이고, 단순히 타인에 대하여 채무를 부담함에 불과한 경우에는 본인의 사무일 뿐 타인의 사무에 해당한다 할 수는 없다.

약의 내용 혹은 신의칙상 당연히 할 것으로 기대되는 행위를 하지 않거나 당연히 하지 않아야 할 것으로 기대하는 행위를 함으로써 본인과 사이의 신임관계를 저버리는 일체의 행위를 말한다. 그러한 행위의 법률상 유효 여부, 법률행위·사실행위, 작위·부작위를 불문한다.

③ 본인의 재산상 손해 및 재산상 이득의 취득

가. 재산상 손해

본인의 전체 재산가치가 감소되는 것을 말한다. 경제적 관점에서 파악하여 재산증식이 없게 된 경우, 가치감소의 위험이 있게 된 경우가 포함된다. 손해액이 불확정적이거나 나중에 전보되더라도 죄가 성립한다.

나. 자기 또는 제3자의 재산상 이득의 취득

전체 재산상태가 보다 유리하게 형성되는 것으로 피해자의 처분행위에 의할 필요가 없다.

④ 주관적 구성요건

고의와 불법이득의 의사가 있어야 한다.

5) 업무상횡령·배임죄(제356조)

업무상의 임무에 위반하여 제355조의 죄를 범한 자는 그 형을 가중하여 10년 이하의 징역 또는 3,000만 원 이하의 벌금에 처하는데, 이는 위탁관계가 업무로 되어 있기 때문이다.

업무란 사회생활상의 지위에 기하여 계속 또는 반복하여 행하는 사무를 말한다.

6) 배임수증죄(제367조)

① 개념

타인의 사무를 처리하는 자가 그 임무에 관하여 부정한 청탁을 받고 재물 또는 재산상의 이익을 취득한 경우에 성립하는 범죄이다.

공무원의 뇌물죄에 상응한 것으로 보호법익은 거래의 청렴성이고, 보호 정도는 침해범이다.

타인의 사무는 재산과 관련한 사무에 한하지 않고, 재산권의 주체에 재산상 손해발생이 필요 없고, 배임행위가 없어도 죄가 된다.

② 구성요건

구성요건은 임무에 관한 부정한 청탁을 받고 재물 또는 재산상의 이익을 취득하는 것이다.

임무는 본래의 사무는 물론이고 그와 밀접한 사무도 포함한다.

부정한 청탁이란 사무처리에 관하여 사회상규와 신의성실의 원칙에 반하는 행위를 하여 줄 것을 부탁하는 것을 말한다. 배임행위일 필요는 없다. 청탁이 부정한지 여부를 판단함에 있어서는 청탁의 내용과 이와 관련하여 취득하거나 공여한 재물이나 재산상 이익의 가액, 취득이나 공여의 태양, 보호법익인 사무처리의 청렴성 등을 종합적으로 고려하여야 한다.458) 청탁은 반드시 명시적·묵시적인 방법을 불문한다.

7. 성 관련 범죄

1) 성폭력

성폭력이란 개인의 자유로운 성적 자기결정권 즉 성생활의 여부를 스스로 결정할 자유를 침해하는 행위로 강간, 추행, 성희롱 등 신체적 접촉만이 아니고 언어, 정신적 폭력인 협박, 불쾌감 조성 등 본인의 의사와 무관하게 타인에 의하여 행해지는 성과 관련된 일체의 행위를 말한다.

성폭력과 관련된 행위를 규제하기 위한 법으로 형법, 성폭력범죄의 처벌 및 피해자 보호에 관한 법률, 청소년 성보호에 관한 법률, 남녀고용평등법, 남녀차별금지 및 피해자보호에 관한 법률 등이 있다.

2) 성폭력범죄
① 강간죄
가. 개념

강간죄라 함은 폭행 또는 협박으로 간음을 하는 것을 말한다. 형법은 폭행

---

458) 방송국 PD가 자신이 담당하고 있는 프로그램에 출연시켜 달라는 취지의 부탁을 받고 그에 대한 대가로 돈을 받은 경우, 특정 가수의 노래를 자주 방송해 달라는 청탁을 받고 사례비를 받은 경우, 은행장이 대출금의 회수가 불가능한 상태임을 알면서도 대출자로부터 금품을 받고 부실대출을 해 주는 경우, 아파트재개발 조합장이 철거업자를 선정하면서 돈을 받는 경우, 신문사 기자가 특정 기사를 보도하지 말아 달라는 청탁을 받고 돈을 받는 경우, 회사의 영업사원이 물품을 구입하면서 상대방으로부터 돈을 받는 경우 등이 배임수재죄에 해당한다.

또는 협박으로 사람을 강간한 자는 3년 이상 징역에 처한다고 규정하고 있다.

강간죄의 보호법익은 부녀의 성적 자기결정권이다. 보호 정도는 침해범이다.

나 구성요건

a. 행위주체

종전과는 달리 여자도 본죄를 범할 수 있다.

b. 행위객체

종전과 달리 남자도 강간죄의 피해자가 될 수 있다. 트렌스젠더는 여자로 보지 않았으므로 종전에는 강간죄의 피해자가 될 수 없었으나 이제는 피해자가 될 수 있다.[459)

법률상의 처인 경우 부부의 동거의무는 성생활을 함께할 의무를 포함하는 것이지만 성적 자기결정권까지 포기하는 것은 아니라는 이유로 인정하는 설, 부부간 문제에 형법이 개입할 경우 부부간 신뢰관계를 파괴할 수 있으며 남편에 대한 보복과 이혼과정에서 유리한 재산분할을 받을 목적으로 부부강간을 빌미로 고소를 남용할 위험성이 있다는 등 부부관계의 특수성을 고려하여 부정하는 설이 있는데, 판례는 실질적인 부부관계가 없다고 단정할 수 없는 한 강간죄가 성립하지 않는다고 보았으나, 2013.5.16. 부부 사이에도 저항할 수 없는 폭력을 사용할 경우 강간죄가 성립하는 것으로 판례를 변경하였다.[460)

---

459) 대판 1996.6.11. 96도791. 강간죄의 객체인 부녀라 함은 성년이든 미성년이든, 기혼이든 미혼이든 불문하며 곧 여자를 가리키는 것이다. 무릇 사람에 있어서 남자, 여자라는 성(性)의 분화는 정자와 난자가 수정된 후 태아의 형성 초기에 성염색체의 구성(정상적인 경우 남성은 xy, 여성은 xx)에 의하여 이루어지고, 발생과정이 진행됨에 따라 각 성염색체의 구성에 맞추어 내부생식기인 고환 또는 난소 등의 해당 성선(성선)이 형성되고, 이어서 호르몬의 분비와 함께 음경 또는 질, 음순 등의 외부성기가 발달하며, 출생 후에는 타고난 성선과 외부성기 및 교육 등에 의하여 심리적, 정신적인 성이 형성되는 것이다. 그러므로 형법 제297조에서 말하는 부녀, 즉 여자에 해당하는지 여부도 위 발생학적인 성인 성염색체의 구성을 기본적인 요소로 하여 성선, 외부성기를 비롯한 신체의 외관은 물론이고 심리적, 정신적인 성, 그리고 사회생활에서 수행하는 주관적, 개인적인 성역할(성전환의 경우에는 그 전후를 포함하여) 및 이에 대한 일반인의 평가나 태도 등 모든 요소를 종합적으로 고려하여 사회통념에 따라 결정하여야 한다.
피고인이 어릴 때부터 정신적으로 여성에의 성 귀속감을 느껴 왔고 성전환 수술로 인하여 남성으로서의 내·외부성기의 특징을 더 이상 보이지 않게 되었으며 남성으로서의 성격도 대부분 상실하여 외견상 여성으로서의 체형을 갖추고 성격도 여성화되어 개인적으로 여성으로서의 생활을 영위해 가고 있다 할지라도, 기본적인 요소인 성염색체의 구성이나 본래의 내·외부성기의 구조, 정상적인 남자로서 생활한 기간, 성전환 수술을 한 경위, 시기 및 수술 후에도 여성으로서의 생식능력이 없는 점, 그리고 이에 대한 사회 일반인의 평가와 태도 등 여러 요소를 종합적으로 고려하여 보면 사회통념상 여자로 볼 수는 없다.

460) 대판 1970.3.10. 70도29. 2009년 1월 16일 부산지방법원에서는 외국인 아내를 흉기로 위협해 강제로 성관계를 가진 사건에서 타국에서 힘들고 외로운 처지에 놓인 아내를 사랑으로 보살펴야 함에도 갖은 고초를 겪게 하고 자신의 욕구 충족을 위해 아내의 성적 자기결정권을 무시해 폭력적으로 강간한 것이므로 법 적용에 문제가 없다면서 부부강간죄를 유죄로 인정하고 징역 2년 6개월에 집행유예 3년을 선고했는데, 이 판결이 선고된 이후 피고인이 자살했기 때문에 결국 대법원까지 올라가지 못하게 되었다. 대법원 2013.5.16.

c. 행위

폭행·협박으로 강간하는 것이다.

폭행이나 협박은 피해자의 반항을 불가능하게 하거나 또는 현저하게 곤란하게 할 정도임을 요한다.461) 항거불능 여부는 그 폭행·협박의 내용과 정도는 물론, 유형력을 행사하게 된 경위, 피해자와의 관계, 성교 당시와 그 후의 정황 등 모든 사정을 종합하여 판단하여야 하고, 현실적으로 표출된 폭행, 협박만을 기준으로 하지 않고, 당시 상황에서 더 강한 폭행이 뒤따를 것을 예상하고 피해자가 저항을 포기한 데 상당한 이유가 있는지를 기준으로 한다.462)

강간은 상대방의 항거불능상태를 이용하여 성교하는 것으로 구강, 항문, 성기 외 도구 삽입 등 유사성행위를 포함하는 개념이다. 폭행·협박과 성교 사이에 인과관계가 있어야 한다. 폭행협박이 있었지만 성교 시에는 피해자가 양해했다면 강간미수가 된다.

d. 실행의 착수와 기수

폭행·협박이 있으면 실행의 착수가 있고, 피해자가 항거불능이 될 것은 요하지 않는다. 남자성기의 삽입으로 기수가 된다.

2012도14788 전합: 헌법이 보장하는 혼인과 가족생활의 내용, 가정에서의 성폭력에 대한 인식의 변화, 형법의 체계와 그 개정 경과, 강간죄의 보호법익과 부부의 동거의무의 내용 등에 비추어 보면, 형법 제297조가 정한 강간죄의 객체인 '부녀'에는 법률상 처가 포함되고, 혼인관계가 파탄된 경우뿐만 아니라 혼인관계가 실질적으로 유지되고 있는 경우에도 남편이 반항을 불가능하게 하거나 현저히 곤란하게 할 정도의 폭행이나 협박을 가하여 아내를 간음한 경우에는 강간죄가 성립한다고 보아야 한다. 다만 남편의 아내에 대한 폭행 또는 협박이 피해자의 반항을 불가능하게 하거나 현저히 곤란하게 할 정도에 이른 것인지 여부는, 부부 사이의 성생활에 대한 국가의 개입은 가정의 유지라는 관점에서 최대한 자제하여야 한다는 전제에서, 그 폭행 또는 협박의 내용과 정도가 아내의 성적 자기결정권을 본질적으로 침해하는 정도에 이른 것인지 여부, 남편이 유형력을 행사하게 된 경위, 혼인생활의 형태와 부부의 평소 성행, 성교 당시와 그 후의 상황 등 모든 사정을 종합하여 신중하게 판단하여야 한다.

461) 대판 2001.10.30. 2001도4462.

462) 협박만을 수단으로 피해자를 간음 또는 추행하였고 그 협박과 간음 또는 추행 사이에 시간적 간격이 있더라도, 강간죄나 강제추행죄의 성립요건으로서의 협박의 정도에 해당하고 그 협박으로 인하여 간음 또는 추행이 이루어졌다고 볼 수 있는 경우나 유부녀에 대하여 혼인 외 성관계 사실을 폭로하겠다는 등의 내용으로 협박한 경우(대판 2007.1.25. 2006도5979), 여관방으로 유인한 다음 방문을 걸어 잠근 후 피해자에게 성교할 것을 요구하였으나 피해자가 이를 거부하자 "옆방에 내 친구들이 많이 있다. 소리 지르면 다 들을 것이다. 조용히 해라. 한 명하고 할 것이냐? 여러 명하고 할 것이냐?"라고 말하면서 성행위를 요구한 경우(대판 2000.8.18. 2000도1914)는 인정, 피고인과 피해자가 전화로 사귀어 오면서 음담패설을 주고받을 정도까지 되었고 당초 간음을 시도한 방에서 피해자가 "여기는 죽은 시어머니를 위한 제청방이니 이런 곳에서 이런 짓을 하면 벌 받는다."고 말하여 안방으로 장소를 옮기게 된 사정 등이 있는 경우는 부정(대판 1991.5.28. 91도546).

② 강제추행죄

가. 개념

폭행, 협박으로 타인을 추행함으로써 성립하는 범죄이다. 10년 이하 징역, 또는 1,500만 원 이하 벌금에 처한다. 보호법익과 정도는 강간죄와 마찬가지이다.

나. 행위주체

제한이 없고, 여자도 가능하다.

나. 행위객체

여자·남자 모두가 본죄의 대상이 된다. 부부 사이는 제외된다.

다. 행위

폭행·협박으로 추행하는 것이다.

a. 폭행·협박의 정도는 강간죄와 마찬가지로 피해자의 반항을 불가능하게 하거나 또는 현저하게 곤란하게 할 정도임을 요한다는 것이 다수설이나, 판례는 상대방의 의사를 억압할 정도의 것임을 요하지 않고 다만 상대방의 의사에 반하는 유형력의 행사가 있는 이상 그 힘의 대소강약을 불문한다고 본다.[463] 유형력은 직접적인 물리력뿐 아니라 정신적 고통을 포함한 광의의 폭력의 행사가 있으면 된다.

b. 폭행·협박의 시기는 추행 이전에 행해질 것을 요하지 않고 동시에 또는 폭행 자체가 추행에 해당하는 때도 본죄가 성립한다.

c. 추행은 상대의 의사에 반하여 성적 수치심이나 혐오감을 불러일으킬 수 있는 간음 이외의 성적 가해행위를 말한다.[464]

라. 기타

미수를 처벌한다.

---

463) 대판 2002.4.26. 2001도2147.

464) 대판 2006.2.23. 2005도9422. 추행에 해당하는지 여부에 관해서는 피해자의 의사, 성별, 연령, 행위자와 피해자의 이전부터의 관계, 그 행위에 이르게 된 경위, 구체적 행위태양, 주위의 객관적 상황과 그 시대의 성적 도덕관념 등을 종합적으로 고려하여 신중하게 결정되어야 한다.
취침 중인 여자의 몸을 포옹하는 행위, 키스하는 행위, 상대방의 옷을 모두 벗기는 행위, 청바지를 입은 여성의 허벅지를 만지는 행위 등이 이에 해당한다. 판례는 ① 피해자의 상의를 걷어 올려 유방을 만지고 하의를 끌어 내린 경우(대판 1994.8.23. 94도630), ② 피해자를 팔로 힘껏 껴안고 두 차례 강제로 입을 맞춘 경우(대판 1983.6.28. 83도399), ③ 노래를 부르는 피해자를 뒤에서 껴안고 춤을 추면서 유방을 만진 경우(대판 2002.4.26. 2001도2417)는 모두 강제추행죄가 성립한다고 판시하였다. 또한 골프장 식당에서 여종업원을 끌어안고 억지로 러브샷을 하게 한 경우에도 강제추행죄를 인정한다.

③ 기타의 죄

가. 준강간, 준강제추행죄

상대의 심신 상실이나 항거불능상태를 이용하여 간음 또는 추행하는 경우로 강간이나 강제추행에 준하여 처벌한다. 수면 중 부녀, 일시 의식 잃은 부녀, 의사가 치료를 가장한 경우, 포박되어 있거나 수회의 강간으로 지쳐 있는 경우가 그것이다.

미수를 처벌한다.

나. 미성년자 의제강간, 강제추행

13세 미만의 부녀 강간하거나, 13세 미만의 사람을 추행하는 경우에 성립하는 범죄로, 상대방의 동의를 불문하고 처벌한다. 13세 미만인 것을 알아야 하고 13세 미만인 줄 알았는데 아닌 경우 불능범이다.

미수를 처벌한다.

다. 미성년자, 심신미약자 간음, 추행

미성년자 또는 심신미약자에 대하여 위계(오인·착각·부지에 빠트리는 행위) 또는 위력(자유의사를 제한하는 힘을 사용하는 것)으로 간음 또는 추행한 자는 5년 이하 징역에 처한다.[465]

라. 업무상 위력 등에 의한 간음, 추행

업무, 고용 기타 관계로 인하여 자기의 보호 또는 감독을 받는 부녀를 위계, 위력에 의해 간음할 때에는 5년 이하 징역 또는 1,500만 원 이하 벌금에, 추행한 사람은 2년 이하의 징역 또는 500만 원 이하의 벌금에 각 처한다. 구금된 부녀를 감호하는 자가 간음할 경우에는 7년 이하 징역에 처한다.

이 경우 폭행, 협박 등은 필요 없다. 기타 관계는 사실상 보호감독을 받는 관계로 그 원인을 불문한다.[466]

---

465) 대판 2002.7.12. 2002도2029. 오인, 착각, 부지란 간음행위 자체에 대한 오인, 착각, 부지를 말하는 것이지, 간음행위와 불가분적 관련성이 인정되지 않는 다른 조건에 관한 오인, 착각, 부지를 가리키는 것은 아니다. 피고인이 피해자를 여관으로 유인하기 위하여 남자를 소개시켜 주겠다고 거짓말을 하고 피해자가 이에 속아 여관으로 오게 되었고 거기에서 성관계를 하게 되었다 할지라도, 그녀가 여관으로 온 행위와 성교행위 사이에는 불가분의 관련성이 인정되지 아니하는 만큼 이로 인하여 피해자가 간음행위 자체에 대한 착오에 빠졌다거나 이를 알지 못하였다고 할 수는 없다.
대판 2001.12.24. 2001도5074. 청소년에게 성교의 대가로 돈을 주겠다고 거짓말하고 청소년이 이에 속아 피고인과 성교행위를 하였다고 하더라도, 사리판단력이 있는 청소년에 관해서는 그러한 금품의 제공과 성교행위 사이에 불가분의 관련성이 인정되지 아니하는 만큼 이로 인하여 청소년이 간음행위 자체에 대한 착오에 빠졌다거나 이를 알지 못하였다고 할 수 없다.

④ 성폭행과 정당방위

성폭행을 당하는 여자 입장에서는 정조를 상실하게 되고, 성적 자기결정권을 침해당하는 것이기 때문에 가해자에 대하여 강력한 대응을 하게 된다. 소극적으로 성교에 대해 몸부림치거나 거부하고, 경우에 따라서 도망을 치다 호텔에서 떨어지거나 달리는 차 밖으로 뛰어내리다가 사고를 당하기도 하고, 적극적으로 가해자를 공격하여 가해남성의 혀를 깨물어 절단하기도 하고, 칼로 찌르거나 야구방망이로 사망에 이르게 하기도 한다.[467]

일대일의 관계에서 남자로부터 강간을 당하는 상황은 그야말로 매우 위험하며 특수한 경우임을 감안하면 강간범에 대해 방위하는 여성의 입장에서 방위수단의 선택이 적정했느냐 하는 것은 구체적인 행위상황에 비추어 특별히 상당성을 초과했다고 보이지 않는 한 가급적 폭넓게 인정해 주어야 할 것이다.

3) 성 풍속에 관한 범죄

① 간통죄

가. 개념

간통은 배우자 있는 자가 배우자 아닌 자와 성관계를 갖는 것을 말하고, 이 경우 본인과 상간자를 2년 이하의 징역에 처한다.

보호법익은 건전한 성적 풍속으로서의 성도덕이고, 보호 정도는 침해범이다.

나. 폐지론

간통죄는 일부일처제를 보호하기 위한 것이나, 전 세계 대부분의 나라에서 폐지되었으나 우리만 여전히 논란이 되고 있다.

폐지론의 논거는 a. 기본적으로 개인 간의 윤리적 문제에 속하는 간통죄는 세계적으로 폐지추세에 있다. b. 개인의 사생활 영역에 속하는 내밀한 성적 문

---

466) 처가 운영하는 미장원의 종업원을 위력으로 간음한 경우 이에 해당한다.

467) 이런 경우 정당방위의 성립 여부와 관련 대법원은 남자 두 사람이 인적이 드문 심야에 혼자 귀가 중인 피해자 여자에게 뒤에서 느닷없이 달려들어 양팔을 붙잡고 어두운 골목길로 끌고 들어가 담벼락에 쓰러뜨린 후 한 남자가 음부를 만지며 반항하는 피해자의 옆구리를 무릎으로 차고 억지로 키스를 하자, 갑의 혀를 깨물어 설절단상을 입혔다면 위법성이 결여된 행위라고 보았으나, 의붓아버지의 강간행위에 의하여 정조를 유린당한 후 계속적으로 성관계를 강요받아 온 피고인이 그의 남자친구와 공모하여 범행을 준비하고 의붓아버지가 반항할 수 없는 상태에서 식칼로 심장을 찔러 살해한 행위는 사회통념상 상당성을 결여하여 정당방위가 성립하지 아니한다고 판단하였고, 이혼소송 중인 남편이 찾아와 가위로 폭행하고 변태적 성행위를 강요하는 데에 격분하여 처가 칼로 남편의 복부를 찔러 사망에 이르게 한 경우에는 그 행위가 방위행위로서의 한도를 넘어선 것으로 사회통념상 용인될 수 없다고 보았다. 성폭행 위험을 피하기 위해 남자를 차에 매단 채 달아나다가 남자를 숨지게 한 경우에 대응방법이 상당한 정도를 초과했다고 판단해 상해치사죄를 인정한 하급심도 있다.

제에 법이 개입함은 부적절하다. c. 협박이나 위자료를 받기 위한 수단으로 악용되는 경우가 많다. d. 수사나 재판과정에서 대부분 고소 취소되어 국가형벌로서의 처단기능이 약화되었다. e. 형사정책적으로도 형벌의 억지효과나 재사회화의 효과는 거의 없다. f. 가정이나 여성보호를 위한 실효성도 의문이라는 점 등이 있다.

헌법재판소는 선량한 성도덕과 일부일처주의 혼인제도의 유지 및 가족생활의 보장을 위해서나 부부간의 성적 성실의무의 수호를 위하여, 그리고 간통으로 인하여 야기되는 배우자와 가족의 유기, 혼외자녀문제, 이혼 등 사회적 해악의 사전예방을 위하여 배우자 있는 자의 간통행위를 규제하는 것은 불가피하다면서 간통죄를 규정하고 있는 형법 제241조는 헌법에 위배되는 것은 아니라고 한다.[468]

다. 구성요건

a. 행위주체

배우자 있는 자와 상간자이다. 배우자는 법률상 배우자이고 사실혼관계에 있는 자는 제외된다. 사실상 동거 여부는 묻지 않는다. 외국법에 따라 유효하게 혼인한 경우는 우리나라에 혼인신고가 되어 있지 않아도 법률상 배우자가 된다. 상간자는 배우자가 있을 필요가 없다.

b. 행위

간통이란 배우자 이외의 자와 성교하는 것만 해당하고, 그 외의 부정행위는 간통이 아니다. 타인을 강간한 경우는 강간죄만 성립한다. 간통죄는 성교행위마다 성립하므로 같은 사람과 수차례의 성교가 있었으면 수 개의 간통죄가 성립한다.

c. 고의

자기 또는 상간자에게 배우자가 있다는 사실을 인식하지 못한 때에는 고의가 부정되어 본죄가 성립하지 않는다.

라. 친고죄

친고죄이나, 고소를 하려면 먼저 이혼소송을 제기하거나 혼인이 해소되어야 한다. 이혼소송을 취하하거나 다시 혼인하면 고소는 취하된 것으로 간주된다.

---

468) 헌법재판소 2001.10.25. 2000헌바 60 전원재판부 결정.

고소인이 범인을 안 날로부터 6개월이 경과하면 고소할 수 없고,[469] 수 개의 간통행위 중 일부에 대한 고소는 다른 간통행위에 대해 효력이 미치지 않는다.

배우자가 간통을 종용하거나 유서한 때에는 고소할 수 없다. 종용(慫慂)이란 간통에 대한 사전 동의를 의미하고, 유서(宥恕)란 사후 승낙으로 배우자의 일방이 상대방의 간통사실을 알면서도 혼인관계를 지속시킬 의사로 상대방에게 간통죄에 대한 책임을 묻지 않겠다는 뜻을 표시하는 행위를 의미한다. 부부가 이혼에 합의한 경우나 이혼심판의 심리기일에 이혼청구에 응하겠다고 진술한 경우에는 그와 같은 합의나 진술에 상대방 배우자의 간통행위에 대한 종용의 의사표시가 함께 포함되어 있는 것으로 볼 수 있으나, 이혼절차가 진행 중인 것만으로는 종용의 의사표시가 인정될 수 없다.[470]

마. 간통죄의 실상[471]

② 공연음란죄 등

가. 죄의 유형

음란행위 등에 관하여 형법은 음란한 문서, 도화, 필름 기타 물건을 제조, 반포, 판매 또는 임대하거나 공연히 전시 또는 상영한 자는 1년 이하의 징역 또

---

469) 대법원 2001.10.9. 2001도3106 범인을 알게 된다 함은 통상인의 입장에서 보아 고소권자가 고소를 할 수 있을 정도로 범죄사실과 범인을 아는 것을 의미하고, 범죄사실을 안다는 것은 고소권자가 친고죄에 해당하는 범죄의 피해가 있었다는 사실관계에 관하여 확정적인 인식이 있음을 말한다(남편의 추궁 끝에 다른 남자와의 성관계사실이 밝혀지자, 상대 남자가 강제로 성관계를 했다고 변명하고 상대남자를 강간죄로 고소한 후 그가 강간죄로 기소되자 얼마 안 있어 강간죄 고소를 취하하였고, 법원이 공소기각판결을 선고하여 처가 강간을 당한 것인지, 간통을 한 것인지가 판정이 나지 않게 되자, 남편이 두 사람을 다시 간통죄로 고소하였는데 이미 두 사람의 성관계 사실을 안 날로부터 6개월의 시간이 지나게 된 사안에 대한 판결이다.).

470) 종용·유서를 인정한 경우: 대판 2006.5.11. 2006도1759, 당사자가 더 이상 혼인관계를 지속할 의사가 없고 이혼의사의 명백한 합치가 있는 경우에는 비록 법률적으로는 혼인관계가 존속한다 하더라도 상대방의 간통에 대한 사전 동의라고 할 수 있는 종용에 관한 의사표시가 그 합의 속에 포함되어 있는 것으로 보아야 하고, 이혼의사의 명백한 합의가 있었는지 여부는 반드시 서면에 의한 합의서가 작성된 경우뿐만 아니라, 당사자의 언행 등 여러 가지 사정으로 보아 혼인당사자 쌍방이 더 이상 혼인관계를 유지할 의사가 없었던 사정이 인정되고, 어느 일방의 이혼요구에 상대방이 진정으로 응낙하는 언행을 보이는 사정이 인정되는 경우에도 그와 같은 의사의 합치가 있었다고 인정할 수 있다. 배우자의 간통사실을 알고 상간자로부터 더 이상 만나지 않겠다는 각서를 받은 경우(대판 1999.8.24. 99도2419).
종용·유서를 부인한 경우: 간통죄 고소 후 이혼소송 중에 고소인과 피고소인이 동침한 경우, 용서해 줄 테니 자백하라고 한 경우, 수년간 간통하고 있음을 알면서도 방치한 경우, 협의이혼의사 확인 후 협의이혼신고서가 수리되기 전 간통한 경우, 이혼판결에 대항 항소심 계속 중인 경우.

471) 실무상 간통죄를 수사함에 있어서 현장에서 곧바로 산부인과로 가서 신체검사를 하여 그 결과가 확실하게 나오지 않으면, 피고소인들이 간통사실을 자백하지 않는 한 기소되기는 어렵다. 예전과 달리 간통을 했을 것이라는 추론이 가능한 정황증거만 가지고는 증명이 된 것으로 보지 않기 때문이다. 성교하여야 성립되는 범죄이므로 껴안고 잠만 잤다는 변명만으로도 간통죄의 처벌을 빠져나가기도 쉽다. 비록 간통죄가 형사 처분되고는 있으나 그 허구적인 현실은 개인 윤리영역에 대한 국가의 지나친 간섭이라는 비난만을 가능하게 하고 있다.

는 500만 원 이하의 벌금에 처한다. 공연히 음란한 행위를 할 경우 1년 이하 징역 또는 500만 원 이하의 벌금에 처한다. 통신매체 이용 음란행위는 1년 이하 징역 또는 300만 원 이하의 벌금, 카메라를 이용한 타인 나체 촬영행위는 5년 이하 징역 또는 1,000만 원 이하의 벌금에 처한다는 규정을 두고 있다.

그 외에 음반비디오물및게임물에관한법률, 정보통신망촉진및정보보호등에관한법률, 청소년의성보호에관한법률 등에서 음란물과 음란행위에 대한 특별규제를 하고 있다.

이들 죄의 보호법익은 선량한 성 풍속이고, 보호 정도는 추상적 위험범이다.

나. 공연성

불특정다수인이 알 수 있는 상태를 말하고, 불특정다수인의 행위장소의 현존 여부, 행위의 현실적 인식 여부는 문제 되지 않는다.

다. 음란한 행위

성욕을 노골적으로 자극시키는 것으로 보는 사람의 성적 수치심이나 성 풍속을 해하는 행위이다.[472]

라. 음란과 예술

음란이라 함은 사회통념상 일반 보통사람의 성욕을 자극하여 성적 흥분을 유발시키고, 정상적인 성적 수치심을 해함으로써 성적 도의관념에 반하는 것으로, 반드시 그 행위가 성행위를 묘사하거나 성적인 의도를 표출할 것을 요하는 것은 아니고, 성욕을 자극 또는 흥분케 한다는 행위자의 주관적 목적을 필요로 하는 것도 아니며, 성적 표현의 객관적인 경향이 중요한 고려요소가 되는 것이다. 결국 음란성은 구체적인 시대와 상황에 있어서 일반사람들의 성적인 도덕관념, 가치관, 성인식, 문화적 판단에 의해 결정되는 가변적인 개념이다.

일반적으로 음란성 여부는 a. 그 시대의 보통인에 해당하는 통상적인 성인 일반을 기준으로 하며 b. 대상 전체를 놓고 판단해야 하고 c. 성에 대한 노골적이고 상세한 표현의 정도와 그 수법, 전체에서 차지하는 비중, 그에 표시된 사

---

472) 대판 2000.12.22. 2000도4372, 음란한 행위라 함은 일반 보통인의 성욕을 자극하여 성적 흥분을 유발하고 정상적인 성적 수치심을 해하여 성적 도의관념에 반하는 것을 가리킨다고 할 것이고, 주관적으로 성욕의 흥분 또는 만족 등의 성적인 목적이 있어야 성립하는 것은 아니지만 그 행위의 음란성에 대한 의미의 인식이 있으면 족하다고 할 것인바, 불특정 또는 다수인이 알 수 있는 상태에서 옷을 모두 벗고 알몸이 되어 성기를 노출하였다면, 그 행위는 일반적으로 보통인의 정상적인 성적 수치심을 해하여 성적 도의관념에 반하는 음란한 행위라고 할 것이다(다수설은 성행위만 음란행위라고 한다.).

상 등과 표현과의 연관성, 구성이나 전개 또는 예술성, 사상성 등에 의한 성적 자극의 완화의 정도 등을 종합적으로 고려하여 판단한다.[473]

성에 대한 인식이 점차 개방되고, 성의 자유화·문화화가 확산되면서 성 표현의 문제는 가급적 범죄영역에서 제외하고 법이 직접적으로 관여하지 않는 것이 바람직하다는 의견이 일반적이다. 헌법이념에 따르더라도 인간으로서의 존엄과 가치를 보장하기 위해서는 개인의 성적 자기결정권과 표현의 자유, 행동의 자유를 최대한 인정해야 하나, 개인의 자유가 다른 사람에게 피해를 주거나, 사회질서 유지를 위해 불가피한 경우에는 최소한의 범위 내에서 제한될 수 있고, 성에 관한 표현이나 행동도 이러한 이유에서 사회의 건전한 성 풍속을 유지하고 일반인들로 하여금 성적 수치심을 느끼지 않도록 하기 위해 일정한 규제는 필요한 것이다.

4) 직장 내 성희롱
가. 개념

사업주, 상급자, 근로자가 직장 내의 지위를 이용하여 업무와 관련하여 다른 근로자에게 성적인 언동 등으로 성적 굴욕감 또는 혐오감을 느끼게 하거나 성적인 언동 그 밖의 요구 등에 대한 불응을 이유로 고용상의 불이익을 주는 등 고용환경을 악화시키는 것을 말한다.

남성 위주의 성문화, 왜곡된 음주문화가 여성의 행동반경을 제약하고 여성차별을 만들어 내며, 직장 내 성희롱으로 이어지고 있는 것이 오늘의 현실이므로

---

473) 대판 2006.1.13. 2005도1264, 요구르트 제품 홍보를 위해 전라의 여성 누드모델들이 알몸에 밀가루를 바르고 무대에 나와 분무기로 요구르트를 몸에 뿌려 밀가루를 벗겨내는 방법으로 알몸을 완전히 드러낸 채 음부 및 유방 등이 노출된 상태에서 무대를 돌며 관람객들을 향하여 요구르트를 던진 행위는 비록 요구르트로 노폐물을 상징하는 밀가루를 씻어내어 깨끗한 피부를 탄생시킨다는 취지의 메시지를 전달하는 행위예술로서의 성격을 전혀 가지고 있지 않다고 단정할 수는 없으나, 위 행위의 주된 목적은 요구르트 제품을 홍보하려는 상업적인 데에 있었고, 이 사건에서 이루어진 신체노출의 방법 및 정도가 위와 같은 제품홍보를 위한 행위에 있어 필요한 정도를 넘어섰으므로, 그 음란성을 부정할 수는 없다.
대판 2002.8.23. 2002도2889, 음란한 도화라 함은 일반 보통인의 성욕을 자극하여 성적 흥분을 유발하고 정상적인 성적 수치심을 해하여 성적 도의관념에 반하는 것을 가리킨다고 할 것이고, 이는 당해 도화의 성에 관한 노골적이고 상세한 표현의 정도와 그 수법, 당해 도화의 구성 또는 예술성, 사상성 등에 의한 성적 자극의 완화의 정도, 이들의 관점으로부터 당해 도화를 전체로서 보았을 때 주로 독자의 호색적 흥미를 돋우는 것으로 인정되느냐의 여부 등을 검토, 종합하여 그 시대의 건전한 사회통념에 비추어 판단하여야 할 것이며, 예술성과 음란성은 차원을 달리하는 관념이므로 어느 예술작품에 예술성이 있다고 하여 그 작품의 음란성이 당연히 부정되는 것은 아니라 할 것이고, 다만 그 작품의 예술적 가치, 주제와 성적 표현의 관련성 정도 등에 따라서는 그 음란성이 완화되어 결국은 형법이 처벌대상으로 삼을 수 없게 되는 경우가 있을 수 있을 뿐이다.

이를 예방하고 피해의 구제를 위해 남녀고용평등법에서 일정한 규제를 하고 있다.

나. 성립요건

a. 행위자와 피해자

성희롱행위자는 사업주, 상급자, 동료, 하급자이다. 거래처관계자나 고객 등 제3자는 제외되나 사업주 등이 성희롱이 일어날 수 있는 상황을 유도하거나 감수하도록 요구한 경우에는 행위자가 될 수 있다. 피해자는 직장 내 다른 근로자이다. 남녀를 불문한다.

b. 직장 내 지위를 이용하거나 업무와 관련하여 이루어져야 한다. 직장 안팎은 상관없다.

c. 성적인 말이나 행동

상대가 원하지 않는 성적인 말이나 행동이 반복되거나, 한 번이라도 그 정도가 심하면 성립된다.[474]

d. 성적인 굴욕감 또는 혐오감 유발

직장 내에서 성적인 음담패설, 외모에 대한 평가 등의 언동으로 근로자가 굴욕감을 느끼고 근로의욕이 저하되어 고용환경을 악화시키면 성립된다. 굴욕감 유발 여부의 판단은 행위자의 의도와는 상관없이 피해자가 어떻게 느꼈는지 일반인의 입장에서는 어떻게 느끼고 대응했을지를 고려하여 결정한다.

e. 성적 요구 불응을 이유로 한 고용상 불이익

행위자의 요구에 대한 불응을 이유로 채용탈락, 감봉, 승진탈락, 전직, 해고 등과 같은 불이익을 주는 것을 말한다.

다. 피해의 구제

피해자는 성희롱행위에 대한 거부의사를 밝히고, 중지를 요구할 수 있다.

직장 내 노사협의회 등 고충처리기관에 신고할 수 있고, 사업주의 조치를 요구할 수 있다.

지방노동관서에 조치를 않는 사업주를 고소, 고발하거나, 노동위원회에 차별적 조치 시정을 요구할 수 있다.

국가인권위원회에 조사 및 구제 신청을 하면 국가인권위원회는 조사 후 인권

---

474) 육체적 성희롱으로 회식자리에서 입맞춤, 포옹 등 신체적 접촉행위, 언어적 성희롱으로 음담패설, 옷차림·신체·외모에 대한 성적인 비유나 평가, 술 따르기를 강요하는 행위, 시각적 성희롱으로 외설적인 사진달력 게시 또는 컴퓨터 배경화면으로 게시, 상대의 특정 신체부위를 주시하는 행위 등이 있다.

침해행위의 중지, 원상회복이나 손해배상 등의 구제조치, 유사행위 재발방지를 위한 조치를 할 수 있다.

행위자 또는 사업주에 대한 형사고소, 정신적·물질적 손해배상을 위한 민사소송을 할 수 있다.

라. 사업주의 의무

사업주는 연 1회 이상 성희롱 예방교육을 해야 하고, 성희롱예방장치를 마련해야 하며, 행위자에 대한 징계조치를 해야 하고, 피해자에게 불이익을 주면 처벌된다.

5) 성매매

성매매란 성을 사고파는 행위를 말한다.

이와 관련 형법에 음행의 상습이 없는 부녀를 불특정한 남자와 간음하도록 알선하는 행위에 대하여 3년 이하의 징역 또는 1,500만 원 이하의 벌금에 처하도록 하고 있고, 성매매알선 등 행위의 처벌에 관한 법률과 청소년 성보호에 관한 법률에서 청소년의 성을 사는 행위, 청소년에게 성매매 강요 행위, 청소년을 이용한 음란물 제작행위, 청소년을 사고파는 행위를 가중 처벌하고 있다.

성매매당사자, 성매매알선자, 성매매 목적 인신매매자도 처벌된다.

6) 가정폭력특별법

가. 입법취지

배우자 또는 배우자 관계에 있었던 자, 자기 또는 배우자와 직계존비속 관계에 있거나 있었던 자, 동거하는 친족 사이에 일어난 신체적, 정신적 또는 재산상 피해를 수반하는 모든 폭력행위를 규제하기 위하여 가정폭력특별법이 제정되어 있다.

이 법은 가족 간 문제인 점을 감안하여 처벌보다 폭력습관을 고쳐 화목한 가정을 이루게 하려는 목적에서 제정된 것이다.

나. 가정폭력사건의 처리

a. 경찰의 응급조치

경찰은 가정폭력의 신고가 있으면 즉시 현장에 출동하여 폭력을 제지·중단시키고, 피해자의 동의가 있으면 피해자를 가정폭력상담소나 보호시설에 인도

할 수 있으며, 사건 수사에 들어간다.

b. 법원의 임시조치

검사는 경찰의 응급조치에도 불구하고 가정폭력이 다시 발생할 염려가 있다고 판단되면 직권 또는 경찰의 신청에 의해 가정법원에 임시조치를 청구할 수 있다.

판사는 다음의 조치를 임시로 취할 수 있고 필요한 경우 그 기간을 1회 연장할 수 있다.

수사 재판 중 피해자 보호를 위하여 가해자를 피해자 주거지로부터 2개월 이내의 기간 동안 퇴거·격리, 피해자 집 또는 직장으로부터 100미터 이내 접근금지(2개월 이내), 의료기관·기타 요양소 위탁(1개월 이내), 경찰서 유치장·구치소 유치(1개월 이내)

c. 법원의 보호처분

검사는 사건의 성질·동기·결과·행위자의 성행 등을 고려하여 가정보호사건으로 법원에 보낼 수 있고, 법원도 형사사건 심리 중 가정보호사건으로 보낼 수 있다.

판사는 가정보호사건의 심리 후 폭력의 정도가 심각할 경우에는 다음의 보호처분을 할 수 있다. 6개월 이내의 접근 및 친권행사 제한, 100시간 이내의 사회봉사 및 수강명령, 6개월 이내의 보호관찰처분·보호시설 감호위탁·의료시설 치료위탁·상담소 상담위탁

접근금지나 친권행사를 제한받은 자가 이를 위반하면 2년 이하의 징역 또는 2천만 원 이하의 벌금 또는 구류에 처한다. 보호처분도 1회에 한하여 연장할 수 있다.

가정보호 사건으로 처리되면 범죄경력을 남지 않고, 가정폭력신고는 이혼의 전제요건이 아니다.

다. 배상명령

피해자는 가정폭력으로 입은 물적 피해·치료비·합의된 배상금·부양료 등에 대하여 법원에 배상명령을 신청할 수 있다.

7) 청소년보호법

① 목적

이 법은 유해한 매체물과 약물 등이 청소년에게 유통되는 것과 청소년이 유해한 업소에 출입하는 것 등을 규제하고, 청소년을 청소년폭력·학대 등 청소년유해행위를 포함한 각종 유해한 환경으로부터 보호·구제함으로써 청소년이 건전한 인격체로 성장할 수 있도록 함을 목적으로 한다.

② 규제내용

가. 유해매체물의 규제

음반·비디오물 및 게임물 등에 대해 청소년에게 해가 된다는 표시와 포장을 하게 하고, 청소년에게 판매를 금지한다.

나. 유해약물·물건규제

술, 마약, 환각물질 등 약물이나 성기구 같은 물건을 청소년에게 팔거나 빌려주는 것을 금지하고 있다.

다. 유해업소의 출입·고용금지

유흥주점, 단란주점, 비디오물 감상실, 노래연습장(청소년 출입이 허용되는 시설을 갖춘 경우에는 출입은 가능하나 고용은 금지됨), 무도학원은 청소년을 고용해서는 안 되며 출입이 금지된다. 숙박업, 이용업(다른 법령에서 취업이 금지되지 아니하는 남자청소년 제외), 목욕장업 중 안마실 설치 영업, 유독물제조·판매·취급업, 티켓다방, 소주방·호프·카페 등 형태의 영업, 비디오물 대여업, 일반게임장, 만화대여업 등은 청소년을 고용해서는 안 된다.

라. 유해행위 등 규제

금전적 이익을 위하여 청소년으로 하여금 성적 접대행위를 하게 하거나 소개하고 매개하는 행위, 술을 마시거나 노래 춤 등으로 접대하게 하거나 소개 등을 하는 행위, 음란한 행위를 하게 하는 행위 등은 금지된다.

마. 처벌

금지위반행위는 다른 법에 관련 처벌규정이 있더라도 이 법에 의하여 가중처벌된다.

8. 뇌물죄

1) 개념

뇌물죄는 공무원 또는 중재인이 그 직무에 관하여 부당한 이득을 취득하는 경우에 성립하는 범죄이다. 공무원 또는 중재인이 그 직무에 관하여 뇌물을 수수, 요구 또는 약속한 때에는 5년 이하의 징역 또는 10년 이하의 벌금에 처한다(형법 제129조 제1항).

뇌물죄의 보호법익은 공무원의 직무행위의 불가매수성과 직무행위의 공정성에 대한 사회일반인의 신뢰가치이고, 보호 정도는 추상적 위험범이다.

2) 뇌물
① 개념

직무에 관한 부당한 이익 또는 불법한 보수를 말한다.

② 직무 관련성

직무는 공무원 또는 중재인이 그 직위에서 담당하는 일체의 업무를 말한다. 법령상 정해진 것 외에 그 직무와 관련하여 사실상 처리하고 있는 행위, 결정권자를 보좌하거나 영향을 줄 수 있는 행위를 포함한다. 상사의 명령에 의하여 하는 소관 외의 사무도 포함한다. 과거·현재·미래의 직무, 작위·부작위, 행위의 정당성·적법성·유효성을 불문한다. 일반적인 직무에 속하는 사항이면 현실적으로 담당하고 있는지도 불문한다.

③ 부당한 이익

뇌물과 직무행위 사이에는 대가관계가 있어야 한다. 개개 직무행위에 대한 구체적인 관련성이 아닌 포괄적인 대가관계로 족하다.[475) 사교적 의례에 속하는 경우에는 뇌물성이 부정되나 그런 형식이라도 직무행위의 대가로서의 의미를 가지면 뇌물이 된다.

대법원은 공무원이 얻은 어떤 이익이 직무와 대가관계가 있는 부당한 이익으로 뇌물에 해당하는지 여부는 ① 그 공무원의 직무내용, ② 직무와 이익제공자와의 관계, ③ 쌍방 간에 특수한 사적 친분관계가 존재하는지 여부, ④ 이익의

---

475) 대판 1997.12.26. 97도2609. 국회의원이 그 직무권한의 행사로서의 의정활동과 전체적 포괄적으로 대가관계가 있는 금원을 교부받았다면 그 금원의 수수가 어느 직무행위와 대가관계가 있는 것인지 특정할 수 없다고 하더라도 이는 국회의원의 직무에 관련된 것으로 보아야 한다.

다과, ⑤ 이익을 수수한 경위와 시기 등 모든 사정을 참작하여 결정하여야 한다고 판시하고 있다.[476]

이익은 부당한 것이면 되고 그 사용처의 정당성 여부는 문제가 되지 않는다.

3) 구성요건

① 주체

공무원 또는 중재인이다. 공무원은 법령에 의해 국가 또는 지방자치단체의 사무에 종사하는 자이다. 중재인은 법령에 의하여 중재업무를 담당하는 자(노동조합법 및 노동쟁의 조정법에 의한 중재위원, 중재법에 의한 중재위원 등)이다.

현재 그 지위에 있는 자만이 해당하고 예정인 자는 사전수뢰죄, 사직한 자는 사후수뢰죄가 된다.

② 행위객체는 뇌물이다.

③ 행위

뇌물을 수수·요구·약속하는 것이다. 수수는 영득의사로 뇌물을 받는 것이고, 요구는 영득의사로 상대방에게 그 공여를 청구하는 것이고, 약속은 뇌물수수를 합의하는 것이다.

제3자에게 뇌물을 공여하게 하거나 공여의 요구 또는 약속을 한 때에는 제3자 뇌물수수죄가 되나 처 등 가족에게 공여하게 한 경우는 단순 수수죄가 된다.

일단 수수하면 나중에 반환해도 죄가 된다.

④ 고의 및 불법영득의사

뇌물이라는 인식과 그것이 직무에 대한 대가라는 인식이 필요하다. 직무집행을 할 의사는 필요 없다.[477]

---

476) 대판 1999.1.29. 98도3584, 피고인 1과 접촉이 그다지 빈번하지 않았고, 고가의 물건을 선물하는 일도 없었던 사실이 인정되고, 위 피고인은 1997.4.3. 재혼하였는데 6개월 이상 경과한 다음, 더구나 고가의 병풍 등을 선물한 뒤에 다시 고가의 금원앙을 선물한다는 것이 납득이 가지 아니하는 점, 위 피고인 및 공소외 1, 4의 사회적 지위, 재산상태, 위 물품들이 고가품이고 여러 차례에 걸쳐 이를 수수하였다는 사정 등에 비추어 보면 이를 단순한 사교적 의례의 범위에 속하는 것에 불과하다고 볼 수는 없고, 가사 피고인 1이 공소외 1, 4로부터 위 물품을 의례적인 결혼축하 및 인사명목으로 수수하였다 하더라도, 그들의 내심의 의사는 밖으로 드러난 명목과는 달리, 교수 신규채용과 관련하여 청탁한다는 명목으로 이를 수수한 것으로 볼 만하다.

477) 대판 1984.4.10. 83도1499, 사례의 명목으로 교부받은 자기앞수표를 은행에 예치했다가 2주일 후에 반환했다 하더라도 뇌물수수의 고의는 인정된다.
대판 1992.2.28. 91도3364, 영득의 의사로 뇌물을 수수하였지만 그 액수가 너무 많아서 나중에 반환할 의사로 보관한 경우 뇌물죄 성립한다.
대판 1979.7.10. 79도1124, 피고인이 택시를 타고 떠나려는 순간 뒤쫓아 와서 돈뭉치를 창문으로 던져

9. 경범죄

1) 개념

경범죄라 함은 10만 원 이하의 벌금, 구류 또는 과료의 형으로 벌하는 경미한 죄를 말한다.

2) 경범죄의 종류

경범죄처벌법이 정하는 경범으로는 다음과 같은 것들이 있다.

* (빈집 등에의 잠복) 다른 사람이 살고 있지 아니하고 또한 지키지 아니하는 집 또는 그 울타리 안이나 건조물·배·자동차 안에 정당한 이유 없이 숨어 들어간 사람

* (흉기의 은닉휴대) 칼·쇠몽둥이 등 사람의 생명 또는 신체에 중대한 해를 입히는 데 사용될 연장이나 쇠톱 등 집 그 밖의 건조물에 침입하는 데 사용될 연장을 정당한 이유 없이 숨기어 지니고 다니는 사람

* (허위신고) 있지도 아니한 범죄 또는 재해의 사실을 공무원에게 거짓으로 신고한 사람

* (요부조자 등 신고불이행) 자기가 관리하고 있는 곳에 도움을 받아야 할 노인·어린이·불구자·다친 사람 또는 병든 사람이 있거나 시체 또는 죽어 태어난 태아가 있는 것을 알면서 빨리 이를 관계 공무원에게 신고하지 아니한 사람

* (관명사칭 등) 국내외의 관공직·계급·훈장·학위 그 밖에 법령에 의하여 정하여진 명칭이나 칭호 등을 거짓으로 꾸며대거나 자격이 없으면서 법령에 의하여 정하여진 제복·훈장·기장 그 밖의 표장 또는 이와 비슷한 것을 사용한 사람

* (출판물의 부당게재 등) 올바르지 아니한 이익을 얻을 목적으로 다른 사람 또는 단체의 사업이나 사사로운 일에 관하여 신문·잡지 그 밖의 출판물에 어떤 사항을 싣거나 싣지 아니할 것을 약속하고 돈이나 물건을 받은 사람

* (물품강매·청객행위) 청하지 아니한 물품을 억지로 사라고 한 사람, 청하지 아니한 일을 해 주거나 재주 등을 부리고 그 대가로 돈을 달라고 한 사람

넣고 가 버려 의족을 한 불구의 몸인 피고인으로써는 도저히 뒤따라가 돌려 줄 방법이 없어 부득이 그대로 귀가하였다가 다음 날 바로 다른 사람을 시켜 이를 반환한 경우 피고인에게는 뇌물을 수수할 의사가 있었다고는 볼 수 없다.

또는 여러 사람이 모이거나 다니는 곳에서 영업을 목적으로 떠들썩하게 손님을 부른 사람

* (허위광고) 여러 사람에 대하여 물품을 팔거나 나누어 주거나 또는 일을 해 줌에 있어서 다른 사람을 속이거나 잘못 알게 할 만한 사실을 들어 광고한 사람

* (광고물 무단첩부 등) 다른 사람 또는 단체의 집이나 그 밖의 공작물에 함부로 광고물 등을 붙이거나 걸거나 또는 글씨나 그림을 쓰거나 그리거나 새기는 행위 등을 한 사람과 다른 사람 또는 단체의 간판 그 밖의 표시물 또는 공작물을 함부로 옮기거나 더럽히거나 해친 사람

* (음료수 사용방해) 사람이 마시는 물을 더럽히거나 그 사용을 방해한 사람

* (오물방치) 담배꽁초·껌·휴지·쓰레기·죽은 짐승 그 밖의 더러운 물건이나 못 쓰게 된 물건을 함부로 아무 곳에나 버린 사람

* (노상방뇨 등) 길이나 공원 등에서 함부로 침을 뱉거나 대소변을 보거나 개 등 짐승을 끌고 와 대변을 보게 하고 이를 수거하지 아니한 사람

* (단체가입강청) 싫다고 하는데도 되풀이하여 단체가입을 억지로 청한 사람

* (자연훼손) 공원·명승지·유원지 등에서 함부로 풀·꽃·나무·돌 등을 꺾거나 캐거나 글씨를 새기거나 하여 자연을 해친 사람

* (타인의 가축·기계 등 무단조작) 함부로 다른 사람 또는 단체의 소나 말 그 밖의 짐승 또는 매어 놓은 배·뗏목 등을 풀어 놓거나 자동차 등의 기계를 조작한 사람

* (수로유통방해) 개천이나 도랑 그 밖의 물길의 흐름에 방해될 행위를 한 사람

* (구걸 부당이득) 다른 사람을 구걸하게 하여 올바르지 아니한 이익을 얻은 사람

* (불안감조성) 정당한 이유 없이 길을 막거나 시비를 걸거나 주위에 모여들거나 뒤따르거나 또는 몹시 거칠게 겁을 주는 말 또는 행동으로 다른 사람을 불안하게 하거나 귀찮고 불쾌하게 한 사람 또는 도로·공원 등 공공장소에서 고의로 험악한 문신을 노출시켜 타인에게 혐오감을 준 사람

* (음주소란 등) 공회당·극장·음식점·기차·자동차·배 등에서 몹시 거친 말 또는 행동으로 주위를 시끄럽게 하거나 술에 취하여 이유 없이 다른 사람에

게 주정을 한 사람

  * (인근소란 등) 악기·라디오·텔레비전·전축·종·확성기·전동기 등의 소리를 지나치게 크게 내거나 큰소리로 떠들거나 노래를 불러 이웃을 시끄럽게 한 사람

  * (위해동물 관리소홀) 사람이나 가축에 해를 끼치는 버릇이 있는 개 그 밖의 동물을 함부로 풀어놓거나 제대로 살피지 아니하여 나돌아 다니게 한 사람

  * (공무원 원조불응) 눈·비·바람·해일·지진 등으로 인한 재해 또는 화재·교통사고·범죄 그 밖의 급작스러운 사고가 발생한 때에 그곳에 있으면서도 정당한 이유 없이 관계 공무원 또는 이를 돕는 사람의 현장출입에 관한 지시에 따르지 아니하거나 공무원이 도움을 청하여도 이에 응하지 아니한 사람

  * (성명 등의 허위기재) 성명·주민등록번호·등록기준지·주소·직업 등을 거짓으로 꾸며대고 배나 비행기를 탄 사람

  * (미신료법) 근거 없이 신기하고 용한 약방문인 것처럼 내세우거나 그 밖의 미신의 방법으로 병을 진찰·치료·예방한다고 하여 사람들의 마음을 홀리게 한 사람

  * (야간통행제한위반) 전시·사변·천재·지변 또는 그 밖의 사회에 위험이 생길 우려가 있을 경우에 경찰청장 또는 해양경찰청장이 정하는 야간통행제한을 위반한 사람

  * (과다노출) 여러 사람의 눈에 뜨이는 곳에서 함부로 알몸을 지나치게 내놓거나 속까지 들여다보이는 옷을 입거나 또는 가려야 할 곳을 내놓아 다른 사람에게 부끄러운 느낌이나 불쾌감을 준 사람

  * (지문채취불응) 범죄의 피의자로 입건된 사람에 대하여 경찰공무원이나 검사가 지문조사 외의 다른 방법으로 그 신원을 확인할 수 없어 지문을 채취하려고 할 때 정당한 이유 없이 이를 거부한 사람

  * (자릿세 징수 등) 여러 사람이 모이거나 쓸 수 있도록 개방된 시설 또는 장소에서 좌석이나 차 세워 둘 자리를 잡아 주기로 하거나 잡아 주면서 돈을 받거나 요구하거나 이를 위하여 다른 사람을 귀찮게 따라다니는 사람

  * (비밀 춤교습 및 장소제공) 공연하지 아니한 곳에서 다른 사람으로부터 대가를 받고 춤을 가르치거나 그 장소를 사용하도록 한 사람

* (암표매매) 흥행장·경기장·역·나루터 또는 정류장 그 밖의 정해진 요금을 받고 입장시키거나 승차 또는 승선시키는 곳에서 웃돈을 받고 입장권·승차권 또는 승선권을 다른 사람에게 되판 사람

* (새치기) 흥행장·경기장·역·나루터 또는 정류장 그 밖의 여러 사람이 모이는 곳에서 승차·승선 또는 입장하거나 표를 사기 위하여 사람들이 줄을 서고 있을 때에 새치기하거나 떠밀거나 하여 그 줄의 질서를 어지럽힌 사람

* (무단출입) 출입이 금지된 구역이나 시설 또는 장소에 정당한 이유 없이 들어간 사람

* (총포 등 조작·장난) 여러 사람이 모이거나 다니는 곳에서 상당한 주의를 하지 아니하고 총포나 화약류 그 밖의 폭발의 우려가 있는 물건을 다루거나 이를 가지고 장난한 사람

* (무임승차 및 무전취식) 영업용차 또는 배 등을 타거나 다른 사람이 파는 음식을 먹고 정당한 이유 없이 제값을 치르지 아니한 사람

* (뱀 등 진열행위) 여러 사람이 모이거나 다니는 곳에서 뱀이나 끔찍한 벌레 등을 팔거나 또는 팔기 위하여 늘어놓아 다른 사람에게 불쾌감을 준 사람

* (장난전화 등) 정당한 이유 없이 다른 사람에게 전화 또는 편지를 여러 차례 되풀이하여 괴롭힌 사람

* (금연장소에서의 흡연) 담배를 피우지 못하도록 표시된 곳에서 담배를 피운 사람

3) 처벌절차
① 통고처분

경찰서장은 범칙자로 인정되는 사람에 대하여 그 이유를 명백히 나타낸 서면으로 범칙금을 납부할 것을 통고할 수 있다. 통고할 범칙금의 액수는 범칙행위의 종류에 따라 대통령령으로 정한다.

② 범칙금의 납부

통고처분서를 받은 사람은 그 통고처분서를 받은 날로부터 10일 이내에 경찰청장이 지정하는 국고은행, 그 지점이나 대리점, 우체국에 범칙금을 납부하여야 한다. 다만, 천재·지변이나 그 밖의 부득이한 일로 말미암아 그 기간 내에

범칙금을 납부할 수 없을 때에는 그 부득이한 일이 없어지게 된 날로부터 5일 이내에 납부하여야 한다.

③ 즉결심판을 청구와 심판

경찰서장은 통고처분 불이행자에 대해서는 지체 없이 즉결심판을 청구하여야 한다. 다만, 즉결심판이 청구되기 전까지 통고받은 범칙금액에 그 100분의 50을 더한 금액을 납부한 사람에 대해서는 그러하지 아니하다.

즉결심판의 청구가 있는 때에는 판사는 사건이 즉결심판을 할 수 없거나 즉결심판절차에 의하여 심판함이 적당하지 아니하다고 인정되어 결정으로 즉결심판의 청구를 기각하는 경우 외에는 즉시 심판을 하여야 한다.

즉결심판절차에 의한 심리와 재판의 선고는 공개된 법정에서 행하되, 그 법정은 경찰관서 외의 장소에 설치되어야 한다.

법정은 판사와 법원서기관, 법원사무관 등이 열석하여 개정한다.

판사는 상당한 이유가 있는 경우에는 개정 없이 피고인의 진술서와 경찰서장이 제출하는 서류 또는 증거물에 의하여 심판할 수 있다. 다만, 구류에 처하는 경우에는 그러하지 아니하다.

피고인이 기일에 출석하지 아니한 때에는 이 법 또는 다른 법률에 특별한 규정이 있는 경우를 제외하고는 개정할 수 없다. 단 벌금 또는 과료를 선고하는 경우에는 피고인이 출석하지 아니하더라도 심판할 수 있다.

④ 정식재판을 청구

즉결심판에 불복하는 피고인은 즉결심판의 선고·고지를 받은 날부터 7일 이내에 정식재판청구서를 경찰서장에게 제출하여야 한다. 정식재판청구서를 받은 경찰서장은 지체 없이 판사에게 이를 송부하여야 한다.

⑤ 경찰서장의 보호처리 등

경찰서장은 경범죄 위반자가 만취, 정신착란 등으로 타인에게 위해우려 시 즉결심판 시까지 경찰서 내에 보호처리를 할 수 있다.

지구대장이나 경찰서장 경범죄 위반 정도가 미약하거나 피해자가 처벌을 원치 않는 경우 등에는 위반자를 훈계 방면할 수 있다.

즉결심판에 따른 형의 집행은 경찰서장이 유치장에 구류하거나(1∼30일), 해당 벌금·과료를 징수하는 것으로 시행한다.

Ⅳ. 범죄의 수사와 재판

1. 형사사건과 수사

1) 개념

형사사건이란 국가가 법률로 범죄라고 규정하고 형벌을 가하는 경우이고, 수사란 형사사건이 발생했을 때 범죄자를 찾고 사건 내용을 조사하는 절차를 말한다.

2) 수사기관

수사기관은 법률상 수사의 권한이 인정되어 있는 국가기관으로 형사소송법은 검사를 수사의 주재자로, 사법경찰관리를 검사의 지휘를 받아 수사를 시행하는 자로 정하고 있다. 사법경찰관리에는 일반 형사사건을 수사하는 일반사법경찰관리와 철도공안, 산림, 소방, 해사, 세관 등 특별한 사항만을 수사하는 특별사법경찰관리가 있다.

검사는 직접 수사를 하거나 사법경찰관리를 지휘하여 수사를 한다. 사법경찰관리가 독자로 수사를 개시하여 입건한 경우에는 검사의 지휘를 받아야 한다.

3) 수사개시의 단서
① 종류

수사개시 단서에는 고소, 고발, 기타 범죄 신고, 풍문이나 신문기사 기타 우연한 사정 등 제한이 없는데, 경찰관의 불심검문과 관련해서는 그 남용이 항상 문제가 되고 있다.

② 불심검문

a. 불심검문이란 경찰관이 수상한 거동 기타 주위의 사정을 합리적으로 판단하여 어떠한 죄를 범하였거나 범하려 하고 있다고 의심할 만한 상당한 이유가 있는 자 또는 이미 행하여진 범죄나 행하여지려고 하는 범죄행위에 관하여 그 사실을 안다고 인정되는 자를 정지시켜 질문하는 것을 말한다. 경찰관은 질문을 할 때에 흉기의 소지 여부를 조사할 수 있다.

b. 경찰관은 그 장소에서 질문을 하는 것이 당해인에게 불리하거나 교통의

방해가 된다고 인정되는 때에는 질문하기 위하여 부근의 경찰관서에 동행할 것을 요구할 수 있다. 이 경우 당해인은 경찰관의 동행요구를 거절할 수 있다.[478] 동행에 응하였더라도 언제든지 마음대로 경찰관서에서 나올 수 있다.

경찰관은 질문하거나 동행을 요구할 경우 당해인에게 자신의 신분을 표시하는 증표를 제시하면서 소속과 성명을 밝히고 그 목적과 이유를 설명하여야 하며, 동행의 경우에는 동행장소를 밝혀야 한다.

동행을 한 경우 경찰관은 당해인의 가족 또는 친지 등에게 동행한 경찰관의 신분, 동행장소, 동행목적과 이유를 고지하거나 본인으로 하여금 즉시 연락할 수 있는 기회를 부여하여야 하며, 변호인의 조력을 받을 권리가 있음을 고지하여야 한다.

동행을 한 경우 경찰관은 당해인을 6시간을 초과하여 경찰관서에 머물게 할 수 없다.

c. 당해인은 형사소송에 관한 법률에 의하지 아니하고는 신체를 구속당하지 아니하며, 그 의사에 반하여 답변을 강요당하지 아니하므로 질문에 답하지 않을 수 있다.

③ 고소·고발

가. 고소 개념

고소란 범죄의 피해자나 그 법정대리인(피해자 사망 시는 배우자, 직계존비속, 형제자매)이 수사기관에 범죄사실을 신고해 범인을 처벌해 달라고 요구하는 것을 말한다.

나. 고소방식

고소방식에는 제한이 없고, 수사기관에 고소인과 피고소인의 인적사항·피해내용·처벌을 원하는 뜻을 기재한 고소장을 제출하거나 구두로 진술하면 된다.

다. 수사기관의 조치

고소를 접수한 수사기관은 수사해서 고소인에게 결과를 통보해 주어야 한다. 불기소할 경우에 고소인은 이의를 제기할 수 있다.

---

478) 대판 1999.12.28. 98도138, 경찰관이 임의동행을 요구하며 손목을 잡고 뒤로 꺾어 올리는 등으로 제압하자 거기에서 벗어나려고 몸싸움을 하는 과정에서 경찰관에게 경미한 상해를 입힌 경우, 위법성이 결여된 행위이고 공무집행방해죄가 되지 않는다.

라. 친고죄

친고죄란 피해자의 명예나 입장을 고려하여 피해자의 고소가 있어야만 처벌을 할 수 있는 죄를 말한다. 강간, 간통, 모욕, 명예훼손죄 등이 그것이다.

마. 고발

고발은 피해자 아닌 제3자가 수사기관에 범죄사실을 신고해 처벌을 구하는 것을 말한다.

바. 무고죄

허위사실을 신고하여 죄 없는 사람의 처벌을 원할 때 신고자를 처벌하는 죄이다. 억울한 피해자가 생기는 것과 국가형벌권의 행사가 방해되는 것을 방지하기 위하여 실형 등 엄벌에 처하는 경우가 많다. 허위신고만으로 성립하고 피신고자가 처벌받았는지 여부는 상관없다.[479)]

사. 법률구조공단

빌려 준 돈을 받아 내기 위하여 갚을 생각도 없이 돈을 빌려 갔다고 사기로 고소한 경우같이 민사관계 해결을 위하여 고소가 제기된 경우에 사기 등 범죄가 되지 않는다 하더라도 억울한 피해자 구제를 위해 법률구조공단이 민사소송 등을 대행해 주는데, 피해자가 법률구조 대상자인 경우에 대여금, 임금, 공사금 등 대금을 못 받은 경우가 그것이다.

아. 특정범죄자신고등 구조제도

살인, 약취 유인, 강도, 강간, 범죄단체 구성, 마약 등 중범죄 신고자의 신변 보호를 위하여 구조해 주는 제도로 이사, 전직, 생활비 지급(최저임금 5배 이하) 등이 그것이다.

4) 입건과 수사의 진행

① 입건의 개념

수사기관이 수사 개시 후 혐의를 인정하여 형사사건화하는 것을 입건이라고 한다. 범죄혐의가 뚜렷하지는 않아 입건하기엔 부족하나, 투서, 진정, 기타 조사해 볼 필요가 있을 경우 내부적으로 조사하는 것을 내사라고 한다.

입건이 되면 혐의자는 피의자가 된다. 범인으로 의심은 되지만 뚜렷한 혐의

---

479) 민사채권관계에 불과한데 감정에 치우쳐 또는 어떻게든 돈을 받아야겠다는 일념에서 허위신고를 하여 오히려 자신이 처벌되고 합의를 위해 채권도 받지 못하는 경우가 많다.

가 발견되지 않은 사람은 용의자라고 한다.

② 수사의 진행

피의자에 대한 조사는 수사기관의 신문과 이에 대한 피의자의 진술로 이루어
지는데, 수사기관은 이 내용을 피의자신문조서에 기재하고 피의자에게 보여 주
거나 읽어 주어 잘못된 부분을 확인할 수 있게 해야 한다. 피의자는 잘못된 내
용의 정정을 요구할 수 있고, 정정이 안 되면 서명을 거부할 수 있다.

수사기관은 필요한 때에는 피의자 이외의 제3자를 참고인으로 조사할 수 있
으나, 참고인은 조사에 응할 의무는 없다. 참고인이 출석이나 진술을 거부할 경
우에는 재판단계에서 증인신문을 청구하여 신문할 수밖에 없다.

③ 함정수사

가. 개념

함정수사란 수사기관이 정보원을 동원해서, 범죄에 대한 증거를 찾기 위해
범인으로 하여금 범죄에 이르도록 유도하고, 그에 대한 증거를 확보해서 범인
을 체포하고 처벌하는 방법을 말한다.[480]

나. 함정수사의 유형

함정수사에는 이미 범죄결의를 가지고 있는 사람에 대하여 범죄를 범할 기회
를 부여하는 기회제공형 함정수사와, 전혀 범죄의사가 없는 사람에게 새로운
범죄의사를 유발하는 범의유발형 함정수사가 있다.[481]

이 같은 구별은 함정수사를 당한 사람으로서는 자신은 범행할 의사가 없었는
데, 수사기관에 의해 범의가 비로소 유발된 것이므로 처벌되어서는 안 된다는
주장을 하게 될 것이므로 그 의미가 있다.

다. 함정수사의 위법성

함정수사는 미국 연방대법원에서 1932년 그 위법성을 선언한 판결(Sorre lls

---

480) 예를 들어 정보원이 마약사범에 대해 마약을 구입하겠으니 언제 만나자고 제의하여, 마약사범이 그 장소로
마약을 판매하기 위해 나오면 정보원이 수사기관과 함께 가서 범인을 체포하도록 하게하는 것을 말한다. 범
죄행위가 워낙 은밀하게 행하여지기 때문에 보통의 방식으로는 증거를 확보하기 어려운 범죄인 마약사범,
밀수사범, 뇌물죄, 성매매범죄 등에서 활용되고 있다. 윤락행위를 상습적으로 하는 업소를 단속하기 위하여
수사기관이 업소에 손님으로 가장하여 들어가, 윤락행위를 하도록 한 후 그곳에 있는 종업원들과 주인을 긴
급 체포하는 것이 흔한 예이다.

481) 기회제공형 함정수사는 윤락행위를 상습적으로 하고 있는 부녀자에게 접근하여 윤락의 제공을 요구하는 경
우이고, 범의유발형 함정수사는 평소 윤락행위를 하지 않고 있는 부녀자에게 접근하여 돈을 줄 테니 성행위
를 하자고 제의하여 성행위를 한 다음 검거하는 경우이다.

v. United States) 이래 중요한 논의대상이 되어 왔고, 독일에서는 법치국가원리에서 유래되는 적법절차원칙에 반하는 것으로 이해하고 있다.

우리 대법원은 1963년에 마약사범에 대한 함정수사의 방법을 동원한 경우, 전혀 범의가 없는 사람으로 하여금 범행을 유발케 했다는 아무런 흔적이 엿보이지 않는 한 그와 같은 수사행위는 적법하다고 인정했었고, 최근에는 범의를 가진 자에 대하여 범행의 기회를 주거나 범행을 용이하게 한 것에 불과한 경우에는 함정수사가 아니나, 본래 범의를 가지지 아니한 자에 대하여 수사기관이 사술이나 계략 등을 써서 범의를 유발케 하여 범인을 검거하는 함정수사는 위법하다고 본다.[482]

함정수사에 의해 기소가 되면 법원은 소송조건이 흠결 또는 소송장애를 이유로 공소기각 판결을 해야 한다. 이는 적법한 소추권의 행사로 볼 수 없으므로, 형사소송법 제327조 제2호에 규정된 공소제기의 절차가 법률의 규정에 위반하여 무효인 때에 해당한다는 이유로 공소기각 판결을 선고하여야 한다. 또한 함정수사로 얻은 증거는 당연히 증거능력이 배제되고, 수사기관에 대해서는 불법수사를 한 책임을 추궁할 수 있게 된다.

④ 위법하게 수집된 증거

형사절차에 있어서 증거는 적법하게 수집되어야 하고, 그렇지 않으면 증거능력이 부정되는데 이를 위법수집증거배제원칙이라고 한다. 이 원칙은 형사절차에서 적정절차가 보장되어야 한다는 것과 불법한 수사를 못 하도록 하기 위해서 인정된 것이다.

위법 수집된 증거물에 대해서는 형사소송법상 별도의 규정을 두고 있지 않으나, 헌법 제12조 제1항의 적정절차보장의 총괄규정과 동 조 제2조 이하의 개별적 규정 및 제10조의 인간의 존엄과 가치의 권리, 국가의 기본권 보장의무 등을 근거로 한다. 통신비밀보호법 제4조는 제3조의 규정에 위반하여 불법검열에 의하여 취득한 우편물이나 그 내용 또는 불법감청에 의하여 지득 또는 채록된 전기통신의 내용은 재판 또는 징계절차에서 증거로 사용할 수 없다고 명시하고 있다.

대법원은 수사기관이 피의자를 신문함에 있어 피의자에게 미리 진술거부권을

---

[482] 대판 2005.10.28. 2005도1247.

고지하지 않은 때에는 그 피의자의 진술은 위법하게 수집된 증거로서 진술의 임의성이 인정되는 경우라도 증거능력을 부인하고(대판 1992.6.23. 92도682), 피의자와 변호인의 참여 없는 증인신문조서의 증거능력을 부인하고(대판 1992.2.28. 91도2337), 변호인의 접견교통권이 불허된 상태에서 작성된 피의자신문조서에 대해서도 증거능력을 부정하고 있으나(대판 1990.9.25. 90도1586), 압수물은 압수절차가 위법이라 하더라도 물건 자체의 성질 형상에 변경을 가져오는 것은 아니므로 그 형상 등에 관한 증거가치에는 변함이 없다 할 것이므로 증거능력이 있다고 하면서, 증거물에 대해서는 위법수집증거의 증거능력을 인정하고 있다(대판 1987.6.23. 선고 87도705 판결).

⑤ 독수독과이론

독수독과이론은 위법하게 수집한 제1차 증거에 의하여 발견 획득된 제2차 증거의 증거능력을 배제하는 것을 말한다.

대법원도 압수된 망치, 국방색 작업복과 야전잠바 등은 피고인의 증거능력 없는 자백에 의하여 획득한 것이므로 따라서 증거능력이 없다고 판시하였다(대판 1977.4.26. 77도210 판결).

그러나 위법하게 수집된 증거에 의하여 수집된 증거라고 하더라도 수사기관이 독립된 자료에 의하여 과실의 존재를 파악하고 있었거나, 위법수집증거와 과실 사이에 인과관계가 인정되지 않을 때에는 이 원칙이 적용되지 않는다.

⑥ 개인에 의해 위법하게 수집된 증거

고소를 하면서 고소인의 입장에서 피고소인이나 다른 증인들과의 대화내용을 비밀리에 녹음하여 녹음테이프나 그 녹취록을 법원에 증거로 제출하는 경우 대법원은 위법하게 수집된 증거라고 할 수 없다고 판시하였다.[483]

5) 체포

① 체포할 수 있는 경우

피의자가 죄를 범하였다고 의심할 만한 상당한 이유가 있고, 정당한 이유 없이 출석요구에 응하지 않거나 응하지 않을 우려가 있을 때에는 수사의 진행을

---

483) 대판 1997.3.28. 97도240. 그 외에 제3자가 공갈 목적을 숨기고 피고인의 동의하에 찍은 나체사진이 피고인에 대한 간통죄에 있어 위법수집증거의 증거능력이 배제되지 않는다는 판례도 있다(대판 1997.9.30. 97도1230).

위하여 판사로부터 체포영장을 발부받아 피의자를 체포하여 수사관서로 강제로 데려올 수 있다. 체포영장은 사법경찰관이 검사에게 신청하면, 검사가 기각 또는 판사에게 청구하고, 판사가 발부 또는 기각한다.

② 긴급체포와 현행범인 체포

범죄가 무겁고 긴급한 사정이 있어서 체포영장을 발부받을 수 없을 때와 현행범일 때에는 영장 없이 체포할 수 있으나, 체포 즉시 검사의 승인을 받아야 한다.

피의자를 체포 또는 구속하는 경우에 필요한 때에는 영장 없이 타인의 주거나 타인이 간수하는 가옥, 건조물, 항공기, 선거 내에서의 피의자 수사를 할 수 있다.

③ 구속영장청구

체포나 긴급체포는 피의자의 변명 없이 수사기관의 자료만으로 발부하는 것이므로 구금할 수 있는 시간을 48시간으로 제한하고 있고, 따라서 체포 후 계속 구금하려면 48시간 이내에 구속영장을 청구하여야 한다.

6) 구속

① 불구속수사 원칙

수사는 피의자의 인권과 방어권 보장 차원에서 불구속상태에서 진행하는 것이 원칙이나, 도주나 증거인멸 우려 있을 때에는 판사로부터 구속영장을 발부받아 구속상태에서 수사하게 된다. 그러나 피의자의 죄질에 따라 구속영장 발부 여부가 결정되는 것이 실제 모습이다.

② 구속 전 피의자신문

체포된 피의자에 대하여 구속영장을 청구받은 판사는 지체 없이 피의자를 심문하여야 한다. 이 경우 특별한 사정이 없는 한 구속영장이 청구된 날의 다음 날까지 심문하여야 한다.

불구속 피의자에 대하여 구속영장을 청구받은 판사는 피의자가 죄를 범하였다고 의심할 만한 이유가 있는 경우에 구인을 위한 구속영장을 발부하여 피의자를 구인한 후 심문하여야 한다. 다만, 피의자가 도망하는 등의 사유로 심문할 수 없는 경우에는 그러하지 아니하다.

검사와 변호인은 제3항에 따른 심문기일에 출석하여 의견을 진술할 수 있다.

심문할 피의자에게 변호인이 없는 때에는 지방법원판사는 직권으로 변호인을 선정하여야 한다. 이 경우 변호인의 선정은 피의자에 대한 구속영장 청구가 기각되어 효력이 소멸한 경우를 제외하고는 제1심까지 효력이 있다.

③ 체포·구속적부심사제도

가. 개념

피의자가 일단 체포나 구속된 뒤에도 공소 제기되기 전에 법원으로부터 다시 그 정당성을 심사받을 수 있는 제도를 말한다.

나. 청구

체포 또는 구속된 피의자 또는 그 변호인, 법정대리인, 배우자, 직계친족, 형제자매나 가족, 동거인 또는 고용주는 관할법원에 체포 또는 구속의 적부심사를 청구할 수 있다.

피의자를 체포 또는 구속한 검사 또는 사법경찰관은 체포 또는 구속된 피의자와 위의 자 중에서 피의자가 지정하는 자에게 적부심사를 청구할 수 있음을 알려야 한다.

다. 법원의 심사

법원은 청구권자 아닌 자가 청구하거나 동일한 체포영장 또는 구속영장의 발부에 대하여 재청구한 때거나 공범 또는 공동피의자의 순차청구가 수사방해의 목적임이 명백한 때에는 심문 없이 결정으로 청구를 기각할 수 있다.

청구를 받은 법원은 청구서가 접수된 때부터 48시간 이내에 체포 또는 구속된 피의자를 심문하고 수사관계서류와 증거물을 조사하여 그 청구가 이유 없다고 인정한 때에는 결정으로 이를 기각하고, 이유 있다고 인정한 때에는 결정으로 체포 또는 구속된 피의자의 석방을 명하여야 한다.

법원은 구속된 피의자(심사청구 후 공소 제기된 자를 포함한다.)에 대하여 피의자의 출석을 보증할 만한 보증금의 납입을 조건으로 하여 결정으로 석방을 명할 수 있다. 다만, 죄증을 인멸할 염려가 있다고 믿을 만한 충분한 이유가 있는 때거나 피해자, 당해 사건의 재판에 필요한 사실을 알고 있다고 인정되는 자 또는 그 친족의 생명·신체나 재산에 해를 가하거나 가할 염려가 있다고 믿을 만한 충분한 이유가 있는 때에는 그러하지 아니하다.

④ 구속기간

수사단계에서는 사법경찰관과 검사는 각 10일씩 피의자를 구속할 수 있고, 검사는 판사의 허가를 받아 10일 내에서 1회 연장할 수 있다. 결국 총 30일까지 구속이 가능하다.

공소제기 후에는 2개월 동안 피의자를 구속할 수 있는데 심급마다 2개월의 한도 내에서 2회씩 연장할 수 있다. 결국 1심 6개월, 2·3심 각 4개월 씩 총 14개월간 구속이 가능하다.

⑤ 압수, 수색, 검증

가. 개념

수사기관은 범죄수사에 필요한 때에는 지방법원판사에게 청구하여 발부받은 영장에 의하여 압수, 수색 또는 검증을 할 수 있다. 압수란 수사기관이 어떤 물건에 대해 강제적으로 점유를 빼앗고, 그 점유를 계속하는 것을 내용으로 하는 강제처분이고, 수색이란 수사기관이 물건이나 사람을 찾기 위하여 일정한 장소나 사람의 신체에 대하여 행하는 강제처분이다.

나. 압수수색의 문제점

압수수색은 합목적적 요소가 강하고, 대인적 강제처분에 비해 인권침해 정도가 상대적으로 낮으나, 헌법이 보장하고 있는 주거의 자유, 사생활의 비밀과 자유를 침해하는 강제처분에 해당하므로 헌법 제12조와 형사소송법 제215조는 수사기관이 압수수색을 하려면 법관이 발부한 영장이 있어야 한다는 영장주의를 규정하고 있다. 그럼에도 불구하고 남용하는 사례가 많다.[484]

다. 영장 없이 압수 수색할 수 있는 경우

체포현장에서의 압수, 수색, 검증이나, 범행 중 또는 범행 직후의 범죄 장소에서 긴급을 요하여 법원판사의 영장을 받을 수 없는 때의 압수, 수색, 검증, 체포된 자가 소유·소지 또는 보관하는 물건에 대하여 긴급히 압수할 필요가

---

[484] 수사기관은 법원으로부터 압수수색의 대상 등을 구체적으로 명확하게 하지 않고 포괄영장을 발부받아 매우 광범위한 압수수색을 해 왔고, 수사목적의 범위를 넘어서는 불필요한 압수수색을 하여 수사를 무제한 확대시켜 나가는 등으로 제도를 남용하는 사례가 많고(계좌추적과 관련해서, 이른바 연결계좌를 모두 추적하는 편법, 단순히 참고인의 지위에 있는 사람들에 대한 무차별적인 압수수색이나 계좌추적, 감청, 이메일에 대한 기간제한 없는 압수수색이 대표적이다.), 법원은 수집절차가 위법하더라도 증거물 자체의 성질과 형상은 변하지 않는다는 근거에서 위법수집증거의 증거능력을 인정하는 태도를 취해 왔다. 최근 법원에서도 압수수색 영장 발부 시 그 대상과 범위 등에 대해 엄격하게 심사하고 있기는 하지만, 검찰도 종래의 저인망식 압수수색에서 벗어나, 혐의사실과 관련 있는 부분만을 집중적으로 압수 수색하는 정도를 걸어가야 할 것이다.

있는 경우에는 체포한 때부터 24시간 이내인 경우에는 영장 없이 이를 할 수 있다.

압수한 물건을 계속 압수할 필요가 있는 경우에는 지체 없이 압수수색영장을 청구하여야 한다. 이 경우 압수수색영장의 청구는 체포한 때부터 48시간 이내에 하여야 한다.

검사 또는 사법경찰관은 청구한 압수수색영장을 발부받지 못한 때에는 압수한 물건을 즉시 반환하여야 한다.

검사, 사법경찰관은 피의자 기타 인이 유류한 물건이나 소유자, 소지자 또는 보관자가 임의로 제출한 물건을 영장 없이 압수할 수 있다.

7) 송치

검사만이 수사종결권이 있으므로 사법경찰관은 수사한 결과를 종합한 뒤 자신의 의견을 붙여 사건의 기록과 증거물 및 구속된 피의자를 검찰청으로 보내야 하는데 이를 송치라고 한다. 검사는 필요한 경우 추가 수사를 거쳐 기소 또는 불기소의 결정을 한다.

8) 지명수배와 지명통보

지명수배란 3년 이상의 징역형에 해당하는 죄를 지은 혐의자가 출석요구에 응하지 않고 행방도 알 수 없는 경우에 전국의 수사기관에 그 이름 등을 알려 검거하도록 하는 것으로, 검거되면 긴급 체포되어 수배관서로 넘겨진다. 지명수배 중인 혐의자에 대해서는 인상착의와 범행내용 등이 담긴 수배전단을 배포하고 시민들의 신고를 유도한다.

지명통보란 3년 미만의 형벌이 가해지는 경우에 하는 것으로, 검거되면 긴급 체포되지는 않지만 수배관서로 한 달 이내에 자진 출석하지 않으면 지명수배자로 되거나 체포영장이 발부된다.

9) 기소와 불기소
① 기소
기소는 검사가 송치받은 사건이나 직접 수사한 사건에 대하여 법원에 재판을 청구하는 것을 말하는데, 공소제기라고 한다.

② 약식기소

검사는 사건이 경미한 경우 벌금형 처벌조항이 있으면 벌금형에 처해 달라고 청구하기도 하는데 이를 약식기소라고 한다. 구속된 상태에서 약식기소를 할 경우에는 피의자를 석방해야 한다. 법원은 약식기소가 있으면 재판을 열지 않고 기록만으로 적당한 벌금형의 약식재판을 하거나, 좀 더 심리할 필요가 있다고 판단하면 정식재판에 회부한다. 피의자는 약식재판에 불복하면 7일 내에 정식재판청구를 할 수 있다.

③ 불기소

불기소는 검사가 수사결과 피의자가 재판을 받을 필요가 없다고 판단한 경우에 기소하지 않고 사건을 종결하는 것이다. 불기소처분에는 기소유예·무혐의처분·기소중지·참고인 중지가 있다.

기소유예는 범죄혐의가 인정되나, 피의자 연령·성행·지능과 환경, 피해자와의 관계, 범행동기, 수단과 결과, 범행 후의 정황(합의 등) 등을 고려하여 기소하지 않는 것을 말한다. 기소 유예된 피의자는 같은 죄로 다시 기소되지 않으나, 재범이 있을 경우는 다시 기소할 수 있다.

무혐의처분은 범죄를 인정할 만한 증거가 없거나 유죄판결을 받기에는 증거가 부족한 경우에 내리는 결정이다. 사기·횡령·배임 등 재산범죄에 대하여 내리는 경우가 많은데, 민사상 책임 유무와는 무관하다.

기소중지란 피의자의 소재불명 등의 이유로 수사를 종결할 수 없을 때 내리는 처분이고, 참고인 중지란 피의자가 범행을 부인하여 주요 증인 등을 조사하여야 하는데 이를 할 수 없어 수사를 종결할 수 없을 경우에 내리는 처분이다.

10) 불기소처분에 대한 이의

① 항고와 재항고

검사의 불기소처분에 불복이 있는 고소인 또는 고발인은 불기소통지를 받은 날부터 30일 이내에 그 검사가 속하는 지방검찰청 또는 지청을 거쳐 서면으로 관할 고등검찰청검사장에게 항고할 수 있다.

고등검찰청검사장의 항고를 기각하는 처분에 불복하거나 항고를 한 날부터 항고에 대한 처분이 행하여지지 아니하고 3개월이 경과한 때에는 항고기각결정의 통지를 받은 날 또는 항고 후 항고에 대한 처분이 행하여지지 아니하고 3개월이 경과한 날부터 30일 이내에 그 검사가 속하는 고등검찰청을 거쳐 서면으로 검찰총장에게 재항고할 수 있다.

② 재정신청

가. 개념

고소권자로서 고소를 한 자('형법' 제123조부터 제125조까지의 죄에 대해서는 고발을 한 자를 포함한다.)는 검사로부터 공소를 제기하지 아니한다는 통지를 받은 때에는 그 검사 소속의 지방검찰청 소재지를 관할하는 고등법원에 그 당부에 관한 재정을 신청할 수 있다.

나. 재정신청의 대상

재정신청의 대상은 검사의 불기소처분이다. 불기소처분에는 협의의 불기소처분, 기소중지, 참고인중지, 기소유예처분 등이 모두 포함되나, 진정사건에 대한 검사의 내사종결처분은 재정신청의 대상이 되지 않는다.

다. 재정신청절차

재정신청을 하려면 '검찰청법' 제10조에 따른 항고를 거쳐야 한다. 다만, 항고 이후 재기수사가 이루어진 다음에 다시 공소를 제기하지 아니한다는 통지를 받은 경우, 항고 신청 후 항고에 대한 처분이 행하여지지 아니하고 3개월이 경과한 경우, 검사가 공소시효 만료일 30일 전까지 공소를 제기하지 아니하는 경우에는 그러하지 아니하다.

재정신청을 하려는 자는 항고기각 결정을 통지받은 날 또는 위의 사유가 발생한 날부터 10일 이내에 지방검찰청검사장 또는 지청장에게 재정신청서를 제출하여야 한다. 다만, 위의 검사가 공소제기를 않는 경우에는 공소시효 만료일 전날까지 재정신청서를 제출할 수 있다.

재정신청이 있으면 재정결정이 있을 때까지 공소시효의 진행이 정지된다.

라. 심리와 결정

법원은 재정신청서를 송부받은 날부터 3개월 이내에 항고의 절차에 준하여 신청이 법률상의 방식에 위배되거나 이유 없는 때에는 신청을 기각하고, 신청이 이유 있는 때에는 사건에 대한 공소제기를 결정한다. 이 결정에 대해서는 불복할 수 없다.

재정신청사건의 심리는 특별한 사정이 없는 한 공개하지 아니하고, 필요한 때에는 증거를 조사할 수 있다.

공소제기결정에 따른 재정결정서를 송부받은 관할 지방검찰청 검사장 또는 지청장은 지체 없이 담당 검사를 지정하고 지정받은 검사는 공소를 제기하여야 하고, 이 공소를 취소할 수 없다.

2. 법원의 재판

1) 보석

① 개념

보석이란 구속기소 후 법원에 보증금을 납부하는 조건으로 피고인을 석방하는 것을 말한다.

② 보석의 청구

피고인, 피고인의 변호인·법정대리인·배우자·직계친족·형제자매·가족·동거인 또는 고용주는 법원에 구속된 피고인의 보석을 청구할 수 있다.

③ 필요적 보석

보석의 청구가 있으면,

피고인이 사형, 무기 또는 장기 10년이 넘는 징역이나 금고에 해당하는 죄를 범한 때,

피고인이 누범에 해당하거나 상습범인 죄를 범한 때,

피고인이 죄증을 인멸하거나 인멸할 염려가 있다고 믿을 만한 충분한 이유가 있는 때,

피고인이 도망하거나 도망할 염려가 있다고 믿을 만한 충분한 이유가 있는 때,

피고인의 주거가 분명하지 아니한 때,

피고인이 피해자, 당해 사건의 재판에 필요한 사실을 알고 있다고 인정되는 자 또는 그 친족의 생명·신체나 재산에 해를 가하거나 가할 염려가 있다고 믿을 만한 충분한 이유가 있는 때 이외의 경우에는 보석을 허가하여야 한다.

④ 임의적 보석

법원은 그 외에도 상당한 이유가 있는 때에는 직권 또는 청구권자의 청구에

의하여 결정으로 보석을 허가할 수 있다.

⑤ 보석 시 고려하는 사항

법원은 보석결정 시 범죄의 성질 및 죄상, 증거의 증명력, 피고인의 전과·성격·환경 및 자산, 피해자에 대한 배상 등 범행 후의 정황에 관련된 사항을 고려하여야 하고, 피고인의 자력 또는 자산 정도로는 이행할 수 없는 조건을 정할 수 없다.

⑥ 구속의 집행정지

법원은 상당한 이유가 있는 때에는 검사의 의견을 물어(단, 급속을 요하는 경우에는 그러하지 아니하다.) 결정으로 구속된 피고인을 친족·보호단체 기타 적당한 자에게 부탁하거나 피고인의 주거를 제한하여 구속의 집행을 정지할 수 있다.

⑦ 보석조건의 변경과 취소 등

법원은 직권 또는 신청권자의 신청에 따라 결정으로 피고인의 보석조건을 변경하거나 일정기간 동안 당해 조건의 이행을 유예할 수 있다.

법원은 피고인이 도망한 때, 도망하거나 죄증을 인멸할 염려가 있다고 믿을 만한 충분한 이유가 있는 때, 소환을 받고 정당한 사유 없이 출석하지 아니한 때, 피해자, 당해 사건의 재판에 필요한 사실을 알고 있다고 인정되는 자 또는 그 친족의 생명·신체·재산에 해를 가하거나 가할 염려가 있다고 믿을 만한 충분한 이유가 있는 때, 법원이 정한 조건을 위반한 때에는 직권 또는 검사의 청구에 따라 결정으로 보석 또는 구속의 집행정지를 취소할 수 있다.

법원은 보석을 취소하는 때에는 직권 또는 검사의 청구에 따라 결정으로 보증금 또는 담보의 전부 또는 일부를 몰취할 수 있다.

2) 재판과정
① 재판관할

지방법원이나 지원의 합의부는 사형·무기 또는 단기 1년 이상의 징역 또는 금고에 해당하는 사건 중 특정 사건을 제외한 모든 사건을 담당하고 단독 판사는 합의부가 담당하는 사건 이외의 모든 사건을 담당한다.

② 국선변호인 선임

피고인이 구속된 때, 피고인이 미성년자인 때, 피고인이 70세 이상인 때, 피고인이 농아자인 때, 피고인이 심신장애의 의심이 있는 때, 피고인이 사형, 무기 또는 단기 3년 이상의 징역이나 금고에 해당하는 사건으로 기소된 때에 변호인이 없으면 법원은 직권으로 변호인을 선정하여야 한다.

법원은 피고인이 빈곤 그 밖의 사유로 변호인을 선임할 수 없는 경우에 피고인의 청구가 있는 때에는 변호인을 선정하여야 한다.

법원은 피고인의 연령·지능 및 교육 정도 등을 참작하여 권리보호를 위하여 필요하다고 인정하는 때에는 피고인의 명시적 의사에 반하지 아니하는 범위 안에서 변호인을 선정하여야 한다.

③ 공판기일의 절차

가. 모두절차

모두절차는 형사재판의 초기단계에서 법원이 기소된 범죄사실의 내용과 이에 대한 검사와 피고인의 의견을 조사하고 밝히는 절차이다. 피고인에 대한 인정신문, 검사의 공소요지 진술, 피고인에 대한 진술거부권고지, 피고인의 의견진술의 순서로 진행된다.

나. 사실심리절차

검사의 피고인 신문, 피고인에 대한 변호인의 반대 신문, 증거조사, 검사의 의견진술, 변호인의 최후변론, 피고인의 최후진술의 순서로 진행된다.

증거조사는 인증인 증인에 대한 신문, 물증인 범행도구·범죄흔적·범죄현장 등에 대한 검증과 감정 등으로 이루어진다.

④ 배심제도

가. 국민참여재판제도

국민참여재판이란 배심원이라고 불리는 일반 국민들이 참여하여 형사재판에서 유죄인지 무죄인지를 판단하는 데 의견을 내고, 구체적인 형량을 정하는 데 관여하는 제도를 의미한다. 이 제도는 국민에 의한 직접적 사법 통제를 통해서 전관예우나 재판부 간의 현저한 양형편차 등으로 인한 국민의 사법불신을 해소하고 사법의 민주적 정당성과 신뢰를 높이기 위하여 2008.1.1.부터 시행되고 있는 제도이다.

나. 적용대상사건

모든 형사사건의 피고인들이 국민참여재판을 받게 되는 것은 아니고, 고의로 사망의 결과를 야기한 범죄, 강도 및 강간이 결합된 범죄, 강도 또는 강간에 치상이나 치사가 결합된 범죄, 일정 범위의 수뢰죄 등을 중심으로 하되, 합의부 관할 사건 중 대법원규칙이 정하는 사건이 국민참여재판을 받게 된다.

다. 재판절차

a. 개시

대상사건의 피고인이 공소장 부본을 송달받은 날로부터 7일 이내에 법원에 국민참여재판을 원한다는 의사가 기재된 서면을 제출하면 법원이 법정의 사유로 국민참여재판으로 진행하는 것이 적절하지 아니하다고 인정하여 배제결정을 하지 않는 한 국민참여재판이 개시된다.

b. 배심원

배심원의 수는 법정형이 중한 사형 등의 경우에는 9인, 그 밖의 사건은 7인으로 한다. 피고인이 공소사실을 인정한 경우에는 5인이 참여한다. 배심원의 결원 등에 대비하여 5인 이내의 예비배심원을 두고 있다.

배심원의 권한은 공판에 참석하여 심리를 들은 후 유무죄에 대하여 평결하고 유죄일 경우 양형에 대한 의견을 개진하는 것이다. 배심원은 재판에 출석하여 공정하고 객관적으로 판단해야 할 의무가 있다. 배심원은 피고인이나 증인에 대하여 필요한 사항을 신문하여 줄 것을 재판장에게 요구할 수 있고, 필요하다고 인정되는 경우 재판장의 허가를 얻어 각자 필기를 하여 이를 평의에 사용할 수 있다.

배심원의 공정하고 객관적인 판단을 저해할 우려가 있는 행위, 즉 배심원에게 직무에 관한 청탁을 하거나 배심원이나 그의 친족에게 위협을 하는 행위는 처벌된다. 배심원이 직무상 알게 된 비밀을 누설하거나, 직무와 관련하여 재물 또는 재산상 이익을 수수·요구·약속한 경우에는 형사 처벌이 된다.

c. 평결

재판장은 변론종결 후 배심원에게 공소사실의 요지와 적용법조, 증거능력 등에 대하여 설명하여야 한다. 배심원단은 판사의 관여 없이 독자적으로 유무죄에 관하여 평의하고 전원일치로 평결한다. 배심원 과반수의 요청이 있으면 심리에 관여한 판사의 의견을 들을 수 있다. 배심원단의 유무죄 의견이 일치하지 아니하는 경우에는 심리에 관여한 판사의 의견을 들은 후에 배심원만이 단순 다수결로 평결하도록 되어 있다.

배심원이 전원일치 또는 다수결로 유죄의 평결을 한 경우에는 심리에 관여한 판사와 함께 양형에 관하여 토의하고 의견을 개진하게 된다.

d. 판결

법원은 배심원의 평결과 양형에 관한 의견을 참고로 하지만 이에 기속되지 않고 유무죄와 양형에 관한 판단을 한다. 재판장이 평결 결과와 다른 판결을 선고하는 때에는 피고인에게 그 이유를 고지해야 하고, 판결서에도 그 이유를 기재해야 하는 제한이 있다. 우리나라 제도는 배심원이 판사가 없는 별도의 평의실에서 평결을 한다는 점에서 일본의 재판원재판제도나 독일의 참심제도와 다르고, 판사는 배심원의 평결을 참고로 할 뿐, 이에 기속되지 않는다는 점에서 영미법상의 전통적인 의미의 배심재판은 아니다.

⑤ 판결절차

법원은 심리가 끝나면 변론을 종결하고 판결선고기일을 정하여 판결을 선고한다.

유죄를 인정하여 형을 선고할 경우 형의 집행유예나 선고유예를 선고할 수도 있다. 집행유예는 형을 선고하면서 일정기간 동안 그 형의 집행을 미루어 두었다가 그 기간 동안 다시 죄를 범하지 않으면 형을 집행하지 않기로 하는 것이고, 선고유예는 형의 선고 자체를 미루어 두었다가 일정 기간이 무사히 경과하면 해당사건에 대한 법원의 소송절차가 종결되어 소송절차가 없었던 것으로 되는 것이다.

유죄로 인정할 만한 증거가 없을 때에는 무죄판결을 선고한다.

⑥ 상소 및 재심제도

가. 상소

제1심법원의 판결에 불복할 경우에는 제2심법원에 항소, 제2심법원의 판결에 불복할 경우에는 대법원에 상고할 수 있다. 항소나 상고는 판결을 받은 후 7일 이내에 할 수 있다.

피고인이 상소한 경우에는 원심판결보다 무거운 형을 선고하지 못하지만, 검사가 단독으로 또는 피고인과 함께 상소한 경우에는 그렇지 않다.

나. 재심

재심이란 유죄판결이 확정되었으나 새로운 증거로 인하여 재판결과가 바뀔 가능성이 있는 경우에 다시 재판을 하는 것을 말한다. 재심시기는 제한이 없으나, 재심사유는 다음 사유로 제한된다.

원판결의 증거가 된 서류 또는 증거물의 확정판결에 의하여 위조 또는 변조인 것이 증명된 때,

원판결의 증거가 된 증언, 감정, 통역 또는 번역이 확정판결에 의하여 허위인 것이 증명된 때,

무고로 인하여 유죄의 선고를 받은 경우에 그 무고의 죄가 확정판결에 의하여 증명된 때,

원판결의 증거가 된 재판이 확정재판에 의하여 변경된 때,

유죄의 선고를 받은 자에 대하여 무죄 또는 면소를, 형의 선고를 받은 자에 대하여 형의 면제 또는 원판결이 인정한 죄보다 경한 죄를 인정할 명백한 증거가 새로 발견된 때,

저작권, 특허권, 실용신안권, 의장권 또는 상표권을 침해한 죄로 유죄의 선고를 받은 사건에 관하여 그 권리에 대한 무효의 심결 또는 무효의 판결이 확정된 때,

원판결, 전심판결 또는 그 판결의 기초 된 조사에 관여한 법관, 공소의 제기 또는 그 공소의 기초 된 수사에 관여한 검사나 사법경찰관이 그 직무에 관한 죄를 범한 것이 확정판결에 의하여 증명된 때 단, 원판결의 선고 전에 법관, 검사 또는 사법경찰관에 대하여 공소의 제기가 있는 경우에는 원판결의 법원이 그 사유를 알지 못한 때에 한한다.

3. 기타 형사 관련 제도

1) 형사보상

① 개념

형사소송법에 의한 일반절차 또는 재심이나 비상상고절차에서 무죄재판을 받

은 자가 미결구금을 당하였을 때에는 형사보상법에 의하여 국가에 대하여 그 구금에 관한 보상을 청구할 수 있는 것을 말한다.

② 보상의 청구

보상의 청구는 무죄재판을 한 법원에 대하여 무죄재판이 확정된 때로부터 1년 이내에 하여야 한다.

법원은 재량에 의하여 형사미성년이나 심신상실사유에 의하여 무죄재판을 받은 경우, 본인이 수사 또는 심판을 그르칠 목적으로 허위의 자백을 하거나 또는 다른 유죄의 증거를 만듦으로써 기소, 미결구금 또는 유죄재판을 받게 된 것으로 인정된 경우, 1개의 재판으로 경합범의 일부에 대하여 무죄재판을 받고 다른 부분에 대하여 유죄재판을 받았을 경우에는 보상청구의 전부 또는 일부를 기각할 수 있다.

③ 보상의 내용

구금에 대한 보상에 있어서는 그 일수에 따라 1일 5천 원 이상 대통령령이 정하는 금액 이하의 비율에 의한 보상금을 지급한다. 법원이 보상금액을 산정할 때에는 구금의 종류 및 기간의 장단, 기간 중에 받은 재산상의 손실과 얻을 수 있었던 이익의 상실 또는 정신상의 고통과 신체상의 손상, 경찰, 검찰, 법원의 각 기관의 고의 또는 과실의 유무 기타 모든 사정을 고려하여야 한다.

사형집행에 대한 보상금은 집행 전 구금에 대한 보상금 외에 3천만 원 이내에서 모든 사정을 고려하여 법원이 상당하다고 인정하는 액을 가산 보상한다. 이 경우 본인의 사망에 의하여 생긴 재산상의 손실액이 증명된 때에는 그 손실액도 보상한다.

벌금 또는 과료의 집행에 대한 보상에 있어서는 이미 징수한 벌금 또는 과료의 액에 징수일의 익일부터 보상 결정일까지의 일수에 따라 민법 제379조의 법정이율에 의한 금액을 가산한 액을 보상한다.

노역장유치의 집행을 하였을 때에는 구금의 경우를 준용한다.

몰수집행에 대한 보상에 있어서는 그 몰수물을 반환하고 그것이 이미 처분되었을 때에는 보상결정 시의 시가를 보상하며, 추징금에 대한 보상에 있어서는 그 액수에 징수한 익일부터 보상 결정일까지의 일수에 따라 민법 제379조의 법정이율에 의한 금액을 가산한 액을 보상한다.

④ 손해배상과의 관계

보상을 받을 자가 다른 법률의 규정에 의하여 손해배상을 청구함을 금하지 아니한다. 다만 보상을 받을 자가 동일한 원인에 대하여 다른 법률의 규정에 의하여 손해배상을 받았을 경우에 그 손해배상의 액수가 이 법에 의하여 받을 보상금의 액수와 동일하거나 또는 이를 초과할 때에는 보상하지 아니한다. 그 손해배상의 액수가 이 법에 의하여 받을 보상금의 액수보다 적을 때에는 그 금액을 공제하고 보상금의 액수를 정하여야 한다.

2) 형의 집행
① 형벌의 종류

형벌의 종류에는 사형, 징역, 금고, 구류, 벌금, 과료, 몰수, 자격상실, 자격정지 등이 있다.

범인 이외의 자의 소유에 속하지 아니하거나 범죄 후 범인 이외의 자가 정을 알면서 취득한 다음 기재의 물건(범죄행위에 제공하였거나 제공하려고 한 물건, 범죄행위로 인하여 생하였거나 이로 인하여 취득한 물건, 전 2호의 대가로 취득한 물건)은 전부 또는 일부를 몰수할 수 있다. 위 물건을 몰수하기 불능한 때에는 그 가액을 추징한다.

사형, 무기징역 또는 무기금고의 판결을 받은 자는 공무원이 되는 자격, 공법상의 선거권과 피선거권, 법률로 요건을 정한 공법상의 업무에 관한 자격, 법인의 이사, 감사 또는 지배인 기타 법인의 업무에 관한 검사역이나 재산관리인이 되는 자격을 상실하고, 유기징역 또는 유기금고의 판결을 받은 자는 그 형의 집행이 종료하거나 면제될 때까지 앞의 세 자격이 정지된다.

유기징역 또는 유기금고에 자격정지를 병과한 때에는 징역 또는 금고의 집행을 종료하거나 면제된 날로부터 정지기간을 기산한다.

② 형의 집행

법원의 판결로 선고된 형은 검사의 지휘에 따라 집행된다. 징역이나 금고는 교도소에서 집행한다. 벌금형을 받고 30일 내에 납부하지 않으면 통상 1일 50,000원으로 환산해 노역장에 유치하는데, 노역장 유치는 3년을 넘지 못하므로 벌금액수에 따라 환산액이 달라질 수 있다.

③ 가석방과 형집행정지

징역 또는 금고형의 집행 중에 있는 자의 복역성적이 양호한 경우에는 무기형은 10년, 유기형은 1/3이 경과한 후에 가석방을 받을 수 있다. 가석방기간 동안은 보호관찰을 받게 되고 행실이 나쁘거나 죄를 저지르면 가석방이 취소되고 남은 형기를 살아야 한다.

형집행정지는 생명이 위태하거나, 70세 이상 고령인 경우, 기타 중대사유가 있는 경우에 검사의 결정으로 석방하는 것을 말한다.

④ 형의 실효

형집행이 종료되었거나, 집행이 면제된 사람이 피해자의 손해를 보상하고, 자격정지 이상의 형을 받지 않고 일정기간(3년 초과 징역은 10년, 3년 이하는 5년, 벌금은 2년)이 경과하면 자동적으로 형이 실효한다.

⑤ 형의 시효

형의 선고를 받은 사람이 집행을 받지 않은 채 일정기간(사형은 30년, 무기의 징역 또는 금고는 20년, 10년 이상의 징역 또는 금고는 15년, 3년 이상의 징역이나 금고 또는 10년 이상의 자격정지는 10년, 3년 미만의 징역이나 금고 또는 5년 이상의 자격정지는 5년, 5년 미만의 자격정지, 벌금, 몰수 또는 추징은 3년, 구류 또는 과료는 1년)이 지나면 형의 집행을 할 수 없는데, 이를 형의 시효라고 한다.

⑥ 배상명령신청

상해, 폭행, 절·강도, 사기, 공갈, 횡령, 배임, 손괴죄의 피해자는 피고인이 재판받고 있는 법원에 물적 피해와 치료비에 대한 배상명령신청을 할 수 있고, 법원은 유죄판결 시 배상액을 결정해 준다. 위자료 등 기타 손해는 민사소송으로 배상받을 수 있다.

제4절 행정법

Ⅰ. 행정과 행정법

행정법은 행정에 관한 법이다. 행정이라 함은 형식적으로는 행정부에 의하여 행해지는 국가작용을 의미하고, 실질적으로는 법을 집행하는 작용을 말한다. 권력분립을 전제로 입법은 법정립작용이고, 사법은 법선언작용이며, 행정은 법집행작용인 것이다.

행정법은 국가 또는 공공단체의 조직, 권한 및 기관 상호간의 관계를 규율하거나, 국가 또는 공공단체라는 행정주체와 개인인 행정객체와의 사이에 생기는 행정상의 법률관계를 규율하는 법규범의 총체를 말한다.

행정법은 단일법전형태로 존재하지 않고, 규제내용에 따라 다양한 형태로 존재한다.

Ⅱ. 행정조직

1. 개념

행정조직은 행정을 행하는 주체의 조직과 구성을 말한다. 광의로는 행정주체를 대표하는 행정기관의 설치·폐지·구성·권한 등에 관한 것과 행정기관을 구성하는 일체의 인적 요소(공무원)·물적 요소(공물)·및 인적·물적 종합요소(영조물)를 포함하는 개념이고, 협의로는 인적 요소와 물적 요소를 제외한 개념이다.

2. 행정기관

1) 개념
행정기관은 행정주체의 행정사무를 담당하는 기관이다.

2) 종류

행정기관은 행정사무의 귀속주체를 기준으로 국가·지방자치단체·공공조합의 행정기관, 그 구성을 기준으로 독임제기관과 합의체기관, 권한을 기준으로 행정청·보조기관·참여기관·자문기관·집행기관·의결기관, 임무 내지 소관사무를 기준으로 일반행정기관·기획기관·인사행정기관·재결기관·감찰기관·기업기관·조사연구기관·검사검정기관·조달기관으로 분류된다.

① 행정청

행정주체를 위하여 그 의사를 결정하고 이를 국민에 대하여 표시하는 권한을 가진 행정기관이다(각부 장관·지방자치단체의 장·공정거래위원회 등).

② 보조기관·보좌기관

보조기관은 행정기관을 보조하는 기관을 말한다. 행정 각부의 차관·차장, 고장·과장·계장, 지자체의 부지사·부시장·국장·과장 등이다. 보좌기관은 행정청 또는 보조기관을 보좌하는 기관으로 국무총리비서실·기획조정실·행정조정실·차관보 등이 그것이다. 행정실제에서 양자는 엄격하게 구분되어 있지 않다.

③ 자문기관

행정청의 의뢰에 의하여 또는 자의로 행정청에 대하여 의견을 제시함을 임무로 하는 기관이다. 문화재위원회 등 각종 위원회, 심의회 등이 그것이다.

④ 집행기관

행정청의 결정의사를 구체적으로 집행하는 기관이다. 경찰·국세청이 그것이다.

⑤ 의결기관

행정주체의 의사를 결정함에 그치고 외부에 표시할 권한은 없는 기관을 말한다. 각종 징계위원회·행정심판위원회·교육위원회 등이 그것이다.

⑥ 감사기관

다른 행정기관의 사무처리·회계처리를 감시·검사하는 권한을 가진 기관을 말한다. 감사원이 그것이다.

⑦ 공기업기관 및 영조물(공공시설)기관

공기업 및 영조물(공공시설)의 관리·운영을 담당하는 행정기관이다. 철도관서·통신관서 등은 공기업기관이고, 국립병원·국립도서관·국립대학·국립박

물관 등은 영조물기관이다.

⑧ 부속기관

행정기관에 부속하여 이를 지원하는 기관이다. 지문기관(수도권정비위원회),
시험연구기관(국립과학수사연구소, 국립보건연구원 등), 교육훈련기관(중앙공무
원교육연구원), 문화기관(도서관·박물관·극장), 의료기관(국립의료원), 제조기
관(국립영상간행물제작소) 등이다.

3) 행정관청의 권한

① 개념

행정관청이 법령상 행정주체를 위하여 그 의사를 결정하고 표시할 수 있는
범위를 말한다. 이 권한은 헌법·법률 또는 이에 의거한 명령이나 조례 등으로
정해진다.

② 한계

가. 사항적 한계

상호 대립하는 횡적 관계에 있어서 다른 행정관청의 권한에 속하는 사항을
처리할 수 없는 것을 말한다. 상급관청이라도 지휘·감독 외에 하급관청의 권
한을 대신 행사할 수는 없다.

나. 지역적 한계

중앙관청은 그 권한이 전국에 미치나, 지방관청은 그 지방에 한한다.

다. 대인적 한계

권한이 미치는 인적 범위로 국방부장관은 군인·군무원만 관할하고, 국립대
학교총장은 교직원과 학생만 관할한다.

라. 형식적 한계

권한 행사에 일정한 형식이 규정되어 있는 것을 말한다. 국무총리와 각부 장
관은 행정입법권이 있으나, 그 행사는 총리령과 부령의 형식으로 하게 되어 있
는 것이 그것이다.

③ 효과

행정관청이 그 권한범위 내에서 한 행위는 행정주체의 행위로서의 효력이 있
으므로 행정관청 구성원의 변경, 행정관청의 폐지·변경으로 영향을 받지 않는다.

④ 권한의 위임

행정관청의 권한 일부를 다른 행정기관에 위임하여 그 수임기관의 권한으로 행사하게 하는 것을 말한다. 권한의 법적인 귀속을 변경하는 것이므로 법률의 위임을 허용하고 있는 경우에 한하여 인정된다.

행정권한의 내부위임은 법률이 위임을 허용하고 있지 아니한 경우에도 행정관청의 내부적인 사무처리의 편의를 도모하기 위하여 그의 보조기관 또는 하급행정관청으로 하여금 그의 권한을 사실상 행사하게 하는 것이므로, 권한위임의 경우에는 수임관청이 자기의 이름으로 그 권한행사를 할 수 있지만, 내부위임의 경우에는 수임관청은 위임관청의 이름으로만 그 권한을 행사할 수 있을 뿐 자기의 이름으로는 그 권한을 행사할 수 없다.[485]

4) 행정관청 상호간의 관계
① 상하행정청의 관계

이는 권한위임과 권한감독관계로 구성된다.

권한감독관계는 상급관청이 하급관청의 사무처리상황을 파악하기 위하여 보고받거나 감독을 행하는 감시, 하급청의 권한행사를 일반적으로 지휘하기 위하여 사전에 발하는 훈령(지시와 예규), 하급청의 권한행사에 대한 사전 승인·인가, 하급관청의 위법·부당행위에 대한 취소·정지, 하급관청 상호간의 권한쟁의에 대한 결정으로 구성된다.

② 대등관청 간의 관계

대등관청 간에는 양쪽의 권한에 다 관련이 있을 경우의 상호협력, 한쪽의 직무에 필요한 사무가 다른 쪽의 권한에 속할 때 사무처리의 촉탁, 하나의 관청의 직무수행에 필요한 특정행위를 해 주거나 필요한 공무원을 파견해 주는 행정응원이 이루어진다.

---

485) 대판 1992.4.24. 91누5792.

3. 중앙행정조직과 지방행정조직

1) 중앙행정조직

중앙행정조직은 헌법상의 통치구조·정부형태에 따라 기본형태가 정해진다. 헌법상 행정권은 대통령을 수반으로 하는 정부에 속하는 것으로 규정되어 있고, 정부조직에 관해서는 정부조직법과 많은 단행법이 제정되어 있다.

대통령은 국가의 원수이자 정부의 수반이다. 대통령 직속의 중앙행정기관으로 감사원과 국가정보원이 있다.

국무회의는 정부의 권한에 속하는 중요한 정책에 대한 심의 기관이고, 대통령이 의장, 국무총리가 부의장이 된다.

국무총리는 대통령이 국회의 동의를 얻어 임명하며, 대통령을 보좌하고, 대통령의 명을 받아 행정 각부를 통할하고, 대통령 궐위·유고 시에 그 직무를 대행하며 국무위원 및 행정 각부 장관의 임명제청권과 해임건의권을 갖는다. 국무총리 직속행정기관으로 기획예산처·법제처·국가보훈처·국무조정실 등이 있다.

행정 각부는 대통령 및 국무총리의 통할하에 국무회의의 심의를 거친 정부의 정책과 정부의 권한에 속하는 사무를 부문별로 집행하는 중앙행정관청이다.

독립중앙행정기관으로 중앙선거관리위원회와 각종 행정위원회(소청심사위원회, 중앙노동위원회, 중앙토지수용위원회 등)가 있다.

2) 지방행정조직

지방자치단체의 집행기관인 시·도지사, 시장·군수·자치구청장 등은 국가의 행정사무 중 지역에서 집행되어야 할 사무를 위임받아 처리하는데, 이 한도에서 국가의 보통지방행정조직의 지위도 갖는다.

중앙행정기관에 소속되어 그 기관의 지역 소관 사무를 처리하는 기관을 특별지방행정기관이라고 하는데, 지방국세청·지방보훈청 등이 그것이다.

4. 지방자치

1) 개념

지방자치란 일정한 지역적 사무를 지역주민의 의사에 의하여(주민자치) 국가로부터 독립된 지역단체가 자주적으로 처리하는 것(단체자치)을 말한다.

영미에서는 주민자치를 중심으로 독일 등 유럽대륙에서는 단체자치를 중심으로 지방자치가 발달해 왔는데, 양자는 분리되어 있는 것이 아니고, 지방자치의 불가결한 구성요소이다.

2) 지방자치권의 보장

① 자치행정권

헌법은 지방자치단체는 주민의 복리에 관한 사무를 처리한다고 규정하여 고유한 사무를 자주적 책임하에 처리할 수 있도록 보장한다.

② 재정자주권

헌법은 지방자치단체는 그 재산을 관리한다고 규정하여 지방자치의 실질적 기초가 되는 자치재정권을 보장하고 있다.

③ 자치입법권

헌법은 지방자치단체는 법령의 범위 안에서 자치에 관한 규정을 제정할 수 있다고 규정하여 자치입법권을 보장하고 있다.

④ 자주적 기관에 의한 자치사무의 처리

헌법은 지방자치단체의 자주적 의결기관으로 의회를 두고, 지방의회의 의원은 선거로 선출하도록 규정하고, 지방자치단체의 장의 선임방법은 법률에 위임하였으나 지방자치법이 선거직으로 하였으므로 자주적 기관에 의한 자치사무의 처리가 보장된다.

3) 지방자치단체의 개념·종류

① 개념

지방자치단체는 일정한 구역·주민·자치권을 구성요소로 하고, 일정한 지역을 지배하는 공법인이다.

② 보통지방자치단체

목적·조직·권한 등에 있어 일반적 성격을 가지고, 전국적으로 보편적으로 존재하는 지방자치단체로, 광역지방자치단체인 특별시·광역시·도와 기초지방자치단체인 시·군·자치구가 있다. 광역지방자치단체와 기초지방자치단체는 서로 대등한 공법인이고 상하복종관계에 있는 것은 아니다.

특별시, 광역시, 도, 특별자치도는 정부의 직할로 두고, 시는 도의 관할 구역 안에, 군은 광역시나 도의 관할 구역 안에 두며, 자치구는 특별시와 광역시의 관할 구역 안에 두는데, 이는 관할구역 안에 위치한다는 것일 뿐 통할한다는 의미는 아니다.

③ 특별지방자치단체

설치목적·구성 또는 처리사무 등이 특소한 성격의 지방자치단체를 말한다. 교육·상하수도·소방·도시개발·도시교통 등의 업무를 광역적으로 처리하기 위하여 설치되는 것으로 지방자치법은 특정한 목적을 수행하기 위하여 필요하면 따로 특별지방자치단체를 설치할 수 있다고 규정하고는 있으나 현재 설치된 것은 없다.

4) 지방자치단체의 주민

① 주민 자격

지방자치단체의 구역 안에 주소를 가진 자는 그 지방자치단체의 주민이 된다. 인종·국적·성별·연령·자연인·법인을 가리지 않는다. 주소는 생활의 근거지이면 되므로 등록 등 공적인 절차가 필요 없다.

② 주민의 권리

가. 수급권

주민은 법령으로 정하는 바에 따라 소속 지방자치단체의 재산과 공공시설을 이용할 권리와 그 지방자치단체로부터 균등하게 행정의 혜택을 받을 권리를 가진다.

나. 선거권과 피선거권

국민인 주민은 법령으로 정하는 바에 따라 그 지방자치단체에서 실시하는 지방의회 의원과 지방자치단체의 장의 선거에 참여할 권리를 가진다.

다. 주민투표권

지방자치단체의 장은 주민에게 과도한 부담을 주거나 중대한 영향을 미치는 지방자치단체의 주요 결정사항 등에 대하여 주민투표에 부칠 수 있고, 주민은 투표권이 있다.

라. 조례의 제정과 개폐 청구

19세 이상의 주민은 일정한 수의 주민들의 연서로 해당 지방자치단체의 장에게 조례를 제정하거나 개정하거나 폐지할 것을 청구할 수 있다.

마. 주민의 감사청구

19세 이상의 주민은 일정 수 이상의 연서로, 시·도에서는 주무부장관에게, 시·군 및 자치구에서는 시·도지사에게 그 지방자치단체와 그 장의 권한에 속하는 사무의 처리가 법령에 위반되거나 공익을 현저히 해친다고 인정되면 감사를 청구할 수 있다.

바. 주민소송

감사를 청구한 주민은 감사청구의 결과에 대하여 이의 등 일정한 사유가 있는 경우에는 그 감사를 청구한 사항과 관련이 있는 위법한 행위나 업무를 게을리 한 사실에 대하여 해당 지방자치단체의 장을 상대방으로 하여 소송을 제기할 수 있다.

5. 공무원

1) 공무원의 개념·지위

공무원의 개념이나 범위는 개별 실정법에 따라 달라지는데, 협의로는 국가나 지방자치단체에 의하여 임명되어 종사하는 자로 정의된다.

봉건제나 절대군주제하에서의 공무원은 영주나 군주에게 신분적으로 예속된 신하나 관리에 불과했으나, 오늘날에는 국가기관의 구성자이자 국민에 대한 봉사자로서의 지위를 가진다.

2) 공무원의 종류

① 국가공무원과 지방공무원

공무원의 임명주체에 따른 구분으로 국가공무원은 국가에 의해 임명되고 국가의 사무를 집행하고, 지방공무원은 지방자치단체에 의하여 임명되고 지방자치단체의 사무를 집행하는 공무원이다.

② 경력직공무원과 특수경력직공무원

가. 경력직공무원이란 실적과 자격에 따라 임용되고 그 신분이 보장되며 평

생토록 공무원으로 근무할 것이 예정되는 공무원을 말하며, 그 종류는 다음과 같다.

　a. 일반직국가(지방)공무원: 기술·연구 또는 행정 일반에 대한 업무를 담당하며, 직군(직군)·직렬(직렬)별로 분류되는 공무원

　b. 특정직국가공무원: 법관, 검사, 외무공무원, 경찰공무원, 소방공무원, 교육공무원, 군인, 군무원, 헌법재판소 헌법연구관, 국가정보원의 직원과 특수 분야의 업무를 담당하는 공무원으로서 다른 법률에서 특정직공무원으로 지정하는 공무원(특정직지방공무원: 공립 대학 및 전문대학에 근무하는 교육공무원, 자치경찰공무원 및 지방소방공무원과 그 밖에 특수 분야의 업무를 담당하는 공무원으로서 다른 법률에서 특정직공무원으로 지정하는 공무원)

　c. 기능직국가(지방)공무원: 기능적인 업무를 담당하며 그 기능별로 분류되는 공무원

　나. 특수경력직공무원이란 경력직공무원 외의 공무원을 말하며, 그 종류는 다음과 같다.

　a. 정무직국가(지방)공무원: 선거로 취임하거나 임명할 때 국회의 동의가 필요한 공무원(국가는 감사원장, 감사위원, 국무총리, 국무위원, 행정 각부 차관, 청장, 처장, 국가정보원 원장·차장 등), 고도의 정책결정 업무를 담당하거나 이러한 업무를 보조하는 공무원으로서 법률이나 대통령령(대통령실의 조직에 관한 대통령령만 해당한다.)에서 정무직으로 지정하는 공무원

　b. 별정직국가(지방)공무원: 특정한 업무를 담당하기 위하여 별도의 자격 기준에 따라 임용되는 공무원으로서 법령에서 별정직으로 지정하는 공무원(국가는 국회수석전문위원, 감사원 사무차장, 국가정보원 기획조정실장, 각급 노동위원회 상임위원, 시·도 선거관리위원회 상임위원, 비서관·비서 등이 있고, 지방은 비서관·비서 등이 있다.)

　c. 계약직국가(지방)공무원: 국가와의 채용 계약에 따라 전문지식·기술이 요구되거나 임용에 신축성 등이 요구되는 업무에 일정 기간 종사하는 공무원

　d. 고용직국가(지방)공무원: 단순한 노무에 종사하는 공무원

3) 우리의 공무원제도

① 민주적 공무원제도

공무원은 국민 전체에 대한 봉사자이며, 국민에 대하여 책임을 지며, 모든 국민은 법률이 정하는 바에 의하여 공무담임권을 가지고, 그에 있어 성별·종교 또는 사회적 신분에 의하여 정치적·경제적·사회적·문화적 생활의 모든 영역에 있어서 차별을 받지 아니하도록 하여 민주적 공무원제도를 채택하고 있다.

② 직업공무원제도

공무원의 신분과 정치적 중립성은 법률이 정하는 바에 의하여 보장하여 직업공무원제도를 채택하고 있다. 또한 공무원의 임용은 시험성적·근무성적, 그밖의 능력의 실증에 따라 행하는 성적주의를 채택하여 정치적 고려나 정실을 배제하여 직업공무원제가 실현되도록 하고 있다.

4) 공무원의 권리·의무·책임

① 권리

가. 신분보장권

공무원은 형의 선고, 징계처분 또는 이 법으로 정하는 사유에 따르지 아니하고는 본인의 의사에 반하여 휴직·강임 또는 면직을 당하지 아니한다. 다만, 1급 공무원은 그러하지 아니하다.

나. 보수청구권

공무원의 보수는 직무의 곤란성과 책임의 정도에 맞도록 계급별·직위별 또는 직무등급별로 정한다. 다만, 직무의 곤란성과 책임도가 매우 특수하거나 결원을 보충하는 것이 곤란한 직무에 종사하는 공무원과 계급 구분을 적용하지 아니하는 공무원의 보수는 따로 정할 수 있다. 공무원의 보수는 일반의 표준생계비, 물가 수준, 그 밖의 사정을 고려하여 정하되, 민간 부문의 임금 수준과 적절한 균형을 유지하도록 노력하여야 한다.

다. 실비변상청구권

공무원은 보수 외에 국회규칙, 대법원규칙, 헌법재판소규칙, 중앙선거관리위원회규칙 또는 대통령령으로 정하는 바에 따라 직무 수행에 필요한 실비변상을 받을 수 있다.

② 의무

가. 선서의무

공무원은 취임할 때에 소속 기관장 앞에서 국회규칙, 대법원규칙, 헌법재판소규칙, 중앙선거관리위원회규칙 또는 대통령령으로 정하는 바에 따라 선서하여야 한다. 다만, 불가피한 사유가 있으면 취임 후에 선서하게 할 수 있다.

나. 성실 의무

모든 공무원은 법령을 준수하며 성실히 직무를 수행하여야 한다.

다. 복종의 의무

공무원은 직무를 수행할 때 소속 상관의 직무상 명령에 복종하여야 한다.

라. 직장 이탈 금지

공무원은 소속 상관의 허가 또는 정당한 사유가 없으면 직장을 이탈하지 못한다.

수사기관이 공무원을 구속하려면 그 소속 기관의 장에게 미리 통보하여야 한다. 다만, 현행범은 그러하지 아니하다.

마. 친절·공정의 의무

공무원은 국민 전체의 봉사자로서 친절하고 공정하게 직무를 수행하여야 한다.

바. 종교중립의 의무

공무원은 종교에 따른 차별 없이 직무를 수행하여야 한다.

공무원은 소속 상관이 제1항에 위배되는 직무상 명령을 한 경우에는 이에 따르지 아니할 수 있다.

사. 비밀 엄수의 의무

공무원은 재직 중은 물론 퇴직 후에도 직무상 알게 된 비밀을 엄수하여야 한다.

아. 청렴의 의무

공무원은 직무와 관련하여 직접적이든 간접적이든 사례·증여 또는 향응을 주거나 받을 수 없다.

공무원은 직무상의 관계가 있든 없든 그 소속 상관에게 증여하거나 소속 공무원으로부터 증여를 받아서는 아니 된다.

자. 외국 정부의 영예 등을 받을 경우

공무원이 외국 정부로부터 영예나 증여를 받을 경우에는 대통령의 허가를 받아야 한다.

차. 품위 유지의 의무

공무원은 직무의 내외를 불문하고 그 품위가 손상되는 행위를 하여서는 아니 된다.

카. 영리 업무 및 겸직 금지

공무원은 공무 외에 영리를 목적으로 하는 업무에 종사하지 못하며 소속 기관장의 허가 없이 다른 직무를 겸할 수 없다. 영리를 목적으로 하는 업무의 한계는 국회규칙, 대법원규칙, 헌법재판소규칙, 중앙선거관리위원회규칙 또는 대통령령으로 정한다.

타. 정치 운동의 금지

공무원은 정당이나 그 밖의 정치단체의 결성에 관여하거나 이에 가입할 수 없다. 공무원은 선거에서 특정 정당 또는 특정인을 지지 또는 반대하기 위한 다음의 행위를 하여서는 아니 된다.

1. 투표를 하거나 하지 아니하도록 권유 운동을 하는 것

2. 서명 운동을 기도(기도)·주재(주재)하거나 권유하는 것

3. 문서나 도서를 공공시설 등에 게시하거나 게시하게 하는 것

4. 기부금을 모집 또는 모집하게 하거나, 공공자금을 이용 또는 이용하게 하는 것

5. 타인에게 정당이나 그 밖의 정치단체에 가입하게 하거나 가입하지 아니하도록 권유 운동을 하는 것

공무원은 다른 공무원에게 위에 위배되는 행위를 하도록 요구하거나, 정치적 행위에 대한 보상 또는 보복으로서 이익 또는 불이익을 약속하여서는 아니 된다.

파. 집단 행위의 금지

공무원은 노동운동이나 그 밖에 공무 외의 일을 위한 집단 행위를 하여서는 아니 된다. 다만, 사실상 노무에 종사하는 공무원은 예외로 한다.

사실상 노무에 종사하는 공무원의 범위는 국회규칙, 대법원규칙, 헌법재판소규칙, 중앙선거관리위원회규칙 또는 대통령령으로 정한다. 이 공무원으로서 노동조합에 가입된 자가 조합 업무에 전임하려면 소속 장관의 허가를 받아야 한다.

③ 책임

가. 징계책임 ·

공무원이 의무위반행위를 할 때에는 사용자인 국가·지방자치단체로부터 제재를 받는다.

징계 사유는 공무원이 국가공무원법 및 이 법에 따른 명령을 위반한 경우, 직무상의 의무(다른 법령에서 공무원의 신분으로 인하여 부과된 의무를 포함한다.)를 위반하거나 직무를 태만히 한 때, 직무의 내외를 불문하고 그 체면 또는 위신을 손상하는 행위를 한 때이다.

징계의 종류는 파면·해임·강등·정직·감봉·견책이 있다.

징계는 징계위원회의 의결을 거쳐 행하고, 징계처분을 받은 자가 이의가 있을 때에는 소청심사위원회의 심사청구를 거쳐 행정소송을 제기할 수 있다.

나. 변상책임

공무원이 직무를 집행하면서 고의 또는 과실로 법령을 위반하여 타인에게 손해를 입힌 경우에 공무원에게 고의 또는 중대한 과실이 있으면 국가나 지방자치단체에 변상책임이 있다.

회계관계직원이 고의 또는 중과실로 그 의무에 위반한 행위를 함으로써 국가 등의 재산에 손해를 끼친 때에도 변상책임이 있다.

Ⅲ. 행정작용

1. 행정상 법률관계

1) 개념

행정상의 법률관계란 행정권의 주체인 국가 또는 공공단체와 그 상대방인 국민 사이의 법률관계를 말한다.

2) 종류

행정상의 법률관계에는 행정법에 의하여 규율되는 공법관계와 사법에 의하여 규율되는 사법관계가 있다. 양자의 구별은 적용법 외에 소송절차·행정강제의 적용 여부에서도 다르다.

공법관계는 다툼이 있을 경우 행정소송절차에 따르고, 의무위반 또는 불이행 시 행정청이 대집행·강제집행 등 강제수단에 의하여 그 의무이행을 확보할 수 있고, 사법관계는 민사소송절차에 의하고, 행정상 강제는 사용될 수 없다.

① 권력관계

행정주체가 공권력의 주체로서 우월적인 지위에서 국민에게 일방적으로 명령·강제하는 관계이다. 원칙적으로 사법이 적용되지 않는다.

② 관리관계

행정주체가 공물 또는 공기업을 관리·경영하는 관리주체의 지위에서 국민을 대하는 관계로 사인의 행위와 다를 것이 없어 사법이 적용되는 것이 원칙이나, 별도의 법규가 있거나 사경제와 다른 공익성·윤리성이 있는 경우에는 공법적 규율이 인정된다.

③ 국고관계

행정주체가 국고(사법상 재산권)의 주체로서 국민을 대하는 경우에는 당연히 사법이 적용된다. 국가의 물품구매, 건설도급계약, 국유재산 관리·매각, 지방자치단체의 차입 등이 그것이다. 다만 이 경우도 국민을 위하여 하는 것이므로 국가를 당사자로 하는 법률·예산회계법·국유재산법 등에 의하여 계약방법·상대방·내용 등에 일정한 제한이 가해지나, 본질은 여전히 사법행위이다.[486]

3) 당사자

행정상 법률관계의 당사자는 행정주체와 사인이다.

행정주체에는 국가와 공공단체, 공권력이 부여된 사인이 있다.

공공단체에는 지방자치단체, 공공조합(산림조합·재개발조합·도시개발조합·변호사회·상공회의소 등), 영조물법인(한국도로공사·한국토지공사·서울특별시 지하철공사·한국은행 등), 국가나 지방자치단체가 출연한 재산을 관리하기 위하여 설립된 공법상재단(한국학술진흥재단·한국과학재단·한국정신문화연구원)이 있다.

공권력이 부여된 사인은 특정행정을 수행하기 위하여 관계법에서 사인에게

---

486) 대판 1960.1.27. 4290행상139.

일정한 공권력을 부여한 경우인데, 토지 등의 취득 및 보상에 관한 법률에 따라 사업시행자인 사기업이 개인의 토지를 수용하거나, 선박의 선장이 일정한 경찰사무 등을 수행하는 것(해상교통안전법)이 그것이다.

4) 특징

행정은 공익실현작용이므로 사인 간의 관계와는 다른 특징이 있다.

① 법적합성

행정은 사인과 같은 사적 자치를 향유할 수는 없고, 엄격한 법적 기속을 받는다.

② 공정력

행정행위는 그 성립에 흠이 있는 경우에도 흠이 중대·명백하여 당연무효로 되는 경우 외에는 일단 유효한 행위로 통용되고, 권한 있는 기관이 취소하기 전까지는 누구도 그 효력을 부인할 수 없는데, 이를 공정력이라고 한다.

③ 확정력

하자 있는 행정행위라도 일정기간이 도과하거나 그 성질상 취소할 수없는 경우가 있는데 이를 확정력이라고 한다.

불복기간이 도과하거나 쟁송절차가 모두 경료된 경우에는 더 이상 그 효력을 다툴 수 없는데 이를 불가쟁력이라고 한다.

행위성질상 행정청 스스로도 취소·철회할 수 없는 경우를 불가변력이라고 하는데, 쟁송절차를 거친 행정심판의 재결, 국세심판원의 결정 등이 그것이다.

④ 강제력

행정상의 의무를 상대방이 이행하지 않을 경우 행정청은 직접 실력을 행사하여 이행을 확보하거나, 제재를 가하여 그 의무이행을 담보할 수 있는데, 이를 강제력이라고 한다.

⑤ 권리·의무의 특수성

행정법관계에서의 권리는 공익적 견지에서 인정되는 것이므로 권리인 동시에 의무인 경우가 많고, 이에 따라 이전·포기가 제한되고, 특별한 보호와 강제가 과해지기도 한다.

⑥ 구제수단의 특수성

행정작용으로 인한 국민의 권리·이익의 침해에 대해서는 특별한 구제수단이 마련되어 있는데, 행정상 손해전보와 행정쟁송이 그것이다.

2. 행정행위

1) 개념

행정행위는 최협의로는 행정청이 법 아래에서 구체적 사실에 관한 법집행으로서 행하는 권력적 단독행위인 공법행위를 말하고, 협의로는 여기에 비권력행위인 공법상계약과 공법상합동행위를 추가하고, 광의로는 입법행위와 통치행위를 추가하고, 최광의로는 사실행위와 *私法*행위를 추가한다.

최협의로 파악한 행정행위는 행벙상 법률관계의 특수성을 그대로 함유하고 있다.

2) 기속행위·재량행위

① 개념

기속행위는 행정행위의 근거가 되는 법률이 행위의 요건·내용을 엄격히 규정하고 있어 행정청은 이를 적용할 뿐 독자적인 판단의 여지가 없는 경우를 말하고, 재량행위는 행위의 요건의 해당 여부·내용의 결정에 있어 행정청의 독자적인 판단권을 인정하고 있는 경우를 말한다.

② 구별실익

재량행위는 행위를 할 것인지 여부나 할 수 있는 수 개의 행위 중 어떤 행위를 할 것인가에 행정청의 독자적 판단권이 주어진 경우이므로 재량권이 한계 내에서는 판단을 그르치더라도 위법의 문제는 생기지 않고 부당의 문제만 생긴다. 따라서 행정감독의 대상은 되어도 위법을 전제로 하는 재판통제의 대상은 원칙적으로 되지 않고, 재량권일탈·남용의 경우에만 된다.

재량행위에는 행정청이 법률효과의 일부를 제한하는 부관을 붙일 수 있으나, 기속행위는 법률요건이 충족되면 당연히 행위를 해야 하므로 부관을 붙일 수 없다.

③ 구별기준

가. 요건재량설

법규의 요건규정으로 구별하자는 입장으로 처분요건은 규정하지 않고 처분권한만 규정하고 있는 경우·처분요건을 일번적인 공익개념 또는 불확정개념으로 규정하고 있는 경우를 재량행위로 보자는 설이다.

나. 효과재량설

당해 행위의 가 국민의 권리·의무에 어떻게 작용하는가에 따라 권리를 침해·제한하거나 의무를 부과하는 경우는 기속행위이고, 권리나 이익을 부여하거나 권리·의무에 영향을 미치지 않는 행위는 재량행위라고 보는 설이다.

다. 구체적인 경우

불확정 개념이라 해서 일반적으로 판단의 자유가 있다고 볼 수 없고, 규정방식에 따라서는 침해행정도 재량이 인정될 수 있고, 수익행정도 기송행위가 될 수 있어, 어느 한편으로 판단할 수는 없고 양자를 함께 고려하여야 한다.

효과규정에서 '어떤 처분을 할 수 있다.'라고 규정한 경우에는 재량권이 있는 것으로 볼 수 있다. 요건규정에서 처분요건은 규정하지 않고 처분권한만 규정하고 있는 경우에는 재량행위이다. 불확정개념은 그 자체로는 법적 개념이므로 재량권을 인정한 것은 아니나, 그 적용에서 행정청에 판단의 여지가 있는 경우에는 그 한도에서 재량행위가 된다.[487]

④ 재량행위의 통제

가. 입법적 통제

법 제정 당시 불확정 개념 등을 피하고 구체적이고 명확하게 규정함으로써 재량권 부여를 않거나 재량권행사에 제약을 가할 수 있다.

나. 정치적 통제

국회의 국정감사 국무위원의 해임건의 등을 통하여 행정권의 남용을 통제할 수 있다.

다. 행정적 통제

감사원의 감사나 상급행정청에 의한 통제가 가능하고, 이해관계인들의 의견

---

487) 판례상 인정되는 것으로 중·고등학교의 교과서검정기준에 적합 여부 판단, 시험의 채점기준·합격기준·평가방법·정답 여부 등에 관한 결정행위 등 행정청에 의한 고도의 전문적·기술적 판단이나 행정정책적 판단이 필요한 경우이다.

이 반영될 수 있도록 청문회나 공청회 등 행정절차를 거치게 함으로써 권한 남용을 막을 수 있다.

부당한 처분에 대해서는 행정심판을 제기할 수 있으므로 효과적인 통제 수단이 된다.

⑤ 재량권의 한계와 재판통제

가. 재판통제 여부

재량행위라 해도 법에 근거한 것이므로 법적 한계 내에 있을 경우에만 효력이 있는 것이지 법적 한계를 초월할 경우에는 부당함을 넘어 위법한 것으로서 재판 통제의 대상이 된다. 행정소송법은 행정청의 재량에 속하는 처분이라도 재량권의 한계를 넘거나 그 남용이 있는 때에는 법원은 이를 취소할 수 있다고 규정하고 있다(동법 제27조).

재량권을 부여한 내재적 목적에 반하여 명백히 다른 목적을 위하여 행정처분을 하는 것은 재량권의 남용이고, 재량권의 행사가 그 법적 한계를 벗어나는 것은 재량권의 일탈이 되어 사법심사의 대상이 된다.[488]

나. 재량처분이 위법하게 되는 경우

a. 재량권의 일탈

예컨대 의무위반 시 6개월 이하의 영업정지처분을 할 수 있는데 1년의 영업정지처분을 한 경우이다.

b. 목적위반

행정처분이 추구하는 일반적인 공익목적 또는 관계법상의 구체적인 공익목적에 반하면 위법하다. 공무원이 개인적·정치적 고려로 불이익처분을 한 경우, 소방공무원이 소방목적이 아닌 범죄예방목적으로 가택출입을 하면 위법하다.

c. 사실의 정확성

일정 사실이 재량처분의 요건으로 규정되어 있는 경우, 그 사실의 존재 여부 및 당해 사실의 법정요건 해당 여부에 관한 판단은 재량의 대상이 아니므로 이에 대한 판단 잘못은 위법한 것이 된다.

d. 재량권의 불행사

행정청에 재량권을 부여한 취지는 구체적 사정과 관계이익을 형량하여 가장

---

488) 대판 1984.1.31. 83누451.

공익에 적합한 결정을 하게 하려는 것이므로, 이런 사정을 고려 않고 일반기준에 따라 결정하거나, 기속행위라고 판단하여 결정할 경우에는 재량권을 불행사한 것이 되고, 위법사유가 된다.

e. 비례원칙에 의한 통제

비례원칙이란 행정이 추구하는 목적과 이를 위한 수단과는 적절한 비례관계가 형성되어야 한다는 원칙으로 목적에 비하여 과도하게 상대방의 권리·이익을 해하는 행위는 위법한 것이 된다.[489]

f. 평등원칙에 기한 통제

기본적으로 동일한 사안에 있어서 특정인에게만 불리한 처분을 하여서는 아니 된다는 원칙이다.

g. 부당결부금지원칙에 의한 통제

자연보호구역 내의 건축허가신청에 대하여 법의 목적과는 무관한 상대의 급부를 조건으로 허가하는 것과 같이 재량처분이 부당결부금지원칙에 위반할 경우에는 위법한 것이 된다.

h. 타사고려 및 적정형량의 원칙

재량행위를 함에 있어 본래 고려하여야 할 사항을 충분히 고려하지 않거나, 그 반대로 고려하지 않아야 할 사항을 고려하거나, 특정사항을 과대하게 고려한 경우에는 위법한 것이 된다.

i. 재량권의 영으로의 수축

재량행위는 행위 여부 및 복수행위 사이에서 선택의 여지가 있는 경우이나, 예외적인 상황에서는 오직 하나의 행위를 하여야 하고, 결국 기속행위와 마찬가지로 된다는 것으로, 예컨대 경찰권의 행사는 재량행위이나 법익침해위험이 절박하거나 피침해법익이 중대할 경우에는 경찰권을 행사하는 것만이 재량권행사로 인정된다는 것이다.[490]

---

489) 대판 1977.9.13. 92누19149, 유흥장에 미성년자를 1회 출입시켜 술을 제공하여 식품위생법을 위반한 경우에 제제로서 가장 중한 영업취소를 한 것은 책임에 대한 응보의 균형을 잃은 것으로 재량을 넘은 처분이다.

490) 판례는 비둘기 사육으로 인한 생활상의 불편, 과도한 교통소음, 수인하기 어려운 교회종소리, 교통방해(차고 앞 주차) 등의 경우에 재량권의 수축을 인정하고 있다.

3) 수익적 행정행위·침익적 행정행위·복효적 행정행위

① 수익적 행정행위

행정청이 상대방에 대하여 권리·이익을 부여하거나 행정법관계를 확정하는 행위이다. 영업허가·건축허가와 같이 상대방의 신청을 요하는 것이 보통이고, 재량행위가 된다.

② 침익적 행정행위

상대방에게 의무를 부과하거나 그 권리·이익을 제한·박탈하는 것과 같이 국민에게 불이익을 주는 행위로서, 수익적 행정행위의 취소·철회나 경찰하명(위법건축물의 철거명령), 재정하명(과세처분)이 이에 속한다. 행정청이 직권에 의하여 일방적으로 발하는 것이 원칙이고, 기속행위인 것이 보통이다.

③ 복효적 행정행위

상대방에게 이익을 주는 동시에 제3자에게는 불이익을 주거나 그 반대의 경우인 행정행위를 말한다. 예컨대 건축허가·주유소허가를 한 결과 인근 주민이나 기존업자에게 불이익을 주는 경우와 그 반대의 경우(허가 취소)가 그것이다.

4) 대인적·대물적·혼합적 행정행위

의사면허·자동차 운전면허와 같이 사람의 학식·기술·경험 등 주관적 사정에 착안하여 행해지는 경우, 건물준공검사·자동차검사증 교부 등과 같이 물건의 객관적 사정에 착안하여 행해지는 경우, 도시가스사업허가와 같이 인적·물적 사정을 모두 고려하여 행해지는 경우가 그것이다.

5) 법률행위적 행정행위와 준법률행위적 행정행위

행정행위는 그 법률효과의 발생원인을 기준으로 법률행위적 행정행위와 준법률행위적 행정행위로 나뉘고, 법률행위적 행정행위는 상대방에 대한 법률효과의 내용에 따라 명령적 행정행위와 형성적 행정행위로 나뉘고, 준법률행위적 행정행위는 확인·공증·통지·수리행위로 나뉜다.

① 법률행위적 행정행위

가. 명령적 행정행위

상대방에 대하여 일정한 위무를 과하는 하명과 금지 또는 과하여진 의무를 해제 또는 면제하는 허가와 면제가 있다.

하명은 작위(위법건축물철거)·부작위(도로통행금지)·급부(납세고지)·수인(수지명령)을 명하는 행정행위이다.

허가는 법규에 의한 일반적·상대적 금지를 특정한 경우에 해제하여 적법하게 일정한 사실행위 또는 법률행위를 할 수 있게 하여 주는 행위를 말한다. 허가는 이익부여라는 점에서 성질상 재량행위이나 관계법상의 요건이 충족된 경우에는 허가를 하여야 할 기속을 받는다.[491]

면제란 법령에 의하여 일반적으로 부과되어 있는 작위의무·급부의무 등을 특정한 경우에 해제하는 행정행위를 말한다. 행정분야에 따라 경찰면제·공용부담면제·재정면제·군정면제 등이 있다.

나. 형성적 행정행위

국민에게 새로운 권리·능력, 기타 포괄적 법률관계를 발생·변경·소멸시키는 행위로 특허·인가·공법상 대리가 있다.

특허는 특정 상대방에게 새로운 권리를 설정하는 행위(공기업 특허, 광업허가, 어업면허)·능력을 설정하는 행위(공법인의 설립행위)·법적 지위를 설정하는 행위(공무원 임명, 귀화허가)를 말한다.

인가는 제3자의 법률행위를 보충하여 그 법률적 효력을 완성시켜 주는 것으로 사업양도의 인가·비영리법인설립인가 등이 그것이다.

공법상 대리는 타자가 행해야 할 행위를 행정청이 대신해 주고, 그 행위가 본인이 한 것과 같은 법적 효과를 발생하는 행정행위로 감독청에 의한 공법인이 임원 임명·토지수용재결 등이 그것이다.

② 준법률행위적 행정행위

확인은 특정한 사실·법률관계에 의문이 있는 경우에 공적 권위로서 그 존부 또는 정부를 판단하는 행위로, 당선인 결정·국가시험 합격자 결정·도로구역 결정·발명특허·소득금액결정 등이 그것이다.

공증은 특정한 사실·법률관계의 존부를 공적으로 증명하는 행정행위로 등기부·등록부의 등기·등록, 선거인명부·토지대장 등의 등재, 당선증·합격증 등 제 증명서와 여권 발급, 검인 등이 그것이다.

---

491) 대판 1992.12.11. 92누3038. 건축허가신청이 법정요건에 합치하는 한 이를 허가하여야 하고 법정사유 이외의 사유를 들어 거부할 수는 없다(대판 1993.5.27. 93누2216. 대중음식점 영업허가의 경우 같은 취지).

통지는 특정 또는 불특정 다수인에게 특정사실을 알리는 행위로 특허출원 공고·사업인정 고시·납세독촉 등이 그것이다.

수리는 타인의 행위를 유효한 행위로 받아들이는 행위로 각종 신고서·신청서를 받는 것이 그것이다.

6) 행정행위의 성립과 효력

① 성립요건

주체에 있어 정당한 권한을 가진 자가, 권한 내의 사항에 관하여, 정상적인 의사에 기하여 행한 것이어야 한다.

내용에 있어 실현 가능하고 명확하여야 하며, 법과 공익에 적합한 것이어야 한다.

절차에 있어 관계법상의 절차(신청·동의·의견제출·청문)를 거쳐야 한다.

형식에 있어 법에 정함이 있으면 그에 따라야 하고, 그 외에는 문서·구두·기타 형식(표지판)으로 행해질 수 있다.

외부적으로 표시되어야 한다. 일단 표시되면 상대방에게 도달하지 않은 경우에도 정당한 이유 없이 이를 취소·변경할 수 없다.

② 효력요건

행정행위는 법구·부관(조건·기한)에 의한 제한이 없는 한 성립과 동시에 효력을 발생하나, 상대방에 대한 통지를 요하는 경우에는 통지가 상대방에게 도달해야 효력이 발생한다.

③ 행정행위의 효력

행정행위가 적법하게 성립하면 그 내용에 따라 명령적·형성적 효과가 발생하는 외에 공권력 행사로서 특수한 효력이 있다.

가. 구속력

행정행위가 그 내용에 따라 일정한 법적 효과가 발생하고, 그에 따라 관계행정청 및 상대방과 관계인을 구속하는 효력을 말한다.

나. 공정력

a. 개념

공정력이란 행정행위가 성립에 하자가 있는 경우에도 그것이 중대 명백하여 무효로 인정되는 경우를 제외하고는 권한 있는 기관에 의하여 취소되기까지 유효한 것으로 통용되는 힘을 말한다.

b. 인정근거

공익실현을 위한 행정행위에 일응의 흠이 있다 하여 누구나 그 효력을 부인할 수 있다면 행정행위의 실효성을 확보할 수 없고, 법적 안정성도 기할 수 없으며, 수익적 행정행위로 이익을 받는 자 또는 침익적 행정행위로 간접이익을 받는 자의 신뢰보호라는 관점에서 근거를 찾는다.

c. 공정력의 한계

하자가 중대한 법규위반이고 그것이 객관적으로 명백한 경우에는 공정력이 인정될 수 없다. 하자의 입증책임은 민사소송의 원칙에 따라 권리발생요건사실은 행정청이, 권리장애요건사실은 원고 측이 부담한다.

다. 불가쟁력·불가변력

불가쟁력은 행정행위가 유효하게 성립한 후 쟁송절차의 제소기간이 경과하거나 심급이 종료하여 상대방 기타 관계인이 더 이상 다툴 수 없게 되는 힘을 말하고, 불가변력은 일정한 경우에는 행정청도 이를 취소·철회할 수 없거나 일정한 제한 내에서만 취소·철회할 수 있는 것을 말하는데, 재결과 같이 쟁송절차를 거쳐서 행해지는 행위 또는 수익적 행정행위가 그것이다.

라. 강제력

행정행위에 의하여 부과된 의무를 상대방이 이행하지 않으면 행정청이 법원의 힘을 빌리지 않고 자력으로 그 이행을 강제할 수 있는 효력을 말한다.

7) 행정행위의 하자

행정행위의 하자라 함은 행정행위가 적법·유효하게 성립하기 위한 요건을 갖추지 못한 것을 말하며, 부존재·무효·취소가 있고 구별되는 개념으로 철회와 실효가 있다.

① 행정행위의 부존재

행정행위라고 볼 수 있는 외형 자체가 없는 경우로, 행정기관이 아닌 사인의 행위·행정기관의 행위라도 행정권의 발동이라고 볼 수 없는 권고·주의 등 행위·행정기관 내부의 의사결정이 있을 뿐 외부로 표시되지 않은 경우·행정행위가 해제조건의 성취·기한의 도래·취소·철회 등에 의하여 실효된 경우가 그것이다.

행정행위의 무효는 행정행위가 외관상으로는 존재하나 효력이 발생하지 못하는 경우인 점에서 서로 다르나, 종전에는 부존재의 경우는 쟁송대상이 될 수 없었기에 구별의 실익이 있었으나, 현재는 행정소송법이 부존재인 경우도 항고소송의 대상으로 할 수 있게 하였으므로 구별실익이 없다.

② 행정행위의 무효

가. 행정행위의 무효는 행정행위가 외관상으로는 존재하나 처음부터 효력이 발생하지 못하는 경우로 다른 행정청이나 법원·사인도 독자적으로 그 효력을 부인할 수 있는 경우를 말한다. 취소할 수 있는 행정행위가 성립에 흠이 있음에도 불구하고 일단 유효한 것으로 통용되고 다른 국가기관·국민을 기속하는 것과 다르다.

나. 무효·취소의 구별기준은 처분에 위법사유가 있는 것만으로는 부족하고 그 하자가 중요한 법규에 위반한 것이고 객관적으로 명백한 경우인가이다. 중대·명백 여부의 판단은 법규의 목적·의미·기능 등을 목적론적으로 고찰함과 동시에 구체적인 사안 자체의 특수성에 관해서도 합리적으로 고찰함을 요한다.492)

다. 무효·취소의 구별실익은 무효확인소송과 취소소송으로 소송형태가 다르고, 무효소송은 소원전치주의가 적용되지 않고, 쟁송기간의 제한이 없으며, 민사소송의 선결문제가 된 경우에는 수소법원이 스스로 그 무효 여부를 판단할 수 있고, 사정판결을 할 수 없고(행정소송법 제28조 제1항), 하자의 치유가 인정되지 않는다.

③ 행정행위의 취소

가. 행정행위의 취소란 성립에 흠이 있음에도 불구하고 일단 유효하게 성립한 행정행위를 권한 있는 기관이 그 효력의 전부 또는 일부를 기왕에 소급하여

---

492) 대판 1985.7.23. 84누419, 대판 1992.4.28. 91누6863 행정처분에 사실관계를 오인한 하자가 있는 경우 그 하자가 중대하다고 하더라도 객관적으로 명백하지 않다면 그 처분을 당연무효라고 할 수 없는바, 하자가 명백하다고 하기 위해서는 그 사실관계 오인의 근거가 된 자료가 외형상 상태성을 결여하거나 또는 객관적으로 그 성립이나 내용의 진정을 인정할 수 없는 것임이 명백한 경우라야 할 것이고 사실관계의 자료를 정확히 조사하여야 비로소 그 하자 유무가 밝혀질 수 있는 경우라면 이러한 하자는 외관상 명백하다고 할 수는 없을 것이다.

상실시키는 행위를 말한다.

나. 취소는 행정청(처분청·감독청)이 직권으로 하는 직권취소와 행정청(재결청) 또는 법원이 쟁송절차를 거쳐서 하는 쟁송취소가 있다.

직권취소는 취소기간에 제한이 없으나 쟁송취소는 쟁송기간(처분이 있음을 안 날로부터 90일)의 제한이 있다.

직권취소의 경우 법적 안정성 및 상대방의 신뢰보호를 위하여 제한되는 경우가 있다.[493]

취소의 효과는 원칙적으로 소급하나 상대방의 신뢰보호를 위하여 제한되는 경우도 있다.

④ 행정행위의 철회

가. 행정행위의 철회란 하자 없이 적법하게 성립한 행정행위를 행정청이 후발적 사유에 기하여 원칙적으로 장래에 향하여 그 효력을 상실시키는 별개의 행정행위이다.

나. 철회권자는 처분청이고, 감독청은 처분청에 철회를 멸할 수는 있으나 법규가 없는 한 직접 철회할 수는 없다.

다. 철회사유는 제한이 없어 처분 당시에 그 행정처분에 별다른 하자가 없었고 또 그 처분 후에 이를 취소할 별도의 법적 근거가 없다 하더라도 원래의 처분을 그대로 존속시킬 필요가 없게 된 사정변경이 생겼거나 또는 중대한 공익상의 필요가 발생한 경우에는 별개의 행정행위로 이를 철회하거나 변경할 수 있다.[494] 다만 수익적 행정행위는 법적 안정성 및 상대방의 신뢰보호를 위하여 사정변경 등으로 중대한 공익상의 필요가 있는 경우 외에는 철회가 제한된다.

⑤ 행정행위의 실효

하자 없이 성립·발효한 행위가 행정행위의 목적물의 소멸·상대방의 사망·행정행위의 목적의 달성·해제조건의 성취 또는 종기의 도래 등의 사유로 그 효력이 소멸되는 경우를 말한다.

---

493) 인가와 같이 사인의 법률행위를 완성시켜 주는 행위, 공무원임명·귀화허가와 같이 포괄적 신분설정행위, 취소권자가 장기간 취소권을 행사하지 않아 취소되지 않을 것이라는 신뢰가 형성된 경우 등이 그것이다.

494) 대판 1992.1.17. 91누3130.

Ⅳ. 조세

1. 조세의 개념과 일반원칙

1) 개념

조세란 국가나 지방자치단체가 법령에 의하여 국민으로부터 강제로 거두어들이는 경제적 부담을 말한다.

2) 일반원칙

국가·지방자치단체의 활동에 필요한 돈의 충당을 위해 과세권자가 우월적 입장에서 반대급부 없이 일방 징수하고, 불응 시 처벌한다.

3) 종류

국세와 지방세, 내국세와 관세, 직접세(소득세·법인세·상속세·증여세와 같이 부담자와 내는 사람 동일한 경우)와 간접세(부가가치세·특별소비세·주세와 같이 부담자와 내는 사람이 다른 경우), 보통세와 목적세(교육세·교통세·농어촌특별세 등 용도가 미리 정해져 있는 것) 등으로 구분된다.

4) 조세법률주의

조세의 종목과 세율은 법으로 정하도록 하는 원칙을 말한다. 국민으로 하여금 언제·어떻게·얼마가 부과될 것인지 예측 가능하게 하기 위함이다.

5) 부과원칙

공평부담(담세력을 고려한 차이를 전제로 함)·실질과세(명의자 아닌 실제 소득 올린 사람에게 과세)·근거과세(증빙자료에 의해 부과함이 원칙이나, 실제 자료 믿지 않고 업황, 동업자 상황 고려 추계과세도 가능하다.)를 부과의 원칙으로 한다.

6) 신고와 납세

납세자의 자진신고와 납부를 원칙으로 하고, 그렇지 않을 경우 과세권자가 부과 징수하며, 근로소득·예금이자와 같이 사업자가 원천 징수하여 납부하는 경우도 있다.

7) 구제

과세처분에 불복할 경우에는 불복 시 과세권자에 대한 이의신청·직근 감독청에 대한 심사청구·재결청에 대한 심판청구를 먼저 거쳐야 하는 심판전치주의가 적용되며, 이에 다시 불복할 때는 행정소송을 제기할 수 있다. 다만 심판과 소송은 동시에 진행되는 것이 보통이다.

2. 소득세

1) 개념

개인이 얻는 소득에 부과되는 세금으로, 개인은 내국인과 외국인을 포함한다. 개인 중 국내에 주소를 두거나 1년 이상 거소를 둔 거주자의 경우에는 국내외의 모든 소득에 대하여, 거주자 이외의 비거주자는 국내의 원천소득에 대해서만 납세의무가 있다. 법인의 소득에 대해서는 법인세가 부과된다.

2) 대상

법에 열거한 소득에 한하나, 열거되지 않은 소득으로 과세되는 것으로 주식양도차익과 교통사고 손해배상금이 있다.

3) 세율

소득이 올라갈수록 누진되고, 현재의 최고세율은 35%이다.

4) 종합과세

모든 소득을 합산하여 과세하나, 양도소득과 퇴직금·산림소득같이 장기간 노력 형성된 것은 별도로 분류 과세한다.

5) 종합소득세
① 대상

이자소득(연 4천만 원 이상)·배당소득(1년 이상 보유한 소액주주는 분류)·부동산임대소득, 사업소득·근로소득·일시자산소득(영업권·어업권·유사자산이나 권리의 양도소득, 연금(국민, 공무원, 개인, 퇴직), 기타 소득(상금, 복권, 강연료, 보상금, 문예창작)의 7가지이다.

② 제외

이자소득 중 공익신탁이익, 부동산 임대소득 중 논·밭과 2채 이하 주택 임대소득, 농가부업소득, 연금 중 유족연금 장애연금, 기타 소득 중 국가유공자 보상금, 국가가 주는 상금 등은 제외된다.

③ 산출

소득금액(총수입 − 필요경비)을 산출한 다음, 과세표준액(소득금액 − 부양가족공제 등 각종 소득공제)을 산정하고, 이후 세액(과세표준액×세율)을 산출한다.

필요경비는 수입을 얻기 위해 지출된 경비를 말하는데, 이자·배당소득은 필요경비를 인정하지 않고, 근로소득은 산정의 어려움 때문에 소득액 따라 일정액을 필요경비로 인정하는데, 일반적으로는 보험료·의료비·교육비·주택자금·신용카드 사용액의 일정부분이 필요경비로 인정된다.

소득공제는 부양가족 1인당 100만 원, 장애인·경로우대자(65세 이상 100만, 75세 이상 150만) 공제 등이 있다.

④ 신고와 납부

매년 5월(원천징수자 제외)이고, 중간예납(11월 전년 세액 50% 이상)을 실시한다.

3. 양도소득세

1) 개념

토지·건물·주식 등 자산 양도 시 보유기간 동안 가치상승에 따른 이익에 대한 세금이다.

2) 대상

토지·건물·부동산에 관한 권리, 골프·콘도 회원권 등 특정시설물 이용권, 사업용 고정자산과 함께하는 영업권, 비상장 주식, 상장사 대주주 보유 주식(주식 비율 3% 이상 또는 시가 100억 원 이상인 주주와 특수관계인)을 대상으로 한다.

3) 비과세

1세대 1주택(3년 이상 보유 6억 이하 일 것, 단 미등기는 과세), 8년 이상 경작 농지(선대 포함), 3년 이상 경작 농지 팔고 1년 안에 새 농지 사서 3년 이상 경작(미리 산 경우 1년 안에 종전 것 처분), 경작 필요에 따른 농지교환(교환 후 3년 경작), 농, 어촌 1세대 2주택(상속, 귀농, 이농으로 농, 어촌 주택 보유 시 상속, 이농 시는 피상속인 이농인이 5년 이상 거주, 귀농은 연고지 본적지 주택을 300평 이상 농지와 함께 취득)에 대해서는 과세하지 않는다.

4) 양도소득금액

양도소득금액은 양도가액에서 필요경비·장기보유특별공제·양도소득 기본공제를 차감한 금액이다.

필요경비에는 취득가액 외에 설계비·개량비·취득세·등록세·소개비 등이 포함된다. 단 실거래가 아닌 기준 시가 과세 시는 개별공시지가의 3%를 인정한다.

공제는 보유기간에 따라 차익의 일정 비율을 공제한다.

세율은 자산 종류·보유기간에 따라 차이가 있다.

5) 신고와 납부

양도일이 속한 달의 말일부터 2개월 내 예정 신고하고 납부하거나, 아니면 다음 해 5월 말까지 확정 신고하고 납부해야 한다.

4. 상속세

1) 개념
사망한 사람의 재산을 상속받은 사람에게 부과하는 세금이다.

2) 납세의무자
상속인이 상속받은 범위 내에서 상호 연대책임이다.

3) 신고와 납부
사망 당시 주소지 관할 세무서에 사후 6개월 내 신고(공제, 가산)·납부하되,

분납(세액 따라 45일－3년)·현물납(상속재산 중 부동산, 유가증권이 50% 넘을 때)도 가능하다.

4) 상속재산

가액평가는 사망일 현재 시가를 원칙으로 하되, 불명 시는 토지는 공시지가·건물은 국세청 고시가를 기준으로 산정한다.

증여재산의 경우 상속인에게 사망 전 10년 이내·3자에게 5년 이내 증여한 재산은 상속재산에 포함하고, 국가 공공단체에 기증하거나 공익사업에 출연한 것·산재보상금·유족연금은 제외한다.

공제되는 것으로는 미납 공과금·장례비(500만 이상, 1,000만 원까지)·부채·기초공제 2억 원·배우자공제(5억 원 기본 30억 원까지)·자녀(3,000만 원)·미성년자(500만 원×성년까지 연수)·연로자(3,000만 원)·장애자(500만 원×75세까지 연수)·기업상속(1억 원)·영농상속(2억 원)이 있다.

세율은 최고 50%까지 누진되고, 세대를 건넌 상속·증여는 30% 할증한다.

5. 증여세

1) 개념
타인으로부터 무상증여를 받은 자가 납부하는 세금이다.

2) 납세의무자
수증자이다.

3) 세율
상속세와 동일하나, 자산가치 상승에 따른 절세를 위해 사전 상속 수단이 이용되는 경우가 많다.

4) 신고와 납부
증여받은 자가 증여 시부터 3개월 내에 자진신고·납부해야 한다.

6. 부가가치세

1) 개념

상품판매, 서비스 제공 시 발생하는 부가가치(이윤)에 대하여 부과되는 세금이다.

2) 과세대상

재화·용역의 공급, 재화의 수입에 대하여 부과된다.

3) 납세의무자

국내에서 영리·비영리를 불문하고 사업을 운영하는 자로 개인·국가·자치단체를 포함한다.

4) 영세율과 면세

수출 재화·국외 제공 용역은 영세율을 적용하고, 생필품(곡물, 과실, 육류, 생선 기타 가공되지 않은 식료품, 연탄), 복권, 병·의원, 인·허가받은 학원·강습소 등 교육용역, 도서신문·잡지 판매 등은 면세된다.

5) 세액

부가가치액(매출액 - 매입액)의 10%이다.

6) 신고와 납부

6개월 단위로 신고·납부해야 하고, 매출액 4,800만 이하 업체이거나 업종성격상 매입액이 불명한 경우에는 업종에 따라 일정 부가가치율을 적용하여 부가가치액을 산정한다(제조·전기·수도 20%, 농·어·임·수렵·건설·부동산 임대 30%, 음식·숙박·운수·창고·통신 40%, 단 변호사·변리사·법무사·회계사·세무사·건축사·기술사·감정평가사·측량사 등 전문직 사업자는 제외).

Ⅴ. 노동

　헌법은 제32, 33조에서 노동자의 기본권으로 근로권, 단결권, 단체교섭권, 단체행동권을 인정하고 있다. 생산수단으로서 노동력만을 갖고 이를 판매하여 살아가야만 하는 노동자는 필연적으로 자본가에 대하여 열세에 있을 수밖에 없는데, 자본가에 대한 노동력 판매과정에서 계약자유의 미명하에 쌍방이 알아서 하라고 내버려 둔다면, 그 계약 내용은 강자인 자본가에게 일방적으로 유리한 국면으로 전개될 수밖에 없게 된다. 이로 인한 양극화의 심화와 노동자의 비인간적인 처지로의 전락을 방지하기 위하여 국가의 적절한 관여를 통한 최저생활의 보장과 노동자 스스로 힘을 길러 자본가와 대등한 협상을 할 수 있게 하기 위한 법이 노동관계법이다. 이들 법은 노동자를 위한 곳이기는 하지만 그 시행과 운용과정에는 행정권력의 적절한 관여가 필수이므로 행정 분야에서 다루기로 한다.

1. 근로기준법

1) 개념

　근로조건의 기준을 정해 근로자의 기본적 생활을 보장 향상시키고, 균형 있는 국민경제발전을 위해 제정된 법이다.

2) 적용범위

　상시 5인 이상 근로자를 사용하는 모든 사업과 사업장에 일용, 계속 근로하는 경우에 적용한다. 다만, 동거하는 친족만을 사용하는 사업 또는 사업장과 가사사용인에 대해서는 적용하지 아니한다.

　상시 4명 이하의 근로자를 사용하는 사업 또는 사업장에 대해서는 대통령령으로 정하는 바에 따라 이 법의 일부 규정을 적용할 수 있다.

2. 근로계약

1) 개념

근로자가 근로를 제공하고, 사용자는 임금을 지급하는 것을 내용으로 하는
계약이다.

2) 근로계약내용에 대한 규제

① 장기계약금지

1년 이상 장기근로계약(해지할 수 없는 것) 금지: 인신구속, 강제근로의 폐단
을 막고자 금지한 것이다. 기간의 정함이 없는 것, 일정한 사업완료에 필요한
기간을 정하는 것은 유효하나 3년 이상이면 3년 경과 후 근로자가 해지 가능
하다(민법 제659조).

② 사용자의 근로조건 명시의무

사용자는 근로계약을 체결할 때에 근로자에게 임금, 소정근로시간, 제55조에
따른 휴일, 제60조에 따른 연차 유급휴가, 그 밖에 대통령령으로 정하는 근로
조건을 명시하여야 한다. 이 경우 임금의 구성항목·계산방법·지급방법, 소정
근로시간, 제55조에 따른 휴일 및 제60조에 따른 연차 유급휴가에 관한 사항은
서면으로 명시하고 근로자의 요구가 있으면 그 근로자에게 교부하여야 한다.

위반 시 해제와 손해배상청구가 가능하다.

③ 위약예정금지

사용자는 근로계약 불이행에 대한 위약금 또는 손해배상액을 예정하는 계약
을 체결하지 못한다.[495]

④ 상계금지

사용자로부터 빌린 돈을 근로자의 임금과 상계금지, 근로자가 자진 상계하는
것은 가능하다.

⑤ 강제저축 금지

사용자는 근로계약에 덧붙여 강제 저축 또는 저축금의 관리를 규정하는 계약
을 체결하지 못한다. 사용자가 근로자의 위탁으로 저축을 관리하는 경우에는

---

495) 해외연수 후 일정기간 근무하지 않을 때 손해배상예정은 무효이나, 대학생에게 장학금을 지급하고 일정기간
　　근무를 요구하는 것은 유효하다.

저축의 종류·기간 및 금융기관을 근로자가 결정하고, 근로자 본인의 이름으로 저축해야 하고, 근로자가 저축증서 등 관련 자료의 열람 또는 반환을 요구할 때에는 즉시 이에 따라야 한다.

3. 해고제한

① 해고와 정당한 이유

사용자는 근로자에게 정당한 이유 없이 해고, 휴직, 정직, 전직, 감봉, 그 밖의 징벌을 하지 못한다. 학력을 속이거나 최종학력을 기재 않고 취업한 위장취업을 이유로 해고하는 것은 정당하다고 본다.[496]

② 해고금지

사용자는 근로자가 업무상 부상 또는 질병의 요양을 위하여 휴업한 기간과 그 후 30일 동안 또는 산전·산후의 여성이 이 법에 따라 휴업한 기간과 그 후 30일 동안은 해고하지 못한다. 다만, 사용자가 일시보상을 하였을 경우 또는 사업을 계속할 수 없게 된 경우에는 그러하지 아니하다.

③ 정리해고

가. 요건

정리해고를 위해서는 긴박한 경영상의 필요가 있어야 하고(경영 악화를 방지하기 위한 사업의 양도·인수·합병은 긴박한 경영상의 필요가 있는 것으로 본다.), 해고를 피하기 위한 노력을 다하여야 하며, 합리적이고 공정한 기준에 따라 그 대상자를 선정하여야 하고(남녀의 성을 이유로 차별하여서는 아니 된다.), 해고를 피하기 위한 방법과 해고의 기준 등을 근로자의 과반수로 조직된 노동조합 또는 근로자대표에게 해고를 하려는 날의 50일 전까지 통보하고 성실하게 협의하여야 한다.

위 각 요건의 구체적 내용은 확정적·고정적인 것이 아니라 구체적 사건에서 다른 요건의 충족 정도와 관련하여 유동적으로 정해지는 것이므로, 구체적 사건에서 경영상 이유에 의한 당해 해고가 위 각 요건을 모두 갖추어 정당한지 여부는 위 각 요건을 구성하는 개별 사정들을 종합적으로 고려하여 판단하여야

---

496) 대법원 1989.3.14. 87다카3196.

한다.

　나. 다른 근로자 채용금지

　정리 해고한 사용자는 근로자를 해고한 날부터 3년 이내에 해고된 근로자가 해고 당시 담당하였던 업무와 같은 업무를 할 근로자를 채용하려고 할 경우 해고된 근로자가 원하면 그 근로자를 우선적으로 고용하여야 한다.

　④ 해고예고

　사용자는 근로자를 해고(경영상 이유에 의한 해고를 포함한다.)하려면 적어도 30일 전에 예고를 하여야 하고, 30일 전에 예고를 하지 아니하였을 때에는 30일분 이상의 통상임금을 지급하여야 한다. 다만, 천재·사변, 그 밖의 부득이한 사유로 사업을 계속하는 것이 불가능한 경우 또는 근로자가 고의로 사업에 막대한 지장을 초래하거나 재산상 손해를 끼친 경우로서 노동부령으로 정하는 사유에 해당하는 경우에는 그러하지 아니하다.

　⑤ 구제

　근로관계법 위반으로 불이익을 입은 자는 노동위원회에 심판청구를 할 수 있고, 이에 불복할 경우에는 법원에 소송을 제기할 수 있다.

4. 임금

1) 개념

임금이란 근로의 대가로 지급하는 일체의 금품으로 명칭을 불문한다.

2) 평균임금과 통상임금

평균임금은 기준일 전 3개월 사이에 지급된 임금의 총액을 그 기간의 일수로 나눈 금액을 말한다.

통상임금은 근로자에게 정기적 일률적으로 지급되는 근로의 대가로 시간외수당, 야간근로수당, 실비변상적 급여가 제외된다.

3) 임금채권의 우선변제

임금채권은 다른 채권에 우선하여 변제받을 수 있는데 그 순서는 다음과 같다.

최종3개월분 임금, 최종3년간 퇴직금, 재해보상금>질권, 저당권에 우선하는

조세, 공과금(1년분)>질권, 저당권에 담보된 채권>임금채권>일반 조세, 공과금>기타일반채권

4) 휴업수당

사용자의 귀책사유로 휴업할 경우에는 평균임금의 100분의 70을 지급해야 한다.

5) 최저임금제

근로자의 최저생활을 보장하기 위하여 최저임금제가 시행되고 있다.

① 금액결정

최저금액은 매년 노동부장관(최저임금심의위원회)이 결정한다. 2014년 현재 최저임금액은 시급 5,210원이다.

② 적용대상

최저임금제는 모든 사업장의 모든 근로자(상용 일용, 시간제 불문)에게 적용된다.

다만 다음의 근로자는 제외된다.

동거하는 친족만을 사용하는 사업과 가사사용인

대통령령으로 정하는 바에 따라 제1항에 따른 최저임금액과 다른 금액으로 최저임금액을 정할 수 있는 경우; 수습 사용 중에 있는 자로서 수습 사용한 날부터 3개월 이내인 자, 근로기준법 제63조제3호에 따라 감시 또는 단속적으로 근로에 종사하는 자(수위, 경비원, 자가용 운전사, 보일러공 등)로서 사용자가 노동부장관의 승인을 받은 자

6) 압류제한

급여의 2분의 1에 해당하는 부분은 압류가 제한된다. 퇴직급여도 급여이므로 2분의 1은 압류대상이 될 수도 있으나 퇴직급여법 제7조가 양도금지를 정하고 있으므로 2분의 1도 압류하지 못한다.[497]

---

497) 대법원 2014.1.24. 2013다71180.

5. 근로시간

법정근로시간은 주당 40시간, 1일 8시간(휴게시간 제외)이다.

연장근로는 합의 시 1주 12시간 한도에서 가능하다.

휴게시간으로 4시간에 30분 또는 8시간에 1시간 이상을 주어야 한다.

연장·야간 근로 시 통상임금의 50% 이상 임금을 가산해 주어야 한다.

휴일·휴가는 1주에 1회 이상 유급휴일, 근로 1년 미만 경우 1개월 개근 시 1일 유급휴가, 1년 8할 이상 출근 시 15일 이상 유급휴가를 주어야 한다. 휴가는 일 년간 행사 않으면 소멸한다. 단기근로자(1주 15시간 미만 근무)에게는 휴일과 휴가규정이 적용되지 않는다.

6. 연소 근로자와 여성근로자 보호

1) 연소 근로자
① 대상
연소근로자는 15세 이상 18세 미만인 자이다. *중학생 *특별사정
② 보호내용
근로시간은 주 40시간, 1일 7시간, 연장은 1일 1시간, 1주 6시간으로 제한된다. 계약체결·임금청구는 법정대리인이 대신할 수 없다.

근로환경보호를 위하여 도덕상·보건상 유해업소는 연소근로자를 고용할 수 없고, 야간 및 연장근로는 본인 동의와 노동부장관의 인가가 필요하다.

2) 여성근로자
① 보호의 필요성
여성의 신체적 생리적 특징과 임신, 출산, 보육문제를 고려하여 여성근로자를 특별히 보호한다.
② 보호내용
출산휴가는 출산 전후 90일을 주되, 휴가 중 최초 60일은 유급이고, 휴가 후 30일 내에는 해고할 수 없다.

육아를 위하여 생후 1년 미만 유아 1일 2회 30분 이상 수유시간을 주어야

한다.

야간·휴일 근로 시는 본인동의가 있어야 한다.

시간 외 근로는 1일 2시간, 1주 6시간, 1년 150시간 초과가 금지된다.

생리휴가는 청구 있을 때 월 1일 주되 무급이다.

근로환경보호를 위해 임신 중 또는 산후 1개월 여성은 유해·위험사업장에 사용할 수 없고, 18세 이상 여성은 임신·출산 기능에 관한 유해·위험사업장에 사용할 수 없다.

7. 퇴직금

1) 적용대상

근로자를 사용하는 모든 사업 또는 사업장에 적용된다. 다만, 동거의 친족만을 사용하는 사업 및 가사사용인에 대해서는 적용하지 아니한다(근로자 퇴직급여보장법).

2) 내용

퇴직금액은 1년 이상 계속근로자 퇴직 시 1년에 평균임금 30일분 이상을 주어야 한다.

지급시기는 퇴직 후 14일 이내여야 하고, 경과 시 연 20%의 이자를 더해 주어야 한다.

3) 미지급 시

관할 지방노동사무소에 신고하면 근로감독관이 조사 확인 후 지급 지시하고, 불응 시 사용자를 근로기준법 위반으로 고발하여 처벌받게 한다. 민사소송도 지원해 준다.

4) 체당금지급

기업도산으로 못 받을 때 국가가 최종 3월분 임금, 최종 3년간 퇴직금 중 체불액을 1,020만 원 한도에서 대신 지급해 준다.

8. 남녀고용평등과 일·가정 양립 지원에 관한 법률

1) 법취지

이 법은 대한민국헌법의 평등이념에 따라 고용에서 남녀의 평등한 기회와 대우를 보장하고 모성 보호와 여성 고용을 촉진하여 남녀고용평등을 실현함과 아울러 근로자의 일과 가정의 양립을 지원함으로써 모든 국민의 삶의 질 향상에 이바지하는 것을 목적으로 한다.

2) 적용대상

이 법은 근로자를 사용하는 모든 사업 또는 사업장에 적용한다.

3) 규제내용

모집 및 채용 시 남녀 신체조건, 미혼조건 등을 이유로 한 차별은 금지된다. 사용자는 성희롱 예방 교육, 산전 후 휴가 지원, 육아휴직과 직무복귀 보장 등을 실시해야 한다.

9. 신원보증

1) 개념

고용계약에 부수하여 사용자에게 피용자와 관련해 발생하는 일정한 사항을 제3자가 담보하는 것을 말한다.

2) 종류

피용자가 장래 고용계약상의 채무불이행으로 사용자에게 손해배상채무를 부담하는 경우에 그 이행을 담보하는 형태, 피용자의 채무부담 여부와 상관없이 고용으로 인하여 발생하는 모든 손해를 담보하는 형태, 재산상의 손해만이 아니고 피용자의 신상에 관하여 피용자 본인이 고용상의 의무를 위반하지 않을 것과 질병 기타에 의하여 노무에 종사할 수 없는 경우에 사용자에게 폐를 끼치지 않을 것을 담보하는 신원인수 형태 등이 있다.

3) 신원보증법

① 보증내용·기간

법에 정한 내용보다 신원보증인에게 불리한 계약은 무효이고, 계약기간 2년 초과 금지되고, 기간을 정하지 않은 경우 2년으로 본다.

② 사용자의 통지의무

가. 통지해야 할 경우

피용자가 업무상 부적격자이거나 불성실한 행적이 있고 이로 말미암아 신원보증인의 책임을 야기할 염려가 있을 때, 피용자의 업무 또는 업무수행장소를 변경함으로써 신원보증인의 책임을 가중하거나 또는 그 감독이 곤란하게 될 때는 이 사실을 보증인에게 통지해야 한다.

나. 취지

신원보증인에게 계약해지 기회를 주기 위함이다.

다. 통지의 해태

고의 중과실로 통지의무를 게을리 하여 신원보증인이 계약하지 못했을 경우 신원보증인은 그로 인해 발생한 손해의 한도에서 책임을 면한다.

③ 손해배상액 결정

보증책임 발생 시 법원은 피용자의 감독에 관한 사용자의 과실 유무, 신원보증을 하게 된 사유 및 그에 대한 주의 정도, 피용자의 업무, 신원의 변화 기타 일체의 사정을 참작해 손해배상액을 결정한다.

④ 보증보험제도

보증인을 구할 수 없거나 보증인의 자력이 부족할 경우 보증보험회사가 발행한 보증보험증권으로 대신할 수 있음. 저렴한 비용(보험금액의 1% 전후)으로 신원보증, 보석보증금 납부에 대신할 수 있는 제도이다.

10. 노동조합 및 노동관계조정법

이 법은 헌법에 의한 근로자의 단결권·단체교섭권·단체행동권을 보장하여 근로조건의 유지·개선과 근로자의 경제적·사회적 지위의 향상을 도모하고, 노동관계를 공정하게 조정하여 노동쟁의를 예방·해결함으로써 산업평화의 유지와 국민경제의 발전에 이바지함을 목적으로 하는 법으로 단결권과 관련한 노동조합, 단체교섭 및 단체협약, 단체행동권과 관련한 노동쟁의·쟁의행위의 조정과 중재, 이들 권리를 제한하는 부당노동행위 등에 관하여 규정하고 있다.

1) 노동조합
① 개념
노동조합은 근로자가 주체가 되어 자주적으로 단결하여 근로조건의 유지·개선 기타 근로자의 경제적·사회적 지위의 향상을 도모함을 목적으로 조직하는 단체 또는 그 연합단체를 말한다. 다만, 다음에 해당하는 경우에는 노동조합으로 보지 아니한다.

사용자 또는 항상 그의 이익을 대표하여 행동하는 자의 참가를 허용하는 경우
경비의 주된 부분을 사용자로부터 원조받는 경우
공제·수양 기타 복리사업을 목적으로 하는 경우
근로자가 아닌 자의 가입을 허용하는 경우. 다만, 해고된 자가 노동위원회에 부당노동행위의 구제신청을 한 경우에는 중앙노동위원회의 재심판정이 있을 때까지는 근로자가 아닌 자로 해석하여서는 아니 된다.
주로 정치활동을 목적으로 하는 경우

② 종류
a. 직종별노동조합
동일한 직종의 노동자들로 조직된 노동조합으로 인쇄공조합·목공조합 등이 그것이다. 노동조합의 발전단계에서 숙련공들을 중심으로 가장 먼저 발생한 조직형태이다. 노동자가 소속한 기업과는 상관없이 횡적인 관계에서 결합한 것으로 단결력이 강하고 특정 직종에서 사용자에 대한 힘이 증가하는 장점이 있으나, 배타성이 강해 노동자 전체의 이익증진과는 유리되는 약점이 있다.

b. 산업별노동조합
동일한 산업에 종사하는 노동자들로 조직된 노동조합으로 금속노동조합·철강노동조합·섬유노동조합·운수노동조합 등이 그것이다. 노동조합의 발전단계에서 19세기 중엽 이래 산업자본주의가 발전하고 노동자 간의 연대사상이 확대되면서 반숙련 및 미숙련 노동자들을 중심으로 발전한 것으로 오늘날 가장 지

배적인 조직형태이다. 우리는 일개 기업만이 아닌 전 산업에 대한 영향력을 우려하여 금지되어 오다가 근래에야 인정되었다.

c. 기업별노동조합

동일한 기업에 종사하는 노동자들로 조직된 노동조합으로 규모가 적고 사용자의 개입가능성이 높아 노동자의 지위향상을 위한 조합활동이 위축될 가능성이 높아 서구 제국에서는 이런 조직형태를 취하는 경우가 드물다. 미국에서는 어용조합, 독일에서는 황색조합이라고까지 불리었는데, 일본의 경우 노동시장의 폐쇄적 성격이나 기타 노동환경상의 특성으로 인하여 기업별 노조가 주종을 이루고 있다. 우리도 일본과 마찬가지인데, 노동시장의 성격이 일본과 같지 않음에도 불구하고, 식민통치의 잔재나 일개 기업만이 아닌 전 산업에 대한 영향력을 우려한 정치적 이유로 산업별노조를 금지한 탓에 기업별 노조만이 존재해 온 배경 때문에 1987년 법 개정으로 조직형태 선택의 자유가 보장되었음에도 불구하고 산업별 노조가 출범하지 못하다가 근자에 이르러 기존 단위사업장노조들이 결합하여 금속노조 등이 결성되고 있다.

③ 조합과 조합원의 보호

조합의 결성과 활동의 자유를 인정하더라도 그에 따른 불이익이 주어진다면 그 실효를 거둘 수 없으므로 보호조항을 두고 있다.

a. 손해배상 청구의 제한

사용자는 이 법에 의한 단체교섭 또는 쟁의행위로 인하여 손해를 입은 경우에 노동조합 또는 노동자에 대하여 그 배상을 청구할 수 없다.

b. 정당행위

형법 제20조의 규정은 노동조합이 단체교섭·쟁의행위 기타의 행위로서 제1조의 목적을 달성하기 위하여 한 정당한 행위에 대하여 적용된다. 다만, 어떠한 경우에도 폭력이나 파괴행위는 정당한 행위로 해석되어서는 아니 된다.

c. 부당노동행위금지

사용자는 다음의 행위를 할 수 없다.

근로자가 노동조합에 가입 또는 가입하려고 하였거나 노동조합을 조직하려고 하였거나 기타 노동조합의 업무를 위한 정당한 행위를 한 것을 이유로 그 근로자를 해고하거나 그 근로자에게 불이익을 주는 행위

근로자가 어느 노동조합에 가입하지 아니할 것 또는 탈퇴할 것을 고용조건으로 하거나 특정한 노동조합의 조합원이 될 것을 고용조건으로 하는 행위. 다만, 노동조합이 당해 사업장에 종사하는 근로자의 3분의 2 이상을 대표하고 있을 때에는 근로자가 그 노동조합의 조합원이 될 것을 고용조건으로 하는 단체협약의 체결은 예외로 하며, 이 경우 사용자는 근로자가 그 노동조합에서 제명된 것 또는 그 노동조합을 탈퇴하여 새로 노동조합을 조직하거나 다른 노동조합에 가입한 것을 이유로 근로자에게 신분상 불이익한 행위를 할 수 없다.

노동조합의 대표자 또는 노동조합으로부터 위임을 받은 자와의 단체협약체결 기타 단체교섭을 정당한 이유 없이 거부하거나 해태하는 행위근로자가 노동조합을 조직 또는 운영하는 것을 지배하거나 이에 개입하는 행위와 노동조합의 전임자에게 급여를 지원하거나 노동조합의 운영비를 원조하는 행위. 다만, 근로자가 근로시간 중에 사용자와 협의 또는 교섭하는 것을 사용자가 허용함은 무방하며, 또한 근로자의 후생자금 또는 경제상의 불행 기타 재액의 방지와 구제 등을 위한 기금의 기부와 최소한 규모의 노동조합사무소의 제공은 예외로 한다.

근로자가 정당한 단체행위에 참가한 것을 이유로 하거나 또는 노동위원회에 대하여 사용자가 이 조의 규정에 위반한 것을 신고하거나 그에 관한 증언을 하거나 기타 행정관청에 증거를 제출한 것을 이유로 그 근로자를 해고하거나 그 근로자에게 불이익을 주는 행위

④ 노동조합의 조직·가입

a. 노동자는 자유로이 노동조합을 조직하거나 이에 가입할 수 있다. 다만, 공무원과 교원에 대해서는 따로 법률로 정한다.

b. 법인격의 취득

노동조합은 그 규약이 정하는 바에 의하여 법인으로 할 수 있다. 법인으로 할 경우에는 대통령령이 정하는 바에 의하여 등기를 하여야 한다. 법인인 노동조합에 대해서는 이 법에 규정된 것을 제외하고는 민법 중 사단법인에 관한 규정을 적용한다.

c. 노동조합의 보호

이 법에 의하여 설립된 노동조합이 아니면 노동위원회에 노동쟁의의 조정 및 부당노동행위의 구제를 신청할 수 없고, 노동조합이라는 명칭을 사용할 수 없다.

노동조합에 대해서는 그 사업체를 제외하고는 세법이 정하는 바에 따라 조세를 부과하지 아니한다.

노동조합의 조합원은 어떠한 경우에도 인종·종교·성별·정당 또는 신분에 의하여 차별대우를 받지 아니한다.

근로자는 단체협약으로 정하거나 사용자의 동의가 있는 경우에는 근로계약 소정의 근로를 제공하지 아니하고 노동조합의 업무에만 종사할 수 있다. 노동조합의 업무에만 종사하는 자는 그 전임기간 동안 사용자로부터 어떠한 급여도 지급받아서는 아니 된다.

2) 단체교섭 및 단체협약

① 단체협약의 체결

노동조합의 대표자는 그 노동조합 또는 조합원을 위하여 사용자나 사용자단체와 교섭하고 단체협약을 체결할 권한을 가진다.

노동조합과 사용자 또는 사용자단체로부터 교섭 또는 단체협약의 체결에 관한 권한을 위임받은 자는 그 노동조합과 사용자 또는 사용자단체를 위하여 위임받은 범위 안에서 그 권한을 행사할 수 있다.

노동조합과 사용자 또는 사용자단체는 정당한 이유 없이 교섭 또는 단체협약의 체결을 거부하거나 해태하여서는 아니 된다.

② 단체협약의 작성

단체협약은 서면으로 작성하여 당사자 쌍방이 서명 또는 날인하여야 한다. 단체협약의 당사자는 단체협약의 체결일부터 15일 이내에 이를 행정관청에 신고하여야 한다. 행정관청은 단체협약 중 위법한 내용이 있는 경우에는 노동위원회의 의결을 얻어 그 시정을 명할 수 있다.

③ 단체협약의 효력

a. 유효기간

단체협약에는 2년을 초과하는 유효기간을 정할 수 없다. 단체협약에 그 유효기간을 정하지 아니한 경우 또는 위의 기간을 초과하는 유효기간을 정한 경우에 그 유효기간은 2년으로 한다.

단체협약의 유효기간이 만료되는 때를 전후하여 당사자 쌍방이 새로운 단체협약을 체결하고자 단체교섭을 계속하였음에도 불구하고 새로운 단체협약이 체결되지 아니한 경우에는 별도의 약정이 있는 경우를 제외하고는 종전의 단체협약은 그 효력만료일부터 3월까지 계속 효력을 갖는다. 다만, 단체협약에 그 유효기간이 경과한 후에도 새로운 단체협약이 체결되지 아니한 때에는 새로운 단체협약이 체결될 때까지 종전 단체협약의 효력을 존속시킨다는 취지의 별도의 약정이 있는 경우에는 그에 따르되, 당사자 일방은 해지하고자 하는 날의 6개월 전까지 상대방에게 통고함으로써 종전의 단체협약을 해지할 수 있다.

b. 기준의 효력

단체협약에 정한 근로조건 기타 근로자의 대우에 관한 기준에 위반하는 취업규칙 또는 근로계약의 부분은 무효로 한다.

근로계약에 규정되지 아니한 사항 또는 위의 규정에 의하여 무효로 된 부분은 단체협약에 정한 기준에 의한다.

c. 단체협약의 해석

단체협약의 해석 또는 이행방법에 관하여 관계 당사자 간에 의견의 불일치가 있는 때에는 당사자 쌍방 또는 단체협약에 정하는 바에 의하여 어느 일방이 노동위원회에 그 해석 또는 이행방법에 관한 견해의 제시를 요청할 수 있다.

노동위원회는 요청을 받은 날부터 30일 이내에 명확한 견해를 제시하여야 한다. 노동위원회가 제시한 해석 또는 이행방법에 관한 견해는 중재재정과 동일한 효력을 가진다.

d. 일반적 구속력

하나의 사업 또는 사업장에 상시 사용되는 동종의 근로자 반수 이상이 하나의 단체협약의 적용을 받게 된 때에는 당해 사업 또는 사업장에 사용되는 다른 동종의 근로자에 대해서도 당해 단체협약이 적용된다.

e. 지역적 구속력

하나의 지역에 있어서 종업하는 동종의 근로자 3분의 2 이상이 하나의 단체협약의 적용을 받게 된 때에는 행정관청은 당해 단체협약의 당사자의 쌍방 또는 일방의 신청에 의하거나 그 직권으로 노동위원회의 의결을 얻어 당해 지역에서 종업하는 다른 동종의 근로자와 그 사용자에 대해서도 당해 단체협약을 적용한다는 결정을 할 수 있다.

3) 노동쟁의와 쟁의행위

① 개념

노동쟁의라 함은 노동조합과 사용자 또는 사용자단체(이하 '노동관계 당사자'라 한다.) 간에 임금·근로시간·복지·해고 기타 대우 등 근로조건의 결정에 관한 주장의 불일치로 인하여 발생한 분쟁상태를 말한다. 주장의 불일치라 함은 당사자 간에 합의를 위한 노력을 계속하여도 더 이상 자주적 교섭에 의한 합의의 여지가 없는 경우를 말한다.

쟁의행위라 함은 파업·태업·직장폐쇄 기타 노동관계 당사자가 그 주장을 관철할 목적으로 행하는 행위와 이에 대항하는 행위로서 업무의 정상적인 운영을 저해하는 행위를 말한다.

② 쟁의행위의 기본원칙

쟁의행위는 그 목적·방법 및 절차에 있어서 법령 기타 사회질서에 위반되어서는 아니 된다. 조합원은 노동조합에 의하여 주도되지 아니한 쟁의행위를 하여서는 아니 된다.

쟁의행위는 그 쟁의행위와 관계없는 자 또는 근로를 제공하고자 하는 자의 출입·조업 기타 정상적인 업무를 방해하는 방법으로 행하여져서는 아니 되며 쟁의행위의 참가를 호소하거나 설득하는 행위로서 폭행·협박을 사용하여서는 아니 된다.

작업시설의 손상이나 원료·제품의 변질 또는 부패를 방지하기 위한 작업은 쟁의행위 기간 중에도 정상적으로 수행되어야 한다.

노동조합은 쟁의행위가 적법하게 수행될 수 있도록 지도·관리·통제할 책임이 있다.

근로자는 쟁의행위 기간 중에는 현행범 외에는 이 법 위반을 이유로 구속되지 아니한다.

③ 쟁의행위의 제한과 금지

노동조합의 쟁의행위는 그 조합원의 직접·비밀·무기명투표에 의한 조합원 과반수의 찬성으로 결정하지 아니하면 이를 행할 수 없다.

방위사업법에 의하여 지정된 주요방위산업체에 종사하는 근로자 중 전력, 용수 및 주로 방산물자를 생산하는 업무에 종사하는 자는 쟁의행위를 할 수 없으며 주로 방산물자를 생산하는 업무에 종사하는 자의 범위는 대통령령으로 정한다.

④ 폭력행위 등의 금지

쟁의행위는 폭력이나 파괴행위 또는 생산 기타 주요업무에 관련되는 시설과 이에 준하는 시설로서 대통령령이 정하는 시설을 점거하는 형태로 이를 행할 수 없다.

사업장의 안전보호시설에 대하여 정상적인 유지·운영을 정지·폐지 또는 방해하는 행위는 쟁의행위로서 이를 행할 수 없다.

행정관청은 쟁의행위가 위의 행위에 해당한다고 인정하는 경우에는 노동위원회의 의결을 얻어 그 행위를 중지할 것을 통보하여야 한다. 다만, 사태가 급박하여 노동위원회의 의결을 얻을 시간적 여유가 없을 때에는 그 의결을 얻지 아니하고 즉시 그 행위를 중지할 것을 통보할 수 있다.

⑤ 필수유지업무에 대한 쟁의행위의 제한

a. 필수유지업무

이 법 제71조 제2항의 규정에 따른 필수공익사업의 업무 중 그 업무가 정지되거나 폐지되는 경우 공중의 생명·건강 또는 신체의 안전이나 공중의 일상생활을 현저히 위태롭게 하는 업무로서 대통령령이 정하는 업무의 정당한 유지·운영을 정지·폐지 또는 방해하는 행위는 쟁의행위로서 이를 행할 수 없다.

b. 필수유지업무협정

노동관계 당사자는 쟁의행위기간 동안 필수유지업무의 정당한 유지·운영을 위하여 필수유지업무의 필요 최소한의 유지·운영 수준, 대상직무 및 필요인원 등을 정한 협정을 서면으로 체결하여야 한다. 이 경우 필수유지업무협정에는 노동관계 당사자 쌍방이 서명 또는 날인하여야 한다.

노동관계 당사자 쌍방 또는 일방은 필수유지업무협정이 체결되지 아니하는 때에는 노동위원회에 필수유지업무의 필요 최소한의 유지·운영 수준, 대상직무 및 필요인원 등의 결정을 신청하여야 한다. 노동위원회의 결정에 대한 해석 또는 이행방법에 관하여 관계당사자 간에 의견이 일치하지 아니하는 경우에는 특별조정위원회의 해석에 따른다.

노동위원회의 결정에 대한 불복이 있을 경우에는 노동위원회의 중재를 거쳐 행정소송을 하면 된다.

⑥ 사용자의 채용제한

사용자는 쟁의행위 기간 중 그 쟁의행위로 중단된 업무의 수행을 위하여 당해 사업과 관계없는 자를 채용 또는 대체할 수 없고, 중단된 업무를 도급 또는 하도급 줄 수 없다.

필수공익사업의 사용자가 쟁의행위 기간 중에 한하여 당해 사업과 관계없는 자를 채용 또는 대체하거나 그 업무를 도급 또는 하도급 주는 경우에는 적용하지 아니한다.

⑦ 쟁의행위 기간 중의 임금지급 요구의 금지

사용자는 쟁의행위에 참가하여 근로를 제공하지 아니한 근로자에 대해서는 그 기간 중의 임금을 지급할 의무가 없다.

노동조합은 쟁의행위 기간에 대한 임금의 지급을 요구하여 이를 관철할 목적으로 쟁의행위를 하여서는 아니 된다.

⑧ 조정의 전치

노동관계 당사자는 노동쟁의가 발생한 때에는 어느 일방이 이를 상대방에게 서면으로 통보하여야 한다. 쟁의행위는 조정절차를 거치지 아니하면 이를 행할 수 없다. 다만, 이 법 제54조의 규정에 의한 기간 내에 조정이 종료되지 아니하거나 제63조의 규정에 의한 기간 내에 중재재정이 이루어지지 아니한 경우에는 그러하지 아니하다.

⑨ 직장폐쇄의 요건

사용자는 노동조합이 쟁의행위를 개시한 이후에만 직장폐쇄를 할 수 있다. 직장폐쇄를 할 경우에는 미리 행정관청 및 노동위원회에 각각 신고하여야 한다.

4) 노동쟁의의 조정

① 조정의 개시

노동위원회는 관계 당사자의 일방이 노동쟁의의 조정을 신청한 때에는 지체없이 조정을 개시하여야 하며 관계 당사자 쌍방은 이에 성실히 임하여야 한다. 노동위원회는 조정신청 전이라도 원활한 조정을 위하여 교섭을 주선하는 등 관계 당사자의 자주적인 분쟁 해결을 지원할 수 있다.

② 조정기간

조정은 조정의 신청이 있은 날부터 일반사업에 있어서는 10일, 공익사업에 있어서는 15일 이내에 종료하여야 한다. 조정기간은 관계 당사자 간의 합의로 일반사업에 있어서는 10일, 공익사업에 있어서는 15일 이내에서 연장할 수 있다.

③ 조정위원회의 구성

노동쟁의의 조정을 위하여 노동위원회에 조정위원 3인으로 구성된 조정위원회를 둔다.

조정위원은 당해 노동위원회의 위원 중에서 사용자를 대표하는 자, 근로자를 대표하는 자 및 공익을 대표하는 자 각 1인을 그 노동위원회의 위원장이 지명하되, 근로자를 대표하는 조정위원은 사용자가, 사용자를 대표하는 조정위원은 노동조합이 각각 추천하는 노동위원회의 위원 중에서 지명하여야 한다. 다만, 조정위원회의 회의 3일 전까지 관계 당사자가 추천

④ 조정의 효력

조정안이 관계 당사자에 의하여 수락된 때에는 조정위원 전원 또는 단독조정인은 조정서를 작성하고 관계 당사자와 함께 서명 또는 날인하여야 한다.

조정서의 내용은 단체협약과 동일한 효력을 가진다.

5) 노동쟁의의 중재

① 중재의 개시

노동위원회는 관계당사자 쌍방이 중재를 신청한 때나 일방이 단체협약에 의하여 중재를 신청한 때에는 중재를 행한다.

② 중재 시의 쟁의행위의 금지

노동쟁의가 중재에 회부된 때에는 그날부터 15일간은 쟁의행위를 할 수 없다.

③ 중재위원회의 구성

노동쟁의의 중재 또는 재심을 위하여 노동위원회에 중재위원 3인으로 구성된 중재위원회를 둔다.

④ 주장의 확인 등

중재위원회는 기일을 정하여 관계 당사자 쌍방 또는 일방을 중재위원회에 출석하게 하여 주장의 요점을 확인하여야 한다. 관계 당사자가 지명한 노동위원

회의 사용자를 대표하는 위원 또는 근로자를 대표하는 위원은 중재위원회의 동의를 얻어 그 회의에 출석하여 의견을 진술할 수 있다.

⑤ 중재재정과 불복

중재재정은 서면으로 작성하여 이를 행하며 그 서면에는 효력발생 기일을 명시하여야 한다. 중재재정의 해석 또는 이행방법에 관하여 관계 당사자 간에 의견의 불일치가 있는 때에는 당해 중재위원회의 해석에 따르며 그 해석은 중재재정과 동일한 효력을 가진다.

관계 당사자는 지방노동위원회 또는 특별노동위원회의 중재재정이 위법이거나 월권에 의한 것이라고 인정하는 경우에는 그 중재재정서의 송달을 받은 날부터 10일 이내에 중앙노동위원회에 그 재심을 신청할 수 있다.

관계 당사자는 중앙노동위원회의 중재재정이나 재심결정이 위법이거나 월권에 의한 것이라고 인정하는 경우에는 행정소송법 제20조의 규정에 불구하고 그 중재재정서 또는 재심결정서의 송달을 받은 날부터 15일 이내에 행정소송을 제기할 수 있다.

위의 기간 내에 재심을 신청하지 아니하거나 행정소송을 제기하지 아니한 때에는 그 중재재정 또는 재심결정은 확정된다.

⑥ 중재재정 등의 효력

중재재정의 내용은 단체협약과 동일한 효력을 가진다.

노동위원회의 중재재정 또는 재심결정은 중앙노동위원회에의 재심신청 또는 행정소송의 제기에 의하여 그 효력이 정지되지 아니한다.

6) 공익사업 등의 조정에 관한 특칙

① 공익사업의 범위 등

공익사업은 공중의 일상생활과 밀접한 관련이 있거나 국민경제에 미치는 영향이 큰 사업으로서 다음의 각 사업을 말한다.

정기노선 여객운수사업 및 항공운수사업, 수도사업·전기사업·가스사업·석유정제사업 및 석유공급사업, 공중위생사업·의료사업 및 혈액공급사업, 은행 및 조폐사업, 방송 및 통신사업

필수공익사업은 위의 공익사업으로서 그 업무의 정지 또는 폐지가 공중의 일

상생활을 현저히 위태롭게 하거나 국민경제를 현저히 저해하고 그 업무의 대체
가 용이하지 아니한 다음의 각 사업을 말한다.

철도사업·도시철도사업 및 항공운수사업, 수도사업·전기사업·가스사업·
석유정제사업 및 석유공급사업, 병원사업 및 혈액공급사업, 한국은행사업, 통신
사업

② 특별조정위원회의 구성

공익사업의 노동쟁의의 조정을 위하여 노동위원회에 특별조정위원 3인으로
구성된 특별조정위원회를 둔다.

특별조정위원은 그 노동위원회의 공익을 대표하는 위원 중에서 노동조합과
사용자가 순차적으로 배제하고 남은 4인 내지 6인 중에서 노동위원회의 위원장
이 지명한다. 다만, 관계 당사자가 합의로 당해 노동위원회의 위원이 아닌 자를
추천하는 경우에는 그 추천된 자를 지명한다.

③ 긴급조정

노동부장관은 쟁의행위가 공익사업에 관한 것이거나 그 규모가 크거나 그 성
질이 특별한 것으로서 현저히 국민경제를 해하거나 국민의 일상생활을 위태롭
게 할 위험이 현존하는 때에는 긴급조정의 결정을 할 수 있다. 이때에는 미리
중앙노동위원회 위원장의 의견을 들어야 한다.

관계 당사자는 긴급조정의 결정이 공표된 때에는 즉시 쟁의행위를 중지하여
야 하며, 공표일부터 30일이 경과하지 아니하면 쟁의행위를 재개할 수 없다.

중앙노동위원회는 긴급조정결정의 통고를 받은 때에는 지체 없이 조정을 개
시하여야 한다.

중앙노동위원회의 위원장은 조정이 성립될 가망이 없다고 인정한 경우에는
공익위원의 의견을 들어 그 사건을 중재에 회부할 것인가의 여부를 위의 통고
를 받은 날로부터 15일 이내에 결정하여야 한다.

7) 부당노동행위의 구제

① 구제신청

사용자의 부당노동행위로 인하여 그 권리를 침해당한 근로자 또는 노동조합
은 부당노동행위가 있은 날(계속하는 행위는 그 종료일)로부터 3개월 이내에

노동위원회에 그 구제를 신청할 수 있다.

② 조사 등

노동위원회는 구제신청을 받은 때에는 지체 없이 필요한 조사와 관계 당사자의 심문을 하여야 한다. 노동위원회는 관계 당사자의 신청에 의하거나 그 직권으로 증인을 출석하게 하여 필요한 사항을 질문할 수 있다. 노동위원회는 심문을 함에 있어서는 관계 당사자에 대하여 증거의 제출과 증인에 대한 반대심문을 할 수 있는 충분한 기회를 주어야 한다.

③ 구제명령과 불복

노동위원회는 심문을 종료하고 부당노동행위가 성립한다고 판정한 때에는 사용자에게 구제명령을 발하여야 하며, 부당노동행위가 성립되지 아니한다고 판정한 때에는 그 구제신청을 기각하는 결정을 하여야 한다.

지방노동위원회 또는 특별노동위원회의 구제명령 또는 기각결정에 불복이 있는 관계 당사자는 그 명령서 또는 결정서의 송달을 받은 날부터 10일 이내에 중앙노동위원회에 그 재심을 신청할 수 있다. 중앙노동위원회의 재심판정에 대하여 관계 당사자는 그 재심판정서의 송달을 받은 날부터 15일 이내에 행정소송법이 정하는 바에 의하여 소를 제기할 수 있다.

위의 기간 내에 재심을 신청하지 아니하거나 행정소송을 제기하지 아니한 때에는 그 구제명령·기각결정 또는 재심판정은 확정된다.

사용자가 행정소송을 제기한 경우에 관할법원은 중앙노동위원회의 신청에 의하여 결정으로써, 판결이 확정될 때까지 중앙노동위원회의 구제명령의 전부 또는 일부를 이행하도록 명할 수 있으며, 당사자의 신청에 의하여 또는 직권으로 그 결정을 취소할 수 있다.

④ 구제명령 등의 효력

노동위원회의 구제명령·기각결정 또는 재심판정은 중앙노동위원회에의 재심 신청이나 행정소송의 제기에 의하여 그 효력이 정지되지 아니한다.

Ⅵ. 사회보장

소유권절대, 계약자유와 자유경쟁을 기본으로 하는 자본주의 경제체제는 자본의 독점과 부의 편재, 이에 따른 양극화의 심화 및 무산자의 생존기회의 박탈이라는 결과를 초래하게 되었고, 이에 대한 무산자의 저항과 유산자의 반성의 소산이 사회보장제도이다. 사회보장제도는 국가가 국민의 인간다운 생활을 보장하기 위하여 시행하는 사회정책·경제정책 및 이를 위한 각종 사회보장법으로 구성된다.

사회보장법은 예컨대 노동법이 계약내용이나 근로조건 등에 직접적으로 간섭하여 생존권을 확보하려는 것과는 달리 계약관계에는 개입하지 않고 그 이외의 영역에서 소득능력이 없는 사람에 대하여 인간으로서의 일정한 수준의 생활에 필요한 생활보호급여를 하거나 생활보호조치를 취하여 소득을 보장하는 공적부조, 금전급여에 의하지 않고 생활상의 핸디캡을 경감시키는 사회복지, 질병의 치료 또는 노동능력 상실에 따른 일실소득의 보전을 내용으로 하는 시회보험 등의 방식으로 생존권을 확보해 준다.

현행 사회보장법률로는 사회보장에 관한 법률·생활보호법·의료보호법·사회복지사업법·산업재해보상보험법·고용보험법·의료보험법·국민연금법·아동복지법·노인복지법·모자보건법 등이 있다.

1. 산재보험제도

1) 개념, 취지

사업장에서 일하다가 부상, 질병, 죽은 경우 국가가 치료와 보상해 주는 제도로, 근로자 보호와 사업자가 일시적으로 갖게 되는 많은 부담을 덜어 주는 기능을 한다. 원래는 노동법 분야였으나, 오늘날에는 노동자의 가족은 물론이고 사회 전체를 대상으로 하고 있으므로 사회분장 분야에서 다룬다. 이에 관한 법률로 산업재해보상법이 있다.

2) 적용 사업장

산업재해보상보험법은 근로자를 사용하는 모든 사업 또는 사업장에 적용한다. 다만, 위험률·규모 및 장소 등을 고려하여 대통령령으로 정하는 사업에 대해서는 이 법을 적용하지 아니한다(예외－공무원 연금 등, 건설업자 아닌 자가 하는 2,000만 원 미만 소규모 건축공사, 가사서비스업, 농·임·수렵업 중 법인 아닌 사업자 근로자 5인 미만).

3) 요양신청

진단서, 재해경위, 사업주 확인서를 첨부해 근로복지공단에 신청한다.

업무상 재해에 해당하는가와 관련 업무상 접대술을 마시던 중 사망했으나 원래 질병이 악화된 경우는 해당하고, 출근 중 교통사고는 해당하지 않고, 업무상 출장 중 개인행위로 상해를 입은 경우는 해당하지 않는다는 판례가 있다.

4) 급여내용

요양급여(치료비), 휴업급여(치료기간 중 휴업에 따른 일실손해 평균임금 70%), 상병보상연금(2년 이상 치료나 완치 안 된 경우에 등급에 따라 평균임금의 70－90%), 장애급여(장애발생 시 일시금 또는 연금), 간병급여, 유족급여(사망 시 유족 수에 따라 평균임금의 47%－67% 연금, 또는 1,300일분 일시금)가 있다.

5) 자동가입

사업주가 가입 않고 보험료 내지 않아도 요건에 해당하면 자동가입이므로 보상받는다. 사업자는 보험급여의 50%를 추징당한다.

산업재해보상을 받더라도 사용자에게 민법상 손해배상청구를 하는 데 지장이 없다.

2. 고용보험제도

1) 개념

근로관계 존속 중 임금총액의 0.9%를 근로자와 사업자가 반씩 분담하여 보험료로 내고, 근로자 실업 시 생계비를 지원하고, 사업자에게 고용안정 직업능력개발사업을 지원하는 제도로, 실업의 예방, 고용의 촉진 및 근로자의 직업능력의 개발과 향상을 꾀하고, 국가의 직업지도와 직업소개 기능을 강화하며, 근로자가 실업한 경우에 생활에 필요한 급여를 실시하여 근로자의 생활안정과 구직 활동을 촉진함으로써 경제·사회 발전에 이바지하는 것을 목적으로 한다.

2) 적용 범위

고용보험법은 근로자를 사용하는 모든 사업 또는 사업장에 적용한다.

3) 지원내용

근로자가 실직했을 경우 구직급여로 실직 전 임금의 50%를 1일 40,000원 한도에서 연령에 따라 90~240일간 지급한다.

취업촉진수당으로 조기재취업장려금을 구직급여기간 내 취업 시 남은 기간의 1/3~2/3를 지급하고, 직업능력개발수당을 수급자격자가 직업안정기관의 장이 지시한 직업능력개발 훈련 등을 받는 경우에 그 직업능력개발 훈련 등을 받는 기간에 대하여 지급한다.

출산휴가급여(90일 중 무급인 나머지 30일분)와 산전후 휴가급여를 지급한다.

제6장 분쟁의 해결

제1절 민사소송

I. 민사소송절차

1. 의의

민사소송이란 사인 간에 분쟁이 있을 경우 국가기관인 법원이 개입하여 해결해 주는 절차이다. 사인 간의 분쟁의 해결을 개인의 자력에 맞길 경우 힘센 자의 일방적 우위와 혼란 방지목적에서 국가가 개입하여 해결해 주는 것이다.

2. 원고와 피고

민사소송을 제기하는 사람을 원고, 제기당하는 사람을 피고라고 한다.

원고와 피고가 될 수 있는 능력을 당사자능력이라고 하는데, 민법상 권리능력자는 당사자능력이 있으나, 민사소송에서는 민법상으로는 권리능력이 없는 법인격 없는 사단이나 재단도 실제 시회활동의 주체가 되고 있으므로 당사자능력을 인정한다.

3. 소 제기할 법원

전국에는 지역별로 여러 개의 법원이 설치되어 있으므로 어느 법원에 소 제기를 할 것인지가 문제 되는데 원칙은 피고주소지를 관할하는 지방법원 또는 지원이다.

예외로 금전채권청구는 채무이행지인 원고 주소지, 불법행위 피해자의 손해배상청구는 불법행위지, 부동산 관련 청구는 부동산 소재지, 회사근무자는 회사 소재지, 어음·수표금 청구는 지급지, 국가에 대한 소송은 국가를 대표하는 관청인 법무부 또는 대법원소재지에 제기할 수 있다.

지방법원의 합의부는 소가 1억 원 초과 사건을, 단독판사는 1억 원 미만 사건을 관할하나, 자동차사고·산업재해로 인한 손해배상청구·어음·수표금 청구사건은 단독판사 관할로 한다.

4. 민사소송의 제기

1) 소장 작성, 인지 첨부, 법원제출

2) 소장 기재사항
원고, 피고의 성명, 주소(연락가능 전화번호, 이메일주소)

청구취지 － 재판을 구하는 내용(피고는 원고에게 돈 천만 원을 지급하라)

청구원인 － 재판을 구하게 된 원인(피고에게 언제 돈 얼마를 변제기를 언제로 하여 꾸어 주었는데 변제기가 지났는데도 갚지 않고 있다.)

3) 인지첨부
소가 － 재판을 구하는 내용에 대한 금전적 평가액

인지액 소가 일천만 원 미만 　　　　　　　　소가×5/1,000

　　　　　일천만 원 이상 일억 원 미만 소가×4.5/1,000＋5,000

　　　　　일억 원 이상 십억 원 미만 　소가×4/1,000＋55,000

　　　　　십억 원 이상 　　　　　　　　소가×3.5/1,000＋555,000

4) 송달료
송달료는 소장, 상대방이 낸 서류, 기일통지서, 등 법원이 당사자에게 소송 관련 서류를 보낼 때 내는 우편요금을 말하는데, 소 제기 시 일단 일정회분을 법원에 있는 은행에 미리 납부해야 한다.

소액사건 － 일회분 2,960원×10회분×원, 피고 숫자

단독, 합의사건 － 일회분 2,960×15회분×원, 피고 숫자

5) 재판장의 소장 심사
접수된 소장은 순서에 따라 지정된 재판부에 보내지고, 재판장은 인지가 부족할 경우 보정명령을 한다.

사망한 사람을 당사자로 하거나, 단체명칭의 표기를 잘못한 경우에는 당사자 동일성을 해치지 않는 범위 내에서 당사자표시의 정정을 허용한다.

5. 민사소송의 진행

1) 피고에게 통지

소가 제기 되면 법원은 소장부분과 함께 원고의 청구에 대하여 다투는지 여부 및 피고가 하고 싶은 말을 적은 답변서를 30일 내에 법원에 제출하라는 안내서를 보낸다.

2) 무변론 판결

피고가 위 기간 내에 아무런 답변을 않거나, 원고의 청구를 인정하는 취지의 답변 외에 다른 소리를 않으면 변론 없이 바로 원고 승소판결을 선고한다.

3) 원고의 주장과 피고의 답변

자백, 부인, 부지, 침묵, 항변 *구두변론원칙이나 주장, 답변 내용을 미리 서면으로 써 냄.

4) 심리의 시작

피고 답변서가 들어오면 법원은 이를 원고에게 보내 반박하게 하고, 원고의 반박서면이 들어오면 이를 다시 피고에게 보내 반박하게 하는 등 재판 시작 전에 몇 차례 서면공방을 벌이게 하고, 관련 증거도 제출하게 한 다음, 사건이 성숙되었다고 판단되면 변론기일을 지정해 당사자를 소환하고 재판을 연다. 이때 법원의 주장이나 증거제출요구에 불응하면 나중에는 제출하지 못하는 불이익을 입을 수도 있다.

5) 법원의 심리대상

법원은 소가 적법한가와 정당한가를 심리한다.

소가 적법한 것으로 취급받기 위한 요건을 소송요건이라고 하는데, 재판권, 관할권, 당사자 적격·능력, 소송능력, 소의 이익 등이 그것이다.

소가 정당한가는 청구가 주장 자체로 이치에 맞는가(도박자금청구, 이행지체를 원인으로 한 위자료청구) 및 청구가 이유가 있는가(사실과 증거에 의하여 인정되는가)를 심리하는 것이다.

6) 처분권주의 및 변론주의

처분권주의란 소송절차의 개시·종료·심판의 대상과 범위의 결정은 당사자가 하고, 법원은 당사자가 주장한 법률적 관점 및 권리 범위 내에서만 판단하는 것을 말한다.[498]

변론주의란 재판의 기초가 되는 자료인 사실과 증거의 수집·제출을 당사자의 책임과 권능으로 하는 주의를 말한다.[499] 다만 재판장이 소송관계를 명확히 하기 위해 사실상 법률상 사항에 관하여 질문하거나 입증을 촉구할 수는 있는데 이를 석명권이라고 한다.

7) 증거조사

주장이나 항변에 대해 상대가 부인, 부지하면 주장, 항변한 사람이 증거로 증명을 해야 하는데 이를 입증책임이라고 한다.[500]

환경, 의료, 제조물책임소송 등 현대형 소송에서 환경오염물질배출사실, 의료과실, 제조물하자 등을 입증할 수 있는 증거가 가해자 측에 편재되어 있어 피해자가 입증하기 어려운 사정을 감안해 입증책임의 전환, 완화, 증명도의 완화가 시도되고 있다.

증거의 종류로는 문서, 증인, 감정, 검증(현장, 물건), 당사자 본인이 있다. 민사소송에서는 위법수집증거도 증거로 인정한다(무단녹음테이프).

증거의 조사는 제출된 증거의 진위 여부·내용을 조사하는 것이다. 증거조사는 사전에 대부분 이루어지고, 재판기일에는 증인신문을 주로 한다. *증인 불출석 시 500만 원 이하 과태료 후 7일 이내 감치

문서는 작성자의 의사에 의하여 작성된 것인지 여부를 조사하는데, 상대방이 문서에 대하여 부지·부인하면 제출자가 진정한 문서인 것을 증명하여야 하고,

---

498) 예컨대 교통사고 불법행위 손해배상청구를 채무불이행으로 판단 불가. 1억 원 받을 돈이 있는데 5천만 원만 청구했을 경우 1억 원 인정 불가한 것을 말하는데 사적 자치의 소송법적 측면이다.

499) 주요사실에 관해서는 주장하지 않으면 없는 것으로 본다(채권이 시효 소멸했음이 인정되더라도 채무자가 주장하지 않으면 법원은 시효소멸을 인정할 수 없고, 당사자 간에 다툼이 없는 사실에 대하여 법원이 다른 심증을 갖고 있다 해도 다툼 없는 사실을 기초로 재판해야 함.).
당사자 간에 다툼 있는 사실은 당사자가 제출한 증거에 의해서만 판단해야 하고, 법원의 직권 증거조사는 예외적으로 인정된다(당사자 제출증거로 심증을 얻을 수 없거나 기타 필요하다고 인정할 때).

500) 자기에게 유리한 사실은 주장하는 자가 입증해야 하는 것을 말하는데, 예컨대 소유권 이전등기 청구 시 원고는 계약체결 및 대금지급사실, 피고는 계약무효, 취소사유, 매매대금 청구 시 원고는 계약체결사실, 피고는 계약무효, 취소사유를 증명해야 한다.

인영인정이나 도용되었다고 하면 상대방이 도용된 사실을 증명해야 하고, 자필서명을 부인하면 제출자가 필적감정을 통해 자필임을 증명해야 한다.

증인은 과거 경험한 사실을 법원에 보고할 것을 명령받은 제3자를 말하고, 증인에 대하여 증거조사는 증인에게 말로 질문하고 대답을 받아 증거자료를 얻어내는 방식으로 이루어지는데, 신청한 측의 주신문, 상대방의 반대신문, 재주신문, 재반대신문의 교차신문으로 진행된다. 증인이 신문기일에 불출석할 경우에는 500만 원 이하 과태료나 7일 이내 감치에 처해진다.

감정은 특별한 지식, 경험을 가진 자에게 그 전문지식이나 경험법칙 또는 이를 이용하여 내린 판단을 보고 시키는 방식으로 증거조사가 이루어진다.

검증은 재판부가 직접 현장이나 물건을 확인하는 방식으로, 당사자 본인신문은 당사자를 법정에서 신문하는 방식으로 이루어진다.

변론의 전 취지는 당사자의 주장내용, 진술태도, 주장이나 신청시기, 그 밖에 변론에 나타난 모든 사정을 말하는데, 민사소송에서는 형사사건과 달리 이를 사실인정에 참작할 수 있다.

8) 자유심증주의

자유심증주의란 증거의 가치판단 즉 증거가 사실을 증명하는 정도는 법관의 자유에 맡겨져 있는 것을 말한다. 증명되었다고 하는 것은 객관적으로 고도의 개연성이 있고 주관적으로 법관에게 확신을 주는 상태를 말한다.

심증형성이 안 될 때에는 입증책임분배원칙 따라 입증책임이 있는 자에게 불리하게 재판한다.

문서의 경우 성립이 인정되어도 그 내용의 증거가치 여부는 법관의 자유심증 영역에 속하나, 처분문서(계약서, 차용증, 각서 등 증명하고자 하는 법률행위가 그 문서에 의해 이루어진 경우)는 그 내용대로의 법률행위 존재를 인정해야 한다.

9) 기일불출석의 불이익

자백간주란 당사자 일방이 기일통지를 받고도 아무런 답변서도 내지 않고 출석하지 않거나, 출석해도 아무런 말을 하지 않으면 상대가 주장하는 사실을 자백한 것으로 간주되는 것을 말한다.

소 취하 간주란 쌍방이 동종기일 2회 불출석하거나 변론을 않고, 그 후 일

개월 내에 기일지정신청을 않거나 신청을 해도 다시 또 불출석하면 소 취하된 것으로 간주하는 것을 말한다.

6. 소송절차의 종료

1) 종국판결
① 판결의 선고

증거조사를 마치면 변론을 종결하고 판결선고기일을 지정하여 판결을 선고한다. 판결은 증거에 의하여 사실을 확정하고 관련 법규 해석 적용한 결론인 판결의 주문과 그 경위 설명인 판결이유로 구성되어 있다.

② 판결의 확정

판결 선고 후 2주 내에 항소하지 않으면 판결이 확정된다.

③ 판결의 효력

판결이 확정되면 동일한 내용의 소송이 다시 제기되더라도 당사자와 법원은 이에 반하는 주장판단을 못 하게 되는데 이를 기판력이라고 한다.[501] 당사자 외에 당사자와 동일시될 수 있는 제3자(변론종결 후 승계인)도 다른 주장을 못 한다.

이행판결의 경우에는 이행의무를 강제할 수 있는 효력도 있는데 이를 집행력이라고 한다. 가집행선고가 붙으면 판결확정 전에도 인정된다.

2) 소 취하

원고 판결확정 전 소 취하 가능하나, 피고가 답변서를 내거나 변론한 후에는 피고 동의를 얻어야 된다.

3) 청구 포기, 인낙, 화해, 제소 전 화해

청구의 포기는 원고가 변론, 준비절차에서 자기 청구가 이유 없음을 인정하는 진술이고, 청구의 인낙은 피고가 변론, 준비절차에서 원고청구가 이유 있음을 인정하는 진술이다.

화해는 소송계속 중 양 당사자가 청구에 대하여 서로 양보하여 일치된 내용

---

501) 금원청구 소송 중에 변제했는데 그 주장을 못 했을 경우 다시 변제해야 하고 부당이득반환청구 못 함.

을 법원에 진술함으로써 소송을 종료시키는 것을 말하고, 제소 전 화해란 소
제기 전에 소송을 예방하기 위하여 화해를 원하는 당사자의 신청에 의하여 지
법 단독판사, 시군법원판사 앞에서 하는 화해를 말한다.502)

4) 화해권고결정

화해권고결정은 소송계속 중 법원이 직권으로 양 당사자에게 화해를 권하는
결정인데 양 당사자가 응하면 확정판결과 같은 효과가 있다.

7. 상소

1) 항소

일심판결에 불복 시 판결문을 송달받고 2주 내에 단독사건은 지방법원 항소
부에, 합의사건은 고등법원에 항소할 수 있다. 인지대는 일심 1.5배이다.

2) 상고

항소심판결에 불복 시 판결송달일로부터 2주 내 대법원에 상고할 수 있다.
인지대는 일심의 2배이다.

Ⅱ. 소액심판제도

1. 개념

2,000만 원 미만의 금전청구소송의 경우와 같이 비교적 단순한 사건에 대하
여 신속하고 간편하게 재판을 받을 수 있게 만든 제도로, 민사소송절차가 복잡
하고, 시간·비용이 많이 드는 문제점을 해결하기 위한 것이다.

---

502) 토지나 건물임대차에서 재판에 의하지 않고 집행권원을 만들기 위해 많이 이용되는데, 임료미지급 시 또는
임대기간 종료 시 임대목적물을 명도하겠다는 화해를 미리 해 둠으로써 명도불응 시 바로 강제집행을 할 수
있다.

2. 특색

1) 간편한 소 제기

법원 민원실에 비치 인쇄된 소장 양식에 필요사항을 기재하여 제출하거나, 원피고 쌍방이 함께 법원에 나가 구두로 소를 제기할 수 있다.

2) 신속한 재판

일 회에 재판을 끝내는 것이 원칙이고, 피고가 답변서 제출 없이 불출석이면 즉석에서 원고 승소 판결을 한다.

3) 소송대리 특칙

변호사가 아니라도 가족이면 법원 허가 없이도 소송대리가 가능하다.

4) 이행권고결정

소가 제기되면 법원은 우선 이행권고 결정을 피고에게 보내고, 피고가 이를 받은 날부터 2주 내에 이의 않으면 확정판결과 동일한 효력이 있다.

Ⅲ. 판결의 확정과 강제집행

1. 판결의 확정

상소기간 경과나 상고심 판결이 있으면 판결이 확정된다.

2. 강제집행

강제집행은 이행판결이 확정된 경우 기록이 있는 법원에서 확정 증명을, 확정 전 판결이라도 가집행선고가 붙은 판결은 판결정본 송달증명을 각 받고, 다시 법원으로부터 판결에 집행문을 받아 집달관에게 의뢰해 이행청구권의 실현을 도모하는 절차로 이로써 소송목적을 달성한다.

1) 집행문 부여

이행을 명하는 확정판결과 가집행선고 있는 판결 및, 이들과 동일한 효력 있는, 이행권고결정, 화해권고결정, 인낙조서, 화해조서, 조정조서, 지급명령, 공증약속어음에 강제 집행할 수 있다는 문구를 기재해 주는 것이다. 판결문서의 집행력을 공식적으로 확인해 주어 집행기관(집달관)이 더 이상 확인할 필요가 없게 해 주어 현장에서 신속 적절한 집행이 가능하도록 해 주기 위한 것이다.

2) 유체동산에 대한 강제집행

집달관 위임하여 유체동산이 소재하고 있는 현장에 가서 해당 동산을 압류하고, 경매에 붙여 낙찰되면 배당을 한다. 현장안내는 채권자가 해야 하고, 채무자 부재를 대비하여 참여인 2인을 대동해 강제로 문을 열고 현장에 진입하면 된다. 현장경매를 위하여 전문 경매인들이 따라가는 경우가 많다. 현장배당 시 채권자가 여럿일 경우 협의가 안 되면 우선순위에 따라 배당하고, 동 순위면 채권액에 비례하여 배당한다.

3) 채권에 대한 강제집행

법원에 채무자의 제3자에 대한 채권의 압류 및 추심 또는 전부 명령 신청하고, 법원의 명령이 제3자에게 송달되면 추심권을 행사하거나 직접 채권을 행사하는 방식으로 강제집행을 한다.

4) 부동산에 대한 강제집행
① 경매

민사소송에서 경매란 국가기관이 국민의 재산을 강제로 매각하는 행위를 말하는데, 이행판결 등에 집행문을 받아 하는 강제경매와 저당권자의신청에 의하여 행하는 임의경매가 있다.
② 경매신청

부동산 소재지 관할법원에 신청한다.
③ 경매개시결정

법원이 결정하고, 부동산등기부에 기재한다. 이는 압류의 효과가 있다.
④ 입찰

경매기일에 입찰을 받아, 최고가 응찰자에게 낙찰을 허가한다.

⑤ 배당

법원이 직권으로 채권자들에게 우선순위에 따라, 동 순위면 채권액에 비례하여 배당한다.

5) 기타의 경우

소유권 이전등기를 명하는 판결의 강제집행은 원고가 단독으로 판결문에 의한 등기신청을 하면 되고, 명도판결의 강제집행은 집달관에 의뢰해 강제로 쫓아내는 방식으로 이루어진다.

6) 재산명시제도

채무자가 판결을 받고도 임의 이행 않으면 법원에 채무자 재산 명시신청이 가능하다. 채무자는 현재의 재산과 과거 1년 이내에 한 일정한 거래행위와 2년 이내에 한 재산의 무상처분 목록을 제출하고 그 목록의 진실함을 법관 앞에서 선서해야 한다. 불출석하거나 선서를 거부하면 20일 이내 감치, 거짓목록을 내면 3년 이하 징역 또는 500만 원 이하 벌금에 처한다.

7) 재산조회제도

채무자 주소 불명, 재산명시기일 불출석, 재산목록제출이나 선서 거부, 거짓목록 제출, 제출목록 재산으로는 채권만족을 얻을 수 없을 경우 재산명시절차 실시법원은 채권자 신청에 따라 개인 재산 및 신용에 관한 전산망을 관리하는 공공기관이나 금융기관 등에 채무자 명의의 재산에 관하여 조회를 신청할 수 있다.

8) 채무불이행자명부제도

판결 후 6개월 내에 채무이행을 않거나 재산목록 제출 거부 등이 있을 때 채무불이행자명부 등재 신청 가, 법원은 이 명부 부분을 채무자 주소지 시, 군, 읍, 면장에게 보내고, 일정 금유기관이나 금융기관 단체의 장에게 보내 채무자에 대한 신용정보로 활용하게 할 수 있다.

3. 가압류, 가처분

1) 보전절차의 필요성

돈 갚으라는 판결을 받더라도 그 안에 채무자가 재산을 전부 처분해 버리면 돈을 받아낼 길이 없고, 집을 팔고 돈을 다 받고 나서 소유권 이전등기를 넘겨 주지 않아 소송을 해 판결을 받았는데 그사이 집을 딴 사람에게 넘겨 버리면 판결받은 것이 소용없게 되니, 소송하기 전에 이를 방지하기 위한 조치를 취할 필요가 있다.

2) 가압류

가압류란 금전채권의 집행보전을 위해 채무자의 재산을 임의로 처분해도 대항할 수 있게 임시로 해 놓는 조치로, 부동산·유체동산·채권 가압류가 있다.

3) 가처분

가처분이란 금전채권 이외의 계쟁물에 대한 청구권의 집행을 보전하거나 가 지위를 정하여, 후일 법률관계가 확정될 때까지 잠정적 법률관계를 정하는 절차로 민사소송에서 인정되는 것으로, 분쟁의 대상이 된 물건에 대하여 처분하지 못하게 임시로 해 놓는 조치인 부동산 점유이전금지, 부동산 처분금지 가처분 등과 후일 법률관계가 확정될 때까지 임시의 지위를 정하는 조치(대표이사 선임효력을 다투려 할 때 임시대표자를 정하는 것)가 있다.

4) 결정

법원이 일정 담보제공을 조건으로 결정하고, 그 집행은 부동산에는 가압류, 가처분 등기, 유체동산에는 가압류 표시 딱지 또는 현상변경금지 방을 부착하는 방식으로 한다. 이들 표시를 훼손하면 공무상표시무효죄가 된다.

Ⅳ. 도산절차

1. 개념

도산절차란 채무초과 즉 자산보다 부채가 많은 채무자의 처리에 관한 절차로 이에 관한 법으로 채무자회생 및 파산에 관한 법률이 있다. 도산절차는 채무 초과된 상태가 상당기간 회복될 가능성이 없는 경우 채무자의 전 재산을 환가 하여 총채권자에게 공평하게 분배하는 대신 채무자는 기업일 경우 소멸시키고, 개인일 경우 공민권 등의 제한[503]을 가하는 파산절차와, 경제사정의 급변 등의 이유로 일시적인 파산상태에 빠진 채무자의 경우 채권의 일부면제, 기한유예 등의 방법으로 채권의 행사를 제한하여 파산의 위협으로부터 벗어나게 한 다음 채무자로 하여금 경제활동을 계속하면서 상당기간에 걸쳐 빚을 갚도록 하는 회 생절차로 이루어져 있다.

2. 회생절차

1) 개념

회생절차는 재정적 어려움으로 인하여 파탄에 직면해 있는 채무자에 대하여 채권자·주주·지분권자 등 이해관계인의 법률관계를 조정하여 채무자 또는 그 사업의 효율적인 회생을 도모하는 제도이다.

2) 내용

채무자 또는 채권자의 신청이 있고, 채무자가 지급불능 또는 채무초과의 상 태에 있다고 인정되면, 법원이 회생절차개시결정을 하여 채무자의 재산에 대한 관리처분권을 박탈하고, 관리인에게 재산의 관리를 맡기는 한편, 일반채권자에 게 채권의 개별행사를 금지하면서 채권의 신고 조사에 의하여 그 채권의 순위 와 금액을 확정한 후, 회생계획안을 만들어 이해관계인의 동의를 받아 이를 수 행하여 채무자를 회생시키는 절차로 구성되어 있다.

3) 회생절차개시사유

지급불능은 변제능력이 지속적으로 결여되어 즉시 변제할 채무도 변제 못 하 는 상태로 재산만을 기준으로 하는 채무초과와는 달리 재산 외의 신용 등 모든 변제수단을 강구하더라도 변제 불가능한 상태이다.

채무초과는 소극재산이 적극재산을 초과하는 상태로 이에 해당하는지 여부에

---

503) 공무원, 변호사, 공인회계사, 변리사, 공증인, 부동산중개업자, 사립학교 교원, 의사, 한의사, 간호사, 약사, 건축사, 세무사, 관세사 등 100여 개 이상이 제한되거나 취소되고, 기업의 임원이 될 수 없다.

관한 자산평가방법은 파산의 경우 현재의 재산만을 놓고 청산가치를 판단하는
데, 회생절차는 장래의 계속기업가치를 판단한다.

3. 파산절차

1) 개념

파산절차는 채무자가 경제적으로 파탄한 경우에 총채권자에 대한 공평한 변
제를 목적으로 채무자의 총재산을 환가하여 얻어진 환가금을 총파산채권자에게
배당하는 재판상의 절차를 말한다.

2) 내용

채권자 또는 채무자의 신청이 있고, 채무자가 지급불능 또는 채무초과의 상
태에 있다고 인정되면, 법원이 파산선고를 하여 채무자의 재산에 대한 관리처
분권을 박탈하고, 파산관재인에게 파산재산의 관리 및 환가를 맡겨서 배당자금
을 마련하고, 일반채권자에게 채권의 개별행사를 금지하면서 채권의 신고 조사
에 의하여 그 채권의 순위와 금액을 확정하여, 공평하게 배당하는 절차로 구성
되어 있다.

3) 파산능력

파산자가 될 수 있는 자격으로 민사소송법상의 당사자능력에 해당하는 개념
이다. 우리 법은 일반파산주의를 채택하고 있어 사람 즉 자연인과 법인이면 상
인, 비상인을 가리지 않고 모두 파산자가 될 수 있다.

공법인은 사업의 공익적 기능 때문에 파산대상이 되는가가 문제가 된다. 공
법인이라는 이유만으로 파산능력을 부정할 수는 없는 것이나, 파산을 통하여
그 법인격을 해체 소멸시키는 것이 공공의 이익을 해하게 될 경우는 파산능력
을 부정하는 것이 일반적이다. 파산능력을 전면적으로 인정하는 입장도 국가나
지방자치단체는 본원적 통치단체여서 이를 해체, 소멸시키는 것은 그 통치기능
을 해하게 되므로 파산능력을 인정하지 않는다.

독일의 경우 법으로 연방 및 주의 재산, 주의 감독하에 있는 공법인으로 특
별한 정함이 있는 공법인의 재산에 대한 도산절차를 부적법한 것으로 하고 있다.

법인 아닌 사단이나 재단은 민사소송법 제52조가 당사자능력을 인정하고 있고, 강제집행절차에서도 독립한 재산으로 처리되고 있으므로 파산능력을 인정해야 할 것이다. 독일은 도산법 제11조에서 명문으로 인정하고 있다.

4) 면책과 복권

파산제도는 본래 파산상태에 빠진 채무자를 파렴치범으로 몰아 죄악시하는 데 목적이 있었으므로 파산절차에서 100% 배당이 이루어지지 못하면 채무자는 계속하여 잔존채무를 부담해야 하는 것이 원칙이었다가, 채권회수비율을 높이기 위하여 채무자의 협력을 구하는 단계를 거쳐, 성실하지만 불운하여 자기에게 책임이 없는 경제사정의 변동으로 인하여 파산에 이르게 된 사람을 영원히 채무의 굴레에서 못 벗어나게 하는 것은 지나치게 가혹하고 재기의 기회를 주는 것이 옳다는 견지에서 잔존채무에 대한 면책을 인정하는 쪽으로 파산법제도가 발전해 왔고,[504] 한국은 법 제정 당시부터 이를 받아들여, 일정한 사유가 없는 한 당연 면책되거나,[505] 그런 사유가 있더라도 법원이 상당하다고 인정한 경우에는 면책될 수 있다.

면책이 되면 당연히, 일정경우에는 채무자의 신청에 의하여 복권이 된다.

면책의 의미에 관하여 채무 자체는 소멸하지 않고 책임만이 소멸되어 자연채무로 되어 파산채권자는 강제집행을 못 할 뿐 임의변제를 받을 권한은 있다는 설이 통설인데, 채무 자체가 소멸하여 파산채권자는 임의변제를 구할 수가 없고 임의변제를 받아도 이는 부당이득이 된다는 설도 있다.[506]

면책과 관련 파산채권자의 재산권에 대한 중대한 제약으로 재산권보장에 관한 헌법위반의 문제가 제기될 수 있는데, 한국의 대법원과 헌법재판소는 면책에 관한 종전의 회사정리법 제241조(현행법 제251조)가 공공의 복지를 위하여

---

504) 면책제도는 영미의 파산법에서 탄생·발전해 온 제도이고, 독일법계는 전통적으로 비면책주의를 고수해 왔다.

505) 면책불허가사유로는 사기파산죄 등을 범한 경우, 낭비·도박 등에 의해 과대한 채무를 부담한 경우 등이 있다.

506) 자연채무설은 면책이 있어도 채무자의 보증인과 채무자와 함께 채무를 부담하는 사람에 대한 파산채권자의 권리 및 파산채권자를 위하여 제공된 담보에는 영향을 미치지 않는다는 제567조를 근거로 보증채무가 존속하는데 주 채무가 소멸한다면 보증채무의 부종성에 반하므로 주 채무가 존속해야 한다는 것이고, 채무소멸설은 위 조항은 보증채무의 부종성에 대한 예외를 규정한 것이라고 한다. 면책을 받더라도 도덕적 의무로는 남겨 두어 장차 채무자가 경제력을 갖게 되면 자발적 변제를 유도하는 것이 바람직하다고 보면 자연채무설을 취할 것이고, 채무자의 새 출발을 강조하는 입장에선 채무소멸설을 취할 것이나, 적어도 도덕적 의무로는 남겨 두는 것이 바람직할 것이다.

헌법상 허용된 필요하고도 합리적인 재산권제한이라거나,[507] 재산권의 본질적 내용을 침해하지 않았고, 과잉금지의 원칙에도 위반하지 않았다[508]는 이유로 합헌이라고 하고 있는데, 이 견해가 파산의 경우에도 그대로 적용될 것이다.

5) 파산원인
① 지급불능

이는 채무자가 변제능력의 결여로 즉시 변제하여야 할 채무를 일반적·계속적으로 변제할 수 없는 객관적 상태를 말하는 것으로,[509] 자연인과 법인에 공통한 파산원인이다.

채무변제능력이 결여된 상태라 함은 자산, 신용, 노동력 내지 기술 등 3요소를 모두 고려해 볼 때 채무변제능력이 없는 경우로 단순히 자산만을 기준으로 볼 때 부채가 자산을 초과하는 채무초과와는 다르다.

변제능력의 결여는 즉시 변제하여야 할 채무에 대한 것이고, 장래 이행기 도래 채무는 설사 변제할 수 없을 것이 예상되어도 현재 지급불능은 아니다.

변제능력의 결여는 채무의 전부 또는 대부분을 변제할 수 없는 상태이지, 특정채무에 대한 불이행만으로 바로 지급불능이 되는 것은 아니다.

변제능력의 결여는 계속되어야 하는데, 이는 현재 및 가까운 장래에도 변제능력이 회복될 가능성이 없어야 하는 것이고, 일시적인 유동성 장애는 해당되지 않는다.

변제능력의 결여는 개관적으로 지급불능 상태여야지 채무자가 자신의 지급능력을 오해하여 지급불능을 선언한 경우는 지급정지는 될 수 있어도 지급불능은 아니다.

변제능력의 결여는 금전채무에 한하지 않는다. 물품인도채무와 같이 비금전채무라도 그 불이행이 변제능력의 결여로 인한 경우는 손해배상채무로 전환되어 그것이 지급불능이 될 것을 기다릴 것 없이 지급불능을 인정해야 할 것이다. 공연의무와 같이 부대체적 작위의무는 금전의 결여와 무관하므로 손해배상채무로 전환된 이후에 지급불능의 문제가 생길 것이다.

---

507) 대법원 1993.11.9.자 93카기80 결정.
508) 헌법재판소 1996.1.25. 선고 93헌바5, 58 결정.
509) 대법원 1999.8.16.자 99마2084 결정.

② 지급정지

이는 변제능력의 결여로 즉시 변제해야 할 채무를 일반적으로 계속적으로 변제할 수 없다는 취지를 명시적, 묵시적으로 표시하는 것으로 어음의 부도, 폐업, 야반도주 등이 그것이다. 지급불능이 객관적인 상태임에 비해 지급정지는 채무자의 주관적 판단에 기한 것으로 독립한 파산원인은 아니고 지급불능이 추정된다.

③ 채무초과

이는 소극재산(부채)이 적극재산(자산)보다 많은 상태를 말한다. 자산에는 신용, 기술 등이 참작되지 않는 점에서 지급불능과 다르다.

해산 전의 합명, 합자회사를 제외한 법인에 대한 또 다른 파산사유이고, 상속재산에 대해서는 유일한 파산원인이다. 주식회사 같은 물적 회사는 회사재산만이 채권자에 대한 책임의 기초가 되므로 채무초과가 파산원인이 되나, 합명, 합자회사는 사원도 책임을 지므로 존립 중에는 파산원인이 되지 않는다. 상속재산은 신용이나 기술 등을 고려할 여지가 없으므로 채무초과만이 파산원인이 될 것이다.

6) 소비자(개인)파산

파산제도는 본래 이익추구의 경제활동 중에 사업의 실패로 경제적 파탄이 된 사업자파산을 전제로 한 것이나, 소비자신용 내지 소비자금융제도의 급팽창과 함께 개인소비자가 면책을 목적으로 파산을 신청하는 경우가 많아지자 이런 경우를 소비자(개인)파산이라고 따로 지칭하게 되었는데, 소비자파산을 위한 별도의 제도가 마련되어 있는 것은 아니고 일반 파산절차와 똑같다.

이런 경우의 특징은 채무자가 오로지 개인이고, 청산해야 할 채권채무가 사업관계가 아닌 개인의 소비생활에서 발생한 것이고, 대부분 면책을 목적으로 채무자 스스로의 신청에 의한 자기 파산이며, 채무자에게 자산이 거의 없는 경우가 대부분이어서 파산선고와 동시 파산폐지가 있게 된다.

파산제도의 본래 목적인 채권자 권리의 강제실현의 성격은 없어지고, 채무자의 면책이라는 이익도모를 위한 절차가 되어 버리기 때문에, 자기 채권을 날려 버리는 절차라고 생각할 수밖에 없는 채권자는 절차진행에 협조하기 싫은 것이

고, 이에 따라 일부 금융기관이 파산신청 시 필수서류인 채권확인서를 발급해
주지 않아 신청 자체에 곤란을 겪는 경우도 있다.

4. 개인회생절차

1) 개념

개인회생철차는 채무초과상태이지만 일정한 급여 또는 영업소득이 있는 경우
일정기간(최대 5년) 동안 기본생활비를 제외한 모든 수입을 채무변제에 사용하
면 나머지 채무를 면제시켜주어 파산을 면하게 해 주는 제도이다.[510]

이 같은 신용불량자의 구제를 위하여 여러 금융기관에 빚이 있는 경우 금융
기관 간의 협정에 의하여 약간의 원리금을 탕감해 주고 일정기간 빚을 갚아 나
가게 하는 개인워크아웃제도가 있으나 금융기관에 일방적으로 유리하게 되어
있는 등 제도의 이용에 어려움이 있다.

개인파산제도는 상당한 시간과 비용이 들 뿐만 아니라 법적인 불이익이 가해
져 이용을 꺼리는 점을 감안해, 5－6개월 내에 폐지결정과 동시에 면책결정을
받을 수 있도록 개선하기는 했지만, 동시에 면책결정을 받으려면 채무자의 재
산이 거의 없어야 가능하므로, 면책을 받더라도 빈털터리로 아무것도 없이 새
로 시작해야 한다는 어려움이 있다.

이에 미국, 일본 등이 시행하고 있는 개인회생제도가 도입된 것이고, 도산법

---

510) 2004년 말경 한국의 누적 신용불량자 수가 361만여 명으로 전체 경제활동인구 23,349,000여 명의
15.7%에 달하고, 또 매년 수십만 명의 신용불량자가 새로 생겨나고 있는 실정에서, 이들을 방치할 경우 정
상적인 금융거래를 할 수 없어 경제활동에 참가할 수 없으므로 경제회복에 장애가 될 뿐만 아니라 각종 사
회문제(아무리 노력을 해도 면책의 가능성이 없으면 일하기보다는 놀기, 그리고 사회보장제도에 의존하거나
노숙자로 나서 최소한 삶이나 유지하고자 하는 도덕적 해이를 선택하게 된다.)를 야기할 것이기 때문에 이
들을 정상적인 경제활동으로 복귀시키기 위해 마련된 제도이다. 당시 몇 년간의 신용불량자의 폭발적인 증
가는 신용카드의 무분별한 발급으로 인한 소비자의 지불능력을 초과한 신용카드 사용에 기인한다. 정부는
IMF사태로 인한 경제 파탄 상태로부터의 탈출을 위한 한 방안으로 내수촉진을 위한 신용카드 사용 촉진정
책(현금서비스 사용한도 폐지, 신용카드 소득공제제도 도입, 신용카드영수증 복권제 도입, 접대비의 신용카
드 사용 유도, 신용카드의 길거리 회원모집규제 완화 등)을 추진했다. 그 결과 1999년 현금서비스 대출액
이 48조 원, 신용카드 이용액 90조 원이던 것이 2000년에는 145조 원과 224조 원으로 급증하는 식으로
폭발적으로 늘어나자, 2002년에 이르러서는 신용카드억제책을 내놓아, 미성년자나 길거리 모집제한, 현금서
비스 이용한도 축소 등의 엇갈린 정책을 실시했다. 이렇게 되자 그동안 목돈이 없어도 현금처럼 할부구매를
할 수 있고, 현금서비스를 이용해 일시적인 유동성 부족을 해결해 주는 신용카드의 달콤함에 빠져들어 지불
능력을 초과한 충동구매와 과소비를 하면서도 여러 개의 카드를 이용해 돌려막기를 통해 위기감 없이 빚의
규모를 늘려 가던 사람들이 현금서비스 이용한도 축소와 함께 대거 신용불량자 대열에 합류하게 되었는데,
2004년 현재 신용불량자의 67%인 243만여 명이 카드이용과 관련된 것이었다.

일원화 정책에 따라 통합도산법에 편입되게 된 것인데, 시간과 비용이 들고, 소득이 있는 사람만 이용할 수 있는 한계가 있기는 하나, 채무자의 도덕적 해이를 막고, 현재의 재산을 보유하면서 일정기간의 노력으로 면책을 받을 수 있게 해 주므로 근로의욕과 기업가 정신을 발휘할 수 있게 해 주며, 채권자들에게는 채권의 상당부분을 못 받는 불이익을 주어 무분별한 대출을 자제하게 하여 신용불량자를 양산하는 데 일조하지 못하게 하는 효과도 있다.

2) 개인파산과의 차이

변제재원이 개인파산은 채무자가 현재 보유하고 있는 재산에 한하나, 개인회생은 현재 보유하고 있는 재산과 장래 채무자가 얻을 소득이다.

개인파산은 현재 청산가치가 큰 경우이나, 개인회생은 변제기간 동안의 총변제액이 현재의 청산가치보다 높은 경우에 이용할 수 있다.

개인파산은 파산선고와 동시에 파산절차가 폐지되는 경우가 많아서 파산관재인이 선임되는 경우가 드물지만, 선임되면 파산관재인이 재산에 대한 관리처분권을 행사하나, 개인회생에서는 채무자가 관리처분권을 행사한다.

개인회생을 이용하면 사회적 불명예를 최소화하고 과다한 낭비·도박이 비면책 사유로 되어 있지 않은 등 면책요건상 유리하다.

3) 내용

개인회생은 회생절차와 달리 채무액에 제한이 있고(담보부 채무는 10억 원, 무담보채무는 5억 원), 개인만이 이용 가능하며 담보권도 별제권이 되지만, 결의절차가 간이·신속하고, 면책결정을 받을 수 있다.

Ⅴ. 민사 관련 제도

1. 공증제도

1) 개념

공증이란 일상생활에서 발생되는 거래에 관하여 증거를 보전하고 권리의 실행을 용이하게 하기 위하여 특정한 사실이나 법률관계의 존부를 증명하여 주는 제도이다.

2) 유용성

문서에 대하여 공증을 받아 두면 문서의 존부·내용에 관한 분쟁을 예방하거나 분쟁발생 시 유력한 증거로 활용할 수 있고, 약속어음에 대하여 공증을 받아 두면 재판절차를 거치지 않고 간편하게 권리를 실현할 수 있다.

3) 공증기관

공증인가를 받은 합동법률사무소, 법무법인, 공증인, 검찰청 등에서 공증을 받을 수 있다.

4) 공증의 종류
① 약속어음, 수표의 공증

약속어음, 수표에 강제집행을 인락하는 취지의 문구를 기재한 서면을 첨부해 공증을 받는 것으로 지급되지 않을 경우에 이것을 판결문처럼 사용할 수 있어, 집행문을 받아 강제집행을 할 수 있다.

② 사문서의 공증

공증인이 사문서에 대하여 작성자 또는 그 대리인으로부터 작성자가 작성한 문서라는 확인을 받고 그 사실을 기재해 주는 것으로, 그 문서의 진위에 관하여 다툼이 있을 때 작성자가 작성한 문서라는 강한 증거력이 있다. 다만 문서 내용의 진위는 별개 문제이다.

③ 정관·의사록 공증

상법은 주식회사 등의 정관에 공증을 받아야 하고, 정관 변경등기 시 공증된 의사록을 첨부할 것을 요구한다. 공증인은 직접 회의에 참석하거나 회의에 참석한 의결정족수 이상의 다수인으로부터 결의절차와 내용이 진실에 부합한다는 확인서를 받고 공증을 해 준다.

④ 확정일자 부여

문서에 일자인을 찍어 그날 그 문서가 존재하고 있었다는 사실을 증명해 주는 것이다. 공증인, 법원, 동사무소 등에서 받을 수 있다. 주택임대차의 경우 주민등록과 확정일자를 갖추면 대항력이 생겨 임대보증금을 우선 변제받을 수 있고, 주민등록만 하면 임차권만 주장 가능하다.

5) 공증 시 준비사항

주민등록증 등 사진이 붙어 있어 신원을 증명할 수 있는 관공서 발행의 신분증명서와 인장(법인은 법인인감증명서와 법인등기부등본)을 지참해야 하고, 대리인일 경우는 대리인의 신분증명서와 인장 외에 본인의 인감증명서와 위임장 1통이 필요하다.

유언공증 시는 유언할 사람과 증인 2인이 필요하다.

2. 내용증명우편제도

1) 개념

내용증명이란 발송인이 수취인에게 어떤 내용의 문서를 언제 발송했다는 사실을 우체국에서 공적으로 증명해 주는 제도이다.

2) 효용

사인 간의 채권, 채무관계나 권리의무를 명백히 할 필요가 있을 때 주로 이용하는데, 채무이행통고, 채권양도 통지(채무자 및 제3자에 대한 대항요건)가 그것이다.

3) 작성

종이 한 면에 필요한 내용을 기재하고. 정정·삽입 시 몇 자 정정·삽입 문구를 기재하고, 서두 또는 말미에 발송인과 수취인의 주소·성명을 기재한다.

4) 발송

원본과 복사한 등본 2부를 우체국에 제출하면 우체국이 내용증명 취지를 기재해 원본은 수취인에게 보내고, 등본 1부는 우체국이 보관하고, 1부는 발송인에게 교부한다.

5) 열람

발송인이나 수취인은 원본 분실 시 발송일로부터 3년 내 발송우체국에서 열람·재증명 청구를 할 수 있다.

제2절 행정구제

Ⅰ. 개념

행정구제란 행정작용으로 인하여 권리·이익이 침해되었거나 침해될 것으로 주장하는 자가 행정기관이나 법원에 손해전보·원상회복·또는 당해 행정작용의 취소·변경을 구하거나, 기타 피해구제·예방을 청구하고, 행정기관 또는 법원이 이를 심리하여 판정하는 것을 말한다.

오늘날 행정활동이 양적·질적으로 확대·발전되어 국민생활의 거의 전 범위에 관여하게 되었고, 이에 따라서 국민의 권익이 침해될 가능성도 더욱 커지게 되었으므로 행정구제제도는 국민의 기본권 보장과 실질적 법치주의의 실현에 필수 불가결한 것이 되었다.

행정구제에는 위법·부당한 행정작용 등으로 인하여 국민의 권익침해가 발생하기 전에 이를 예방하는 사전구제로 청원제도·민원처리제도가 있고, 행정작용 등으로 인하여 국민의 권익침해가 발생한 경우에 사후구제로 그 행위를 시정하는 행정쟁송제도(행정심판 및 행정소송)와 발생한 손해를 전보해 주는 행정상 손해전보제도(손해배상과 손실보상)가 있다.

Ⅱ. 행정상 손해전보

1. 개념

행정상 손해전보란 국가 또는 공공단체의 작용에 의하여 개인에게 발생한 손해를 전보하여 주는 제도를 말한다. 위법한 행위에 의하여 발생한 손해를 전보하여 주는 행정상 손해배상과 적법한 행위에 의하여 발생한 특별한 손해를 전보하여 주는 손실보상이 있다.

2. 행정상 손해배상

1) 개념

행정상 손해배상이란 국가 또는 공공단체의 위법한 행위에 의하여 개인에게 발생한 손해를 전보하여 주는 제도를 말한다.

근대 초기까지도 주권면책사상 또는 주권무오류사상에 의하여 공무원의 불법행위에 대해서도 국가의 배상책임은 인정되지 않았고 공무원 개인의 책임만이 제한적으로 인정되었으나, 19세기 후반에 이르러 정의·공평의 관념이 강조되면서 프랑스에서 판례에 의하여 인정된 이래 오늘날에는 당연한 것으로 받아들여지고 있다.

2) 배상책임의 요건

국가배상책임이 인정되기 위해서는 가해행위가 공무원의 행위일 것, 그 행위가 직무행위일 것, 그 행위가 직무를 집행함에 당하여 행해졌을 것, 그 행위가 위법할 것, 그 행위가 고의·과실에 기한 것일 것, 타인에게 손해가 발생할 것의 요건이 갖추어져야 한다.

① 공무원

공무원이라 함은 국가공무원법이나 지방공무원법에 의하여 공무원으로서의 신분을 가진 자에 국한하지 않고, 널리 공무를 위탁받아 실질적으로 공무에 종사하고 있는 일체의 자를 가리키는 것으로서, 공무의 위탁이 일시적이고 한정적인 사항에 관한 활동을 위한 것이어도 달리 볼 것은 아니다. 가해공무원은 특정되지 않아도 된다.[511]

② 직무행위

공무원의 직무에는 권력적 작용만이 아니라 비권력적 작용도 포함되며 단지 행정주체가 사경제주체로서 하는 활동만 제외된다.

공무원의 권한 불행사로 인하여 손해를 입은 경우에는, 공무원에게 부과된 직무상 의무의 내용이 단순히 공공 일반의 이익을 위한 것이거나 행정기관 내

---

511) 대법원 1995.11.10. 95다23897, 국가 소속 전투경찰들이 시위진압을 함에 있어서 합리적이고 상당하다고 인정되는 정도로 가능한 한 최루탄의 사용을 억제하고 또한 최대한 안전하고 평화로운 방법으로 시위진압을 하여 그 시위진압 과정에서 타인의 생명과 신체에 위해를 가하는 사태가 발생하지 아니하도록 하여야 하는 데도, 이를 게을리 한 채 지나치게 과도한 방법으로 시위진압을 한 잘못으로 시위 참가자로 하여금 사망에 이르게 하였다는 이유로 국가의 손해배상 책임을 인정.

부의 질서를 규율하기 위한 것이 아니고 전적으로 또는 부수적으로 사회구성원 개인의 안전과 이익을 보호하기 위하여 설정된 것이라면, 공무원이 그와 같은 직무상 의무를 위반함으로 인하여 피해자가 입은 손해에 대해서는 상당인과관계가 인정되는 범위 내에서 국가가 배상책임을 진다.[512]

국회의원의 입법행위와 관련, 국회의원은 입법에 관하여 원칙적으로 국민 전체에 대한 관계에서 정치적 책임을 질 뿐 국민 개개인의 권리에 대응하여 법적 의무를 지는 것은 아니므로, 국회의원의 입법행위는 그 입법 내용이 헌법의 문언에 명백히 위반됨에도 불구하고 국회가 굳이 당해 입법을 한 것과 같은 특수한 경우가 아닌 한 국가배상법 제2조 제1항 소정의 위법행위에 해당된다고 볼 수 없다.[513]

사법작용도 공권력행사에 해당하므로 직무행위에 해당하나 책임인정에는 제한이 있다.[514]

③ 직무를 집행함에 당하여

직무를 집행함에 당하여라 함은 직접 공무원의 직무집행행위이거나 그와 밀접한 관계에 있는 행위를 포함하고, 이를 판단함에 있어서는 행위 자체의 외관을 객관적으로 관찰하여 공무원의 직무행위로 보일 때에는 비록 그것이 실질적으로 직무행위에 속하지 않는다 하더라도 그 행위는 공무원이 직무를 집행함에 당하여 한 것으로 보아야 한다.[515]

④ 위법성

위법은 엄격한 의미의 법령위반뿐만 아니라 인권존중·권력남용금지·신의성실·공서양속 등의 위반을 포함한 널리 객관적 정당성을 결여하고 있음을 의미한다.

---

512) 대법원 1993.2.12. 선고 91다43466.

513) 대법원 1997.6.13. 96다56115.

514) 대법원 2001.10.12. 2001다47290, 법관의 재판에 법령의 규정을 따르지 아니한 잘못이 있다 하더라도 이로써 바로 그 재판상 직무행위가 국가배상법 제2조 제1항에서 말하는 위법한 행위로 되어 국가의 손해배상책임이 발생하는 것은 아니고, 당해 법관이 위법 또는 부당한 목적을 가지고 재판을 하는 등 법관이 그에게 부여된 권한의 취지에 명백히 어긋나게 이를 행사하였다고 인정할 만한 특별한 사정이 있어야 위법한 행위가 되어 국가배상책임이 인정된다고 할 것인바, 압수 수색할 물건의 기재가 누락된 압수수색영장을 발부한 법관이 위법·부당한 목적을 가지고 있었다거나 법이 직무수행상 준수할 것을 요구하고 있는 기준을 현저히 위반하였다는 등의 자료를 찾아볼 수 없다면 그와 같은 압수수색영장의 발부행위는 불법행위를 구성하지 않는다.

515) 대법원 2001.1.5. 98다39060.

⑤ 고의·과실

고의는 일정한 결과가 발생할 것을 알고 있는 경우이고, 과실은 당해 공무원이 아닌 동일직종의 평균적인 공무원으로서 갖추어야 할 주의의무를 게을리 한 경우를 의미한다.

⑥ 타인에게 손해의 발생

타인은 당해 공무원과 그에 가담한 자 이외의 자를 말하고, 손해란 법익침해의 결과로 나타난 불이익을 말한다.

3) 배상책임

① 배상책임자

국가와 지방자치단체이다. 헌법은 국가와 공공단체로 규정하고 있으나 국가배상법은 국가와 지방자치단체에 한정하고, 지방자치단체 이외의 공공단체(고공조합·영조물법인)의 배상책임은 민법에 맡기고 있다.

국가나 지방자치단체가 손해를 배상할 책임이 있는 경우에 공무원의 선임·감독 또는 영조물의 설치·관리를 맡은 자와 공무원의 봉급·급여, 그 밖의 비용 또는 영조물의 설치·관리 비용을 부담하는 자가 동일하지 아니하면 그 비용을 부담하는 자도 손해를 배상하여야 한다.

② 배상책임액

국가배상법은 배상기준액을 정하고 있으나 이는 기준에 불과하고 배상액의 상한을 제한한 것은 아니다.516)

③ 군인 등의 특례

군인·군무원·경찰공무원 또는 향토예비군대원이 전투·훈련 등 직무 집행과 관련하여 전사(戰死)·순직(殉職)하거나 공상(公傷)을 입은 경우에 본인이나 그 유족이 다른 법령에 따라 재해보상금·유족연금·상이연금 등의 보상을 지급받을 수 있을 때에는 이 법 및 '민법'에 따른 손해배상을 청구할 수 없다.

4) 양도 등 금지 등

생명·신체의 침해로 인한 국가배상을 받을 권리는 양도하거나 압류하지 못한다.

---

516) 대판 1980.12.9. 80다1828.

배상청구권은 피해자나 법정대리인이 손해 및 가해자를 안 날로부터 3년, 행위 시부터 10년이 지나면 시효 소멸한다.

5) 공공시설 등의 하자로 인한 책임

① 규정

도로·하천, 그 밖의 공공의 영조물의 설치나 관리에 하자가 있기 때문에 타인에게 손해를 발생하게 하였을 때에는 국가나 지방자치단체는 그 손해를 배상하여야 한다.

② 영조물

영조물이란 국가나 공공단체 등 행정주체에 의하여 공공목적에 제공된 유체물을 말한다.[517] 인공공물(도로, 하천제방, 관청사, 병원 등), 자연공물(하천, 호수, 해변 등), 동산(자동차, 항공기, 총기 등), 동물(경찰견) 등이 해당한다. 공작물에 한하는 민법 제758조와 다르다.

③ 설치관리상의 하자

영조물이 통상 갖추어야 할 안전성을 결여한 것을 말한다. 하자의 유무는 객관적으로 판단하고, 관리자의 과실유무는 문제 되지 않는다는 것인 통설·판례이나,[518] 관리자의 안전관리 위반 내지 사고방지의무 위반에 기인한 물적 위험상태로 보는 석과 판례도 있다.[519]

---

517) 대판 1995.1.24. 94다45302, '공공의 영조물'이라 함은 국가 또는 지방자치단체에 의하여 특정 공공의 목적에 공여된 유체물 내지 물적 설비를 지칭하며, 특정 공공의 목적에 공여된 물이라 함은 일반공중의 자유로운 사용에 직접적으로 제공되는 공공용물에 한하지 아니하고, 행정주체 자신의 사용에 제공되는 공용물도 포함하며 국가 또는 지방자치단체가 소유권, 임차권 그 밖의 권한에 기하여 관리하고 있는 경우뿐만 아니라 사실상의 관리를 하고 있는 경우도 포함한다.
산업기지개발공사가 시 일대에 구획정리사업을 시행하면서 종합운동장예정부지로 된 토지가 그 후 시 명의로 소유권 이전등기가 경료되었으나 그 지상에 아무런 시설도 설치되어 있지 아니한 나대지로서 공용개시가 없는 상태에서 한국모터스포츠연맹의 요구로 그 연맹이 주최하는 자동차경주대회를 위한 사용허가가 되었을 뿐, 시가 그 종합운동장 예정부지를 직접적으로 일반공중의 사용에 제공한 바 없으며, 그 후 그 연맹이 그 토지 위에 시설한 자동차경주에 필요한 방호벽 등 안전시설을 시가 관리한 바도 없다면, 그 종합운동장 예정부지나 그 위에 설치된 위 안전시설이 '가'항의 '공공의 영조물'이라 할 수 없다고 한 사례.

518) 대판 1967.2.21. 66다1723, 영조물 설치의 '하자'라 함은 영조물의 축조에 불완전한 점이 있어 이 때문에 영조물 자체가 통상 갖추어야 할 완전성을 갖추지 못한 상태에 있음을 말한다고 할 것인바 그 '하자' 유무는 객관적 견지에서 본 안전성의 문제이고 그 설치자의 재정사정이나 영조물의 사용목적에 의한 사정은 안전성을 요구하는 데 대한 정도 문제로서 참작사유에는 해당할지언정 안전성을 결정지을 절대적 요건에는 해당하지 아니한다 할 것이다.

519) 대판 2000.2.25. 99다54004, 국가배상법 제5조 제1항 소정의 영조물의 설치 또는 관리의 하자라 함은 영조물이 그 용도에 따라 통상 갖추어야 할 안전성을 갖추지 못한 상태에 있음을 말하는 것으로서, 영조물이 완전무결한 상태에 있지 아니하고 그 기능상 어떠한 결함이 있다는 것만으로 영조물의 설치 또는 관리에 하자가 있다고 할 수 없는 것이고, 위와 같은 안전성의 구비 여부를 판단함에 있어서는 당해 영조물의 용도,

3. 행정상 손실보상

1) 개념

행정상 손실보상 국가 또는 공공단체의 적법한 행위에 의하여 개인의 재산에 가하여진 특별한 손해를 전보하여 주는 것을 말한다.

헌법 제23조 제3항은 공공필요에 의한 재산권의 수용·사용 또는 제한 및 그에 대한 보상은 법률로써 하되, 정당한 보상을 지급하여야 한다고 규정하여 보상원칙을 선언하고 있다.

법률이 재산권을 침해하면서 보상규정을 두고 있지 않은 경우에 그 법률의 효력에 관해서는 설이 나뉘나 위헌무효라고 보아야 할 것이다.

2) 손실보상의 내용

정당한 보상의 의미에 관해서는 완전보상설과 상당한 보상설로 나뉜다. 공공이익을 위하여 특정인의 재산에 생긴 특별한 손해를 보상해 주는 것이므로 완전한 보상이어야 할 것이다.

토지취득에 대한 보상은 보상액의 산정은 협의에 의한 경우에는 협의성립 당시의 가격을, 재결에 의한 경우에는 수용 또는 사용의 재결 당시의 가격을 기준으로 하고, 보상액의 산정에 있어서 당해 공익사업으로 인하여 토지 등의 가격에 변동이 있는 때에는 이를 고려하지 아니한다.

토지사용에 대한 보상은 그 토지와 인근 유사토지의 지료(지료)·임대료·사용방법·사용기간 및 그 토지의 가격 등을 참작하여 평가한 적정가격으로 보상하여야 하고, 사용하는 토지와 그 지하 및 지상 공간의 사용에 대한 구체적인 보상액 산정 및 평가방법은 투자비용·예상수익 및 거래가격 등을 고려하여 국토해양부령으로 정한다.

건축물·입목·공작물 기타 토지에 정착한 물건에 대해서는 이전에 필요한

그 설치장소의 현황 및 이용 상황 등 제반 사정을 종합적으로 고려하여 설치 관리자가 그 영조물의 위험성에 비례하여 사회통념상 일반적으로 요구되는 정도의 방호조치의무를 다하였는지 여부를 그 기준으로 삼아야 할 것이며, 객관적으로 보아 시간적·장소적으로 영조물의 기능상 결함으로 인한 손해발생의 예견가능성과 회피가능성이 없는 경우 즉 그 영조물의 결함이 영조물의 설치관리자의 관리행위가 미칠 수 없는 상황 아래에 있는 경우에는 영조물의 설치관리상의 하자를 인정할 수 없다.
교차로의 진행방향 신호기의 정지신호가 단선으로 소등되어 있는 상태에서 그대로 진행하다가 다른 방향의 진행신호에 따라 교차로에 진입한 차량과 충돌한 경우, 신호기의 적색신호가 소등된 기능상 결함이 있었다는 사정만으로 신호기의 설치 또는 관리상의 하자를 인정할 수 없다고 한 사례.

비용으로 보상하여야 한다. 다만, 다음 각 경우에는 당해 물건의 가격으로 보상하여야 한다. 건축물 등의 이전이 어렵거나 그 이전으로 인하여 건축물 등을 종래의 목적대로 사용할 수 없게 된 경우, 건축물 등의 이전비가 그 물건의 가격을 넘는 경우, 사업시행자가 공익사업에 직접 사용할 목적으로 취득하는 경우.

농작물에 대한 손실은 그 종류와 성장의 정도 등을 종합적으로 참작하여 보상하여야 한다.

토지에 속한 흙·돌·모래 또는 자갈(흙·돌·모래 또는 자갈이 당해 토지와 별도로 취득 또는 사용의 대상이 되는 경우에 한한다.)에 대해서는 거래가격 등을 참작하여 평가한 적정가격으로 보상하여야 한다.

분묘에 대해서는 이장에 소요되는 비용 등을 산정하여 보상하여야 한다.

광업권·어업권 및 물(용수시설을 포함한다.) 등의 사용에 관한 권리에 대해서는 투자비용·예상수익 및 거래가격 등을 참작하여 평가한 적정가격으로 보상하여야 한다.

영업을 폐지하거나 휴업함에 따른 영업손실에 대해서는 영업이익과 시설의 이전비용 등을 참작하여 보상하여야 한다.

농업의 손실에 대해서는 농지의 단위면적당 소득 등을 참작하여 실제 경작자에게 보상하여야 한다. 다만, 농지소유자가 당해 지역에 거주하는 농민인 경우에는 농지소유자와 실제 경작자가 협의하는 바에 따라 보상할 수 있다.

휴직 또는 실직하는 근로자의 임금손실에 대해서는 '근로기준법'에 의한 평균임금 등을 참작하여 보상하여야 한다.

3) 생활보상

수몰지구 이주민의 경우 단순한 재산권 상실이 아닌 종전의 생활기반을 잃게 되므로 이들에 대한 보상은 개개재산권에 대한 대사가 아닌 생활재건을 위한 것이어야 한다.

공익사업을 위한 토지 등의 취득 및 보상에 관한 법률도 이를 반영하기 위하여 이주정착금, 주거이전비, 동산의 이전비, 이농·이어비, 주거용 건축물의 최저보상액, 세입자에 대한 주거대책비, 무허가·무신고 어업자에 대한 주거대책비 등을 규정하고 있고, 산업입지및개발법은 직업훈련과 고용알선 등을 규정하고 있기도 하다.

4) 보상방법

현금보상이 원칙이나, 토지소유자가 원하는 경우로서 사업시행자가 해당 공익사업의 합리적인 토지이용계획과 사업계획 등을 고려하여 토지로 보상이 가능한 경우에는 토지소유자가 받을 보상금 중 본문에 따른 현금 또는 채권으로 보상받는 금액을 제외한 부분에 대하여 그 공익사업의 시행으로 조성한 토지로 보상할 수 있다.

사업시행자가 국가·지방자치단체 그 밖에 대통령령으로 정하는 '공공기관의 운영에 관한 법률'에 따라 지정·고시된 공공기관 및 공공단체인 경우로서 토지소유자 또는 관계인이 원하는 경우나 사업인정을 받은 사업에 있어서 대통령령이 정하는 부재부동산소유자의 토지에 대한 보상금이 대통령령이 정하는 일정금액을 초과하는 경우로서 그 초과하는 금액에 대하여 보상하는 경우에는 제1항 본문에 불구하고 해당 사업시행자가 발행하는 채권으로 지급할 수 있다.

토지투기가 우려되는 지역으로서 대통령령이 정하는 지역 안에서 공익사업을 시행하는 자 중 대통령령으로 정하는 '공공기관의 운영에 관한 법률'에 따라 지정·고시된 공공기관 및 공공단체는 부재부동산소유자의 토지에 대한 보상금 중 대통령령이 정하는 1억 원 이상의 일정금액을 초과하는 부분에 대해서는 당해 사업시행자가 발행하는 채권으로 지급하여야 한다.

5) 불복

보상액의 결정은 협의 또는 행정청의 재결 결정에 의하나, 이에 불복할 경우에는 행정심판과 행정소송을 통하여 해결한다.

Ⅲ. 행정심판

1. 개념

행정심판이란 행정기관이 행하는 처분에 관한 분쟁에 대하여 행정청이 심리·판정하는 절차를 말한다.

행정상 분쟁에 대한 행정청의 자율적 통제를 통한 국민의 권익구제와 행정청
이 간이한 절차에 기하여 심리 판정하게 하여 사법기능을 보완하는 기능이 있다.

2. 종류

1) 이의신청

행정청의 위법·부당한 처분으로 인하여 그 권리·이익이 침해된 자의 창구
에 의해 처분청 자신이 이를 재심사하는 절차를 말한다.

2) 당사자 쟁송

행정상 법률관계의 존부·형성에 관하여 다툼이 있는 경우에 당사자의 신청
에 의하여 권한 있는 행정기관이 이를 유권적으로 판정하는 절차를 말한다.

재결기관은 법에 의하여 권한이 부여된 행정기관이 되는 것이 보통이나, 재
결의 신중을 기하기 위하여 토지수용위원회, 농지수용위원회같이 특별한 행정
위원회가 설치되는 경우도 있다.

재결도 행정행위이므로 그에 대한 불복은 행정소송을 제기하여 그 취소·변
경을 구하게 된다.

3. 행정심판의 대상

행정청의 위법·부당한 처분 또는 부작위이다.

처분이라 함은 행정청이 행하는 구체적 사실에 관한 법집행으로서의 공권력
의 행사 또는 그 거부와 그 밖에 이에 준하는 행정작용을 말한다.

부작위라 함은 행정청이 당사자의 신청에 대하여 상당한 기간 내에 일정한
처분을 하여야 할 법률상 의무가 있음에도 불구하고 이를 하지 아니하는 것을
말한다.

대통령의 처분 또는 부작위에 대해서는 다른 법률에 특별한 규정이 있는 경
우를 제외하고는 행정심판을 제기할 수 없다.

4. 행정심판기관

1) 직근상급행정기관

행정청의 처분 또는 부작위에 대한 행정심판의 청구를 심리·재결하기 위하여 해당 행정청의 직근상급행정기관 소속으로 행정심판위원회를 둔다.

2) 처분청

대통령 직속기관의 장, 국회사무총장·법원행정처장·헌법재판소사무처장 및 중앙선거관리위원회 사무총장, 그 밖에 소관 감독행정기관이 없는 행정청의 처분 또는 부작위에 대한 심판청구를 심리·재결하기 위하여 해당 행정청 소속으로 행정심판위원회를 둔다.

3) 국무총리행정심판위원회

다음 각 호의 처분 또는 부작위에 대한 심판청구를 심리·재결하기 위하여 부패방지 및 국민권익위원회의 설치와 운영에 관한 법률에 따른 국민권익위원회에 국무총리행정심판위원회를 둔다.

특별시장·광역시장·도지사·제주특별자치도지사(교육감을 포함한다. 이하 같다.)의 처분이나 부작위, 그 밖에 국무총리나 중앙행정기관이 직근상급행정기관이나 소관 감독행정기관에 해당하는 처분이나 부작위.

정부조직법 제3조 또는 다른 법률의 규정에 따라 설치된 국가특별지방행정기관(대통령령으로 정하는 중앙행정기관에 소속된 국가특별지방행정기관을 제외한다.)의 처분 또는 부작위.

국무총리나 행정 각 부 장관의 처분 또는 부작위.

4) 소관 감독기관

특별시장·광역시장·도지사·제주특별자치도지사에 소속된 각급 국가행정기관 또는 그 관할구역 안에 있는 자치행정기관의 처분 또는 부작위에 대한 심판청구를 심리·재결하기 위하여 각각 특별시장·광역시장·도지사·제주특별자치도지사 소속으로 행정심판위원회를 둔다.

5. 당사자

1) 청구인 적격

취소심판청구는 처분의 취소 또는 변경을 구할 법률상 이익이 있는 자가 제기할 수 있다. 처분의 효과가 기간의 경과, 처분의 집행 그 밖의 사유로 인하여 소멸된 뒤에도 그 처분의 취소로 인하여 회복되는 법률상 이익이 있는 자의 경우에는 또한 같다.

무효등확인심판청구는 처분의 효력 유무 또는 존재 여부에 대한 확인을 구할 법률상 이익이 있는 자가 제기할 수 있다.

의무이행심판청구는 행정청의 거부처분 또는 부작위에 대하여 일정한 처분을 구할 법률상 이익이 있는 자가 제기할 수 있다.

2) 피청구인 적격

심판청구는 행정청을 피청구인으로 하여 제기하여야 한다. 다만, 그 처분이나 부작위와 관계되는 권한이 다른 행정청에 승계된 때에는 이를 승계한 행정청을 피청구인으로 하여야 한다.

6. 심판청구

1) 청구서 제출

심판청구서는 피청구인인 행정청 또는 위원회에 제출하여야 한다.

2) 청구기간

심판청구는 처분이 있음을 안 날부터 90일 이내에 제기하여야 한다.

청구인이 천재·지변·전쟁·사변 그 밖에 불가항력으로 인하여 위 기간 내에 심판청구를 할 수 없었을 때에는 그 사유가 소멸한 날로부터 14일 이내에 심판청구를 제기할 수 있다. 다만, 국외에서의 심판청구에 있어서는 그 기간을 30일로 한다.

심판청구는 처분이 있은 날로부터 180일을 경과하면 제기하지 못한다. 다만, 정당한 사유가 있는 경우에는 그러하지 아니하다.

위 기간은 불변기간이다.

행정청이 심판청구기간을 제1항의 규정에 의한 기간보다 긴 기간으로 잘못 알린 경우에 그 잘못 알린 기간 내에 심판청구가 있으면 그 심판청구는 위 90일의 기간 내에 제기된 것으로 본다.

행정청이 심판청구기간을 알리지 아니한 때에는 180일의 기간 내에 심판청구를 할 수 있다.

무효등확인심판청구와 부작위에 대한 의무이행심판청구에는 기간제한이 없다.

3) 심판청구의 효과

① 집행부정지

심판청구는 처분의 효력이나 그 집행 또는 절차의 속행에 영향을 주지 아니한다.

② 집행정지

위원회는 처분이나 그 집행 또는 절차의 속행으로 인하여 생길 회복하기 어려운 손해를 예방하기 위하여 긴급한 필요가 있다고 인정할 때에는 당사자의 신청 또는 직권에 의하여 처분의 효력이나 그 집행 또는 절차의 속행의 전부 또는 일부의 정지를 결정할 수 있다. 다만, 처분의 효력정지는 처분의 집행 또는 절차의 속행을 정지함으로써 그 목적을 달성할 수 있는 때에는 허용되지 아니한다.

집행정지는 공공복리에 중대한 영향을 미칠 우려가 있을 때에는 허용되지 아니한다.

③ 집행정지의 취소

위원회는 집행정지의 결정을 한 후에 집행정지가 공공복리에 중대한 영향을 미치거나 그 정지사유가 없어진 때에는 당사자의 신청 또는 직권에 의하여 집행정지의 결정을 취소할 수 있다.

7. 심판의 재결

1) 재결기간

재결은 피청구인인 행정청 또는 위원회가 심판청구서를 받은 날부터 60일 이내에 하여야 한다. 다만, 부득이한 사정이 있을 때에는 위원장이 직권으로 30

일을 연장할 수 있다.

2) 재결의 구분

① 각하재결

위원회는 심판청구가 부적법한 것인 때에는 그 심판청구를 각하한다.

② 기각재결

위원회는 심판청구가 이유 없다고 인정할 때에는 그 심판청구를 기각한다.

③ 인용재결

가. 취소·변경재결

위원회는 취소심판의 청구가 이유 있다고 인정할 때에는 처분을 취소 또는 변경하거나 처분청에게 취소 또는 변경할 것을 명한다.

나. 무효등확인재결

위원회는 무효등확인심판의 청구가 이유 있다고 인정할 때에는 처분의 효력 유무 또는 존재 여부를 확인한다.

다. 의무이행재결

위원회는 의무이행심판의 청구가 이유 있다고 인정할 때에는 지체 없이 신청에 따른 처분을 하거나 이를 할 것을 명한다.

라. 사정재결

위원회는 심판청구가 이유 있다고 인정하는 경우에도 이를 인용하는 것이 현저히 공공복리에 적합하지 아니하다고 인정하는 때에는 그 심판청구를 기각하는 재결을 할 수 있다. 이 경우 위원회는 그 재결의 주문에서 그 처분 또는 부작위가 위법 또는 부당함을 명시하여야 한다.

위원회는 사정재결을 함에 있어서는 청구인에 대하여 상당한 구제방법을 취하거나, 피청구인에게 상당한 구제방법을 취할 것을 명할 수 있다.

무효등확인심판에는 사정재결을 할 수 없다.

3) 재결의 효력

① 기속력

재결은 피청구인인 행정청과 그 밖의 관계행정청을 기속한다.

당사자의 신청을 거부하거나 부작위로 방치한 처분의 이행을 명하는 재결이 있는 경우에는 행정청은 지체 없이 그 재결의 취지에 따라 다시 이전의 신청에 대한 처분을 하여야 한다.

② 형성력

취소재결의 경우 행정청이 처분을 다시 취소하지 않더라도 소급하여 효력을 상실한다.

③ 집행력

위원회는 당해 행정청이 처분을 하지 아니하는 때에는 당사자의 신청에 따라 기간을 정하여 서면으로 시정을 명하고 그 기간 내에 이행하지 아니하는 경우에는 당해 처분을 할 수 있다.

Ⅳ. 행정소송

1. 개념

행정소송이란 법원이 행정법상의 법률관계에 관한 분쟁에 대하여 당사자의 소 제기에 의하여 이를 심리·판단하는 재판절차를 말한다.

과거의 프랑스·독일에서는 사법에 대한 불신과 행정권의 독립성 확보라는 견지에서 행정사건에 대한 사법부의 관여를 배제하였으나, 프랑스의 경우는 1872년부터, 독일은 2차 대전 후부터 행정재판소를 서법부의 일부로 설치하고 있다.

행정소송은 2당사자 간의 분쟁해결절차라는 점에서 기본적으로는 민사소송과 궤를 같이하지만 공익실현을 내용으로 하는 공권력의 행사를 대상으로 하고 있는 점에서 행정소송법은 전심절차, 제소기간, 직권심리, 사정판결 등 특별한 규정을 두고 있다.

2. 행정소송의 종류

행정소송은 성질에 따라 형성의 소, 이행의 소, 확인의 소로, 내용에 따라 항고소송, 당사자소송, 민중소송, 기관소송으로 나뉜다.

1) 항고소송

항고소송이란 행정청의 처분 등이나 부작위에 대하여 제기하는 소송이다.

처분 등이라 함은 행정청이 행하는 구체적 사실에 관한 법집행으로서의 공권력의 행사 또는 그 거부와 그 밖에 이에 준하는 행정작용 및 행정심판에 대한 재결을 말하고, 부작위라 함은 행정청이 당사자의 신청에 대하여 상당한 기간 내에 일정한 처분을 하여야 할 법률상 의무가 있음에도 불구하고 이를 하지 아니하는 것을 말한다.

항고소송은 다시 행정청의 위법한 처분 등의 취소 또는 변경을 구하는 취소소송, 행정청의 처분 등의 효력 유무 또는 존재 여부의 확인을 구하는 무효 등 확인소송, 행정청의 부작위가 위법하다는 것의 확인을 구하는 부작위위법확인소송으로 구분된다.

2) 당사자소송

당사자소송이란 행정청의 처분 등을 원인으로 하는 법률관계에 관한 소송 그 밖에 공법상의 법률관계에 관한 소송으로서 그 법률관계의 한쪽 당사자를 피고로 하는 소송을 말한다.

3) 민중소송

민중소송이란 국가 또는 공공단체의 기관이 법률에 위반되는 행위를 한 때에 직접 자기의 법률상 이익과 관계없이 그 시정을 구하기 위하여 제기하는 소송을 말한다. 당사자 간의 법률적 쟁송이 아니므로 법률이 정한 경우에 법률에 정한 자에 한하여 제기할 수 있다.

일반선거인이 재기하는 선거소송(공직선거 및 선거 부정방지법 제222조), 일반투표인이 제기하는 국민투표무효소송(국민투표법 92조)이 그것이다.

4) 기관소송

기관소송이란 국가 또는 공공단체의 기관 상호간에 있어서의 권한의 존부 또는 그 행사에 관한 다툼이 있을 때에 이에 대하여 제기하는 소송이다. 다만, 헌법재판소법 제2조의 규정에 의하여 헌법재판소의 관장사항으로 되는 소송은 제외한다. 이 소송도 행정기관의 권리보호를 위한 것이 아니라 행정활동의 행정법규 적합성을 담보하기 위하여 인정되는 것이므로 법률이 정한 경우에 법률에 정한 자에 한하여 제기할 수 있다.

지방자치단체의 장이 지방의회의 재의결사항이 법령에 위배되는 것임을 이유로 의회를 피고로 하여 대법원에 제소하는 것이 그것이다(지방자치법 제98조 제3항, 제159조 제3항).

3. 취소소송

1) 재판관할

취소소송의 제1심 관할법원은 피고의 소재지를 관할하는 행정법원으로 한다. 다만, 중앙행정기관 또는 그 장이 피고인 경우의 관할법원은 대법원소재지의 행정법원으로 한다.

토지의 수용 기타 부동산 또는 특정의 장소에 관계되는 처분 등에 대한 취소소송은 그 부동산 또는 장소의 소재지를 관할하는 행정법원에 이를 제기할 수 있다.

2) 당사자

① 원고적격

취소소송은 처분 등의 취소를 구할 법률상 이익이 있는 자가 제기할 수 있다. 처분 등의 효과가 기간의 경과, 처분 등의 집행 그 밖의 사유로 인하여 소멸된 뒤에도 그 처분 등의 취소로 인하여 회복되는 법률상 이익이 있는 자의 경우에는 또한 같다.

처분 등의 직접 상대방이 아닌 제3자라도 당해 처분 등의 취소를 구할 법률상의 이익이 있는 경우에는 취소소송의 원고적격이 인정된다고 할 것이나, 여기서 법률상의 이익이라 함은 권리 외에 이익도 포함하고, 그 이익은 당해 처분 등의 근거가 되는 법규에 의하여 보호되는 직접적이고 구체적인 이익을 말하므로, 단지 국민일반이 가지는 추상적·평균적·일반적 이익이나 반사적 이익[520]같이 간접적이거나 사실적, 경제적인 이해관계까지 포함하는 것은 아니다.[521]

---

[520] 공곡목적을 위한 법적 제한 결과 반사적으로 얻게 되는 이익을 말한다.

② 피고적격

취소소송은 다른 법률에 특별한 규정이 없는 한 그 처분 등을 행한 행정청을 피고로 한다. 다만, 처분 등이 있은 뒤에 그 처분 등에 관계되는 권한이 다른 행정청에 승계된 때에는 이를 승계한 행정청을 피고로 한다. 행정청이 없게 된 때에는 그 처분 등에 관한 사무가 귀속되는 국가 또는 공공단체를 피고로 한다.

3) 취소대상

취소대상은 행정청의 위법한 처분 등이나 부작위이다.

① 처분 등

처분 등이라 함은 행정청이 행하는 구체적 사실에 관한 법집행으로서의 공권력의 행사 또는 그 거부[522]와 그 밖에 이에 준하는 행정작용 및 행정심판에 대한 재결을 말하고, 부작위라 함은 행정청이 당사자의 신청에 대하여 상당한 기간 내에 일정한 처분을 하여야 할 법률상 의무가 있음에도 불구하고 이를 하지 아니하는 것을 말한다.

행정입법도 그 자체가 직접적으로 개인의 권리나 의무에 영향을 미치면 처분이 되고,[523] 도시계획결정도 특정 개인의 권리 내지 법률상의 이익을 개별적이고 구체적으로 규제하는 효과를 가져오게 하는 행정청의 처분이고,[524] 전염병환자의 강제격리·출입국관리법에 의한 외국인 수용·식품위생법에 의한 식품이나 용기의 검사 수거·관세법에 의한 여행자휴대품의 유치와 같은 권력적 사실행위는 처분이 되나,[525] 행정청의 권고·주의·알선·규제적 행정지도 등은 사인의 권리의무에 대하여 직접적 법률효과를 발생하지 않으므로 처분이 아

---

521) 대판 1992.12.8. 91누13700, 이런 입장에서 주거지역 내의 연탄공장허가 처분에 대한 인근주민, 선박운송면허처분에 대한 기존업자, 버스노선연장인가처분에 대한 기존노선의 업자의 경우 건축법 등 관련법의 취지는 공익과 동시에 기존 거주민이나 기존업자의 이익도 보호하는 것이라는 이유로 반사적 이익이 아닌 법적이익으로 보아 원고적격을 인정한다.

522) 대판 2002.11.22. 2000두9229, 국민의 적극적 행위 신청에 대하여 행정청이 그 신청에 따른 행위를 하지 않겠다고 거부한 행위가 항고소송의 대상이 되는 행정처분에 해당하는 것이라고 하려면, 그 신청한 행위가 공권력의 행사 또는 이에 준하는 행정작용이어야 하고 그 거부행위가 신청인의 법률관계에 어떤 변동을 일으키는 것이어야 하며 그 국민에게 그 행위발동을 요구할 법규상 또는 조리상의 신청권이 있어야 한다고 할 것인바, 여기에서 '신청인의 법률관계에 어떤 변동을 일으키는 것'이라는 의미는 신청인의 실체상의 권리관계에 직접적인 변동을 일으키는 것은 물론 그렇지 않다 하더라도 신청인이 실체상의 권리자로서 권리를 행사함에 중대한 지장을 초래하는 것도 포함한다고 해석함이 상당하다.

523) 대판 1996.9.20. 95누8003.

524) 대판 1982.3.9. 80누105.

525) 대판 1979.12.28. 79누218.

니고,[526] 국세환급결정같이 행정기관의 결정이 그 내부적 사무처리절차에 그치는 경우에는 처분이 아니다.[527]

② 위법성

처분 등이 위법하다는 것은 법률·명령 또는 불문법원리(평등·비례원칙 등)에 객관적으로 위반하였음을 말한다. 재량행위의 경우 재량의 한계 내에서 재량을 그르친 경우에는 부당한 처분이 되나, 재량권 일탈·남용의 경우에는 위법한 처분이 된다.

행정규칙은 대외적으로 법적 구속력을 가지는 법규가 아니므로 이에 위반해도 위법한 것은 아니다.

위법 여부의 판단 기준시점은 처분 시이다.[528]

4) 제소기간

취소소송은 처분 등이 있음을 안 날부터 90일 이내에 제기하여야 한다. 다만, 재결을 거치지 않으면 소송을 제기할 수 없는 경우와 그 밖에 행정심판청구를 할 수 있는 경우 또는 행정청이 행정심판청구를 할 수 있다고 잘못 알린 경우에 행정심판청구가 있은 때의 기간은 재결서의 정본을 송달받은 날부터 기산한다.

취소소송은 처분 등이 있은 날부터 1년(위 단서의 경우는 재결이 있은 날부터 1년)을 경과하면 이를 제기하지 못한다. 다만, 정당한 사유가 있는 때에는 그러하지 아니하다.

위 기간은 불변기간이다

5) 행정심판전치주의

취소소송은 법령의 규정에 의하여 당해 처분에 대한 행정심판을 제기할 수 있는 경우에도 이를 거치지 아니하고 제기할 수 있다. 다만, 다른 법률에 당해

---

526) 대판 1993.10.25. 93누6331. 1980.10.27. 80누395.

527) 대판 1989.6.15. 88누6436.

528) 대판 1993.5.27. 92누19033. 항고소송에 있어서 행정처분의 위법 여부를 판단하는 기준 시점에 대하여 판결 시가 아니라 처분 시라고 하는 의미는 행정처분이 있을 때의 법령과 사실상태를 기준으로 하여 위법 여부를 판단할 것이며 처분 후 법령의 개폐나 사실상태의 변동에 영향을 받지 않는다는 뜻이고 처분 당시 존재하였던 자료나 행정청에 제출되었던 자료만으로 위법 여부를 판단한다는 의미는 아니므로, 처분 당시의 사실상태 등에 대한 입증은 사실심 변론종결 당시까지 할 수 있고, 법원은 행정처분 당시 행정청이 알고 있었던 자료뿐만 아니라 사실심 변론종결 당시까지 제출된 모든 자료를 종합하여 처분 당시 존재하였던 객관적 사실을 확정하고 그 사실에 기초하여 처분의 위법 여부를 판단할 수 있다.

처분에 대한 행정심판의 재결을 거치지 아니하면 취소소송을 제기할 수 없다는
규정이 있는 때에는 그러하지 아니하다.

위 단서의 경우에도 아래에 해당하는 사유가 있는 때에는 행정심판의 재결을
거치지 아니하고 취소소송을 제기할 수 있다.

행정심판청구가 있은 날로부터 60일이 지나도 재결이 없는 때.

처분의 집행 또는 절차의 속행으로 생길 중대한 손해를 예방하여야 할 긴급
한 필요가 있는 때.

법령의 규정에 의한 행정심판기관이 의결 또는 재결을 하지 못할 사유가 있
는 때.

그 밖의 정당한 사유가 있는 때.

위 경우에 다음 각 호의 1에 해당하는 사유가 있는 때에는 행정심판을 제기
함이 없이 취소소송을 제기할 수 있다.

동종사건에 관하여 이미 행정심판의 기각재결이 있은 때.

서로 내용상 관련되는 처분 또는 같은 목적을 위하여 단계적으로 진행되는
처분 중 어느 하나가 이미 행정심판의 재결을 거친 때.

행정청이 사실심의 변론종결 후 소송의 대상인 처분을 변경하여 당해 변경된
처분에 관하여 소를 제기하는 때.

처분을 행한 행정청이 행정심판을 거칠 필요가 없다고 잘못 알린 때.

6) 가구제
① 개념
행정소송에서 가구제란 본안소송확정 시까지 잠정적으로 원고의 권리를 보전
하는 것을 말한다. 행정소송을 제기하여 그 처분이 취소되기까지는 상당한 시
간이 필요하므로 나중에 승소하여도 이미 회복할 수 없는 손해가 발생하여 승
소판결의 실익이 없게 되는 것을 막기 위하여 잠정적으로 원고의 권리를 보전
해 줄 필요가 있어 마련된 제도이다.

행정소송에서의 가구제제도로는 침해적 행정처분(과세처분, 각종 허가의 정지·
취소 등)에 대한 집행정지제도와 급부 또는 수익적 행정처분(각종 허가, 보조금
지급결정 등)의 신청에 대한 부작위·거부처분에 대한 가명령제도(독일)가 있는

데, 우리는 전자만 인정하고 있다.

② 집행정지제도

가. 집행부정지원칙

취소소송의 제기는 처분 등의 효력이나 그 집행 또는 절차의 속행에 영향을 주지 아니한다. 과거에는 행정행위는 적법성을 추정받으므로 집행부정지가 당연한 것으로 여겨졌으나, 오늘날에는 입법정책적 고려의 소산으로 본다.

나. 집행 정지되는 경우

취소소송이 제기된 경우에 처분 등이나 그 집행 또는 절차의 속행으로 인하여 생길 회복하기 어려운 손해를 예방하기 위하여 긴급한 필요가 있다고 인정할 때에는 본안이 계속되고 있는 법원은 당사자의 신청 또는 직권에 의하여 처분 등의 효력이나 그 집행 또는 절차의 속행의 전부 또는 일부의 정지를 결정할 수 있다. 다만, 처분의 효력정지는 처분 등의 집행 또는 절차의 속행을 정지함으로써 목적을 달성할 수 있는 경우에는 허용되지 아니한다.

집행정지는 공공복리에 중대한 영향을 미칠 우려가 있을 때에는 허용되지 아니한다.

집행정지의 결정을 신청함에 있어서는 그 이유에 대한 소명이 있어야 한다.

다. 집행정지결정의 효력

집행정지의 결정은 그 사건에 관하여 당사자인 행정청과 그 밖의 관계행정청을 기속하고, 제3자에 대해서도 효력이 있다.

라. 집행정지결정에 대한 불복

집행정지의 결정 또는 기각의 결정에 대해서는 즉시 항고할 수 있다. 이 경우 집행정지의 결정에 대한 즉시항고에는 결정의 집행을 정지하는 효력이 없다.

마. 집행정지의 취소

집행정지의 결정이 확정된 후 집행정지가 공공복리에 중대한 영향을 미치거나 그 정지사유가 없어진 때에는 당사자의 신청 또는 직권에 의하여 결정으로써 집행정지의 결정을 취소할 수 있다.

집행정지결정의 취소결정과 이에 대한 불복의 경우에는 집행정지결정불복의 예에 따른다. 바. 집행정지제도는 무효 등 확인소송에도 준용된다.

③ 가처분

가처분이란 금전채권 이외의 계쟁물에 대한 청구권의 집행을 보전하거나 가지위를 정하여, 후일 법률관계가 확정될 때까지 잠정적 법률관계를 정하는 절차로 민사소송에서 인정되는 것인데, 행정소송에서도 인정할 것인지가 문제 된다.

집행정지제도로는 수익적 행정처분의 신청에 대한 부작위·거부처분에 대한 잠정적인 허가·급부 등의 조치가 불가능하기 때문이다.

일본의 행정소송법은 민사소송법상의 가처분제도의 준용을 배제하고 있으나, 우리는 그런 규정이 없고 일반적인 준용규정만이 있고, 국민의 권익구제는 사법권의 당연한 내용이라는 입장에서 인정하는 설과, 권력분립원칙상 법원은 행정처분의 위법 여부는 판단할 수 있으나 위법 여부의 판단에 앞서 행정처분에 대한 가처분을 하는 것은 사법권의 범위를 벗어나는 것이므로 인정될 수 없다는 설이 있다.

7) 심리

법원은 필요하다고 인정할 때에는 직권으로 증거조사를 할 수 있고, 당사자가 주장하지 아니한 사실에 대해서도 판단할 수 있다.

이는 행정소송의 특수성에 연유하는 당사자주의, 변론주의에 대한 일부 예외규정일 뿐 법원이 아무런 제한 없이 당사자가 주장하지 아니한 사실을 판단할 수 있는 것은 아니고, 일건 기록에 현출되어 있는 사항에 관하여서만 직권으로 증거조사를 하고 이를 기초로 하여 판단할 수 있을 따름이고, 그것도 법원이 필요하다고 인정할 때에 한하여 청구의 범위 내에서 증거조사를 하고 판단할 수 있을 뿐이다.[529]

민사소송법의 규정이 준용되는 행정소송에 있어서 입증책임은 원칙적으로 민사소송의 일반원칙에 따라 당사자 간에 분배되고 항고소송의 경우에는 그 특성에 따라 당해 처분의 적법을 주장하는 피고에게 그 적법사유에 대한 입증책임이 있다 할 것인바 피고가 주장하는 당해 처분의 적법성이 합리적으로 수긍할 수 있는 일응의 입증이 있는 경우에는 그 처분은 정당하다 할 것이며 이와 상반되는 주장과 입증은 그 상대방인 원고에게 그 책임이 돌아간다.[530]

---

529) 대판 1994.10.11. 94누4820.
530) 대판 1984.7.24. 84누124.

8) 판결

① 기각판결

행정처분이 위법하지 않거나 단순 부당한 것일 때, 또는 행정소송 제기 후에 소의 대상인 처분 또는 소의 이익이 소멸한 경우에는 기각판결을 한다.

② 인용판결

행정청의 위법한 처분 등을 취소 또는 변경하는 판결이다.

③ 사정판결

원고의 청구가 이유 있다고 인정하는 경우에도 처분 등을 취소하는 것이 현저히 공공복리에 적합하지 아니하다고 인정하는 때에는 법원은 원고의 청구를 기각할 수 있다. 이 경우 법원은 그 판결의 주문에서 그 처분 등이 위법함을 명시하여야 한다.

법원이 위 판결을 함에 있어서는 미리 원고가 그로 인하여 입게 될 손해의 정도와 배상방법 그 밖의 사정을 조사하여야 한다.

원고는 피고인 행정청이 속하는 국가 또는 공공단체를 상대로 손해배상, 제해시설의 설치 그 밖에 적당한 구제방법의 청구를 당해 취소소송 등이 계속된 법원에 병합하여 제기할 수 있다.

9) 취소판결 등의 효력

① 기속력

처분 등을 취소하는 확정판결은 그 사건에 관하여 당사자인 행정청과 그 밖의 관계행정청을 기속한다.

판결에 의하여 취소되는 처분이 당사자의 신청을 거부하는 것을 내용으로 하는 경우에는 그 처분을 행한 행정청은 판결의 취지에 따라 다시 이전의 신청에 대한 처분을 하여야 한다.

② 제3자에 대한 효력

처분 등을 취소하는 확정판결은 제3자에 대해서도 효력이 있다.

4. 무효 등 확인소송

1) 개념

무효 등 확인소송은 행정청의 처분 등의 효력 유무 또는 존재 여부를 확인하는 소송이다.

행정처분의 하자가 중대·명백한 경우에는 당해 처분은 공정력[531]이 인정되지 않고 처음부터 효력이 발생하지 않는데, 이에 관하여 다툼이 있는 경우 제기하는 소송이다.

2) 특색

이 소송도 관할, 당사자, 심리와 판결은 취소소송의 경우와 마찬가지이나, 일부 다른 점이 있다.

이 소송에서는 행정심판전치주의 및 제소기간이 적용되지 않는다. 처음부터 무효인 경우이므로 행정청에 의한 재심사가 필요 없고, 법률관계의 조속한 확정 필요에 의한 제소기간 제한의 필요도 없기 때문이다.

3) 선결문제

민사소송에서 행정행위의 효력이 선결문제로 된 경우에, 그 심리판단권이 민사법원에 있는지 아니면 별도의 항고소송을 제기해야 하는지가 문제 된다.

단순 위법의 경우에는 공정력에 의해 정당한 권한이 있는 기관이 이를 취소하기 전에는 민사법원도 그 효력을 부인할 수 없고, 위법성이 중대·명백한 경우에는 민사법원이 이를 심리·판단할 수 있다.

5. 부작위위법확인소송

1) 개념

부작위위법확인소송은 행정청의 부작위가 위법하다는 것을 확인하는 소송이다. 국민이 행정청에 대하여 일정한 처분을 할 것을 신청한 경우에 행정청이 아무런 처분을 하지 않고 있는 경우에 취소소송이나 무효확인소송으로 이를 다

---

531) 행정행위의 공정력이라 함은 행정행위의 성립에 하자가 있는 경우에도 그것이 중재·명백하여 무효로 인정되는 경우를 제외하고는 권한 있는 기관에 의하여 취소되기까지 유효한 것으로 통용되는 힘을 말한다.

틀 수 없으므로 인정된 소송형태이다.

부작위라 함은 행정청이 당사자의 신청에 대하여 상당한 기간 내에 일정한 처분을 하여야 할 법률상 의무가 있음에도 불구하고 이를 하지 아니하는 것을 말한다.

2) 특색

이 소송도 관할, 당사자, 제소기간, 행정심판전치주의, 심리와 판결 등 취소소송의 경우와 마찬가지이다.

6. 당사자소송

1) 개념

당사자소송이란 행정청의 처분 등을 원인으로 하여 성립된 법률관계에 관한 소송 그 밖에 공법상의 법률관계에 관한 소송으로서 그 법률관계의 한쪽 당사자를 피고로 하는 소송을 말한다. 당사자 적격(단 피고는 행정청이 아닌 국가·공공단체 그 밖의 권리주체가 된다.), 관할, 심리, 판결 등 취소소송이 준용된다.

2) 종류

공법상의 신분·지위(공무원, 지방의회의원, 국공립학교 학생)의 확인을 구하는 소송,[532] 각종 사회보장급부청구,[533] 행정주체 상호간의 비용부담청구가 그것이다.

---

[532] 대판 1995.12.22. 95누4636, 지방자치법 제9조 제2항 제5호 (라)목 및 (마)목 등의 규정에 의하면, 서울특별시립무용단원의 공연 등 활동은 지방문화 및 예술을 진흥시키고자 하는 서울특별시의 공공적 업무수행의 일환으로 이루어진다고 해석될 뿐 아니라, 단원으로 위촉되기 위해서는 일정한 능력요건과 자격요건을 요하고, 계속적인 재위촉이 사실상 보장되며, 공무원연금법에 따른 연금을 지급받고, 단원의 복무규율이 정해져 있으며, 정년제가 인정되고, 일정한 해촉사유가 있는 경우에만 해촉되는 등 서울특별시립무용단원이 가지는 지위가 공무원과 유사한 것이라면, 서울특별시립무용단 단원의 위촉은 공법상의 계약이라고 할 것이고, 따라서 그 단원의 해촉에 대해서는 공권력작용으로 볼 수 없어 항고소송을 할 수 없고, 공법상의 당사자소송으로 그 무효확인을 청구할 수 있다.

[533] 대판 1995.9.15. 선고 93누18532 등, 산업재해보상보험법·공무원연금법·군인연금법 등 각종 사회보장법률에 정한 급여의 수급권은 당사자의 신청과 그에 대한 행정청의 인용결정에 의하여 발생하는 것이므로, 급여를 받으려고 하는 자는 우선 행정청에 그 권리의 인정을 청구한 다음, 그 인정 청구를 거부하거나 청구 중의 일부만을 인정하는 처분을 하는 경우 그 처분을 대상으로 항고소송을 제기하는 등으로 구체적 권리를 인정받은 다음, 비로소 당사자소송으로 그 급여의 지급을 구하여야 할 것이고, 구체적인 권리가 발생하지 않은 상태에서 곧바로 국가를 상대로 한 당사자소송으로 그 권리의 확인이나 급여의 지급을 소구하는 것은 허용되지 아니한다.
　　다만 근거법령상 급부청구권이 바로 발생하는 경우(광주민주화운동자 보상 등에 관한 법상 보상금 청구, 석탄산업법상 석탄가격안정지원금 청구)에는 당사자소송이 가능하다.

7. 객관적 소송

1) 개념

객관적 소송이란 행정법규의 적정한 적용을 보장하기 위한 행정소송을 말한다. 본래의 행정소송은 위법한 행정작용에 의하여 개인의 권리·이익이 침해되었을 경우에 법원이 이를 심리하여 행정법규의 적정한 적용을 보장하고, 개인의 권익을 보호하는 것을 목적으로 하지, 개인의 권리보호와는 무관하게 행정법규의 적정한 적용을 보장하기 위한 행정소송은 허용되지 않는 것이 원칙이나, 공익적 견지에서 허용되는 경우가 있다.

이런 소송으로 민중소송과 기관소송이 있는데, 이런 소송은 법률이 정한 경우에 법률에 정한 자에 한하여 제기할 수 있다.

2) 민중소송
① 개념

국가 또는 공공단체의 기관이 행정법규에 위반되는 행위를 한 때에 일반선거인·일반주민 등이 직접적인 자기의 법률상 이익과는 무관하게 선거인 또는 주민의 지위에서 그 시정을 구하기 위하여 제기하는 소송이다. 민중소송 및 기관소송은 법률이 정한 경우에 법률에 정한 자에 한하여 제기할 수 있다.

② 종류

가. 선거무효소송

대통령·국회의원의 선거에 관한 소송은 당해선거의 효력에 관하여 이의가 있는 선거인이 선거일로부터 30일 내에 대법원에 제소할 수 있다.

지방의회의원·지방자치단체장의 선거에 관한 소송은 당해선거의 효력에 관하여 이의가 있는 선거인이 선거일로부터 14일 내에 관할선거관리위원회에 소청한 후, 그에 대한 결정서를 받은 날로부터 10일 내에 시·도지사 선거의 경우는 대법원에, 지방의회 및 자치구·시·군의 장의 선거의 경우는 그 선거구를 관할하는 고등법원에 제소할 수 있다.

나. 당선무효소송

선거의 효력은 인정하면서 개개당선인의 당선의 효력을 다투는 소송은 후보자와 후보자를 추천한 정당에 한하여 제기할 수 있고, 제기절차는 선거무효소송과 같다.

다. 국민투표무효소송

국민투표의 효력에 관하여 이의가 있는 투표인은 10만 인 이상의 찬성을 얻어 투표일로부터 20일 내에 대법원에 제소할 수 있다.

라. 주민소송

지방행정에 관하여 감사청구를 한 주민이 감사결과에 불복이 있는 경우에 그 감사를 청구한 사항과 관련이 있는 위법한 행위나 해태사실에 대하여 당해지방자치단체의 장을 상대로 하여 감사결과를 통지받은 날로부터 90일 내에 제기하는 소송을 말한다.

3) 기관소송

① 개념

국가 또는 공공단체의 행정기관 상호간에 주관권한의 존부 또는 권한행사에 관한 분쟁이 있는 경우에 이를 해결하기 위한 소송을 말한다. 다만 국가기관 상호간, 국가기관과 지방자치단체 및 지방자치단체 상호간의 권한쟁의는 헌법재판소의 소관이다.

② 종류

가. 지방의회 등의 의결무효소송

지방자치단체의 장은 지방의회의 의결이 위법하다고 인정되는 때에는 먼저 지방의회의 재의결을 요구하고, 재의결된 사항도 역시 위법하면 재의결된 날로부터 20일 내에 대법원에 그 무효확인의 소를 제기할 수 있다.

나. 감독처분에 대한 이의소송

지방자치단체의 사무에 관한 그 장의 명령이나 처분이 법령에 위반되거나 현저히 부당하여 공익을 해친다고 인정되면 시·도에 대해서는 주무부장관이, 시·군 및 자치구에 대해서는 시·도지사가 기간을 정하여 서면으로 시정할 것을 명하고, 그 기간에 이행하지 아니하면 이를 취소하거나 정지할 수 있다. 이 경우 자치사무에 관한 명령이나 처분에 대해서는 법령을 위반하는 것에 한한다.

지방자치단체의 장은 위의 자치사무에 관한 명령이나 처분의 취소 또는 정지에 대하여 이의가 있으면 그 취소처분 또는 정지처분을 통보받은 날부터 15일 이내에 대법원에 소를 제기할 수 있다.

제3절 헌법재판

Ⅰ. 헌법재판제도

1. 개념

헌법재판이란 헌법에 위반되는 법률이나 그 밖의 국가작용들을 사법판단을 통하여 교정하는 제도로 헌법의 효력을 지키고 헌정생활의 안정유지를 위하여 인정된 것이다.

2. 연혁

헌법재판을 세계 최초로 실행에 옮긴 것은 미국 연방대법원이다. 1787년에 제정된 미국 연방헌법에는 헌법재판에 관한 명문규정이 없었으나, 미국 연방대법원은 1803년 Marbury v. Madison 사건에서 헌법은 최고의 법규범이고 헌법에 위반되는 국가작용은 효력이 없다는 것을 전제로 헌법을 해석할 사법권의 권한에 기하여 의회가 제정한 연방법률을 위헌이라고 선언하였는데, 위헌법률을 심사하여 이를 무효화한 최초의 사례였고, 이후 미국을 비롯한 여러 나라에서 채택된 일반법원형 위헌법률심사제도이다.

일반법원이 아닌 독립적인 헌법재판소에 의한 헌법재판제도는 오스트리아의 1919년 연방헌법이 헌법재판소를 설립함으로써 시작되었고, 1949년의 독일 기본법은 연방헌법재판소를 설치하고 위헌법률심사, 헌법소원 등 중요한 헌법적 분쟁의 심판권을 부여하였다. 이후 대부분의 유럽국가들이 독립된 헌법재판소 제도를 채택하고 있다.

3. 대한민국의 경우

우리나라는 제헌헌법 제정 이전의 미 군정기인 1947년 9월 2일 대법원이 부(夫)에게 우월적 지배권을 부여하여 처의 능력을 제한한 의용민법 제14조 제1항에 대하여 헌법전에 의거하지 않고 민주주의의 일반이념에 입각하여 평등원칙에 따라 위헌판결을 한 일이 있으나 위헌심판권의 근거는 따로 제시하지 않았다.

제헌헌법(1948.7.17.) 제81조 제2항은 "법률이 헌법에 위반되는 여부가 재판의 전제가 되는 때에는 법원은 헌법위원회에 제청하여 그 결정에 의하여 재판한다."고 규정하여 헌법재판기관으로서 헌법위원회를 설치하였다.[534]

제2공화국헌법(1960.6.15.)은 제83조의 3에서 헌법재판소를 설치하고 그 권한으로서 법률의 위헌 여부 심사와 헌법에 관한 최종적 해석, 국가기관 간의 권한쟁의, 정당의 해산, 탄핵재판, 대통령·대법원장과 대법관의 선거에 관한 소송을 규정하였고, 이에 따라 1961년 4월 17일 헌법재판소법이 제정되었으나 1개월 만에 5·16 군사쿠데타가 발생하면서 헌법재판소법이 폐지되었다.

제3공화국헌법(1962.12.26. − 1972.12.26.)은 대법원에 위헌법률심사권한을 부여하였으나, 이 기간 동안 대법원이 법률의 위헌판결을 한 것은 국가배상법 위헌판결 단 1건이다(대판 1971.6.22. 선고 70다1010).[535]

법원과는 독립된 헌법재판소가 최초로 설립된 것은 현행 헌법(1987.10.29.)에 따라 현재의 헌법재판소가 발족한 1988년 9월이다.

---

534) 1950년 3월 10일 개정된 농지개혁법 제18조 제1항은 농지분배를 받은 자가 정당한 이유 없이 상환금을 납입하지 않을 경우 정부가 당해 농지의 반환을 요구하기 위하여 법원에 제소할 수 있다고 하면서 이 경우 최종법원은 2심 상급법원까지로 한다고 규정한 것에 대하여 대법원이 위헌제청을 하였고, 헌법위원회는 1952년 9월 9일. 헌법은 소송의 최종심으로서 대법원의 심판을 받을 권리를 국민의 기본권으로 보장하고 있는데, 위 농지개혁법 조항은 최종심을 2심 상급법원인 고등법원까지로 하고 있어 국민이 대법원의 심판을 받을 수 있는 기본권을 박탈한 것이라는 이유로 위 법률조항에 대해 위헌결정을 하였다.

535) 이 판결은 군인 또는 군속이 공무원의 직무상 불법행위의 피해자인 경우에 그 군인 또는 군속에게 이로 인한 손해배상청구권을 제한 또는 부인하는 국가배상법조항을 위헌이라고 선언한 것으로 국민의 기본권 보장과 관련하여 큰 의미를 지닌 것이었지만, 국가재정에 큰 위협이 되는 것을 도외시하는 불경을 저질렀다는 소문과 함께, 위헌의견을 개진하였던 대법원판사 9명 전원이 그 후 국가비상사태 선포 후에 재임명과정에서 탈락되면서 최초이자 마지막 위헌판결이 되었다.

4. 헌법재판소의 권한과 구성

1) 권한

헌법재판소는 법원의 제청에 의한 법률의 위헌 여부 심판, 탄핵의 심판, 정당의 해산 심판, 국가기관 상호간, 국가기관과 지방자치단체 간 및 지방자치단체 상호간의 권한쟁의에 관한 심판, 법률이 정하는 헌법소원에 관한 심판을 관장한다.[536]

2) 구성

헌법재판소는 법관의 자격을 가진 9인의 재판관으로 구성하며, 재판관은 대통령이 임명한다. 재판관 중 3인은 국회에서 선출하는 자를, 3인은 대법원장이 지명하는 자를 임명한다. 헌법재판소의 장은 국회의 동의를 얻어 재판관 중에서 대통령이 임명한다.

헌법재판소 재판관의 임기는 6년으로 하며, 법률이 정하는 바에 의하여 연임할 수 있다.

헌법재판소 재판관은 정당에 가입하거나 정치에 관여할 수 없다.

헌법재판소 재판관은 탄핵 또는 금고 이상의 형의 선고에 의하지 아니하고는 파면되지 아니한다.

3) 심판

헌법재판소에서 법률의 위헌결정, 탄핵의 결정, 정당해산의 결정 또는 헌법소원에 관한 인용결정을 할 때에는 재판관 6인 이상의 찬성이 있어야 한다.

심판절차는 헌법재판소법에 특별한 규정이 있는 경우를 제외하고는 민사소송법이 준용된다. 변호사강제주의가 적용되고, 무자력과 공익상 필요가 인정될 경우에는 국선변호인이 선임된다.

---

536) 최초의 위헌결정은 소송촉진등에관한특례법 제6조 제1항이 국가를 상대로 하는 재산권의 청구에 관해서는 가집행의 선고를 할 수 없도록 규정하고 있는 것에 대하여 비록 국가라 할지라도 권력적 작용이 아닌 민사소송의 대상이 되는 국고작용으로 인한 법률관계에 있어서는 사인(私人)과 동등하게 다루어져야 하는데, 국민이 국가를 상대로 한 소송에서 얻어 낸 승소판결에 가집행의 선고를 할 수 없게 한 것은 소송당사자를 차별하여 국가를 우대하는 것인데, 이처럼 국가를 우대할 합리적 이유가 없다는 이유로 위헌결정을 하였다. 권한쟁의심판에 관한 최초의 사건은 변칙적인 법률안처리 과정을 둘러싼 국회의 다툼이었고(헌재 1995.2.23. 90헌라1), 탄핵심판에 관한 최초의 결정은 노무현 대통령에 대한 것이었다(헌재 2004.5.14. 2004헌나1).

Ⅱ. 위헌법률심사제도

1. 내용

법률이 헌법에 위반되는 여부가 재판의 전제가 된 경우에는 법원은 헌법재판소에 제청하여 그 심판에 의하여 재판한다.

2. 법원의 제청

법원은 법률이 헌법에 위반되는 여부가 재판의 전제가 된 경우에 직권 또는 당사자의 신청에 의하여 그 위헌 여부를 심사하여 위헌의 소지가 있다고 판단되면 독자적으로 위헌이라고 판단할 수는 없고 헌법재판소에 그 위헌 여부에 관한 심판을 제청해야 한다.

법원이 위헌 소지가 없다고 판단하면 그대로 해당 법률을 적용하면 되는데, 위헌심판제청신청을 한 당사자는 법원의 제청신청기각결정에 대하여 불복할 수는 없고, 헌법재판소에 헌법소원을 제기할 수 있다.

법원이 위헌제청신청을 하면 당해사건의 진행은 위헌 여부 결정이 있을 때까지 정지된다.

위헌심사의 대상이 되는 법률에는 형식적 의미의 법률 외에 조약과 일반적으로 승인된 국제법규도 포함된다.

3. 헌법재판소의 재판

헌법재판소는 제청된 법률 또는 법률조항의 위헌 여부만을 결정한다. 다만, 법률조항의 위헌결정으로 인하여 당해 법률 전부를 시행할 수 없다고 인정될 때에는 그 전부에 대하여 위헌의 결정을 할 수 있다.

합헌결정과 위헌결정만으로는 모든 유형의 문제를 해결할 수 없으므로 다양한 형태의 결정을 하게 되는데, 현재는 합헌결정, 한정위헌결정, 헌법불합치결정의 세 가지로 유형화하고 있다.

헌법재판소는 결정일로부터 14일 이내에 결정서 정본을 제청한 법원에 송달한다. 이 경우 제청한 법원이 대법원이 아닌 경우에는 대법원을 거쳐야 한다.

4. 위헌결정의 효력

법률의 위헌결정은 법원 기타 국가기관 및 지방자치단체를 기속한다.

위헌으로 결정된 법률 또는 법률의 조항은 그 결정이 있는 날로부터 효력을 상실한다. 다만, 형벌에 관한 법률 또는 법률의 조항은 소급하여 그 효력을 상실한다.

위헌으로 결정된 법률 또는 법률의 조항에 근거한 유죄의 확정판결에 대해서는 재심을 청구할 수 있다.

5. 위헌심사의 기준

1) 기본권 조항

헌법재판은 헌법을 기준으로 법률이나 그 밖의 국가 공권력 행사의 위헌 여부를 판단하는 재판이므로 위헌심사의 기준은 당연히 헌법이다. 여기서 헌법은 개별 헌법조항 외에 헌법에서 도출되는 헌법원리들도 포함된다.

위헌심사에서 가장 많이 활용되는 것이 기본권 조항들로, 평등권 조항(헌법 제11조), 직업의 자유 조항(제15조), 언론의 자유 조항(제21조), 재산권 조항(제23조)이 대표적인 조항이나, 가장 많이 사용되는 조항은 기본권 제한이 언제 정당화되는지를 규정한 헌법 제37조 제2항이다.

2) 기본권 제한의 근거

국민의 모든 자유와 권리는 국가안전보장·질서유지 또는 공공복리를 위하여 필요한 경우에 한하여 법률로써 제한할 수 있으나, 본질적인 내용을 침해하여서는 안 된다.

① 목적의 제한

기본권의 제한은 국가안전보장·질서유지 또는 공공복리를 위해서만 가능하나, 그 개념이 추상적이고 포괄적이어서 제한의 한계원리로 작용하는 데 악용될 소지가 있다.[537]

② 필요한 경우의 제한

기본권 제한은 필요한 경우에 한하여 허용된다. 필요성에 대한 심사는 기본권의 성격에 따라 유형별로 탄력적으로 운용되어 자유권에 대해서는 비례성 원칙에 따라 그 필요성이 엄격히 심사되고, 사회적 기본권에 관해서는 최소보장의 원칙에 따라 완화된 심사를 한다.

가. 비례성원칙

이는 과잉금지원칙이라고도 하는데, 자유권적 기본권을 제한하는 것이 정당화되려면 제한하는 목적의 정당성, 수단과 방법의 적정성, 피해의 최소성, 법익균형성을 모두 갖추어야 한다는 원칙이다. 과잉금지의 원칙은 헌법 제37조 2항의 '필요한 경우에 한하여'에 명문의 근거를 두고 있지만, 이 규정이 없어도 법치국가원리에서 당연히 추출되는 원칙이다.[538] 기본권제한이라는 수단은 국가안전보장 등의 목적을 달성하는 데에 적합하여야 한다. 기본권제한이라는 수단에 의해서 국가안전보장 등의 목적이 부분적이라도 촉진된다면 적합한 수단으로 인정된다.

피해의 최소성이란 입법자는 입법목적을 실현하기에 적합한 여러 수단 중에서 되도록 국민의 기본권을 가장 존중하고 기본권을 최소로 침해하는 수단을 선택하여야 한다는 것을 의미한다.[539]

법익의 균형성이란 일정한 목적을 실현하기 위한 수단과 그 목적 사이의 관계가 객관적 가치에 의한 합리적인 비례관계를 벗어나서는 안 된다는 원칙이다. 보호하려는 공익이 침해되는 사익보다 더 크거나 또는 최소한 균형관계에 있어야 기본권제한이 수인의 기대가능성이 있어서 헌법에 위배되지 않는다.[540]

---

537) 부계혈통주의의 동성동본금혼을 규정한 민법 제809조 제1항의 입법목적이 헌법상 혼인에 관한 국민의 자유와 권리를 제한할 사회질서나 공공복리에 해당할 수 없다는 점에서 헌법 제37조 제2항에도 위반된다고 결정한 사례(1997.07.16. 95헌가6)는 통상 국가안전보장·질서유지 또는 공공복리를 추구하는 것으로 여겨지는 법률이 그렇지 않을 수도 있음을 시사하는 것이다.

538) 헌재 1990.9.3. 89헌가95.

539) 헌재 1998.5.28. 96헌가5. 침해의 최소성의 관점에서, 입법자는 그가 의도하는 공익을 달성하기 위하여 우선 기본권을 보다 적게 제한하는 단계인 기본권행사의 '방법'에 관한 규제로써 공익을 실현할 수 있는가를 시도하고 이러한 방법으로는 공익달성이 어렵다고 판단되는 경우에 비로소 그 다음 단계인 기본권행사의 '여부'에 관한 규제를 선택해야 한다.

540) 적합성의 원칙이 기본권제한이라는 수단을 통하여 달성하려는 목적 사이에 관여하는 원칙이고, 최소침해의 원칙이 동일한 목적을 달성할 수 있는 여러 수단 사이를 평가하는 원칙이라면, 비례성의 원칙은 적합성 및 최소침해성 심사를 거친 하나의 목적과 하나의 수단 사이에 관여한다.

나. 최소보장의 원칙

이는 사회보장, 생계보호 등과 같은 사회적 기본권에 대한 심사기준이다. 사회적 기본권은 헌법규정만으로는 실현될 수 없고, 법률에 의한 형성이 필요한데, 사회적 급부의 요건, 수급권자의 범위, 급부액수 등을 구체적으로 확정함에 있어서 입법자는 국민 전체의 소득수준, 국가의 재정규모, 기타 사회적·경제적 여건을 고려하여 합리적이라고 판단되는 내용을 담게 된다. 따라서 입법자의 결정이 현저히 자의적이거나, 사회적 기본권의 최소한도의 내용마저 보장하지 않는 경우에 한하여 위헌이라는 판단이 가능하게 된다.

다. 자의금지원칙

평등원칙 위반 여부 또는 평등권 침해 여부를 심사하는 원칙적 기준은 자의금지원칙이다. 이 원칙에 의한 위헌심사는 2단계로 이루어지는데, 1단계에서는 본질적으로 같은 것을 다르게 취급하고 있는지를 판단하고, 2단계에서는 다르게 취급하는 것이 자의적인지를 판단한다. 자의금지원칙에 따르면 입법자의 결정에서 차별을 정당화할 수 있는 아무런 합리적인 이유를 찾아볼 수 없는 경우에만 평등원칙 위반을 인정하게 되므로, 입법자의 형성의 자유를 폭넓게 인정하는 완화된 심사이다.

③ 법률에 의한 제한

기본권의 제한은 국회가 제정한 법률로써만 가능하다. 기본권 제한은 성문법률에서 직접 규정하든지, 아니면 법률에서 구체적으로 그 범위와 한계를 정하여 위임한 때에 한하여 대통령령과 같은 하위법령으로 규정할 수 있다. 법률유보원칙과 포괄위임입법금지원칙이다. 또한 법치국가원칙에 따라서 법률은 명확하여야 하고(명확성의 원칙), 그 소급적 효력은 예외적으로 인정된다. 헌법재판소는 5·18사건이나 연합뉴스 사건에서 결정한 바와 같이 개별사건법률이나 개인대상법률이라고 하여서 바로 헌법에 위반되는 것은 아니고 헌법상 평등의 원칙에 비추어 합리적인 사유가 있으면 헌법상 허용될 수 있다는 입장이다.[541]

---

541) 헌재 1996.2.6. 96헌가2, 개별사건법률은 원칙적으로 평등원칙에 위배되는 자의적 규정이라는 강한 의심을 불러일으키는 것이지만, 개별법률금지의 원칙이 법률제정에 있어서 입법자가 평등원칙을 준수할 것을 요구하는 것이기 때문에 특정규범이 개별사건법률에 해당한다 하여 곧바로 위헌을 뜻하는 것은 아니며, 이러한 차별적 규율이 합리적인 이유로 정당화될 수 있는 경우에는 합헌적일 수 있다. 이른바 12·12 및 5·18 사건의 경우 그 이전에 있었던 다른 헌정질서파괴범과 비교해 보면, 공소시효의 완성 여부에 관한 논의가 아직 진행 중이고, 집권과정에서의 불법적 요소나 올바른 헌정사의 정립을 위한 과거청산의 요청에 미루어

④ 본질적 내용 침해금지

기본권을 제한하는 법률은 기본권의 본질적 내용을 침해할 수 없다. 기본권의 본질적 내용은 만약 이를 제한하는 경우에는 기본권 그 자체가 무의미하여지는 경우에 그 본질적인 요소를 말하는 것으로서, 이는 개별 기본권마다 다를 수 있다.542) 집회의 자유에서 집회 허가제를 시행한다든가, 재산권에서 보상 없는 토지수용을 인정하는 것은 당해 기본권의 본질적 내용을 침해하는 전형적인 사례이다.

6. 입법권과의 관계

헌법재판소에 있어 심사의 정도는 대체로 입법권과 반비례관계에 있다. 입법권이 헌법적으로 어느 정도로 인정된다고 볼 것인가에 따라 심사 정도가 결정된다. 입법권은 헌법의 전 분야에 골고루 녹아들어 있으며, 위에서 본 위헌심사 기준의 법리마다 입법권 존중 정신이 이미 구현되어 있다. 헌법재판소가 위헌심사에 있어 무차별적으로 포괄적이고 엄밀한 심사를 한다면, 스스로 입법자의 지위를 차지하는 셈이 되어 권력분립원칙에 위배된다.

헌법재판소는 많은 결정에서 입법자의 형성권을 강조하여 합헌결정을 내렸다. 이른바 변형결정(한정위헌·한정합헌 결정, 헌법불합치 결정)을 도입·적용하는 것 또한 입법권 존중의 다른 표현이다.

볼 때 비록 특별법이 개별사건법률이라고 하더라도 입법을 정당화할 수 있는 공익이 인정될 수 있으므로 위 법률조항은 헌법에 위반되지 않는다.
헌법은 처분적 법률로서 개인대상법률 또는 개별사건법률의 정의를 따로 두고 있지 않음은 물론, 처분적 법률의 제정을 금하는 명문의 규정도 두고 있지 않은바, 특정규범(뉴스통신진흥에관한법률 제10조 등)이 개인대상 또는 개별사건 법률에 해당한다고 하여 그것만으로 바로 헌법에 위반되는 것은 아니다. 따라서 연합뉴스사를 위한 심판대상조항의 차별적 규율이 합리적인 이유로 정당화되는 경우에는 이러한 처분적 법률도 허용된다.

542) 헌재 1995.4.20. 92헌바29.

Ⅲ. 헌법소원

1. 개념

헌법소원제도란 공권력의 행사 또는 불행사로 인하여 헌법상 보장된 기본권을 침해받은 자가 다른 구제수단이 없는 경우에 한하여 헌법재판소에 제기하는 헌법심판의 하나이다.

개인의 기본권 침해에 대한 구제는 입법부의 합헌적인 법률제정이나 행정심판과 같이 행정기관에 의하여, 궁극적으로는 사법부의 재판을 통하여 이루어지나, 예외적으로 입법부, 행정부 및 사법부에 의해서도 해결하기 어려운 경우에는 헌법소원심판청구가 허용된다.

2. 제소권자

헌법소원의 제소권자는 기본권의 침해를 받은 자이므로 기본권의 주체는 누구나 제소할 수 있다.

국가나 국가기관 또는 국가조직의 일부나 공법인 등은 기본권의 주체가 아니고 오히려 국민의 기본권을 보호 내지 실현해야 할 책임과 의무를 지니고 있을 뿐이다.[543]

공직자가 공무수행을 하고 있다면 국가에 소속되어서 국민의 봉사자로서의 지위를 가지므로 기본권의 주체가 아니나, 사석에서 정치적 발언을 하거나 선거에 참여하여 투표를 하는 행위는 개인의 기본권행사이므로 기본권행사를 국가가 저지한다면 헌법소원의 청구인적격이 인정되어야 할 것이다. 한편 헌법재판소는 대통령 탄핵사건에서 대통령의 경우에도 정당 활동을 할 수 있는 사인(私人)으로서의 지위와 헌법기관으로서의 대통령의 지위는 개념적으로 구분되어야 한다고 보았으나(2004.05.14. 2004헌나1), 대통령은 사적·공적 영역을 구분할 수 없는 살아 있는 헌법 기관이라는 이유로 반대하는 견해도 있다.

---

543) 1997년 제주도지사가 낸 헌법소원이나 1995년 야당 국회의원이 '날치기 통과'를 이유로 제기한 헌법소원은 각하되었다.

3. 제소요건

헌법소원의 제기가 적법하기 위해서는 청구인 적격 외에, 공권력작용, 기본권 침해, 법적 관련성, 보충성의 원칙, 청구기간, 변호사강제주의, 권리보호의 이익 등이 필요하다. 헌법소원은 공권력의 행사 및 불행사로 인하여 자신의 기본권을 직접, 그리고 현재 침해받은 자가 법률이 정한 구제절차를 모두 거친 후에 보충적으로 제기하여야 하고, 또한 청구인은 청구기간 이내에 변호사를 대리인으로 선임하여서 헌법소원을 청구하여야 하며, 이 모든 조건이 충족되어도 헌법소원이 실제로 청구인의 권리구제에 도움이 되지 않으면 원칙적으로 각하된다.

1) 헌법소원의 대상

공권력의 행사 또는 불행사이다.

a. 공권력이란 우리 헌법에 의하여 창설된 공권력을 의미하므로 외국기관이나 국제기구의 공권력은 헌법소원의 대상이 아니다.

b. 권력의 행사 또는 불행사로 인한 기본권침해의 가능성이 있어야 한다. 국민의 권리와 의무에 대하여 직접적인 법률효과를 발생시켜야 하고 청구인의 법적 지위를 불리하게 변화시키는 것이어야 한다. 따라서 국가기관 간의 내부적 행위나 행정청의 단순한 의견진술 등은 외적 구속력이 결여되어 있기 때문에, 공권력의 행사에 해당하지 않는다.

개인의 기본권에 대한 법적 효과가 직접적으로 인정되지는 않아도 공권력작용에 해당할 수도 있다.[544]

---

544) 서울대학교의 '대학입학고사 주요요강'과 같이 사실상의 준비행위나 사전안내라도 그 내용이 국민의 기본권에 직접 영향을 미치는 내용이고 앞으로 법령의 뒷받침에 의하여 그대로 실시될 것이 틀림없을 것으로 예상될 수 있는 것일 때에는 헌법소원의 대상이 되는 공권력에 해당된다(헌재 1992.10.1. 92헌마68 등). 교도소장의 서신검열. 경찰서장이 유치장에서 차폐시설이 불충분한 화장실의 사용을 강제한 행위나 피의자의 신체를 정밀 수색한 행위와 같이 법률효과를 발생시키지 않는 권력적 사실행위도 공권력작용으로 인정된 바 있다.

헌법재판소는 서울특별시 선거관리위원장의 '선거법위반행위에 대한 중지촉구' 공문이 비권력적 행위라고 하여서 공권력의 행사가 아니라는 결정을 내렸는데, 그 이유는 공문의 형식이 '안내' 또는 '협조요청'이라는 표현을 사용하고 있고 그 내용도 헌법소원 청구인이 계획하는 행위가 공직선거법에 위반된다는 행정청의 의견을 단지 표명하면서, 그 행위를 실행하는 경우에 선거관리위원장이 취할 수 있는 조치를 통고하고 있을 뿐이라는 것이었다(헌재 2003.2.27. 2002헌마106).

그러나 선거관리위원장의 중지촉구공문은 선거관리위원회법 제14조의 2에 근거하여 청구인이 계획하는 행위를 실행한 경우에 이를 중지·경고 또는 시정명령을 내려야 한다는 사실을 알리고 있고, 실제로 서울특별시 선거관리위원장은 당해 사건에서 인터넷 신문인 청구인이 대선 예비후보자에게 '열린 인터뷰'를 강행하자 물리력을 행사하여 이를 무산시켰으므로 중지촉구 공문이 단순한 의견표명이 아니라 법률에 의하여 그대

c. 법률은 그 집행 또는 적용을 통하여 기본권을 침해하게 되므로 위헌적인 법률 자체는 헌법소원의 대상이 될 수 없으나, 법률 자체가 기본권을 직접적으로 침해하는 경우에는 대상이 될 수 있다.

d. 행정처분은 행정쟁송의 대상이 되나 제소기간 경과 등으로 더 이상 다툴 수 없게 된 경우에는 대상이 될 수 있다.

e. 법원의 재판은 헌법소원의 대상이 아니나, 위헌재청신청을 기각한 재판은 대상이 되고, 헌법재판소가 위헌 결정한 법률을 적용해서 기본권을 침해한 재판은 대상이 된다.[545]

2) 기본권의 침해

사안과 가장 연관성이 있는 청구인의 기본권이 확정되어야 하는데, 청구인은 여러 가지 기본권이 침해되었다고 주장할 수 있고, 헌법재판소는 청구인의 주장에 상관하지 않고 연관된 기본권을 조사한다. 공권력 작용에 의해 청구인의 여러 기본권 보호영역이 동시에 침해를 받은 경우에는 기본권 상호간에 기본권 경합관계가 성립하고 그만큼 청구인은 국가에 대하여 동시에 여러 기본권을 주장할 수 있다.[546]

3) 청구기간

헌법소원 심판의 사유를 안 날부터 90일 이내에, 그 사유가 있는 날부터 1년 이내에 청구하여야 한다. 다만, 다른 법률에 의한 구제절차를 거친 헌법소원의 심판은 그 최종결정을 통지받은 날로부터 30일 이내에 청구하여야 한다.

위헌심판제청신청을 기각하는 결정에 의한 헌법소원심판은 기각하는 결정을 통지받은 날부터 30일 이내에 청구하여야 한다.

로 실시될 것이 틀림없을 것으로 예상되는 사실상의 준비행위로서 공권력작용이라고 보는 것이 옳다.

545) 헌재 2003.4.24. 2001헌마386.

546) 제대한 군인에 대하여 가산점을 부여하여서 여성이나 장애인이 합격권 안에 있어도 공무원 시험에서 불합격한 청구인이 평등권과 공무담임권을 동시에 주장한 경우, 헌법재판소는 이와 같은 청구인의 주장을 인정하여 제대군인에게 과목별 5%의 가산점을 부여할 수 있도록 규정한 제대군인지원에관한법률이 평등권과 공무담임권을 침해하여 위헌이라고 결정한 바 있다(1999.12.23. 98헌마363).

4. 헌법소원의 인용결정과 그 효력

헌법소원의 인용결정은 헌법재판소재판관 6인 이상의 찬성이 있어야 한다.

헌법소원의 인용결정은 모든 국가기관과 지방자치단체를 기속한다.

헌법소원을 인용할 때에는 인용결정서의 주문에서 침해된 기본권과 침해의 원인이 된 공권력의 행사 또는 불행사를 특정하여야 하고, 이 경우에 헌법재판소는 기본권침해의 원인이 된 공권력의 행사를 취소하거나 그 불행사가 위헌임을 확인할 수 있다. 또한 공권력의 행사 또는 불행사가 위헌인 법률 또는 법률의 조항에 기인한 것이라고 인정될 때에는 인용결정에서 당해 법률 또는 법률의 조항이 위헌임을 선고할 수 있다.

헌법재판소가 공권력의 불행사에 대한 헌법소원을 인용하는 결정을 한 때에는 피청구인은 결정취지에 따라 새로운 처분을 하여야 한다.[547]

위헌심판제청신청을 기각하는 결정에 대한 헌법소원이 인용된 경우에 당해 헌법소원과 관련된 소송사건이 이미 확정된 때에는 당사자는 재심을 청구할 수 있다.

---

547) 검사의 불기소처분을 취소하는 인용결정이 있으면 검사는 재수사 내지 보완수사를 통하여 공소제기 등 새로운 처분을 하여야 할 것이지만 재차 불기소처분을 하여 헌법재판소 결정의 기속력을 무시하곤 하는 것이 실정이므로 검사의 자의적인 공소권 행사에 대한 통제는 2007년 형사소송법 개정으로 재정신청제도를 확대 개선된 재정신청제도를 통하여 법원이 하는 것이 나을 것이다.

김기진

▌약 력

1976. 2 서울대학교 법과대학 졸업
1983.   제25회 사법시험 합격
1986. 1 변호사 개업
2006. 3 경상대학교 법과대학 교수

▌주요 저서

통합도산법해설(2007. 3)
민사사건의 이론과 실무(2008. 4)
영업용건물의 임대차에 수반하여 지급된 권리금에 관한 판례비평
(2006. 12 경상대학교 법학연구)
회생절차에서의 부인권(2008. 8 동아법학)
공익재단법인의 설립자와 공익재단법인의 관계(2008. 10 고려법학)

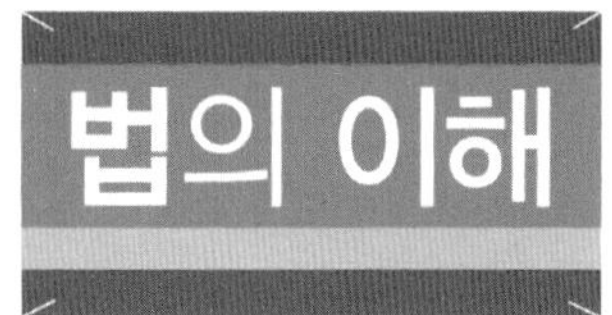

초판인쇄 | 2009년 9월 14일
초판발행 | 2009년 9월 14일

지은이 | 김기진
펴낸이 | 채종준
펴낸곳 | 한국학술정보㈜
주 소 | 경기도 파주시 교하읍 문발리 파주출판문화정보산업단지 513-5
전 화 | 031) 908-3181(대표)
팩 스 | 031) 908-3189
홈페이지 | http://www.kstudy.com
E-mail | 출판사업부 publish@kstudy.com

등 록 | 제일산-115호(2000. 6. 19)
가 격 | 31,000원

ISBN   978-89-268-0365-3 93360(Paper Book)
       978-89-268-0366-0 98360(e-Book)